ŒUVRES COMPLÈTES

DE

FRÉDÉRIC BASTIAT

LA MÊME ÉDITION

EST PUBLIÉE EN SEPT BEAUX VOLUMES IN·8°

Prix des 7 volumes : 35 fr.

CORBEIL, TYP. ET STÉR. DE CRÉTÉ.

OEUVRES COMPLÈTES

DE

FRÉDÉRIC BASTIAT

MISES EN ORDRE

REVUES ET ANNOTÉES D'APRÈS LES MANUSCRITS DE L'AUTEUR

TOME SIXIÈME

HARMONIES ÉCONOMIQUES

CINQUIÈME ÉDITION

PARIS

GUILLAUMIN ET Cie, LIBRAIRES

Éditeurs du Journal des Économistes, de la Collection des principaux Économistes,
du Dictionnaire de l'Économie politique,
du Dictionnaire universel du Commerce et de la Navigation, etc.

14, RUE RICHELIEU

1864

A LA JEUNESSE FRANÇAISE

Amour de l'étude, besoin de croyances, esprit dégagé de préventions invétérées, cœur libre de haine, zèle de propagande, ardentes sympathies, désintéressement, dévouement, bonne foi, enthousiasme de tout ce qui est bon, beau, simple, grand, honnête, religieux, tels sont les précieux attributs de la jeunesse. C'est pourquoi je lui dédie ce livre. C'est une semence qui n'a pas en elle le principe de vie, si elle ne germe pas sur le sol généreux auquel je la confie.

J'aurais voulu vous offrir un tableau, je ne vous livre qu'une ébauche; pardonnez-moi : qui peut achever une œuvre de quelque importance en ce temps-ci? Voici l'esquisse. En la voyant, puisse l'un d'entre vous s'écrier comme le grand artiste : *Anch' io son pittore!* et, saisissant le pinceau, jeter sur cette toile informe la couleur et la chair, l'ombre et la lumière, le sentiment et la vie.

Jeunes gens, vous trouverez le titre de ce livre bien ambitieux : Harmonies économiques! Aurais-je eu la prétention de révéler le plan de la Providence dans l'ordre social, et le mécanisme de toutes les forces dont elle a pourvu l'humanité pour la réalisation du progrès?

Non certes; mais je voudrais vous mettre sur la voie de

cette vérité : *Tous les intérêts légitimes sont harmoniques.*
C'est l'idée dominante de cet écrit, et il est impossible d'en
méconnaître l'importance.

Il a pu être de mode, pendant un temps, de rire de ce
qu'on appelle le *problème social;* et, il faut le dire, quelques-unes des solutions proposées ne justifiaient que trop
cette hilarité railleuse. Mais, quant au problème lui-même,
il n'a certes rien de risible; c'est l'ombre de Banquo au
banquet de Macbeth, seulement ce n'est pas une ombre
muette, et, d'une voix formidable, elle crie à la société épouvantée : Une solution ou la mort !

Or cette solution, vous le comprendrez aisément, doit
être toute différente selon que les intérêts sont naturellement harmoniques ou antagoniques.

Dans le premier cas, il faut la demander à la Liberté;
dans le second, à la Contrainte. Dans l'un, il suffit de ne
pas contrarier; dans l'autre, il faut nécessairement contrarier.

Mais la Liberté n'a qu'une forme. Quand on est bien convaincu que chacune des molécules qui composent un liquide
porte en elle-même la force d'où résulte le niveau général,
on en conclut qu'il n'y a pas de moyen plus simple et plus
sûr pour obtenir ce niveau que de ne pas s'en mêler. Tous
ceux donc qui adopteront ce point de départ : *Les intérêts
sont harmoniques,* seront aussi d'accord sur la solution pratique du problème social : s'abstenir de contrarier et de
déplacer les intérêts.

La Contrainte peut se manifester, au contraire, par des
formes et selon des vues en nombre infini. Les écoles qui
partent de cette donnée : *Les intérêts sont antagoniques,*
n'ont donc encore rien fait pour la solution du problème, si

ce n'est qu'elles ont exclu la Liberté. Il leur reste encore à chercher, parmi les formes infinies de la Contrainte, quelle est la bonne, si tant est qu'une le soit. Et puis, pour dernière difficulté, il leur restera à faire accepter universellement par des hommes, par des agents libres, cette forme préférée de la Contrainte.

Mais, dans cette hypothèse, si les intérêts humains sont poussés par leur nature vers un choc fatal, si ce choc ne peut être évité que par l'invention contingente d'un ordre social artificiel, le sort de l'humanité est bien chanceux, et l'on se demande avec effroi :

1° Se rencontrera-t-il un homme qui trouve une forme satisfaisante de la Contrainte?

2° Cet homme ramènera-t-il à son idée les écoles innombrables qui auront conçu des formes différentes?

3° L'humanité se laissera-t-elle plier à cette forme, laquelle, selon l'hypothèse, contrariera tous les intérêts individuels?

4° En admettant que l'humanité se laisse affubler de ce vêtement, qu'arrivera-t-il, si un nouvel inventeur se présente avec un vêtement plus perfectionné? Devra-t-elle persévérer dans une mauvaise organisation, la sachant mauvaise; ou se résoudre à changer tous les matins d'organisation, selon les caprices de la mode et la fécondité des inventeurs?

5° Tous les inventeurs, dont le plan aura été rejeté, ne s'uniront-ils pas contre le plan préféré, avec d'autant plus de chances de troubler la société que ce plan, par sa nature et son but, froisse tous les intérêts?

6° Et, en définitive, y a-t-il une force humaine capable de vaincre un antagonisme qu'on suppose être l'essence même des forces humaines?

Je pourrais multiplier indéfiniment ces questions et proposer, par exemple, cette difficulté :

Si l'intérêt individuel est opposé à l'intérêt général, où placerez-vous le principe d'action de la Contrainte? où sera le point d'appui? Sera-ce en dehors de l'humanité? Il le faudrait pour échapper aux conséquences de votre loi. Car, si vous confiez l'arbitraire à des hommes, prouvez donc que ces hommes sont pétris d'un autre limon que nous; qu'ils ne seront pas mus aussi par le fatal principe de l'intérêt, et que, placés dans une situation qui exclut l'idée de tout frein, de toute résistance efficace, leur esprit sera exempt d'erreurs, leurs mains de rapacité et leur cœur de convoitise.

Ce qui sépare radicalement les diverses écoles socialistes (j'entends ici celles qui cherchent dans une organisation artificielle la solution du problème social) de l'École économiste, ce n'est pas telle ou telle vue de détail, telle ou telle combinaison gouvernementale ; c'est le point de départ, c'est cette question préliminaire et dominante : Les intérêts humains, laissés à eux-mêmes, sont-ils harmoniques ou antagoniques?

Il est clair que les socialistes n'ont pu se mettre en quête d'une organisation artificielle que parce qu'ils ont jugé l'organisation naturelle mauvaise ou insuffisante; et ils n'ont jugé celle-ci insuffisante et mauvaise que parce qu'ils ont cru voir dans les intérêts un antagonisme radical, car sans cela ils n'auraient pas eu recours à la Contrainte. Il n'est pas nécessaire de contraindre à l'harmonie ce qui est harmonique de soi.

Aussi ils ont vu l'antagonisme partout :

Entre le propriétaire et le prolétaire,

Entre le capital et le travail,

Entre le peuple et la bourgeoisie,

Entre l'agriculture et la fabrique,

Entre le campagnard et le citadin,

Entre le regnicole et l'étranger,

Entre le producteur et le consommateur,

Entre la civilisation et l'organisation,

Et, pour tout dire en un mot :

Entre la Liberté et l'Harmonie.

Et ceci explique comment il se fait qu'encore qu'une sorte de philanthropie sentimentaliste habite leur cœur, la haine découle de leurs lèvres. Chacun d'eux réserve tout son amour pour la société qu'il a rêvée ; mais, quant à celle où il nous a été donné de vivre, elle ne saurait s'écrouler trop tôt à leur gré, afin que sur ses débris s'élève la Jérusalem nouvelle.

J'ai dit que l'*École économiste*, partant de la naturelle harmonie des intérêts, concluait à la Liberté.

Cependant, je dois en convenir, si les économistes, en général, concluent à la Liberté, il n'est malheureusement pas aussi vrai que leurs principes établissent solidement le point de départ : l'harmonie des intérêts.

Avant d'aller plus loin, et afin de vous prémunir contre les inductions qu'on ne manquera pas de tirer de cet aveu, je dois dire un mot de la situation respective du Socialisme et de l'Économie politique.

Il serait insensé à moi de dire que le Socialisme n'a jamais rencontré une vérité, que l'Économie politique n'est jamais tombée dans une erreur.

Ce qui sépare profondément les deux écoles, c'est la différence des méthodes. L'une, comme l'astrologie et l'alchimie, procède par l'Imagination ; l'autre, comme l'astronomie et la chimie, procède par l'observation. Deux astronomes, observant le même fait, peuvent ne pas arriver au même résultat.

Malgré cette dissidence passagère, ils se sentent liés par le procédé commun qui tôt ou tard la fera cesser. Ils se reconnaissent de la même communion. Mais, entre l'astronome qui observe et l'astrologue qui imagine, l'abîme est infranchissable, encore que, par hasard, ils se puissent quelquefois rencontrer.

Il en est ainsi de l'Économie politique et du Socialisme.

Les Économistes observent l'homme, les lois de son organisation et les rapports sociaux qui résultent de ces lois. Les Socialistes imaginent une société de fantaisie et ensuite un cœur humain assorti à cette société.

Or, si la science ne se trompe pas, les savants se trompent. Je ne nie donc pas que les Économistes ne puissent faire de fausses observations, et j'ajoute même qu'ils ont nécessairement dû commencer par là.

Mais voici ce qui arrive. Si les intérêts sont harmoniques, il s'ensuit que toute observation mal faite conduit logiquement à l'antagonisme. Quelle est donc la tactique des Socialistes? C'est de ramasser dans les écrits des Économistes quelques observations mal faites, d'en exprimer toutes les conséquences et de montrer qu'elles sont désastreuses. Jusque-là ils sont dans leur droit. Ensuite ils s'élèvent contre l'observateur qui s'appellera, je suppose, Malthus ou Ricardo. Ils sont dans leur droit encore. Mais ils ne s'en tiennent pas là. Ils se tournent contre la science, l'accusant d'être impitoyable et de vouloir le mal. En ceci ils heurtent la raison et la justice; car la science n'est pas responsable d'une observation mal faite. Enfin, ils vont bien plus loin encore. Ils s'en prennent à la société elle-même, ils menacent de la détruire pour la refaire, — et pourquoi? Parce que, disent-ils, il est prouvé par la science que la société actuelle est poussée vers un abîme. En cela ils choquent le bon sens : car, ou la science ne se trompe pas ; et alors pourquoi l'attaquent-ils? ou elle se trompe ; et, en ce cas, qu'ils laissent la société en repos, puisqu'elle n'est pas menacée.

Mais cette tactique, tout illogique qu'elle est, n'en est pas moins funeste à la science économique, surtout si ceux qui la cultivent avaient la malheureuse pensée, par une bienveillance très-naturelle, de se rendre solidaires les uns des autres et de leurs devanciers. La science est une reine dont les allures doivent être franches et libres. L'atmosphère de la coterie la tue.

Je l'ai déjà dit : il n'est pas possible, en économie politique, que l'antagonisme ne soit au bout de toute proposition erronée. D'un autre côté, il n'est pas possible que les nombreux écrits des économistes, même les plus éminents, ne renferment quelque proposition fausse. — C'est à nous à les signaler et à les rectifier dans l'intérêt de la science et de la société. Nous obstiner à les soutenir, pour l'honneur du corps, ce serait non-seulement nous exposer, ce qui est peu de chose, mais exposer la vérité même, ce qui est plus grave, aux coups du socialisme.

Je reprends donc et je dis : La conclusion des économistes est la liberté. Mais, pour que cette conclusion obtienne l'assentiment des intelligences et attire à elle les cœurs, il faut qu'elle soit solidement fondée sur cette prémisse : Les intérêts, abandonnés à eux-mêmes, tendent à des combinaisons harmoniques, à la prépondérance progressive du bien général.

Or plusieurs d'entre eux, parmi ceux qui font autorité, ont émis des propositions qui, de conséquence en conséquence, conduisent logiquement au *mal absolu*, à l'injustice nécessaire, — à l'inégalité fatale et progressive, — au paupérisme inévitable, etc.

Ainsi il en est bien peu, à ma connaissance, qui n'aient attribué de la *valeur* aux agents naturels, aux dons que Dieu avait prodigués *gratuitement* à sa créature. Le mot *valeur* implique que ce qui en est pourvu, nous ne le cédons que moyennant rémunération. Voilà donc des hommes, et en particulier les propriétaires du sol, vendant contre du travail effectif les bienfaits de Dieu, et recevant une récompense pour des utilités auxquelles leur travail est resté étranger. — Injustice évidente, mais nécessaire, disent ces écrivains.

Vient ensuite la célèbre théorie de Ricardo. Elle se résume ainsi : Le prix des subsistances s'établit sur le travail que demande pour les produire le plus pauvre des sols cultivés. Or l'accroissement de la population oblige de recourir à des sols de plus en plus ingrats. Donc l'humanité tout entière (moins les propriétaires) est forcée de donner une somme de travail toujours croissante contre une égale quantité de subsistances; ou, ce qui revient au même, de recevoir une quantité toujours décroissante de subsistances contre une somme égale de travail; tandis que les possesseurs du sol voient grossir leurs rentes chaque fois qu'on attaque une terre de qualité inférieure. Conclusion : — Opulence progressive des hommes de loisir; misère progressive des hommes de travail, — soit : Inégalité fatale.

Apparaît enfin la théorie plus célèbre encore de Malthus. La population tend à s'accroître plus rapidement que les subsistances, et cela, à chaque moment donné de la vie de l'humanité. Or les hommes ne peuvent être heureux et vivre en paix, s'ils n'ont pas de quoi se nourrir. Il n'y a que deux obstacles à cet excédant toujours menaçant de population : la diminution des naissances, ou l'accroissement de la mortalité, dans toutes les horribles formes qui l'accompagnent et la réalisent. La contrainte morale, pour être efficace, devrait être universelle, et nul n'y compte. Il ne reste donc que l'obstacle répressif, le vice, la misère, la guerre, la peste, la famine et la mortalité, soit : Paupérisme inévitable.

Je ne mentionnerai pas d'autres systèmes d'une portée moins générale et qui aboutissent aussi à une désespérante impasse. Par exemple, M. de Tocqueville et beaucoup d'autres comme lui disent : Si l'on admet le droit de primogéniture, on arrive à l'aristocratie la plus concentrée; si l'on ne l'admet pas, on arrive à la pulvérisation et à l'improductivité du territoire.

Et ce qu'il y a de remarquable, c'est que ces quatre désolants systèmes ne se heurtent nullement. S'ils se heurtaient, nous pourrions nous consoler en pensant qu'ils sont tous faux, puisqu'ils se détruisent l'un par l'autre. Mais non, ils concordent, ils font partie d'une même théorie générale, laquelle, appuyée de faits nombreux et spécieux, paraissant expliquer l'état convulsif de la société moderne et forte de l'assentiment de plusieurs maîtres de la science, se présente à l'esprit découragé et confondu, avec une autorité effrayante.

Il reste à comprendre comment les révélateurs de cette triste théorie ont pu poser comme principe l'*harmonie des intérêts*, et comme conclusion la Liberté.

Car certes, si l'humanité est fatalement poussée par les lois de la Valeur vers l'Injustice, — par les lois de la Rente vers l'Inégalité, — par les lois de la Population vers la Misère, — et par les lois de l'Hérédité vers la Stérilisation, — il ne faut pas dire que Dieu a fait du monde social, comme du monde matériel, une œuvre harmonique ; il faut avouer, en courbant la tête, qu'il s'est plu à le fonder sur une dissonnance révoltante et irrémédiable.

Il ne faut pas croire, jeunes gens, que les socialistes aient réfuté et rejeté ce que j'appellerai, pour ne blesser personne, la théorie des dissonnances. Non, quoi qu'ils en disent, ils l'ont tenue pour vraie ; et c'est justement parce qu'ils la tiennent pour vraie qu'ils proposent de substituer la Contrainte à la Liberté, l'organisation artificielle à l'organisation naturelle, l'œuvre de leur invention à l'œuvre de Dieu. Ils disent à leurs adversaires (et en cela je ne sais s'ils ne sont pas plus conséquents qu'eux) : Si, comme vous l'aviez annoncé, les intérêts humains laissés à eux-mêmes tendaient à se combiner harmonieusement, nous n'aurions rien de mieux à faire qu'à accueillir et glorifier, comme vous, la Liberté. Mais vous avez démontré d'une manière invincible que les intérêts, si on les laisse se développer librement, poussent l'humanité vers l'injustice, l'inégalité, le paupérisme et la stérilité. Eh bien ! nous réagissons contre votre théorie précisément parce qu'elle est vraie ; nous voulons briser la société actuelle précisément parce qu'elle obéit aux lois fatales que vous avez décrites ; nous voulons essayer de notre puissance, puisque la puissance de Dieu a échoué.

Ainsi on s'accorde sur le point de départ, on ne se sépare que sur la conclusion.

Les Économistes auxquels j'ai fait allusion disent : *Les grandes lois providentielles précipitent la société vers le mal;* mais il faut se garder de troubler leur action, parce qu'elle est heureusement contrariée par d'autres lois secondaires qui retardent la catastrophe finale, et toute intervention arbitraire ne ferait qu'affaiblir la digue sans arrêter l'élévation fatale du flot.

Les Socialistes disent : *Les grandes lois providentielles précipitent la société vers le mal ;* il faut les abolir et en choisir d'autres dans notre inépuisable arsenal.

Les catholiques disent : *Les grandes lois providentielles précipitent la société vers le mal;* il faut leur échapper en renonçant aux intérêts humains, en se réfugiant dans l'abnégation, le sacrifice, l'ascétisme et la résignation.

Et au milieu de ce tumulte, de ces cris d'angoisse et de détresse, de ces appels à la subversion ou au désespoir résigné, j'essaye de faire entendre cette 'parole devant laquelle, si elle est justifiée, toute dissidence doit s'effacer : *Il n'est pas vrai que les grandes lois providentielles précipitent la société vers le mal.*

Ainsi toutes les écoles se divisent et combattent à propos des conclusions qu'il faut tirer de leur commune prémisse. Je nie la prémisse. N'est-ce pas le moyen de faire cesser la division et le combat?

L'idée dominante de cet écrit, l'harmonie des intérêts, est *simple.* La simplicité n'est-elle pas la pierre de touche de la vérité? Les lois de la lumière, du son, du mouvement nous semblent d'autant plus vraies qu'elles sont plus simples; pourquoi n'en serait-il pas de même de la loi des intérêts?

Elle est *conciliante.* Quoi de plus conciliant que ce qui

montre l'accord des industries, des classes, des nations et même des doctrines?

Elle est *consolante*, puisqu'elle signale ce qu'il y a de faux dans les systèmes qui ont pour conclusion le mal progressif.

Elle est *religieuse*, car elle nous dit que ce n'est pas seulement la mécanique céleste, mais aussi la mécanique sociale qui révèle la sagesse de Dieu et raconte sa gloire.

Elle est *pratique*, et l'on ne peut certes rien concevoir de plus aisément pratique que ceci : Laissons les hommes travailler, échanger, apprendre, s'associer, agir et réagir les uns sur les autres, puisque aussi bien, d'après les décrets providentiels, il ne peut jaillir de leur spontanéité intelligente qu'ordre, harmonie, progrès, le bien, le mieux, le mieux encore, le mieux à l'infini.

— Voilà bien, direz-vous, l'optimisme des économistes! Ils sont tellement esclaves de leurs propres systèmes, qu'ils ferment les yeux aux faits de peur de les voir. En face de toutes les misères, de toutes les injustices, de toutes les oppressions qui désolent l'humanité, ils nient imperturbablement le mal. L'odeur de la poudre des insurrections n'atteint pas leurs sens blasés; les pavés des barricades n'ont pas pour eux de langage; et la société s'écroulera qu'ils répéteront encore : « Tout est pour le mieux dans le meilleur des mondes. »

Non certes, nous ne pensons pas que tout soit pour le mieux.

J'ai une foi entière dans la sagesse des lois providentielles, et, par ce motif, j'ai foi dans la Liberté.

La question est de savoir si nous avons la Liberté.

La question est de savoir si ces lois agissent dans leur

plénitude, si leur action n'est pas profondément troublée par l'action opposée des institutions humaines.

Nier le Mal! nier la douleur! qui le pourrait?-Il faudrait oublier qu'on parle de l'homme. Il faudrait oublier qu'on est homme soi-même. Pour que les lois providentielles soient tenues pour *harmoniques*, il n'est pas nécessaire qu'elles excluent le mal. Il suffit qu'il ait son explication et sa mission, qu'il se serve de limite à lui-même, qu'il se détruise par sa propre action, et que chaque douleur prévienne une douleur plus grande en réprimant sa propre cause.

La société a pour élément l'homme qui est une force *libre*. Puisque l'homme est libre, il peut choisir; puisqu'il peut choisir, il peut se tromper; puisqu'il peut se tromper, il peut souffrir.

Je dis plus : il doit se tromper et souffrir ; car son point de départ est l'ignorance, et devant l'ignorance s'ouvrent des routes infinies et inconnues, qui toutes, hors une, mènent à l'erreur.

Or toute Erreur engendre souffrance. Ou la souffrance retombe sur celui qui s'est égaré, et alors elle met en œuvre la Responsabilité. Ou elle va frapper des êtres innocents de la faute et, en ce cas, elle fait vibrer le merveilleux appareil réactif de la Solidarité.

L'action de ces lois, combinée avec le don qui nous a été fait de lier les effets aux causes, doit nous ramener, par la douleur même, dans la voie du bien et de la vérité.

Ainsi non-seulement nous ne nions pas le Mal, mais nous lui reconnaissons une mission, dans l'ordre social comme dans l'ordre matériel.

Mais, pour qu'il la remplisse cette mission, il ne faut pas étendre artificiellement la Solidarité de manière à détruire la Responsabilité; en d'autres termes, il faut respecter la Liberté.

Que si les institutions humaines viennent contrarier en cela les lois divines, le Mal n'en suit pas moins l'erreur, seulement il se déplace. Il frappe qui il ne devait pas frapper; il n'avertit plus, il n'est plus un enseignement; il ne tend plus à se limiter et à se détruire par sa propre action; il persiste, il s'aggrave, comme il arriverait dans l'ordre physiologique, si les imprudences et les excès commis par les hommes d'un hémisphère ne faisaient ressentir leurs tristes effets que sur les hommes de l'hémisphère opposé.

Or c'est précisément là la tendance non-seulement de la plupart de nos institutions gouvernementales, mais encore et surtout de celles qu'on cherche à faire prévaloir comme remèdes aux maux qui nous affligent. Sous le philanthropique prétexte de développer entre les hommes une Solidarité factice, on rend la Responsabilité de plus en plus inerte et inefficace. On altère, par une intervention abusive de la force publique, le rapport du travail à sa récompense, on trouble les lois de l'industrie et de l'échange, on violente le développement naturel de l'instruction, on dévoie les capitaux et les bras, on fausse les idées, on enflamme les prétentions absurdes, on fait briller aux yeux des espérances chimériques, on occasionne une déperdition inouïe de forces humaines, on déplace les centres de population, on frappe d'inefficacité l'expérience même, bref on donne à tous les intérêts des bases factices, on les met aux prises, et puis on s'écrie : Voyez, les intérêts sont antagoniques. C'est la Liberté qui fait tout le mal. Maudissons et étouffons la Liberté.

Et cependant, comme ce mot sacré a encore la puissance

de faire palpiter les cœurs, on dépouille la Liberté de son prestige en lui arrachant son nom; et c'est sous le nom de *concurrence* que la triste victime est conduite à l'autel, aux applaudissements de la foule tendant ses bras aux liens de la servitude.

Il ne suffisait donc pas d'exposer, dans leur majestueuse harmonie, les lois naturelles de l'ordre social, il fallait encore montrer les causes perturbatrices qui en paralysent l'action. C'est ce que j'ai essayé de faire dans la seconde partie de ce livre.

Je me suis efforcé d'éviter la controverse. C'était perdre, sans doute, l'occasion de donner aux principes que je voulais faire prévaloir cette stabilité qui résulte d'une discussion approfondie. Mais l'attention attirée sur les digressions n'aurait-elle pas été détournée de l'ensemble? Si je montre l'édifice tel qu'il est, qu'importe comment d'autres l'ont vu, alors même qu'ils m'auraient appris à le voir?

Et maintenant je fais appel, avec confiance, aux hommes de toutes les écoles qui mettent la justice, le bien général et la vérité au-dessus de leurs systèmes.

Économistes, comme vous, je conclus à la LIBERTÉ; et si j'ébranle quelques-unes de ces prémisses qui attristent vos cœurs généreux, peut-être y verrez-vous un motif de plus pour aimer et servir notre sainte cause.

Socialistes, vous avez foi dans l'ASSOCIATION. Je vous adjure de dire, après avoir lu cet écrit, si la société actuelle, moins ses abus et ses entraves, c'est-à-dire sous la condition de la Liberté, n'est pas la plus belle, la plus complète, la plus durable, la plus universelle, la plus équitable de toutes les Associations.

Égalitaires, vous n'admettez qu'un principe, la MUTUALITÉ

DES SERVICES. Que les transactions humaines soient libres, et je dis qu'elles ne sont et ne peuvent être autre chose qu'un échange réciproque de *services* toujours décroissants en *valeur*, toujours croissants en *utilité*.

Communistes, vous voulez que les hommes, devenus frères, jouissent en commun des biens que la Providence leur a prodigués. Je prétends démontrer que la société actuelle n'a qu'à conquérir la Liberté pour réaliser et dépasser vos vœux et vos espérances : car tout y est commun à tous, à la seule condition que chacun se donne la peine de recueillir les dons de Dieu, ce qui est bien naturel ; ou restitue librement cette peine à ceux qui la prennent pour lui, ce qui est bien juste.

Chrétiens de toutes les communions, à moins que vous ne soyez les seuls qui mettiez en doute la sagesse divine, manifestée dans la plus magnifique de celle de ses œuvres qu'il nous soit donné de connaître, vous ne trouverez pas une expression dans cet écrit qui heurte votre morale la plus sévère ou vos dogmes les plus mystérieux.

Propriétaires, quelle que soit l'étendue de vos possessions, si je prouve que le droit qui vous est aujourd'hui contesté se borne, comme celui du plus simple manœuvre, à recevoir des services contre des services réels par vous ou vos pères positivement rendus, ce droit reposera désormais sur une base inébranlable.

Prolétaires, je me fais fort de démontrer que vous obtenez les fruits du champ que vous ne possédez pas, avec moins d'efforts et de peine que si vous étiez obligés de les faire croître par votre travail direct; que si on vous donnait ce champ à son état primitif et tel qu'il était avant d'avoir été préparé, par le travail, à la production.

Capitalistes et ouvriers, je me crois en mesure d'établir cette loi : « A mesure que les capitaux s'accumulent, le prélèvement *absolu* du capital dans le résultat total de la production augmente, et son prélèvement *proportionnel* diminue; le travail voit augmenter sa part *relative* et à plus forte raison sa part *absolue*. L'effet inverse se produit quand les capitaux se dissipent[1]. » — Si cette loi est établie, il en résulte clairement l'harmonie des intérêts entre les travailleurs et ceux qui les emploient.

Disciples de Malthus, philanthropes sincères et calomniés, dont le seul tort est de prémunir l'humanité contre une loi fatale, la croyant fatale, j'aurai à vous soumettre une autre loi plus consolante : « Toutes choses égales d'ailleurs, la densité croissante de population équivaut à une facilité croissante de production. » — Et s'il en est ainsi, certes, ce ne sera pas vous qui vous affligerez de voir tomber du front de notre science chérie sa couronne d'épines.

Hommes de spoliation, vous qui, de force ou de ruse, au mépris des lois ou par l'intermédiaire des lois, vous engraissez de la substance des peuples; vous qui vivez des erreurs que vous répandez, de l'ignorance que vous entretenez, des guerres que vous allumez, des entraves que vous imposez aux transactions; vous qui taxez le travail après l'avoir stérilisé, et lui faites perdre plus de gerbes que vous

---

[1] Je rendrai cette loi sensible par des chiffres. Soient trois époques pendant lesquelles le capital s'est accru, le travail restant le même. Soit la production totale aux trois époques, comme : 80 — 100 — 120. Le partage se fera ainsi :

	Part du capital.	Part du travail.	Total.
Première époque :	45	35	80
Deuxième époque :	50	50	100
Troisième époque :	55	65	120

Bien entendu, ces proportions n'ont d'autre but que d'élucider la pensée.

ne lui arrachez d'épis ; vous qui vous faites payer pour créer des obstacles, afin d'avoir ensuite l'occasion de vous faire payer pour en lever une partie ; manifestations vivantes de l'égoïsme dans son mauvais sens, excroissances parasites de la fausse politique, préparez l'encre corrosive de votre critique : à vous seuls je ne puis faire appel, car ce livre a pour but de vous sacrifier, ou plutôt de sacrifier vos prétentions injustes. On a beau aimer la conciliation, il est deux principes qu'on ne saurait concilier : la Liberté et la Contrainte.

Si les lois providentielles sont harmoniques, c'est quand elles agissent librement, sans quoi elles ne seraient pas harmoniques par elles-mêmes. Lors donc que nous remarquons un défaut d'harmonie dans le monde, il ne peut correspondre qu'à un défaut de liberté, à une justice absente. Oppresseurs, spoliateurs, contempteurs de la justice, vous ne pouvez donc entrer dans l'harmonie universelle, puisque c'est vous qui la troublez.

Est-ce à dire que ce livre pourra avoir pour effet d'affaiblir le pouvoir, d'ébranler sa stabilité, de diminuer son autorité? J'ai en vue le but directement contraire. Mais entendons-nous.

La science politique consiste à discerner ce qui doit être ou ce qui ne doit pas être dans les attributions de l'État; et, pour faire ce grand départ, il ne faut pas perdre de vue que l'État agit toujours par l'intermédiaire de la Force. Il impose tout à la fois et les services qu'il rend et les services qu'il se fait payer en retour sous le nom de contributions.

La question revient donc à ceci : Quelles sont les choses que les hommes ont le droit de s'imposer les uns aux autres *par la force?* Or je n'en sais qu'une dans ce cas, c'est la *justice*. Je n'ai pas le droit de *forcer* qui que ce soit à être religieux, charitable, instruit, laborieux; mais j'ai le droit de le *forcer* à être *juste;* c'est le cas de légitime défense.

Or il ne peut exister, dans la collection des individus, aucun droit qui ne préexiste dans les individus eux-mêmes. Si donc l'emploi de la force individuelle n'est justifié que par la légitime défense, il suffit de reconnaître que l'action gouvernementale se manifeste toujours par la Force pour en conclure qu'elle est essentiellement bornée à faire régner l'ordre, la sécurité, la justice.

Toute action gouvernementale en dehors de cette limite est une usurpation de la conscience, de l'intelligence, du travail, en un mot de la Liberté humaine.

Cela posé, nous devons nous appliquer sans relâche et sans pitié à dégager des empiétements du pouvoir le domaine entier de l'activité privée; c'est à cette condition seulement que nous aurons conquis la liberté ou le libre jeu des lois harmoniques, que Dieu a préparées pour le développement et le progrès de l'humanité.

Le Pouvoir sera-t-il pour cela affaibli? Perdra-t-il de sa stabilité, parce qu'il aura perdu de son étendue? Aura-t-il moins d'autorité, parce qu'il aura moins d'attributions? S'attirera-t-il moins de respect, parce qu'il s'attirera moins de plaintes? Sera-t-il davantage le jouet des factions, quand on aura diminué ces budgets énormes et cette influence si convoitée, qui sont l'appât des factions? Courra-t-il plus de dangers, quand il aura moins de responsabilité?

Il me semble évident, au contraire, que renfermer la force publique dans sa mission unique, mais essentielle, incontestée, bienfaisante, désirée, acceptée de tous, c'est

lui concilier le respect et le concours universel. Je ne vois
plus alors d'où pourraient venir les oppositions systémati-
ques, les luttes parlementaires, les insurrections des rues,
les révolutions, les péripéties, les factions, les illusions, les
prétentions de tous à gouverner sous toutes les formes, les
systèmes aussi dangereux qu'absurdes qui enseignent au
peuple à tout attendre du gouvernement, cette diplomatie
compromettante, ces guerres toujours en perspective ou
ces paix armées presque aussi funestes, ces taxes écrasantes
et impossibles à répartir équitablement, cette immixtion
absorbante et si peu naturelle de la politique en toutes
choses, ces grands déplacements factices de capital et de
travail, source de frottements inutiles, de fluctuations, de
crises et de dommages. Toutes ces causes et mille autres de
troubles, d'irritation, de désaffection, de convoitise et de
désordre n'auraient plus de raison d'être; et les dépositaires
du pouvoir, au lieu de la troubler, concourraient à l'universelle harmonie. Harmonie qui n'exclut pas le mal, mais
ne lui laisse que la place de plus en plus restreinte que lui
font l'ignorance et la perversité de notre faible nature, que
sa mission est de prévenir ou de châtier.

Jeunes gens, dans ce temps où un douloureux Scepticisme semble être l'effet et le châtiment de l'anarchie des
idées, je m'estimerais heureux si la lecture de ce livre faisait
arriver sur vos lèvres, dans l'ordre des idées qu'il agite, ce
mot si consolant, ce mot d'une saveur si parfumée, ce mot
qui n'est pas seulement un refuge, mais une force, puisqu'on a pu dire de lui qu'il remue les montagnes, ce mot
qui ouvre le symbole des chrétiens : JE CROIS. — « Je crois,
non d'une foi soumise et aveugle, car il ne s'agit pas du
mystérieux domaine de la révélation; mais d'une foi scien-

tifique et raisonnée, comme il convient à propos des choses laissées aux investigations de l'homme. — Je crois que celui qui a arrangé le monde matériel n'a pas voulu rester étranger aux arrangements du monde social. — Je crois qu'il a su combiner et faire mouvoir harmonieusement des agents libres aussi bien que des molécules inertes. — Je crois que sa providence éclate au moins autant, si ce n'est plus, dans les lois auxquelles il a soumis les intérêts et les volontés que dans celles qu'il a imposées aux pesanteurs et aux vitesses. — Je crois que tout dans la société est cause de perfectionnement et de progrès, même ce qui la blesse. — Je crois que le Mal aboutit au Bien et le provoque, tandis que le Bien ne peut aboutir au Mal, d'où il suit que le Bien doit finir par dominer. — Je crois que l'invincible tendance sociale est une approximation constante des hommes vers un commun niveau physique, intellectuel et moral, en même temps qu'une élévation progressive et indéfinie de ce niveau. — Je crois qu'il suffit au développement graduel et paisible de l'humanité que ses tendances ne soient pas troublées et qu'elles reconquièrent la liberté de leurs mouvements. — Je crois ces choses, non parce que je les désire et qu'elles satisfont mon cœur, mais parce que mon intelligence leur donne un assentiment réfléchi. »

Ah ! si jamais vous prononcez cette parole : JE CROIS, vous serez ardents à la propager, et le problème social sera bientôt résolu, car il est, quoi qu'on en dise, facile à résoudre. — Les intérêts sont harmoniques, — donc la solution est tout entière dans ce mot : LIBERTÉ.

HARMONIES ÉCONOMIQUES

———————— ∘⟡∘ ————————

I

ORGANISATION NATURELLE

ORGANISATION ARTIFICIELLE [1].

Est-il bien certain que le mécanisme social, comme le mécanisme céleste, comme le mécanisme du corps humain, obéisse à des lois générales? Est-il bien certain que ce soit un ensemble harmonieusement *organisé?* Ce qui s'y fait remarquer surtout, n'est-ce pas l'absence de toute *organisation?* N'est-ce pas précisément une *organisation* que recherchent aujourd'hui tous les hommes de cœur et d'avenir, tous les publicistes avancés, tous les pionniers de la pensée? Ne sommes-nous pas une pure juxtaposition d'individus agissant en dehors de tout concert, livrés aux mouvements d'une liberté anarchique? Nos masses innombrables, après avoir recouvré péniblement et l'une après l'autre toutes les libertés, n'attendent-elles pas qu'un grand génie les coordonne dans un ensemble harmonieux? Après avoir détruit, ne faut-il pas fonder?

[1] Ce chapitre fut publié pour la première fois dans le *Journal des Économistes,* numéro de janvier 1848.　　　(*Note de l'Éditeur.*)

Si ces questions n'avaient d'autre portée que celle-ci : La société peut-elle se passer de lois écrites, de règles, de mesures répressives? Chaque homme peut-il faire un usage illimité de ses facultés, alors même qu'il porterait atteinte aux libertés d'autrui, ou qu'il infligerait un dommage à la communauté tout entière? En un mot, faut-il voir dans cette maxime : *Laissez faire, laissez passer*, la formule absolue de l'économie politique? Si, dis-je, c'était là la question, la solution ne pourrait être douteuse pour personne. Les économistes ne disent pas qu'un homme peut tuer, saccager, incendier, que la société n'a qu'à le *laisser faire ;* ils disent que la résistance sociale à de tels actes se manifesterait de fait, même en l'absence de tout code ; que, par conséquent, cette résistance est une loi générale de l'humanité ; ils disent que les lois civiles ou pénales doivent régulariser et non contrarier l'action de ces lois générales *qu'elles supposent.* Il y a loin d'une organisation sociale fondée sur les lois générales de l'humanité à une organisation artificielle, imaginée, inventée, qui ne tient aucun compte de ces lois, les nie ou les dédaigne, telle enfin que semblent vouloir l'imposer plusieurs écoles modernes.

Car, s'il y a des lois générales qui agissent indépendamment des lois écrites et dont celles-ci ne doivent que régulariser l'action, il faut étudier ces *lois générales;* elles peuvent être l'objet d'une science, et l'économie politique existe. Si, au contraire, la société est une invention humaine, si les hommes ne sont que de la matière inerte, auxquels un grand génie, comme dit Rousseau, doit donner le sentiment et la volonté, le mouvement et la vie, alors il n'y a pas d'économie politique; il n'y a qu'un nombre indéfini d'arrangements possibles et contingents, et le sort des nations dépend du *fondateur* auquel le hasard aura confié leurs destinées.

Pour prouver que la société est soumise à des lois générales, je ne me livrerai pas à de longues dissertations. Je me bornerai à signaler quelques faits qui, pour être un peu vulgaires, n'en sont pas moins importants.

Rousseau a dit : « Il faut beaucoup de philosophie pour observer les faits qui sont trop près de nous. »

Tels sont les phénomènes sociaux au milieu desquels nous vivons et nous nous mouvons. L'habitude nous a tellement familiarisés avec ces phénomènes, que nous n'y faisons plus attention, pour ainsi dire, à moins qu'ils n'aient quelque chose de brusque et d'anormal qui les impose à notre observation.

Prenons un homme appartenant à une classe modeste de la société, un menuisier de village, par exemple, et observons tous les services qu'il rend à la société et tous ceux qu'il en reçoit ; nous ne tarderons pas à être frappés de l'énorme disproportion apparente.

Cet homme passe sa journée à raboter des planches, à fabriquer des tables et des armoires, il se plaint de sa condition, et cependant que reçoit-il en réalité de cette société en échange de son travail ?

D'abord, tous les jours, en se levant il s'habille, et il n'a personnellement fait aucune des nombreuses pièces de son vêtement. Or, pour que ces vêtements, tout simples qu'ils sont, soient à sa disposition, il faut qu'une énorme quantité de travail, d'industrie, de transports, d'inventions ingénieuses, ait été accomplie. Il faut que des Américains aient produit du coton, des Indiens de l'indigo, des Français de la laine et du lin, des Brésiliens du cuir ; que tous ces matériaux aient été transportés en des villes diverses, qu'ils y aient été ouvrés, filés, tissés, teints, etc.

Ensuite il déjeune. Pour que le pain qu'il mange lui arrive tous les matins, il faut que des terres aient été défrichées, closes, labourées, fumées, ensemencées ; il faut que les récoltes aient été préservées avec soin du pillage ; il faut qu'une certaine sécurité ait régné au milieu d'une innombrable multitude ; il faut que le froment ait été récolté, broyé, pétri et préparé ; il faut que le fer, l'acier, le bois, la pierre aient été convertis par le travail en instruments de travail ; que certains hommes se soient emparés de la force des animaux, d'autres du poids d'une chute d'eau, etc. ; toutes choses dont chacune, prise isolément, suppose une masse incalculable de travail mise en jeu, non-seulement dans l'espace, mais dans le temps.

Cet homme ne passera pas sa journée sans employer un peu de sucre, un peu d'huile, sans se servir de quelques ustensiles.

Il enverra son fils à l'école, pour y recevoir une instruction qui, quoique bornée, n'en suppose pas moins des recherches, des études antérieures, des connaissances dont l'imagination est effrayée.

Il sort : il trouve une rue pavée et éclairée.

On lui conteste une propriété : il trouvera des avocats pour défendre ses droits, des juges pour l'y maintenir, des officiers de justice pour faire exécuter la sentence ; toutes choses qui supposent encore des connaissances acquises, par conséquent des lumières et des moyens d'existence.

Il va à l'église : elle est un monument prodigieux, et le livre qu'il y porte est un monument peut-être plus prodigieux encore de l'intelligence humaine. On lui enseigne la morale, on éclaire son esprit, on élève son âme ; et, pour que tout cela se fasse, il faut qu'un autre homme ait pu fréquenter les bibliothèques, les séminaires, puiser à toutes les sources de la tradition humaine, qu'il ait pu vivre sans s'occuper directement des besoins de son corps.

Si notre artisan entreprend un voyage, il trouve que, pour lui épargner du temps et diminuer sa peine, d'autres hommes ont aplani, nivelé le sol, comblé des vallées, abaissé des montagnes, joint les rives des fleuves, amoindri tous les frottements, placé des véhicules à roues sur des blocs de grès ou des bandes de fer, dompté les chevaux ou la vapeur, etc.

Il est impossible de ne pas être frappé de la dispropor- tion, véritablement incommensurable, qui existe entre les satisfactions que cet homme puise dans la société et celles qu'il pourrait se donner, s'il était réduit à ses propres forces. J'ose dire que, dans une seule journée, il consomme des choses qu'il ne pourrait produire lui-même en dix siècles.

Ce qui rend le phénomène plus étrange encore, c'est que tous les autres hommes sont dans le même cas que lui. Chacun de ceux qui composent la société a absorbé des millions de fois plus qu'il n'aurait pu produire ; et cepen- dant ils ne se sont rien dérobé mutuellement. Et si l'on regarde les choses de près, on s'aperçoit que ce menuisier a payé en services tous les services qui lui ont été rendus. S'il tenait ses comptes avec une rigoureuse exactitude, on se convaincrait qu'il n'a rien reçu sans le payer au moyen de sa modeste industrie ; que quiconque a été employé à son service, dans le temps ou dans l'espace, a reçu ou rece- vra sa rémunération.

Il faut donc que le mécanisme social soit bien ingénieux, bien puissant, puisqu'il conduit à ce singulier résultat, que chaque homme, même celui que le sort a placé dans la condition la plus humble, a plus de satisfactions en un jour qu'il n'en pourrait produire en plusieurs siècles.

Ce n'est pas tout, et ce mécanisme social paraîtra bien plus ingénieux encore, si le lecteur veut bien tourner ses regards sur lui-même.

Je le suppose simple étudiant. Que fait-il à Paris ? Com- ment y vit-il? On ne peut nier que la société ne mette à sa disposition des aliments, des vêtements, un logement, des diversions, des livres, des moyens d'instruction, une multitude de choses enfin, dont la production, seulement

pour être expliquée, exigerait un temps considérable, à plus
forte raison pour être exécutée. Et, en retour de toutes ces
choses, qui ont demandé tant de travail, de sueurs, de fatigues, d'efforts physiques ou intellectuels, de transports,
d'inventions, de transactions, quels services cet étudiant rend-
il à la société ? Aucun ; seulement il se prépare à lui en rendre.
Comment donc ces millions d'hommes qui se sont livrés à
un travail positif, effectif et productif, lui en ont-ils abandonné les fruits ? Voici l'explication : c'est que le père de
cet étudiant, qui était avocat, médecin ou négociant, avait
rendu autrefois des services, — peut-être à la société chi-
noise, — et en avait retiré, non des services immédiats,
mais des *droits* à des services qu'il pourrait réclamer dans
le temps, dans le lieu et sous la forme qu'il lui conviendrait.
C'est de ces services lointains et passés que la société s'acquitte aujourd'hui ; et, chose étonnante ! si l'on suivait par
la pensée la marche des transactions infinies qui ont dû
avoir lieu pour atteindre le résultat, on verrait que chacun
a été payé de sa peine ; que ces droits ont passé de main
en main, tantôt se fractionnant, tantôt se groupant jusqu'à
ce que, par la consommation de cet étudiant, tout ait été
balancé. N'est-ce pas là un phénomène bien étrange?

On fermerait les yeux à la lumière, si l'on refusait de reconnaître que la société ne peut présenter des combinaisons si compliquées, dans lesquelles les lois civiles et pénales
prennent si peu de part, sans obéir à un mécanisme prodigieusement ingénieux. Ce mécanisme est l'objet qu'étudie
l'*Économie politique*.

Une chose encore digne de remarque, c'est que dans ce
nombre, vraiment incalculable, de transactions qui ont
abouti à faire vivre pendant un jour un étudiant, il n'y en
a peut-être pas la millionième partie qui se soit faite directement. Les choses dont il a joui aujourd'hui, et qui sont
innombrables, sont l'œuvre d'hommes dont un grand nom-

bre ont disparu depuis longtemps de la surface de la terre. Et pourtant ils ont été rémunérés comme ils l'entendaient, bien que celui qui profite aujourd'hui du produit de leur travail n'ait rien fait pour eux. Il ne les a pas connus, il ne les connaîtra jamais. Celui qui lit cette page, au moment même où il la lit, a la puissance, quoiqu'il n'en ait peut-être pas conscience, de mettre en mouvement des hommes de tous les pays, de toutes les races, et je dirai presque de tous les temps, des blancs, des noirs, des rouges, des jaunes; il fait concourir à ses satisfactions actuelles des générations éteintes, des générations qui ne sont pas nées; et cette puissance extraordinaire, il la doit à ce que son père a rendu autrefois des services à d'autres hommes qui, en apparence, n'ont rien de commun avec ceux dont le travail est mis en œuvre aujourd'hui. Cependant il s'est opéré une telle balance, dans le temps et dans l'espace, que chacun a été rétribué et a reçu ce qu'il avait calculé devoir recevoir.

En vérité, tout cela a-t-il pu se faire, des phénomènes aussi extraordinaires ont-ils pu s'accomplir sans qu'il y eût, dans la société, une naturelle et savante *organisation* qui agit pour ainsi dire à notre insu?

On parle beaucoup de nos jours d'inventer une nouvelle *organisation*. Est-il bien certain qu'aucun penseur, quelque génie qu'on lui suppose, quelque autorité qu'on lui donne, puisse imaginer et faire prévaloir une organisation supérieure à celle dont je viens d'esquisser quelques résultats?

Que serait-ce, si j'en décrivais aussi les rouages, les ressorts et les mobiles?

Ces rouages sont des hommes, c'est-à-dire des êtres capables d'apprendre, de réfléchir, de raisonner, de se tromper, de se rectifier, et par conséquent d'agir sur l'amélioration ou sur la détérioration du mécanisme lui-même. Ils sont capables de satisfaction et de douleur, et c'est en cela qu'ils sont non-seulement les rouages, mais les ressorts du mécanisme. Ils en sont aussi les mobiles, car le principe d'activité est en eux. Ils sont plus que cela encore, ils en sont l'objet même et le but, puisque c'est en satisfactions et en douleurs individuelles que tout se résout en définitive.

Or on a remarqué, et malheureusement il n'a pas été difficile de remarquer, que, dans l'action, le développement et même le progrès (par ceux qui l'admettent) de ce puissant mécanisme, bien des rouages étaient inévitablement, fatalement écrasés; que, pour un grand nombre d'êtres humains, la somme des douleurs imméritées surpassait de beaucoup la somme des jouissances.

A cet aspect, beaucoup d'esprits sincères, beaucoup de cœurs généreux ont douté du mécanisme lui-même. Ils l'ont nié, ils ont refusé de l'étudier, ils ont attaqué, souvent avec violence, ceux qui en avaient recherché et exposé les lois ; ils se sont levés contre la nature des choses, et enfin ils ont proposé d'*organiser* la société sur un plan nouveau, où l'injustice, la souffrance et l'erreur ne sauraient trouver place.

A Dieu ne plaise que je m'élève contre des intentions manifestement philanthropiques et pures! Mais je déserterais mes convictions, je reculerais devant les injonctions de ma propre conscience, si je ne disais que, selon moi, ces hommes sont dans une fausse voie.

En premier lieu ils sont réduits, par la nature même de leur propagande, à la triste nécessité de méconnaître le bien que la société développe, de nier ses progrès, de lui imputer tous les maux, de les rechercher avec un soin presque avide et de les exagérer outre mesure.

Quand on croit avoir découvert une organisation sociale différente de celle qui est résultée des naturelles tendances de l'humanité, il faut bien, pour faire accepter son invention, décrire sous les couleurs les plus sombres les résultats de l'organisation qu'on veut abolir. Aussi les publicistes auxquels je fais allusion, après avoir proclamé avec enthousiasme et peut-être exagéré la perfectibilité humaine, tombent dans l'étrange contradiction de dire que la société se détériore de plus en plus. A les entendre, les hommes sont mille fois plus malheureux qu'ils ne l'étaient dans les temps anciens, sous le régime féodal et sous le joug de l'esclavage; le monde est devenu un enfer. S'il était possible d'évoquer le Paris du dixième siècle, j'ose croire qu'une telle thèse serait insoutenable.

Ensuite ils sont conduits à condamner le principe même d'action des hommes, je veux dire l'*intérêt personnel*, puisqu'il a amené un tel état de choses. Remarquons que l'homme est organisé de telle façon, qu'il recherche la satisfaction et évite la peine; c'est de là, j'en conviens, que naissent tous les maux sociaux, la guerre, l'esclavage, le monopole, le privilége; mais c'est de là aussi que viennent tous les biens, puisque la satisfaction des besoins et la répugnance pour la douleur sont les mobiles de l'homme. La question est donc de savoir si ce mobile qui, par son universalité, d'individuel devient social, n'est pas en lui-même un principe de progrès.

En tout cas, les inventeurs d'organisations nouvelles ne s'aperçoivent-ils pas que ce principe, inhérent à la nature même de l'homme, les suivra dans leurs organisations, et que là il fera bien d'autres ravages que dans notre organisation naturelle, où les prétentions injustes et l'intérêt de l'un sont au moins contenus par la résistance de tous? Ces publicistes supposent toujours deux choses inadmissibles : la première, que la société telle qu'ils la conçoivent sera dirigée par des hommes infaillibles et dénués de ce mobile, — l'intérêt; la seconde, que la masse se laissera diriger par ces hommes.

Enfin les Organisateurs ne paraissent pas se préoccuper le moins du monde des moyens d'exécution. Comment feront-ils prévaloir leurs systèmes? Comment décideront-ils tous les hommes à la fois à renoncer à ce mobile qui les fait mouvoir : l'attrait pour les satisfactions, la répugnance pour les douleurs ? Il faudrait donc, comme disait Rousseau, *changer la constitution morale et physique de l'homme ?*

Pour déterminer tous les hommes à la fois à rejeter comme un vêtement incommode l'ordre social actuel, dans lequel l'humanité a vécu et s'est développée depuis son origine jusqu'à nos jours, à adopter une organisation d'invention humaine et à devenir les pièces dociles d'un autre méca-nisme, il n'y a, ce me semble, que deux moyens : la Force, ou l'Assentiment universel. .

Il faut, ou bien que l'organisateur dispose d'une force capable de vaincre toutes les résistances, de manière à ce que l'humanité ne soit entre ses mains qu'une cire molle qui se laisse pétrir et façonner à sa fantaisie ; ou obtenir, par la persuasion, un assentiment si complet, si exclusif, si aveugle même, qu'il rende inutile l'emploi de la force.

Je défie qu'on me cite un troisième moyen de faire triompher, de faire entrer dans la pratique humaine un phalanstère ou toute autre organisation sociale artificielle.

Or, s'il n'y a que ces deux moyens et si l'on démontre que l'un est aussi impraticable que l'autre, on prouve par cela même que les organisateurs perdent leur temps et leur peine.

Quant à disposer d'une force matérielle qui leur soumette tous les rois et tous les peuples de la terre, c'est à quoi les rêveurs, tout rêveurs qu'ils sont, n'ont jamais songé. Le roi Alphonse avait bien l'orgueil de dire : « Si j'étais entré dans les conseils de Dieu, le monde planétaire serait mieux arrangé. » Mais s'il mettait sa propre sagesse au-dessus de celle du Créateur, il n'avait pas au moins la folie de vouloir lutter de puissance avec Dieu ; et l'histoire ne rapporte pas qu'il ait essayé de faire tourner les étoiles selon les lois de son invention. Descartes aussi se contenta de composer un petit monde de dés et de ficelles, sachant bien qu'il n'était pas assez *fort* pour remuer l'univers. Nous ne connaissons

que Xerxès qui, dans l'enivrement de sa puissance, ait osé
dire aux flots : « Vous n'irez pas plus loin. » Les flots cependant ne reculèrent pas devant Xerxès ; mais Xerxès re-
cula devant les flots, et, sans cette humiliante mais sage
précaution, il aurait été englouti.

La Force manque donc aux Organisateurs pour soumettre
l'humanité à leurs expérimentations. Quand ils gagneraient
à leur cause l'autocrate russe, le schah de Perse, le kan des
Tartares et tous les chefs des nations qui exercent sur leurs
sujets un empire absolu, ils ne parviendraient pas encore à
disposer d'une force suffisante pour distribuer les hommes
en groupes et séries, et anéantir les lois générales de la propriété, de l'échange, de l'hérédité et de la famille ; car, même
en Russie, même en Perse et en Tartarie, il faut compter
plus ou moins avec les hommes. Si l'empereur de Russie
s'avisait de vouloir *altérer la constitution morale et physique*
de ses sujets, il est probable qu'il aurait bientôt un successeur, et que ce successeur ne serait pas tenté de poursuivre
l'expérience.

Puisque la *force* est un moyen tout à fait hors de la portée
de nos nombreux Organisateurs, il ne leur reste d'autre
ressource que d'obtenir l'*assentiment universel*.

Il y a pour cela deux moyens : la persuasion et l'imposture.

La persuasion ! mais on n'a jamais vu deux intelligences
s'accorder parfaitement sur tous les points d'une seule
science. Comment donc tous les hommes, de langues, de
races, de mœurs diverses, répandus sur la surface du globe,
la plupart ne sachant pas lire, destinés à mourir sans entendre parler du *réformateur*, accepteront-ils unanimement
la science universelle ? De quoi s'agit-il ? De changer le mode
de travail, d'échanges, de relations domestiques, civiles, religieuses, en un mot, d'altérer la constitution physique et
morale de l'homme ; — et l'on espérerait rallier l'humanité
toute entière par la conviction !

Vraiment la tâche paraît bien ardue.

Quand on vient dire à ses semblables :

« Depuis cinq mille ans, il y a eu un malentendu entre Dieu et l'humanité ;

« Depuis Adam jusqu'à nous, le genre humain fait fausse route, et pour peu qu'il me croie, je le vais mettre en bon chemin ;

« Dieu voulait que l'humanité marchât différemment, elle ne l'a pas voulu, et voilà pourquoi le mal s'est introduit dans le monde. Qu'elle se retourne toute entière à ma voix pour prendre une direction inverse, et le bonheur universel va luire sur elle. »

Quand, dis-je, on débute ainsi, c'est beaucoup si l'on est cru de cinq ou six adeptes ; de là à être cru d'un milliard d'hommes, il y a loin, bien loin ! si loin, que la distance est incalculable.

Et puis songez que le nombre des inventions sociales est aussi illimité que le domaine de l'imagination ; qu'il n'y a pas un publiciste, qui, se renfermant pendant quelques heures dans son cabinet, n'en puisse sortir avec un plan d'organisation artificielle à la main ; que les inventions de Fourier, Saint-Simon, Owen, Cabet, Blanc, etc., ne se ressemblent nullement entre elles ; qu'il n'y a pas de jour qui n'en voie éclore d'autres encore ; que, véritablement, l'humanité a quelque peu raison de se recueillir et d'hésiter avant de rejeter l'organisation sociale que Dieu lui a donnée, pour faire, entre tant d'inventions sociales, un choix définitif et irrévocable. Car, qu'arriverait-il, si, lorsqu'elle aurait choisi un de ces plans, il s'en présentait un meilleur ? Peut-elle chaque jour constituer la propriété, la famille, le travail, l'échange sur des bases différentes ? Doit-elle s'exposer à changer d'organisation tous les matins ?

« Ainsi donc, comme dit Rousseau, le législateur ne pouvant employer ni la force, ni le raisonnement, c'est une nécessité qu'il recoure à une autorité d'un autre ordre qui puisse entraîner sans violence et persuader sans convaincre.

Quelle est cette autorité ? L'imposture. Rousseau n'ose pas articuler le mot; mais, selon son usage invariable en pareil cas, il le place derrière le voile transparent d'une tirade d'éloquence :

« Voilà, dit-il, ce qui força de tous les temps les Pères des nations de recourir à l'intervention du ciel, et d'honorer les dieux de leur propre sagesse, afin que les peuples, soumis aux lois de l'État comme à celles *de la nature*, et reconnaissant le même pouvoir dans la formation de l'homme et dans celle de la cité, obéissent *avec liberté* et portassent docilement le joug de la félicité publique. Cette raison *sublime*, qui l'élève au-dessus de la portée des hommes vulgaires, est celle dont le législateur *met les décisions dans la bouche des immortels* pour ·entraîner par l'autorité divine ceux que ne pourrait ébranler la prudence humaine. Mais il n'appartient pas à tout homme de faire parler *les dieux*, etc. »

Et pour qu'on ne s'y trompe pas, il laisse à Machiavel, en le citant, le soin d'achever sa pensée : *Mai non fu alcuno ordinatore di leggi* STRAORDINARIE *in un popolo che non ricorresse a Dio.*

Pourquoi Machiavel conseille-t-il de recourir *à Dieu*, et Rousseau *aux dieux, aux immortels?* Je laisse au lecteur à résoudre la question.

Certes je n'accuse pas les modernes *Pères des nations* d'en venir à ces indignes supercheries. Cependant il ne faut pas se dissimuler que, lorsqu'on se place à leur point de vue, on comprend qu'ils se laissent facilement entraîner par le désir de réussir. Quand un homme sincère et philanthrope est bien convaincu qu'il possède un secret social, au moyen duquel tous ses semblables jouiraient dans ce monde d'une félicité sans bornes; quand il voit clairement qu'il ne peut

faire prévaloir son idée ni par la force ni par le raisonnement, et que la supercherie est sa seule ressource, il doit
éprouver une bien forte tentation. On sait que les ministres
mêmes de la religion qui professe au plus haut degré l'horreur du mensonge, n'ont pas reculé devant les *fraudes
pieuses ;* et l'on voit, par l'exemple de Rousseau, cet austère
écrivain qui a inscrit en tête de tous ses ouvrages cette devise : *Vitam impendere vero,* que l'orgueilleuse philosophie
elle-même peut se laisser séduire à l'attrait de cette maxime
bien différente : *La fin justifie les moyens.* Qu'y aurait-il de
surprenant à ce que les Organisateurs modernes songeassent
aussi à *honorer les dieux de leur propre sagesse, à mettre leurs
décisions dans la bouche des immortels, à entraîner sans violence et à persuader sans convaincre ?*

On sait qu'à l'exemple de Moïse, Fourier a fait précéder
son Deutéronome d'une Genèse. Saint-Simon et ses disciples
avaient été plus loin dans leurs velléités apostoliques. D'autres, plus avisés, se rattachent à la religion la plus étendue,
en la modifiant selon leurs vues, sous le nom de *néo-chris-
tianisme ;* et il n'y a personne qui ne soit frappé du ton d'afféterie mystique que presque tous les Réformateurs modernes introduisent dans leur prédication.

Mais les efforts qui ont été essayés dans ce sens n'ont servi
qu'à prouver une chose qui a, il est vrai, son importance :
c'est que, de nos jours, n'est pas prophète qui veut. On a
beau se proclamer Dieu, on n'est cru de personne, ni du public, ni de ses compères, ni de soi-même.

Puisque j'ai parlé de Rousseau, je me permettrai de faire
ici quelques réflexions sur cet *organisateur,* d'autant qu'elles
serviront à faire comprendre en quoi les organisations artificielles diffèrent de l'organisation naturelle. Cette digression n'est pas d'ailleurs tout à fait intempestive, puisque,
depuis quelque temps, on signale le *Contrat social* comme
l'oracle de l'avenir.

Rousseau était convaincu que l'isolement était l'*état de nature* de l'homme, et que, par conséquent, la *société* était d'invention humaine. « L'*ordre social*, dit-il en débutant, *ne vient pas de la nature;* il est donc fondé sur des conventions. »

En outre, ce philosophe, quoique aimant avec passion la liberté, avait une triste opinion des hommes. Il les croyait tout à fait incapables de se donner une bonne institution. L'intervention d'un fondateur, d'un législateur, d'un père des nations, était donc indispensable.

« Le peuple soumis aux lois, dit-il, en doit être l'auteur. Il n'appartient qu'à ceux qui s'associent de régler les conditions de la société ; mais comment les régleront-ils? Sera-ce d'un commun accord, par une inspiration subite ? Comment une multitude aveugle, qui souvent ne sait ce qu'elle veut, parce que rarement elle sait ce qui lui est bon, exécuterait-elle d'elle-même une entreprise aussi grande, aussi difficile qu'un système de législation?... Les particuliers voient le bien qu'ils rejettent, le public veut le bien qu'il ne voit pas ; tous ont également besoin de guides... Voilà d'où naît la nécessité d'un législateur. »

Ce législateur, on l'a déjà vu, «ne pouvant employer ni la force ni le raisonnement, c'est une nécessité qu'il recoure à une autorité d'un autre ordre, » c'est-à-dire, en bon français, à la fourberie.

Rien ne peut donner une idée de l'immense hauteur au-dessus des autres hommes où Rousseau place son législateur :

« Il faudrait des dieux pour donner des lois aux hommes... Celui qui ose entreprendre d'instituer un peuple doit se sentir en état de changer, pour ainsi dire, la nature humaine..., d'altérer la constitution de l'homme pour le renforcer... Il faut qu'il ôte à l'homme ses propres forces pour lui en donner qui lui soient étrangères... Le législateur est, à tous égards, un homme extraordinaire dans l'État ; ... son emploi est une fonction particulière et supérieure, qui n'a rien de commun avec l'empire humain... S'il est vrai qu'un grand prince est un homme rare, que sera-ce d'un grand législateur ? Le premier n'a qu'à suivre le modèle que l'autre doit lui proposer. Celui-ci est le mécanicien qui invente la machine ; celui-là n'est que l'ouvrier qui la monte et la fait marcher. »

Et qu'est donc l'humanité dans tout cela ? La vile matière dont la machine est composée.

En vérité, n'est-ce pas là l'orgueil porté jusqu'au délire ? Ainsi les hommes sont les matériaux d'une machine que le prince fait marcher ; le législateur en propose le modèle ; et le philosophe régente le législateur, se plaçant ainsi à une distance incommensurable du vulgaire, du prince et du législateur lui-même : il plane sur le genre humain, le meut, le transforme, le pétrit, ou plutôt enseigne aux Pères des nations comment il faut s'y prendre.

Cependant le fondateur d'un peuple doit se proposer un but. Il a de la matière humaine à mettre en œuvre, et il faut bien qu'il l'ordonne à une fin. Comme les hommes sont dépourvus d'initiative, et que tout dépend du législateur, celui-ci décidera si un peuple doit être ou commerçant, ou agriculteur, ou barbare et ichthyophage, etc. ; mais il est à désirer que le législateur ne se trompe pas et ne fasse pas trop violence à la nature des choses.

Les hommes, en *convenant* de s'associer, ou plutôt en s'associant par la volonté du législateur, ont donc un but très-précis. « C'est ainsi, dit Rousseau, que les Hébreux et récemment les Arabes ont eu pour principal objet la religion ; les Athéniens, les lettres ; Carthage et Tyr, le commerce ; Rhodes, la marine ; Sparte, la guerre, et Rome, la vertu. »

Quel sera l'objet qui nous décidera, nous Français, à sortir de l'isolement ou de l'*état de nature* pour former une société ?

Ou plutôt (car nous ne sommes que la matière inerte, les matériaux de la machine), vers quel objet nous dirigera notre grand *Instituteur* ?

Dans les idées de Rousseau, ce ne pouvait guère être ni les lettres, ni le commerce, ni la marine. La guerre est un plus noble but, et la vertu un but plus noble encore. Cependant il y en a un très-supérieur. Ce qui doit être la fin de tout système de législation, « c'est la *liberté* et l'*égalité* ».

Mais il faut savoir ce que Rousseau entendait par la liberté. Jouir de la liberté, selon lui, ce n'est pas être libre, c'est *donner son suffrage*, alors même qu'on serait « entraîné sans violence, et persuadé sans être convaincu, » car alors « on obéit avec liberté et l'on porte docilement le joug de la félicité publique. »

« Chez les Grecs, dit-il, tout ce que le peuple avait à faire, il le faisait par lui-même ; il était sans cesse assemblé sur la place, il habitait un climat doux, il n'était point avide, *des esclaves faisaient tous ses travaux, sa grande affaire était sa liberté.* »

« Le peuple anglais, dit-il ailleurs, croit être libre ; il se trompe fort. Il ne l'est que durant l'élection des membres du parlement ; sitôt qu'ils sont élus, il est esclave, il n'est rien. »

Le peuple doit donc faire par lui-même tout ce qui est service public, s'il veut être libre, car c'est en cela que consiste la liberté. Il doit toujours nommer, toujours être sur la place publique. Malheur à lui, s'il songe à travailler pour vivre ! Sitôt qu'un seul citoyen s'avise de soigner ses propres affaires, à l'instant (c'est une locution que Rousseau aime beaucoup) tout est perdu.

Mais, certes, la difficulté n'est pas petite. Comment faire ? Car enfin, même pour pratiquer la vertu, même pour exercer la liberté, encore faut-il vivre.

On a vu tout à l'heure sous quelle enveloppe oratoire

Rousseau avait caché le mot *imposture*. On va le voir maintenant recourir à un trait d'éloquence pour faire passer la conclusion de tout son livre, *l'esclavage*.

« Vos durs climats vous donnent des besoins, six mois de l'année la place publique n'est pas tenable ; vos langues sourdes ne peuvent se faire entendre en plein air, et vous craignez bien moins l'esclavage que la misère. »

« Vous voyez bien que vous ne pouvez être libres. »

« Quoi ! la liberté ne se maintient qu'à l'appui de la servitude ? Peut-être. »

Si Rousseau s'était arrêté à ce mot affreux, le lecteur eût été révolté. Il fallait recourir aux déclamations imposantes. Rousseau n'y manque pas.

« Tout ce qui n'est point dans la nature (c'est de la société qu'il s'agit) a ses inconvénients, et la société civile plus que tout le reste. Il y a des positions malheureuses où l'on ne peut conserver sa liberté qu'aux dépens de celle d'autrui, et où le citoyen ne peut être parfaitement libre que l'esclave ne soit extrêmement esclave. Pour vous, peuples modernes, vous n'avez point d'esclaves, mais vous l'êtes ; vous payez leur liberté de la vôtre... Vous avez beau vanter cette préférence, j'y trouve plus de lâcheté que d'humanité. »

Je le demande, cela ne veut-il pas dire : Peuples modernes, vous feriez bien mieux de n'être pas esclaves et d'en avoir.

Que le lecteur veuille bien excuser cette longue digression, j'ai cru qu'elle n'était pas inutile. Depuis quelque temps, on nous représente Rousseau et ses disciples de la Convention comme les apôtres de la fraternité humaine. — Des hommes pour matériaux, un prince pour mécanicien, un père des nations pour inventeur, un philosophe par-dessus tout cela, l'imposture pour moyen, l'esclavage pour résultat ; est-ce donc là la fraternité qu'on nous promet ?

Il m'a semblé aussi que cette étude du *Contrat social* était propre à faire voir ce qui caractérise les organisations sociales artificielles. Partir de cette idée que la société est un état contre nature ; chercher les combinaisons auxquelles on pourrait soumettre l'humanité; perdre de vue qu'elle a son mobile en elle-même ; considérer les hommes comme de vils matériaux ; aspirer à leur donner le mouvement et la volonté, le sentiment et la vie ; se placer ainsi à une hauteur incommensurable au-dessus du genre humain : voilà les traits communs à tous les inventeurs d'organisations sociales. Les inventions diffèrent, les inventeurs se ressemblent.

Parmi les arrangements nouveaux auxquels les faibles humains sont conviés, il en est un qui se présente en termes qui le rendent digne d'attention. Sa formule est : *Association progressive et volontaire.*

Mais l'*économie politique* est précisément fondée sur cette donnée, que *société* n'est autre chose qu'*association* (ainsi que ces trois mots le disent), association fort imparfaite d'abord, parce que l'homme est imparfait, mais se perfectionnant avec lui, c'est-à-dire *progressive*. Veut-on parler d'une association plus étroite entre le travail, le capital et le talent, d'où doivent résulter pour les membres de la famille humaine plus de bien et un bien-être mieux réparti ? A la condition que ces associations soient *volontaires ;* que la force et la contrainte n'interviennent pas ; que les associés n'aient pas la prétention de faire supporter les frais de leur établissement par ceux qui refusent d'y entrer, en quoi répugnent-elles à l'économie politique ? Est-ce que l'économie politique, comme science, n'est pas tenue d'examiner les formes diverses par lesquelles il plaît aux hommes d'unir leurs forces et de se partager les occupations, en vue d'un bien-être plus grand et mieux réparti ? Est-ce que le commerce ne nous donne pas fréquemment l'exemple de deux, trois, quatre personnes formant entre elles des associations ? Est-ce que le métayage n'est pas une sorte d'association informe, si l'on veut, du capital et du travail? Est-ce que nous n'avons pas vu, dans ces derniers temps, se produire les compagnies par actions, qui donnent au plus petit capital le pouvoir de prendre part aux plus grandes entreprises? Est-ce qu'il n'y a pas à la surface du pays quelques fabriques où l'on essaye d'associer tous les co-travailleurs aux résultats? Est-ce que l'économie politique condamne ces essais et les efforts que font les hommes pour tirer un meilleur parti de leurs forces? Est-ce qu'elle a affirmé quelque part que l'humanité a dit son dernier mot? C'est tout le contraire, et je crois qu'il n'est aucune science qui démontre plus clairement que la société est dans l'enfance.

Mais, quelques espérances que l'on conçoive pour l'avenir, quelques idées que l'on se fasse des formes que l'humanité pourra trouver pour le perfectionnement de ses relations et la diffusion du bien-être, des connaissances et de la moralité, il faut pourtant bien reconnaître que la société est une organisation qui a pour élément un agent intelligent, moral, doué de libre arbitre et perfectible. Si vous en ôtez la liberté, ce n'est plus qu'un triste et grossier mécanisme.

La liberté! il semble qu'on n'en veuille pas de nos jours. Sur cette terre de France, empire privilégié de la mode, il semble que la liberté ne soit plus de mise. Et moi, je dis : Quiconque repousse la liberté n'a pas foi dans l'humanité. On prétend avoir fait récemment cette désolante découverte que la liberté conduit fatalement au monopole[1]. Non, cet enchaînement monstrueux, cet accouplement contre nature n'existe pas; il est le fruit imaginaire d'une erreur qui se dis-

---

[1] « Il est avéré que notre régime de libre concurrence, réclamé par une Économie politique ignorante, et décrété pour abolir les monopoles, n'aboutit qu'à l'organisation générale des grands monopoles en toutes branches. » (*Principes du socialisme*, par M. Considérant, page 15.)

sipe bientôt au flambeau de l'économie politique. La liberté
engendrer le monopole! L'oppression naître naturellement
de la liberté! mais prenons-y garde, affirmer cela, c'est affirmer que les tendances de l'humanité sont radicalement
mauvaises, mauvaises en elles-mêmes, mauvaises par nature,
mauvaises par essence; c'est affirmer que la pente naturelle
de l'homme est vers sa détérioration, et l'attrait irrésistible
de l'esprit vers l'erreur. Mais alors à quoi bon nos écoles,
nos études, nos recherches, nos discussions, sinon à nous
imprimer une impulsion plus rapide sur cette pente fatale,
puisque, pour l'humanité, apprendre à choisir, c'est apprendre à se suicider? Et, si les tendances de l'humanité sont
essentiellement perverses, où donc, pour les changer, les
organisateurs chercheront-ils leur point d'appui! D'après
les prémisses, ce point d'appui devrait être placé en dehors
de l'humanité. Le chercheront-ils en eux-mêmes, dans leur
intelligence, dans leur cœur? mais ils ne sont pas des dieux
encore; ils sont hommes aussi, et par conséquent poussés
avec l'humanité toute entière vers le fatal abîme. Invoque-
ront-ils l'intervention de l'État? Mais l'État est composé
d'hommes; et il faudrait prouver que ces hommes forment
une classe à part, pour qui les lois générales de la société
ne sont pas faites, puisque c'est eux qu'on charge de faire
ces lois. Sans cette preuve, la difficulté n'est pas même
reculée.

Ne condamnons pas ainsi l'humanité avant d'en avoir
étudié les lois, les forces, les énergies, les tendances. Depuis
qu'il eut reconnu l'attraction, Newton ne prononçait plus le
nom de Dieu sans se découvrir. Autant l'intelligence est
au-dessus de la matière, autant le monde social est au-
dessus de celui qu'admirait Newton : car la mécanique
céleste obéit à des lois dont elle n'a pas la conscience.
Combien plus de raison aurons-nous de nous incliner devant
la Sagesse éternelle, à l'aspect de la mécanique sociale, où

vit aussi la pensée universelle, *mens agitat molem*, mais qui
présente de plus ce phénomène extraordinaire que chaque
atome est un être animé, pensant, doué de cette énergie
merveilleuse, de ce principe de toute moralité, de toute
dignité, de tout progrès, attribut exclusif de l'homme, — la
LIBERTÉ !

BESOINS, EFFORTS, SATISFACTIONS [1].

Quel spectacle profondément affligeant nous offre la France !

Il serait difficile de dire si l'anarchie a passé des idées aux faits ou des faits aux idées, mais il est certain qu'elle a tout envahi.

Le pauvre s'élève contre le riche ; le prolétariat contre la propriété ; le peuple contre la bourgeoisie ; le travail contre le capital ; l'agriculture contre l'industrie ; la campagne contre la ville ; la province contre la capitale ; le regnicole contre l'étranger.

Et les théoriciens surviennent, qui font un système de cet antagonisme. « Il est, disent-ils, le résultat *fatal* de la nature des choses, c'est-à-dire de la liberté. L'homme *s'aime lui-même*, et voilà d'où vient tout le mal, car puisqu'il s'aime, il tend vers son propre bien-être, et il ne le peut trouver que dans le malheur de ses frères. Empêchons donc qu'il n'obéisse à ses tendances ; étouffons sa liberté ; changeons le cœur humain ; substituons un autre mobile à celui que Dieu y a placé ; inventons et dirigeons une société artificielle ! »

---

[1] Ce chapitre et le suivant furent insérés en septembre et décembre 1848 dans le *Journal des Économistes.*   (*Note de l'Éditeur.*)

Quand on en est là, une carrière sans limites s'ouvre devant la logique ou l'imagination. Si l'on est doué d'un esprit dialecticien combiné avec une nature chagrine, on s'acharne dans l'analyse du mal ; on le dissèque, on le met au creuset, on lui demande son dernier mot, on remonte à ses causes, on le poursuit dans ses conséquences ; et comme, à raison de notre imperfection native, il n'est étranger à rien, il n'est rien qu'on ne dénigre. On ne montre la propriété, la famille, le capital, l'industrie, la concurrence, la liberté, l'intérêt personnel, que par un de leurs aspects, par le côté qui détruit ou qui blesse ; on fait, pour ainsi dire, contenir l'histoire naturelle de l'homme dans la clinique. On jette à Dieu le défi de concilier ce qu'on dit de sa bonté infinie avec l'existence du mal. On souille tout, on dégoûte de tout, on nie tout ; et l'on ne laisse pas cependant que d'obtenir un triste et dangereux succès auprès de ces classes que la souffrance n'incline que trop vers le désespoir.

Si, au contraire, on porte un cœur ouvert à la bienveillance, un esprit qui se complaise aux illusions, on s'élance vers la région des chimères. On rêve des Océana, des Atlantide, des Salente, des Spensonie, des Icarie, des Utopie, des Phalanstère ; on les peuple d'êtres dociles, aimants, dévoués, qui n'ont garde de faire jamais obstacle à la fantaisie du rêveur. Celui-ci s'installe complaisamment dans son rôle de Providence. Il arrange, il dispose, il fait les hommes à son gré ; rien ne l'arrête, jamais il ne rencontre de déceptions ; il ressemble à ce prédicateur romain qui, après avoir transformé son bonnet carré en Rousseau, réfutait chaleureusement le *Contrat social*, et triomphait d'avoir réduit son adversaire au silence. C'est ainsi que le réformateur fait briller, aux yeux de ceux qui souffrent, les séduisants tableaux d'une félicité idéale bien propre à dégoûter des rudes nécessités de la vie réelle.

Cependant il est rare que l'utopiste s'en tienne à ces

innocentes chimères. Dès qu'il veut y entraîner l'humanité, il éprouve qu'elle n'est pas facile à se laisser transformer. Elle résiste, il s'aigrit. Pour la déterminer, il ne lui parle pas seulement du bonheur qu'elle refuse; il lui parle surtout des maux dont il prétend la délivrer. Il ne saurait en faire une peinture trop saisissante. Il s'habitue à charger sa palette, à renforcer ses couleurs. Il cherche le mal, dans la société actuelle, avec autant de passion qu'un autre en mettrait à y découvrir le bien. Il ne voit que souffrances, haillons, maigreur, inanition, douleurs, oppression. Il s'étonne, il s'irrite de ce que la société n'ait pas un sentiment assez vif de ses misères. Il ne néglige rien pour lui faire perdre son insensibilité, et, après avoir commencé par la bienveillance, lui aussi finit par la misanthropie [1].

A Dieu ne plaise que j'accuse ici la sincérité de qui que ce soit! Mais, en vérité, je ne puis m'expliquer que ces publicistes, qui voient un antagonisme radical au fond de l'ordre naturel des sociétés, puissent goûter un instant de calme et de repos. Il me semble que le découragement et le désespoir doivent être leur triste partage. Car enfin, si la nature s'est trompée en faisant de l'*intérêt personnel* le grand ressort des sociétés humaines (et son erreur est évidente, dès qu'il est admis que les intérêts sont fatalement antagoniques), comment ne s'aperçoivent-ils pas que le mal est irrémédiable? Ne pouvant recourir qu'à des hommes, hommes nous-mêmes, où prendrons-nous notre point d'appui pour changer les tendances de l'humanité? Invoquerons-nous la Police, la Magistrature, l'État, le Législateur? Mais c'est en appeler à des hommes, c'est-à-dire à des êtres sujets à l'infirmité commune. Nous adresserons-nous au Suffrage Uni-

---

[1] « Notre régime industriel, formé sur la concurrence sans garantie et sans organisation, n'est donc qu'un enfer social, une vaste réalisation de tous les tourments et de tous les supplices de l'antique Ténare. Il y a une différence pourtant : les victimes. »   (V. CONSIDÉRANT.)

versel? Mais c'est donner le cours le plus libre à l'universelle tendance.

Il ne reste donc qu'une ressource à ces publicistes. C'est de se donner pour des révélateurs, pour des prophètes, pétris d'un autre limon, puisant leurs inspirations à d'autres sources que le reste de leurs semblables; et c'est pourquoi, sans doute, on les voit si souvent envelopper leurs systèmes et leurs conseils dans une phraséologie mystique. Mais s'ils sont des envoyés de Dieu, qu'ils prouvent donc leur mission. En définitive, ce qu'ils demandent, c'est la puissance souveraine, c'est le despotisme le plus absolu qui fut jamais.

Non-seulement ils veulent gouverner nos actes, mais ils prétendent altérer jusqu'à l'essence même de nos sentiments. C'est bien le moins qu'ils nous montrent leurs titres. Espèrent-ils que l'humanité les croira sur parole, alors surtout qu'ils ne s'entendent pas entre eux?

Mais avant même d'examiner leurs projets de sociétés artificielles, n'y a-t-il pas une chose dont il faut s'assurer, à savoir, s'ils ne se trompent pas dès le point de départ? Est-il bien certain que LES INTÉRÊTS SOIENT NATURELLEMENT ANTAGONIQUES, qu'une cause irrémédiable d'inégalité se développe fatalement dans l'ordre naturel des sociétés humaines, sous l'influence de l'intérêt personnel, et que, dès lors, Dieu se soit manifestement trompé quand il a ordonné que l'homme tendrait vers le bien-être?

C'est ce que je me propose de rechercher.

Prenant l'homme tel qu'il a plu à Dieu de le faire, susceptible de prévoyance et d'expérience, perfectible, s'aimant lui-même, c'est incontestable, mais d'une affection tempérée par le principe sympathique, et, en tout cas, contenue, équilibrée par la rencontre d'un sentiment analogue universellement répandu dans le milieu où elle agit, je me demande quel ordre social doit nécessairement résulter de la combinaison et des libres tendances de ces éléments.

Si nous trouvons que ce résultat n'est autre chose qu'une marche progressive vers le bien-être, le perfectionnement et l'égalité ; une approximation soutenue de toutes les classes vers un même niveau physique, intellectuel et moral, en même temps qu'une constante élévation de ce niveau, l'œuvre de Dieu sera justifiée. Nous apprendrons avec bonheur qu'il n'y a pas de lacune dans la création, et que l'ordre social, comme tous les autres, atteste l'existence de ces *lois harmoniques* devant lesquelles s'inclinait Newton et qui arrachaient au Psalmiste ce cri : *Cœli enarrant gloriam Dei.*

Rousseau disait : Si j'étais prince ou législateur, je ne perdrais pas mon temps à dire ce qu'il faut faire, je le ferais, ou je me tairais.

Je ne suis pas *prince*, mais la confiance de mes concitoyens m'a fait *législateur*. Peut-être me diront-ils que c'est pour moi le temps d'agir et non d'écrire.

Qu'ils me pardonnent ; que ce soit la vérité elle-même qui me presse ou que je sois dupe d'une illusion, toujours est-il que je sens le besoin de concentrer dans un faisceau des idées que je n'ai pu faire accepter jusqu'ici pour les avoir présentées éparses et par lambeaux. Il me semble que j'aperçois dans le jeu des lois naturelles de la société de sublimes et consolantes *harmonies*. Ce que je vois ou crois voir, ne dois-je pas essayer de le montrer à d'autres, afin de rallier ainsi, autour d'une pensée de concorde et de fraternité, bien des intelligences égarées, bien des cœurs aigris ? Si, quand le vaisseau adoré de la patrie est battu par la tempête, je parais m'éloigner quelquefois, pour me recueillir, du poste auquel j'ai été appelé, c'est que mes faibles mains sont inutiles à la manœuvre. Est-ce d'ailleurs trahir mon mandat que de réfléchir sur les causes de la tempête elle-même, et m'efforcer d'agir sur ces causes? Et puis, ce que je ne ferais pas aujourd'hui, qui sait s'il me serait donné de le faire demain?

Je commencerai par établir quelques notions économiques. M'aidant des travaux de mes devanciers, je m'efforcerai de résumer la Science dans un principe vrai, simple et fécond qu'elle entrevit dès l'origine, dont elle s'est constamment approchée et dont peut-être le moment est venu de fixer la formule. Ensuite, à la clarté de ce flambeau, j'essayerai de résoudre quelques-uns des problèmes encore controversés, concurrence, machines, commerce extérieur, luxe, capital, rente, etc. Je signalerai quelques-unes des relations, ou plutôt des harmonies de l'économie politique avec les autres sciences morales et sociales, en jetant un coup d'œil sur les graves sujets exprimés par ces mots : Intérêt personnel, Propriété, Communauté, Liberté, Égalité, Responsabilité, Solidarité, Fraternité, Unité. Enfin j'appellerai l'attention du lecteur sur les obstacles artificiels que rencontre le développement pacifique, régulier et progressif des sociétés humaines. De ces deux idées : Lois naturelles harmoniques, causes artificielles perturbatrices, se déduira la solution du Problème social.

Il serait difficile de ne pas apercevoir le double écueil qui attend cette entreprise. Au milieu du tourbillon qui nous emporte, si ce livre est abstrait, on ne le lira pas; s'il obtient d'être lu, c'est que les questions n'y seront qu'effleurées. Comment concilier les droits de la science avec les exigences du lecteur? Pour satisfaire à toutes les conditions de fond et de forme, il faudrait peser chaque mot et étudier la place qui lui convient. C'est ainsi que le cristal s'élabore goutte à goutte dans le silence et l'obscurité. Silence, obscurité, temps, liberté d'esprit, tout me manque à la fois; et je suis réduit à me confier à la sagacité du public en invoquant son indulgence.

L'économie politique a pour sujet l'homme.

Mais elle n'embrasse pas l'homme tout entier. Sentiment religieux, tendresse paternelle et maternelle, piété filiale, amour, amitié, patriotisme, charité, politesse, la Morale a envahi tout ce qui remplit les attrayantes régions de la Sympathie. Elle n'a laissé à sa sœur, l'Économie politique, que le froid domaine de l'intérêt personnel. C'est ce qu'on oublie injustement quand on reproche à cette science de n'avoir pas le charme et l'onction de la morale. Cela se peut-il? Contestez-lui le droit d'être, mais ne la forcez pas de se contrefaire. Si les transactions humaines, qui ont pour objet la richesse, sont assez vastes, assez compliquées pour donner lieu à une science spéciale, laissons-lui l'allure qui lui convient et ne la réduisons pas à parler des Intérêts dans la langue des Sentiments. Je ne crois pas, quant à moi, qu'on lui ait rendu service, dans ces derniers temps, en exigeant d'elle un ton de sentimentalité enthousiaste qui, dans sa bouche, ne peut être que de la déclamation. De quoi s'agit-il? De transactions accomplies entre gens qui ne se connaissent pas, qui ne se doivent rien que la Justice, qui défendent et cherchent à faire prévaloir des intérêts. Il s'agit de prétentions qui se limitent les unes par les autres, où l'abnégation et le dévouement n'ont que faire. Prenez donc une lyre pour parler de ces choses. Autant j'aimerais que Lamartine consultât la table des logarithmes pour chanter ses odes [1].

Ce n'est pas que l'économie politique n'ait aussi sa poésie, Il y en a partout où il y a ordre et harmonie. Mais elle est dans les résultats, non dans la démonstration. Elle se révèle, on ne la crée pas. Keppler ne s'est pas donné pour poëte, et certes les lois qu'il a découvertes sont la vraie poésie de l'intelligence.

[1] V. au tome IV, le chap. II de la seconde série des *Sophismes.*
(*Note de l'Éditeur.*)

Ainsi l'économie politique n'envisage l'homme que par un côté, et notre premier soin doit être d'étudier l'homme à ce point de vue. C'est pourquoi nous ne pouvons nous dispénser de remonter aux phénomènes primordiaux de la *Sensibilité* et de l'*Activité* humaines. Que le lecteur se rassure néanmoins. Notre séjour ne sera pas long dans les nuageuses régions de la métaphysique, et nous n'emprunterons à cette science que des notions simples, claires, et, s'il se peut, incontestées.

L'âme (ou pour ne pas engager la question de spiritualité), l'homme est doué de *Sensibilité*. Que la sensibilité soit dans l'âme ou dans le corps, toujours est-il que l'homme comme être *passif* éprouve des *sensations* pénibles ou agréables. Comme être *actif*, il fait effort pour éloigner les unes et multiplier les autres. Le résultat, qui l'affecte encore comme être *passif*, peut s'appeler *Satisfaction*.

De l'idée générale *Sensibilité* naissent les idées plus précises : peines, besoins, désirs, goûts, appétits, d'un côté; et de l'autre, plaisirs, jouissances, consommation, bien-être.

Entre ces deux extrêmes s'interpose le moyen, et de l'idée générale *Activité* naissent des idées plus précises : peine, effort, fatigue, travail, production.

En décomposant la *Sensibilité* et l'*Activité*, nous retrouvons un mot commun aux deux sphères, le mot *Peine*. C'est une *peine* que d'éprouver certaines sensations, et nous ne pouvons la faire cesser que par un effort qui est aussi une *peine*. Ceci nous avertit que nous n'avons guère ici-bas que le choix des maux.

Tout est *personnel* dans cet ensemble de phénomènes, tant la sensation qui précède l'effort que la Satisfaction qui le suit.

Nous ne pouvons donc pas douter que l'*Intérêt personnel* ne soit le grand ressort de l'humanité. Il doit être bien entendu que ce mot est ici l'expression d'un fait universel, incontestable, résultant de l'organisation de l'homme, et non point un jugement critique, comme serait le mot *égoïsme*. Les sciences morales seraient impossibles, si l'on pervertissait d'avance les termes dont elles sont obligées de se servir.

L'effort humain ne vient pas se placer toujours et nécessairement entre la sensation et la satisfaction. Quelquefois la satisfaction se réalise d'elle-même. Plus souvent l'effort s'exerce sur des *matériaux*, par l'intermédiaire de *forces* que la nature a mises gratuitement à la disposition des hommes.

Si l'on donne le nom d'*Utilité* à tout ce qui réalise la satisfaction des besoins, il y a donc des utilités de deux sortes. Les unes nous ont été accordées gratuitement par la Providence; les autres veulent être, pour ainsi parler, achetées par un *effort*.

Ainsi l'évolution complète embrasse ou peut embrasser ces quatre idées :

$$\text{Besoin} \left\{ \begin{array}{l} \text{Utilité gratuite} \\ \text{Utilité onéreuse} \end{array} \right\} \text{Satisfaction.}$$

L'homme est pourvu de facultés progressives. Il compare, il prévoit, il apprend, il se réforme par l'expérience. Puisque si le besoin est une *peine*, l'effort est une *peine* aussi, il n'y a pas de raison pour qu'il ne cherche à diminuer celle-ci, quand il le peut faire sans nuire à la satisfaction qui en est le but. C'est à quoi il réussit quand il parvient à remplacer de l'*utilité onéreuse* par de l'*utilité gratuite*, et c'est l'objet perpétuel de ses recherches.

Il résulte de la nature *intéressée* de notre cœur que nous cherchons constamment à augmenter le rapport de nos Satisfactions à nos Efforts ; et il résulte de la nature intelligente de notre esprit que nous y parvenons, pour chaque résultat donné, en augmentant le rapport de l'Utilité gratuite à l'Utilité onéreuse.

Chaque fois qu'un progrès de ce genre se réalise, une partie de nos efforts est mise, pour ainsi dire, en disponibilité ; et nous avons l'option ou de nous abandonner à un plus long repos, ou de travailler à la satisfaction de nouveaux désirs, s'il s'en forme dans notre cœur d'assez puissants pour stimuler notre activité.

Tel est le principe de tout progrès dans l'ordre économique ; c'est aussi, il est aisé de le comprendre, le principe de toute déception, car progrès et déceptions ont leur racine dans ce don merveilleux et spécial que Dieu a fait aux hommes : le *libre arbitre*.

- Nous sommes doués de la faculté de comparer, de juger, de choisir et d'agir en conséquence ; ce qui implique que nous pouvons porter un bon ou mauvais jugement, faire un bon ou mauvais choix. Il n'est jamais inutile de le rappeler aux hommes quand on leur parle de Liberté.

Nous ne nous trompons pas, il est vrai, sur la nature intime de nos sensations, et nous discernons avec un instinct infaillible si elles sont pénibles ou agréables. Mais que de formes diverses peuvent prendre nos erreurs ! Nous pouvons nous méprendre sur la cause et poursuivre avec ardeur, comme devant nous donner une satisfaction, ce qui doit nous infliger une peine ; ou bien sur l'enchaînement des effets, et ignorer qu'une satisfaction immédiate sera suivie d'une plus grande peine ultérieure ; ou encore sur l'importance relative de nos besoins et de nos désirs.

Non-seulement nous pouvons donner ainsi une fausse direction à nos efforts par ignorance, mais encore par perversion de volonté. «L'homme, dit M. de Bonald, est une intelligence servie par des organes.» Eh quoi ! n'y a-t-il pas autre chose en nous ? N'y a-t-il pas les passions ?

Quand donc nous parlons d'harmonie, nous n'entendons pas dire que l'arrangement naturel du monde social soit tel que l'erreur et le vice en aient été exclus ; soutenir cette thèse en face des faits, ce serait pousser jusqu'à la folie la manie du système. Pour que l'harmonie fût sans dissonance, il faudrait ou que l'homme n'eût pas de libre arbitre, ou qu'il fût infaillible. Nous disons seulement ceci : les grandes tendances sociales sont harmoniques, en ce que, toute erreur menant à une déception et tout vice à un châtiment, les dissonances tendent incessamment à disparaître.

Une première et vague notion de la propriété se déduit de ces prémisses. Puisque c'est l'individu qui éprouve la sensation, le désir, le besoin, puisque c'est lui qui fait l'*Effort*, il faut bien que la satisfaction aboutisse à lui, sans quoi l'effort n'aurait pas sa raison d'être.

Il en est de même de l'*Hérédité*. Aucune théorie, aucune déclamation ne fera que les pères n'aiment leurs enfants. Les gens qui se plaisent à arranger des sociétés imaginaires peuvent trouver cela fort déplacé, mais c'est ainsi. Un père fait autant d'*Efforts,* plus peut-être, pour la *satisfaction* de ses enfants, que pour la sienne propre. Si donc une loi contre nature interdisait la transmission de la propriété, non-seulement elle la violerait par cela même, mais encore elle l'empêcherait de se former, en frappant d'inertie la moitié au moins des *Efforts* humains.

Intérêt personnel, Propriété, Hérédité, nous aurons occasion de revenir sur ces sujets. Cherchons d'abord la circonscription de la science qui nous occupe.

Je ne suis pas de ceux qui pensent qu'une science a, *par elle-même*, des frontières naturelles et immuables. Dans le domaine des idées, comme dans celui des faits, tout se lie, tout s'enchaîne, toutes les vérités se fondent les unes dans les autres, et il n'y a pas de science qui, pour être complète, ne dût les embrasser toutes. On a dit avec raison que, pour une intelligence infinie, il n'y aurait qu'une seule vérité. C'est donc notre faiblesse qui nous réduit à étudier isolément un certain ordre de phénomènes, et les classifications

qui en résultent ne peuvent échapper à un certain arbitraire.

Le vrai mérite est d'exposer avec exactitude les faits,
leurs causes et leurs conséquences. C'en est un aussi,
mais beaucoup moindre et purement relatif, de déterminer
d'une manière, non point rigoureuse, cela est impossible,
mais rationnelle, l'ordre de faits que l'on se propose d'é-
tudier.

Je dis ceci pour qu'on ne suppose pas que j'entends faire
la critique de mes devanciers, s'il m'arrive de donner à
l'*économie politique* des limites un peu différentes de celles
qu'ils lui ont assignées.

Dans ces derniers temps, on a beaucoup reproché aux
économistes de s'être trop attachés à étudier la *Richesse*.
On aurait voulu qu'ils fissent entrer dans la science tout
ce qui, de près ou de loin, contribue au bonheur ou aux
souffrances de l'humanité; et on a été jusqu'à supposer
qu'ils niaient tout ce dont ils ne s'occupaient pas, par
exemple, les phénomènes du principe sympathique, aussi
naturel au cœur de l'homme que le principe de l'intérêt
personnel. C'est comme si l'on accusait le minéralogiste de
nier l'existence du règne animal. Eh quoi ! la Richesse, les
lois de sa production, de sa distribution, de sa consommation, n'est-ce pas un sujet assez vaste, assez important
pour faire l'objet d'une science spéciale ? Si les conclusions
de l'économiste étaient en contradiction avec celles de la
politique ou de la morale, je concevrais l'accusation. On
pourrait lui dire : « En vous limitant, vous vous êtes égaré,
car il n'est pas possible que deux vérités se heurtent. »
Peut-être résultera-t-il du travail que je soumets au public
que la science de la richesse est en parfaite harmonie avec
toutes les autres.

Des trois termes qui renferment les destinées humaines :
Sensation, Effort, Satisfaction, le premier et le dernier se

. confondent toujours et nécessairement dans la même individualité. Il est impossible de les concevoir séparés. On peut
concevoir une sensation non satisfaite, un besoin inassouvi ;
jamais personne ne comprendra le *besoin* dans un homme et
sa *satisfaction* dans un autre.

S'il en était de même pour le terme moyen, l'*Effort*,
l'homme serait un être complétement solitaire. Le phénomène économique s'accomplirait intégralement dans l'individu isolé. Il pourrait y avoir une juxtaposition de personnes, il n'y aurait pas de société. Il pourrait y avoir une
Économie *personnelle*, il ne pourrait exister d'Économie
politique.

Mais il n'en est pas ainsi. Il est fort possible et fort fréquent que le *Besoin* de l'un doive sa *Satisfaction* à l'*Effort*
de l'autre. C'est un fait. Si chacun de nous veut passer en
revue toutes les satisfactions qui aboutissent à lui, il reconnaîtra qu'il les doit, pour la plupart, à des efforts qu'il n'a
pas faits ; et de même, le travail que nous accomplissons,
chacun dans notre profession, va presque toujours satisfaire
des désirs qui ne sont pas en nous.

Ceci nous avertit que ce n'est ni dans les besoins ni dans
les satisfactions, phénomènes essentiellement personnels et
intransmissibles, mais dans la nature du terme moyen, des
Efforts humains, qu'il faut chercher le principe *social*, l'origine de l'économie politique.

C'est, en effet, cette faculté donnée aux hommes, et aux
hommes seuls, entre toutes les créatures, de *travailler les
uns pour les autres ;* c'est cette transmission d'efforts, cet
échange de services, avec toutes les combinaisons compliquées et infinies auxquelles il donne lieu à travers le temps
et l'espace, c'EST LA précisément ce qui constitue la science
économique, en montre l'origine et en détermine les limites.

Je dis donc :

Forment le domaine de l'économie politique tout effort sus-

ceptible de satisfaire, à charge de retour, les besoins d'une personne autre que celle qui l'a accompli, — et, par suite, les besoins et satisfactions relatifs à cette nature d'efforts.

Ainsi, pour citer un exemple, l'action de respirer, quoiqu'elle contienne les trois termes qui constituent le phénomène économique, n'appartient pourtant pas à cette science, et l'on en voit la raison : c'est qu'il s'agit ici d'un ensemble de faits dans lequel non-seulement les deux extrêmes : besoin et satisfaction, sont intransmissibles (ils le sont toujours), mais où le terme moyen, l'*Effort*, est intransmissible aussi. Nous n'invoquons l'assistance de personne pour respirer ; il n'y a là ni service à recevoir ni service à rendre ; il y a un fait individuel par nature et non *social*, qui ne peut, par conséquent, entrer dans une science toute de relation, comme l'indique son nom même.

Mais que, dans des circonstances particulières, des hommes aient à s'entr'aider pour respirer, comme lorsqu'un ouvrier descend dans une cloche à plongeur, où quand un médecin agit sur l'appareil pulmonaire, ou quand la police prend des mesures pour purifier l'air ; alors il y a un besoin satisfait par l'effort d'une autre personne que celle qui l'éprouve, il y a service rendu, et la respiration même entre, sous ce rapport du moins, quant à l'assistance et à la rémunération, dans le cercle de l'économie politique.

Il n'est pas nécessaire que la transaction soit effectuée, il suffit qu'elle soit possible pour que le *travail* soit de nature économique. Le laboureur qui cultive du blé pour son usage accomplit un fait économique par cela seul que le blé est susceptible d'être échangé.

Accomplir un effort pour satisfaire le besoin d'autrui, c'est lui rendre un *service*. Si un service est stipulé en retour, il y a échange de *services ;* et, comme c'est le cas le plus ordinaire, l'économie politique peut être définie : la *théorie de l'échange*.

Quelle que soit pour l'une des parties contractantes la vivacité du besoin, pour l'autre l'intensité de l'effort, si l'échange est libre, les deux services échangés *se valent*. La valeur consiste donc dans l'appréciation comparative des *services* réciproques, et l'on peut dire encore que l'économie politique est la *théorie de la valeur*.

Je viens de définir l'économie politique et de circonscrire son domaine, sans parler d'un élément essentiel : l'*utilité gratuite*.

Tous les auteurs ont fait remarquer que nous puisons une foule de satisfactions à cette source. Ils ont appelé ces utilités, telles que l'air, l'eau, la lumière du soleil, etc., *richesses naturelles*, par opposition aux *richesses sociales*, après quoi ils ne s'en sont plus occupés ; et, en effet, il semble que, ne donnant lieu à aucun effort, à aucun échange, à aucun service, n'entrant dans aucun inventaire comme dépourvues de valeur, elles ne doivent pas entrer dans le cercle d'étude de l'économie politique.

Cette exclusion serait rationnelle, si l'utilité *gratuite* était une quantité fixe, invariable, toujours séparée de l'utilité *onéreuse* ; mais elles se mêlent constamment et en proportions inverses. L'application soutenue de l'homme est de substituer l'une à l'autre, c'est-à-dire d'arriver, à l'aide des agents naturels et gratuits, aux mêmes résultats avec moins d'efforts. Il fait faire par le vent, par la gravitation, par le calorique, par l'élasticité du gaz, ce qu'il n'accomplissait à l'origine que par sa force musculaire.

Or qu'arrive-t-il ? Quoique l'effet utile soit égal, l'effort est moindre. Moindre effort implique moindre service, et moindre service implique moindre valeur. Chaque progrès anéantit donc de la valeur ; mais comment ? Non point en supprimant l'effet utile, mais en substituant de l'utilité gratuite à de l'utilité onéreuse, de la richesse naturelle à de la richesse sociale. A un point de vue, cette portion de valeur

ainsi anéantie sort du domaine de l'économie politique
comme elle est exclue de nos inventaires ; car elle ne s'é-
change plus, elle ne se vend ni ne s'achète, et l'humanité
en jouit sans efforts, presque sans en avoir la conscience ;
elle ne compte plus dans la richesse relative, elle prend
rang parmi les dons de Dieu. Mais, d'un autre côté, si la
science n'en tenait plus aucun compte, elle se fourvoierait
assurément, car elle perdrait de vue justement ce qui est
l'essentiel, le principal en toutes choses : le résultat, l'*effet
utile ;* elle méconnaîtrait les plus fortes tendances commu-
nautaires et égalitaires; elle verrait tout dans l'ordre social,
moins l'harmonie. Et si ce livre est destiné à faire faire un
pas à l'économie politique, c'est surtout en ce qu'il·tiendra
les yeux du lecteur constamment attachés sur cette portion
de *valeur* successivement anéantie et recueillie sous forme
d'*utilité gratuite* par l'humanité tout entière.

Je ferai ici une remarque qui prouvera combien les sciences se touchent et sont près de se confondre.

Je viens de définir le *service.* C'est l'*effort* dans un homme,
tandis que le *besoin* et la *satisfaction* sont dans un autre.
Quelquefois le service est rendu gratuitement, sans rémunération, sans qu'aucun service soit exigé en retour. Il
part alors du principe sympathique plutôt que du principe de l'intérêt personnel. Il constitue le don et non l'é-
change. Par suite, il semble qu'il n'appartienne pas à l'é-
conomie politique (qui est la théorie de l'échange), mais à
la morale. En effet, les actes de cette nature sont, à cause
de leur mobile, plutôt moraux qu'économiques. Nous verrons cependant que, par leurs effets, ils intéressent la science
qui nous occupe. D'un autre côté, les services rendus à titre onéreux, sous condition de retour, et, par ce motif, essentiellement économiques, ne restent pas pour cela, quant
à leurs effets, étrangers à la morale.

Ainsi ces deux branches de connaissances ont des points de

contact infinis; et, comme deux vérités ne sauraient être antagoniques, quand l'économiste assigne à un phénomène des conséquences funestes en même temps que le moraliste lui attribue des effets heureux, on peut affirmer que l'un ou l'autre s'égare. C'est ainsi que les sciences se vérifient l'une par l'autre.

DES BESOINS DE L'HOMME.

Il est peut-être impossible, et, en tout cas, il ne serait pas fort utile de présenter une nomenclature complète et méthodique des besoins de l'homme. Presque tous ceux qui ont une importance réelle sont compris dans l'énumération suivante :

Respiration (je maintiens ici ce besoin comme marquant la limite où commence la transmission du travail ou l'échange des services). — Alimentation. — Vêtement. — Logement. — Conservation et rétablissement de la santé. — Locomotion. — Sécurité. — Instruction. — Diversion. — Sensation du beau.

Les besoins existent. C'est un fait. Il serait puéril de rechercher s'il vaudrait mieux qu'ils n'existassent pas et pourquoi Dieu nous y a assujettis.

Il est certain que l'homme *souffre* et même qu'il meurt lorsqu'il ne peut satisfaire aux besoins qu'il tient de son organisation. Il est certain qu'il *souffre* et même qu'il peut mourir lorsqu'il satisfait avec excès à certains d'entre eux.

Nous ne pouvons satisfaire la plupart de nos besoins qu'à la condition de nous donner une peine, laquelle peut être considérée comme une *souffrance*. Il en est de même de l'acte par lequel, exerçant un noble empire sur nos appétits, nous nous imposons une privation.

Ainsi la *souffrance* est pour nous inévitable, et il ne nous reste guère que le choix des maux. En outre, elle est tout ce qu'il y a au monde de plus intime, de plus personnel ; d'où il suit que l'*intérêt personnel*, ce sentiment qu'on flétrit de nos jours sous les noms d'égoïsme, d'individualisme, est indestructible. La nature a placé la *sensibilité* à l'extrémité de nos nerfs, à toutes les avenues du cœur et de l'intelligence, comme une sentinelle avancée, pour nous avertir quand il y a défaut, quand il y a excès de satisfaction. La douleur a donc une destination, une mission. On a demandé souvent si l'existence du mal pouvait se concilier avec la bonté infinie du Créateur, redoutable problème que la philosophie agitera toujours et ne parviendra probablement jamais à résoudre. Quant à l'économie politique, elle doit prendre l'homme tel qu'il est, d'autant qu'il n'est pas donné à l'imagination elle-même de se figurer, — encore moins à la raison de concevoir, — un être animé et mortel exempt de douleur. Tous nos efforts seraient vains pour comprendre la sensibilité sans la douleur ou l'homme sans la sensibilité.

De nos jours, quelques écoles sentimentalistes rejettent comme fausse toute science sociale qui n'est pas arrivée à une combinaison au moyen de laquelle la douleur disparaisse de ce monde. Elles jugent sévèrement l'économie politique, parce qu'elle admet ce qu'il est impossible de nier : la souffrance. Elles vont plus loin, elles l'en rendent responsable. C'est comme si l'on attribuait la fragilité de nos organes au physiologiste qui les étudie.

Sans doute, on peut se rendre pour quelque temps populaire, on peut attirer à soi les hommes qui souffrent et les irriter contre l'ordre naturel des sociétés, en annonçant qu'on a dans la tête un plan d'arrangement social artificiel où la douleur, sous aucune forme, ne peut pénétrer. On peut même prétendre avoir dérobé le secret de Dieu et interprété sa volonté présumée en bannissant le mal de dessus la terre. Et l'on ne manque pas de traiter d'*impie* la science qui n'affiche pas une telle prétention, l'accusant de méconnaître ou de nier la prévoyance ou la puissance de l'auteur des choses.

En même temps, ces écoles font une peinture effroyable des sociétés actuelles, et elles ne s'aperçoivent pas que, s'il y a *impiété* à prévoir la souffrance dans l'avenir, il n'y en a pas moins à la constater dans le passé ou dans le présent. Car l'infini n'admet pas de limites ; et si, depuis la création, un seul homme a souffert dans le monde, cela suffit pour qu'on puisse admettre, sans *impiété*, que la douleur est entrée dans le plan providentiel.

Il est certainement plus scientifique et plus viril de reconnaître l'existence des grands faits naturels qui non-seulement existent, mais sans lesquels l'humanité ne se peut concevoir.

Ainsi l'homme est sujet à la souffrance, et, par conséquent, la société aussi.

La souffrance a une fonction dans l'individu, et, par conséquent, dans la société aussi.

L'étude des lois sociales nous révélera que la mission de la souffrance est de détruire progressivement ses propres causes, de se circonscrire elle-même dans des limites de plus en plus étroites, et, finalement, d'assurer, en nous la faisant acheter et mériter, la prépondérance du bien et du beau.

La nomenclature qui précède met en première ligne les besoins matériels.

Nous vivons dans un temps qui me force de prémunir encore ici le lecteur contre une sorte d'afféterie sentimentaliste fort à la mode.

Il y a des gens qui font très-bon marché de ce qu'ils appellent dédaigneusement *besoins matériels, satisfactions ma-*

térielles. Ils me diront, sans doute, comme Bélise à Chrysale :

> Le corps, cette guenille, est-il d'une importance,
> D'un prix à mériter seulement qu'on y pense?

Et, quoique en général bien pourvus de tout, ce dont je les félicite sincèrement, ils me blâmeront d'avoir indiqué comme un de nos premiers besoins celui de l'*alimentation*, par exemple.

Certes je reconnais que le perfectionnement moral est d'un ordre plus ‘élevé que la conservation physique. Mais enfin, sommes-nous tellement envahis par cette manie d'affectation déclamatoire, qu'il ne soit plus permis de dire que, pour se perfectionner, encore faut-il vivre ? Préservons-nous de ces puérilités qui font obstacle à la science. A force de vouloir passer pour philanthrope, on devient faux ; car c'est une chose contraire au raisonnement comme aux faits que le développement moral, le soin de la dignité, la culture des sentiments délicats, puissent précéder les exigences de la simple conservation. Cette sorte de pruderie est toute moderne. Rousseau, ce panégyriste enthousiaste de l'*état de nature*, s'en était préservé ; et un homme doué d'une délicatesse exquise, d'une tendresse de cœur pleine d'onction, spiritualiste jusqu'au quiétisme et stoïcien pour lui-même, Fénelon, disait : « Après tout, la solidité de l'esprit consiste à vouloir s'instruire exactement de la manière dont se font les choses qui sont le fondement de la vie humaine. Toutes les grandes affaires roulent là-dessus. »

Sans prétendre donc classer les besoins dans un ordre rigoureusement méthodique, nous pouvons dire que l'homme ne saurait diriger ses efforts vers la satisfaction des besoins moraux de l'ordre le plus noble et le plus élevé qu'après avoir pourvu à ceux qui concernent la conservation et l'entretien de la vie. D'où nous pouvons déjà conclure que toute mesure législative qui rend la vie matérielle difficile nuit à la vie morale des nations, *harmonie* que je signale en passant à l'attention du lecteur.

Et, puisque l'occasion s'en présente, j'en signalerai une autre.

Puisque les nécessités irrémissibles de la vie matérielle sont un obstacle à la culture intellectuelle et morale, il s'ensuit que l'on doit trouver plus de vertus chez les nations et parmi les classes aisées que parmi les nations et les classes pauvres. Bon Dieu ! que viens-je de dire, et de quelles clameurs ne suis-je pas assourdi ! C'est une véritable manie, de nos jours, d'attribuer aux classes pauvres le monopole de tous les dévoûments, de toutes les abnégations, de tout ce qui constitue dans l'homme la grandeur et la beauté morale ; et cette manie s'est récemment développée encore sous l'influence d'une révolution qui, faisant arriver ces classes à la surface de la société, ne pouvait manquer de susciter autour d'elles la tourbe des flatteurs.

Je ne nie pas que la richesse, et surtout l'opulence, principalement quand elle est très-inégalement répartie, ne tende à développer certains vices spéciaux.

Mais est-il possible d'admettre d'une manière générale que la vertu soit le privilége de la misère, et le vice le triste et fidèle compagnon de l'aisance ? Ce serait affirmer que la culture intellectuelle et morale, qui n'est compatible qu'avec un certain degré de loisir et de bien-être, tourne au détriment de l'intelligence et de la moralité.

Et ici, j'en appelle à la sincérité des classes souffrantes elles-mêmes. A quelles horribles *dissonances* ne conduirait pas un tel paradoxe ?

Il faudrait donc dire que l'humanité est placée dans cette affreuse alternative, ou de rester éternellement misérable, ou de s'avancer vers l'immoralité progressive. Dès lors toutes les forces qui conduisent à la richesse, telles que l'activité, l'économie, l'ordre, l'habileté, la bonne foi, sont les semences du vice; tandis que celles qui nous retiennent dans la pauvreté, comme l'imprévoyance, la paresse, la débauche, l'incurie, sont les précieux germes de la vertu. Se pourrait-il concevoir, dans le monde moral, une dissonance plus décourageante? et, s'il en était ainsi, qui donc oserait parler au peuple et formuler devant lui un conseil? Tu te plains de tes souffrances, faudrait-il dire, et tu as hâte de les voir cesser. Tu gémis d'être sous le joug des besoins matériels les plus impérieux, et tu soupires après l'heure de l'affranchissement; car tu voudrais aussi quelques loisirs pour développer tes facultés intellectuelles et affectives. C'est pour cela que tu cherches à faire entendre ta voix dans la région politique et à y stipuler pour tes intérêts. Mais sache bien ce que tu désires et combien le succès de tes vœux te serait fatal. Le bien-être, l'aisance, la richesse, développent le vice. Garde donc précieusement ta misère et ta vertu.

Les flatteurs du peuple tombent donc dans une contradiction manifeste, quand ils signalent la région de la richesse comme un impur cloaque d'égoïsme et de vice, et qu'en même temps ils le poussent, — et souvent, dans leur empressement, par les moyens les plus illégitimes,—vers cette néfaste région.

Non, un tel désaccord ne se peut rencontrer dans l'ordre naturel des sociétés. Il n'est pas possible que tous les hommes aspirent au bien-être, que la voie naturelle pour y arriver soit l'exercice des plus rudes vertus, et qu'ils n'y arrivent néanmoins que pour tomber sous le joug du vice. De telles déclamations ne sont propres qu'à allumer et entretenir les haines de classes. Vraies, elles placeraient l'humanité entre la misère ou l'immoralité. Fausses, elles font servir le mensonge au désordre, et, en les trompant, elles mettent aux prises les classes qui se devraient aimer et entr'aider.

Oui, l'inégalité factice, l'inégalité que la loi réalise en troublant l'ordre naturel du développement des diverses classes de la société, cette inégalité est pour toutes une source féconde d'irritation, de jalousie et de vices. C'est pourquoi il faut s'assurer enfin si cet ordre naturel ne conduit pas vers l'égalisation et l'amélioration progressive de toutes les classes : et nous serions arrêtés dans cette recherche par une fin de non-recevoir insurmontable, si ce double progrès matériel impliquait fatalement une double dégradation morale.

J'ai à faire sur les besoins humains une remarque importante, fondamentale même, en économie politique : c'est que les besoins ne sont pas une quantité fixe, immuable. Ils ne sont pas stationnaires, mais progressifs par nature.

Ce caractère se remarque même dans nos besoins les plus matériels : il devient plus sensible à mesure qu'on s'élève à ces désirs et à ces goûts intellectuels qui distinguent l'homme de la brute.

Il semble que, s'il est quelque chose en quoi les hommes doivent se ressembler, c'est le besoin d'alimentation, car, sauf les cas anormaux, les estomacs sont à peu près les mêmes.

Cependant les aliments qui auraient été recherchés à une époque sont devenus vulgaires à une autre époque, et le régime qui suffit à un lazzarone soumettrait un Hollandais à la torture. Ainsi ce besoin, le plus immédiat, le plus grossier, et, par conséquent, le plus uniforme de tous, varie encore suivant l'âge, le sexe, le tempérament, le climat et l'habitude.

Il en est ainsi de tous les autres. A peine l'homme est abrité qu'il veut se loger ; à peine il est vêtu, qu'il veut se décorer ; à peine il a satisfait les exigences de son corps, que l'étude, la science, l'art, ouvrent devant ses désirs un champ sans limites.

C'est un phénomène bien digne de remarque que la promptitude avec laquelle, par la continuité de la satisfaction, ce qui n'était d'abord qu'un vague désir devient un goût, et ce qui n'était qu'un goût se transforme en besoin et même en besoin impérieux.

Voyez ce rude et laborieux artisan. Habitué à une alimentation grossière, à d'humbles vêtements, à un logement médiocre, il lui semble qu'il serait le plus heureux des hommes, qu'il ne formerait plus de désirs, s'il pouvait arriver à ce degré de l'échelle qu'il aperçoit immédiatement au-dessus de lui. Il s'étonne que ceux qui y sont parvenus se tourmentent encore. En effet, vienne la modeste fortune qu'il a rêvée, et le voilà heureux ; heureux, — hélas! pour quelques jours.

Car bientôt il se familiarise avec sa nouvelle position, et peu à peu il cesse même de sentir son prétendu bonheur. Il revêt avec indifférence ce vêtement après lequel il a soupiré. Il s'est fait un autre milieu, il fréquente d'autres personnes, il porte de temps en temps ses lèvres à une autre coupe, il aspire à monter un autre degré, et, pour peu qu'il fasse un retour sur lui-même, il sent bien que, si sa fortune a changé, son âme est restée ce qu'elle était, une source intarissable de désirs.

Il semble que la nature ait attaché cette singulière puissance à l'*habitude*, afin qu'elle fût en nous ce qu'est la roue à rochet en mécanique, et que l'humanité, toujours poussée vers des régions de plus en plus élevées, ne pût s'arrêter à aucun degré de civilisation.

Le *sentiment de la dignité* agit peut-être avec plus de force encore dans le même sens. La philosophie stoïcienne a souvent blâmé l'homme de vouloir plutôt *paraître* qu'*être*. Mais, en considérant les choses d'une manière générale, est-il bien sûr que le *paraître* ne soit pas pour l'homme un des modes de l'*être*?

Quand, par le travail, l'ordre, l'économie, une famille s'élève de degré en degré vers ces régions sociales où les goûts deviennent de plus en plus délicats, les relations plus polies, les sentiments plus épurés, l'intelligence plus cultivée, qui ne sait de quelles douleurs poignantes est accompagné un retour de fortune qui la force à descendre ? C'est qu'alors le corps ne souffre pas seul. L'abaissement rompt des habitudes qui sont devenues, comme on dit, une seconde nature ; il froisse le sentiment de la dignité et avec lui toutes les puissances de l'âme. Aussi il n'est pas rare, dans ce cas, de voir la victime, succombant au désespoir, tomber sans transition dans un dégradant abrutissement. Il en est du milieu social comme de l'atmosphère. Le montagnard habitué à un air pur dépérit bientôt dans les rues étroites de nos cités.

J'entends qu'on me crie : Économiste, tu bronches déjà. Tu avais annoncé que ta science s'accordait avec la morale, et te voilà justifiant le sybaritisme. — Philosophe, dirai-je à mon tour, dépouille ces vêtements qui ne furent jamais ceux de l'homme primitif, brise tes meubles, brûle tes livres, nourris-toi de la chair crue des animaux, et je répondrai alors à ton objection. Il est trop commode de contester cette puissance de l'habitude dont on consent bien à être soi-même la preuve vivante.

On peut critiquer cette disposition que la nature a donnée à nos organes ; mais la critique ne fera pas qu'elle ne soit universelle. On la constate chez tous les peuples, anciens et modernes, sauvages et civilisés, aux antipodes comme en France. Sans elle il est impossible d'expliquer la civilisation. Or, quand une disposition du cœur humain est universelle et indestructible, est-il permis à la science sociale de n'en pas tenir compte ?

L'objection sera faite par des publicistes qui s'honorent d'être les disciples de Rousseau. Mais Rousseau n'a jamais nié le phénomène dont je parle. Il constate positivement et l'élasticité indéfinie des besoins, et la puissance de l'habitude, et le rôle même que je lui assigne, qui consiste à prévenir dans l'humanité un mouvement rétrograde. Seulement, ce que j'admire, il le déplore, et cela devait être. Rousseau suppose qu'il a été un temps où les hommes n'avaient ni droits, ni devoirs, ni relations, ni affections, ni langage, et c'est alors, selon lui, qu'ils étaient heureux et parfaits. Il devait donc abhorrer ce rouage de la mécanique sociale qui éloigne sans cesse l'humanité de la perfection idéale. Ceux qui pensent qu'au contraire la perfection n'est pas au commencement, mais à la fin de l'évolution humaine, admirent le ressort qui nous pousse en avant. Mais quant à l'existence et au jeu du ressort lui-même, nous sommes d'accord.

« Les hommes, dit-il, jouissant d'un fort grand loisir, l'employèrent à se procurer plusieurs sortes de commodités inconnues à leurs pères, et ce fut là le premier joug qu'ils s'imposèrent sans y songer, et la première source des maux qu'ils préparèrent à leurs descendants; car, outre qu'ils continuèrent ainsi à s'amollir le corps et l'esprit, ces commodités ayant, *par l'habitude*, perdu presque tout leur agrément, et étant en même temps dégénérées en de *vrais besoins*, la privation en devint beaucoup plus cruelle que la possession n'en était douce, et l'on était malheureux de les perdre sans être heureux de les posséder. »

Rousseau était convaincu que Dieu, la nature et l'humanité avaient tort. Je sais que cette opinion domine encore beaucoup d'esprits, mais ce n'est pas la mienne.

Après tout, à Dieu ne plaise que je veuille m'élever ici contre le plus noble apanage, la plus belle vertu de l'homme, l'empire sur lui-même, la domination sur ses passions, la modération de ses désirs, le mépris des jouissances fastueuses ! Je ne dis pas qu'il doit se rendre esclave de tel ou tel besoin factice. Je dis que le besoin, considéré d'une manière générale et tel qu'il résulte de la nature à la fois corporelle et immatérielle de l'homme, combiné avec la puissance de l'habitude et le sentiment de la dignité, est indéfiniment expansible, parce qu'il naît d'une source intarissable, le désir. Qui blâmera l'homme opulent, s'il est sobre, peu recherché dans ses vêtements, s'il fuit le faste et la mollesse? Mais n'est-il pas des désirs plus élevés auxquels il lui est permis de céder? Le besoin de l'instruction a-t-il des limites? Des efforts pour rendre service à son pays, pour encourager les arts, pour propager des idées utiles, pour secourir des frères malheureux, ont-ils rien d'incompatible avec l'usage bien entendu des richesses?

Au surplus, que la philosophie le trouve bon ou mauvais, le besoin humain n'est pas une quantité fixe et immuable. C'est là un fait certain, irrécusable, universel. Sous aucun rapport, quant à l'alimentation, au logement, à l'instruction, les besoins du quatorzième siècle n'étaient ceux du nôtre, et l'on peut prédire que les nôtres n'égalent pas ceux auxquels nos descendants seront assujettis.

C'est, du reste, une observation qui est commune à tous les éléments qui entrent dans l'économie politique : richesses, travail, valeur, services, etc., toutes choses qui participent de l'extrême mobilité du sujet principal, l'homme. L'économie politique n'a pas, comme la géométrie ou la physique, l'avantage de spéculer sur les objets qui se laissent peser ou mesurer; et c'est là une de ses difficultés d'abord, et puis une perpétuelle cause d'erreurs; car, lorsque l'esprit humain s'applique à un ordre de phénomènes, il est naturellement enclin à chercher un *criterium*, une mesure commune à laquelle il puisse tout rapporter, afin de donner à la branche de connaissances dont il s'occupe le caractère d'une *science exacte*. Aussi nous voyons la plupart des auteurs chercher la fixité, les uns dans la *valeur*, les autres dans la *monnaie,* celui-ci dans le *blé,* celui-là dans le *travail,* c'est-à-dire dans la mobilité même.

Beaucoup d'erreurs économiques proviennent de ce que l'on considère les besoins humains comme une quantité donnée; et c'est pourquoi j'ai cru devoir m'étendre sur ce sujet. Je ne crains pas d'anticiper en disant brièvement comment on raisonne. On prend toutes les satisfactions générales du temps où l'on est, et l'on suppose que l'humanité n'en admet pas d'autres. Dès lors, si la libéralité de la nature, ou la puissance des machines, ou des habitudes de tempérance et de modération viennent rendre disponible, pour un temps, une portion du travail humain, on s'inquiète de ce progrès, on le considère comme un désastre, on se retranche derrière des formules absurdes, mais spécieuses, telles que celles-ci : *La production surabonde, nous périssons de pléthore ; la puissance de produire a dépassé la puissance de consommer,* etc.

Il n'est pas possible de trouver une bonne solution à la question des *machines,* à celle de la *concurrence extérieure,* à celle du *luxe,* quand on considère le *besoin* comme une quantité invariable, quand on ne se rend pas compte de son expansibilité indéfinie.

Mais si, dans l'homme, le besoin est indéfini, progressif, doué de *croissance* comme le désir, source intarissable où il s'alimente sans cesse, il faut, sous peine de discordance et de contradiction dans les lois économiques de la société, que la nature ait placé dans l'homme et autour de lui des moyens indéfinis et progressifs de *satisfaction,* l'équilibre entre les moyens et la fin étant la première condition de toute harmonie. C'est ce que nous allons examiner.

J'ai dit, en commençant cet écrit, que l'économie politique avait pour objet l'*homme* considéré au point de vue de ses besoins et des moyens par lesquels il lui est donné d'y pourvoir.

Il est donc naturel de commencer par étudier l'homme et son organisation.

Mais nous avons vu aussi qu'il n'est pas un être solitaire; si ses *besoins* et ses *satisfactions*, en vertu de la nature de la sensibilité, sont inséparables de son être, il n'en est pas de même de ses *efforts*, qui naissent du principe actif. Ceux-ci sont susceptibles de transmission. En un mot, les hommes travaillent les uns pour les autres.

Or il arrive une chose fort singulière.

Quand on considère d'une manière générale et, pour ainsi dire, abstraite, l'homme, ses besoins, ses efforts, ses satisfactions, sa constitution, ses penchants, ses tendances, on aboutit à une série d'observations qui paraissent à l'abri du doute et se montrent dans tout l'éclat de l'évidence, chacun en trouvant la preuve en soi-même. C'est au point que l'écrivain ne sait trop comment s'y prendre pour soumettre au public des vérités si palpables et si vulgaires, il craint de provoquer le sourire du dédain. Il lui semble, avec quelque raison, que le lecteur courroucé va jeter le livre, en s'écriant : « Je ne perdrai pas mon temps à apprendre ces trivialités. »

Et cependant ces vérités, tenues pour si incontestables tant qu'elles sont présentées d'une manière générale, que nous souffrons à peine qu'elles nous soient rappelées, ne passent plus que pour des erreurs ridicules, des théories absurdes aussitôt qu'on observe l'homme dans le milieu social. Qui jamais, en considérant l'homme isolé, s'aviserait de dire : *La production surabonde; la faculté de consommer ne peut suivre la faculté de produire; le luxe et les goûts nactices sont la source de la richesse; l'invention des machines anéantit le travail;* et autres apophthegmes de la même force qui, appliqués à des agglomérations humaines, passent cependant pour des axiomes si bien établis, qu'on en fait la base de nos lois industrielles et commerciales?

L'échange produit à cet égard une illusion dont ne savent pas se préserver les esprits de la meilleure trempe, et j'affirme que l'*économie politique* aura atteint son but et rempli sa mission quand elle aura définitivement démontré ceci : Ce qui est vrai de l'homme est vrai de la société. L'homme isolé est à la fois producteur et consommateur, inventeur et entrepreneur, capitaliste et ouvrier ; tous les phénomènes économiques s'accomplissent en lui, et il est comme un résumé de la société. De même l'humanité, vue dans son ensemble, est un homme immense, collectif, multiple, auquel s'appliquent exactement les vérités observées sur l'individualité même.

J'avais besoin de faire cette remarque, qui, je l'espère, sera mieux justifiée par la suite, avant de continuer ces études sur l'homme. Sans cela, j'aurais craint que le lecteur ne rejetât, comme superflus, les développements, les véritables *truismes* qui vont suivre.

Je viens de parler des *besoins* de l'homme, et, après en avoir présenté une énumération approximative, j'ai fait observer qu'ils n'étaient pas d'une nature stationnaire, mais progressive ; cela est vrai, soit qu'on les considère chacun en lui-même, soit surtout qu'on embrasse leur ensemble dans l'ordre physique, intellectuel et moral. Comment en pourrait-il être autrement ? Il est des besoins dont la satisfaction est exigée, sous peine de mort, par notre organisation ; et, jusqu'à un certain point, on pourrait soutenir que ceux-là sont des quantités fixes, encore que cela ne soit certes pas rigoureusement exact : car, pour peu qu'on veuille bien ne pas négliger un élément essentiel, la *puissance de l'habitude*, et pour peu qu'on condescende à s'examiner soi-même avec quelque bonne foi, on sera forcé de convenir que les besoins, même les plus grossiers, comme celui de manger, subissent, sous l'influence de l'habitude, d'incontestables transformations ; et tel qui déclamera ici

contre cette remarque, la taxant de matérialisme et d'épicu-
risme, se trouverait bien malheureux si, le prenant au
mot, on le réduisait au brouet noir des Spartiates ou à la
pitance d'un anachorète. Mais, en tout cas, quand les besoins
de cet ordre sont satisfaits d'une manière assurée et permanente, il en est d'autres qui prennent leur source dans la
plus expansible de nos facultés, le désir. Conçoit-on un
moment où l'homme ne puisse plus former de désirs, même
raisonnables? N'oublions pas qu'un désir qui est déraisonnable à un certain degré de civilisation, à une époque où
toutes les puissances humaines sont absorbées pour la satisfaction des besoins inférieurs, cesse d'être tel quand le perfectionnement de ces puissances ouvre devant elles un
champ plus étendu. C'est ainsi qu'il eût été déraisonnable,
il y a deux siècles, et qu'il ne l'est pas aujourd'hui, d'aspirer à faire dix lieues à l'heure. Prétendre que les besoins
et les désirs de l'homme sont des quantités fixes et stationnaires, c'est méconnaître la nature de l'âme, c'est nier les
faits, c'est rendre la civilisation inexplicable.

Elle serait inexplicable encore, si, côté du développement indéfini des besoins, ne venait se placer, comme possible, le développement indéfini des moyens d'y pourvoir.
Qu'importerait, pour la réalisation du progrès, la nature
expansible des besoins, si, à une certaine limite, nos facultés
ne pouvaient plus avancer, si elles rencontraient une borne
immuable?

Ainsi, à moins que la nature, la Providence, quelle que
soit la puissance qui préside à nos destinées, ne soit tombée
dans la plus choquante, la plus cruelle contradiction, nos
désirs étant indéfinis, la présomption est que nos moyens d'y
pourvoir le sont aussi.

Je dis indéfinis et non point infinis, car rien de ce qui
tient à l'homme n'est infini. C'est précisément parce que
nos désirs et nos facultés se développent dans l'infini, qu'ils

n'ont pas de limites assignables, quoiqu'ils aient des limites absolues. On peut citer une multitude de points, au-dessus de l'humanité, auxquels elle ne parviendra jamais, sans qu'on puisse dire pour cela qu'il arrivera un instant où elle cessera de s'en approcher [1].

Je ne voudrais pas dire non plus que le *désir* et le *moyen* marchent parallèlement et d'un pas égal. Le *désir* court, et le *moyen* suit en boitant.

Cette nature prompte et aventureuse du désir, comparée à la lenteur de nos facultés, nous avertit qu'à tous les degrés de la civilisation, à tous les échelons du progrès, la souffrance dans une certaine mesure est et sera toujours le partage de l'homme. Mais elle nous enseigne aussi que cette souffrance a une mission, puisqu'il serait impossible de comprendre que le désir fût l'aiguillon de nos facultés, s'il les suivait au lieu de les précéder. Cependant n'accusons pas la nature d'avoir mis de la cruauté dans ce mécanisme, car il faut remarquer que le désir ne se transforme en véritable besoin, c'est-à-dire en *désir douloureux*, que lorsqu'il a été fait tel par l'*habitude* d'une satisfaction permanente; en d'autres termes, quand le *moyen* a été trouvé et mis irrévocablement à notre portée [2].

Nous avons aujourd'hui à examiner cette question: Quels sont les moyens que nous avons de pourvoir à nos besoins?

Il me semble évident qu'il y en a deux : la Nature et le Travail, les dons de Dieu et les fruits de nos efforts, ou, si

---

[1] Loi mathématique très-fréquente et très-méconnue en économie politique.

[2] Un des objets indirects de ce livre est de combattre des écoles sentimentalistes modernes qui, malgré les faits, n'admettent pas que la souffrance, à un degré quelconque, ait un but providentiel. Comme ces écoles disent procéder de Rousseau, je dois leur citer ce passage du maître : « Le mal que nous voyons n'est pas un mal absolu ; et, loin de combattre directement le bien, il concourt avec lui à l'harmonie universelle. »

l'on veut, l'application de nos facultés aux choses que la nature a mises à notre service.

Aucune école, que je sache, n'a attribué à la nature *seule* la satisfaction de nos besoins. Une telle assertion est trop démentie par l'expérience, et nous n'avons pas à étudier l'économie politique pour nous apercevoir que l'intervention de nos *facultés* est nécessaire.

Mais il y a des écoles qui ont rapporté au travail seul ce privilége. Leur axiome est : *Toute richesse vient du travail ; le travail, c'est la richesse.*

Je ne puis m'empêcher de prévenir ici que ces formules, prises au pied de la lettre, ont conduit à des erreurs de doctrine énormes et, par suite, à des mesures législatives déplorables. J'en parlerai ailleurs.

Ici je me borne à établir, en fait, que la *nature* et le *travail* coopèrent à la satisfaction de nos besoins et de nos désirs.

Examinons les faits.

Le premier besoin que nous avons placé en tête de notre nomenclature, c'est celui de *respirer*. A cet égard, nous avons déjà constaté que la *nature* fait, en général, tous les frais, et que le *travail* humain n'a à intervenir que dans certains cas exceptionnels, comme, par exemple, quand il est nécessaire de purifier l'air.

Le besoin de nous *désaltérer* est plus ou moins satisfait par la Nature, selon qu'elle nous fournit une eau plus ou moins rapprochée, limpide, abondante ; et le Travail a à concourir d'autant plus, qu'il faut aller chercher l'eau plus loin, la clarifier, suppléer à sa rareté par des puits et des citernes.

La nature n'est pas non plus uniformément libérale envers nous quant à l'*alimentation ;* car qui dira que le travail qui reste à notre charge soit toujours le même, si le terrain est fertile ou s'il est ingrat, si la forêt est giboyeuse, si la rivière est poissonneuse, ou dans les hypothèses contraires ?

Pour l'*éclairage*, le travail humain a certainement moins à faire là où la nuit est courte que là où il a plu au soleil qu'elle fût longue.

Je n'oserais pas poser ceci comme une règle absolue, mais il me semble qu'à mesure qu'on s'élève dans l'échelle des besoins, la coopération de la nature s'amoindrit et laisse plus de place à nos facultés. Le peintre, le statuaire, l'écrivain même sont réduits à s'aider de matériaux et d'instruments que la nature seule fournit; mais il faut avouer qu'ils puisent dans leur propre génie ce qui fait le charme, le mérite, l'utilité et la valeur de leurs œuvres. *Apprendre* est un besoin que satisfait presque exclusivement l'exercice bien dirigé de nos facultés intellectuelles. Cependant, ne pourrait-on pas dire qu'ici encore la *nature* nous aide en nous offrant, à des degrés divers, des objets d'observation et de comparaison ? A travail égal, la botanique, la géologie, l'histoire naturelle peuvent-elles faire partout des progrès égaux ?

Il serait superflu de citer d'autres exemples. Nous pouvons déjà constater que la Nature nous donne des moyens de satisfaction à des degrés plus ou moins avancés d'*utilité* (ce mot est pris dans le sens étymologique, *propriété de servir*). Dans beaucoup de cas, dans presque tous les cas, il reste quelque chose à faire au travail pour rendre cette *utilité* complète; et l'on comprend que cette action du travail est susceptible de plus ou de moins, dans chaque circonstance donnée, selon que la nature a elle-même plus ou moins avancé l'opération.

On peut donc poser ces deux formules :

1° *L'utilité est communiquée, quelquefois par la nature seule, quelquefois par le travail seul, presque toujours par la coopération de la Nature et du Travail.*

2° *Pour amener une chose à son état complet d'*UTILITÉ, *l'ac-tion du Travail est en raison inverse de l'action de la Nature.*

De ces deux propositions combinées avec ce que nous avons dit de l'expansibilité indéfinie des besoins, qu'il me soit permis de tirer une déduction dont la suite démontrera l'importance. Si deux hommes supposés être sans relations entre eux se trouvent placés dans des situations inégales, de telle sorte que la nature, libérale pour l'un, ait été avare pour l'autre, le premier aura évidemment moins de travail à faire pour chaque satisfaction donnée; s'ensuit-il que cette partie de ses forces, pour ainsi dire laissées ainsi *en disponibilité*, sera nécessairement frappée d'inertie, et que cet homme, à cause de la libéralité de la nature, sera réduit à une oisiveté forcée? Non; ce qui s'ensuit, c'est qu'il pourra, s'il le veut, disposer de ces forces pour agrandir le cercle de ses jouissances; qu'à travail égal il se procurera deux satisfactions au lieu d'une; en un mot, que le progrès lui sera plus facile.

Je ne sais si je me fais illusion, mais il me semble qu'aucune science, pas même la géométrie, ne présente, à son point de départ, des vérités plus inattaquables. Que si l'on venait à me prouver, cependant, que toutes ces vérités sont autant d'erreurs, on aurait détruit en moi non-seulement la confiance qu'elles m'inspirent, mais la base de toute certitude et la foi en l'évidence même; car de quel raisonnement se pourrait-on servir, qui méritât mieux l'acquiescement de la raison que celui qu'on aurait renversé? Le jour où l'on aura trouvé un axiome qui contredise cet autre axiome : La ligne droite est le plus court chemin d'un point à un autre, ce jour-là l'esprit humain n'aura plus d'autre refuge, si c'en est un, que le scepticisme absolu.

Aussi j'éprouve une véritable confusion à insister sur des vérités primordiales si claires qu'elles en semblent puériles.

Cependant, il faut bien le dire, à travers les complications des transactions humaines, ces simples vérités ont été méconnues ; et, pour me justifier auprès du lecteur de le retenir si longtemps sur ce que les Anglais appellent des *truismes*, je lui signalerai ici le singulier égarement auquel d'excellents esprits. se sont laissé entraîner. Mettant de côté, négligeant entièrement la *coopération de la nature*, relativement à la satisfaction de nos besoins, ils ont posé ce principe absolu : *Toute richesse vient du travail*. Sur cette prémisse ils ont bâti le syllogisme suivant :

« Toute richesse vient du travail ;

« Donc la richesse est proportionnelle au travail.

« Or le travail est en raison inverse de la libéralité de la nature ;

« Donc la richesse est en raison inverse de la libéralité de la nature ! »

Et, qu'on le veuille ou non, beaucoup de nos lois économiques ont été inspirées par ce singulier raisonnement. Ces lois ne peuvent qu'être funestes au développement et à la distribution des richesses. C'est là ce qui me justifie de préparer d'avance, par l'exposition de vérités fort triviales en apparence, la réfutation d'erreurs et de préjugés déplorables, sous lesquels se débat la société actuelle.

Décomposons maintenant ce concours de la nature.

Elle met deux choses à notre disposition : des *matériaux* et des *forces*.

La plupart des objets matériels qui servent à la satisfaction de nos besoins et de nos désirs ne sont amenés à l'état d'*utilité* qui les rend propres à notre usage que par l'intervention du travail, par l'application des facultés humaines. Mais, en tout cas, les éléments, les atomes, si l'on veut, dont ces objets sont composés, sont des dons, et j'ajoute, des dons *gratuits* de la nature. Cette observation est de la plus haute importance, et jettera, je crois, un jour nouveau sur la théorie de la richesse.

Je désire que le lecteur veuille bien se rappeler que j'étudie ici d'une manière générale la constitution physique et morale de l'homme, ses besoins, ses facultés et ses relations avec la nature, abstraction faite de l'échange, que je n'aborderai que dans le chapitre suivant ; nous verrons alors en quoi et comment les transactions sociales modifient les phénomènes.

Il est bien évident que si l'homme isolé doit, pour parler ainsi, *acheter* la plupart de ses satisfactions par un travail, par un effort, il est rigoureusement exact de dire qu'avant qu'aucun travail, aucun effort de sa part soit intervenu, les matériaux qu'il trouve à sa portée sont des dons *gratuits* de la nature. Après le premier effort, quelque léger qu'il soit, ils cessent d'être *gratuits ;* et, si le langage de l'économie politique eût toujours été exact, c'est à cet état des objets matériels, antérieurement à toute action humaine, qu'eût été réservé le nom de *matières premières.*

Je répète ici que cette *gratuité* des dons de la nature, avant l'intervention du travail, est de la plus haute importance. En effet j'ai dit dans le second chapitre que l'économie politique était la *théorie de la valeur.* J'ajoute maintenant, et par anticipation, que les choses ne commencent à avoir de la *valeur* que lorsque le travail leur en donne. Je prétends démontrer plus tard, que tout ce qui est *gratuit* pour l'homme isolé reste gratuit pour l'homme social, et que les dons gratuits de la nature, *quelle qu'en soit l'*utilité, n'ont pas de valeur. Je dis qu'un homme qui recueille directement et sans aucun effort un bienfait de la nature, ne peut être considéré comme se rendant à lui-même un *service onéreux*, et que, par conséquent, il ne peut rendre aucun service à autrui à l'occasion de choses communes à tous. Or, où il n'y a pas de services rendus et reçus, il n'y a pas de *valeur.*

Tout ce que je dis ici des *matériaux* s'applique aussi aux

forces que nous fournit la nature. La gravitation, l'élasticité des gaz, la puissance des vents, les lois de l'équilibre, la vie végétale, la vie animale, ce sont autant de forces que nous apprenons à faire tourner à notre avantage. La peine, l'intelligence que nous dépensons pour cela sont toujours susceptibles de rémunération, car nous ne pouvons être tenus de consacrer gratuitement nos efforts à l'avantage d'autrui. Mais ces forces naturelles, considérées en elles-mêmes, et abstraction faite de tout travail intellectuel ou musculaire, sont des dons *gratuits* de la Providence ; et à ce titre, elles restent sans *valeur* à travers toutes les complications des transactions humaines. C'est la pensée dominante de cet écrit.

Cette observation aurait peu d'importance, je l'avoue, si la coopération naturelle était constamment uniforme, si chaque homme, en tous temps, en tous lieux, en toutes circonstances, recevait de la nature un concours toujours égal, invariable. En ce cas, la science serait excusable de ne pas tenir compte d'un élément qui, restant toujours et partout le même, affecterait les services échangés dans des proportions exactes de toutes parts. Comme on élimine, en géométrie, les portions de lignes communes aux deux figures comparées, elle pourrait négliger cette coopération immuablement présente, et se contenter de dire, ainsi qu'elle l'a fait jusqu'ici : « Il y a des richesses naturelles ; l'économie politique le constate une fois pour toutes et ne s'en occupe plus. »

Mais les choses ne se passent pas ainsi. La tendance invincible de l'intelligence humaine, en cela stimulée par l'intérêt et secondée par la série des découvertes, est de substituer le concours naturel et gratuit au concours humain et onéreux, de telle sorte qu'une utilité donnée, quoique restant la même quant à son résultat, quant à la satisfaction qu'elle procure, répond cependant à un travail de plus en plus réduit. Certes il est impossible de ne pas apercevoir l'immense influence de ce merveilleux phénomène sur la notion de la Valeur. Car qu'en résulte-t-il ? C'est qu'en tout produit la partie *gratuite* tend à remplacer la partie *oné-reuse*. C'est que l'*utilité* étant une résultante de deux colla-borations, dont l'une se rémunère et l'autre ne se rému-nère pas, la Valeur, qui n'a de rapport qu'avec la première de ces collaborations, diminue pour une *utilité* identique, à mesure que la nature est contrainte à un concours plus efficace. En sorte qu'on peut dire que l'humanité a d'autant plus de *satisfactions* ou de *richesses*, qu'elle a moins de *va-leurs*. Or, la plupart des auteurs ayant établi une sorte de synonymie entre ces trois expressions, *utilité, richesses, valeurs*, il en est résulté une théorie non-seulement fausse, mais en sens inverse de la vérité. Je crois sincèrement qu'une description plus exacte de cette combinaison des forces naturelles et des forces humaines, dans l'œuvre de la production, autrement dit une définition plus juste de la Valeur, fera cesser des confusions théoriques inextricables et conciliera des écoles aujourd'hui divergentes ; et si j'an-ticipe aujourd'hui sur la suite de cette exposition, c'est pour me justifier auprès du lecteur de m'arrêter sur des notions dont il lui serait difficile sans cela de s'expliquer l'impor-tance.

Après cette digression je reprends mon étude sur l'homme considéré uniquement au point de vue économique.

Une autre observation due à J. B. Say, et qui saute aux yeux par son évidence, quoique trop souvent négligée par beaucoup d'auteurs, c'est que l'homme ne *crée* ni les *maté-riaux* ni les *forces* de la nature, si l'on prend le mot *créer* dans son acception rigoureuse. Ces matériaux, ces forces existent par eux-mêmes. L'homme se borne à les combiner, à les déplacer pour son avantage ou pour l'avantage d'au-trui. Si c'est pour son avantage, *il se rend service à lui-*

même. Si c'est pour l'avantage d'autrui, *il rend service à son semblable*, et est en droit d'en exiger un service *équivalent ;* d'où il suit encore que la *valeur* est proportionnelle au service rendu, et non point du tout à l'*utilité* absolue de la chose. Car cette *utilité* peut être, en très-grande partie, le résultat de l'action *gratuite* de la nature, auquel cas le service humain, le service onéreux et rémunérable, est de peu de valeur. Cela résulte de l'axiome établi ci-dessus : *Pour amener une chose à l'état complet d'utilité, l'action de l'homme est en raison inverse de l'action de la nature.*

Cette observation renverse la doctrine qui place la valeur dans la *matérialité* des choses. C'est le contraire qui est vrai. La matérialité est une qualité donnée par la nature, et par conséquent *gratuite*, dépourvue de *valeur*, quoique d'une utilité incontestable. L'action humaine, laquelle ne peut jamais arriver à *créer* de la matière, constitue seule le service que l'homme isolé se rend à lui-même ou que les hommes en société se rendent les uns aux autres, et c'est la libre appréciation de ces *services* qui est le fondement de la *valeur ;* bien loin donc que, comme le voulait Smith, la Valeur ne se puisse concevoir qu'incorporée dans la Matière, entre matière et valeur il n'y a pas de rapports possibles.

La doctrine erronée à laquelle je fais allusion avait rigoureusement déduit de son principe que ces classes seules sont *productives* qui opèrent sur la matière. Smith avait ainsi préparé l'erreur des *socialistes* modernes, qui ne cessent de représenter comme des parasites improductifs ce qu'ils appellent les *intermédiaires* entre le producteur et le consommateur, tels que le négociant, le marchand, etc. Rendent-ils des services ? Nous épargnent-ils une peine en se la donnant pour nous ? En ce cas, ils créent de la *valeur*, quoiqu'ils ne créent pas de la matière ; et même, comme nul ne crée de la matière, comme nous nous bornons tous à nous rendre des services réciproques, il est très-exact de dire que nous sommes tous, y compris les agriculteurs et les fabricants, des *intermédiaires* à l'égard les uns des autres.

Voilà ce que j'avais à dire, pour le moment, sur le concours de la nature. Elle met à notre disposition, dans une mesure fort diverse selon les climats, les saisons et l'avancement de nos connaissances, mais *toujours gratuitement*, des matériaux et des forces. Donc ces matériaux et ces forces n'ont pas de *valeur ;* il serait bien étrange qu'ils en eussent. D'après quelle règle l'estimerions-nous? Comment comprendre que la nature se fasse payer, rétribuer, rémunérer? Nous verrons plus tard que l'échange est nécessaire pour déterminer la *valeur.* Nous n'achetons pas les biens naturels, nous les recueillons, et si, pour les recueillir, il faut faire un effort quelconque, c'est dans cet *effort*, non dans le don de la nature, qu'est le principe de la *valeur.*

Passons à l'action de l'homme, désignée d'une manière générale sous le nom de *travail.*

Le mot *travail*, comme presque tous ceux qu'emploie l'économie politique, est fort vague ; chaque auteur lui donne un sens plus ou moins étendu. L'économie politique n'a pas eu, comme la plupart des sciences, la chimie par exemple, l'avantage de faire son vocabulaire. Traitant de choses qui occupent les hommes depuis le commencement du monde et font le sujet habituel de leurs conversations, elle a trouvé des expressions toutes faites, et est forcée de s'en servir.

On restreint souvent le sens du mot *travail* à l'action presque exclusivement musculaire de l'homme sur les choses. C'est ainsi qu'on appelle *classes travailleuses* celles qui exécutent la partie mécanique de la production.

Le lecteur comprendra que je donne à ce mot un sens plus étendu. J'entends par *travail* l'application de nos facultés à la satisfaction de nos besoins. *Besoin, effort, satis-*

faction, voilà le cercle de l'économie politique. L'*effort* peut être physique, intellectuel ou même moral, comme nous allons le voir.

Il n'est pas nécessaire de montrer ici que tous nos organes, toutes ou presque toutes nos facultés peuvent concourir et concourent en effet à la production. L'attention, la sagacité, l'intelligence, l'imagination, y ont certainement leur part.

M. Dunoyer, dans son beau livre sur la *Liberté du travail*, a fait entrer, et cela avec toute la rigueur scientifique, nos facultés morales parmi les éléments auxquels nous devons nos richesses ; c'est une idée neuve et féconde autant que juste ; elle est destinée à agrandir et ennoblir le champ de l'économie politique.

Je n'insisterai ici sur cette idée qu'autant qu'elle me fournit l'occasion de jeter une première lueur sur l'origine d'un puissant agent de production, dont je n'ai pas encore parlé : LE CAPITAL.

Si nous examinons successivement les objets matériels qui servent à la satisfaction de nos besoins, nous reconnaîtrons sans peine que tous ou presque tous exigent, pour être confectionnés, plus de temps, une plus grande portion de notre vie que l'homme n'en peut dépenser sans réparer ses forces, c'est-à-dire sans satisfaire des besoins. Cela suppose donc que ceux qui ont exécuté ces choses avaient préalablement réservé, mis de côté, accumulé des provisions pour vivre pendant l'opération.

Il en est de même pour les satisfactions où n'apparaît rien de matériel. Un prêtre ne pourrait se consacrer à la prédication, un professeur à l'enseignement, un magistrat au maintien de l'ordre, si par eux-mêmes ou par d'autres ils ne trouvaient à leur portée des moyens d'existence tout créés.

Remontons plus haut. Supposons un homme isolé et réduit à vivre de chasse. Il est aisé de comprendre que si, chaque soir, il avait consommé tout le gibier pris dans la journée, jamais il ne pourrait entreprendre aucun autre ouvrage, bâtir une hutte, réparer ses armes ; tout progrès lui serait à jamais interdit.

Ce n'est pas ici le lieu de définir la nature et les fonctions du Capital ; mon seul but est de faire voir que certaines vertus morales concourent très-directement à l'amélioration de notre condition, même au point de vue exclusif des richesses, et, entre autres, l'ordre, la prévoyance, l'empire sur soi-même, l'économie.

Prévoir est un des beaux priviléges de l'homme, et il est à peine nécessaire de dire que, dans presque toutes les circonstances de la vie, celui-là a des chances plus favorables qui sait le mieux quelles seront les conséquences de ses déterminations et de ses actes.

Réprimer ses appétits, gouverner ses passions, sacrifier le présent à l'avenir, se soumettre à une privation actuelle en vue d'un avantage supérieur mais éloigné, ce sont des conditions essentielles pour la formation des capitaux ; et les capitaux, nous l'avons entrevu, sont eux-mêmes la condition essentielle de tout travail un peu compliqué ou prolongé. Il est de toute évidence que si deux hommes étaient placés dans des conditions parfaitement identiques, si on leur supposait, en outre, le même degré d'intelligence et d'activité, celui-là ferait plus de progrès qui, accumulant des provisions, se mettrait à même d'entreprendre des ouvrages de longue haleine, de perfectionner ses instruments, et de faire concourir ainsi les forces de la nature à la réalisation de ses desseins.

Je n'insisterai pas là-dessus ; il suffit de jeter un regard autour de soi pour rester convaincu que toutes nos forces, toutes nos facultés, toutes nos vertus, concourent à l'avancement de l'homme et de la société.

Par la même raison, il n'est aucun de nos vices qui ne soit une cause directe ou indirecte de misère. La paresse paralyse le nerf même de la production, l'effort. L'ignorance et l'erreur lui donnent une fausse direction ; l'imprévoyance nous prépare des déceptions; l'abandon aux appétits du moment empêche l'accumulation ou la formation du capital ; la vanité nous conduit à consacrer nos efforts à des satisfactions factices, aux dépens de satisfactions réelles ; la violence, la ruse, provoquant des représailles, nous forcent à nous environner de précautions onéreuses, et entraînent ainsi une grande déperdition de forces.

Je terminerai cette étude préliminaire de l'homme par une observation que j'ai déjà faite à l'occasion des besoins. C'est que les éléments signalés dans ce chapitre, qui entrent, dans la science économique et la constituent, sont essentiellement mobiles et divers. Besoins, désirs, matériaux et puissances fournis par la nature, forces musculaires, organes, facultés intellectuelles, qualités morales; tout cela est variable selon l'individu, le temps et le lieu. Il n'y a pas deux hommes qui se ressemblent sous chacun de ces rapports, ni, à plus forte raison, sur tous ; bien plus, aucun homme ne se ressemble exactement à lui-même deux heures de suite ; ce que l'un sait, l'autre l'ignore ; ce que celui-ci apprécie, celui-là le dédaigne ; ici, la nature a été prodigue, là, avare ; une vertu qui est difficile à pratiquer à un certain degré de température devient facile sous un autre climat. La science économique n'a donc pas, comme les sciences dites exactes, l'avantage de posséder une mesure, un absolu auquel elle peut tout rapporter, une ligne graduée, un mètre qui lui serve à mesurer l'intensité des désirs, des efforts et des satisfactions. Si nous étions voués au travail solitaire, comme certains animaux, nous serions tous placés dans des circonstances différant par quelques points ; et, ces circonstances extérieures fussent-elles semblables, le milieu dans lequel nous agirions fût-il identique pour tous, nous différerions encore par nos désirs, nos besoins, nos idées, notre sagacité, notre énergie, notre manière d'estimer et d'apprécier les choses, notre prévoyance, notre activité; en sorte qu'une grande et inévitable inégalité se manifesterait parmi les hommes. Certes l'isolement absolu, l'absence de toutes relations entre les hommes, ce n'est qu'une vision chimérique née dans l'imagination de Rousseau. Mais, à supposer que cet état antisocial dit *état de nature* ait jamais existé, je me demande par quelle série d'idées Rousseau et ses adeptes sont arrivés à y placer l'égalité? Nous verrons plus tard qu'elle est, comme la richesse, comme la liberté, comme la fraternité, comme l'unité, une fin et non un point de départ. Elle surgit du développement naturel et régulier des sociétés. L'humanité ne s'en éloigne pas, elle y tend. C'est plus consolant et plus vrai.

Après avoir parlé de nos *besoins* et des *moyens* que nous avons d'y pourvoir, il me reste à dire un mot de nos *satisfactions*. Elles sont la résultante du mécanisme entier. C'est par le plus ou moins de *satisfactions* physiques, intellectuelles et morales dont jouit l'humanité, que nous reconnaissons si la machine fonctionne bien ou mal. C'est pourquoi le mot *consommation*, adopté par les économistes, aurait un sens profond, si, lui conservant sa signification étymologique, on en faisait le synonyme de *fin*, *accomplissement*. Par malheur, dans le langage vulgaire et même dans la langue scientifique, il présente à l'esprit un sens matériel et grossier, exact sans doute quant aux besoins physiques, mais qui cesse de l'être à l'égard des besoins d'un ordre plus élevé. La culture du blé, le tissage de la laine, se terminent par une *consommation*. En est-il de même des travaux de l'artiste, des chants du poëte, des méditations du jurisconsulte, des enseignements du professeur, des prédications du prêtre? Ici encore nous retrouvons les inconvénients de cette erreur fondamentale qui détermina A. Smith à circonscrire l'économie politique dans un cercle de matérialité ; et le lecteur me pardonnera de me servir souvent du mot *satisfaction*, comme s'appliquant à tous nos besoins et à tous nos désirs, comme répondant mieux au cadre élargi que j'ai cru pouvoir donner à la science.

On a souvent reproché aux économistes de se préoccuper exclusivement des *intérêts du consommateur* : « Vous oubliez le producteur, » ajoutait-on. Mais la satisfaction étant le but, la fin de tous les efforts, et comme la grande *consommation* des phénomènes économiques, n'est-il pas évident que c'est en elle qu'est la pierre de touche du progrès? Le bien-être d'un homme ne se mesure pas à ses *efforts*, mais à ses *satisfactions*; cela est vrai aussi pour les agglomérations d'hommes. C'est encore là une de ces vérités que nul ne conteste quand il s'agit de l'homme isolé, et contre laquelle on dispute sans cesse dès qu'elle est appliquée à la société. La phrase incriminée n'a pas un autre sens que celui-ci : toute mesure économique s'apprécie, non par le travail qu'elle provoque, mais par l'effet définitif qui en résulte, lequel se résout en accroissement ou diminution du bien-être général.

Nous avons dit, à propos des besoins et des désirs, qu'il n'y a pas deux hommes qui se ressemblent. Il en est de même pour nos *satisfactions*. Elles ne sont pas également appréciées par tous; ce qui revient à cette banalité : les goûts diffèrent. Or c'est la vivacité des désirs, la variété des goûts, qui déterminent la direction des efforts. Ici l'influence de la morale sur l'industrie est manifeste. On peut concevoir un homme isolé, esclave de goûts factices, puérils, immoraux. En ce cas, il saute aux yeux que ses forces, qui sont limitées, ne satisferont des désirs dépravés qu'aux dépens de désirs plus intelligents et mieux entendus. Mais est-il question de la société, cet axiome évident est considéré comme une erreur. On est porté à croire que les goûts factices, les satisfactions illusoires, que l'on reconnaît être une source de misère individuelle, sont néanmoins une source de richesses nationales, parce qu'ils ouvrent des débouchés à une foule d'industries. S'il en était ainsi, nous arriverions à une conclusion bien triste : c'est que l'état social place l'homme entre la misère et l'immoralité. Encore une fois, l'économie politique résout de la manière la plus satisfaisante et la plus rigoureuse ces apparentes contradictions.

IV

ÉCHANGE

L'Échange, c'est l'Économie politique, c'est la Société toute entière ; car il est impossible de concevoir la Société sans Échange, ni l'Échange sans Société. Aussi n'ai-je pas la prétention d'épuiser dans ce chapitre un si vaste sujet. A peine le livre entier en offrira-t-il une ébauche.

Si les hommes, comme les colimaçons, vivaient dans un complet isolement les uns des autres, s'ils n'échangeaient pas leurs travaux et leurs idées, s'ils n'opéraient pas entre eux de transactions, il pourrait y avoir des multitudes, des unités humaines, des individualités juxtaposées ; il n'y aurait pas de *Société*.

Que dis-je? il n'y aurait pas même d'individualités. Pour l'homme, l'isolement c'est la mort. Or, si, hors de la société, il ne peut vivre, la conclusion rigoureuse, c'est que son état de nature c'est l'état social.

Toutes les sciences aboutissent à cette vérité si méconnue du xviiie siècle, qui fondait la politique et la morale sur l'assertion contraire. Alors on ne se contentait pas d'opposer l'état de nature à l'état social, on donnait au premier sur le second une prééminence décidée. « Heureux les hommes, avait dit Montaigne, quand ils vivaient sans liens, sans lois, sans langage, sans religion! » On sait que le système de Rousseau, qui a exercé et exerce encore une si grande influence sur les opinions et sur les faits, repose tout entier sur cette hypothèse qu'un jour les hommes, pour leur malheur, *convinrent* d'abandonner l'innocent *état de nature* pour l'orageux *état de société.*

Il n'entre pas dans l'objet de ce chapitre de rassembler toutes les réfutations qu'on peut faire de cette erreur fondamentale, la plus funeste qui ait jamais infecté les sciences politiques; car, si la société est d'invention et de convention, il s'ensuit que chacun peut inventer une nouvelle forme sociale, et telle a été en effet, depuis Rousseau, la direction des esprits. Il me serait, je crois, facile de démontrer que l'isolement exclut le langage, comme l'absence du langage exclut la pensée; et certes l'homme moins la pensée, bien loin d'être l'homme de la nature, n'est pas même l'homme.

Mais une réfutation péremptoire de l'idée sur laquelle repose la doctrine de Rousseau sortira directement, sans que nous la cherchions, de quelques considérations sur l'Échange.

Besoin, effort, satisfaction : voilà l'homme, au point de vue économique.

Nous avons vu que les deux termes extrêmes étaient essentiellement intransmissibles, car ils s'accomplissent dans la sensation, ils sont la sensation même, qui est tout ce qu'il y a de plus personnel au monde, aussi bien celle qui précède l'effort et le détermine, que celle qui le suit et en est la récompense.

C'est donc l'*Effort* qui s'échange, et cela ne peut être autrement, puisque échange implique activité, et que l'Effort seul manifeste notre principe actif. Nous ne pouvons souffrir ou jouir les uns pour les autres, encore que nous soyons sensibles aux peines et aux plaisirs d'autrui. Mais nous pouvons nous entr'aider, travailler les uns pour les autres, nous rendre des *services* réciproques, mettre nos facultés, ou ce qui en provient, au *service* d'autrui, à charge de revanche. C'est la société. Les causes, les effets, les lois de ces échanges constituent l'économie politique et sociale.

Non-seulement nous le pouvons, mais nous le faisons nécessairement. Ce que j'affirme, c'est ceci : Que notre organisation est telle que nous sommes tenus de travailler les uns pour les autres, sous peine de mort et de mort immédiate. Si cela est, la société est notre état de nature, puisque c'est le seul où il nous soit donné de vivre.

Il y a, en effet, une remarque à faire sur l'équilibre des besoins et des facultés, remarque qui m'a toujours saisi d'admiration pour le plan providentiel qui régit nos destinées.

Dans l'isolement, nos besoins surpassent nos facultés.

Dans l'état social, nos facultés surpassent nos besoins.

Il suit de là que l'homme isolé ne peut vivre ; tandis que, chez l'homme social, les besoins les plus impérieux font place à des désirs d'un ordre plus élevé, et ainsi progressivement dans une carrière de perfectibilité à laquelle nul ne saurait assigner de limites.

Ce n'est pas là de la déclamation, mais une assertion susceptible d'être rigoureusement démontrée par le raisonnement et par l'analogie, sinon par l'expérience. Et pourquoi ne peut-elle être démontrée par l'expérience, par l'observation directe? Précisément parce qu'elle est vraie, précisément parce que, l'homme ne pouvant vivre dans l'isolement, il devient impossible de montrer, sur la nature vivante, les effets de la solitude absolue. Les sens ne peuvent saisir une négation. On peut prouver à mon esprit qu'un triangle n'a jamais quatre côtés ; on ne peut, à l'appui, offrir à mes yeux un triangle tétragone. Si on le faisait, l'assertion serait détruite par cette exhibition même. De même, me demander une preuve expérimentale, exiger de moi que j'étudie les conséquences de l'isolement sur la nature vivante, c'est m'imposer une contradiction, puisque, pour

l'homme, isolément et vie s'excluant, on n'a jamais vu et on
ne verra jamais des hommes sans relations.

S'il y a des animaux, ce que j'ignore, destinés par leur
organisme à parcourir dans l'isolement absolu le cercle de
leur existence, il est bien clair que la nature a dû mettre
entre leurs besoins et leurs facultés une proportion exacte.
On pourrait encore comprendre que leurs facultés fussent
supérieures ; en ce cas, ces animaux seraient perfectibles et
progressifs. L'équilibre exact en fait des êtres stationnaires,
mais la supériorité des besoins ne se peut concevoir. Il faut
que dès leur naissance, dès leur première apparition dans
la vie, leurs facultés soient complètes relativement aux
besoins auxquels elles doivent pourvoir, ou, du moins, que
les unes et les autres se développent dans un même rapport. Sans cela ces espèces mourraient en naissant et, par
conséquent, ne s'offriraient pas à l'observation.

De toutes les espèces de créatures vivantes qui nous envi-
ronnent, aucune, sans contredit, n'est assujettie à autant de
besoins que l'homme. Dans aucune, l'enfance n'est aussi
débile, aussi longue, aussi dénuée, la maturité chargée
d'une responsabilité aussi étendue, la vieillesse aussi faible
et souffrante. Et, comme s'il n'avait pas assez de ses besoins, l'homme a encore des goûts dont la satisfaction exerce
ses facultés autant que celle de ses besoins mêmes. A peine
il sait apaiser sa faim, qu'il veut flatter son palais ; à peine
se couvrir, qu'il veut se décorer ; à peine s'abriter, qu'il
songe à embellir sa demeure. Son intelligence n'est pas
moins inquiète que son corps nécessiteux. Il veut approfondir les secrets de la nature, dompter les animaux, enchaîner les éléments, pénétrer dans les entrailles de la terre,
traverser d'immenses mers, planer au-dessus des vents,
supprimer le temps et l'espace ; il veut connaître les mobiles, les ressorts, les lois de sa volonté et de son cœur, régner sur ses passions, conquérir l'immortalité, se confondre

avec son Créateur, tout soumettre à son empire, la nature, ses semblables, lui-même ; en un mot, ses désirs se dilatent sans fin dans l'infini.

Aussi, dans aucune autre espèce, les facultés ne sont susceptibles d'un aussi grand développement que dans l'homme. Lui seul paraît comparer et juger, lui seul raisonne et parle ; seul il prévoit ; seul il sacrifie le présent à l'avenir ; seul il transmet de génération en génération ses travaux, ses pensées et les trésors de son expérience ; seul enfin il est capable d'une perfectibilité dont la chaîne incommensurable semble attachée au delà même de ce monde.

Plaçons ici une observation économique. Quelque étendu que soit le domaine de nos facultés, elles ne sauraient nous élever jusqu'à la puissance de *créer*. Il n'appartient pas à l'homme, en effet, d'augmenter ou de diminuer le nombre des molécules existantes. Son action se borne à soumettre les substances répandues autour de lui à des modifications, à des combinaisons qui les approprient à son usage (J. B. Say).

Modifier les substances de manière à accroître, par rapport à nous, leur utilité, c'est *produire*, ou plutôt c'est une manière de produire. J'en conclus que la valeur, ainsi que nous le verrons plus tard, ne saurait jamais être dans ces substances elles-mêmes, mais dans l'effort intervenu pour les modifier et comparé, par l'échange, à d'autres efforts analogues. C'est pourquoi la valeur n'est que l'appréciation des services échangés, soit que la matière intervienne ou n'intervienne pas. Il est complétement indifférent, quant à la notion de la valeur, que je rende à mon semblable un service direct, par exemple en lui faisant une opération chirurgicale, ou un service indirect en préparant pour lui une substance curative. Dans ce dernier cas, l'*utilité* est dans la substance ; mais la *valeur* est dans le service, dans l'effort intellectuel et matériel fait par un homme en faveur d'un autre homme. C'est par pure métonymie qu'on a attribué la valeur à la matière elle-même, et, en cette occasion comme en bien d'autres, la métaphore a fait dévier la science.

Je reviens à l'organisation de l'homme. Si l'on s'arrêtait aux notions qui précèdent, il ne différerait des autres animaux que par la plus grande étendue des besoins et la supériorité des facultés. Tous, en effet, sont soumis aux uns et pourvus des autres. L'oiseau entreprend de longs voyages pour chercher la température qui lui convient; le castor traverse le fleuve sur le pont qu'il a construit; l'épervier poursuit ouvertement sa proie; le chat la guette avec patience; l'araignée lui dresse des embûches; tous travaillent pour vivre et se développer.

Mais tandis que la nature a mis une exacte proportion entre les besoins des animaux et leurs facultés, si elle a traité l'homme avec plus de grandeur et de munificence, si, pour le forcer d'être *sociable*, elle a décrété que dans l'isolement ses besoins surpasseraient ses facultés, tandis qu'au contraire dans l'état social ses facultés, supérieures à ses besoins, ouvriraient un champ sans limites à ses nobles jouissances, nous devons reconnaître que, comme dans ses rapports avec le Créateur l'homme est élevé au-dessus des bêtes par le sentiment religieux, dans ses rapports avec ses semblables par l'Équité, dans ses rapports avec lui-même par la Moralité, de même, dans ses rapports avec ses moyens de vivre et de se développer, il s'en distingue par un phénomène remarquable. Ce phénomène, c'est l'ÉCHANGE.

Essayerai-je de peindre l'état de misère, de dénûment et d'ignorance où, sans la faculté d'échange, l'espèce humaine aurait croupi éternellement, si même elle n'eût disparu du globe?

Un des philosophes les plus populaires, dans un roman qui a le privilége de charmer l'enfance de génération en génération, nous a montré l'homme surmontant par son

énergie, son activité, son intelligence, les difficultés de la
solitude absolue. Voulant mettre en lumière tout ce qu'il y
a de ressources dans cette noble créature, il l'a supposée,
pour ainsi dire, accidentellement retranchée de la civilisation. Il entrait donc dans le plan de *Daniel de Foë* de jeter
dans l'île du Désespoir Robinson seul, nu, privé de tout ce
qu'ajoutent aux forces humaines l'union des efforts, la séparation des occupations, l'échange, la société.

Cependant, et quoique les obstacles ne soient qu'un jeu
pour l'imagination, Daniel de Foë aurait ôté à son roman
jusqu'à l'ombre de la vraisemblance, si, trop fidèle à la
pensée qu'il voulait développer, il n'eût pas fait à l'état
social des concessions obligées, en admettant que son héros
avait sauvé du naufrage quelques objets indispensables, des
provisions, de la poudre, un fusil, une hache, un couteau,
des cordes, des planches, du fer, etc. ; preuve décisive que
la société est le milieu nécessaire de l'homme, puisqu'un
romancier même n'a pu le faire vivre hors de son sein.

Et remarquez que Robinson portait avec lui dans la solitude un autre trésor *social* mille fois plus précieux et que
les flots ne pouvaient engloutir, je veux parler de ses idées,
de ses souvenirs, de son expérience, de son langage même,
sans lequel il n'aurait pu s'entretenir avec lui-même, c'est-
à-dire penser.

Nous avons la triste et déraisonnable habitude d'attribuer
à l'*État social* les souffrances dont nous sommes témoins.
Nous avons raison jusqu'à un certain point, si nous entendons comparer la société à elle-même, prise à deux
degrés divers d'avancement et de perfection ; mais nous
avons tort, si nous comparons l'État social, même imparfait,
à l'isolement. Pour pouvoir affirmer que la société empire
la condition, je ne dirai pas de l'homme en général, mais
de quelques hommes et des plus misérables d'entre eux,
il faudrait commencer par prouver que le plus mal partagé

de nos frères a à supporter, dans l'État social, un plus lourd fardeau de privations et de souffrances que celui qui eût été son partage dans la solitude. Or, examinez la vie du plus humble manouvrier. Passez en revue, dans tous leurs détails, les objets de ses consommations quotidiennes. Il est couvert de quelques vêtements grossiers ; il mange un peu de pain noir ; il dort sous un toit et au moins sur des planches. Maintenant demandez-vous si l'homme isolé, privé des ressources de l'Échange, aurait la possibilité la plus éloignée de se procurer ces grossiers vêtements, ce pain noir, cette rude couche, cet humble abri? L'enthou-siaste le plus passionné de l'*État de nature*, Rousseau lui-même, avouait cette impossibilité radicale. On se passait de tout, dit-il, on allait nu, on dormait à la belle étoile. Aussi Rousseau, pour exalter l'état de nature, était conduit à faire consister le bonheur dans la privation. Mais encore j'affirme que ce bonheur négatif est chimérique et que l'homme isolé mourrait infailliblement en très-peu d'heures. Peut-être Rousseau aurait-il été jusqu'à dire que c'est là la perfection. Il eût été conséquent ; car si le bonheur est dans la priva-tion, la perfection est dans le néant.

J'espère que le lecteur voudra bien ne pas conclure de ce qui précède que nous sommes insensibles aux souffrances sociales de nos frères. De ce que ces souffrances sont moindres dans la société imparfaite que dans l'isolement, il ne s'ensuit pas que nous n'appelions de tous nos vœux le progrès qui les diminue sans cesse ; mais si l'isolement est quelque chose de pire que ce qu'il y a de pire dans l'État social, j'avais raison de dire qu'il met nos besoins, à ne parler que des plus impérieux, tout à fait au-dessus de nos facultés.

Comment l'Échange, renversant cet ordre à notre profit, place-t-il nos facultés au-dessus de nos besoins?

Et d'abord, le fait est prouvé par la civilisation même.

Si nos besoins dépassaient nos facultés, nous serions des êtres invinciblement rétrogrades ; s'il y avait équilibre, nous serions des êtres invinciblement stationnaires. Nous progressons ; donc chaque période de la vie sociale, comparée à une époque antérieure, laisse disponible, relativement à une somme donnée de satisfactions, une portion quelconque de nos facultés.

Essayons de donner l'explication de ce merveilleux phénomène.

Celle que nous devons à Condillac me semble tout à fait insuffisante, empirique, ou plutôt elle n'explique rien. « Par cela seul qu'un échange s'accomplit, dit-il, il doit y avoir nécessairement profit pour les deux parties contractantes, sans quoi il ne se ferait pas. Donc chaque échange renferme deux gains pour l'humanité. »

En tenant la proposition pour vraie, on n'y peut voir que la constatation d'un résultat. C'était ainsi que le malade imaginaire expliquait la vertu narcotique de l'opium :

> Quia est in eo
> Virtus dormitiva
> Quæ facit dormire.

L'échange constitue deux gains, dites-vous. La question est de savoir pourquoi et comment. — Cela résulte du fait même qu'il s'est accompli. — Mais pourquoi s'est-il accompli ? Par quel mobile les hommes ont-ils été déterminés à l'accomplir ? Est-ce que l'échange a, en lui-même, une vertu mystérieuse, nécessairement bienfaisante et inaccessible à toute explication ?

D'autres font résulter l'avantage de ce que l'on donne ce qu'on a de trop pour recevoir ce dont on manque. Échange, disent-ils, *c'est troc du superflu contre le nécessaire*. Outre que cela est contraire aux faits qui se passent sous nos yeux — car qui osera dire que le paysan, en cédant le blé qu'il

a cultivé et dont il ne mangera jamais, donne son superflu ?
— je vois bien dans cet axiome comment deux hommes s'arrangent accidentellement ; mais je n'y vois pas l'explication du progrès.

L'observation nous donnera de la puissance de l'échange une explication plus satisfaisante.

L'échange a deux manifestations : Union des forces, séparation des occupations.

Il est bien clair qu'en beaucoup de cas la force unie de plusieurs hommes est supérieure, du tout au tout, à la somme de leurs forces isolées. Qu'il s'agisse de déplacer un lourd fardeau. Où mille hommes pourraient successivement échouer, il est possible que quatre hommes réussissent en s'unissant. Essayez de vous figurer les choses qui ne se fussent jamais accomplies dans le monde sans cette union !

Et puis ce n'est rien encore que le concours vers un but commun de la force musculaire ; la nature nous a dotés de facultés physiques, morales, intellectuelles très-variées. Il y a dans la coopération de ces facultés des combinaisons inépuisables. Faut-il réaliser une œuvre utile, comme la construction d'une route ou la défense du pays ? L'un met au service de la communauté sa vigueur ; l'autre, son agilité ; celui-ci, son audace ; celui-là, son expérience; sa prévoyance, son imagination et jusqu'à sa renommée. Il est aisé de comprendre que les mêmes hommes, agissant isolément, n'auraient pu ni atteindre ni même concevoir le même résultat.

Or union des forces implique Échange. Pour que les hommes consentent à coopérer, il faut bien qu'ils aient en perspective une participation à la satisfaction obtenue. Chacun fait profiter autrui de ses efforts et profite des efforts d'autrui dans des proportions convenues, ce qui est échange.

On voit ici comment l'échange, sous cette forme, augmente nos satisfactions. C'est que des efforts égaux en intensité aboutissent, par le seul fait de leur union, à des résultats supérieurs. Il n'y a là aucune trace de ce prétendu *troc du superflu contre le nécessaire*, non plus que du double et empirique profit allégué par Condillac.

Nous ferons la même remarque sur la division du travail. Au fait, si l'on y regarde de près, se distribuer les occupations ce n'est, pour les hommes, qu'une autre manière, plus permanente, d'unir leurs forces, de coopérer, de *s'associer ;* et il est très-exact de dire, ainsi que cela sera démontré plus tard, que l'organisation sociale actuelle, à la condition de reconnaître l'échange libre, est la plus belle, la plus vaste des associations : association bien autrement merveilleuse que celles rêvées par les socialistes, puisque, par un mécanisme admirable, elle se concilie avec l'indépendance individuelle. Chacun y entre et en sort, à chaque instant, d'après sa convenance. Il y apporte le tribut qu'il veut ; il en retire une satisfaction comparativement supérieure et toujours progessive, déterminée, selon les lois de la justice, par la nature même des choses et non par l'arbitraire d'un chef. — Mais ce point de vue serait ici une anticipation. Tout ce que j'ai à faire pour le moment, c'est d'expliquer comment la division du travail accroît notre puissance.

Sans nous étendre beaucoup sur ce sujet, puisqu'il est du petit nombre de ceux qui ne soulèvent pas d'objections, il n'est pas inutile d'en dire quelque chose. Peut-être l'a-t-on un peu amoindri. Pour prouver la puissance de la *division du travail*, on s'est attaché à signaler les merveilles qu'elle accomplit dans certaines manufactures, les fabriques d'épingles par exemple. La question peut être élevée à un point de vue plus général et plus philosophique. Ensuite la force de l'habitude a ce singulier privilége de nous dérober la vue, de nous faire perdre la conscience des phénomènes au milieu desquels nous sommes plongés. Il n'y a pas de mot plus profondément vrai que celui de Rousseau : « Il faut beaucoup de philosophie pour observer ce qu'on voit tous les jours. » Ce n'est donc pas une chose oiseuse que de rappeler aux hommes ce que, sans s'en apercevoir, ils doivent à l'échange.

Comment la faculté d'échanger a-t-elle élevé l'humanité à la hauteur où nous la voyons aujourd'hui ? Par son influence sur le *travail*, sur le concours des *agents naturels*, sur les *facultés* de l'homme et sur les *capitaux*.

Adam Smith a fort bien démontré cette influence sur le travail.

« L'accroissement, dans la quantité d'ouvrage que peut exécuter le même nombre d'hommes par suite de la division du travail, est dû à trois circonstances, dit ce célèbre économiste : 1° au degré d'habileté qu'acquiert chaque travailleur ; 2° à l'économie du temps, qui se perd naturellement à passer d'un genre d'occupation à un autre ; 3° à ce que chaque homme a plus de chances de découvrir des méthodes aisées et expéditives pour atteindre un objet, lorsque cet objet est le centre de son attention, que lorsqu'elle se dissipe sur une infinie variété de choses. »

Ceux qui, comme Adam Smith, voient dans le Travail la source unique de la richesse, se bornent à rechercher comment il se perfectionne en se divisant. Mais nous avons vu, dans le chapitre précédent, qu'il n'est pas le seul agent de nos satisfactions. Les *forces naturelles* concourent. Cela est incontestable.

Ainsi, en agriculture, l'action du soleil et de la pluie, les sucs cachés dans le sol, les gaz répandus dans l'atmosphère, sont certainement des agents qui coopèrent avec le travail humain à la production des végétaux.

L'industrie manufacturière doit des services analogues

aux qualités chimiques de certaines substances ; à la puissance des chutes d'eau, de l'élasticité de la vapeur, de la gravitation, de l'électricité.

Le commerce a su faire tourner au profit de l'homme la vigueur et l'instinct de certaines races animales, la force du vent qui enfle les voiles de ses navires, les lois du magnétisme qui, agissant sur la boussole, dirigent leur sillage à travers l'immensité des mers.

Il est deux vérités hors de toute contestation. La première, c'est que *l'homme est d'autant mieux pourvu de toutes choses, qu'il tire un meilleur parti des forces de la nature.*

Il est palpable, en effet, qu'on obtient plus de blé, à égalité d'efforts, sur une bonne terre végétale que sur des sables arides ou de stériles rochers.

La seconde, c'est que *les agents naturels sont répartis sur le globe d'une manière inégale.*

Qui oserait soutenir que toutes terres sont également propres aux mêmes cultures, toutes contrées au même genre de fabrication ?

Or, s'il est vrai que les forces naturelles diffèrent sur les divers points du globe, et si, d'un autre côté, les hommes sont d'autant plus riches qu'ils s'en font plus aider, il s'ensuit que la faculté d'échanger augmente, dans une proportion incommensurable, l'utile concours de ces forces.

Ici nous retrouvons en présence l'utilité gratuite et l'utilité onéreuse, celle-là se substituant à celle-ci, en vertu de l'échange. N'est-il pas clair, en effet, que si, privés de la faculté d'échanger, les hommes étaient réduits à produire de la glace sous l'équateur et du sucre près des pôles, ils devraient faire avec beaucoup de peine ce que le chaud et le froid font aujourd'hui gratuitement pour eux, et qu'à leur égard une immense proportion de forces naturelles resterait dans l'inertie ? Grâce à l'échange, ces forces sont utilisées partout où on les rencontre. La terre à blé est se-

mée en blé ; la terre à vigne est plantée en vigne ; il y a des
pêcheurs sur les côtes et des bûcherons sur les montagnes.
Ici on dirige l'eau, là le vent sur une roue qui remplace
dix hommes. La nature devient un esclave qu'il ne faut ni
nourrir ni vêtir, dont nous ne payons ni ne faisons payer
les services, qui ne coûte rien ni à notre bourse ni à notre
conscience [1]. La même somme d'efforts humains, c'est-à-dire
les mêmes services, la même valeur réalise une somme
d'utilité toujours plus grande. Pour chaque résultat donné
une portion seulement de l'activité humaine est absorbée ;
l'autre, par l'intervention des forces naturelles, est rendue
disponible, elle se prend à de nouveaux obstacles, satisfait
à de nouveaux désirs, réalise de nouvelles utilités.

Les effets de l'échange sur nos facultés intellectuelles
sont tels, qu'il n'est pas donné à l'imagination la plus vi-
goureuse d'en calculer la portée.

« Nos connaissances, dit M. Tracy, sont nos plus précieuses acquisitions, puisque ce sont elles qui dirigent l'emploi de nos forces et le rendent plus fructueux, à mesure
qu'elles sont plus saines et plus étendues. Or nul homme
n'est à portée de tout voir, et il est bien plus aisé d'apprendre que d'inventer. Mais quand plusieurs hommes communiquent ensemble, ce qu'un d'eux a observé est bientôt
connu de tous les autres, et il suffit que parmi eux il s'en
trouve un fort ingénieux pour que des découvertes précieuses deviennent promptement la propriété de tous. Les
lumières doivent donc s'accroître bien plus rapidement que
dans l'état d'isolement, sans compter qu'elles peuvent se
conserver et, par conséquent, s'accumuler de générations
en générations. »

Si la nature a varié autour de l'homme les ressources

---

[1] Bien plus, cet esclave-là, à cause de sa supériorité, finit à la longue
par déprécier et affranchir tous les autres. C'est une *harmonie* dont je
laisse à la sagacité du lecteur de suivre les conséquences.

qu'elle met à sa disposition, elle n'a pas été plus uniforme dans la distribution des facultés humaines. Nous ne sommes pas tous doués, au même degré, de vigueur, de courage, d'intelligence, de patience, d'aptitudes artistiques, littéraires, industrielles. Sans l'échange, cette diversité, loin de tourner au profit de notre bien-être, contribuerait à notre misère, chacun ressentant moins les avantages des facultés qu'il aurait que la privation de celles qu'il n'aurait pas. Grâce à l'échange, l'être fort peut, jusqu'à un certain point, se passer de génie, et l'être intelligent de vigueur : car, par l'admirable communauté qu'il établit entre les hommes, chacun participe aux qualités distinctives de ses semblables.

Pour donner satisfaction à ses besoins et à ses goûts, il ne suffit pas, dans la plupart des cas, de travailler, d'exercer ses facultés sur ou par des agents naturels. Il faut encore des outils, des instruments, des machines, des provisions, en un mot des capitaux. Supposons une petite peuplade, composée de dix familles, dont chacune, travaillant exclusivement pour elle-même, est obligée d'exercer dix industries différentes. Il faudra à chaque chef de famille dix mobiliers industriels. Il y aura dans la peuplade dix charrues, dix paires de bœufs, dix forges, dix ateliers de charpente et de menuiserie, dix métiers à tisser, etc. ; avec l'échange une seule charrue, une seule paire de bœufs, une seule forge, un seul métier à tisser, pourront suffire. Il n'y a pas d'imagination qui puisse calculer l'économie de capitaux due à l'échange.

Le lecteur voit bien maintenant ce qui constitue la vraie puissance de l'échange. Ce n'est pas, comme dit Condillac, qu'il implique *deux gains*, parce que chacune des parties contractantes estime plus ce qu'elle reçoit que ce qu'elle donne. Ce n'est pas non plus que chacune d'elle cède du superflu pour acquérir du nécessaire. C'est tout simplement que, lorsqu'un homme dit à un autre : « Ne fais que ceci, je ne ferai que cela, et nous partagerons, » il y a meilleur emploi du travail, des facultés, des agents naturels, des capitaux, et, par conséquent, il y a *plus* à partager. A plus forte raison si trois, dix, cent, mille, plusieurs millions d'hommes entrent dans l'association.

Les deux propositions que j'ai avancées sont donc rigoureusement vraies, à savoir :

Dans l'isolement, nos besoins dépassent nos facultés.

Dans l'état social, nos facultés dépassent nos besoins.

La première est vraie, puisque toute la surface de la France ne pourrait faire subsister un seul homme à l'état d'isolement absolu.

La seconde est vraie, puisque, en fait, la population de cette même surface croît en nombre et en bien-être.

Progrès de l'échange. La forme primitive de l'échange, c'est le *troc*. Deux personnes, dont chacune éprouve un désir et possède l'objet qui peut satisfaire le désir de l'autre, se font cession réciproque, ou bien elles conviennent de travailler séparément chacune à une chose, sauf à partager dans des proportions débattues le produit total. — Voilà le *troc*, qui est, comme diraient les socialistes, l'échange, le trafic, le commerce *embryonnaire*. Nous remarquons ici deux désirs comme mobiles, deux efforts comme moyens, deux satisfactions comme résultat ou comme consommation de l'évolution entière, et rien ne diffère essentiellement de la même évolution accomplie dans l'isolement, si ce n'est que les désirs et les satisfactions sont demeurés, selon leur nature, intransmissibles, et que les efforts seuls ont été échangés ; en d'autres termes, deux personnes ont travaillé l'une pour l'autre, elles se sont rendu mutuellement *service*.

Aussi c'est là que commence véritablement l'économie politique, car c'est là que nous pouvons observer la première apparition de la *valeur*. Le troc ne s'accomplit qu'à la suite d'une convention, d'un débat; chacune des parties contractantes se détermine par la considération de son intérêt personnel, chacune d'elles fait un calcul dont la portée est celle-ci : « Je troquerai si le troc me fait arriver à la *satisfaction* de mon *désir* avec un moindre *Effort*. » — C'est certainement un merveilleux phénomène que des efforts amoindris puissent faire face à des désirs et à des satisfactions égales, et cela s'explique par les considérations que j'ai présentées dans le premier paragraphe de ce chapitre. Quand les deux produits ou les deux services se *troquent*, on peut dire qu'ils se *valent*. Nous aurons à approfondir ultérieurement la notion de *valeur*. Pour le moment, cette vague définition suffit.

On peut concevoir le *Troc circulaire*, embrassant trois parties contractantes. *Paul* rend un service à *Pierre*, lequel rend un service équivalent à *Jacques*, qui rend à son tour un service équivalent à *Paul*, moyennant quoi tout est balancé. Je n'ai pas besoin de dire que cette rotation ne se fait que parce qu'elle arrange toutes les parties, sans changer ni la nature ni les conséquences du troc.

L'essence du Troc se retrouverait dans toute sa pureté, alors même que le nombre des contractants serait plus grand. Dans ma commune, le vigneron paye avec du vin les services du forgeron, du barbier, du tailleur, du bedeau, du curé, de l'épicier. Le forgeron, le barbier, le tailleur livrent aussi à l'épicier, contre les marchandises consommées le long de l'année, le vin qu'ils ont reçu du vigneron.

Ce Troc circulaire, je ne saurais trop le répéter, n'altère en rien les notions primordiales posées dans les chapitres précédents. Quand l'évolution est terminée, chaque coopérant a offert ce triple phénomène : *désir, effort, satisfaction*. Il n'y a eu qu'une chose de plus, l'échange des efforts, la transmission des services, la séparation des occu-

pations avec tous les avantages qui en résultent, avantages
auxquels chacun a pris part, puisque le travail isolé est un
pis aller toujours réservé, et qu'on n'y renonce qu'en vue
d'un avantage quelconque.

Il est aisé de comprendre que le Troc circulaire et en
nature ne peut s'étendre beaucoup, et je n'ai pas besoin
d'insister sur les obstacles qui l'arrêtent. Comment s'y prendrait, par exemple, celui qui voudrait donner sa maison
contre les mille objets de consommation dont il aura besoin pendant toute l'année ? En tout cas, le Troc ne peut
sortir du cercle étroit de personnes qui se connaissent.
L'humanité serait bien vite arrivée à la limite de la séparation des travaux, à la limite du progrès, si elle n'eût pas
trouvé un moyen de faciliter les échanges.

C'est pourquoi, dès l'origine même de la société, on voit
les hommes faire intervenir dans leurs transactions une marchandise intermédiaire, du blé, du vin, des animaux et
presque toujours des métaux. Ces marchandises remplissent
plus ou moins commodément cette destination, mais aucune
ne s'y refuse par essence, pourvu que l'Effort y soit représenté par la *valeur*, puisque c'est ce dont il s'agit d'opérer
la transmission.

Avec le recours à cette marchandise intermédiaire apparaissent deux phénomènes économiques qu'on nomme *Vente*
et *Achat*. Il est clair que l'idée de *vente* et d'*achat* n'est pas
comprise dans le Troc simple, ni même dans le Troc circulaire. Quand un homme donne à un autre de quoi boire
pour en recevoir de quoi manger, il n'y a là qu'un fait
indécomposable. Or ce qu'il faut bien remarquer, au début
de la science, c'est que l'échange qui s'accomplit par un intermédiaire ne perd en rien la nature, l'essence, la qualité
du Troc ; seulement c'est un troc composé. Selon la remarque très-judicieuse et très-profonde de J. B. Say, c'est
un troc à deux facteurs, dont l'un s'appelle *vente* et l'autre

achat, facteurs dont la réunion est indispensable pour constituer un troc complet.

En effet, l'apparition dans le monde d'un moyen commode de troquer ne change ni la nature des hommes ni celle des choses. Il reste toujours pour chacun le *besoin* qui détermine l'*effort*, et la *satisfaction* qui le récompense. L'échange n'est complet que lorsque l'homme qui a fait un *effort* en faveur d'autrui en a obtenu un service équivalent, c'est-à-dire la *satisfaction*. Pour cela, il *vend* son service contre la marchandise intermédiaire, et puis, avec cette marchandise intermédiaire, il *achète* des services équivalents, et alors les deux facteurs reconstituent pour lui le *troc* simple.

Considérez un médecin, par exemple. Pendant plusieurs années, il a appliqué son temps et ses facultés à l'étude des maladies et des remèdes. Il a visité des malades, il a donné des conseils, en un mot, il a rendu des *services*. Au lieu de recevoir de ses clients, en compensation, des *services* directs, ce qui eût constitué le simple troc, il en a reçu une marchandise intermédiaire, des métaux avec lesquels il s'est procuré les satisfactions qui étaient en définitive l'objet qu'il avait en vue. Ce ne sont pas les malades qui lui ont fourni le pain, le vin, le mobilier, mais ils lui en ont fourni la valeur. Ils n'ont pu céder des écus que parce qu'eux-mêmes avaient rendu des *services*. Il y a donc balance de *services* quant à eux, il y a aussi balance pour le médecin ; et, s'il était possible de suivre par la pensée cette circulation jusqu'au bout, on verrait que l'Échange par intervention de la monnaie se résout en une multitude de trocs simples.

Sous le régime du troc simple, la *valeur* c'est l'appréciation de deux services échangés et directement comparés entre eux. Sous le régime de l'*échange composé*, les deux services s'apprécient aussi l'un l'autre, mais par comparaison à ce terme moyen, à cette marchandise intermédiaire qu'on appelle Monnaie. Nous verrons ailleurs quelles difficultés, quelles erreurs sont nées de cette complication. Il nous suffit de faire remarquer ici que la présence de cette marchandise intermédiaire n'altère en rien la notion de *valeur*.

Une fois admis que l'échange est à la fois cause et effet de la séparation des occupations, une fois admis que la séparation des occupations multiplie les *satisfactions* proportionnellement aux *efforts*, par les motifs exposés au commencement de ce chapitre, le lecteur comprendra facilement les services que la Monnaie a rendus à l'humanité par ce seul fait qu'elle facilite les échanges. Grâce à la Monnaie, l'échange a pu prendre un développement vraiment indéfini. Chacun jette dans la société ses services, sans savoir à qui ils procureront la satisfaction qui y est attachée. De même il retire de la société non des services immédiats, mais des écus avec lesquels il achètera en définitive des services, où, quand et comme il lui plaira. En sorte que les transactions définitives se font à travers le temps et l'espace, entre inconnus, sans que personne sache, au moins dans la plupart des circonstances, par l'*effort* de qui ses *besoins* seront *satisfaits*, aux *désirs* de qui ses propres *efforts* procureront *satisfaction*. L'Échange, par l'intermédiaire de la Monnaie, se résume en *trocs* innombrables dont les parties contractantes s'ignorent.

Cependant l'*Échange* est un si grand bienfait pour la société (et n'est-il pas la société elle-même ?) qu'elle ne s'est pas bornée, pour le faciliter, pour le multiplier, à l'introduction de la monnaie. Dans l'ordre logique, après le Besoin et la Satisfaction unis dans le même individu par l'effort isolé, — après le troc simple, — après le troc à deux facteurs, ou l'Échange composé de *vente* et *achat*, — apparaissent encore les transactions étendues dans le temps et l'espace par le moyen du crédit, titres hypothécaires, lettres de change, billets de banque, etc. Grâce à ces merveilleux mécanismes, éclos de la civilisation, la perfectionnant et se perfectionnant eux-mêmes avec elle, un effort exécuté aujourd'hui à Paris ira satisfaire un inconnu, par delà les océans et par delà les siècles ; et celui qui s'y livre n'en reçoit pas moins sa récompense actuelle, par l'intermédiaire de personnes qui font l'avance de cette rémunération et se soumettent à en aller demander la compensation à des pays lointains ou à l'attendre d'un avenir reculé. Complication étonnante autant que merveilleuse, qui, soumise à une exacte analyse, nous montre, en définitive, l'intégrité du phénomène économique, *besoin, effort, satisfaction*, s'accomplissant dans chaque individualité selon la loi de justice.

Bornes de l'Échange. Le caractère général de l'Échange est de *diminuer le rapport de l'effort à la satisfaction.* Entre nos besoins et nos satisfactions, s'interposent des *obstacles* que nous parvenons à amoindrir par l'union des forces ou par la séparation des occupations, c'est-à-dire par l'*Échange.* Mais l'Échange lui-même rencontre des obstacles, exige des efforts. La preuve en est dans l'immense masse de travail humain qu'il met en mouvement. Les métaux précieux, les routes, les canaux, les chemins de fer, les voitures, les navires, toutes ces choses absorbent une part considérable de l'activité humaine. Voyez, d'ailleurs, que d'hommes uniquement occupés à faciliter des échanges, que de banquiers, négociants, marchands, courtiers, voituriers, marins ! Ce vaste et coûteux appareil prouve mieux que tous les raisonnements ce qu'il y a de puissance dans la faculté d'échanger ; sans cela comment l'humanité aurait-elle consenti à se l'imposer ?

Puisqu'il est dans la nature de l'Échange d'*épargner* des efforts et d'en *exiger*, il est aisé de comprendre quelles sont ses bornes naturelles. En vertu de cette force qui pousse l'homme à choisir toujours le moindre de deux maux, l'Échange s'étendra indéfiniment, tant que l'effort exigé par lui sera moindre que l'effort par lui épargné. Et il s'arrêtera naturellement, quand, au total, l'ensemble des satisfactions obtenues par la séparation des travaux serait moindre, à raison des difficultés de l'échange, que si on les demandait à la production directe.

Voici une peuplade. Si elle veut se procurer la satisfaction, il faut qu'elle fasse l'effort. Elle peut s'adresser à une autre peuplade et lui dire : « Faites cet effort pour nous, nous en ferons un autre pour vous. » La stipulation peut arranger tout le monde, si, par exemple, la seconde peuplade est en mesure, par sa situation, de faire concourir à l'œuvre une plus forte proportion de forces naturelles et gratuites. En ce cas, elle réalisera le résultat avec un effort égal à 8, quand la première ne le pouvait qu'avec un effort égal à 12. Ne demandant que 8, il y a économie de 4 pour la première. Mais vient ensuite le transport, la rémunération des agents intermédiaires, en un mot, l'effort exigé par l'appareil de l'échange. Il faut évidemment l'ajouter au chiffre 8. L'échange continuera à s'opérer tant que lui-même ne coûtera pas 4. Aussitôt arrivé à ce chiffre, il s'arrêtera. Il n'est pas nécessaire de légiférer à ce sujet ; car, — ou la loi intervient avant que ce nivellement soit atteint, et alors elle est nuisible, elle prévient une économie d'efforts, — ou elle arrive après, et, en ce cas, elle est superflue. Elle ressemble à un décret qui défendrait d'allumer les lampes à midi.

Quand l'Échange est ainsi arrêté parce qu'il cesse d'être avantageux, le moindre perfectionnement dans l'*appareil commercial* lui donne une nouvelle activité. Entre Orléans et Angoulême, il s'accomplit un certain nombre de transactions. Ces deux villes échangent toutes les fois qu'elles recueillent plus de satisfactions par ce procédé que par la production directe. Elles s'arrêtent quand la production par échange, aggravée des frais de l'échange lui-même, dépasse ou atteint l'effort de la production directe. Dans ces circonstances, si l'on améliore l'appareil de l'échange, si les négociants baissent le prix de leur concours, si l'on perce une montagne, si l'on jette un pont sur la rivière, si l'on pave une route, si l'on diminue l'obstacle, l'Échange se multipliera, parce que les hommes veulent tirer parti de tous les avantages que nous lui avons reconnus, parce qu'ils veulent recueillir de l'utilité gratuite. Le perfectionnement de l'*appareil commercial* équivaut donc à un rapprochement matériel des deux villes. D'où il suit que le rapprochement matériel des hommes équivaut à un perfectionnement dans l'appareil de l'échange. — Et ceci est très-important ; c'est là qu'est la solution du problème de la population ; c'est là, dans ce grand problème, l'élément négligé par Malthus. Là où Malthus avait vu. Discordance, cet élément nous fera voir *Harmonie*.

Quand les hommes échangent, c'est qu'ils arrivent par ce moyen à une *satisfaction* égale avec moins d'*efforts*, et la raison en est que, de part et d'autre, ils se rendent des services qui servent de véhicule à une plus grande proportion d'*utilité gratuite*.

Or ils échangent d'autant plus que l'échange même rencontre de moindres *obstacles*, exige de moindres *efforts*.

Et l'Échange rencontre des obstacles, exige des efforts d'autant moindres que les hommes sont plus rapprochés. La plus grande densité de la population est donc nécessairement accompagnée d'une plus grande proportion d'*utilité gratuite*. Elle donne plus de puissance à l'appareil de l'échange, elle met en disponibilité une portion d'efforts humains ; elle est une cause de progrès.

Et, si vous le voulez, sortons des généralités et voyons les faits :

Une rue d'égale longueur ne rend-elle pas plus de services à Paris que dans une ville déserte? Un chemin de fer d'un kilomètre ne rend-il pas plus de services dans le département de la Seine que dans le département des Landes? Un marchand de Londres ne peut-il pas se contenter d'une moindre rémunération sur chaque transaction qu'il facilite, à cause de la multiplicité? En toutes choses, nous verrons deux appareils d'échange, quoique identiques, rendre des services bien différents selon qu'ils fonctionnent au milieu d'une population dense ou d'une population disséminée.

La densité de la population ne fait pas seulement tirer un meilleur parti de l'appareil de l'échange, elle permet encore d'accroître et de perfectionner cet appareil. Il est telle amélioration avantageuse au sein d'une population condensée, parce que là elle épargnera plus d'efforts qu'elle n'en exige, qui n'est pas réalisable au milieu d'une population disséminée, parce qu'elle exigerait plus d'efforts qu'elle n'en pourrait épargner.

Lorsqu'on quitte momentanément Paris pour aller habiter une petite ville de province, on est étonné du nombre de cas où l'on ne peut se procurer certains *services* qu'à force de frais, de temps et à travers mille difficultés.

Ce n'est pas seulement la partie matérielle de l'appareil commercial qui s'utilise et se perfectionne par le seul fait de la densité de la population, mais aussi la partie morale. Les hommes rapprochés savent mieux se partager les occupations, unir leurs forces, s'associer pour fonder des écoles et des musées, bâtir des églises, pourvoir à leur sécurité, établir des banques ou des compagnies d'assurances, en un mot, se procurer des jouissances communes avec une beaucoup moins forte proportion d'efforts pour chacun.

Mais ces considérations reviendront quand nous en serons à la population. Bornons-nous à cette remarque :

L'Échange est un moyen donné aux hommes de tirer un meilleur parti de leurs facultés, d'économiser les capitaux, de faire concourir davantage les agents gratuits de la nature, d'accroître la proportion de l'utilité gratuite à l'utilité onéreuse, de diminuer par conséquent le rapport des efforts aux résultats, de laisser à leur disposition une partie de leurs forces, de manière à en soustraire une portion toujours plus grande au service des besoins les plus impérieux et les premiers dans l'ordre de priorité, pour les consacrer à des jouissances d'un ordre de plus en plus élevé.

Si l'Échange épargne des efforts, il en exige aussi. Il s'étend, il gagne, il se multiplie, jusqu'au point où l'effort qu'il exige devient égal à celui qu'il épargne, et s'arrête là jusqu'à ce que, par le perfectionnement de l'appareil commercial, ou seulement par le seul fait de la condensation de la population et du rapprochement des hommes, il rentre dans les conditions nécessaires de sa marche ascendante. D'où il suit que les lois qui bornent les Échanges sont toujours nuisibles ou superflues.

Les gouvernements, toujours disposés à se persuader que rien de bien ne se fait sans eux, se refusent à comprendre cette loi harmonique :

L'échange se développe naturellement *jusqu'au point où il serait plus onéreux qu'utile, et s'arrête* naturellement *à cette limite.*

En conséquence, on les voit partout fort occupés de le favoriser ou de le restreindre.

Pour le porter *au delà* de ses bornes naturelles, ils vont à la conquête de débouchés et de colonies. Pour le retenir *en deçà*, ils imaginent toutes sortes de restrictions et d'entraves.

Cette intervention de la Force dans les transactions humaines est accompagnée de maux sans nombre.

L'Accroissement même de cette force est déjà un premier mal ; car il est bien évident que l'État ne peut faire des conquêtes, retenir sous sa domination des pays lointains, détourner le cours naturel du commerce par l'action des douanes, sans multiplier beaucoup le nombre de ses agents.

La Déviation de la Force publique est un mal plus grand encore que son Accroissement. Sa mission rationnelle était de protéger toutes les Libertés et toutes les Propriétés, et la voilà appliquée à violer elle-même la Liberté et la Propriété des citoyens. Ainsi les gouvernements semblent prendre à tâche d'effacer des intelligences toutes les notions et tous les principes. Dès qu'il est admis que l'Oppression et la Spoliation sont légitimes pourvu qu'elles soient légales, pourvu qu'elles ne s'exercent entre citoyens que par l'intermédiaire de la Loi ou de la Force publique, on voit peu à peu chaque classe venir demander de lui sacrifier toutes les autres.

Soit que cette intervention de la Force dans les échanges en provoque qui ne se seraient pas faits, ou en prévienne qui se seraient accomplis, il ne se peut pas qu'elle n'occasionne tout à la fois Déperdition et Déplacement de travail et de capitaux, et par suite perturbation dans la manière dont la population se serait naturellement distribuée. Des intérêts naturels disparaissent sur un point, des intérêts factices se créent sur un autre, et les hommes suivent forcément le courant des intérêts. C'est ainsi qu'on voit de vastes industries s'établir là où elles ne devaient pas naître, la France faire du sucre, l'Angleterre filer du coton venu des plaines de l'Inde. Il a fallu des siècles de guerre, des torrents de sang répandu, d'immenses trésors dispersés, pour arriver à ce résultat : substituer en Europe des industries précaires à des industries vivaces, et ouvrir ainsi des chances aux crises, aux chômages, à l'instabilité et, en définitive, au Paupérisme.

Mais je m'aperçois que j'anticipe. Nous devons d'abord connaître les lois du libre et naturel développement des sociétés humaines. Plus tard, nous aurons à en étudier les perturbations.

Force morale de l'échange. Il faut le répéter, au risque de froisser le sentimentalisme moderne : l'économie politique se tient dans la région de ce qu'on nomme les *affaires*, et les affaires se font sous l'influence de l'*intérêt personnel*. Les puritains du socialisme ont beau crier : « C'est affreux, nous changerons tout cela ; » leurs déclamations à cet égard se donnent à elles-mêmes un démenti permanent. Allez donc les acheter, quai Voltaire, au nom de la fraternité !

Ce serait tomber dans un autre genre de déclamation que d'attribuer de la moralité à des actes déterminés et gouvernés par l'*intérêt personnel*. Mais certes l'ingénieuse nature peut avoir arrangé l'ordre social de telle sorte que ces mêmes actes, destitués de moralité dans leur mobile, aboutissent néanmoins à des résultats moraux. N'en est-il pas ainsi du travail ? Or je dis que l'Echange, soit à l'état de simple troc, soit devenu vaste commerce, développe dans la société des tendances plus nobles que son mobile.

A Dieu ne plaise que je veuille attribuer à une seule énergie tout ce qui fait la grandeur, la gloire et le charme de nos destinées ! Comme il y a deux forces dans le monde matériel, l'une qui va de la circonférence au centre, l'autre, du centre à la circonférence, il y a aussi deux principes dans le monde social : l'intérêt privé et la sympathie. Qui donc est assez malheureux pour méconnaître les bienfaits et les joies du principe sympathique, manifesté par l'amitié, l'amour, la piété filiale, la tendresse paternelle, la charité, le dévouement patriotique, le sentiment religieux, l'enthousiasme du bon et du beau ? Il y en a qui disent que le principe sympathique n'est qu'une magnifique forme du principe individualiste, et qu'aimer les autres, ce n'est, au fond, qu'une intelligente manière de s'aimer soi-même. Ce n'est pas ici le lieu d'approfondir ce problème. Que nos deux énergies natives soient distinctes ou confondues, il nous suffit de savoir que, loin de se heurter, comme on le dit sans cesse, elles se combinent et concourent à la réalisation d'un même résultat, le Bien général.

J'ai établi ces deux propositions :

Dans l'isolement, nos besoins surpassent nos facultés.

Par l'échange, nos facultés surpassent nos besoins.

Elles donnent la raison de la société. En voici deux autres qui garantissent son perfectionnement indéfini :

Dans l'isolement les prospérités se nuisent.

Par l'échange les prospérités s'entr'aident.

Est-il besoin de prouver que, si la nature eût destiné les hommes à la vie solitaire, la prospérité de l'un ferait obstacle à la prospérité de l'autre ? Plus ils seraient nombreux, moins ils auraient de chances de bien-être. En tout cas, on voit clairement en quoi leur nombre pourrait nuire, on ne comprend pas comment il pourrait profiter. Et puis je demande sous quelle forme se manifesterait le principe sympathique ? A quelle occasion prendrait-il naissance ? Pourrions-nous même le concevoir ?

Mais les hommes échangent. L'échange, nous l'avons vu, implique la séparation des occupations. Il donne naissance aux professions, aux métiers. Chacun s'attache à vaincre un genre d'obstacles au profit de la Communauté. Chacun se consacre à lui rendre un genre de *services*. Or une analyse complète de la valeur démontre que chaque service *vaut* d'abord en raison de son utilité intrinsèque, ensuite en raison de ce qu'il est offert dans un milieu plus riche, c'est-à-dire au sein d'une communauté plus disposée à le demander, plus en mesure de le payer. L'expérience, en nous montrant l'artisan, le médecin, l'avocat, le négociant, le voiturier, le professeur, le savant tirer pour eux-mêmes un meilleur parti de leurs services à Paris, à Londres, à New-York que dans les landes de Gascogne, ou dans les montagnes du pays de Galles, ou dans les prairies du *Farwest*, l'expérience, dis-je, ne nous confirme-t-elle pas cette vérité : *L'homme a d'autant plus de chances de prospérer qu'il est dans un milieu plus prospère ?*

De toutes les harmonies qui se rencontrent sous ma plume,
celle-ci est certainement la plus importante, la plus belle,
la plus décisive, la plus féconde. Elle implique et résume
toutes les autres. C'est pourquoi je n'en pourrai donner ici
qu'une démonstration fort incomplète. Heureux si elle jaillit
de l'esprit de ce livre. Heureux encore si elle en sortait du
moins avec un caractère de probabilité suffisant pour déterminer le lecteur à s'élever par ses propres efforts à la certitude !

Car, il n'en faut pas douter, c'est là qu'est la raison de décider entre l'Organisation naturelle et les Organisations artificielles ; c'est là, exclusivement là, qu'est le Problème Social.
Si la prospérité de tous est la condition de la prospérité de
chacun, nous pouvons nous fier non-seulement à la puissance économique de l'échange libre, mais encore à sa force
morale. Il suffira que les hommes comprennent leurs vrais
intérêts pour que les restrictions, les jalousies industrielles,
les guerres commerciales, les monopoles, tombent sous les
coups de l'opinion ; pour qu'avant de solliciter telle ou telle
mesure gouvernementale on se demande non pas : « Quel
bien m'en reviendra-t-il ? » mais : « Quel bien en reviendra-
t-il à la communauté ? » Cette dernière question, j'accorde
qu'on se la fait quelquefois en vertu du principe sympathique, mais que la lumière se fasse, et on se l'adressera aussi
par Intérêt personnel. Alors il sera vrai de dire que les deux
mobiles de notre nature concourent vers un même résultat :
le Bien Général ; et il sera impossible de dénier à l'intérêt
personnel, non plus qu'aux transactions qui en dérivent, du
moins quant à leurs effets, la Puissance Morale.

Que l'on considère les relations d'homme à homme, de
famille à famille, de province à province, de nation à nation, d'hémisphère à hémisphère, de capitaliste à ouvrier,
de propriétaire à prolétaire, — il est évident, ce me semble,
qu'on ne peut ni résoudre ni même aborder le problème

social, à aucun de ses points de vue, avant d'avoir choisi
entre ces deux maximes :

Le profit de l'un est le dommage de l'autre.

Le profit de l'un est le profit de l'autre.

Car, si la nature a arrangé les choses de telle façon que
l'antagonisme soit la loi des transactions libres, notre
seule ressource est de vaincre la nature et d'étouffer la
Liberté. Si, au contraire, ces transactions libres sont harmoniques, c'est-à-dire si elles tendent à améliorer et à égaliser les conditions, nos efforts doivent se borner à laisser
agir la nature et à maintenir les droits de la liberté humaine.

Et c'est pourquoi je conjure les jeunes gens à qui ce livre
est dédié de scruter avec soin les formules qu'il renferme,
d'analyser la nature intime et les effets de l'échange. Oui,
j'en ai la confiance, il s'en rencontrera un parmi eux qui
arrivera enfin à la démonstration rigoureuse de cette proposition : *Le bien de chacun favorise le bien de tous, comme le
bien de tous favorise le bien de chacun;* — qui saura faire
pénétrer cette vérité dans toutes les intelligences à force
d'en rendre la preuve simple, lucide, irréfragable. — Celui-
là aura résolu le problème social ; celui-là sera le bienfaiteur
du genre humain.

Remarquons ceci en effet : Selon que cet axiome est vrai
ou faux, les lois sociales naturelles sont harmoniques ou
antagoniques. — Selon qu'elles sont harmoniques ou antagoniques, il est de notre intérêt de nous y conformer ou
de nous y soustraire. — Si donc il était une fois bien démontré que, sous le régime de la liberté, les intérêts concordent et s'entre-favorisent, tous les efforts que nous
voyons faire aujourd'hui aux gouvernements pour troubler
l'action de ces lois sociales naturelles, nous les leur verrions
faire pour laisser à ces lois toute leur puissance, ou plutôt
ils n'auraient pas pour cela d'efforts à faire, si ce n'est celui

de s'abstenir. — En quoi consiste l'action contrariante des gouvernements? Cela se déduit du but même qu'ils ont en vue. — De quoi s'agit-il? de remédier à l'Inégalité qui est censée naître de la liberté. — Or il n'y a qu'un moyen de rétablir l'équilibre, c'est de *prendre aux uns pour donner aux autres.* — Telle est en effet la mission que les gouvernements se sont donnée ou ont reçue, et c'est une conséquence rigoureuse de la formule: *Le profit de l'un est le dommage de l'autre.* Cet axiome étant tenu pour vrai, il -faut bien que la force répare le mal que fait la liberté. — Ainsi les gouvernements, que nous croyions institués pour garantir à chacun sa liberté et sa propriété, ont entrepris la tâche de violer toutes les libertés et toutes les propriétés, et cela avec raison, si c'est en elles que réside le principe même du mal. Ainsi partout nous les voyons occupés de déplacer artificiellement le travail, les capitaux et les responsabilités.

D'un autre côté, une somme vraiment incalculable de forces intellectuelles se perd à la poursuite d'organisations sociales factices. *Prendre aux uns pour donner aux autres,* violer la liberté et la propriété, c'est un but fort simple; mais les procédés peuvent varier à l'infini. De là ces multitudes de systèmes qui jettent l'effroi dans toutes les classes de travailleurs, puisque, par la nature même de leur but, ils menacent tous les intérêts.

Ainsi: gouvernements arbitraires et compliqués, négation de la liberté et de la propriété, antagonisme des classes et des peuples, tout cela est logiquement renfermé dans cet axiome: Le profit de l'un est le dommage de l'autre. — Et, par la même raison: simplicité dans les gouvernements, respect de la dignité individuelle, liberté du travail et de l'échange, paix entre les nations, sécurité pour les personnes et les propriétés, tout cela est contenu dans cette vérité: Les intérêts sont harmoniques, — à une condition cependant, c'est que cette vérité soit généralement admise.

Or il s'en faut bien qu'elle le soit. En lisant ce qui précède, beaucoup de personnes sont portées à me dire : Vous enfoncez une porte ouverte ; qui a jamais songé à contester sérieusement la supériorité de l'échange sur l'isolement ? Dans quel livre, si ce n'est peut-être dans ceux de Rousseau, avez-vous rencontré cet étrange paradoxe ?

Ceux qui m'arrêtent par cette réflexion n'oublient que deux choses, deux symptômes ou plutôt deux aspects de nos sociétés modernes : les doctrines dont les théoriciens nous inondent et les pratiques que les gouvernements nous imposent. Il faut pourtant bien que l'Harmonie des intérêts ne soit pas universellement reconnue, puisque, d'un côté, la force publique est constamment occupée à intervenir pour troubler leurs combinaisons naturelles ; et que, d'une autre part, le reproche qu'on lui adresse surtout, c'est de ne pas intervenir assez.

La question est celle-ci : Le Mal (il est clair que je parle ici du mal qui n'est pas la conséquence nécessaire de notre infirmité native) est-il imputable à l'action des lois sociales naturelles ou au trouble que nous faisons subir à cette action ?

Or deux faits coexistent : le Mal, — la force publique occupée à contrarier les lois sociales naturelles. Le premier de ces faits est-il la conséquence du second ? Pour moi, je le crois ; je dirai même : J'en suis sûr. Mais en même temps je suis témoin de ceci : à mesure que le mal se développe, les gouvernements cherchent le remède dans de nouveaux troubles apportés à l'action de ces lois ; les théoriciens leur reprochent de ne pas les troubler assez. Ne suis-je pas autorisé à en conclure qu'on n'a guère confiance en elles ?

Oui, sans doute, si l'on pose la question entre l'isolement et l'échange, on est d'accord. Mais si on la pose entre l'échange libre et l'échange forcé, en est-il de même ? N'y a-t-il rien d'artificiel, de forcé, de restreint ou de contraint, en France, dans la manière dont s'y échangent les services relatifs au commerce, au crédit, aux transports, aux arts, à l'instruction, à la religion? Le travail et les capitaux se sont-ils répartis naturellement entre l'agriculture et les fabriques? Quand les intérêts se déplacent, obéissent-ils toujours à leur propre impulsion? Ne rencontrons-nous pas de toute part des entraves? Est-ce qu'il n'y a pas cent professions qui sont interdites au plus grand nombre d'entre nous? Est-ce que le catholique ne paye pas *forcément* les services du rabbin juif, et le juif les services du prêtre catholique? Est-ce qu'il y a un seul homme, en France, qui a reçu l'éducation que ses parents lui eussent donnée s'ils eussent été libres? Est-ce que notre intelligence, nos mœurs, nos idées, notre industrie ne se façonnent pas sous le régime de l'arbitraire ou du moins de l'artificiel? Or, je le demande, troubler l'échange libre des services, n'est-ce pas nier l'harmonie des intérêts? Sur quel fondement me vient-on ravir ma liberté, si ce n'est qu'on la juge nuisible aux autres? Dira-t-on que c'est à moi-même qu'elle nuit? Mais alors c'est un antagonisme de plus. Et où en sommes-nous, grand Dieu! si la nature a placé dans le cœur de tout homme un mobile permanent, indomptable, en vertu duquel il blesse tout le monde et se blesse lui-même?

Oh! on a essayé tant de choses, quand est-ce donc qu'on essayera la plus simple de toutes : la Liberté? La liberté de tous les actes qui ne blessent pas la justice; la liberté de vivre, de se développer, de se perfectionner; le libre exercice des facultés; le libre échange des services. — N'eût-ce pas été un beau et solennel spectacle que le Pouvoir né de la révolution de Février se fût adressé ainsi aux citoyens :

« Vous m'avez investi de la Force publique. Je ne l'emploierai qu'aux choses dans lesquelles l'intervention de la

Force soit permise ; or, il n'en est qu'une seule, c'est la Justice. Je forcerai chacun à rester dans la limite de ses droits. Que chacun de vous travaille en liberté le jour et dorme en paix la nuit. Je prends à ma charge la sécurité des personnes et des propriétés : c'est ma mission, je la remplirai, — *mais je n'en accepte pas d'autre.* Qu'il n'y ait donc plus de malentendu entre nous. Désormais vous ne me payerez que le léger tribut indispensable pour le maintien de l'ordre et la distribution de la justice. Mais aussi, sachez-le bien, désormais chacun de vous est responsable envers lui-même de sa propre existence et de son perfectionnement. Ne tournez plus sans cesse vos regards vers moi. Ne me demandez pas de vous donner de la richesse, du travail, du crédit, de l'instruction, de la religion, de la moralité ; n'oubliez pas que le mobile en vertu duquel vous vous développez est en vous ; que, quant à moi, je n'agis jamais que par l'intermédiaire de la force ; que je n'ai rien, absolument rien que je ne tienne de vous ; et que, par conséquent, je ne puis conférer le plus petit avantage aux uns qu'aux dépens des autres. Labourez donc vos champs, fabriquez et transportez leurs produits, faites le commerce, donnez-vous réciproquement du crédit, rendez et recevez librement des services, faites élever vos fils, trouvez-leur une carrière, cultivez les arts, perfectionnez votre intelligence, épurez vos sentiments, rapprochez-vous les uns des autres, formez des associations industrielles ou charitables, unissez vos efforts pour le bien individuel comme pour le bien général ; obéissez à vos tendances, accomplissez vos destinées selon vos facultés, vos vues, votre prévoyance. N'attendez de moi que deux choses : Liberté, Sécurité, — et comprenez bien que vous ne pouvez, sans les perdre toutes deux, m'en demander une troisième. »

Oui, j'en suis convaincu, si la révolution de Février eût proclamé ce principe, elle eût été la dernière. Comprend-on que les citoyens, d'ailleurs parfaitement libres, aspirent à renverser le Pouvoir, alors que son action se borne à satisfaire le plus impérieux, le mieux senti de tous les besoins sociaux, le besoin de la Justice?

Mais il n'était malheureusement pas possible que l'Assemblée nationale entrât dans cette voie, et fît entendre ces paroles. Elles ne répondaient ni à sa pensée, ni à l'attente publique. Elles auraient jeté l'effroi au sein de la société autant peut-être que pourrait le faire la proclamation du Communisme. Être responsables de nous-mêmes! eût-on dit. Ne plus compter sur l'État que pour le maintien de l'ordre et de la paix! N'attendre de lui ni nos richesses, ni nos lumières! N'avoir plus à rejeter sur lui la responsabilité de nos fautes, de notre incurie, de notre imprévoyance! Ne compter que sur nous-mêmes pour nos moyens de subsistance, pour notre amélioration physique, intellectuelle et morale! Grand Dieu! qu'allons-nous devenir? La société ne va-t-elle pas être envahie par la misère, l'ignorance, l'erreur, l'irréligion et la perversité?

On en conviendra; telles eussent été les craintes qui se fussent manifestées de toute part, si la révolution de Février eût proclamé la Liberté, c'est-à-dire le règne des lois sociales naturelles. Donc, ou nous ne connaissons pas ces lois, ou nous n'avons pas confiance en elles. Nous ne pouvons nous défendre de l'idée que les mobiles que Dieu a mis dans l'homme sont essentiellement pervers; qu'il n'y a de rectitude que dans les intentions et les vues des gouvernants; que les tendances de l'humanité mènent à la désorganisation, à l'anarchie; en un mot, nous croyons à l'antagonisme fatal des intérêts.

Aussi, loin qu'à la révolution de Février la société française ait manifesté la moindre aspiration vers une organisation naturelle, jamais peut-être ses idées et ses espérances ne s'étaient tournées avec autant d'ardeur vers des combinaisons factices. Lesquelles? On ne le savait trop. Il s'agissait, selon le langage du temps, de faire *des essais : Faciamus experimentum in corpore vili*. Et l'on semblait arrivé à un tel mépris de l'individualité, à une si parfaite assimilation de l'homme à la matière inerte, qu'on parlait de faire des expériences sociales avec des hommes comme on fait des expériences chimiques avec des alcalis et des acides. Une première expérimentation fut commencée au Luxembourg, on sait avec quel succès. Bientôt l'Assemblée constituante institua un comité du travail où vinrent s'engloutir des milliers de plans sociaux. On vit un représentant fouriériste demander sérieusement de la terre et de l'argent (il n'aurait pas tardé sans doute à demander aussi des hommes) pour manipuler sa société-modèle. Un autre représentant *égalitaire* offrit aussi sa recette qui fut refusée. Plus heureux, les manufacturiers ont réussi à maintenir la leur. Enfin, en ce moment, l'Assemblée législative a nommé une commission pour organiser l'assistance.

Ce qui surprend en tout ceci, c'est que les dépositaires du Pouvoir ne soient pas venus de temps en temps, dans l'intérêt de sa stabilité, faire entendre ces paroles : « Vous habituez trente-six millions de citoyens à s'imaginer que je suis responsable de tout ce qui leur arrive en bien ou en mal dans ce monde. A cette condition, il n'y a pas de gouvernement possible. »

Quoi qu'il en soit, si ces diverses inventions sociales, décorées du nom d'organisation, diffèrent entre elles par leurs procédés, elles partent toutes du même principe : Prendre aux uns pour donner aux autres. — Or il est bien clair qu'un tel principe n'a pu rencontrer des sympathies si universelles, au sein de la nation, que parce que l'on y est très-convaincu que les intérêts sont naturellement antagoniques et les tendances humaines essentiellement perverses.

Prendre aux uns pour donner aux autres! — Je sais bien

que les choses se passent ainsi depuis longtemps. Mais, avant d'imaginer, pour guérir la misère, divers moyens de réaliser ce bizarre principe, ne devrait-on pas se demander si la misère ne provient pas précisément de ce que ce principe a été réalisé sous une forme quelconque? Avant de chercher le remède dans de nouvelles perturbations apportées à l'empire des lois sociales naturelles, ne devrait-on pas s'assurer si ces perturbations ne constituent pas justement le mal dont la société souffre et qu'on veut guérir?

Prendre aux uns pour donner aux autres ! — Qu'il me soit permis de signaler ici le danger et l'absurdité de la pensée économique de cette aspiration, dite *sociale*, qui fermentait au sein des masses et qui a éclaté avec tant de force à la révolution de Février [1].

Quand il y a encore plusieurs couches dans la société, on conçoit que la première jouisse de priviléges aux dépens de toutes les autres. C'est odieux, mais ce n'est pas absurde.

La seconde couche ne manquera pas alors de battre en brèche les priviléges; et, à l'aide des masses populaires, elle parviendra tôt ou tard à faire une Révolution. En ce cas, la Force passant en ses mains, on conçoit encore qu'elle se constitue des Priviléges. C'est toujours odieux, mais ce n'est pas absurde, ce n'est pas du moins impraticable, car le Privilége est possible tant qu'il a au-dessous de lui, pour l'alimenter, le gros du public. Si la troisième, la quatrième couche font aussi leur révolution, elles s'arrangeront aussi, si elles le peuvent, de manière à exploiter les masses, au moyen de Priviléges très-habilement combinés. Mais voici que le gros du public, foulé, pressuré, exténué, fait aussi sa révolution. Pourquoi? Que va-t-il faire? Vous croyez peut-être qu'il va abolir tous les priviléges, inaugurer le

---

[1] Voir au tome II, *Funestes illusions*, et au tome IV, la fin du chapitre ɪ de la seconde série des *Sophismes.*

(*Note de l'éditeur.*)

règne de la justice universelle? qu'il va dire : « Arrière les
restrictions; arrière les entraves; arrière les monopoles;
arrière les interventions gouvernementales au profit d'une
classe; arrière les lourds impôts; arrière les intrigues diplo-
matiques et politiques! » Non, sa prétention est bien autre,
il se fait solliciteur, il demande, lui aussi, à être *privilégié*.
Lui, le gros du public, imitant les classes supérieures, im-
plore à son tour des priviléges ! Il veut le droit au travail,
le droit au crédit, le droit à l'instruction, le droit à l'assistance ! Mais aux dépens de qui? C'est ce dont il ne se met
pas en peine. Il sait seulement que, si on lui assurait du
travail, du crédit, de l'instruction, du repos pour ses vieux
jours, le tout gratuitement, cela serait fort heureux, et,
certes, personne ne le conteste. Mais est-ce possible? Hélas !
non, et c'est pourquoi je dis qu'ici l'odieux disparaît ; mais
l'absurde est à son comble.

Des Priviléges aux masses! Peuple, réfléchis donc au
cercle vicieux où tu te places. Privilége suppose quelqu'un
pour en jouir et quelqu'un pour le payer. On comprend un
homme privilégié, une classe privilégiée; mais peut-on concevoir tout un peuple privilégié? Est-ce qu'il y a au-dessous
de toi une autre couche sociale sur qui rejeter le fardeau?
Ne comprendras-tu jamais la bizarre mystification dont tu
es dupe? Ne comprendras-tu jamais que l'État ne peut rien
te donner d'une main qu'il ne t'ait pris un peu davantage
de l'autre? que, bien loin qu'il y ait pour toi, dans cette
combinaison, aucun accroissement possible de bien-être,
le résidu de l'opération c'est un gouvernement arbitraire,
plus vexatoire, plus responsable, plus dispendieux et plus
précaire, des impôts plus lourds, des injustices plus nombreuses, des faveurs plus blessantes, une liberté plus restreinte, des forces perdues, des intérêts, du travail et des
capitaux déplacés, la convoitise excitée, le mécontentement
provoqué et l'énergie individuelle éteinte?

Les classes supérieures s'alarment, et ce n'est pas sans raison, de cette triste disposition des masses. Elles y voient le germe de révolutions incessantes ; car quel gouvernement peut tenir quand il a eu le malheur de dire : « J'ai la force, et je l'emploierai à faire vivre tout le monde aux dépens de tout le monde. J'assume sur moi la responsabilité du bonheur universel ! » — Mais l'effroi dont ces classes sont saisies n'est-il pas un châtiment mérité ? N'ont-elles pas elles-mêmes donné au peuple le funeste exemple de la disposition dont elles se plaignent? N'ont-elles pas toujours tourné leurs regards vers les faveurs de l'Etat ? Ont-elles jamais manqué d'assurer quelque privilége grand ou petit aux fabriques, aux banques, aux mines, à la propriété foncière, aux arts, et jusqu'à leurs moyens de délassement et de diversion, à la danse, à la musique, à tout enfin, excepté au travail du peuple, au travail manuel ? N'ont-elles pas poussé à la mul- -tiplication des fonctions publiques pour accroître, aux dé- pens des masses, leurs moyens d'existence, et y a-t-il au- jourd'hui un père de famille qui ne songe à assurer une *place* à son fils? Ont-elles jamais fait volontairement dispa- raître une seule des inégalités reconnues de l'impôt ? N'ont- elles pas longtemps exploité jusqu'au privilége électoral? — Et maintenant elles s'étonnent, elles s'affligent de ce que le peuple s'abandonne à la même pente ! Mais, quand l'esprit de mendicité a si longtemps prévalu dans les classes riches, comment veut-on qu'il n'ait pas pénétré au sein des classes souffrantes ?

Cependant une grande révolution s'est accomplie. La puissance politique, la faculté de faire des lois, la dispo- sition de la force, ont passé virtuellement, sinon de fait encore, aux mains du Peuple, avec le suffrage universel. Ainsi ce Peuple qui pose le problème sera appelé à le résoudre; et malheur au pays si, suivant l'exemple qui lui a été donné, il cherche la solution dans le Privilége, qui est toujours une violation du droit d'autrui. Certes il aboutira à une déception et par là à un grand enseignement ; car, s'il est possible de violer le droit du grand nombre en faveur du petit nombre, comment pourrait-on violer le droit de tous pour l'avantage de tous ? — Mais à quel prix cet enseignement sera-t-il acheté ? Pour prévenir cet effrayant danger, que devraient faire les classes supérieures ? Deux choses : renoncer pour elles-mêmes à tout privilége, éclairer les masses, — car il n'y a que deux choses qui puissent sauver la société : la Justice et la Lumière. Elles devraient rechercher avec soin si elles ne jouissent pas de quelque monopole, pour y renoncer ; — si elles ne profitent pas de quelques inégalités factices, pour les effacer ; — si le Paupérisme ne peut pas être attribué, en partie du moins, à quelque perturbation des lois sociales naturelles, pour la faire cesser, — afin de pouvoir dire en montrant leurs mains au peuple : Elles sont pleines, mais elles sont pures. — Est-ce là ce qu'elles font ? Si je ne m'aveugle, elles font tout le contraire. — Elles commencent par garder leurs monopoles, et on les a vues même profiter de la révolution pour essayer de les accroître. Après s'être ainsi ôté jusqu'à la possibilité de dire la vérité et d'invoquer les principes, pour ne pas se montrer trop inconséquentes, elles promettent au peuple de le traiter comme elles se traitent elles-mêmes, et font briller à ses yeux l'appât des Priviléges. Seulement elles se croient très-rusées en ce qu'elles ne lui concèdent aujourd'hui qu'un petit privilége : le droit à l'assistance, dans l'espoir de le détourner d'en réclamer un gros : le droit au travail. Et elles ne s'aperçoivent pas qu'étendre et systématiser de plus en plus l'axiome : Prendre aux uns pour donner aux autres, — c'est renforcer l'illusion qui crée les difficultés du présent et les dangers de l'avenir.

N'exagérons rien toutefois. Quand les classes supérieures cherchent dans l'extension du privilége le remède aux maux que le privilége a faits, elles sont de bonne foi et agissent, j'en suis convaincu, plutôt par ignorance que par injustice. C'est un malheur irréparable, que les gouvernements qui se sont succédé en France aient toujours mis obstacle à l'enseignement de l'économie politique. C'en est un bien plus grand encore, que l'éducation universitaire remplisse toutes nos cervelles de préjugés romains, c'est-à-dire de tout ce qu'il y a de plus antipathique à la vérité sociale. C'est là ce qui fait dévier les classes supérieures. Il est de mode aujourd'hui de déclamer contre elles. Pour moi, je crois qu'à aucune époque elles n'ont eu des intentions plus bienveillantes. Je crois qu'elles désirent avec ardeur résoudre le problème social. Je crois qu'elles feraient plus que de renoncer à leurs priviléges et qu'elles sacrifieraient volontiers, en œuvres charitables, une partie de leurs propriétés acquises, si, par là, elles croyaient mettre un terme définitif aux souffrances des classes laborieuses. On dira, sans doute, que l'intérêt ou la peur les anime et qu'il n'y a pas grande générosité à abandonner une partie de son bien pour sauver le reste. C'est la vulgaire prudence de l'homme qui fait la part du feu. — Ne calomnions pas ainsi la nature humaine. Pourquoi refuserions-nous de reconnaître un sentiment moins égoïste ? N'est-il pas bien naturel que les habitudes démocratiques, qui prévalent dans notre pays, rendent les hommes sensibles aux souffrances de leurs frères ? Mais, quel que soit le sentiment qui domine, ce qui ne se peut nier, c'est que tout ce qui peut manifester l'opinion, la philosophie, la littérature, la poésie, le drame, la prédication religieuse, les discussions parlementaires, le journalisme, tout révèle dans la classe aisée plus qu'un désir, une soif ardente de résoudre le grand problème. Pourquoi donc ne sort-il rien de nos Assemblées législatives? Parce qu'elles ignorent. L'économie politique leur propose cette solution : JUSTICE LÉGALE, — CHARITÉ PRIVÉE. Elles prennent le contre-

pied ; et obéissant, sans s'en apercevoir, aux influences socialistes, elles veulent mettre la charité dans la loi, c'est-à-
dire en bannir la justice, au risque de tuer du même coup
la charité privée, toujours prompte à reculer devant la charité légale.

Pourquoi donc nos législateurs bouleversent-ils ainsi
toutes les notions ? Pourquoi ne laissent-ils pas chaque
chose à sa place : la Sympathie dans son domaine naturel,
qui est la Liberté; — et la Justice dans le sien, qui est la
Loi? Pourquoi n'appliquent-ils pas la loi exclusivement à
faire régner la justice ? Serait-ce qu'ils n'aiment pas la justice ? Non, mais ils n'ont pas confiance en elle. Justice,
c'est liberté et propriété. Or ils sont socialistes sans le savoir; pour la réduction progressive de la misère, pour l'expansion indéfinie de la richesse, ils n'ont foi, quoi qu'ils en
disent, ni à la liberté, ni à la propriété, ni, par conséquent,
à la justice. — Et c'est pourquoi on les voit de très-bonne
foi chercher la réalisation du Bien par la violation perpétuelle du droit.

On peut appeler *lois sociales naturelles* l'ensemble des
phénomènes, considérés tant dans leurs mobiles que dans
leurs résultats, qui gouvernent les libres transactions des
hommes.

Cela posé, la question est celle-ci :

Faut-il laisser agir ces lois, — ou faut-il les empêcher d'agir?

Cette question revient à celle-ci :

Faut-il reconnaître à chacun sa propriété et sa liberté,
son droit de travailler et d'échanger sous sa responsabilité,
soit qu'elle châtie, soit qu'elle récompense, et ne faire intervenir la Loi, qui est la Force, que pour la protection de ces
droits? — Ou bien, peut-on espérer arriver à une plus
grande somme de bonheur social en violant la propriété et
la liberté, en réglementant le travail, troublant l'échange
et déplaçant les responsabilités ?

En d'autres termes :

La Loi doit-elle faire prévaloir la Justice rigoureuse, ou être l'instrument de la Spoliation organisée avec plus ou moins d'intelligence ?

Il est bien évident que la solution de ces questions est subordonnée à l'étude et à la connaissance des lois sociales naturelles. On ne peut se prononcer raisonnablement avant de savoir si la propriété, la liberté, les combinaisons des services volontairement échangés poussent les hommes vers leur amélioration, comme le croient les économistes, ou vers leur dégradation, comme l'affirment les socialistes. — Dans le premier cas, le mal social doit être attribué aux perturbations des lois naturelles, aux violations légales de la propriété et de la liberté. Ce sont ces perturbations et ces violations qu'il faut faire cesser, et l'Économie politique a raison. — Dans le second, nous n'avons pas encore assez d'intervention gouvernementale ; les combinaisons factices et forcées ne sont pas encore assez substituées aux combinaisons naturelles et libres ; ces trois funestes principes : Justice, Propriété, Liberté, ont encore trop d'empire. Nos législateurs ne leur ont pas encore porté d'assez rudes coups. On ne prend pas encore assez aux uns pour donner aux autres. Jusqu'ici on a pris au grand nombre pour donner au petit nombre. Maintenant il faut prendre à tous pour donner à tous. En un mot, il faut organiser la spoliation, et c'est du Socialisme que nous viendra le salut [1].

Fatales illusions qui naissent de l'échange. — L'échange, c'est la société. Par conséquent, la vérité économique c'est

----

[1] Ce qui va suivre est la reproduction d'une note trouvée dans les papiers de l'auteur. S'il eût vécu, il en eût lié la substance au corps de sa doctrine sur l'échange. Notre mission doit se borner à placer cette note à la fin du présent chapitre. (*Note de l'éditeur.*)

la vue complète, et l'erreur économique c'est la vue partielle de l'échange.

Si l'homme n'échangeait pas, chaque phénomène économique s'accomplirait dans l'individualité, et il nous serait très-facile de constater par l'observation ses bons et ses mauvais effets.

Mais l'échange a amené la séparation des occupations, et, pour parler la langue vulgaire, l'établissement des professions et des métiers. Chaque service (ou chaque produit) a donc deux rapports, l'un avec celui qui le livre, l'autre avec celui qui le reçoit.

Sans doute, à la fin de l'évolution, l'homme social, comme l'homme isolé, est tout à la fois producteur et consommateur. Mais il faut bien voir la différence. L'homme isolé est toujours producteur de la chose même qu'il consomme. Il n'en est presque jamais ainsi de l'homme social. C'est un point de fait incontestable, et que chacun peut vérifier sur soi-même. Cela résulte d'ailleurs de ce que la société n'est qu'échange de services.

Nous sommes tous producteurs et consommateurs non de la chose, mais de la valeur que nous avons produite. En échangeant les choses, nous restons toujours propriétaires de leur valeur.

C'est de cette circonstance que naissent toutes les illusions et toutes les erreurs économiques. Il n'est certes pas superflu de signaler ici la marche de l'esprit humain à cet égard.

On peut donner le nom général d'*obstacles* à tout ce qui, s'interposant entre nos besoins et nos satisfactions, provoque l'intervention de nos efforts.

Les rapports de ces quatre éléments : besoin, obstacle, effort, satisfaction, sont parfaitement visibles et compréhensibles dans l'homme isolé. Jamais, au grand jamais, il ne nous viendrait dans la pensée de dire : ·

« Il est fâcheux que Robinson ne rencontre pas plus
« d'*obstacles*; car, en ce cas, il aurait plus d'occasions de
« déployer ses efforts : il serait plus riche.

« Il est fâcheux que la mer ait jeté sur le rivage de l'île
« du Désespoir des objets utiles, des planches, des vivres,
« des armes, des livres ; car cela ôte à Robinson l'occasion
« de déployer des efforts : il est moins riche.

« Il est fâcheux que Robinson ait inventé des filets pour
« prendre le poisson ou le gibier ; car cela diminue d'au-
« tant les efforts qu'il accomplit pour un résultat donné : il
« est moins riche.

« Il est fâcheux que Robinson ne soit pas plus souvent ma-
« lade. Cela lui fournirait l'occasion de faire de la médecine
« sur lui-même, ce qui est un travail ; et, comme toute ri-
« chesse vient du travail, il serait plus riche.

« Il est fâcheux que Robinson ait réussi à éteindre l'in-
« cendie qui menaçait sa cabane. Il a perdu là une précieuse
« occasion de travail : il est moins riche.

« Il est fâcheux que dans l'île du Désespoir la terre ne
« soit pas plus ingrate, la source plus éloignée, le soleil
« moins longtemps sur l'horizon. Pour se nourrir, s'abreu-
« ver, s'éclairer, Robinson aurait plus de peine à prendre :
« il serait plus riche. »

Jamais, dis-je, on ne mettrait en avant, comme des oracles de vérité, des propositions aussi absurdes. Il serait d'une
évidence trop palpable que la richesse ne consiste pas dans
l'intensité de l'effort pour chaque satisfaction acquise, et
que c'est justement le contraire qui est vrai. On compren-
drait que la richesse ne consiste ni dans le besoin, ni dans
l'obstacle, ni dans l'effort, mais dans la satisfaction ; et l'on
n'hésiterait pas à reconnaître qu'encore que Robinson soit
tout à la fois producteur et consommateur, pour juger de
ses progrès, ce n'est pas à son travail, mais aux résultats
qu'il faut regarder. Bref, en proclamant cet axiome : L'in-

térêt dominant est celui du consommateur, — on croirait n'exprimer qu'un véritable *truisme*.

Heureuses les nations quand elles verront clairement comment et pourquoi ce que nous trouvons faux, ce que nous trouvons vrai, quant à l'homme isolé, ne cesse pas d'être faux ou vrai pour l'homme social !...

Ce qui est certain cependant, c'est que les cinq ou six propositions qui nous ont paru absurdes, appliquées à l'île du Désespoir, paraissent si incontestables, quand il s'agit de la France, qu'elles servent de base à toute notre législation économique. Au contraire, l'axiome qui nous semblait la vérité même, quant à l'individu, n'est jamais invoqué au nom de la société sans provoquer le sourire du dédain.

Serait-il donc vrai que l'échange altère à ce point notre organisation individuelle, que ce qui fait la misère de l'individu fasse la richesse sociale?

Non, cela n'est pas vrai. Mais, il faut le dire, cela est spécieux, très-spécieux même, puisque c'est si généralement cru.

La société consiste en ceci : que nous travaillons les uns pour les autres. Nous recevons d'autant plus de services que nous en rendons davantage, ou que ceux que nous rendons sont plus appréciés, plus recherchés, mieux rémunérés. D'un autre côté, la séparation des occupations fait que chacun de nous applique ses efforts à vaincre un obstacle qui s'oppose aux satisfactions d'autrui. Le laboureur combat l'obstacle appelé faim ; le médecin, l'obstacle appelé maladie ; le prêtre, l'obstacle appelé vice ; l'écrivain, l'obstacle appelé ignorance ; le mineur, l'obstacle appelé froid, etc., etc.

Et comme tous ceux qui nous entourent sont d'autant plus disposés à rémunérer nos efforts, qu'ils sentent plus vivement l'obstacle qui les gêne, il s'ensuit que nous sommes tous disposés, à ce point de vue et comme producteurs, à vouer un culte à l'obstacle que nous faisons profession de combattre. Nous nous regardons comme plus riches si ces obstacles augmentent, et nous concluons aussitôt de notre avantage particulier à l'avantage général [1].

[1] Voir, pour la réfutation de cette erreur, le chapitre *Producteur et Consommateur*, ci-après, ainsi que les chapitres ii et iii des *Sophismes économiques*, première série, tome IV, pages 15 et 19.

(*Note de l'éditeur.*)

V

DE LA VALEUR

Dissertation, ennui. — Dissertation sur la Valeur, ennui sur ennui.

Aussi quel novice écrivain, placé en face d'un problème économique, n'a essayé de le résoudre, abstraction faite de toute définition de la valeur ?

Mais il n'aura pas tardé à reconnaître combien ce procédé est insuffisant. La théorie de la Valeur est à l'économie politique ce que la numération est à l'arithmétique. Dans quels inextricables embarras ne se serait pas jeté Bezout, si, pour épargner quelque fatigue à ses élèves, il eût entrepris de leur enseigner les quatre règles et les proportions, sans leur avoir préalablement expliqué la valeur que les chiffres empruntent à leur figure ou à leur position ?

Si encore le lecteur pouvait pressentir les belles conséquences qui se déduisent de la théorie de la valeur ! Il accepterait l'ennui de ces premières notions, comme on se résigne à étudier péniblement les éléments de la géométrie, en vue du magnifique champ qu'ils ouvrent à notre intelligence.

Mais cette sorte de prévision intuitive n'est pas possible. Plus je me donnerai de soin pour distinguer la Valeur, soit de l'Utilité, soit du Travail, pour montrer combien il était naturel que la science commençât par trébucher à ces écueils, plus, sans doute, on sera porté à ne voir dans cette délicate discussion que de stériles et oiseuses subtilités, bonnes tout au plus à satisfaire la curiosité des hommes du métier.

Vous recherchez laborieusement, me dira-t-on, si la richesse est dans l'utilité des choses, ou dans leur valeur ou dans leur rareté. N'est-ce pas une question, comme celle de l'école : La forme est-elle dans la substance ou dans l'accident ? Et ne craignez-vous pas qu'un Molière de carrefour ne vous expose aux risées du public des Variétés ?

Et cependant, je dois le dire : au point de vue économique, Société c'est Echange. La première création de l'échange, c'est la notion de *valeur*, en sorte que toute vérité ou toute erreur introduite dans les intelligences par ce mot est une vérité ou une erreur sociale.

J'entreprends de montrer dans cet écrit l'Harmonie des lois providentielles qui régissent la société humaine. Ce qui fait que ces lois sont harmoniques et non discordantes, c'est que tous les principes, tous les mobiles, tous les ressorts, tous les intérêts concourent vers un grand résultat final, que l'humanité n'atteindra jamais à cause de son *imperfection* native, mais dont elle approchera toujours en vertu de sa *perfectibilité* indomptable ; et ce résultat est : le rapprochement indéfini de toutes les classes vers un niveau qui s'élève toujours ; en d'autres termes : l'*égalisation* des individus dans l'*amélioration* générale.

Mais pour réussir il faut que je fasse comprendre deux choses, savoir :

1° Que l'*Utilité* tend à devenir de plus en plus *gratuite*, *commune*, en sortant progressivement du domaine de l'*appropriation* individuelle ;

2° Que la *Valeur*, au contraire, seule appropriable, seule constituant la propriété de droit et de fait, tend à diminuer de plus en plus relativement à l'utilité à laquelle elle est attachée.

En sorte que, si elle est bien faite, une telle démonstration fondée sur la Propriété, mais seulement sur la propriété de la Valeur, — et sur la Communauté, mais seulement sur la communauté de l'utilité, — une telle démonstration, dis-je, doit satisfaire et concilier toutes les écoles, en leur concédant que toutes ont entrevu la vérité, mais la vérité partielle prise à des points de vue divers.

Économistes, vous défendez la propriété. Il n'y a, dans l'ordre social, d'autre propriété que celle des *valeurs*, et celle-là est inébranlable.

Communistes, vous rêvez la communauté. Vous l'avez. L'ordre social rend toutes les *utilités* communes, à la condition que l'échange des valeurs appropriées soit libre.

Vous ressemblez à des architectes qui disputent sur un monument, dont chacun n'a observé qu'une face. Ils ne voient pas *mal*, mais ils ne voient pas *tout*. Pour les mettre d'accord, il ne faut que les décider à faire le tour de l'édifice.

Mais cet édifice social, comment le pourrais-je reconstruire, aux yeux du public, dans toute sa belle harmonie, si je rejette ses deux pierres angulaires : Utilité, Valeur ? Comment pourrais-je amener la désirable conciliation de toutes les écoles, sur le terrain de la vérité, si je recule devant l'analyse de ces deux idées, alors que la dissidence est née de la malheureuse confusion qui en a été faite ?

Cette manière d'exorde était nécessaire pour déterminer, s'il se peut, le lecteur à un instant d'attention, de fatigue, et probablement, hélas ! d'ennui. Ou je me fais bien illusion, ou la consolante beauté des conséquences rachètera la sécheresse des prémisses. Si Newton s'était laissé rebuter, à l'origine, par le dégoût des premières études mathématiques, jamais son cœur n'eût battu d'admiration à l'aspect des harmonies de la mécanique céleste ; et je soutiens qu'il suffit de traverser virilement quelques notions élémentaires pour reconnaître que Dieu n'a pas déployé, dans la mécanique sociale, moins de bonté touchante, d'admirable simplicité et de magnifique splendeur.

Dans le premier chapitre nous avons vu que l'homme est *passif* et *actif* ; que le *Besoin* et la *Satisfaction*, n'affectant que la *sensibilité*, étaient, de leur nature, personnels, intimes, intransmissibles ; que l'*Effort*, au contraire, lien entre le Besoin et la Satisfaction, *moyen* entre le principe et la fin, partant de notre *activité*, de notre spontanéité, de notre volonté, était susceptible de conventions, de transmission. Je sais qu'on pourrait, au point de vue métaphysique, contester cette assertion et soutenir que l'Effort aussi est personnel. Je n'ai pas envie de m'engager sur le terrain de l'idéologie, et j'espère que ma pensée sera admise sans controverse sous cette forme vulgaire : nous ne pouvons *sentir* les besoins des autres ; nous ne pouvons *sentir* les satisfactions des autres ; mais nous pouvons nous *rendre service* les uns aux autres.

C'est cette transmission d'efforts, cet échange de services qui fait la matière de l'économie politique, et, puisque, d'un autre côté, la science économique se résume dans le mot *Valeur*, dont elle n'est que la longue explication, il s'ensuit que la notion de *valeur* sera imparfaitement, faussement conçue si on la fonde sur les phénomènes extrêmes qui s'accomplissent dans notre sensibilité : *Besoins* et *Satisfactions*, phénomènes intimes, intransmissibles, *incommensurables* d'un individu à l'autre, — au lieu de la fonder sur les manifestations de notre *activité*, sur les *efforts*, sur les *services* réciproques qui s'échangent, parce qu'ils sont susceptibles d'être comparés, appréciés, *évalués*, et qui sont susceptibles d'être *évalués* précisément parce qu'ils s'échangent.

Dans le même chapitre nous sommes arrivés à ces formules :

« L'*utilité* (la propriété qu'ont certains actes ou certaines choses de nous servir) est composée : une partie est due à l'action de la nature, une autre à l'action de l'homme. » — « Il reste d'autant moins à faire au travail humain, pour un résultat donné, que la nature a plus fait. » — « La coopération de la nature est essentiellement *gratuite ;* la coopération de l'homme, intellectuelle ou matérielle, échangée ou non, collective ou solitaire, est essentiellement *onéreuse*, ainsi que l'implique ce mot même : *Effort.* »

. Et comme ce qui est *gratuit* ne saurait avoir de *valeur*, puisque l'idée de *valeur* implique celle d'acquisition à titre *onéreux*, il s'ensuit que la notion de Valeur sera encore mal conçue, si on l'étend, en tout ou partie, aux dons ou à la coopération de la nature, au lieu de la restreindre exclusivement à la coopération humaine.

Ainsi, de deux côtés, par deux routes différentes, nous arrivons à cette conclusion que la *valeur* doit avoir trait aux *efforts* que font les hommes pour donner *satisfaction* à leurs *besoins*.

Au troisième chapitre, nous avons constaté que l'homme ne pouvait vivre dans l'isolement. Mais si, par la pensée, nous évoquons cette situation chimérique, cet état *contre nature* que le dix-huitième siècle exaltait sous le nom d'*état de nature*, nous ne tardons pas à reconnaître qu'il ne révèle pas encore la notion de Valeur, bien qu'il présente cette manifestation de notre principe actif que nous avons appelée Effort. La raison en est simple : Valeur implique comparaison, appréciation, *évaluation*, mesure. Pour que deux choses se mesurent l'une par l'autre, il faut qu'elles soient commensurables, et, pour cela, il faut qu'elles soient de même nature. Dans l'isolement, à quoi pourrait-on comparer l'effort ? au besoin, à la satisfaction ? Cela ne peut conduire qu'à lui reconnaître plus ou moins d'à-propos, d'opportunité. Dans l'état social, ce que l'on compare (et c'est de cette comparaison que naît l'idée de Valeur), c'est l'effort d'un homme à l'effort d'un autre homme, deux phénomènes de même nature et, par conséquent, *commensurables*.

Ainsi la définition du mot valeur, pour être juste, doit avoir trait non-seulement aux efforts humains, mais encore à ces efforts échangés ou échangeables. L'échange fait plus que de constater et de mesurer les valeurs, il leur donne l'existence. Je ne veux pas dire qu'il donne l'existence aux actes et aux choses qui s'échangent, mais il la donne à la notion de *valeur*.

Or quand deux hommes se cèdent mutuellement leur effort actuel, ou les résultats de leurs efforts antérieurs, ils se *servent* l'un l'autre, ils se rendent réciproquement *service*.

Je dis donc : LA VALEUR, C'EST LE RAPPORT DE DEUX SERVICES ÉCHANGÉS.

L'idée de *valeur* est entrée dans le monde la première fois qu'un homme ayant dit à son frère : Fais ceci pour moi, je ferai cela pour toi, — ils sont tombés d'accord ; car alors pour la première fois on a pu dire : Les deux *services* échangés se *valent*.

Il est assez singulier que la vraie théorie de la valeur, qu'on cherche en vain dans maint gros livre, se rencontre dans la jolie fable de Florian, *l'Aveugle et le Paralytique* :

> Aidons-nous mutuellement,
> La charge des malheurs en sera plus légère.
> . . . . . A nous deux
> Nous possédons le bien à chacun nécessaire.
> J'ai des jambes, et vous des yeux.
> Moi, je vais vous porter ; vous, vous serez mon guide :
> Ainsi, sans que jamais notre amitié décide,
> Qui de nous deux remplit le plus utile emploi,
> Je marcherai pour vous ; vous y verrez pour moi.

Voilà la *valeur* trouvée et définie. La voilà dans sa rigoureuse exactitude économique, sauf le trait touchant relatif à l'amitié, qui nous transporte dans une autre sphère. On conçoit que deux malheureux se rendent réciproquement *service*, sans trop rechercher *lequel des deux remplit le plus utile emploi*. La situation exceptionnelle imaginée par le fabuliste explique assez que le principe sympathique, agissant avec une grande puissance, vienne absorber, pour ainsi dire, l'appréciation minutieuse des services échangés, appréciation indispensable pour dégager complétement la notion de Valeur. Aussi elle apparaîtrait entière, si tous les hommes ou la plupart d'entre eux étaient frappés de paralysie ou de cécité ; car alors l'inexorable loi de l'offre et de la demande prendrait le dessus, et, faisant disparaître le sacrifice permanent accepté par celui qui remplit le plus utile emploi, elle replacerait la transaction sur le terrain de la justice.

Nous sommes tous aveugles ou perclus en quelque point. Nous comprenons bientôt qu'en nous entr'aidant *la charge des malheurs en sera plus légère*. De là l'ÉCHANGE. Nous travaillons pour nous nourrir, vêtir, abriter, éclairer, guérir, défendre, instruire les uns les autres. De là les SERVICES réciproques. Ces services nous les comparons, nous les discutons, nous les *évaluons :* de là la VALEUR.

Une foule de circonstances peuvent augmenter l'importance relative d'un Service. Nous le trouvons plus ou moins grand, selon qu'il nous est plus ou moins utile, que plus ou moins de personnes sont disposées à nous le rendre ; qu'il exige d'elles plus ou moins de travail, de peine, d'habileté, de temps, d'études préalables ; qu'il nous en épargne plus ou moins à nous-mêmes. Non-seulement la valeur dépend de ces circonstances, mais encore du jugement que nous en portons : car il peut arriver, et il arrive souvent, que nous estimons très-haut un service, parce que nous le jugeons fort utile, tandis qu'en réalité il nous est nuisible. C'est pour cela que la vanité, l'ignorance, l'erreur ont leur part d'influence sur ce rapport essentiellement élastique et mobile que nous nommons *valeur ;* et l'on peut affirmer que l'appréciation des services tend à se rapprocher d'autant plus de la vérité et de la justice absolues, que les hommes s'éclairent, se moralisent et se perfectionnent davantage.

On a jusqu'ici cherché le principe de la Valeur dans une de ces circonstances qui l'augmentent ou qui la diminuent, matérialité, durée, utilité, rareté, travail, difficulté d'acquisition, jugement, etc.; fausse direction imprimée dès l'origine à la science, car l'accident qui modifie le phénomène n'est pas le phénomène. De plus, chaque auteur s'est fait, pour ainsi dire, le parrain d'une de ces circonstances qu'il croyait prépondérante, résultat auquel on arrive toujours à force de généraliser; car tout est dans tout, et il n'y a rien qu'on ne puisse faire entrer dans un mot à force d'en étendre le sens. Ainsi le principe de la valeur est pour Smith dans la matérialité et la durée, pour Say dans l'utilité, pour Ricardo dans le travail, pour Senior dans la rareté, pour Storch dans le jugement, etc.

Qu'est-il arrivé et que devait-il arriver? C'est que ces auteurs ont innocemment porté atteinte à l'autorité et à la dignité de la science, en paraissant se contredire, quand, au fond, ils avaient raison chacun à son point de vue. En outre, ils ont enfoncé la première notion de l'économie politique dans un dédale de difficultés inextricables, car les mêmes mots ne représentaient plus pour les auteurs les mêmes idées ; et, d'ailleurs, quoiqu'une circonstance fût proclamée fondamentale, les autres agissaient d'une manière trop évidente pour ne pas se faire faire place, et l'on voyait les définitions s'allonger sans cesse.

Ce livre n'est pas destiné à la controverse, mais à l'exposition. Je montre ce que je vois, et non ce que les autres ont vu. Je ne pourrai m'empêcher cependant d'appeler l'at-

tention du lecteur sur les circonstances dans lesquelles on a
cherché le fondement de la Valeur. Mais avant, je dois la faire
poser elle-même devant lui dans une série d'exemples. C'est
par des applications diverses que l'esprit saisit une théorie.

Je montrerai comment tout se réduit à un troc de services. Je prie seulement qu'on se rappelle ce qui a été dit
du troc dans le chapitre précédent. Il est rarement simple ;
quelquefois il s'accomplit par circulation entre plusieurs
contractants, plus souvent par l'intermédiaire de la monnaie, et il se décompose alors en deux facteurs, *vente* et
achat ; mais comme cette complication ne change pas sa
nature, il me sera permis, pour plus de facilité, de supposer le troc immédiat et direct. Cela ne peut nous induire à
aucune méprise sur la nature de la Valeur.

Nous naissons tous avec un impérieux besoin matériel
qui doit être satisfait sous peine de mort, celui de respirer.
D'un autre côté, nous sommes tous plongés dans un milieu
qui pourvoit à ce besoin, en général, sans l'intervention
d'aucun effort de notre part. L'air atmosphérique a donc
de l'utilité sans avoir de *valeur.* Il n'a pas de Valeur,
parce que, ne donnant lieu à aucun Effort, il n'est l'occasion d'aucun service. Rendre service à quelqu'un, c'est lui
épargner une peine ; et là où il n'y a pas de peine à prendre
pour réaliser la satisfaction, il n'y en a pas à épargner.

Mais si un homme descend au fond d'un fleuve, dans
une cloche à plongeur, un corps étranger s'interpose entre
l'air et ses poumons ; pour rétablir la communication, il
faut mettre la pompe en mouvement ; il y a là un effort à
faire, une peine à prendre ; certes, cet homme y sera tout
disposé, car il y va de la vie, et il ne saurait se rendre à lui-
même un plus grand *service.*

Au lieu de faire cet effort, il me prie de m'en charger ; et,
pour m'y déterminer, il s'engage à prendre lui-même une
peine dont je recueillerai la satisfaction. Nous débattons et

concluons. Que voyons-nous ici ? Deux besoins, deux satisfactions qui ne se déplacent pas ; deux efforts qui sont
l'objet d'une transaction volontaire, deux *services* qui
s'échangent — et la *valeur* apparaît.

Maintenant on dit que l'utilité est le fondement de la valeur ; et comme l'utilité est inhérente à l'air, on induit l'esprit à penser qu'il en est de même de la valeur. Il y a là
évidente confusion. L'air, par sa constitution, a des propriétés physiques en harmonie avec un de nos organes physiques, le poumon. Ce que j'en puise dans l'atmosphère
pour en remplir la cloche à plongeur ne change pas de nature, c'est toujours de l'oxygène et de l'azote ; aucune nouvelle qualité physique ne s'y est combinée, aucun réactif
n'en ferait sortir un élément nouveau appelé *valeur*. La
vérité est que celle-ci naît exclusivement du service rendu.

Quand on pose cet axiome : L'Utilité est le fondement de
la Valeur, si l'on entend dire : Le Service a de la Valeur
parce qu'il est utile à celui qui le reçoit et le paye, je ne
disputerai pas. C'est là un *truisme* dont le mot *service* tient
suffisamment compte.

Mais ce qu'il ne faut pas confondre, c'est l'utilité de l'air
avec l'utilité du service. Ce sont là deux utilités distinctes,
d'un autre ordre, d'une autre nature, qui n'ont entre elles
aucune proportion, aucun rapport nécessaire. Il y a des
circonstances où je puis, avec un très-léger effort, en
lui épargnant une peine insignifiante, en lui rendant par
conséquent un très-mince service, mettre à la portée de
quelqu'un une substance d'une très-grande *utilité* intrinsèque.

Chercherons-nous à savoir comment les deux contractants s'y prendront pour évaluer le *service* que l'un rend à
l'autre en lui envoyant de l'air ? Il faut un point de comparaison, et il ne peut être que dans le *service* que le plongeur s'est engagé à rendre en retour. Leur exigence réci-

proque dépendra de leur situation respective, de l'intensité de leurs désirs, de la facilité plus ou moins grande de se passer l'un de l'autre, et d'une foule de circonstances qui démontrent que la Valeur est dans le Service, puisqu'elle s'accroît avec lui.

Et si le lecteur veut prendre cette peine, il lui sera facile de varier cette hypothèse, de manière à reconnaître que la Valeur n'est pas nécessairement proportionnelle à l'intensité des efforts; remarque que je place ici comme une pierre d'attente qui a sa destination, car j'ai à prouver que la Valeur n'est pas plus dans le travail que dans l'utilité.

Il a plu à la nature de m'organiser de telle façon que je mourrai si je ne me désaltère de temps en temps, et la source est à une lieue du village. C'est pourquoi tous les matins je me donne la peine d'aller chercher ma petite provision d'eau, car c'est à l'eau que j'ai reconnu ces qualités *utiles* qui ont la propriété de calmer la souffrance qu'on appelle la Soif. — Besoin, Effort, Satisfaction, tout s'y trouve. Je connais l'Utilité, je ne connais pas encore la Valeur.

Cependant, mon voisin allant aussi à la fontaine, je lui dis : « *Épargnez-moi la peine* de faire le voyage ; *rendez-moi le service* de me porter de l'eau. Pendant ce temps, je ferai quelque chose pour vous, j'enseignerai à votre enfant à épeler. » Il se trouve que cela nous arrange tous deux. Il y a là échange de deux services ; et l'on peut dire que l'un *vaut* l'autre. Remarquez que ce qui a été comparé ici, ce sont les deux efforts, et non les deux besoins et les deux satisfactions ; car d'après quelle mesure comparerait-on l'avantage de boire à celui de savoir épeler ?

Bientôt je dis à mon voisin : « Votre enfant m'importune, j'aime mieux faire autre chose pour vous; vous continuerez à me porter de l'eau, et je vous donnerai cinq sous.»

Si la proposition est agréée, l'économiste, sans craindre de se tromper, pourra dire : *Le service* VAUT *cinq sous.*

Plus tard, mon voisin n'attend plus ma requête. Il sait, par expérience, que tous les jours j'ai besoin de boire. Il va au-devant de mes désirs. Du même coup, il pourvoit d'autres villageois. Bref, il se fait marchand d'eau. Alors on commence à s'exprimer ainsi : *l'eau* VAUT *cinq sous.*

Mais, en vérité, l'eau a-t-elle changé de nature? La Valeur, qui était tout à l'heure dans le service, s'est-elle matérialisée, pour aller s'incorporer dans l'eau et y ajouter un nouvel élément chimique? Une légère modification dans la forme des arrangements intervenus entre mon voisin et moi a-t-elle eu la puissance de déplacer le principe de la *valeur* et d'en changer la nature? Je ne suis pas assez puriste pour m'opposer à ce qu'on dise : *L'eau vaut cinq sous*, comme on dit : *Le soleil se couche*. Mais il faut qu'on sache que ce sont là des métonymies; que les métaphores n'affectent pas la réalité des faits; que scientifiquement, puisque enfin nous faisons de la science, la Valeur ne réside pas plus dans l'eau que le soleil ne se couche dans la mer.

Laissons donc aux choses les qualités qui leur sont propres : à l'eau, à l'air, l'*Utilité* ; aux services, la *Valeur*. Disons : c'est l'eau qui est *utile*, parce qu'elle a la propriété d'apaiser la soif; c'est le service qui *vaut*, parce qu'il est le sujet de la convention débattue. Cela est si vrai, que, si la source s'éloigne ou se rapproche, l'Utilité de l'eau reste la même, mais la valeur augmente ou diminue. Pourquoi? Parce que le *service* est plus grand ou plus petit. La *valeur* est donc dans le *service*, puisqu'elle varie avec lui et comme lui.

Le diamant joue un grand rôle dans les livres des économistes. Ils s'en servent pour élucider les lois de la valeur ou pour signaler les prétendues perturbations de ces lois.

C'est une arme brillante avec laquelle toutes les écoles se combattent. L'école anglaise dit-elle : « La valeur est dans le travail, » l'école française lui montre un diamant : « Voilà, dit-elle, un produit qui n'exige aucun travail et renferme une valeur immense. » L'école française affirme-t-elle que la valeur est dans l'utilité, aussitôt l'école anglaise met en opposition le diamant avec l'air, la lumière et l'eau. « L'air est fort utile, dit-elle, et n'a pas de valeur ; le diamant n'a qu'une *utilité* fort contestable, et *vaut* plus que toute l'atmosphère. » — Et le lecteur de dire, comme Henri IV : Ils ont, ma foi, tous deux raison. Enfin, on finit par s'accorder dans cette erreur, qui surpasse les deux autres : il faut avouer que Dieu met de la *valeur* dans ses œuvres et qu'elle est *matérielle*.

Ces anomalies s'évanouissent, ce me semble, devant ma simple définition, qui est confirmée plutôt qu'infirmée par l'exemple en question.

Je me promène au bord de la mer. Un heureux hasard me fait mettre la main sur un superbe diamant. Me voilà en possession d'une grande *valeur*. Pourquoi ? Est-ce que je vais répandre un grand bien dans l'humanité ? Serait-ce que je me sois livré à un long et rude travail ? Ni l'un ni l'autre. Pourquoi donc ce diamant a-t-il tant de valeur ? C'est sans doute que celui à qui je le cède estime que je lui rends un grand *service*, d'autant plus grand que beaucoup de gens riches le recherchent et que moi seul puis le rendre. Les motifs de son jugement sont controversables, soit. Ils naissent de la vanité, de l'orgueil, soit encore. Mais ce jugement existe dans la tête d'un homme disposé à agir en conséquence, et cela suffit.

Bien loin qu'ici ce jugement soit fondé sur une raisonnable appréciation de l'*utilité*, on pourrait dire que c'est tout le contraire. Montrer qu'elle sait faire de grands sacrifices pour l'*inutile*, c'est précisément le but que se propose l'ostentation.

Bien loin que la Valeur ait ici une proportion nécessaire avec le travail *accompli* par celui qui rend le service, on peut dire qu'elle est plutôt proportionnelle au travail *épargné* à celui qui le reçoit ; c'est du reste la loi des valeurs, loi générale et qui n'a pas été, que je sache, observée par les théoriciens, quoiqu'elle gouverne la pratique universelle. Nous dirons plus tard par quel admirable mécanisme la Valeur tend à se proportionner au travail quand il est libre ; mais il n'en est pas moins vrai qu'elle a son principe moins dans l'effort accompli par celui qui *sert* que dans l'effort épargné à celui qui est *servi*.

En effet, la transaction relative à notre pierre précieuse suppose le dialogue suivant :

— Monsieur, cédez-moi votre diamant.

— Monsieur, je veux bien ; cédez-moi en échange votre travail de toute une année.

— Mais, Monsieur, vous n'avez pas sacrifié une minute à votre acquisition .

— Eh bien, monsieur, tâchez de rencontrer une minute semblable.

— Mais, en bonne justice, nous devrions échanger *à travail égal*.

— Non, en bonne justice, vous appréciez vos services, et moi les miens. Je ne vous force pas ; pourquoi me forceriez-vous ? Donnez-moi un an tout entier, ou cherchez vous-même un diamant.

— Mais cela m'entraînerait à dix ans de pénibles recherches, sans compter une déception probable au bout. Je trouve plus sage, plus profitable d'employer ces dix ans d'une autre manière.

— C'est justement pour cela que je crois vous rendre encore *service* en ne vous demandant qu'un an. Je vous en épargne neuf, et voilà pourquoi j'attache beaucoup de *valeur* à ce *service*. Si je vous parais exigeant, c'est que vous ne considérez que le travail que j'ai accompli ; mais considérez aussi celui que je vous épargne, et vous me trouverez débonnaire.

— Il n'en est pas moins vrai que vous profitez d'un travail de la nature.

— Et si je vous cédais ma trouvaille pour rien ou pour peu de chose, c'est vous qui en profiteriez. D'ailleurs, si ce diamant a beaucoup de valeur, ce n'est pas parce que la nature l'élabore depuis le commencement des siècles, autant elle en fait pour la goutte de rosée.

— Oui, mais si les diamants étaient aussi nombreux que les gouttes de rosée, vous ne me feriez pas la loi.

— Sans doute, parce qu'en ce cas vous ne vous adresseriez pas à moi, ou vous ne seriez pas disposé à me récompenser chèrement pour un *service* que vous pourriez vous rendre si facilement à vous-même.

Il résulte de ce dialogue que la Valeur, que nous avons vue n'être ni dans l'eau ni dans l'air, n'est pas davantage dans le diamant ; elle est tout entière dans les *services* rendus et reçus à l'occasion de ces choses, et déterminée par le libre débat des contractants.

Prenez la collection des Économistes ; lisez, comparez toutes les définitions. S'il y en a une qui aille à l'air et au diamant, à deux cas en apparence si opposés, jetez ce livre au feu. Mais si la mienne, toute simple qu'elle est, résout la difficulté ou plutôt la fait disparaître, lecteur, en bonne conscience, vous êtes tenu d'aller jusqu'au bout ; car ce ne peut être en vain qu'une bonne étiquette est placée à l'entrée de la science.

Qu'il me soit permis de multiplier ces exemples, tant pour élucider ma pensée que pour familiariser le lecteur avec une définition nouvelle. En le montrant sous tous ses aspects, cet exercice sur le principe prépare d'ailleurs la voie à l'intelligence des conséquences, qui seront, j'ose l'annoncer, aussi importantes qu'inattendues..

Parmi les besoins auxquels nous assujettit notre constitution physique, se trouve celui de l'alimentation ; et un des objets les plus propres à le satisfaire, c'est le Pain.

Naturellement, comme le besoin de manger est en moi, je devrais faire toutes les opérations relatives à la production de la quantité de pain qui m'est nécessaire. Je puis d'autant moins exiger de mes frères qu'ils me rendent gratuitement ce service, qu'ils sont eux-mêmes soumis au même besoin et condamnés au même effort.

Si je faisais moi-même mon pain, j'aurais à me livrer à un travail infiniment plus compliqué, mais tout à fait analogue à celui que m'impose la nécessité d'aller chercher l'eau à la source. En effet, les éléments du pain existent partout dans la nature. Selon la judicieuse observation de J. B. Say, il n'y a ni nécessité ni possibilité pour l'homme de rien créer. Gaz, sels, électricité, force végétale, tout cela existe ; il s'agit pour moi de réunir, aider, combiner, transporter, en me servant de ce grand laboratoire qu'on nomme la terre, et dans lequel s'accomplissent des mystères dont à peine la science humaine a soulevé le voile. Si l'ensemble des opérations auxquelles je me livre, à la poursuite de mon but, est fort compliqué, chacune d'elles, prise isolément, est aussi simple que l'action d'aller puiser à la fontaine l'eau que la nature y a mise. Chacun de mes efforts n'est donc autre chose qu'un service que je me rends à moi-même ; et si, par convention librement débattue, il arrive que d'autres personnes m'épargnent quelques-uns ou la totalité de ces efforts, ce sont autant de *services* que je reçois. L'ensemble de ces services, comparés à ceux que je rends en retour, constitue la valeur du Pain et la détermine.

Un intermédiaire commode est survenu pour faciliter cet échange de services, et même pour en mesurer l'importance relative : c'est la monnaie. Mais le fond des choses reste le même, comme la transmission des forces est soumise à la même loi, qu'elle s'opère par un ou plusieurs engrenages.

Cela est si vrai, que lorsque le Pain vaut quatre sous, par exemple, si un bon teneur de livres voulait décomposer cette *valeur*, il parviendrait à retrouver, à travers des transactions fort multipliées sans doute, tous ceux dont les *services* ont concouru à la former, tous ceux qui ont épargné une peine à celui qui, en définitive, paye parce qu'il consommera. Il trouvera d'abord le boulanger, qui en retient un vingtième, et sur ce vingtième rémunère le maçon qui a bâti son four, le bûcheron qui a préparé ses fagots, etc. ; viendra ensuite le meunier, qui recevra non-seulement la récompense de son propre travail, mais de quoi rembourser le carrier qui a fait la meule, le terrassier qui a élevé les digues, etc. D'autres parties de la valeur totale iront au batteur en grange, au moissonneur, au laboureur, au semeur, jusqu'à ce que compte soit rendu de la dernière obole. Il n'y en a pas une, une seule, qui ira rémunérer Dieu ou la nature. Une telle supposition est absurde par elle-même, et cependant elle est impliquée rigoureusement dans la théorie des économistes qui attribuent à la matière ou aux forces naturelles une part quelconque dans la *valeur* du produit. Non, encore ici, ce qui *vaut*, ce n'est pas le Pain, c'est la série des *services* par lesquels il est mis à ma portée.

Il est bien vrai que, parmi les parties élémentaires de la valeur du pain, notre teneur de livres en rencontrera une qu'il aura peine à rattacher à un *service*, du moins à un service exigeant un effort. Il trouvera que sur ces 20 cent., il y en a un ou deux qui sont la part du propriétaire du sol, de celui qui détient le laboratoire. Cette petite portion de la valeur du pain constitue ce qu'on nomme la *rente de la terre* ; et, trompé par la locution, par cette métonymie que nous retrouvons encore ici, notre comptable sera peut-être

tenté de croire que cette part est afférente à des agents naturels, au sol lui-même.

Je soutiens que, s'il est habile, il découvrira que c'est
encore le prix de *services* très-réels de même nature que
tous les autres. C'est ce qui sera démontré avec la dernière
évidence quand nous traiterons de la *Propriété foncière*.
Pour le moment, je ferai remarquer que je ne m'occupe pas
ici de la propriété, mais de la *valeur*. Je ne recherche pas
si tous les services sont réels, légitimes, et si des hommes
sont parvenus à se faire payer pour des services qu'ils ne
rendent pas. Eh! mon Dieu! le monde est plein de telles
injustices, parmi lesquelles ne doit pas figurer la *rente*.

Tout ce que j'ai à démontrer ici, c'est que la prétendue
Valeur des *choses* n'est que la Valeur des *services*, réels ou
imaginaires, reçus et rendus à leur occasion; qu'elle n'est
pas dans les choses mêmes, pas plus dans le pain que dans
le diamant, ou dans l'eau ou dans l'air; qu'aucune part de
rémunération ne va à la nature; qu'elle se distribue tout
entière, par le consommateur définitif, entre des hommes;
et qu'elle ne peut leur être par lui accordée que parce qu'ils
lui ont rendu des services, sauf le cas de fraude ou de
violence.

Deux hommes jugent que la glace est une bonne chose en
été, et la houille une meilleure chose en hiver. Elles répondent à deux de nos besoins : l'une nous rafraîchit, l'autre
nous réchauffe. Ne nous lassons pas de faire remarquer que
l'Utilité de ces corps consiste en certaines propriétés *matérielles*, qui sont en rapport de convenance avec nos organes
matériels. Remarquons en outre que, parmi ces propriétés,
que la physique et la chimie pourraient énumérer, ne se
trouve pas la *valeur*, ni rien de semblable. Comment donc
est-on arrivé à penser que la Valeur était dans la matière et
matérielle ?

Si nos deux personnages se veulent satisfaire sans se con-

certer, chacun d'eux travaillera à faire sa double provision.
S'ils s'entendent, l'un ira chercher de la houille pour deux
dans la mine, l'autre de la glace pour deux dans la montagne. Mais, en ce cas, il y aura lieu à convention. Il faudra
bien régler le rapport des deux services échangés. On tien-
dra compte de toutes les circonstances : difficultés à vaincre,
dangers à braver, temps à perdre, peine à prendre, habileté
à déployer, chances à courir, possibilité de se satisfaire
d'une autre façon, etc., etc. Quand on sera d'accord, l'économiste dira : Les deux *services* échangés se *valent;* la
langue vulgaire, par métonymie : Telle quantité de houille
vaut telle quantité de glace, comme si la valeur avait matériellement passé dans les corps. Mais il est aisé de reconnaître que si la locution vulgaire suffit pour exprimer les
résultats, l'expression scientifique révèle seule la vérité des
causes.

Au lieu de deux services et deux personnes, la convention peut en embrasser un grand nombre, substituant l'É-
change composé au Troc simple. En ce cas, la monnaie in-
terviendra pour faciliter l'exécution. Ai-je besoin de dire
que le principe de la Valeur n'en sera ni déplacé ni changé?

Mais je dois ajouter une observation à propos de la houille.
Il se peut qu'il n'y ait qu'une mine dans le pays, et qu'un
homme s'en soit emparé. Si cela est, cet homme fera la loi,
c'est-à-dire qu'il mettra à haut prix ses *services* ou ses prétendus *services*.

Nous n'en sommes pas encore à la question de droit et de
justice, à séparer les services loyaux des services fraudu-
leux. Cela viendra. Ce qui importe en ce moment, c'est de
consolider la vraie théorie de la Valeur, et de la débarrasser
d'une erreur dont la science économique est infectée. Quand
nous disons : — Ce que la nature a fait ou donné, elle l'a fait
ou donné *gratuitement*, cela n'a pas par conséquent de *valeur*, — on nous répond en décomposant le prix de la houille

ou de tout autre produit naturel. On reconnaît bien que ce prix, pour la plus grande partie, est afférent à des services humains. L'un a creusé la terre, l'autre a épuisé l'eau ; celui-ci a monté le combustible, celui-là l'a transporté ; et c'est la totalité de ces travaux qui constitue, dit-on, *presque* toute la *valeur*. Cependant il reste encore une portion de *valeur* qui ne répond à aucun travail, à aucun *service*. C'est le prix de la houille gisant sous le sol, encore vierge, comme on dit, de tout travail humain ; il forme la part du propriétaire ; et puisque cette portion de valeur n'est pas de création humaine, il faut bien qu'elle soit de création naturelle.

Je repousse une telle conclusion, et je préviens le lecteur que, s'il l'admet de près ou de loin, il ne peut plus faire un pas dans la science. Non, l'action de la nature ne crée pas la valeur, pas plus que l'action de l'homme ne crée la matière. De deux choses l'une : ou le propriétaire a utilement concouru au résultat final et a rendu des services réels, et alors la part de Valeur qu'il a attachée à la houille rentre dans ma définition ; ou bien il s'est imposé comme un parasite, et, en ce cas, il a eu l'adresse de se faire payer pour des *services* qu'il n'a pas rendus ; le prix de la houille s'est trouvé indûment augmenté. Cette circonstance prouve bien qu'une injustice s'est introduite dans la transaction ; mais elle ne saurait renverser la théorie au point d'autoriser à dire que cette portion de valeur est matérielle, qu'elle est combinée, comme un élément physique, avec les dons gratuits de la Providence. En voici la preuve : qu'on fasse cesser l'injustice, si injustice il y a, et la valeur correspondante disparaîtra. Il n'en serait certes pas ainsi, si elle était inhérente à la matière et de création naturelle.

Passons maintenant à un de nos besoins les plus impérieux, celui de la *sécurité*.

Un certain nombre d'hommes abordent une plage inhospitalière. Ils se mettent à travailler. Mais chacun d'eux se trouve à chaque instant détourné de ses occupations par la nécessité de se défendre contre les bêtes féroces ou des hommes plus féroces encore. Outre le temps et les efforts qu'il consacre directement à sa défense, il en emploie beaucoup à se pourvoir d'armes et de munitions. On finit par reconnaître que la déperdition totale des efforts serait infiniment moindre, si quelques-uns, abandonnant les autres travaux, se chargeaient exclusivement de ce *service*. On y affecterait ceux qui ont le plus d'adresse, de courage et de vigueur. Ils se perfectionneraient dans un art dont ils feraient leur occupation constante ; et pendant qu'ils veilleraient sur le salut de la communauté, celle-ci recueillerait de ses travaux, désormais non interrompus, plus de satisfactions *pour tous* que ne lui en peut faire perdre le détournement de dix de ses membres. En conséquence, l'arrangement se fait. Que peut-on voir là, si ce n'est un nouveau progrès dans la *séparation des occupations*, amenant et exigeant un échange de *services ?*

Les services de ces militaires, soldats, miliciens, gardes, comme on voudra les appeler, sont-ils *productifs ?* Sans doute, puisque l'arrangement n'a eu lieu que pour augmenter le rapport des Satisfactions totales aux efforts généraux.

Ont-ils une *valeur ?* Il le faut bien, puisqu'on les estime, on les cote, on les *évalue*, et, en définitive, on les paye par d'autres *services* auxquels ils sont comparés.

La forme sous laquelle cette rémunération est stipulée, le mode de cotisation, le procédé par lequel on arrive à débattre et conclure l'arrangement, rien de tout cela n'altère le principe. Y a-t-il efforts épargnés aux uns par les autres ? Y a-t-il satisfactions procurées aux uns par les autres ? En ce cas il y a *services* échangés, comparés, *évalués*, il y a *valeur*.

Ce genre de services amène souvent, au milieu des complications sociales, de terribles phénomènes. Comme la nature même des services qu'on demande à cette classe de travailleurs exige que la communauté remette en leurs mains la Force, et une force capable de vaincre toutes les résistances, il peut arriver que ceux qui en sont dépositaires, en abusant, la tournent contre la communauté elle-même. — Il peut arriver encore que, tirant de la communauté des services proportionnés au besoin qu'elle a de *sécurité*, ils provoquent l'insécurité même, afin de se rendre plus nécessaires, et engagent leurs compatriotes, par une diplomatie trop habile, dans des guerres continuelles.

Tout cela s'est vu et se voit encore. Il en résulte, j'en conviens, d'énormes perturbations dans le juste équilibre des services réciproques. Mais il n'en résulte aucune altération dans le principe fondamental et la théorie scientifique de la Valeur.

Encore un exemple ou deux. Je prie le lecteur de croire que je sens, au moins autant que lui, ce qu'il y a de fatigant et de lourd dans cette série d'hypothèses, toutes ramenant les mêmes preuves, aboutissant à la même conclusion, exprimée dans les mêmes termes. Il voudra bien comprendre que ce procédé, s'il n'est pas le plus divertissant, est au moins le plus sûr pour établir la vraie théorie de la Valeur et dégager ainsi la route que nous aurons à parcourir.

Nous sommes à Paris. Dans cette vaste métropole fermentent beaucoup de désirs; elle abonde aussi en moyens de les satisfaire. Une multitude d'hommes riches ou aisés se livrent à l'industrie, aux arts, à la politique; et le soir, ils recherchent avec ardeur une heure de délassement. Parmi les plaisirs dont ils sont le plus avides, figure au premier rang celui d'entendre la belle musique de Rossini chantée par madame Malibran, ou l'admirable poésie de Racine interprétée par Rachel. Il n'y a que deux femmes, dans le monde entier, capables de procurer ces délicates et nobles jouis-

sances ; et, à moins qu'on ne fasse intervenir la torture, ce
qui probablement ne réussirait pas, il faut bien s'adresser à
leur volonté. Ainsi les services qu'on attend de Malibran et
de Rachel auront une grande *valeur*. Cette explication est
bien prosaïque, elle n'en est pas moins vraie.

Qu'un opulent banquier veuille donc, pour gratifier sa
vanité, faire entendre dans ses salons une de ces grandes
artistes, il éprouvera, par expérience, que ma théorie est
exacte de tous points. Il recherche une vive satisfaction, il
la recherche avec ardeur ; une seule personne au monde
peut la lui procurer. Il n'a d'autre moyen de l'y déterminer
que d'offrir une rémunération considérable.

Quelles sont les limites extrêmes entre lesquelles oscil-
lera la transaction ? Le banquier ira jusqu'au point où il
préfère se priver de la satisfaction que de la payer ; la can-
tatrice, jusqu'au point où elle préfère la rémunération offerte
à n'être pas rémunérée du tout. Ce point d'équilibre dé-
terminera la Valeur de ce service spécial, comme de tous
les autres. Il se peut que, dans beaucoup de cas, l'usage
fixe ce point délicat. On a trop de goût dans le beau monde
pour *marchander* certains services. Il se peut même que la
rémunération soit assez galamment déguisée pour voiler
ce que la loi économique a de vulgarité. Cette loi ne plane
pas moins sur cette transaction comme sur les transactions
les plus ordinaires, et la Valeur ne change pas de nature
parce que l'expérience ou l'urbanité dispense de la débattre
en toute rencontre.

Ainsi s'explique la grande fortune à laquelle peuvent parvenir les artistes hors ligne. Une autre circonstance les
favorise. Leurs services sont de telle nature, qu'ils peuvent
les rendre, par un même Effort, à une multitude de personnes. Quelque vaste que soit une enceinte, pourvu que la
voix de Rachel la remplisse, chacun des spectateurs reçoit
dans son âme toute l'impression qu'y peut faire naître une

inimitable déclamation. On conçoit que c'est la base d'un nouvel arrangement. Trois, quatre mille personnes éprouvant le même désir peuvent s'entendre, se cotiser; et la masse des services que chacun apporte en tribut à la grande tragédienne fait équilibre au service unique rendu par elle à tous les auditeurs à la fois. Voilà la *Valeur*.

Comme un grand nombre d'auditeurs s'entendent pour écouter, plusieurs acteurs peuvent s'entendre pour chanter un opéra ou représenter un drame. Des entrepreneurs peuvent intervenir pour dispenser les contractants d'une foule de petits arrangements accessoires. La Valeur se multiplie, se complique, se ramifie, se distribue; elle ne change pas de nature.

Terminons par ce qu'on nomme des cas exceptionnels. Ils sont l'épreuve des bonnes théories. Quand la règle est vraie, l'exception ne l'infirme pas, elle la confirme.

Voici un vieux prêtre qui chemine, pensif, bâton en main, bréviaire sous le bras. Que ses traits sont sereins! que sa physionomie est expressive! que son regard est inspiré! Où va-t-il? Ne voyez-vous pas ce clocher à l'horizon? Le jeune desservant du village ne se fie pas encore à ses propres forces; il a appelé à son aide le vieux missionnaire. Mais, auparavant, il y avait quelques dispositions à prendre. Le prédicateur trouvera bien au presbytère le vivre et le couvert. Mais d'un carême à l'autre il faut vivre; c'est la loi commune. Donc, M. le curé a provoqué, parmi les riches du village, une cotisation volontaire, modeste, mais suffisante; car le vieux pasteur n'a pas été exigeant, et à ce qu'on lui a écrit à ce sujet il a répondu : « Du pain pour moi, voilà mon nécessaire; une obole pour le pauvre, voilà mon superflu. »

Ainsi les préalables économiques sont remplis ; car cette importune économie politique se glisse partout et se mêle à tout, et je crois vraiment que c'est elle qui a dit : « *Nil humani à me alienum puto.* »

Dissertons un peu sur cet exemple, bien entendu au point de vue qui nous occupe.

Voici bien un échange de services. D'un côté, un vieillard va consacrer son temps, sa force, ses talents, sa santé, à faire pénétrer quelque clarté dans l'intelligence d'un petit nombre de villageois, à relever leur niveau moral. D'un autre côté, du pain pour quelques jours, une superbe soutane d'alépine et un tricorne neuf sont assurés à l'homme de la parole.

Mais il y a autre chose ici. Il y a un assaut de sacrifices. Le vieux prêtre refuse tout ce qui ne lui est pas strictement indispensable. Cette maigre pitance, le desservant en prend la moitié à sa charge ; et l'autre moitié, les Crésus du village en dispensent leurs frères, qui profiteront pourtant de la prédication.

Ces sacrifices infirment-ils notre définition de la Valeur ? Pas le moins du monde. Chacun est libre de ne céder ses efforts qu'aux conditions qui lui conviennent. Si l'on est facile sur ces conditions, ou si même on n'en exige aucune, qu'en résulte-t-il ? Que le *service*, en conservant son utilité, perd de sa valeur. Le vieux prêtre est persuadé que ses efforts trouveront leur récompense ailleurs. Il ne tient pas à ce qu'ils la trouvent ici-bas. Il sait sans doute qu'il rend service à ses auditeurs en leur parlant; mais il croit aussi que ses auditeurs lui rendent service à lui-même en l'écoutant. Il suit de là que la transaction se fait sur des bases avantageuses à l'une des parties contractantes, du consentement de l'autre. Voilà tout. En général, les échanges de services sont déterminés et évalués par l'intérêt personnel. Mais ils le sont quelquefois, grâce au ciel, par le principe sympathique. Alors, ou nous cédons à autrui une satisfaction que nous avions le droit de nous réserver, ou nous faisons pour lui un effort que nous pouvions nous consacrer à nous-mêmes. La générosité, le dévouement, l'abnégation,

sont des impulsions de notre nature qui, comme beaucoup
d'autres circonstances, influent sur la *valeur* actuelle d'un
·service déterminé, mais qui ne changent pas la loi générale
des *valeurs*.

En opposition avec ce consolant exemple, j'en pourrais
placer d'un tout autre caractère. Pour qu'un service ait de
la valeur dans le sens économique du mot, une valeur de
fait, il n'est pas indispensable qu'il soit réel, consciencieux,
utile : il suffit qu'on l'accepte et qu'on le paye par un autre
service. Le monde est plein de gens qui font accepter et
payer par le public des services d'un aloi plus que douteux.
Tout dépend du *jugement* qu'on en porte, et. c'est pourquoi
la morale sera toujours le meilleur auxiliaire de l'économie
politique.

Des fourbes parviennent à faire prévaloir une fausse
croyance. Ils sont, disent-ils, les envoyés du ciel. Ils ouvrent à leur gré les portes du paradis ou de l'enfer. Quand
cette croyance est bien enracinée : « Voici, disent-ils, de
petites images auxquelles nous avons communiqué la vertu
de rendre éternellement heureux ceux qui les porteront sur
eux. Vous céder une de ces images, c'est vous rendre un
immense *service ;* rendez-nous donc des *services* en-retour. »
Voilà une *valeur* créée. Elle tient à une fausse appréciation,
dira-t-on ; cela est vrai. Autant on en peut dire de bien des
choses matérielles et qui ont une valeur certaine, car elles
trouveraient des acquéreurs, fussent-elles mises aux en-
chères. La science économique ne serait pas possible, si elle·
n'admettait comme valeurs que les valeurs judicieusement
appréciées. A chaque pas, elle devrait renouveler un cours
de sciences physiques et morales. Dans l'isolement, un
homme peut, en vertu de désirs dépravés ou d'une intelligence faussée, poursuivre par de grands efforts une satisfaction chimérique, une déception. De même, en société, il
nous arrive, comme disait un philosophe, d'acheter fort

cher un regret. S'il est dans la nature de l'intelligence humaine d'avoir une plus naturelle proportion avec la vérité qu'avec l'erreur, toutes ces fraudes sont destinées à disparaître, tous ces faux services à être refusés, à perdre leur *valeur*. La civilisation mettra, à la longue, chacun et chaque chose à sa place.

Il faut pourtant clore cette trop longue analyse. Besoin de respirer, de boire, de manger ; besoin de la vanité, de l'intelligence, du cœur, de l'opinion, des espérances fondées ou chimériques, nous avons cherché partout la Valeur, nous l'avons constatée partout où elle existe, c'est-à-dire partout où il y a *échange de services ;* nous l'avons trouvée partout identique à elle-même, fondée sur un principe clair, simple, absolu, quoique influencée par une multitude de circonstances diverses. Nous aurions passé en revue tous nos autres besoins ; nous aurions fait comparaître le menuisier, le maçon, le fabricant, le tailleur, le médecin, l'huissier, l'avocat, le négociant, le peintre, le juge, le président de la république, que nous n'aurions jamais trouvé autre chose : souvent de la matière, quelquefois des forces fournies *gratuitement* par la nature, toujours des services humains s'échangeant entre eux, se mesurant, s'estimant, s'appréciant, s'*évaluant* les uns par les autres, et manifestant seuls le résultat de cette évaluation ou la Valeur.

Il est néanmoins un de nos besoins, fort spécial de sa nature, ciment de la société, cause et effet de toutes nos transactions, éternel problème de l'économie politique, dont je dois dire ici quelques mots : je veux parler du besoin d'*échanger.*

Dans le chapitre précédent, nous avons décrit les merveilleux effets de l'échange. Ils sont tels, que les hommes doivent éprouver naturellement le désir de le faciliter, même au prix de grands sacrifices. C'est pour cela qu'il y a des routes, des canaux, des chemins de fer, des chars, des vaisseaux, des négociants, des marchands, des banquiers ; et il est impossible de croire que l'humanité se serait soumise, pour faciliter l'échange, à un si énorme prélèvement sur ses forces, si elle n'eût dû trouver dans l'échange lui-même une large compensation.

Nous avons vu aussi que le simple *troc* ne pouvait donner lieu qu'à des transactions fort incommodes et fort restreintes.

C'est pour cela que les hommes ont imaginé de décomposer le troc en deux facteurs : *vente* et *achat*, au moyen d'une marchandise intermédiaire, facilement divisible, et surtout pourvue de *valeur*, afin qu'elle portât avec elle son titre à la confiance publique. C'est la Monnaie.

Ce que je veux faire observer ici, c'est que ce qu'on appelle, par ellipse ou métonymie, la Valeur de l'or et de l'argent, repose sur le même principe que la valeur de l'air, de l'eau, du diamant, des sermons de notre vieux missionnaire, ou des roulades de Malibran, c'est-à-dire sur des services rendus et reçus.

L'or, en effet, qui se trouve répandu sur les heureux rivages du Sacramento, tient de la nature beaucoup de qualités précieuses : ductilité, pesanteur, éclat, brillant, utilité même, si l'on veut: Mais il y a une chose que la nature ne lui a pas donnée, parce que cela ne la regarde pas : c'est la *valeur*. Un homme sait que l'or répond à un besoin bien senti, qu'il est très-désiré. Il va en Californie pour chercher de l'or, comme mon voisin allait tout à l'heure à la fontaine pour chercher de l'eau. Il se livre à de rudes efforts, il fouille, il pioche, il lave, il fond, et puis il vient me dire : Je vous rendrai le service de vous céder cet or ; quel service me rendrez-vous en retour ? Nous débattons, chacun de nous pèse toutes les circonstances qui peuvent le déterminer ; enfin nous concluons, et voilà la Valeur manifestée et fixée. Trompé par cette locution abrégée : L'or *vaut*, on pourra bien croire que la valeur est dans l'or au même titre que la pesanteur et la ductilité, et que la nature a pris soin de l'y mettre. J'espère que le lecteur est maintenant convaincu que c'est là un malentendu. Il se convaincra plus tard que c'est un malentendu déplorable.

Il y en a un autre au sujet de l'or ou plutôt de la monnaie. Comme elle est l'intermédiaire habituel dans toutes les transactions, le terme moyen entre les deux facteurs du *troc composé*, que c'est toujours à sa valeur qu'on compare celle des deux services qu'il s'agit d'échanger, elle est devenue la *mesure* des valeurs. Dans la pratique cela ne peut être autrement. Mais la science ne doit jamais perdre de vue que la monnaie est soumise, quant à la valeur, aux mêmes fluctuations que tout autre produit ou service. Elle l'oublie souvent, et cela n'a rien de surprenant. Tout semble concourir à faire considérer la monnaie comme la mesure des valeurs au même titre que le litre est la mesure de capacité. — Elle joue un rôle analogue dans les transactions. — On n'est pas averti de ses propres fluctuations parce que le franc, ainsi que ses multiples et ses sous-multiples, conservent toujours la même dénomination. — Enfin l'arithmétique elle-même conspire à propager la confusion, en rangeant le franc, comme mesure, parmi le mètre, le litre, l'are, le stère, le gramme, etc.

J'ai défini la Valeur, telle du moins que je la conçois. J'ai soumis ma définition à l'épreuve de faits très-divers; aucun, ce me semble, ne l'a démentie; enfin le sens scientifique que j'ai donné à ce mot se confond avec l'acception vulgaire, ce qui n'est ni un méprisable avantage ni une mince garantie; car qu'est-ce que la science, sinon l'expérience raisonnée ? Qu'est-ce que la théorie, sinon la méthodique exposition de l'universelle pratique ?

Il doit m'être permis maintenant de jeter un rapide coup d'œil sur les systèmes qui ont jusqu'ici prévalu. Ce n'est pas en esprit de controverse, encore moins de critique, que j'entreprends cet examen, et je l'abandonnerais volontiers, si je n'étais convaincu qu'il peut jeter de nouvelles clartés sur la pensée fondamentale de cet écrit.

Nous avons vu que les auteurs avaient cherché le principe de la Valeur dans un ou plusieurs des accidents qui exercent sur elle une notable influence, matérialité, conservabilité, utilité, rareté, travail, etc.; — comme un physiologiste qui chercherait le principe de la vie dans un ou plusieurs des phénomènes extérieurs qui la développent, dans l'air, l'eau, la lumière, l'électricité, etc.

Matérialité. « L'homme, dit M. de Bonald, est une intelligence servie par des organes. » Si les économistes de l'école matérialiste avaient seulement voulu dire que les hommes ne se peuvent rendre des services réciproques que par l'entremise de leurs organes corporels, pour en conclure qu'il y a toujours quelque chose de matériel dans ces services et, par suite, dans la Valeur, je n'irais pas au delà, ayant en horreur les disputes de mots et ces subtilités dont l'esprit aime trop souvent à se montrer fécond.

Mais ce n'est pas ainsi qu'ils l'ont entendu. Ce qu'ils ont cru, c'est que la Valeur était communiquée à la matière, soit par le travail de l'homme, soit par l'action de la nature. En un mot, trompés par cette locution elliptique : L'or *vaut* tant, le blé *vaut* tant, ils ont été conduits à voir dans la matière une qualité nommée *valeur*, comme le physicien y reconnaît l'impénétrabilité, la pesanteur, — et encore ces attributs lui sont-ils contestés.

Quoi qu'il en soit, je lui conteste formellement la valeur.

Et d'abord, on ne peut nier que Matière et Valeur ne soient souvent séparées. Quand nous disons à un homme : — Portez cette lettre à son adresse, allez-moi chercher de l'eau, enseignez-moi cette science ou ce procédé, donnez-moi un conseil sur ma maladie ou mon procès, veillez à ma sûreté pendant que je me livrerai au travail ou au sommeil ; — ce que nous réclamons c'est un Service, et à ce service nous reconnaissons, à la face de l'univers, une Valeur, puisque nous le payons volontairement par un service *équivalent*. Il serait étrange que la théorie refusât d'admettre ce qu'admet dans la pratique le consentement universel.

Il est vrai que nos transactions portent souvent sur des objets matériels ; mais qu'est-ce que cela prouve? C'est que les hommes, par prévoyance, se préparent à rendre des services qu'ils sauront être demandés ; que j'achète un habit tout fait, ou que je fasse venir chez moi un tailleur pour travailler à la journée, en quoi cela change-t-il le principe de la Valeur, au point surtout de faire qu'il réside tantôt dans l'habit, tantôt dans le service ?

On pourrait poser ici cette question subtile : Faut-il voir le principe de la Valeur dans l'objet matériel, et de là l'attribuer, par analogie, aux services? Je dis que c'est tout le contraire : il faut le reconnaître dans les services, et l'attribuer ensuite, si l'on veut, par métonymie, aux objets matériels.

Du reste, les nombreux exemples que j'ai soumis au lecteur, en manière d'exercice, me dispensent d'insister davantage sur cette discussion. Mais je ne puis m'empêcher de me justifier de l'avoir abordée en montrant à quelles conséquences funestes peut conduire une erreur ou, si l'on veut, une vérité incomplète, placée à l'entrée d'une science.

Le moindre inconvénient de la définition que je combats a été d'écourter et mutiler l'économie politique. Si la valeur réside dans la matière, là où il n'y a pas de matière il n'y a pas de valeur. Les physiocrates appelaient classes *stériles*, et Smith, adoucissant l'expression, classes *improductives*, les trois quarts de la population.

Et comme en définitive les faits sont plus forts que les définitions, il fallait bien, par quelque côté, faire rentrer ces classes dans le cercle des études économiques. On les y appelait par voie d'analogie; mais la langue de la science, faite sur une autre donnée, se trouvait d'avance matérialisée au point de rendre cette extension choquante. Qu'est-ce que : « *Consommer un produit immatériel? L'homme est un capital accumulé? La sécurité est une marchandise?* » etc., etc.

Non-seulement on matérialisait outre mesure la langue, mais on était réduit à la surcharger de distinctions subtiles, afin de réconcilier les idées qu'on avait faussement séparées. On imaginait la *valeur d'usage* par opposition à la *valeur d'échange*, etc.

Enfin, et ceci est bien autrement grave, grâce à cette confusion des deux grands phénomènes sociaux, la *propriété* et la *communauté*, l'un restait injustifiable et l'autre indiscernable.

En effet, si la valeur est dans la matière, elle se confond avec les qualités physiques des corps qui les rendent utiles à l'homme. Or ces qualités y sont souvent mises par la nature. Donc la nature concourt à créer la *valeur*, et nous voilà attribuant de la Valeur à ce qui est *gratuit et commun* par essence. Où est donc alors la base de la *propriété*? Quand la rémunération que je cède pour acquérir un produit matériel, du blé, par exemple, se distribue entre tous les travailleurs qui, à l'occasion de ce produit, m'ont, de près ou de loin, rendu quelque *service*, à qui va cette part de rémunération correspondante à la portion de *Valeur* due à la nature et étrangère à l'homme? Va-t-elle à Dieu? Nul ne le soutient, et l'on n'a jamais vu Dieu réclamer son salaire. Va-t-elle à un homme? A quel titre, puisque, dans l'hypothèse, il n'a rien fait?

Et qu'on n'imagine pas que j'exagère, que, dans l'intérêt de ma définition, je force les conséquences rigoureuses de la définition des économistes. Non, ces conséquences, ils les ont très-explicitement tirées eux-mêmes sous la pression de la logique.

Ainsi, *Senior* en est arrivé à dire : « Ceux qui se sont emparés des agents naturels reçoivent, sous forme de rente, une récompense sans avoir fait de sacrifices. Leur rôle se borne à tendre la main pour recevoir les offrandes du reste de la communauté. » *Scrope :* «La propriété de la terre est une restriction artificielle mise à la jouissance des dons que le Créateur avait destinés à la satisfaction des besoins de tous. » *Say :* «Les terres cultivables *sembleraient* devoir être comprises parmi les richesses naturelles, puisqu'elles ne sont pas de création humaine, et que la nature les donne *gratuitement* à l'homme. Mais comme cette richesse n'est pas fugitive, ainsi que l'air et l'eau, comme un champ est un espace fixe et circonscrit que *certains* hommes *ont pu* s'approprier, à l'exclusion de tous les autres qui ont donné leur consentement à cette appropriation, la terre, qui était un bien naturel et *gratuit*, est *devenue* une richesse sociale dont l'usage *a dû* se payer. »

Certes, s'il en est ainsi, Proudhon est justifié d'avoir posé cette terrible interrogation, suivie d'une affirmation plus terrible encore :

« A qui est dû le fermage de la terre ? Au producteur de la terre sans doute. Qui a fait la terre ? Dieu. En ce cas, propriétaire, retire-toi. »

Oui, par une mauvaise définition, l'économie politique a mis la logique du côté des communistes. Cette arme terrible, je la briserai dans leurs mains, ou plutôt ils me la rendront joyeusement. Il ne restera rien des conséquences quand j'aurai anéanti le principe. Et je prétends démontrer que si, dans la production des richesses, l'action de la nature se combine avec l'action de l'homme, la première, gratuite et commune par essence, reste toujours gratuite et commune à travers toutes nos transactions ; que la seconde représente seule des *services,* de la *valeur ;* que, seule, elle se rémunère ; que, seule, elle est le fondement, l'explication et la justification de la Propriété. En un mot, je prétends que, relativement

les uns aux autres, les hommes ne sont propriétaires que de
la valeur des choses, et qu'en se passant de main en main
les produits ils stipulent uniquement sur la valeur, c'est-à-
dire sur les services réciproques, se donnant, par-dessus le
marché, toutes les qualités, propriétés et utilités que ces
produits tiennent de la nature.

Si, jusqu'ici, l'économie politique, en méconnaissant cette
considération fondamentale, a ébranlé le principe tutélaire
de la propriété, présentée comme une institution artificielle,
nécessaire, mais injuste ; du même coup elle a laissé dans
l'ombre, complétement inaperçu, un autre phénomène
admirable, la plus touchante dispensation de la Providence
envers sa créature, le phénomène de la *communauté progressive*.

. La richesse, en prenant ce mot dans son acception générale, résulte de la combinaison de deux actions, celle de
la nature et celle de l'homme. La première est *gratuite* et
commune, par destination providentielle, et ne perd jamais
ce caractère. La seconde est seule *pourvue de valeur*, et par
conséquent *appropriée*. Mais, par suite du développement de
l'intelligence et du progrès de la civilisation, l'une prend
une part de plus en plus grande, l'autre prend une part de
plus en plus petite à la réalisation de toute utilité donnée ;
d'où il suit que le domaine de la Gratuité et de la Communauté se dilate sans cesse, au sein de la race humaine, proportionnellement au domaine de la Valeur et de la Propriété :
. aperçu fécond et consolant, entièrement soustrait à l'œil de
la science tant qu'elle attribue de la valeur à la coopération
de la nature.

Dans toutes les religions on remercie Dieu de ses bienfaits ; le père de famille bénit le pain qu'il rompt et distri-
. bue à ses enfants : touchant usage que la raison ne justifierait
pas s'il n'y avait rien de gratuit dans les libéralités de la
Providence.

Conservabilité. Cette prétendue condition *sine quâ non* de la Valeur se rattache à celle que je viens de discuter. Pour que la Valeur existe, pensait *Smith*, il faut qu'elle soit fixée en quelque chose qui se puisse échanger, accumuler, conserver, par conséquent en quelque chose de *matériel*.

« Il y a un genre de travail, dit-il, qui ajoute [1] à la valeur du sujet sur lequel il s'exerce. Il y en a un autre qui n'a pas cet effet. »

« Le travail manufacturier, ajoute Smith, se fixe et se réalise dans quelque marchandise vendable, *qui dure au moins quelque temps* après que le travail est passé. Le travail des domestiques, au contraire (auquel l'auteur assimile sous ce rapport celui des militaires, magistrats, musiciens, professeurs, etc.), ne se fixe en aucune marchandise vendable. Les services s'évanouissent à mesure qu'ils sont rendus, et ne laissent pas trace de *Valeur* après eux. »

On voit qu'ici la *Valeur* se rapporte plutôt à la modification des choses qu'à la satisfaction des hommes ; erreur profonde : car s'il est bon que les choses soient modifiées, c'est uniquement pour arriver à cette satisfaction qui est le but, la fin, la *consommation* de tout Effort. Si donc nous la réalisons par un effort immédiat et direct, le résultat est le même ; si, en outre, cet effort est susceptible de transactions, d'échanges, d'*évaluation*, il renferme le principe de la *valeur*.

Quant à l'intervalle qui peut s'écouler entre l'effort et la satisfaction, en vérité Smith lui donne trop de gravité quand il dit que l'existence ou la non-existence de la Valeur en dépend. — « La Valeur d'une marchandise vendable, dit-il, *dure au moins quelque temps.* » — Oui, sans doute, elle dure

---

[1] *Ajoute!* Le sujet avait donc de la valeur par lui-même, antérieurement au travail. Il ne pouvait la tenir que de la nature. L'action naturelle n'est donc pas *gratuite*. Qui donc a l'audace de se faire payer cette portion de valeur *extra-humaine?*

jusqu'à ce que cet objet ait rempli sa destination, qui est de satisfaire au besoin, et il en est exactement de même d'un service. Tant que cette assiette de fraises restera dans le buffet, elle conservera sa valeur. — Mais pourquoi? parce qu'elle est le résultat d'un service que j'ai voulu me rendre à moi-même ou que d'autres m'ont rendu moyennant compensation, et *dont je n'ai pas encore usé.* Sitôt que j'en aurai usé en mangeant les fraises, la valeur disparaîtra. *Le service se sera évanoui et ne laissera pas trace de valeur après lui.* C'est tout comme dans le service personnel. Le consommateur fait disparaître la Valeur, car elle n'a été créée qu'à cette fin. Il importe peu à la notion de valeur que la peine prise aujourd'hui satisfasse le besoin immédiatement, ou demain, ou dans un an.

Quoi! je suis affligé de la cataracte. J'appelle un oculiste. L'instrument dont il se sert aura de la *Valeur,* parce qu'il a de la durée, et l'opération n'en a pas, encore que je la paye, que j'en aie débattu le prix, que j'aie mis plusieurs opérateurs en concurrence? Mais cela est contraire aux faits les plus usuels, aux notions les plus unanimement reçues; et qu'est-ce qu'une théorie qui, ne sachant pas rendre compte de l'universelle pratique, la tient pour non avenue?

Je vous prie de croire, lecteur, que je ne me laisse pas emporter par un goût désordonné pour la controverse. Si j'insiste sur ces notions élémentaires, c'est pour préparer votre esprit à des conséquences d'une haute gravité qui se manifesteront plus tard. Je ne sais si c'est violer les lois de la méthode que de faire pressentir, par anticipation, ces conséquences; mais je me permets cette légère infraction, dans la crainte où je suis de voir la patience vous échapper. C'est ce qui m'a porté tout à l'heure à vous parler prématurément de *propriété* et de *communauté.* Par le même motif, je dirai un mot du *Capital.*

Smith, faisant résider la richesse dans la matière, ne

pouvait concevoir le Capital que comme une accumulation d'objets matériels. Comment donc attribuer de la Valeur à des Services non susceptibles d'être accumulés, capitalisés ?

Parmi les capitaux, on place en première ligne les outils, machines, instruments de travail. Ils servent à faire concourir les forces naturelles à l'œuvre de la production, et puisqu'on attribuait à ces forces la faculté de créer de la valeur, on était amené à penser que les instruments de travail étaient, *par eux-mêmes*, doués de la même faculté, indépendamment de tout service humain. Ainsi la bêche, la charrue, la machine à vapeur, étaient censées concourir simultanément avec les agents naturels et les forces humaines à créer non-seulement de l'Utilité, mais encore de la Valeur. Mais toute valeur se paye dans l'échange. A qui donc revenait cette part de valeur indépendante de tout service humain ?

C'est ainsi que l'école de Proudhon, après avoir contesté la *rente de la terre*, a été amenée à contester l'*intérêt des capitaux*, thèse plus large, puisqu'elle embrasse l'autre. J'affirme que l'erreur proudhonnienne, au point de vue scientifique, a sa racine dans l'erreur de Smith. Je démontrerai que les capitaux, comme les agents naturels, considérés en eux-mêmes et dans leur action propre, créent de l'utilité, mais jamais de valeur. Celle-ci est, par essence, le fruit d'un légitime *service*. Je démontrerai aussi que, dans l'ordre social, les capitaux ne sont pas une accumulation d'objets matériels, tenant à la conservabilité matérielle, mais une accumulation de *valeurs*, c'est-à-dire de *services*. Par là se trouvera détruite, virtuellement du moins et faute de raison d'être, cette lutte récente contre la productivité du capital, et cela à la satisfaction de ceux-là mêmes qui l'ont soulevée; car si je prouve qu'il ne se passe rien dans le monde des échanges qu'une *mutualité de services*, M. Prou-

dhon devra se tenir pour vaincu par la victoire même de
son principe.

Travail. Ad. Smith et ses élèves ont assigné le principe
de la Valeur au Travail, sous la condition de la Matérialité.
Ceci est contradictoire à cette autre opinion, que les forces
naturelles prennent une part quelconque dans la production
de la Valeur. Je n'ai pas ici à combattre ces contradictions
qui se manifestent dans toutes leurs conséquences funestes,
quand ces auteurs parlent de la rente des terres ou de l'intérêt des capitaux.

Quoi qu'il en soit, quand ils font remonter le principe de
la Valeur au Travail, ils approcheraient énormément de la
vérité, s'ils ne faisaient pas allusion au travail manuel. J'ai
dit, en effet, en commençant ce chapitre, que la valeur devait se rapporter à l'Effort, expression que j'ai préférée à
celle de Travail, comme plus générale et embrassant toute
la sphère de l'activité humaine. Mais je me suis hâté d'ajouter
qu'elle ne pouvait naître que d'efforts échangés, ou de Services réciproques, parce qu'elle n'est pas une chose existant
par elle-même, mais un rapport.

Il y a donc, rigoureusement parlant, deux vices dans la
définition de Smith. Le premier, c'est qu'elle ne tient pas
compte de l'échange, sans lequel la valeur ne se peut ni produire ni concevoir ; le second, c'est qu'elle se sert d'un mot
trop étroit, *travail*, à moins qu'on ne donne à ce mot une
extension inusitée en y comprenant des idées, non-seulement
d'intensité et de durée, mais d'habileté, de sagacité et même
de chances plus ou moins heureuses.

Remarquez que le mot *service*, que je substitue dans la
définition, fait disparaître ces deux défectuosités. Il implique
nécessairement l'idée de transmission, puisqu'un service
ne peut être rendu qu'il ne soit reçu ; et il implique aussi
l'iée d'un Effort sans préjuger que la valeur lui soit proportionnelle.

Et c'est là surtout en quoi pèche la définition des économistes anglais. Dire que la valeur est dans le travail, c'est induire l'esprit à penser qu'ils se servent de mesure. réciproque, qu'ils sont proportionnels entre eux. En cela, elle est contraire aux faits, et une définition contraire aux faits est une définition défectueuse.

Il est très-fréquent qu'un travail considéré comme insignifiant en lui-même soit accepté dans le monde pour une *valeur* énorme (exemples : le diamant, le chant d'une prima donna, quelques traits de plume d'un banquier, la spéculation heureuse d'un armateur, le coup de pinceau d'un Raphaël, une bulle d'indulgence plénière, le facile rôle d'une reine d'Angleterre, etc.) ; il est plus fréquent encore qu'un travail opiniâtre, accablant, n'aboutisse qu'à une déception, à une *non-valeur*. S'il en est ainsi, comment pourrait-on établir une corrélation, une proportion nécessaire entre la *Valeur* et le *Travail* ?

Ma définition lève la difficulté. Il est clair qu'il est des circonstances où l'on peut rendre un grand Service en se donnant peu de peine ; d'autres, où, après s'être donné beaucoup de peine, on trouve qu'elle ne rend *service* à personne, et c'est pourquoi il est plus exact de dire, sous ce rapport encore, que la Valeur est dans le Service plutôt que dans le Travail, puisqu'elle est proportionnelle à l'un et pas à l'autre.

J'irai plus loin. J'affirme que la *valeur* s'estime au moins autant par le travail épargné au cessionnaire que par le travail exécuté par le cédant. Que le lecteur veuille bien se rappeler le dialogue intervenu entre deux contractants, à propos d'une pierre précieuse. Il n'est pas né d'une circonstance accidentelle, et j'ose dire qu'il est, tacitement, au fond de toutes les transactions. Il ne faut pas perdre de vue que nous supposons ici aux deux contractants une entière liberté, la pleine possession de leur volonté et de leur jugement. Chacun d'eux se détermine à accepter l'échange par des considérations nombreuses, parmi lesquelles figure certainement en première ligne la difficulté pour le cessionnaire de se procurer directement la satisfaction qui lui est offerte. Tous deux ont les yeux sur cette difficulté et en tiennent compte, l'un pour être plus ou moins facile, l'autre pour être plus ou moins exigeant. La peine prise par le cédant exerce aussi une influence sur le marché, c'en est un des éléments, mais ce n'est pas le seul. Il n'est donc pas exact de dire que la Valeur est déterminée par le travail. Elle l'est par une foule de considérations, toutes comprises dans le mot *service*.

Ce qui est très-vrai, c'est que, par l'effet de la concurrence, les Valeurs *tendent* à se proportionner aux Efforts, ou les récompenses aux mérites. C'est une des belles Harmonies de l'ordre social. Mais, relativement à la valeur, cette pression égalitaire exercée par la concurrence est tout extérieure ; et il n'est pas permis, en bonne logique, de confondre l'influence que subit un phénomène d'une cause externe avec le phénomène même [1].

---

[1] C'est parce que, sous l'empire de la liberté, les efforts se font concurrence entre eux qu'ils obtiennent cette rémunération à peu près proportionnelle à leur intensité. Mais, je le répète, cette proportionnalité n'est pas inhérente à la notion de valeur.

Et la preuve, c'est que là où la concurrence n'existe pas, la proportionnalité n'existe pas davantage. On ne remarque, en ce cas, aucun rapport entre les travaux de diverse nature et leur rémunération.

L'absence de concurrence peut provenir de la nature des choses ou de la perversité des hommes.

Si elle vient de la nature des choses, on verra un travail comparativement très-faible donner lieu à une grande *valeur*, sans que personne ait raisonnablement à se plaindre. C'est le cas de la personne qui trouve un diamant ; c'est le cas de Rubini, de Malibran, de Taglioni, du tailleur en vogue, du propriétaire du Clos-Vougeot, etc., etc. Les circonstances les ont mis en possession d'un moyen extraordinaire de rendre service ; ils n'ont pas de rivaux et se font payer cher. *Le service lui-même étant d'une rareté excessive*, cela prouve qu'il n'est pas essentiel au bien-être et au progrès de l'humanité. Donc c'est un objet de luxe, d'ostentation :

Utilité. J. B. Say, si je ne me trompe, est le premier qui ait secoué le joug de la *matérialité*. Il fit très-expressément de la valeur une *qualité morale*, expression qui peut-être dépasse le but, car la valeur n'est guère ni physique ni morale, c'est simplement — un rapport.

Mais le grand économiste français avait dit lui-même : « Il n'est donné à personne d'arriver aux confins de la science. Les savants montent sur les épaules les uns des autres pour explorer du regard un horizon de plus en plus étendu. » Peut-être la gloire de M. Say (en ce qui concerne la question spéciale qui nous occupe, car, à d'autres égards, ses titres de gloire sont aussi nombreux qu'impérissables) est-elle d'avoir légué à ses successeurs un aperçu fécond.

L'axiome de M. Say était celui-ci : *La valeur a pour fondement l'utilité.*

S'il était ici question de l'utilité relative des *services* hu-

que les riches se le procurent. N'est-il pas naturel que tout homme attende, avant d'aborder ce genre de satisfactions, qu'il se soit mis à même de pourvoir à des besoins plus impérieux et plus raisonnables ?

Si la concurrence est absente par suite de quelque violence humaine, alors les mêmes effets se produisent, mais avec cette différence énorme qu'ils se produisent où et quand ils n'auraient pas dû se produire. Alors on voit aussi un travail comparativement faible donner lieu à une grande valeur; mais comment? En interdisant violemment cette concurrence qui a pour mission de proportionner les rémunérations aux services. Alors, du même que Rubini peut dire à un dilettante : « Je veux une très-grande récompense, ou je ne chante pas à votre soirée, » se fondant sur ce qu'il s'agit là d'un service que lui seul peut rendre, — de même un boulanger, un boucher, un propriétaire, un banquier peut dire : « Je veux une récompense extravagante, ou vous n'aurez pas mon blé, mon pain, ma viande, mon or; et j'ai pris des précautions, j'ai organisé des baïonnettes pour que vous ne puissiez pas vous pourvoir ailleurs, pour que nul ne puisse vous rendre des services analogues aux miens. »

Les personnes qui assimilent le monopole artificiel et ce qu'elles appellent le monopole naturel, parce que l'un et l'autre ont cela de commun, qu'ils accroissent la valeur du travail, ces personnes, dis-je, sont bien aveugles et bien superficielles.

Le monopole artificiel est une spoliation véritable. Il produit des maux mains, je ne contesterais pas. Tout au plus pourrais-je faire observer que l'axiome est superflu à force d'être évident. Il est bien clair en effet que nul ne consent à rémunérer un *service* que parce qu'à tort ou à raison il le juge utile. Le mot *service* renferme tellement l'idée d'*utilité*, qu'il n'est autre chose que la traduction en français, et même la reproduction littérale du mot latin *uti, servir*.

Mais malheureusement ce n'est pas ainsi que Say l'entendait. Il trouvait le principe de la valeur non-seulement dans les services humains rendus à l'occasion des choses, mais encore dans les qualités *utiles*, mises par la nature dans les choses elles-mêmes. — Par là il se replaçait sous le joug de la matérialité. Par là, il faut bien le dire, il était loin de déchirer le voile funeste que les économistes anglais avaient jeté sur la question de propriété.

Avant de discuter en lui-même l'axiome de Say, j'en dois faire voir la portée logique, afin qu'il ne me soit pas repro-

qui n'existeraient pas sans lui. Il inflige des privations à une portion considérable de la société, souvent à l'égard des objets les plus nécessaires. En outre, il fait naître l'irritation, la haine, les représailles, fruits de l'injustice.

Les avantages naturels ne font aucun mal à l'humanité. Tout au plus pourrait-on dire qu'ils constatent un mal préexistant et qui ne leur est pas imputable. Il est fâcheux, peut-être, que le tokay ne soit pas aussi abondant et à aussi bas prix que la piquette. Mais ce n'est pas là un fait social; il nous a été imposé par la nature.

Il y a donc entre l'avantage naturel et le monopole artificiel cette différence profonde :

L'un est la conséquence d'une rareté préexistante, inévitable ;

L'autre est la cause d'une rareté factice, contre nature.

Dans le premier cas, ce n'est pas l'absence de concurrence qui fait la rareté, c'est la rareté qui explique l'absence de concurrence. L'humanité serait puérile, si elle se tourmentait, se révolutionnait, parce qu'il n'y a, dans le monde, qu'une Jenny Lind, un Clos-Vougeot et un Régent.

Dans le second cas, c'est tout le contraire. Ce n'est pas à cause d'une rareté providentielle que la concurrence est impossible, mais c'est parce que la force a étouffé la concurrence qu'il s'est produit parmi les hommes une rareté qui ne devait pas être.

(*Note extraite des manuscrits de l'auteur.*)

ché de me lancer et d'entraîner le lecteur dans d'oiseuses dissertations.

On ne peut pas douter que l'Utilité dont parle Say est celle qui est dans les choses. Si le blé, le bois, la houille, le drap ont de la valeur, c'est que ces produits ont des qualités qui les rendent propres à notre usage, à satisfaire le besoin que nous avons de nous nourrir, de nous chauffer, de nous vêtir.

Dès lors, comme la nature crée de l'*Utilité*, elle crée de la *Valeur ;* — funeste confusion dont les ennemis de la propriété se sont fait une arme terrible.

Voilà un produit, du blé, par exemple. Je l'achète à la halle pour seize francs. Une grande partie de ces seize francs se distribue, par des ramifications infinies, par une inextricable complication d'avances et de remboursements, entre tous les hommes qui, de près ou de loin, ont concouru à mettre ce blé à ma portée. Il y a quelque chose pour le laboureur, le semeur, le moissonneur, le batteur, le charretier, ainsi que pour le forgeron, le charron qui ont préparé les instruments. Jusqu'ici il n'y a rien à dire, que l'on soit économiste ou communiste.

Mais j'aperçois que quatre francs sur mes seize francs vont au propriétaire du sol, et j'ai bien le droit de demander si cet homme, comme tous les autres, m'a rendu un Service, pour avoir, comme tous les autres, droit incontestable à une rémunération.

D'après la doctrine que cet écrit aspire à faire prévaloir, la réponse est catégorique. Elle consiste en un *oui* très-formel. Oui, le propriétaire m'a rendu un *service*. Quel est-il ? Le voici : Il a, par lui-même ou par son aïeul, défriché et clôturé le champ ; il l'a purgé de mauvaises herbes et d'eaux stagnantes ; il a donné plus d'épaisseur à la couche végétale ; il a bâti une maison, des étables, des écuries. Tout cela suppose un long travail qu'il a exécuté en per-

sonne, ou, ce qui revient au même, qu'il a payé à d'autres.
Ce sont certainement là des services qui, en vertu de la
juste loi de réciprocité, doivent lui être remboursés. Or, ce
propriétaire n'a jamais été rémunéré, du moins intégralement. Il ne pouvait pas l'être par le premier qui est venu
lui acheter un hectolitre de blé. Quel est donc l'arrangement qui est intervenu? Assurément le plus ingénieux, le
plus légitime et le plus équitable qu'on pût imaginer. Il
consiste en ceci : Quiconque voudra obtenir un sac de blé,
payera, outre les services des différents travailleurs que
nous avons énumérés, une petite portion des *services* rendus
par le propriétaire ; en d'autres termes, la *Valeur des ser-*
vices du propriétaire se répartira sur tous les sacs de blé qui
sortiront de ce champ.

Maintenant on peut demander si cette rémunération, supposée être ici de quatre francs, est trop grande ou trop petite. Je réponds : Cela ne regarde pas l'économie politique.
Cette science constate que la valeur des services du propriétaire foncier se règle absolument par les mêmes lois que la
valeur de tous les autres services, et cela suffit.

On peut s'étonner aussi que ce système de rembourse-
ment morcelé n'arrive pas à la longue à un amortissement
intégral, par conséquent à l'extinction du droit du propriétaire. Ceux qui font cette objection ne savent pas qu'il est
dans la nature des capitaux de produire une rente perpétuelle ; c'est ce que nous apprendrons plus tard.

Pour le moment, je ne dois pas m'écarter plus longtemps
de la question, et je ferai remarquer (car tout est là) qu'il
n'y a pas dans mes seize francs une obole qui n'aille rémunérer des services humains, pas une qui corresponde à la
prétendue *valeur* que la nature aurait introduite dans le blé
en y mettant l'*utilité*.

Mais si, vous appuyant sur l'axiome de Say et des économistes anglais, vous dites : Sur les seize francs, il y en a

douze qui vont aux laboureurs, semeurs, moissonneurs, charretiers, etc., deux qui récompensent les services personnels du propriétaire ; enfin, deux autres francs représentent une valeur qui a pour fondement l'*utilité* créée par Dieu, par des agents naturels, et en dehors de toute coopération humaine ; — ne voyez-vous pas qu'on vous demandera de suite : Qui doit profiter de cette portion de *valeur ?* qui a droit à cette rémunération ? Dieu ne se présente pas pour la recevoir. Qui osera se présenter à sa place ?

Et plus Say veut expliquer la propriété sur cette donnée, plus il prête le flanc à ses adversaires. Il compare d'abord, avec raison, la terre à un laboratoire, où s'accomplissent des opérations chimiques dont le résultat est utile aux hommes. « Le sol, ajoute-t-il, est donc *producteur d'une utilité*, et lorsqu'IL (le sol) la fait payer sous la forme d'un profit ou d'un fermage *pour son propriétaire*, ce n'est pas sans rien donner au consommateur en échange de ce que le consommateur LUI (au sol) paye. IL (toujours le sol) lui donne une utilité produite, et c'est en produisant cette utilité que *la terre est productive aussi bien que le travail.* »

Ainsi, l'assertion est nette. Voilà deux prétendants qui se présentent pour se partager la rémunération due par le consommateur du blé, savoir : la terre et le travail. Ils se présentent au même titre, car le sol, dit M. Say, est productif comme le travail. Le travail demande à être rémunéré d'un *service ;* le sol demande à être rémunéré d'une *utilité*, et cette rémunération, il ne la demande pas pour lui (sous quelle forme la lui donnerait-on ?), il la réclame pour *son propriétaire*.

Sur quoi Proudhon somme ce propriétaire, qui se dit chargé de pouvoirs du sol, de montrer sa procuration.

On veut que je paye, en d'autres termes, que je rende un service, pour recevoir l'*utilité* produite par les agents naturels, indépendamment du concours de l'homme déjà payé séparément.

Mais je demanderai toujours : Qui profitera de mon service ?

Sera-ce le producteur de l'utilité, c'est-à-dire le sol ? Cela est absurde, et je puis attendre tranquillement qu'il m'envoie un huissier.

Sera-ce un homme ? mais à quel titre ? Si c'est pour m'avoir rendu un service, à la bonne heure. Mais alors vous êtes à mon point de vue. C'est le service humain qui *vaut*, et non le service naturel ; c'est la conclusion à laquelle je veux vous amener.

Cependant, cela est contraire à votre hypothèse même. Vous dites que tous les services humains sont rémunérés par quatorze francs, et que les deux francs qui complètent le prix du blé répondent à la valeur créée par la nature. En ce cas, je répète ma question : A quel titre un homme quelconque se présente-t-il pour les recevoir ? Et n'est-il pas malheureusement trop clair que si vous appliquez spécialement le nom de *propriétaire* à l'homme qui revendique le droit de toucher ces deux francs, vous justifiez cette trop fameuse maxime : *La propriété c'est le vol ?*

Et qu'on ne pense pas que cette confusion entre l'utilité et la valeur se borne à ébranler la propriété foncière. Après avoir conduit à contester la *rente de la terre*, elle conduit à contester l'*intérêt du capital*.

En effet, les machines, les instruments de travail sont, comme le sol, producteurs d'*utilité*. Si cette utilité a une *valeur*, elle se paye, car le mot Valeur implique droit à payement. Mais à qui se paye-t-elle ? au propriétaire de la machine, sans doute. Est-ce pour un service personnel ? alors dites donc que la valeur est dans le service. Mais si vous dites qu'il faut faire un premier payement pour le service, et un second pour l'utilité produite par la machine, indépendamment de toute action humaine déjà rétribuée, on vous demandera à qui va ce second payement, et comment l'homme, qui est déjà rémunéré de tous ses services, a-t-il droit de réclamer quelque chose de plus?

La vérité est que l'utilité produite par la nature est *gratuite*, partant *commune*, ainsi que celle produite par les instruments de travail. Elle est gratuite et commune à une condition : c'est de se donner la peine, c'est de se rendre à soi-même le service de la recueillir, ou, si l'on donne cette peine, si l'on demande ce service à autrui, de céder en retour un service *équivalent*. C'est dans ces services comparés qu'est la valeur, et nullement dans l'utilité naturelle. Cette peine peut être plus ou moins grande, ce qui fait varier la valeur et non l'utilité. Quand nous sommes auprès d'une source abondante, l'eau est gratuite pour nous tous, à la condition de nous baisser pour la prendre. Si nous chargeons notre voisin de prendre cette peine pour nous, alors je vois apparaître une convention, un marché, une *valeur*, mais cela ne fait pas que l'eau ne reste gratuite. Si nous sommes à une heure de la source, le marché se fera sur d'autres bases quant au degré, mais non quant au principe. La valeur n'aura pas passé pour cela dans l'eau ni dans son utilité. L'eau continuera d'être *gratuite*, à la condition de l'aller chercher, ou de rémunérer ceux qui, après libre débat, consentent à nous épargner cette peine en la prenant eux-mêmes.

Il en est ainsi pour tout. Les utilités nous entourent, mais il faut *se baisser pour les prendre ;* cet effort, quelquefois très-simple, est souvent fort compliqué. Rien n'est plus facile, dans la plupart des cas, que de recueillir l'eau dont la nature a préparé l'utilité. Il ne l'est pas autant de recueillir le blé dont la nature prépare également l'utilité. C'est pourquoi la valeur de ces deux efforts diffère par le degré, non par le principe. Le service est plus ou moins onéreux ; partant, il *vaut* plus ou moins; l'utilité est et reste toujours *gratuite*.

Que s'il intervient un instrument de travail, qu'en résulte-t-il? que l'utilité est plus facilement recueillie. Aussi le service a-t-il moins de *valeur*. Nous payons certainement moins cher les livres depuis l'invention de l'imprimerie. Phénomène admirable et trop méconnu ! Vous dites que les instruments de travail produisent de la Valeur; vous vous trompez, c'est de l'Utilité et de l'Utilité gratuite qu'il faut dire. Quant à de la Valeur, ils en produisent si peu, qu'ils l'anéantissent de plus en plus.

Il est vrai que celui qui a fait la machine a rendu service. Il reçoit une rémunération dont s'augmente la valeur du produit. C'est pourquoi nous sommes disposés à nous figurer que nous rétribuons l'utilité produite par la machine : c'est une illusion. Ce que nous rétribuons, ce sont les *services* que nous rendent tous ceux qui ont concouru à la faire confectionner ou fonctionner. La valeur est si peu dans l'utilité produite, que, même après avoir rétribué ces nouveaux *services*, l'utilité nous est acquise à de meilleures conditions qu'avant.

Habituons-nous donc à distinguer l'Utilité de la Valeur. Il n'y a de science économique qu'à ce prix. Loin que l'Utilité et la Valeur soient identiques ou même assimilables, j'ose affirmer, sans crainte d'aller jusqu'au paradoxe, que ce sont des idées opposées. Besoin, Effort, Satisfaction, voilà l'homme, avons-nous dit, au point de vue économique. Le rapport de l'Utilité est avec le Besoin et la Satisfaction. Le rapport de la Valeur est avec l'Effort. L'Utilité est le Bien qui fait cesser le besoin par la satisfaction. La Valeur est le mal, car elle naît de l'obstacle qui s'interpose entre le besoin et la satisfaction ; sans ces obstacles, il n'y aurait pas d'efforts à faire et à échanger, l'utilité serait infinie, gratuite et commune *sans condition*, et la notion de valeur ne se serait jamais introduite dans ce monde. Par la présence de ces obstacles, l'utilité n'est gratuite qu'à la condition d'efforts échangés, qui, comparés entre eux, constatent la valeur. Plus les obstacles s'abaissent devant la libéralité de la nature ou les progrès des sciences, plus l'utilité s'approche de la gratuité et de la communauté absolues, car la condition onéreuse et par conséquent la *valeur* diminuent avec les obstacles. Je m'estimerais heureux si, à travers toutes ces dissertations qui peuvent paraître subtiles, et dont je suis condamné à redouter tout à la fois la longueur et la concision, je parviens à établir cette vérité rassurante : *propriété légitime de la valeur,* — et cette autre vérité consolante : *communauté progressive de l'utilité.*

Encore une remarque : Tout ce qui *sert* est *utile* (*uti, servir*); à ce titre, il est fort douteux qu'il existe rien dans l'univers, force ou matière, qui ne soit *utile* à l'homme.

Nous pouvons affirmer du moins, sans crainte de nous tromper, qu'une foule de choses nous sont utiles à notre insu. Si la lune était placée plus haut ou plus bas, il est fort possible que le règne inorganique, par suite, le règne végétal, par suite encore, le règne animal, fussent profondément modifiés. Sans cette étoile qui brille au firmament pendant que j'écris, peut-être le genre humain ne pourrait-il exister. La nature nous a environnés d'utilités. Cette qualité d'être *utiles*, nous la reconnaissons dans beaucoup de substances et de phénomènes; dans d'autres, la science et l'expérience nous la révèlent tous les jours; dans d'autres encore, elle existe quoique complétement et peut-être pour toujours ignorée de nous.

Quand ces substances et ces phénomènes exercent sur nous, mais *sans nous,* leur action utile, nous n'avons aucun intérêt à comparer le degré d'utilité dont ils nous sont, et qui plus est, nous n'en avons guère les moyens. Nous savons que l'oxygène et l'azote nous sont utiles; mais nous n'essayons pas, et nous essayerions probablement en vain de déterminer dans quelle proportion. Il n'y a pas là les éléments de l'évaluation, de la valeur. J'en dirai autant des sels, des gaz, des forces répandues dans la nature. Quand tous ces agents se meuvent et se combinent de manière à produire pour nous, *mais sans notre concours*, de l'utilité, cette utilité, nous en jouissons sans l'*évaluer*. C'est quand notre coopération intervient et surtout quand elle s'échange, c'est alors et seulement alors qu'apparaissent l'Évaluation et la Valeur, portant non sur l'utilité de substances et de phénomènes souvent ignorés, mais sur cette coopération même.

C'est pourquoi je dis : la valeur, c'est l'appréciation des services échangés. Ces services peuvent être fort compliqués, ils peuvent avoir exigé une foule de travaux divers anciens et récents, ils peuvent se transmettre d'un hémisphère ou d'une génération à une autre génération et à un autre hémisphère, embrassant de nombreux contractants, nécessitant des crédits, des avances, des arrangements variés, jusqu'à ce que la balance générale se fasse ; toujours est-il que le principe de la *valeur* est en eux et non dans l'utilité à laquelle ils servent de véhicule, utilité gratuite par essence, et qui passe de main en main, qu'on me permette le mot, *par-dessus le marché.*

Après tout, si l'on persiste à voir dans l'Utilité le fondement de la Valeur, je le veux bien ; mais qu'il soit bien entendu qu'il ne s'agit pas de cette utilité qui est dans les choses et les phénomènes par la dispensation de la Providence ou la puissance de l'art, mais de l'utilité des services humains comparés et échangés.

Rareté. Selon Senior, de toutes les circonstances qui influent sur la Valeur, la rareté est la plus décisive. Je n'ai aucune objection à faire contre cette remarque, si ce n'est qu'elle suppose, par sa forme, que la valeur est inhérente aux choses mêmes ; hypothèse dont je combattrai toujours jusqu'à l'apparence. Au fond, le mot *rareté*, dans le sujet qui nous occupe, exprime d'une manière abrégée cette pensée : Toutes choses égales d'ailleurs, un service a d'autant plus de valeur que nous aurions plus de difficulté à nous le rendre à nous-mêmes, et que, par conséquent, nous rencontrons plus d'exigences quand nous le réclamons d'autrui. La rareté est une de ces difficultés. C'est un *obstacle* de plus à surmonter. Plus il est grand, plus nous rémunérons ceux qui le surmontent pour nous. — La rareté donne souvent lieu à des rémunérations considérables ; et c'est pourquoi je refusais d'admettre tout à l'heure avec les économistes anglais que la Valeur fût proportionnelle au travail. Il faut tenir compte de la parcimonie avec laquelle la nature nous a traités à certains égards. Le mot *service* embrasse toutes ces idées et nuances d'idées.

Jugement. Storch voit la *valeur* dans le jugement qui nous la fait reconnaître. — Sans doute, chaque fois qu'il s'agit d'un *rapport*, il faut comparer et *juger*. Mais le rapport n'en est pas moins une chose et le jugement une autre. Quand nous comparons la hauteur de deux arbres, leur grandeur et la différence de leur grandeur sont indépendantes de notre appréciation.

Mais dans la détermination de la valeur, quel est le rapport qu'il s'agit de juger? C'est le rapport de deux services échangés. La question est de savoir ce que *valent*, l'un à l'égard de l'autre, les services rendus et reçus, à l'occasion des actes transmis ou des choses cédées, en tenant compte de toutes les circonstances, et non ce que ces actes ou ces choses contiennent d'utilité intrinsèque, car cette utilité peut être en partie étrangère à toute action humaine et par conséquent étrangère à la *valeur*.

Storch reste donc dans l'erreur fondamentale que je combats ici, quand il dit :

« Notre jugement nous fait découvrir le rapport qui existe entre nos besoins et l'utilité des choses. L'arrêt que notre jugement porte sur l'*utilité des choses* constitue leur *valeur*. »

Et plus loin :

« Pour créer une valeur, il faut la réunion de trois circonstances : 1° que l'homme éprouve ou conçoive un besoin ; 2° qu'il existe une chose propre à satisfaire ce besoin ; 3° que le jugement se prononce en faveur de l'*utilité de la chose*. Donc la valeur des choses, c'est leur *utilité* relative. »

Le jour, j'éprouve le besoin de voir clair. Il existe une chose propre à satisfaire ce besoin, qui est la lumière du soleil. Mon jugement se prononce en faveur de l'utilité de cette chose, et... elle n'a pas de valeur. Pourquoi ? Parce que j'en jouis sans réclamer le service de personne.

La nuit, j'éprouve le même besoin. Il existe une chose propre à le satisfaire très-imparfaitement, une bougie. Mon jugement se prononce sur l'utilité, mais sur l'utilité relative beaucoup moindre de cette chose, et elle a une *valeur*. Pourquoi ? Parce que celui qui s'est donné la peine de faire la bougie ne veut pas me rendre le service de me la céder, si je ne lui rends un service équivalent.

Ce qu'il s'agit de comparer et de juger, pour déterminer la valeur, ce n'est donc pas l'*utilité relative* des choses, mais le rapport de deux services.

En ces termes, je ne repousse pas la définition de Storch.

Résumons ce paragraphe, afin de montrer que ma définition contient tout ce qu'il y a de vrai dans celles de mes prédécesseurs, et élimine tout ce qu'elles ont d'erroné par excès ou défaut.

Le principe de la Valeur, ai-je dit, est dans un *service* humain. Elle résulte de l'appréciation de deux services comparés.

La Valeur doit avoir trait à l'effort : — *Service* implique un effort quelconque.

Elle suppose comparaison d'efforts échangés, au moins échangeables : — *Service* implique les termes donner et recevoir.

En fait, elle n'est cependant pas proportionnelle à l'intensité des efforts : — *Service* n'implique pas nécessairement cette proportion.

Une foule de circonstances extérieures influent sur la valeur sans être la valeur même : — Le mot *Service* tient compte de toutes ces circonstances dans la mesure convenable.

Matérialité. Quand le service consiste à céder une chose matérielle, rien n'empêche de dire, par métonymie, que c'est cette chose qui *vaut.* Mais il ne faut pas perdre de vue que c'est là un trope qui attribue aux choses mêmes la valeur des services dont elles sont l'occasion.

Conservabilité. Matière ou non, la valeur se conserve jusqu'à la satisfaction, et pas plus loin. Elle ne change pas de nature selon que la satisfaction suit l'effort de plus ou moins près, selon que le service est personnel ou réel.

Accumulabilité. Ce que l'épargne accumule, dans l'ordre social, ce n'est pas la matière, mais la valeur ou les services [1].

---

[1] V. ci-après le chap. xv.

L'*accumulation* est une circonstance de nulle considération en économie politique.

Que la satisfaction soit immédiate ou retardée, qu'elle puisse être ajournée ou ne se puisse séparer de l'effort, en quoi cela change-t-il la nature des choses?

Je suis disposé à faire un sacrifice pour me donner le plaisir d'entendre une belle voix, je vais au théâtre et je paye ; la satisfaction est immédiate. Si j'avais consacré mon argent à acheter un plat de fraises, j'aurais pu renvoyer la satisfaction à demain ; voilà tout.

On dira sans doute que les fraises sont de la richesse, parce que je puis les échanger encore. Cela est vrai. Tant que l'effort ayant eu lieu la satisfaction n'est pas accomplie, la richesse subsiste. C'est la satisfaction qui

Utilité. J'admettrai avec M. Say que l'Utilité est le fondement de la Valeur, pourvu qu'on convienne qu'il ne s'agit nullement de l'utilité qui est dans les choses, mais de l'utilité relative des services.

Travail. J'admettrai avec Ricardo que le Travail est le fondement de la Valeur, pourvu d'abord qu'on prenne le mot travail dans le sens le plus général, et ensuite qu'on ne conclue pas à une proportionnalité contraire à tous les faits, en d'autres termes, pourvu qu'on substitue au mot *travail* le mot *service.*

Rareté. J'admets avec Senior que la rareté influe sur la *valeur.* Mais pourquoi? Parce qu'elle rend le *service* d'autant plus précieux.

Jugement. J'admets avec Storch que la valeur résulte d'un jugement, pourvu qu'on convienne que c'est du jugement que nous portons, non sur l'utilité des choses, mais sur l'utilité des *services.*

Ainsi les Économistes de toutes nuances devront se tenir pour satisfaits. Je leur donne raison à tous, parce que tous ont aperçu la vérité par un côté. Il est vrai que l'erreur était sur le revers de la médaille. C'est au lecteur de décider si ma définition tient compte de toutes les vérités et rejette toutes les erreurs.

Je ne dois pas terminer sans dire un mot de cette quadrature de l'Économie politique : la *mesure de la valeur ;* — et ici je répéterai, avec bien plus de force encore, l'observation qui termine les précédents chapitres.

J'ai dit que nos besoins, nos désirs, nos goûts n'ont ni bornes ni mesure précise.

J'ai dit que nos moyens d'y pourvoir, dons de la nature,

la détruit. Quand le plat de fraises sera mangé, cette satisfaction ira rejoindre celle que m'a procurée la voix d'Alboni.

Service reçu, service rendu : voilà l'économie politique.

(*Note extraite des manuscrits de l'auteur.*)

facultés, activité, prévoyance, discernement, n'avaient pas de mesure précise. Chacun de ces éléments est variable en lui-même ; il diffère d'homme à homme, il diffère dans chaque individu de minute en minute, en sorte que tout cela forme un ensemble qui est la mobilité même.

Si maintenant l'on considère quelles sont les circonstances qui influent sur la valeur, utilité, travail, rareté, jugement, et si l'on reconnaît qu'il n'est aucune de ces circonstances qui ne varie à l'infini, comment s'obstinerait-on à chercher à la *valeur* une mesure fixe ?

Il serait curieux qu'on trouvât la fixité dans un terme moyen composé d'éléments mobiles, et qui n'est autre chose qu'un Rapport entre deux termes extrêmes plus mobiles encore !

Les économistes qui poursuivent une *mesure absolue de la valeur* courent donc après une chimère, et qui plus est, après une inutilité. La pratique universelle a adopté l'or et l'argent, encore qu'elle n'ignorât pas combien la valeur de ces métaux est variable. Mais qu'importe la variabilité de la mesure, si, affectant de la même manière les deux objets échangés, elle ne peut altérer la loyauté de l'échange ? C'est une *moyenne proportionnelle* qui peut hausser ou baisser, sans manquer pour cela à sa mission, qui est d'accuser exactement le *Rapport* des deux extrêmes.

La science ne se propose pas pour but, comme l'échange, de chercher le *Rapport actuel de deux services*, car en ce cas la monnaie lui suffirait. Ce qu'elle cherche surtout, c'est le *Rapport de l'effort à la satisfaction ;* et à cet égard, une mesure de la valeur, existât-elle, ne lui apprendrait rien, car l'effort apporte toujours à la satisfaction une proportion variable d'utilité gratuite qui n'a pas de valeur. C'est parce que cet élément de bien-être a été perdu de vue, que la plupart des écrivains ont déploré l'absence d'une mesure de la valeur. Ils n'ont pas vu qu'elle ne ferait aucune réponse à la question proposée : Quelle est la Richesse ou le bien-être comparatif de deux classes, de deux peuples, de deux générations ?

Pour résoudre cette question, il faut à la science une mesure qui lui révèle, non pas le *rapport de deux services*, lesquels peuvent servir de véhicule à des doses très-diverses d'utilité gratuite, mais le rapport de l'*effort à la satisfaction*, et cette mesure ne saurait être autre que l'effort lui-même ou le travail.

Mais comment le travail servira-t-il de mesure ? N'est-il pas lui-même un des éléments les plus variables? N'est-il pas plus ou moins habile, pénible, chanceux, dangereux, répugnant? N'exige-t-il pas plus ou moins l'intervention de certaines facultés intellectuelles, de certaines vertus morales? et ne conduit-il pas, en raison de toutes ces circonstances, à des rémunérations d'une variété infinie ?

Il y a une nature de travail qui, en tout temps, en tous lieux, est identique à lui-même, et c'est celui-là qui doit servir de type. C'est le travail le plus simple, le plus brut, le plus primitif, le plus musculaire, celui qui est le plus dégagé de toute coopération naturelle, celui que tout homme peut exécuter, celui qui rend des services que chacun peut se rendre à soi-même, celui qui n'exige ni force exceptionnelle, ni habileté, ni apprentissage ; le travail tel qu'il s'est manifesté au point de départ de l'humanité, le travail, en un mot, du simple journalier. Ce travail est partout le plus offert, le moins spécial, le plus homogène et le moins rétribué. Toutes les rémunérations s'échelonnent et se graduent à partir de cette base ; elles augmentent avec toutes les circonstances qui ajoutent à son mérite.

Si donc on veut comparer deux états sociaux, il ne faut pas recourir à une *mesure de la valeur*, par deux motifs aussi logiques l'un que l'autre : d'abord parce qu'il n'y en a pas; ensuite parce qu'elle ferait à l'interrogation une réponse trompeuse, négligeant un élément considérable et progressif du bien-être humain : l'utilité gratuite.

Ce qu'il faut faire, c'est au contraire oublier complètement la valeur, particulièrement la monnaie, et se demander : Quelle est, dans tel pays, à telle époque, la quantité de chaque genre d'utilité spéciale, et la somme de toutes les utilités qui répond à chaque quantité donnée de travail brut ; en d'autres termes : Quel est le bien-être que peut se procurer par l'échange le simple journalier ?

On peut affirmer que l'ordre social naturel est perfectible et harmonique, si, d'un côté, le nombre des hommes voués au travail brut, et recevant la plus petite rétribution possible, va sans cesse diminuant, et si, de l'autre, cette rémunération mesurée non en valeur ou en monnaie, mais en satisfaction réelle, s'accroît sans cesse [1].

Les anciens avaient bien décrit toutes les combinaisons de l'Échange :

Do ut des (produit contre produit), *Do ut facias* (produit contre service), *Facio ut des* (service contre produit), *Facio ut facias* (service contre service).

Puisque produits et services s'échangent entre eux, il faut bien qu'ils aient quelque chose de commun, quelque chose par quoi ils se comparent et s'apprécient, à savoir la *valeur*.

Mais la Valeur est une chose identique à elle-même. Elle ne peut donc qu'avoir, soit dans le produit, soit dans le service, la même origine, la même raison d'être.

Cela étant ainsi, la valeur est-elle originairement, essentiellement dans le *produit*, et est-ce par analogie qu'on en a étendu la notion au *service ?*

---

[1] Ce qui suit était destiné par l'auteur à trouver place dans le présent chapitre.   (*Note de l'éditeur.*)

Ou bien, au contraire, la valeur réside-t-elle dans le service, et ne s'incarne-t-elle pas dans le produit, précisément et uniquement parce que le service s'y incarne lui-même?

Quelques personnes paraissent croire que c'est là une question de pure subtilité. C'est ce que nous verrons tout à l'heure. Provisoirement je me bornerai à faire observer combien il serait étrange qu'en économie politique une bonne ou une mauvaise définition de la valeur fût indifférente.

Il ne me paraît pas douteux qu'à l'origine l'économie politique a cru voir la valeur dans le produit, bien plus, dans la *matière* du produit. Les Physiocrates l'attribuaient exclusivement à la terre, et appelaient *stériles* toutes les classes qui n'ajoutent rien à la matière : tant à leurs yeux *matière* et *valeur* étaient étroitement liées ensemble.

Il semble qu'Adam Smith aurait dû briser cette notion, puisqu'il faisait découler la *valeur* du *travail*. Les purs services n'exigent-ils pas du travail, par conséquent n'impliquent-ils pas de la valeur? Si près de la vérité, Smith ne s'en rendit pas maître encore : car, outre qu'il dit formellement que pour que le travail ait de la valeur il faut qu'il s'applique à la matière, à quelque chose de physiquement tangible et accumulable, tout le monde sait que, comme les Physiocrates, il range parmi les classes improductives celles qui se bornent à rendre des services.

A la vérité, Smith s'occupe beaucoup de ces classes dans son traité des Richesses. Mais qu'est-ce que cela prouve, si ce n'est qu'après avoir donné une définition, il s'y trouvait à l'étroit, et que par conséquent cette définition était fausse? Smith n'eût pas conquis la vaste et juste renommée qui l'environne, s'il n'eût écrit ses magnifiques chapitres sur l'Enseignement, le Clergé, les Services publics, et si, traitant de la Richesse, il se fût circonscrit dans sa définition. Heureusement il échappa, par l'inconséquence, au joug de ses prémisses. Cela arrive toujours ainsi. Jamais un homme de quelque génie, partant d'un faux principe, n'échappera à l'inconséquence; sans quoi il serait dans l'absurde progressif, et, loin d'être un homme de génie, il ne serait pas même un homme.

Comme Smith avait fait un pas en avant sur les Physiocrates, Say en fit un autre sur Smith. Peu à peu, il fut amené à reconnaître de la valeur aux services, mais seulement par analogie, par extension. C'est dans le produit qu'il voyait la valeur essentielle, et rien ne le prouve mieux que cette bizarre dénomination donnée aux services : « *Produits immatériels,* » deux mots qui hurlent de se trouver ensemble. Say est parti de Smith, et ce qui le prouve, c'est que toute la théorie du maître se retrouve dans les dix premières lignes qui ouvrent les travaux du disciple[1]. Mais il a médité et progressé pendant trente ans. Aussi il s'est approché de la vérité, sans jamais l'atteindre complétement.

Au reste, on aurait pu croire qu'il remplissait sa mission d'économiste, aussi bien en étendant la valeur du produit au service, qu'en la ramenant du service au produit, si la propagande socialiste, fondée sur ses propres déductions, ne fût venue révéler l'insuffisance et le danger de son principe.

M'étant donc posé cette question : Puisque certains produits ont de la valeur, puisque certains services ont de la valeur, et puisque la valeur identique à elle-même ne peut avoir qu'une origine, une raison d'être, une explication identique; cette origine, cette explication est-elle dans le produit ou dans le service?

Et, je le dis bien hautement, la réponse ne me paraît pas un instant douteuse, par la raison sans réplique que voici : C'est que tout produit qui a de la valeur implique un service, tandis que tout service ne suppose pas nécessairement un produit.

Ceci me paraît décisif, mathématique.

[1] *Traité d'Econ. pol.,* p. 1.

Voilà un service : qu'il revête ou non une forme matérielle, il a de la valeur ; puisqu'il est service.

Voilà de la matière : si en la cédant on rend service, elle
a de la valeur, mais si on ne rend-pas service, elle n'a pas
de valeur.

Donc la valeur ne va pas de la matière au service, mais
du service à la matière.

Ce n'est pas tout. Rien ne s'explique plus aisément que
cette prééminence, cette priorité donnée au service, au point
de vue de la valeur, sur le produit. On va voir que cela tient
à une circonstance qu'il était aisé d'apercevoir, et qu'on n'a
pas observée, précisément parce qu'elle crève les yeux. Elle
n'est autre que cette prévoyance naturelle à l'homme, en
vertu de laquelle, au lieu de se borner à rendre les services
qu'on lui demande, il se prépare d'avance à rendre ceux
qu'il prévoit devoir lui être demandés. C'est ainsi que le
facio ut facias se transforme en *do ut des*, sans cesser d'être
le fait dominant et explicatif de toute transaction.

Jean dit à Pierre : Je désire une coupe. Ce serait à moi
de la faire ; mais si tu veux la faire pour moi, tu me rendras
un service que je payerai par un service équivalent.

Pierre accepte. En conséquence, il se met en quête de
terres convenables, il les mélange, il les manipule ; bref, il
fait ce que Jean aurait dû faire.

Il est bien évident ici que c'est le service qui détermine
la valeur. Le mot dominant de la transaction c'est *facio*. Et
si plus tard la valeur s'incorpore dans le produit, ce n'est
que parce qu'elle découlera du service, lequel est la combinaison du travail exécuté par Pierre et du travail épargné à
Jean.

Or il peut arriver que Jean fasse souvent à Pierre la même
proposition, que d'autres personnes la lui fassent aussi, de
telle sorte que Pierre puisse prévoir avec certitude que ce
genre de services lui sera demandé, et se préparer à le

rendre. Il peut se dire : J'ai acquis une certaine habileté à faire des coupes. Or l'expérience m'avertit que les coupes répondent à un besoin qui veut être satisfait. Je puis donc en fabriquer d'avance.

Dorénavant Jean devra dire à Pierre, non plus : *Facio ut facias*, mais : *Facio ut des*. Si même il a, de son côté, prévu les besoins de Pierre et travaillé d'avance à y pourvoir, il dira : *Do ut des*.

Mais en quoi, je le demande, ce progrès qui découle de la prévoyance humaine change-t-il la nature et l'origine de la Valeur ? Est-ce qu'elle n'a pas toujours pour raison d'être et pour mesure le service ? Qu'importe, quant à la vraie notion de la valeur, que pour faire une coupe Pierre ait attendu qu'on la lui demandât, ou qu'il l'ait faite d'avance, prévoyant qu'elle lui serait demandée ?

Remarquez ceci : dans l'humanité, l'inexpérience et l'imprévoyance précèdent l'expérience et la prévoyance. Ce n'est qu'avec le temps que les hommes ont pu prévoir leurs besoins réciproques, au point de se préparer à y pourvoir. Logiquement, le *facio ut facias* a dû précéder le *do ut des*. Celui-ci est en même temps le fruit et le signe de quelques connaissances répandues, de quelque expérience acquise, de quelque sécurité politique, de quelque confiance en l'avenir, en un mot, d'une certaine civilisation. Cette prévoyance sociale, cette foi en la *demande* qui fait qu'on prépare l'*offre*, cette sorte de *statistique intuitive* dont chacun a une notion plus ou moins précise, et qui établit un si surprenant équilibre entre les besoins et les approvisionnements, est un des ressorts les plus efficaces de la perfectibilité humaine. C'est à lui que nous devons la séparation des occupations, ou du moins les professions et les métiers. C'est à lui que nous devons un des biens que les hommes recherchent avec le plus d'ardeur : la fixité des rémunérations, sous forme de *salaire* quant au travail, et d'*intérêt* quant au capital. C'est à lui que nous devons le crédit, les opérations à longue échéance, celles qui ont pour objet le nivellement des risques, etc. Il est surprenant qu'au point de vue de l'économie politique ce noble attribut de l'homme, la Prévoyance, n'ait pas été plus remarqué. C'est toujours, ainsi que le disait Rousseau, à cause de la difficulté que nous éprouvons à observer le milieu dans lequel nous sommes plongés et qui forme notre atmosphère naturelle. Il n'y a que les faits anormaux qui nous frappent, et nous laissons passer inaperçus ceux qui, agissant autour de nous, sur nous et en nous d'une manière permanente, modifient profondément l'homme et la société.

Pour en revenir au sujet qui nous occupe, il se peut que la prévoyance humaine, dans sa diffusion infinie, tende de plus en plus à substituer le *do ut des* au *facio ut facias ;* mais n'oublions pas néanmoins que c'est dans la forme primitive et *nécessaire* de l'échange que se trouve pour la première fois la notion de valeur, que cette forme primitive est le service réciproque, et, qu'après tout, au point de vue de l'échange, le produit n'est qu'un *service prévu.*

Après avoir constaté que la valeur n'est pas inhérente à la matière et ne peut être classée parmi ses attributs, je suis loin de nier qu'elle ne passe du *service* au *produit,* de manière pour ainsi dire à s'y incarner. Je prie mes contradicteurs de croire que je ne suis pas assez pédant pour exclure du langage ces locutions familières : l'or *vaut,* le froment *vaut,* la terre *vaut.* Je me crois seulement en droit de demander à la science le pourquoi ; et si elle me répond : Parce que l'or, le froment, la terre portent en eux-mêmes une *valeur* intrinsèque, — je me crois en droit de lui dire : « Tu te trompes et ton erreur est dangereuse. Tu te trompes, « car il y a de l'or et de la terre sans valeur ; c'est l'or et « la terre qui n'ont encore été l'occasion d'aucun service « humain. Ton erreur est dangereuse, car elle induit à voir

« une usurpation des dons gratuits de Dieu dans un simple
« droit à la réciprocité des services. »

Je suis donc prêt à reconnaître que les produits ont de la
valeur, pourvu qu'on m'accorde qu'elle ne leur est pas essentielle, qu'elle se rattache à des services et en provient.

Et cela est si vrai, qu'il s'ensuit une conséquence très-im-
portante, — fondamentale en économie politique, — qui
n'a pas été et ne pouvait être remarquée, c'est celle-ci :

*Quand la valeur a passé du service au produit, elle subit
dans le produit toutes les chances auxquelles elle reste assujettie dans le service lui-même.*

Elle n'est pas fixe dans le produit, comme cela serait si
c'était une de ses qualités intrinsèques ; non, elle est essentiellement variable, elle peut s'élever indéfiniment, elle peut
s'abaisser jusqu'à l'annulation, suivant la destinée du genre
de services auxquels elle doit son origine.

Celui qui fait actuellement une coupe, pour la vendre
dans un an, y met de la valeur sans doute ; et cette valeur
est déterminée par celle du service, — non par la valeur
qu'a actuellement le service, mais par celle qu'il aura dans
un an. Si, au moment de vendre la coupe, le genre de services dont il s'agit est plus recherché, la coupe vaudra plus ;
elle sera dépréciée dans le cas contraire.

C'est pourquoi l'homme est constamment stimulé à exercer sa prévoyance, à en faire un utile usage. Il a toujours
en perspective, dans l'amélioration ou la dépréciation de la
valeur, pour ses prévisions justes une récompense, pour ses
prévisions erronées un châtiment. Et remarquez que ses
succès comme ses revers coïncident avec le bien et le mal
général. S'il a bien dirigé ses prévisions, il s'est préparé
d'avance à jeter dans le milieu social des services plus recherchés, plus appréciés, plus efficaces, qui répondent à des
besoins mieux sentis ; il a contribué à diminuer la rareté, à
augmenter l'abondance de ce genre de services, à le mettre

à la portée d'un plus grand nombre de personnes avec moins de sacrifices. Si au contraire il s'est trompé dans son appréciation de l'avenir, il vient, par sa concurrence, déprimer des services déjà délaissés; il ne fait, à ses dépens, qu'un bien négatif : c'est d'avertir qu'un certain ordre de besoins n'exige pas actuellement une grande part d'activité sociale, qu'elle n'a pas à prendre cette direction où elle ne serait pas récompensée.

Ce fait remarquable — que la *valeur incorporée*, si je puis m'exprimer ainsi, ne cesse pas d'avoir une destinée commune avec celle du genre de service auquel elle se rattache, — est de la plus haute importance, non-seulement parce qu'il démontre de plus en plus cette théorie : que le principe de la valeur est dans le service ; mais encore parce qu'il explique avec la plus grande facilité des phénomènes que les autres systèmes considèrent comme anormaux.

Une fois le produit lancé sur le marché du monde, y a-t-il, au sein de l'humanité, des tendances générales qui poussent sa *valeur* plutôt vers la baisse que vers la hausse? C'est demander si le genre de services qui a engendré cette valeur tend à être plus ou moins bien rémunéré. L'un est aussi possible que l'autre, et c'est ce qui ouvre une carrière sans bornes à la prévoyance humaine.

Cependant on peut remarquer que la loi générale des êtres susceptibles d'expérimenter, d'apprendre et de se rectifier, c'est le progrès. La probabilité est donc qu'à une époque donnée, une certaine dépense de temps et de peine obtienne plus de résultats qu'à une époque antérieure ; d'où l'on peut conclure que la tendance dominante de la valeur incorporée est vers la baisse. Par exemple, si la coupe dont je parlais tout à l'heure comme symbole des produits est faite depuis plusieurs années, selon toute apparence elle aura subi quelque dépréciation. En effet, pour confectionner une coupe identique, on a aujourd'hui plus d'habileté, plus de ressources, de meilleurs outils, des capitaux moins exigeants, une division du travail mieux entendue. Or, s'adressant au détenteur de la coupe, celui qui la désire ne dit pas : Faites-moi savoir quel est, en quantité et qualité, le travail qu'elle vous a coûté afin que je vous rémunère en conséquence. Non, il dit : Aujourd'hui, grâce aux progrès de l'art, je puis faire moi-même ou me procurer par l'échange une coupe semblable, avec tant de travail de telle qualité ; et c'est la limite de la rémunération que je consens à vous donner.

Il résulte de là que toute valeur incorporée, autrement dit tout travail accumulé, ou tout capital tend à se déprécier devant les services naturellement perfectibles et progressivement productifs ; et que, dans l'échange du travail actuel contre du travail antérieur, l'avantage est généralement du côté du travail actuel, ainsi que cela doit être puisqu'il rend plus de services.

Et c'est pour cela qu'il y a quelque chose de si vide dans les déclamations que nous entendons diriger sans cesse contre la valeur des propriétés foncières :

Cette valeur ne diffère en rien des autres, ni par son origine ni par sa nature, ni par la loi générale de sa lente dépréciation.

Elle représente des services anciens : desséchements, défrichements, épierrements, nivellements, clôtures, accroissement des couches végétales, bâtisses, etc. ; elle est là pour réclamer les droits de ces services. Mais ces droits ne se règlent pas par la considération du travail exécuté. Le propriétaire foncier ne dit pas : « Donnez-moi en échange de cette terre autant de travail qu'elle en a reçu » (c'est ainsi qu'il s'exprimerait si, selon la théorie de Smith, la valeur venait du travail et lui était proportionnelle). Encore moins vient-il dire, comme le supposent Ricardo et nombre d'économistes : « Donnez-moi d'abord autant de travail que ce sol en a reçu, puis en outre une certaine quantité de travail pour équivaloir aux forces naturelles qui s'y trouvent. » Non, le propriétaire foncier, lui qui représente les possesseurs qui l'ont précédé et jusqu'aux premiers défricheurs, en est réduit à tenir en leur nom cet humble langage :

« Nous avons préparé des services, et nous demandons à « les échanger contre des services équivalents. Nous avons « autrefois beaucoup travaillé : car de notre temps on ne « connaissait pas vos puissants moyens d'exécution ; il n'y « avait pas de routes ; nous étions forcés de tout faire à force « de bras. Bien des sueurs, bien des vies humaines sont en- « fouies dans ces sillons. Mais nous ne demandons pas tra- « vail pour travail ; nous n'aurions aucun moyen pour obte- « nir une telle transaction. Nous savons que le travail qui « s'exécute aujourd'hui sur la terre, soit en France, soit au « dehors, est beaucoup plus parfait et plus productif. Ce « que nous demandons et ce qu'on ne peut évidemment « nous refuser, c'est que notre travail ancien et le tra- « vail nouveau s'échangent proportionnellement, non à leur « durée ou leur intensité, mais à leurs résultats, de telle « sorte que nous recevions même rémunération pour même « service. Par cet arrangement nous perdons, au point de « vue du travail, puisqu'il en faut deux fois et peut-être trois « plus du nôtre que du vôtre pour rendre le même service ; « mais c'est un arrangement forcé ; nous n'avons pas plus « les moyens d'en faire prévaloir un autre que vous de nous « le refuser. »

Et, en point de fait, les choses se passent ainsi. Si l'on pouvait se rendre compte de la quantité d'efforts, de fati- gues, de sueurs sans cesse renouvelées qu'il a fallu pour amener chaque hectare du sol français à son état de produc- tivité actuelle, on resterait bien convaincu que celui qui l'achète ne donne pas travail pour travail, — au moins dans quatre-vingt-dix-neuf circonstances sur cent.

Je mets ici cette restriction, parce qu'il ne faut pas perdre
ceci de vue : qu'un service incorporé peut acquérir de la
valeur comme il peut en perdre. Et encore que la tendance
générale soit vers la dépréciation, néanmoins le phénomène
contraire se manifeste quelquefois, dans des circonstances
exceptionnelles, à propos de terre comme à propos de toute
autre chose, sans que la loi de justice soit blessée et sans
qu'on puisse crier au monopole.

Au fait, ce qui est toujours en présence, pour dégager la
valeur, ce sont les services. C'est une chose très-probable
que du travail ancien, dans une application déterminée,
rend moins de services que du travail nouveau ; mais ce
n'est pas une loi absolue. Si le travail ancien rend moins de
services, comme c'est presque toujours le cas, que le travail nouveau, il faut dans l'échange plus du premier que du
second pour établir l'équivalence, puisque, je le répète,
l'équivalence se règle par les services. Mais aussi, quand il
arrive que le travail ancien rend plus de services que le
nouveau, il faut bien que celui-ci subisse la compensation
du sacrifice de la quantité...

VI

RICHESSE

Ainsi, en tout ce qui est propre à satisfaire nos besoins et nos désirs, il y a à considérer, à distinguer deux choses, ce qu'a fait la nature et ce que fait l'homme, — ce qui est gratuit et ce qui est onéreux, — le don de Dieu et le service humain, — l'*utilité* et la *valeur*. Dans le même objet, l'une peut être immense et l'autre imperceptible. Celle-là restant invariable, celle-ci peut diminuer indéfiniment et diminue en effet, chaque fois qu'un procédé ingénieux nous fait obtenir un résultat identique avec un moindre effort.

On peut pressentir ici une des plus grandes difficultés, une des plus abondantes sources de malentendus, de controverses et d'erreurs placées à l'entrée même de la science.

Qu'est-ce que la *richesse* ?

Sommes-nous *riches* en proportion des utilités dont nous pouvons disposer, c'est-à-dire des besoins et des désirs que nous pouvons satisfaire ? « Un homme est pauvre ou riche, dit A. Smith, selon le plus ou moins de choses *utiles* dont il peut se procurer la jouissance. »

Sommes-nous *riches* en proportion des *valeurs* que nous possédons, c'est-à-dire des *services* que nous pouvons commander ? « La richesse, dit J. B. Say, est en proportion de la valeur. Elle est grande, si la somme de valeur dont elle

se compose est considérable ; elle est petite, si les valeurs
le sont. »

Les ignorants donnent les deux sens au mot Richesse.
Quelquefois on les entend dire : « L'abondance des eaux est
une Richesse pour telle contrée, » alors ils ne pensent qu'à
l'Utilité. Mais quand l'un d'entre eux veut connaître sa propre richesse, il fait ce qu'on nomme un inventaire où l'on
ne tient compte que de la Valeur.

N'en déplaise aux savants, je crois que les ignorants ont
raison cette fois. La richesse, en effet, est *effective* ou *relative*. Au premier point de vue elle se juge par nos satisfactions ; l'humanité devient d'autant plus Riche qu'elle acquiert plus de bien-être, quelle que soit la valeur des objets
qui le procurent. Mais veut-on connaître la part proportionnelle de chaque homme au bien-être général, en d'autres
termes la *richesse relative ?* — C'est là un simple rapport que
la valeur seule révèle, parce qu'elle est elle-même un rapport.

La science se préoccupe du bien-être général des hommes,
de la proportion qui existe entre leurs Efforts et leurs Satisfactions, proportion que modifie avantageusement la participation progressive de l'utilité gratuite à l'œuvre de la production. Elle ne peut donc pas exclure cet élément de l'idée
de la Richesse. A ses yeux la Richesse effective ce n'est pas
la somme des valeurs, mais la somme des utilités gratuites
ou onéreuses attachées à ces valeurs. Au point de vue de la
satisfaction, c'est-à-dire de la réalité, nous sommes riches
autant de la valeur anéantie par le progrès que de celle qui
lui survit encore.

Dans les transactions ordinaires de la vie, on ne tient plus
compte de l'utilité à mesure qu'elle devient *gratuite* par
l'abaissement de la valeur. Pourquoi ? parce que ce qui est
gratuit est *commun*, et ce qui est commun n'altère en rien la
part proportionnelle de chacun à la richesse effective. On
n'échange pas ce qui est commun ; et comme, dans la pra-

tique des affaires, on n'a besoin de connaître que cette proportion qui est constatée par la valeur, on ne s'occupe que d'elle.

Un débat s'est élevé entre Ricardo et J. B. Say à ce sujet. Ricardo donnait au mot Richesse le sens d'Utilité ; J. B. Say, celui de Valeur. Le triomphe exclusif de l'un des champions était impossible, puisque ce mot a l'un et l'autre sens, selon qu'on se place au point de vue de l'effectif ou du relatif.

Mais il faut bien le dire, et d'autant plus que l'autorité de Say est plus grande en ces matières, si l'on assimile la Richesse (au sens de bien-être effectif) à la Valeur, si l'on affirme surtout que l'une est proportionnelle à l'autre, on s'expose à fourvoyer la science. Les livres des économistes de second ordre et ceux des socialistes ne nous en offrent que trop la preuve. C'est un point de départ malheureux qui dérobe au regard justement ce qui forme le plus beau patrimoine de l'humanité ; il fait considérer comme anéantie cette part de bien-être que le progrès rend commun à tous, et fait courir à l'esprit le plus grand des dangers, — celui d'entrer dans une pétition de principe sans issue et sans fin, de concevoir une économie politique à rebours, où le *but* auquel nous aspirons est perpétuellement confondu avec l'*obstacle* qui nous arrête.

En effet, il n'y a de Valeur que par ces obstacles. Elle est le signe, le symptôme, le témoin, la preuve de notre infirmité native. Elle nous rappelle incessamment cet arrêt prononcé à l'origine : Tu mangeras ton pain à la sueur de ton front. Pour l'Être tout-puissant ces mots, *Effort, Service*, et, par conséquent, *Valeur* n'existent pas. Quant à nous, nous sommes plongés dans un milieu d'*utilités*, dont un grand nombre sont gratuites, mais dont d'autres ne nous sont livrées qu'à titre onéreux. Des obstacles s'interposent entre ces utilités et les besoins auxquels elles peuvent satisfaire.

Nous sommes condamnés à nous passer de l'Utilité ou à vaincre l'Obstacle par nos efforts. Il faut que la sueur tombe de notre front, ou pour nous ou pour ceux qui l'ont répandue à notre profit.

Plus donc il y a de valeurs dans une société, plus cela prouve sans doute qu'on y a surmonté d'obstacles, mais plus cela prouve aussi qu'il y avait des obstacles à surmonter. Ira-t-on jusqu'à dire que ces obstacles font la Richesse, parce que sans eux les Valeurs n'existeraient pas?

On peut concevoir deux nations. L'une a plus de satisfactions que l'autre, mais elle a moins de valeurs, parce que la nature l'a favorisée et qu'elle rencontre moins d'obstacles. Quelle sera la plus riche?

Bien plus : prenons le même peuple à deux époques. Les obstacles à vaincre sont les mêmes. Mais aujourd'hui il les surmonte avec une telle facilité, il exécute, par exemple, ses transports, ses labours, ses tissages, avec si peu d'efforts, que les valeurs s'en trouvent considérablement réduites. Il a donc pu prendre un de ces deux partis : ou se contenter des mêmes satisfactions qu'autrefois, ses progrès se traduisant en loisirs; et en ce cas dira-t-on que sa Richesse est rétrograde parce qu'il possède moins de valeurs?—ou bien, consacrer ses efforts devenus disponibles à accroître ses jouissances; et s'avisera-t-on, parce que la somme de ses valeurs sera restée stationnaire, d'en conclure que sa richesse est restée stationnaire aussi?. C'est à quoi l'on aboutit, si l'on assimile ces deux choses : *Richesse* et *Valeur*.

L'écueil est ici bien dangereux pour l'économie politique. Doit-elle mesurer la richesse par les satisfactions réalisées ou par les valeurs créées?

S'il n'y avait jamais d'obstacles entre les utilités et les désirs, il n'y aurait ni efforts, ni services, ni Valeurs, non plus qu'il n'y en a pour Dieu; et pendant que, dans le premier sens, l'humanité serait, comme Dieu, en possession de la

Richesse infinie, suivant la seconde acception, elle serait dépourvue de toutes Richesses. De deux économistes dont chacun adopterait une de ces définitions, l'un dirait : *Elle est infiniment riche,* — l'autre : *Elle est infiniment pauvre.*

L'infini, il est vrai, n'est sous aucun rapport l'attribut de l'humanité. Mais enfin elle se dirige de quelque côté, elle fait des efforts, elle a des tendances, elle gravite vers la Richesse progressive ou vers la Progressive Pauvreté. Or, comment les Économistes pourront-ils s'entendre, si cet anéantissement successif de l'effort par rapport au résultat, de la peine à prendre ou à rémunérer, de la Valeur, est considéré par les uns comme un progrès vers la Richesse, par les autres comme une chute dans la Misère?

Encore si la difficulté ne concernait que les économistes, on pourrait dire : Entre eux les débats. — Mais les législateurs, les gouvernements ont tous les jours à prendre des mesures qui exercent sur les intérêts humains une influence réelle. Et où en sommes-nous, si ces mesures sont prises en l'absence d'une lumière qui nous fasse distinguer la Richesse de la Pauvreté?

Or, j'affirme ceci : La théorie qui définit la Richesse par la valeur n'est en définitive que la glorification de l'Obstacle. Voici son syllogisme : « La Richesse est proportionnelle aux valeurs, les valeurs aux efforts, les efforts aux obstacles; donc les richesses sont proportionnelles aux obstacles. » — J'affirme encore ceci : A cause de la division du travail, qui a renfermé tout homme dans un métier ou profession, cette illusion est très-difficile à détruire. Chacun de nous vit des services qu'il rend à l'occasion d'un obstacle, d'un besoin, d'une souffrance : le médecin sur les maladies, le laboureur sur la famine, le manufacturier sur le froid, le voiturier sur la distance, l'avocat sur l'iniquité, le soldat sur le danger du pays; de telle sorte qu'il n'est pas un obstacle dont la disparition ne fût très-inopportune et très-importune à quelqu'un, et même ne paraisse funeste, au point de vue général, parce qu'elle semble anéantir une source de services, de valeurs, de richesses. Fort peu d'économistes se sont entièrement préservés de cette illusion, et, si jamais la science parvient à la dissiper, sa mission pratique dans le monde sera remplie ; car je fais encore cette troisième affirmation : Notre pratique officielle s'est imprégnée de cette théorie, et chaque fois que les gouvernements croient devoir favoriser une classe, une profession, une industrie, ils n'ont pas d'autre procédé que d'élever des Obstacles, afin de donner à une certaine nature d'efforts l'occasion de se développer, afin d'élargir artificiellement le cercle des services auxquels la communauté sera forcée d'avoir recours, d'accroître ainsi la valeur, et, soi-disant, la Richesse.

Et, en effet, il est très-vrai que ce procédé est utile à la classe favorisée ; on la voit se féliciter, s'applaudir, et que fait-on ? On accorde successivement la même faveur à toutes les autres.

Assimiler d'abord l'Utilité à la Valeur, puis la Valeur à la Richesse, quoi de plus naturel ! La science n'a pas rencontré de piége dont elle se soit moins défiée. Car que lui est-il arrivé ? A chaque progrès, elle a raisonné ainsi : « L'obstacle diminue, donc l'effort diminue ; donc la valeur diminue ; donc l'utilité diminue ; donc la richesse diminue ; donc nous sommes les plus malheureux des hommes pour nous être avisés d'inventer, d'échanger, d'avoir cinq doigts au lieu de trois, et deux bras au lieu d'un ; donc il faut engager le gouvernement, qui a la force, à mettre ordre à ces abus. »

Cette économie politique à rebours défraye un grand nombre de journaux et les séances de nos assemblées législatives. Elle a égaré l'honnête et philanthrope Sismondi ; on la trouve très-logiquement exposée dans le livre de M. de Saint-Chamans.

« Il y a deux sortes de richesse pour une nation, dit-il. Si l'on considère seulement les produits *utiles* sous le rapport de la quantité, de l'abondance, on s'occupe d'une richesse qui procure des jouissances à la société, et que j'appellerai *Richesse de jouissance.*

« Si l'on considère les produits sous le rapport de leur Valeur échangeable ou simplement de leur valeur, l'on s'occupe d'une Richesse qui procure des valeurs à la société, et que je nomme *Richesse de valeur.*

« *C'est de la Richesse de valeur que s'occupe spécialement l'Économie politique ; c'est celle-là surtout dont peut s'occuper le Gouvernement.* »

Ceci posé, que peuvent l'économie politique et le gouvernement ? L'une, indiquer les moyens d'accroître cette *Richesse de valeur ;* l'autre, mettre ces moyens en œuvre.

Mais la richesse de Valeur est proportionnelle aux efforts, et les efforts sont proportionnels aux obstacles. L'Économie politique doit donc enseigner, et le Gouvernement s'ingénier à multiplier les obstacles. M. de Saint-Chamans ne recule en aucune façon devant cette conséquence.

L'Échange facilite-t-il aux hommes les moyens d'acquérir plus de *Richesse de jouissance* avec moins de *Richesse de valeur ?* — Il faut contrarier l'échange (page 438).

Y a-t-il quelque part de l'Utilité gratuite qu'on pourrait remplacer par de l'Utilité onéreuse, par exemple en supprimant un outil ou une machine ? Il n'y faut pas manquer : car il est bien évident, dit-il, que si les machines augmentent la *Richesse de jouissance,* elles diminuent la *Richesse de valeur.* « *Bénissons les obstacles* que la cherté du combustible oppose chez nous à la multiplicité des machines à vapeur » (page 263).

La nature nous a-t-elle favorisés en quoi que ce soit ? c'est pour notre malheur, car, par là, elle nous a ôté une occasion de travailler. « J'avoue qu'il est fort possible pour moi de désirer voir faire avec les mains, les sueurs, et un travail forcé, ce qui peut être produit sans peine et spontanément » (page 456).

Aussi quel dommage qu'elle ne nous ait pas laissé fabriquer l'eau potable ! C'eût été une belle occasion de produire de la *Richesse de valeur*. Fort heureusement nous prenons notre revanche sur le vin. « Trouvez le secret de faire sortir de la terre des sources de vin aussi abondamment que les sources d'eau, et vous verrez que ce bel ordre de choses ruinera un quart de la France » (page 456).

D'après la série d'idées que parcourt avec tant de naïveté notre économiste, il y a une foule de moyens, tous très-simples, de réduire les hommes à créer de la *Richesse de valeur*.

Le premier, c'est de la leur prendre à mesure. « Si l'impôt prend l'argent où il abonde pour le porter où il manque, il sert, et, loin que ce soit une perte pour l'État, *c'est un gain* » (page 161).

Le second, c'est de la dissiper. « Le luxe et la prodigalité, si nuisibles aux fortunes des particuliers, sont *avantageux* à la richesse publique. Vous prêchez là une belle morale, me dira-t-on. Je n'en ai pas la prétention. Il s'agit d'économie politique et non de morale. On cherche les moyens de rendre les nations plus riches, et je prêche le luxe » (page 168).

Un moyen plus prompt encore, c'est de la détruire par de bonnes guerres. « Si l'on reconnaît avec moi que la dépense des prodigues est aussi productive qu'une autre; que la dépense des gouvernements est également productive... on ne s'étonne plus de la richesse de l'Angleterre, après cette guerre si dispendieuse » (page 168).

Mais pour pousser à la création de la *Richesse de valeur*, tous ces moyens, impôts, luxe, guerre, etc., sont forcés de baisser pavillon devant une ressource beaucoup plus efficace : c'est l'incendie.

« C'est une grande source de richesses que de bâtir, parce
que cela fournit des revenus aux propriétaires qui vendent
des matériaux, aux ouvriers, et à diverses classes d'artisans
et d'artistes. Melon cite le chevalier Petty, qui regarde
comme *profit de la nation* le travail pour le rétablissement
des édifices de Londres, après le fameux incendie qui con-
suma les deux tiers de la ville, et il l'apprécie (ce profit!) à
un million sterling par an (valeur de 1666), pendant quatre
années, sans que cela ait altéré en rien les autres com-
merces. Sans regarder, ajoute M. de Saint-Chamans,
comme bien assurée l'évaluation *de ce profit* à une somme
fixe, il est certain du moins que cet événement n'a pas
eu une influence fâcheuse sur la richesse anglaise à
cette époque..... Le résultat du chevalier Petty n'est pas
impossible, puisque la nécessité de rebâtir Londres a
dû créer une immense quantité de nouveaux revenus »
(page 63).

Les économistes qui partent de ce point : *La Richesse, c'est
la Valeur,* arriveraient infailliblement aux mêmes conclusions, s'ils étaient logiques ; mais ils ne le sont pas, parce
que sur le chemin de l'absurdité, on s'arrête toujours, un
peu plus tôt, un peu plus tard, selon qu'on a l'esprit plus
ou moins juste. M. de Saint-Chamans lui-même semble
avoir reculé enfin quelque peu devant les conséquences
de son principe, quand elles le conduisent jusqu'à l'é-
loge de l'incendie. On voit qu'il hésite et se contente d'un
éloge négatif. Logiquement il devait aller jusqu'au bout,
et dire ouvertement ce qu'il donne fort clairement à entendre.

De tous les économistes, celui qui a succombé de la manière la plus affligeante à la difficulté dont il est ici question,
c'est certainement M. Sismondi. Comme M. de Saint-Chamans, il a pris pour point de départ cette idée que la valeur
était l'élément de la richesse ; comme lui, il a bâti sur cette

donnée une *Économie politique à rebours*, maudissant tout ce qui diminue la valeur. Lui aussi exalte l'obstacle, proscrit les machines, anathématise l'échange, la concurrence, la liberté, glorifie le luxe et l'impôt, et arrive enfin à cette conséquence, que plus est grande l'abondance de toutes choses, plus les hommes sont dénués de tout.

Cependant M. de Sismondi, d'un bout à l'autre de ses écrits, semble porter au fond de sa conscience le sentiment qu'il se trompe, et qu'un voile qu'il ne peut percer, s'interpose entre lui et la vérité. Il n'ose tirer brutalement, comme M. de Saint-Chamans, les conséquences de son principe ; il se trouble, il hésite. Il se demande quelquefois s'il est possible que tous les hommes, depuis le commencement du monde, soient dans l'erreur et sur la voie du suicide, quand ils cherchent à diminuer le rapport de l'effort à la satisfaction, c'est-à-dire la *valeur*. Ami et ennemi de la liberté, il la redoute, puisqu'elle conduit à l'universelle misère par l'abondance qui déprécie la valeur ; et en même temps, il ne sait comment s'y prendre pour détruire cette liberté funeste. Il arrive ainsi sur les confins du socialisme et des organisations artificielles, il insinue que le gouvernement et la science doivent tout régler et comprimer, puis il comprend le danger de ses conseils, les rétracte et finit enfin par tomber dans le désespoir, disant : La liberté mène au gouffre, la Contrainte est aussi impossible qu'inefficace ; il n'y a pas d'issue. — Il n'y en a pas en effet, si la Valeur est la Richesse, c'est-à-dire si l'obstacle au bien-être est le bien-être, c'est-à-dire si le mal est le bien.

Le dernier écrivain qui ait, à ma connaissance, remué cette question, c'est M. Proudhon. Elle était pour son livre des *Contradictions économiques* une bonne fortune. Jamais plus belle occasion de saisir aux cheveux une *antinomie* et de narguer la science. Jamais plus belle occasion de lui dire : « Vois-tu dans l'accroissement de la valeur un bien ou un mal? *Quidquid dixeris argumentabor.* » — Je laisse à penser quelle fête [1] !

« Je somme tout économiste sérieux, dit-il, de me dire autrement qu'en traduisant et répétant la question, par quelle cause la valeur décroît à mesure que la production augmente, et réciproquement... En termes techniques, la valeur utile et la valeur échangeable, quoique nécessaires l'une à l'autre, sont en raison inverse l'une de l'autre... La valeur utile et la valeur échangeable restent donc fatalement enchaînées l'une à l'autre, bien que par leur nature elles tendent continuellement à s'exclure. »

« Il n'y a pas, sur la contradiction inhérente à la notion de valeur, de cause assignable ni d'explication possible..... Étant donné pour l'homme le besoin d'une grande variété de produits avec l'obligation d'y pourvoir par son travail, l'opposition de valeur utile à valeur échangeable en résulte nécessairement ; et de cette opposition, une contradiction sur le seuil même de l'économie politique. Aucune intelligence, aucune volonté divine et humaine ne saurait l'empêcher. Ainsi, au lieu de chercher une explication inutile, contentons-nous de bien constater la *nécessité de la contradiction.* »

On sait que la grande découverte due à M. Proudhon est que tout est à la fois vrai et faux, bon et mauvais, légitime et illégitime, qu'il n'y a aucun principe qui ne se contredise, et que la *contradiction* n'est pas seulement dans les fausses théories, mais dans l'essence même des choses et des phénomènes ; « elle est l'expression pure de la nécessité, la loi intime des êtres, etc. ; » en sorte qu'elle est inévitable et serait incurable rationnellement sans la *série* et, en pratique, sans la *Banque du peuple.* Dieu, antinomie ; liberté, antinomie ; concurrence, antinomie ; propriété, antinomie ;

---

[1] « Prenez parti pour la concurrence, vous aurez tort ; prenez parti contre la concurrence, vous aurez encore tort : ce qui signifie que vous aurez toujours raison. » (P.-J. Proudhon, *Contradictions économiques,* p. 182.)

valeur, crédit, monopole, communauté, antinomie et toujours antinomie. Quand M. Proudhon fit cette fameuse découverte, son cœur dut certainement bondir de joie ; car, puisque la Contradiction est en tout et partout, il y a toujours matière à contredire, ce qui est pour lui le bien suprême. Il me disait un jour : Je voudrais bien aller en paradis, mais j'ai peur que tout le monde n'y soit d'accord et de n'y trouver personne avec qui disputer.

Il faut avouer que la Valeur lui fournissait une excellente occasion de faire tout à son aise de l'antinomie. — Mais, je lui en demande bien pardon, les contradictions et oppositions que ce mot fait ressortir sont dans les fausses théories, et pas du tout, ainsi qu'il le prétend, dans la nature même du phénomène.

Les théoriciens ont d'abord commencé par confondre la Valeur avec l'utilité, c'est-à-dire le mal avec le bien (car l'utilité, c'est le résultat désiré, et la Valeur vient de l'obstacle qui s'interpose entre le résultat et le désir) ; c'était une première faute, et quand ils en ont aperçu les conséquences, ils ont cru sauver la difficulté en imaginant de distinguer la Valeur d'utilité de la Valeur d'échange, tautologie encombrante qui avait le tort d'attacher le même mot — Valeur — à deux phénomènes opposés.

Mais si, mettant de côté ces subtilités, nous nous attachons aux faits, que voyons-nous ? — Rien assurément que de très-naturel et de fort peu contradictoire.

Un homme travaille exclusivement pour lui-même. S'il acquiert de l'habileté, si sa force et son intelligence se développent, si la nature devient plus libérale ou s'il apprend à la mieux faire concourir à son œuvre, il a *plus de bien-être avec moins de peine.* Où voyez-vous la Contradiction, et y a-t-il là tant de quoi se récrier ?

Maintenant, au lieu d'être isolé, cet homme a des relations avec d'autres hommes. Ils échangent, et je répète mon observation : à mesure qu'ils acquièrent de l'habileté, de l'expérience, de la force, de l'intelligence, à mesure que la nature plus libérale ou plus asservie prête une collaboration plus efficace, ils ont *plus de bien-être avec moins de peine*, il y a à leur disposition une plus grande somme d'utilité gratuite ; dans leurs transactions ils se transmettent les uns aux autres une plus grande somme de résultats utiles pour chaque quantité donnée de travail. Où donc est la contradiction ?

Ah ! si vous avez le tort, à l'exemple de Smith et de tous ses successeurs, d'attacher la même dénomination, — celle de *valeur*, — et aux résultats obtenus et à la peine prise, — en ce cas, l'antinomie ou la contradiction se montre. — Mais, sachez-le bien, elle est tout entière dans vos explications erronées, et nullement dans les faits.

M. Proudhon aurait donc dû établir ainsi sa proposition : Étant donné pour l'homme le besoin d'une grande variété de produits, la nécessité d'y pourvoir par son travail et le don précieux d'apprendre et de se perfectionner, rien au monde de plus naturel que l'accroissement soutenu des résultats par rapport aux efforts, et il n'est nullement contradictoire qu'une valeur donnée serve de véhicule à plus d'utilités réalisées.

Car, encore une fois, pour l'homme, l'Utilité c'est le beau côté, la Valeur c'est le triste revers de la médaille. L'Utilité n'a de rapports qu'avec nos Satisfactions, la Valeur qu'avec nos peines. L'Utilité réalise nos jouissances et leur est proportionnelle ; la Valeur atteste notre infirmité native, naît de l'obstacle et lui est proportionnelle.

En vertu de la perfectibilité humaine, l'utilité gratuite tend à se substituer de plus en plus à l'utilité onéreuse exprimée par le mot *valeur*. Voilà le phénomène, et il ne présente assurément rien de contradictoire.

Mais reste toujours la question de savoir si le mot Ri-

chesse doit comprendre ces deux utilités réunies ou la dernière seulement. ·

Si l'on pouvait faire, une fois pour toutes, deux classes
d'utilités, mettre d'un côté toutes celles qui sont gratuites,
et de l'autre toutes celles qui sont onéreuses, on ferait aussi
deux classes de Richesses, qu'onappellerait *richesses naturelles* et *richesses sociales* avec M. Say ; ou bien *richesses de jouissance* et *richesses de valeur* avec M. de Saint-Chamans. Après
quoi, comme ces écrivains le proposent, on ne s'occuperait
plus des premières.

« Les biens accessibles à tous, dit M. Say, dont chacun
« peut jouir à sa volonté, sans être obligé de les acquérir,
« sans crainte de les épuiser, tels que l'air, l'eau, la lumière
« du soleil, etc., nous étant donnés gratuitement par la na-
« ture, peuvent être appelés *richesses naturelles.* Comme
« elles ne sauraient être ni produites, ni distribuées, ni con-
« sommées, *elles ne sont pas du ressort de l'économie politique.*

« Celles dont l'étude est l'objet de cette science se com-
« posent des biens qu'on possède et qui ont une valeur re-
« connue. On peut les nommer Richesses sociales, parce
« qu'elles n'existent que parmi les hommes réunis en
« société. »

« C'est de la *richesse de valeur*, dit M. de Saint-Chamans,
« *que s'occupe spécialement l'économie politique*, et toutes les
« fois que dans cet ouvrage je parlerai de la richesse sans
« spécifier, c'est de celle-là seulement qu'il est question. »

Presque tous les économistes l'ont vu ainsi : .

« La distinction la plus frappante qui se présente d'abord,
« dit Storch, c'est qu'il y a des valeurs qui sont susceptibles
« d'appropriation, et qu'il y en a qui ne le sont point [1].

---

[1] Toujours cette perpétuelle et maudite confusion entre la Valeur et
l'Utilité. Je puis bien vous montrer des utilités non appropriées, mais je
vous défie de me montrer dans le monde entier une seule valeur qui
n'ait pas de propriétaire.

« *Les premières seules sont l'objet de l'économie politique,*
« car l'analyse des autres ne fournirait aucun résultat qui
« fût digne de l'attention de l'homme d'État.

Pour moi, je crois que cette portion d'utilité qui, par suite
du progrès, cesse d'être onéreuse, cesse d'avoir de la valeur,
mais ne cesse pas pour cela d'être utilité et va tomber dans
le domaine *commun* et *gratuit*, est précisément celle qui doit
constamment attirer l'attention de l'homme d'État et de l'é-
conomiste. Sans cela, au lieu de pénétrer et de comprendre
les grands résultats qui affectent et élèvent l'humanité, la
science reste en face d'une chose tout à fait contingente,
mobile, tendant à diminuer, sinon à disparaître, d'un simple rapport, de la Valeur en un mot ; sans s'en apercevoir
elle se laisse aller à ne considérer que la peine, l'obstacle,
l'intérêt du producteur, qui pis est, à le confondre avec l'intérêt public, c'est-à-dire à prendre justement le mal pour
le bien, et à aller tomber, sous la conduite des Saint-Chamans et des Sismondi, dans l'utopie socialiste ou l'antinomie
Proudhonienne.

Et puis cette ligne de démarcation entre les deux utilités
n'est-elle pas tout à fait chimérique, arbitraire, impossible?
Comment voulez-vous disjoindre ainsi la coopération de la
nature et celle de l'homme, quand elles se mêlent, se combinent, se confondent partout, bien plus, quand l'une tend
incessamment à remplacer l'autre, et que c'est justement en
cela que consiste le progrès? Si la science économique, si
aride à quelques égards, élève et enchante l'intelligence sous
d'autres rapports, c'est précisément qu'elle décrit les lois de
cette association entre l'homme et la nature ; c'est qu'elle
montre l'utilité gratuite se substituant de plus en plus à
l'utilité onéreuse, la proportion des jouissances de l'homme
s'accroissant eu égard à ses fatigues, l'obstacle s'abaissant
sans cesse, et avec lui la Valeur, les perpétuelles déceptions
du producteur plus que compensées par le bien-être crois-

sant des consommateurs, la richesse naturelle, c'est-à-dire
gratuite et *commune*, venant prendre la place de la richesse
personnelle et *appropriée*. Eh quoi ! on exclurait de l'économie politique ce qui constitue sa religieuse Harmonie !

L'air, l'eau, la lumière sont gratuits, dites-vous. C'est vrai,
et si nous n'en jouissions que sous leur forme primitive, si
nous ne les faisions concourir à aucun de nos travaux, nous
pourrions les exclure de l'économie politique, comme nous
en excluons l'utilité possible et probable des comètes. Mais
observez l'homme au point d'où il est parti et au point où
il est arrivé. D'abord il ne savait faire concourir que très-
imparfaitement l'eau, l'air, la lumière et les autres agents
naturels. Chacune de ses satisfactions était achetée par de
grands efforts personnels, exigeait une très-grande proportion de travail, ne pouvait être cédée que comme un grand
service, représentait en un mot beaucoup de *valeur*. Peu à
peu cette eau, cet air, cette lumière, la gravitation, l'élasticité, le calorique, l'électricité, la vie végétale sont sortis
de cette inertie relative. Ils se sont de plus en plus mêlés à
notre industrie. Ils s'y sont substitués au travail humain. Ils
ont fait gratuitement ce qu'il faisait à titre onéreux. Ils ont,
sans nuire aux satisfactions, anéanti de la valeur. Pour parler en langue vulgaire, ce qui coûtait cent francs n'en coûte
que dix, ce qui exigeait dix jours de labeur n'en demande
qu'un. Toute cette valeur anéantie est passée du domaine
de la Propriété dans celui de la Communauté. Une proportion considérable d'efforts humains ont été dégagés et rendus disponibles pour d'autres entreprises : c'est ainsi qu'à
peine égale, à services égaux, à valeurs égales, l'humanité
a prodigieusement élargi le cercle de ses jouissances, et vous
dites que je dois éliminer de la science cette utilité gratuite,
commune, qui seule explique le progrès tant en hauteur
qu'en surface, si je puis m'exprimer ainsi, tant en bien-être
qu'en égalité !

Concluons qu'on peut donner et qu'on donne légitime-ment deux sens au mot Richesse :

La *Richesse effective*, vraie, réalisant des satisfactions, ou la somme des Utilités que le travail humain, aidé du con-cours de la nature, met à la portée des sociétés.

La *Richesse relative*, c'est-à-dire la quote-part propor-tionnelle de chacun à la Richesse générale, quote-part qui se détermine par la Valeur.

Voici donc la loi Harmonique enveloppée dans ce mot :

Par le travail, l'action des hommes se combine avec l'ac-tion de la nature.

L'Utilité résulte de cette coopération.

Chacun prend à l'utilité générale une part proportion-nelle à la valeur qu'il crée, c'est-à-dire aux services qu'il rend, — c'est-à-dire, en définitive, à l'utilité dont il est lui-même [1].

Moralité de la richesse. Nous venons d'étudier la richesse au point de vue économique : il n'est peut-être pas inutile de dire quelque chose de ses effets moraux.

A toutes les époques, la richesse, au point de vue moral, a été un sujet de controverse. Certains philosophes, certai-nes religions ont ordonné de la mépriser ; d'autres ont sur-tout vanté la médiocrité. *Aurea mediocritas.* Il en est bien peu, s'il en est, qui aient admis comme morale une ar-dente aspiration vers les jouissances de la fortune.

Qui a tort ? qui a raison ? Il n'appartient pas à l'économie politique de traiter ce sujet de morale individuelle. Je di-rai seulement ceci : Je suis toujours porté à croire que, dans les choses qui sont du domaine de la pratique universelle, les théoriciens, les savants, les philosophes sont beaucoup plus sujets à se tromper que cette pratique universelle elle-

[1] Ce qui suit est un commencement de note complémentaire trouvé dans les papiers de l'auteur. (*Note de l'éditeur.*)

même, lorsque dans ce mot, Pratique, on fait entrer non-seulement les actions de la généralité des hommes, mais encore leurs sentiments et leurs idées.

Or, que nous montre l'universelle pratique? Elle nous montre tous les hommes s'efforçant de sortir de la misère, qui est notre point de départ; préférant tous à la sensation du besoin celle de la satisfaction, au dénûment la richesse, tous, dis-je, et même, à bien peu d'exceptions près, ceux qui déclament contre elle.

L'aspiration vers la richesse est immense, incessante, universelle, indomptable; elle a triomphé sur presque tout le globe de notre native aversion pour le travail; elle se manifeste, quoi qu'on en dise, avec un caractère de basse avidité plus encore chez les sauvages et les barbares que chez les peuples civilisés. Tous les navigateurs qui sont partis d'Europe, au dix-huitième siècle, imbus de ces idées mises en vogue par Rousseau, qu'ils allaient rencontrer aux Antipodes l'homme de la nature, l'homme désintéressé, généreux, hospitalier, ont été frappés de la rapacité dont ces hommes primitifs étaient dévorés. Nos militaires ont pu constater, de nos jours, ce qu'il fallait penser du désintéressement si vanté des peuplades arabes.

D'un autre côté, l'opinion de tous les hommes, même de ceux qui n'y conforment pas leur conduite, s'accorde à honorer le désintéressement, la générosité, l'empire sur soi, et à flétrir cet amour désordonné des richesses qui nous porte à ne reculer devant aucun moyen de nous les procurer. — Enfin la même opinion environne d'estime celui qui, dans quelque condition que ce soit, applique son travail persévérant et honnête à améliorer son sort, à élever la condition de sa famille. — C'est de cet ensemble de faits, d'idées et de sentiments qu'on doit conclure, ce me semble, le jugement à porter sur la richesse, au point de vue de la morale individuelle.

Il faut d'abord reconnaître que le mobile qui nous pousse vers elle est dans la nature; il est de création providentielle et par conséquent *moral*. Il réside dans ce dénûment primitif et général, qui serait notre lot à tous, s'il ne créait en nous le désir de nous en affranchir. — Il faut reconnaître, en second lieu, que les efforts que font les hommes pour sortir de ce dénûment primitif, pourvu qu'ils restent dans les limites de la justice, sont respectables et estimables, puisqu'ils sont universellement estimés et respectés. Il n'est personne d'ailleurs qui ne convienne que le travail porte en lui-même un caractère moral. Cela s'exprime par ce proverbe qui est de tous les pays : « L'oisiveté est la mère de tous « les vices. » Et l'on tomberait dans une contradiction choquante, si l'on disait, d'un côté, que le travail est indispensable à la moralité des hommes, et, de l'autre, que les hommes sont immoraux quand ils cherchent à réaliser la richesse par le travail.

Il faut reconnaître, en troisième lieu, que l'aspiration vers la richesse devient immorale quand elle est portée au point de nous faire sortir des bornes de la justice, et aussi, que l'avidité devient plus impopulaire à mesure que ceux qui s'y abandonnent sont plus riches.

Tel est le jugement porté, non par quelques philosophes ou quelques sectes, mais par l'universalité des hommes, et je m'y tiens.

Je ferai remarquer néanmoins que ce jugement peut n'être pas le même aujourd'hui et dans l'antiquité, sans qu'il y ait contradiction.

Les Esséniens, les Stoïciens vivaient au milieu d'une société où la richesse était toujours le prix de l'oppression, du pillage, de la violence. Non-seulement elle était immorale en elle-même, mais par l'immoralité des moyens d'acquisition, elle révélait l'immoralité des hommes qui en étaient pourvus. Une réaction même exagérée contre les riches e la richesse était bien naturelle. Les philosophes modernes qui déclament contre la richesse, sans tenir compte de la différence des moyens d'acquisition, se croient des Sénèques, des Christs. Ils ne sont que des perroquets répétant ce qu'ils ne comprennent pas.

Mais la question que se pose l'économie politique est celle-ci : La richesse est-elle un bien moral ou un mal moral pour l'humanité? Le développement progressif de la richesse implique-t-il, au point de vue moral, un perfectionnement ou une décadence ?

Le lecteur pressent ma réponse, et il comprend que j'ai dû dire quelques mots de la question de morale individuelle pour échapper à cette contradiction ou plutôt à cette impossibilité : Ce qui est une immoralité individuelle est une moralité générale.

Sans recourir à la statistique, sans consulter les écrous de nos prisons, on peut aborder un problème qui s'énonce en ces termes :

L'homme se dégrade-t-il à mesure qu'il exerce plus d'empire sur les choses et la nature, qu'il la réduit à le servir, qu'il se crée ainsi des loisirs, et que, s'affranchissant des besoins les plus impérieux de son organisation, il peut tirer de l'inertie, où elles sommeillaient, des facultés intellectuelles et morales qui ne lui ont pas été sans doute accordées pour rester dans une éternelle léthargie?

L'homme se dégrade-t-il à mesure qu'il s'éloigne, pour ainsi dire, de l'état le plus inorganique, pour s'élever vers l'état le plus spiritualiste dont il puisse approcher?

Poser ainsi le problème, c'est le résoudre.

Je conviendrai volontiers que lorsque la richesse se développe par des moyens immoraux, elle a une influence immorale, comme chez les Romains.

Je conviendrai encore que lorsqu'elle se développe d'une manière fort inégale, creusant un abîme de plus en plus profond entre les classes, elle a une influence immorale et crée des passions subversives.

Mais en est-il de même quand elle est le fruit du travail honnête, de transactions libres, et qu'elle se répand d'une manière uniforme sur toutes les classes? Cela n'est vraiment pas soutenable.

Cependant les livres socialistes sont pleins de déclamations contre les riches.

Je ne comprends vraiment pas comment ces écoles, si diverses à d'autres égards, mais si unanimes en ceci, ne s'aperçoivent pas de la contradiction où elles tombent.

D'une part, la richesse, suivant les chefs de ces écoles, a une action délétère, démoralisante, qui flétrit l'âme, endurcit le cœur, ne laisse survivre que le goût des jouissances dépravées. Les riches ont tous les vices. Les pauvres ont toutes les vertus. Ils sont justes, sensés, désintéressés, généreux ; voilà le thème adopté.

Et d'un autre côté, tous les efforts d'imagination des Socialistes, tous les systèmes qu'ils inventent, toutes les lois qu'ils veulent nous imposer, tendent, s'il faut les en croire, à convertir la pauvreté en richesse. . . . .

Moralité de la richesse prouvée par cette maxime : Le profit de l'un est le profit de l'autre [1]. . . . .

. . . .

---

[1] Cette dernière indication de l'auteur n'est accompagnée d'aucun développement. Mais divers chapitres de ce volume y suppléent. Voir notamment *Propriété et Communauté, Rapport de l'économie politique avec la morale,* et *Solidarité.* (*Note de l'éditeur.*)

VII

CAPITAL

Les lois économiques agissent sur le même principe, qu'il s'agisse d'une nombreuse agglomération d'hommes, de deux individus, ou même d'un seul, condamné par les circonstances à vivre dans l'isolement.

L'individu, s'il pouvait vivre quelque temps isolé, serait à la fois capitaliste, entrepreneur, ouvrier, producteur et consommateur. Toute l'évolution économique s'accomplirait en lui. En observant chacun des éléments qui la composent : le besoin, l'effort, la satisfaction, l'utilité gratuite et l'utilité onéreuse, il se ferait une idée du mécanisme tout entier, quoique réduit à sa plus grande simplicité.

Or s'il y a quelque chose d'évident au monde, c'est qu'il ne pourrait jamais confondre ce qui est gratuit avec ce qui exige des efforts. Cela implique contradiction dans les termes. Il saurait bien quand une matière ou une force lui sont fournies par la nature, sans la coopération de son travail, alors même qu'elles s'y mêlent pour le rendre plus fructueux.

L'individu isolé ne songerait jamais à demander une chose à son travail tant qu'il pourrait la recueillir directement de la nature. Il n'irait pas chercher de l'eau à une lieue, s'il avait une source près de sa hutte. Par le même motif, chaque fois que son travail aurait à intervenir, il chercherait à y substituer le plus possible de collaboration naturelle.

C'est pourquoi, s'il construisait un canot, il le ferait du bois le plus léger, afin de mettre à profit le poids de l'eau. Il s'efforcerait d'y adapter une voile, afin que le vent lui épargnât la peine de ramer, etc.

Pour faire concourir ainsi des puissances naturelles, il faut des instruments.

Ici, on sent que l'individu isolé aura un calcul à faire. Il se posera cette question : Maintenant j'obtiens une satisfaction avec un effort donné ; quand je serai en possession de l'instrument, obtiendrai-je la même satisfaction avec un effort moindre, en ajoutant à celui qui me restera à faire celui qu'exige la confection de l'instrument lui-même ?

Nul homme ne veut dissiper ses forces pour le plaisir de les dissiper. Notre Robinson ne se livrera donc à la confection de l'instrument qu'autant qu'il apercevra, au bout, une économie définitive d'efforts à satisfaction égale, ou un accroissement de satisfactions à efforts égaux.

Une circonstance qui influe beaucoup sur le calcul, c'est le nombre et la fréquence des produits auxquels devra concourir l'instrument pendant sa durée. Robinson a un premier terme de comparaison. C'est l'effort actuel, celui auquel il est assujetti chaque fois qu'il veut se procurer la satisfaction directement et sans nulle aide. Il estime ce que l'instrument lui épargnera d'efforts dans chacune de ces occasions ; mais il faut travailler pour faire l'instrument, et ce travail il le répartira, par la pensée, sur le nombre total des circonstances où il pourra s'en servir. Plus ce nombre sera grand, plus sera puissant aussi le motif déterminant à faire concourir l'agent naturel. — C'est là, c'est dans cette répartition d'une *avance* sur la totalité des produits, qu'est le principe et la raison d'être de l'Intérêt.

Une fois que Robinson est décidé à fabriquer l'instrument, il s'aperçoit que la bonne volonté et l'avantage ne suffisent pas. Il faut des instruments pour faire des instruments; il faut du fer pour battre le fer, et ainsi de suite, en remontant de difficulté en difficulté vers une difficulté première qui semble insoluble. Ceci nous avertit de l'extrême lenteur avec laquelle les capitaux ont dû se former à l'origine et dans quelle proportion énorme l'effort humain était sollicité pour chaque satisfaction.

Ce n'est pas tout. Pour faire les instruments de travail, eût-on les outils nécessaires, il faut encore des *matériaux.* S'ils sont fournis gratuitement par la nature, comme la pierre, encore faut-il les réunir, ce qui est une peine. Mais presque toujours la possession de ces matériaux suppose un travail antérieur, long et compliqué, comme s'il s'agit de mettre en œuvre de la laine, du lin, du fer, du plomb, etc.

Ce n'est pas tout encore. Pendant que l'homme travaille ainsi, dans l'unique vue de faciliter son travail ultérieur, il ne fait rien pour ses besoins actuels. Or c'est là un ordre de phénomènes dans lequel la nature n'a pas voulu mettre d'interruption. Tous les jours il faut se nourrir, se vêtir, s'abriter. Robinson s'apercevra donc qu'il ne peut rien entreprendre, en vue de faire concourir des forces naturelles, qu'il n'ait préalablement accumulé des *provisions.* Il faut que chaque jour il redouble d'activité à la chasse, qu'il mette de côté une partie du gibier, puis qu'il s'impose des privations, afin de se donner le temps nécessaire à l'exécution de l'instrument de travail qu'il projette. Dans ces circonstances, il est plus que vraisemblable que sa prétention se bornera à faire un instrument imparfait et grossier, c'est-à-dire très-peu propre à remplir sa destination.

Plus tard, toutes les facultés s'accroîtront de concert. La réflexion et l'expérience auront appris à notre insulaire à mieux opérer; le premier instrument lui-même lui fournira les moyens d'en fabriquer d'autres et d'accumuler des provisions avec plus de promptitude.

Instruments, matériaux, provisions, voilà sans doute ce que Robinson appellera son *capital* ; et il reconnaîtra aisément que plus ce capital sera considérable, plus il asservira de forces naturelles, plus il les fera concourir à ses travaux, plus enfin il augmentera le rapport de ses satisfactions à ses efforts.

Plaçons-nous maintenant au sein de l'ordre social. Le Capital se composera aussi des instruments de travail, des matériaux et des provisions sans lesquels, ni dans l'isolement ni dans la société, il ne se peut rien entreprendre de longue haleine. Ceux qui se trouveront pourvus de ce capital ne l'auront que parce qu'ils l'auront créé par leurs efforts ou par leurs privations, et ils n'auront fait ces efforts (étrangers aux besoins actuels), ils ne se seront imposé ces privations qu'en vue d'avantages ultérieurs, en vue, par exemple, de faire concourir désormais une grande proportion de forces naturelles. De leur part, céder ce capital, ce sera se priver de l'avantage cherché, ce sera céder cet avantage à d'autres, ce sera rendre *service*. Dès lors, ou il faut renoncer aux plus simples éléments de la justice, il faut même renoncer à raisonner, ou il faut reconnaître qu'ils auront parfaitement le droit de ne faire cette cession qu'en échange d'un *service* librement débattu, volontairement consenti. Je ne crois pas qu'il se rencontre un seul homme sur la terre qui conteste l'équité de la *mutualité des services*, car mutualité des services signifie, en d'autres termes, équité. Dira-t-on que la transaction ne devra pas se faire *librement*, parce que celui qui a des capitaux est en mesure de faire la loi à celui qui n'en a pas? Mais comment devra-t-elle se faire? A quoi reconnaître l'*équivalence des services*, si ce n'est quand de part et d'autre l'échange est volontairement accepté? Ne voit-on pas d'ailleurs que l'emprunteur, libre

de le faire, refusera, s'il n'a pas avantage à accepter, et que
l'emprunt ne peut jamais empirer sa condition ? Il est clair
que la question qu'il se posera sera celle-ci : L'emploi de ce
capital me donnera-t-il des avantages qui fassent plus que
compenser les conditions qui me sont demandées ; ou bien :
L'effort que je suis maintenant obligé de faire, pour obtenir
une satisfaction donnée, est-il supérieur ou moindre que la
somme des efforts auxquels je serai contraint par l'emprunt, d'abord pour rendre les *services* qui me sont demandés, ensuite pour poursuivre cette satisfaction à l'aide du
capital emprunté ? — Que si, tout compris, tout considéré,
il n'y a pas avantage, il n'empruntera pas, il conservera sa
position ; et, en cela, quel tort lui est-il infligé ? Il pourra se
tromper, dira-t-on. Sans doute. On peut se tromper dans
toutes les transactions imaginables. Est-ce à dire qu'il ne
doit y en avoir aucune de libre ? Qu'on aille donc jusque-là,
et qu'on nous dise ce qu'il faut mettre à la place de la libre
volonté, du libre consentement. Sera-ce la contrainte, car
je ne connais que la contrainte en dehors de la liberté ? Non,
dit-on, ce sera le jugement d'un tiers. Je le veux bien, à
trois conditions. C'est que la décision de ce personnage,
quelque nom qu'on lui donne, ne sera pas exécutée par la
contrainte. La seconde, qu'il sera infaillible, car pour remplacer une faillibilité par une autre ce n'est pas la peine ; et
celle dont je me défie le moins est celle de l'intéressé. Enfin,
la troisième condition, c'est que ce personnage ne se fasse
pas payer ; car ce serait une singulière manière de manifester sa sympathie pour l'emprunteur que de lui ravir
d'abord sa liberté et de lui mettre ensuite une charge de
plus sur les épaules, en compensation de ce philanthropique
service. Mais laissons la question de droit, et rentrons dans
l'économie politique.

Un capital, qu'il se compose de matériaux, de provisions
ou d'instruments, présente deux aspects : l'Utilité et la Va-

leur. J'aurais bien mal exposé la théorie de la Valeur, si le lecteur ne comprenait pas que celui qui cède un capital ne s'en fait payer que la *valeur*, c'est-à-dire le service rendu à son occasion, c'est-à-dire la peine prise par le cédant combinée avec la peine épargnée au cessionnaire. Un capital, en effet, est un produit comme un autre. Il n'emprunte ce nom qu'à sa destination ultérieure. C'est une grande illusion de croire que le capital soit une chose existant par elle-même. Un sac de blé est un sac de blé, encore que, selon les points de vue, l'un le vende comme revenu et l'autre l'achète comme capital. L'échange s'opère sur ce principe invariable : valeur pour valeur, service pour service ; et tout ce qui entre dans la chose d'utilité gratuite est donné par-dessus le marché, attendu que ce qui est gratuit n'a pas de valeur, et que la valeur seule figure dans les transactions. En cela, celles relatives aux capitaux ne diffèrent en rien des autres.

Il résulte de là, dans l'ordre social, des vues admirables et que je ne puis qu'indiquer ici. L'homme isolé n'a de capital que lorsqu'il a réuni des matériaux, des provisions et des instruments. Il n'en est pas de même de l'homme social. Il suffit à celui-ci d'avoir rendu des *services*, et d'avoir ainsi la faculté de retirer de la société, par l'appareil de l'échange, des services équivalents. Ce que j'appelle l'appareil de l'échange, c'est la monnaie, les billets à ordre, les billets de banque et même les banquiers. Quiconque a rendu un *service* et n'a pas encore reçu la *satisfaction* correspondante est porteur d'un titre, soit pourvu de valeur comme la monnaie, soit fiduciaire comme les billets de banque, qui lui donne la faculté de retirer, du milieu social, quand il voudra, où il voudra, et sous la forme qu'il voudra, un *service* équivalent. Ce qui n'altère en rien, ni dans les principes, ni dans les effets, ni au point de vue du droit, la grande loi que je cherche à élucider : *Les services s'échangent contre les services.* C'est toujours le troc embryonnaire qui s'est développé, agrandi, compliqué, sans cesser d'être lui-même.

Le porteur du titre peut donc retirer de la société, à son gré, soit une satisfaction immédiate, soit un objet qui, à son point de vue, ait le caractère d'un capital. C'est ce dont le cédant ne se préoccupe en aucune façon. On examine l'*équivalence des services*, voilà tout.

Il peut encore céder son titre à un autre pour en faire ce qu'il voudra, sous la double condition de la *restitution* et d'un *service*, au temps fixé. Si l'on pénètre le fond des choses, on trouve qu'en ce cas le cédant *se prive* en faveur du cessionnaire ou d'une satisfaction immédiate qu'il recule de plusieurs années, ou d'un instrument de travail qui aurait augmenté ses forces, fait concourir les agents naturels, et augmenté à son profit le rapport des satisfactions aux efforts. Ces avantages, il s'en prive pour en investir autrui. C'est là certainement rendre *service*, et il n'est pas possible d'admettre, en bonne équité, que ce service soit sans droit à la mutualité. La restitution pure et simple, au bout d'un an, ne peut être considérée comme la rémunération de ce service spécial. Ceux qui le soutiennent ne comprennent pas qu'il ne s'agit pas ici d'une vente, dans laquelle, comme la livraison est immédiate, la rémunération est immédiate aussi. Il s'agit d'un délai. Et le délai, *à lui seul*, est un service spécial, puisqu'il impose un sacrifice à celui qui l'accorde, et confère un avantage à celui qui le demande. Il y a donc lieu à rémunération, ou il faut renoncer à cette loi suprême de la société : *Service pour service.* C'est cette rémunération qui prend diverses dénominations selon les circonstances : *loyer*, *fermage*, *rente*, mais dont le nom générique est *Intérêt* [1].

----

[1] Voir ma brochure intitulée *Capital et Rente.*

Ainsi, chose admirable, et grâce au merveilleux mécanisme de l'échange, tout *service* est ou peut devenir un capital. Si des ouvriers doivent commencer dans dix ans un chemin de fer, nous ne pouvons pas épargner dès aujourd'hui, et en nature, le blé qui les nourrira, le lin qui les vêtira, et les brouettes dont ils s'aideront pendant cette opération de longue haleine. Mais nous pouvons épargner et leur transmettre la *valeur* de ces choses. Il suffit pour cela de rendre à la société des *services* actuels, et de n'en retirer que des titres, lesquels dans dix ans se convertiront en blé, en lin. Il n'est pas même indispensable que nous laissions sommeiller improductivement ces titres dans l'intervalle. Il y a des négociants, il y a des banquiers, il y a des rouages dans la société qui rendront, contre des services, le service de s'imposer ces privations à notre place.

Ce qui est plus surprenant encore, c'est que nous pouvons faire l'opération inverse, quelque impossible qu'elle semble au premier coup d'œil. Nous pouvons convertir en instrument de travail, en chemin de fer, en maisons, un capital qui n'est pas encore né, utilisant ainsi des *services* qui ne seront rendus qu'au xxe siècle. Il y a des banquiers qui en font l'avance sur la foi que les travailleurs et les voyageurs de la troisième ou quatrième génération pourvoiront au payement; et ces titres sur l'avenir se transmettent de main en main sans rester jamais improductifs. Je ne pense pas, je l'avoue, que les inventeurs de sociétés artificielles, quelque nombreux qu'ils soient, imaginent jamais rien de si simple à la fois et de si compliqué, de si ingénieux et de si équitable. Certes, ils renonceraient à leurs fades et lourdes utopies, s'ils connaissaient les belles Harmonies de la mécanique sociale instituée par Dieu. Un roi d'Aragon cherchait aussi quel avis il aurait donné à la Providence sur la mécanique céleste, s'il eût été appelé à ses conseils. Ce n'est pas Newton qui eût conçu cette pensée impie.

Mais, il faut le dire, toutes les transmissions de services, d'un point à un autre point de l'espace et du temps, reposent sur cette donnée qu'*accorder délai c'est rendre service;* en d'autres termes, sur la légitimité de l'Intérêt. L'homme qui, de nos jours, a voulu supprimer l'intérêt n'a pas compris qu'il ramenait l'échange à sa forme embryonnaire, le troc, le troc actuel sans avenir et sans passé. Il n'a pas compris que, se croyant le plus avancé, il était le plus rétrograde des hommes, puisqu'il reconstruisait la société sur son ébauche la plus primitive. Il voulait, disait-il, la *mutualité des services*. Mais il commençait par ôter le caractère de *services* justement à cette nature de *services* qui rattache, lie et solidarise tous les lieux et tous les temps. De tous les socialistes, c'est celui qui, malgré l'audace de ses aphorismes à effet, a le mieux compris et le plus respecté l'ordre actuel des sociétés. Ses réformes se bornent à une seule qui est négative. Elle consiste à supprimer dans la société le plus puissant et le plus merveilleux de ses rouages.

J'ai expliqué ailleurs la *légitimité* et la *perpétuité* de l'intérêt. Je me contenterai de rappeler ici que :

1° La légitimité de l'intérêt repose sur ce fait : *Celui qui accorde terme rend service*. Donc l'intérêt est légitime, en vertu du principe *service pour service* .

2° La perpétuité de l'intérêt repose sur cet autre fait : *Celui qui emprunte doit restituer intégralement à l'échéance*. Or, si la chose ou la valeur est restituée à son propriétaire, il la peut prêter de nouveau. Elle lui sera rendue une seconde fois, il la pourra prêter une troisième, et ainsi de suite à *perpétuité*. Quel est celui des emprunteurs successifs et volontaires qui peut avoir à se plaindre ?

Puisque la légitimité de l'intérêt a été assez contestée dans ces derniers temps pour effrayer le capital, et le déterminer à se cacher et à fuir, qu'il me soit permis de montrer combien cette étrange levée de boucliers est insensée.

Et d'abord, ne serait-il pas aussi absurde qu'injuste que la rémunération fût identique, soit qu'on demandât et obtînt un an, deux ans, dix ans de terme, ou qu'on n'en prît pas du tout ? Si, malheureusement, sous l'influence de la doctrine prétendue *égalitaire*, notre Code l'exigeait ainsi, toute une catégorie de transactions humaines serait à l'instant supprimée. Il y aurait encore des *trocs*, des *ventes au comptant*, il n'y aurait plus de *ventes à terme* ni de *prêts*. Les égalitaires déchargeraient les emprunteurs du poids de l'intérêt, c'est vrai, mais en les frustrant de l'emprunt. Sur cette donnée, on peut aussi soustraire les hommes à l'incommode nécessité de payer ce qu'ils achètent. Il n'y a qu'à leur défendre d'acheter, ou, ce qui revient au même, à faire déclarer par la loi que les *prix* sont illégitimes.

Le principe égalitaire a quelque chose d'égalitaire en effet. D'abord il empêcherait le capital de se former ; car qui voudrait épargner ce dont on ne peut tirer aucun parti ? et ensuite, il réduirait les salaires à zéro ; car où il n'y a pas de capital (instruments, matériaux et provisions), il ne saurait y avoir ni travail d'avenir, ni salaires. Nous arriverions donc bientôt à la plus complète des égalités, celle du néant.

Mais quel homme peut être assez aveugle pour ne pas comprendre que le délai est *par lui-même* une circonstance *onéreuse* et, par suite, rémunérable ? Même en dehors du prêt, chacun ne s'efforce-t-il pas d'abréger les délais ? Mais c'est l'objet de nos préoccupations continuelles. Tout entrepreneur prend en grande considération l'époque où il rentrera dans ses avances. Il vend plus ou moins cher, selon que cette époque est prochaine ou éloignée. Pour rester indifférent sur ce point, il faudrait ignorer que le capital est une force ; car si on sait cela, on désire naturellement qu'elle accomplisse le plus tôt possible l'œuvre où on l'a engagée, afin de l'engager dans une œuvre nouvelle.

Ce sont de bien pauvres économistes que ceux qui croient que nous ne payons l'intérêt des capitaux que lorsque nous les empruntons. La règle générale, fondée sur la justice, est que celui qui recueille la satisfaction doit supporter toutes les charges de la production, *délais compris*, soit qu'il se rende le service à lui-même, soit qu'il se le fasse rendre par autrui. L'homme isolé, qui ne fait, lui, de transactions avec personne, considérerait comme *onéreuse* toute circonstance qui le priverait de ses armes pendant un an. Pourquoi donc une circonstance analogue ne serait-elle pas considérée comme onéreuse dans la société ? Que si un homme s'y soumet volontairement pour l'avantage d'un autre qui stipule volontairement une rémunération, en quoi cette rémunération est-elle illégitime ?

Rien ne se ferait dans le monde, aucune entreprise qui exige des avances ne s'accomplirait, on ne planterait pas, on ne sèmerait pas, on ne labourerait pas, si le délai n'était, *en lui-même*, considéré comme une circonstance *onéreuse*, traité et rémunéré comme tel. Le consentement universel est si unanime sur ce point, qu'il n'est pas un échange où ce principe ne domine. Les délais, les retards entrent dans l'appréciation des *services*, et, par conséquent, dans la constitution de la *valeur*.

Ainsi, dans leur croisade contre l'intérêt, les égalitaires foulent aux pieds non-seulement les plus simples notions d'équité, non-seulement leur propre principe : *service pour service*, mais encore l'autorité du genre humain et la pratique universelle. Comment osent-ils étaler à tous les yeux l'incommensurable orgueil qu'une telle prétention suppose ? et n'est-ce pas une chose bien étrange et bien triste que des sectaires prennent cette devise implicite et souvent explicite : Depuis le commencement du monde, tous les hommes se trompent, hors moi ? *Omnes, ego non.*

Qu'on me pardonne d'avoir insisté sur la légitimité de

l'intérêt fondée sur cet axiome : *puisque délai coûte, il faut qu'il se paye, coûter* et *payer* étant corrélatifs. La faute en est à l'esprit de notre époque. Il faut bien se porter du côté des vérités vitales, admises par le genre humain, mais ébranlées par quelques novateurs fanatiques. — Pour un écrivain qui aspire à montrer un ensemble harmonieux de phénomènes, c'est une chose pénible, qu'on le croie bien, d'avoir à s'interrompre à chaque instant pour élucider les notions les plus élémentaires. Laplace aurait-il pu exposer dans toute sa simplicité le système du monde planétaire, si, parmi ses lecteurs, il n'y eût pas eu des notions communes et reconnues ; si, pour prouver que la terre tourne, il lui eût fallu préalablement enseigner la numération ? — Telle est la dure alternative de l'Économiste à notre époque. S'il ne scrute pas les éléments, il n'est pas compris ; et s'il les explique, le torrent des détails fait perdre de vue la simplicité et la beauté de l'ensemble.

Et vraiment, il est heureux pour l'humanité que l'*Intérêt* soit légitime.

Sans cela elle serait, elle aussi, placée dans une rude alternative : Périr en restant juste, ou progresser par l'injustice.

Toute industrie est un ensemble d'efforts. Mais il y a entre ces efforts une distinction essentielle à faire. Les uns se rapportent aux services qu'il s'agit de rendre actuellement, les autres à une série indéfinie de services analogues. Je m'explique.

La peine que prend, dans une journée, le porteur d'eau doit lui être payée par ceux qui profitent de cette peine ; mais celle qu'il a prise pour faire sa brouette et son tonneau doit être répartie, quant à la rémunération, sur un nombre indéterminé de consommateurs.

De même, ensemencement, sarclage, labourage, hersage, moisson, battage, ne regardent que la récolte actuelle ; mais

clôtures, défrichements, desséchements, bâtisses, amendements, concernent et facilitent une série indéterminée de
récoltes ultérieures.

D'après la loi générale *Service pour service*, ceux à qui
doit aboutir la 'satisfaction ont à restituer les efforts qu'on
a faits pour eux. Quant aux efforts de la première catégorie, pas de difficulté. Ils sont débattus et *évalués* entre celui
qui les fait et celui qui en profite. Mais les services de la seconde catégorie, comment seront-ils *évalués ?* Comment une
juste proportion des avances permanentes, frais généraux,
capital fixe, comme disent les' économistes, sera-t-elle répartie sur toute la série des satisfactions qu'elles sont
destinées à réaliser ? Par quel procédé en fera-t-on retomber le poids d'une manière équitable sur tous les acquéreurs d'eau, jusqu'à ce que la brouette soit usée ; sur
tous les acquéreurs de blé, tant que le champ en fournira ?

J'ignore comment on résoudrait le problème en Icarie ou
au Phalanstère. Mais il est permis de croire que messieurs
les inventeurs de sociétés, si féconds en arrangements artificiels et si prompts à les imposer par la loi, c'est-à-dire, qu'ils
en conviennent ou non, par la Contrainte, n'imagineraient
pas une solution plus ingénieuse que le procédé tout naturel
que les hommes ont trouvé d'eux-mêmes (les audacieux !)
depuis le commencement du monde, et qu'on voudrait aujourd'hui leur interdire. Ce procédé, le voici : il découle de
la loi de l'*Intérêt.*

Soient mille francs ayant été employés en améliorations
foncières ; soient le taux de l'intérêt à cinq pour cent et la récolte moyenne de cinquante hectolitres. Sur ces données,
chaque hectolitre de blé devra être grevé d'un franc.

Ce franc est évidemment la récompense légitime d'un
service réel rendu par le propriétaire (qu'on pourrait appeler travailleur), aussi bien à celui qui acquerra un hectolitre

de blé dans dix ans qu'à celui qui l'achète aujourd'hui. La loi de stricte justice est donc observée.

Que si l'amélioration foncière, ou la brouette et le tonneau, ne doivent avoir qu'une durée approximativement appréciable, un amortissement vient s'ajouter à l'intérêt, afin que le propriétaire ne soit pas dupe et puisse encore recommencer. C'est toujours la loi de justice qui domine.

Il ne faudrait pas croire que ce franc d'intérêt dont est grevé chaque hectolitre de blé est invariable. Non, il représente une valeur et est soumis à la loi des valeurs. Il s'accroît ou décroît selon la variation de l'offre et de la demande, c'est-à-dire selon les exigences des temps et le plus grand bien de la société.

On est généralement porté à croire que cette nature de rémunération tend à s'accroître, sinon quant aux améliorations industrielles, du moins quant aux améliorations foncières. En admettant que cette rente fût équitable à l'origine, dit-on, elle finit par devenir abusive, parce que le propriétaire, qui reste désormais les bras croisés, la voit grossir d'année en année, par le seul fait de l'accroissement de la population, impliquant un accroissement dans la demande du blé.

Cette tendance existe, j'en conviens, mais elle n'est pas spéciale à la rente foncière, elle est commune à tous les genres de travaux. Il n'en est pas un dont la valeur ne s'accroisse avec la densité de la population, et le simple manouvrier gagne plus à Paris qu'en Bretagne.

Ensuite, relativement à la rente foncière, la tendance qu'on signale est énergiquement balancée par une tendance opposée, c'est celle du progrès. Une amélioration réalisée aujourd'hui par des moyens perfectionnés, obtenue avec moins de travail humain, et dans un temps où le taux de l'intérêt a baissé, empêche toutes les anciennes améliorations d'élever trop haut leurs exigences. Le capital fixe du propriétaire, comme celui du manufacturier, se détériore à la longue, par l'apparition d'instruments de plus en plus énergiques à valeur égale. C'est là une magnifique Loi qui renverse la triste théorie de Ricardo ; elle sera exposée avec plus de détails quand nous en serons à la propriété foncière.

Remarquez que le problème de la répartition des services rémunératoires dus aux améliorations permanentes ne pouvait se résoudre que par la loi de l'*intérêt*. Le propriétaire ne pouvait répartir le Capital même sur un certain nombre d'acquéreurs successifs ; car où se serait-il arrêté, puisque le nombre en est indéterminé ? Les premiers auraient payé pour les derniers, ce qui n'est pas juste. En outre, un moment serait arrivé où le propriétaire aurait eu à la fois et le capital et l'amélioration, ce qui ne l'est pas davantage. Reconnaissons donc que le mécanisme social naturel est assez ingénieux pour que nous puissions nous dispenser de lui substituer un mécanisme artificiel.

J'ai présenté le phénomène sous sa forme la plus simple afin d'en faire comprendre la nature. Dans la pratique les choses ne se passent pas tout à fait ainsi.

Le propriétaire n'opère pas lui-même la répartition, ce n'est pas lui qui décide que chaque hectolitre de blé sera grevé d'un franc plus ou moins. Il trouve toutes choses établies dans le monde, tant le cours moyen du blé que le taux de l'intérêt. C'est sur cette donnée qu'il décide de la destination de son capital. Il le consacrera à l'amélioration foncière s'il calcule que le cours du blé lui permet de retrouver le taux normal de l'intérêt. Dans le cas contraire, il le dirige sur une industrie plus lucrative, et qui, par cela même, exerce sur les capitaux, dans l'intérêt social, une plus grande force d'attraction. Cette marche, qui est la vraie, arrive au même résultat et présente une harmonie de plus.

Le lecteur comprendra que je ne me suis renfermé dans

un fait spécial que pour élucider une loi générale, à laquelle sont soumises toutes les professions.

Un avocat, par exemple, ne peut se faire rembourser les frais de son éducation, de son stage, de son premier établissement, — soit une vingtaine de mille francs, — par le premier plaideur qui lui tombe sous la main. Outre que ce serait inique, ce serait inexécutable ; jamais ce premier plaideur ne se présenterait, et notre Cujas serait réduit à imiter ce maître de maison qui, voyant que personne ne se rendait à son premier bal, disait : L'année prochaine je commencerai par le second.

Il en est ainsi du négociant, du médecin, de l'armateur, de l'artiste. En toute carrière, se rencontrent les deux catégories d'efforts ; la seconde exige impérieusement une répartition sur une clientèle indéterminée, et je défie qu'on puisse imaginer une telle répartition en dehors du mécanisme de l'*intérêt*.

Dans ces derniers temps, de grands efforts ont été faits pour soulever les répugnances populaires contre le capital, l'infâme, l'infernal capital ; on le représente aux masses comme un monstre dévorant et insatiable, plus destructeur que le choléra, plus effrayant que l'émeute, exerçant sur le corps social l'action d'un vampire dont la puissance de succion se multiplierait indéfiniment par elle-même. *Vires acquirit eundo.* La langue de ce monstre s'appelle rente, usure, loyer, fermage, intérêt. Un écrivain, qui pouvait devenir célèbre par ses fortes facultés et qui a préféré l'être par ses paradoxes, s'est plu à jeter celui-là au milieu d'un peuple déjà tourmenté de la fièvre révolutionnaire. J'ai aussi un apparent paradoxe à soumettre au lecteur, et je le prie d'examiner s'il n'est pas une grande et consolante vérité.

Mais avant, je dois dire un mot de la manière dont M. Proudhon et son école expliquent ce qu'ils nomment l'illégitimité de l'*intérêt*.

Les capitaux sont des instruments de travail. Les instru·
ments de travail ont pour, destination de faire concourir les
forces *gratuites* de la nature. Par la machine à vapeur on
s'empare de l'élasticité des gaz ; par le ressort de montre,
de l'élasticité de l'acier ; par des poids ou des chutes d'eau,
de la gravitation ; par la pile de Volta, de la rapidité de l'é- .
tincelle électrique ; par le sol, des combinaisons chimiques
et physiques qu'on appelle végétation, etc., etc. — Or, confondant l'Utilité avec la Valeur, on suppose que ces agents
naturels ont une valeur *qui leur est propre*, et que par
conséquent ceux qui s'en emparent s'en font payer l'usage,
car valeur implique payement. On s'imagine que les produits sont grevés d'un *item* pour les services de l'homme,
ce qu'on admet comme juste, et d'un autre *item* pour les
services de la nature, ce qu'on repousse comme inique.
Pourquoi, dit-on, faire payer la gravitation, l'électricité, la
vie végétale, l'élasticité ? etc.

La réponse se trouve dans la théorie de la *valeur*. Cette
classe de socialistes, qui prennent le nom d'Égalitaires, confond la légitime *valeur* de l'instrument, fille d'un service humain, avec son résultat utile, toujours gratuit, sous déduction
de cette légitime valeur ou de l'intérêt y relatif. Quand je
rémunère un laboureur, un meunier, une compagnie de
chemin de fer, je ne donne rien, absolument rien, pour le
phénomène végétal, pour la gravitation, pour l'élasticité de
la vapeur. Je paye le travail humain qu'il a fallu consacrer
à faire des instruments au moyen desquels ces forces sont
contraintes à agir ; ou, ce qui vaut mieux pour moi, je paye
l'intérêt de ce travail. Je rends service contre service,
moyennant quoi l'action utile de ces forces est toute à
mon profit et gratuitement. C'est comme dans l'échange,
comme dans le simple troc.! La présence du capital ne
modifie pas cette loi, car le capital n'est autre chose
qu'une accumulation de valeurs, de *services* auxquels

est donnée la mission spéciale de faire coopérer la nature.

Et maintenant voici mon paradoxe :

De tous les éléments qui composent la valeur totale d'un produit quelconque, celui que nous devons payer le plus joyeusement, c'est cet élément même qu'on appelle intérêt des avances ou du capital.

Et pourquoi? parce que cet élément ne nous fait payer *un* qu'en nous épargnant *deux*. Parce que, par sa présence même, il constate que des forces naturelles ont concouru au résultat final sans faire payer leur concours ; parce qu'il en résulte que la même utilité générale est mise à notre disposition, avec cette circonstance, qu'une certaine proportion d'utilité gratuite a été substituée, heureusement pour nous, à de l'utilité onéreuse, et, pour tout dire en un mot, parce que le produit a baissé de prix. Nous l'acquérons avec une moindre proportion de notre propre travail, et il arrive à la société tout entière ce qui arriverait à l'homme isolé qui aurait réalisé une ingénieuse invention.

Voici un modeste ouvrier qui gagne quatre francs par jour. Avec deux francs, c'est-à-dire avec une demi-journée de travail, il achète une paire de bas de coton. S'il voulait se procurer ces bas directement et par son propre travail, je crois vraiment que sa vie entière n'y suffirait pas. Comment se fait-il donc que sa demi-journée acquitte tous les *services humains* qui lui sont rendus en cette occasion? D'après la loi *service pour service*, comment n'est-il pas obligé de livrer plusieurs années de travail?

C'est que cette paire de bas est le résultat de *services humains* dont les agents naturels, par l'intervention du Capital, ont énormément diminué la proportion. Notre ouvrier paye cependant, non-seulement le travail actuel de tous ceux qui ont concouru à l'œuvre, mais encore l'intérêt des capitaux qui y ont fait concourir la nature ; et ce qu'il faut

14.

remarquer, c'est que, sans cette dernière rénumération, ou
si elle était tenue pour illégitime, le capital n'aurait pas sollicité les agents naturels, il n'y aurait dans le produit que de
l'utilité onéreuse, il serait le résultat unique du travail humain, et notre ouvrier serait placé au point de départ, c'est-
à-dire dans l'alternative ou de se priver de bas, ou de les
payer au prix de plusieurs années de labeur.

Si notre ouvrier a appris à analyser les phénomènes,
certes il se réconciliera avec le Capital en voyant combien il
lui est redevable. Il se convaincra surtout que la gratuité des
dons de Dieu lui a été complétement réservée, que ces dons
lui sont même prodigués avec une libéralité qu'il ne doit
pas à son propre mérite, mais au beau mécanisme de l'ordre
social *naturel*. Le capital, ce n'est pas la force végétative
qui a fait germer et fleurir le coton, mais la *peine prise* par
le planteur ; le Capital, ce n'est pas le vent qui a gonflé les
voiles du navire, ni le magnétisme qui a agi sur la boussole,
mais la *peine prise* par le voilier et l'opticien ; le Capital, ce
n'est pas l'élasticité de la vapeur qui a fait tourner les
broches de la fabrique, mais la *peine prise* par le constructeur de machines. Végétation, force des vents, magnétisme,
élasticité, tout cela est certes gratuit ; et voilà pourquoi
les bas ont si peu de valeur. Quant à cet ensemble de peines
prises par le planteur, le voilier, l'opticien, le constructeur,
le marin, le fabricant, le négociant, elles se répartissent
ou plutôt, en tant que c'est le Capital qui agit, l'intérêt s'en
répartit entre d'innombrables acquéreurs de bas ; et voilà
pourquoi la portion de travail cédée en retour par chacun
d'eux est si petite.

En vérité, réformateurs modernes, quand vous voulez
remplacer cet ordre admirable par un arrangement de votre
invention, il y a deux choses (et elles n'en font qu'une) qui
me confondent : votre manque de foi en la Providence et
votre foi en vous-mêmes ; votre ignorance et votre orgueil.

De ce qui précède, il résulte que le progrès de l'humanité coïncide avec la rapide formation des Capitaux ; car dire que de nouveaux capitaux se forment, c'est dire en d'autres termes que des obstacles, autrefois onéreusement combattus par le travail, sont aujourd'hui gratuitement combattus par la nature; et cela, remarquez-le bien, non au profit des capitalistes, mais au profit de la communauté.

S'il en est ainsi, l'intérêt dominant de tous les hommes bien entendu au point de vue économique), c'est de favoriser la rapide formation du Capital. Mais le Capital s'accroît pour ainsi dire de lui-même sous la triple influence de l'activité, de la frugalité et de la sécurité. Nous ne pouvons guère exercer d'action directe sur l'activité et la frugalité de nos frères, si ce n'est par l'intermédiaire de l'opinion publique, par une intelligente dispensation de nos antipathies et de nos sympathies. Mais nous pouvons beaucoup pour la sécurité, sans laquelle les capitaux, loin de se former, se cachent, fuient, se détruisent; et par là on voit combien il y a quelque chose qui tient du suicide dans cette ardeur que montre quelquefois la classe ouvrière à troubler la paix publique. Qu'elle le sache bien, le Capital travaille depuis le commencement à affranchir les hommes du joug de l'ignorance, du besoin, du despotisme. Effrayer le Capital, c'est river une triple chaîne aux bras de l'Humanité.

Le *vires acquirit eundo* s'applique avec une exactitude rigoureuse au Capital et à sa bienfaisante influence. Tout capital qui se forme laisse nécessairement disponibles et du travail et de la rémunération pour ce travail. Il porte donc en lui-même une puissance de progression. Il y a en lui quelque chose qui ressemble à la loi des vitesses. — Et c'est là ce que la science a peut-être omis jusqu'à ce jour d'opposer à cette autre progression remarquée par Malthus. C'est une Harmonie que nous ne pouvons traiter ici. Nous la réservons pour le chapitre de la Population.

Je dois prémunir le lecteur contre une objection spé-cieuse. Si la mission du capital, dira-t-il, est de faire exé-cuter par la nature ce qui s'exécutait par le travail humain quelque bien qu'il confère à l'humanité, il doit nuire à la classe ouvrière, spécialement à celle qui vit de salaire ; car tout ce qui met des bras en disponibilité active la con-currence qu'ils se font entre eux, et c'est sans doute là la secrète raison de l'opposition que les prolétaires font aux capitalistes. — Si l'objection était fondée, il y aurait en effet un ton discordant dans l'harmonie sociale.

L'illusion consiste en ce qu'on perd de vue ceci : *Le Capi-tal, à mesure que son action s'étend, ne met en disponibilité une certaine quantité d'efforts humains qu'en mettant aussi en disponibilité une quantité de rémunération correspondante,* de telle sorte que ces deux éléments se retrouvant, se satis-font l'un par l'autre. Le travail n'est pas frappé d'inertie ; remplacé dans une œuvre spéciale par l'énergie gratuite, il se prend à d'autres obstacles dans l'œuvre générale du pro-grès, avec d'autant plus d'infaillibilité que sa récompense est déjà toute préparée au sein de la communauté.

Et en effet, reprenant l'exemple ci-dessus, il est aisé de voir que le prix des bas (comme celui des livres, des trans-ports et de toutes choses) ne baisse, sous l'action du capital, qu'en laissant entre les mains de l'acheteur une partie du prix ancien. C'est même là un pléonasme presque puéril ; l'ouvrier, qui paye 2 francs ce qu'il aurait payé 6 francs au-trefois, a donc 4 francs en disponibilité. Or c'est justement dans cette proportion que le travail humain a été remplacé par des forces naturelles. Ces forces sont donc une pure et simple conquête, qui n'altère en rien le rapport du travail à la rémunération disponible. Que le lecteur veuille bien se rappeler que la réponse à cette objection avait été d'avance préparée (page 68 et suiv.), lorsque, observant l'homme dans l'isolement, ou bien réduit encore à la primitive loi du troc, je le mettais en garde contre l'illusion si commune que j'essaye ici de détruire.

Laissons donc sans scrupule les capitaux se créer, se multiplier suivant *leurs* propres tendances et celles du cœur humain. N'allons pas nous imaginer que lorsque le rude travailleur économise pour ses vieux jours, lorsque le père de famille songe à la carrière de son fils ou à la dot de sa fille, ils n'exercent cette noble faculté de l'homme, la Prévoyance, qu'au préjudice du bien général. Il en serait ainsi, les vertus privées seraient en antagonisme avec le bien public, s'il y avait incompatibilité entre le Capital et le Travail.

Loin que l'humanité ait été soumise à cette contradiction, disons plus, à cette impossibilité (car comment concevoir le mal progressif dans l'ensemble résultant du bien progressif dans les fractions ?), il faut reconnaître qu'au contraire la Providence, dans sa justice et sa bonté, a réservé, dans le progrès, une plus belle part au Travail qu'au Capital, un stimulant plus efficace, une récompense plus libérale à celui qui verse actuellement la sueur de son front, qu'à celui qui vit sur la sueur de ses pères.

En effet, étant admis que tout accroissement de capital est suivi d'un accroissement nécessaire de bien-être général, j'ose poser comme inébranlable, quant à la distribution de ce bien-être, l'axiome suivant :

« *A mesure que les capitaux s'accroissent, la part* absolue *des capitalistes dans les produits totaux augmente et leur part* relative *diminue. Au contraire, les travailleurs voient augmenter leur part dans les deux sens.* »

Je ferai mieux comprendre ma pensée par des chiffres.

Représentons les produits totaux de la société, à des époques successives, par les chiffres 1,000, 2,000, 3,000, 4,000, etc.

Je dis que le prélèvement du capital descendra successivement de 50 p. 100 à 40, 35, 30 p. 100, et celui du travail

s'élèvera par conséquent de 50 p. 100 à 60, 65, 70 p. 100.
— De telle sorte néanmoins que la part *absolue* du capital
soit toujours plus grande à chaque période, bien que sa part
relative soit plus petite.

Ainsi le partage se fera de la manière suivante :

	†Produit total.	— Part du capital.	— Part du travail.
Première période...	1000	500	500
Deuxième période..	2000	800	1200
Troisième période..	3000	1050	1950
Quatrième période..	4000	1200	2800

Telle est la grande, admirable, consolante, nécessaire et
inflexible loi du capital. La démontrer c'est, ce me semble,
frapper de discrédit ces déclamations dont on nous rebat
les oreilles depuis si longtemps contre l'*avidité*, la *tyrannie*
du plus puissant instrument de civilisation et d'*égalisation*
qui sorte des facultés humaines.

Cette démonstration se divise en deux. Il faut prouver
d'abord que la part *relative* du capital va diminuant sans
cesse.

Ce ne sera pas long, car cela revient à dire : *Plus les
capitaux abondent, plus l'intérêt baisse.* Or c'est un point de
fait incontestable et incontesté. Non-seulement la science
l'explique, mais il crève les yeux. Les Écoles les plus excen-
triques l'admettent ; celle qui s'est spécialement posée
comme l'adversaire de l'*infernal* capital, en fait la base 'de
sa théorie, car c'est de cette baisse visible de l'intérêt qu'elle
conclut à son anéantissement fatal ; or, dit-elle, puisque cet
anéantissement est fatal, puisqu'il doit arriver dans un
temps donné, puisqu'il implique la réalisation du bien
absolu, il faut le hâter et le décréter. — Je n'ai pas à réfuter ici ces principes et les inductions qu'on en tire. Je constate seulement que toutes les Écoles économistes, socialistes, égalitaires et autres, admettent, en point de fait, que,

dans l'ordre *naturel* des sociétés, l'intérêt baisse d'autant plus que les capitaux abondent davantage. Leur plût-il de ne point l'admettre, le fait n'en serait pas moins assuré. Le fait a pour lui l'autorité du genre humain et l'acquiescement, involontaire peut-être, de tous les capitalistes du monde. Il est de fait que l'intérêt des capitaux est moins élevé en Espagne qu'au Mexique, en France qu'en Espagne, en Angleterre qu'en France, et en Hollande qu'en Angleterre. Or, quand l'intérêt descend de 20 p. 100 à 15 p. 100, et puis à 10, à 8, à 6, à 5, à 4 1/2, à 4, à 3 1/2, à 3 p. 100, qu'est-ce que cela veut dire relativement à la question qui nous occupe? Cela veut dire que le capital, pour son concours, dans l'œuvre industrielle, à la réalisation du bien-être, se contente, ou, si l'on veut, est forcé de se contenter d'une part de plus en plus réduite à mesure qu'il s'accroît. Entrait-il pour un tiers dans la valeur du blé, des maisons, des lins, des navires, des canaux? en d'autres termes, quand on vendait ces choses, revenait-il un tiers aux capitalistes et deux tiers aux travailleurs? Peu à peu les capitalistes ne reçoivent plus qu'un quart, un cinquième, un sixième; leur part *relative*, va décroissant; celle des travailleurs augmente dans la même proportion, et la première partie de ma démonstration est faite.

Il me reste à prouver que la part *absolue* du capital s'accroît sans cesse. Il est bien vrai que l'intérêt tend à baisser. Mais quand et pourquoi? Quand et parce que le capital augmente. Il est donc fort possible que le produit total s'accroisse, bien que le *percentage* diminue. Un homme a plus de rentes avec 200,000 francs à 4 p. 100 qu'avec 100,000 francs à 5 p. 100, encore que, dans le premier cas, il fasse payer moins cher aux travailleurs l'usage du capital. Il en est de même d'une nation et de l'humanité tout entière. Or je dis que le *percentage* dans sa tendance à baisser, ne doit ni ne peut suivre une progression tellement rapide

que la *somme totale* des intérêts soit moins grande alors
que les capitaux abondent que lorsqu'ils sont rares. J'admets bien que si le capital de l'humanité est représenté
par 100 et l'intérêt par 5, — cet intérêt ne sera plus que
de 4 alors que le capital sera monté à 200. — Ici l'on voit
la simultanéité des deux effets. Moindre part *relative*, plus
grande part *absolue*. — Mais je n'admets pas, dans l'hypothèse, que l'élévation du capital de 100 à 200 puisse faire
tomber l'intérêt de 5 p. 100 à 2 p. 100, par exemple. —
Car, s'il en était ainsi, le capitaliste qui avait 5,000 francs
de rentes avec 100,000 francs de capital, n'aurait plus que
4,000 francs de rentes avec 200,000 de capital. — Résultat
contradictoire et impossible, anomalie étrange qui rencon-
trerait le plus simple et le plus agréable de tous les remèdes ;
car alors, pour augmenter ses rentes, il suffirait de manger
la moitié de son capital. Heureuse et bizarre époque où il
nous sera donné de nous enrichir en nous appauvrissant !

Il ne faut donc pas perdre de vue que la combinaison
de ces deux faits corrélatifs : accroissement du capital,
abaissement de l'intérêt, s'accomplit *nécessairement* de telle
façon que le produit total augmente sans cesse.

Et, pour le dire en passant, ceci détruit d'une manière
radicale et absolue l'illusion de ceux qui s'imaginent que
parce que l'intérêt baisse il tend à s'anéantir. Il en résulte-
rait qu'un jour viendra où le capital se sera tellement développé qu'il ne donnera plus rien à ses possesseurs. Qu'on
se tranquillise ; avant ce temps-là, ceux-ci se hâteront de
dissiper le fonds pour faire reparaître le revenu.

Ainsi la grande loi du Capital et du Travail, en ce qui
concerne le partage du produit de la collaboration, est déterminée. Chacun d'eux a une part *absolue* de plus en plus
grande, mais la part *proportionnelle* du Capital diminue sans
cesse comparativement à celle du Travail.

Cessez donc, capitalistes et ouvriers, de vous regarder

d'un œil de défiance et d'envie. Fermez l'oreille à ces déclamations absurdes, dont rien n'égale l'orgueil si ce n'est
l'ignorance, qui, sous promesse d'une philanthropie en
perspective, commencent par soulever la discorde actuelle.
Reconnaissez que vos intérêts sont communs, identiques,
quoi qu'on en dise, qu'ils se confondent, qu'ils tendent
ensemble vers la réalisation du bien général, que les sueurs
de la génération présente se mêlent aux sueurs des générations passées, qu'il faut bien qu'une part de rémunération
revienne à tous ceux qui concourent à l'œuvre, et que la
plus ingénieuse comme la plus équitable répartition s'opère
entre vous, par la sagesse des lois providentielles, sous
l'empire de transactions libres et volontaires, sans qu'un
Sentimentalisme parasite vienne vous imposer ses décrets
aux dépens de votre bien-être, de votre liberté, de votre
sécurité et de votre *dignité*.

Le Capital a sa racine dans trois attributs de l'homme :
la Prévoyance, l'Intelligence et la Frugalité. Pour se déterminer à former un capital, il faut en effet prévoir l'avenir, lui sacrifier le présent, exercer un noble empire sur soi-
même et sur ses appétits, résister non-seulement à l'appât
des jouissances actuelles, mais encore aux aiguillons de la
vanité et aux caprices de l'opinion publique, toujours si
partiale envers les caractères insouciants et prodigues. Il
faut encore lier les effets aux causes, savoir par quels procédés, par quels instruments la nature se laissera dompter
et assujettir à l'œuvre de la production. Il faut surtout être
animé de l'esprit de famille, et ne pas reculer devant des
sacrifices dont le fruit sera recueilli par les êtres chéris
qu'on laissera après soi. Capitaliser, c'est préparer le vivre,
le couvert, l'abri, le loisir, l'instruction, l'indépendance, la
dignité aux générations futures. Rien de tout cela ne se
peut faire sans mettre en exercice les vertus les plus sociales, qui plus est, sans les convertir en habitudes.

Il est cependant bien commun d'attribuer au Capital une sorte d'efficace funeste, dont l'effet serait d'introduire l'égoïsme, la dureté, le machiavélisme dans le cœur de ceux qui y aspirent ou le possèdent. Mais ne fait-on pas confusion? Il y a des pays où le travail ne mène pas à grand'chose. Le peu qu'on gagne, il faut le partager avec le fisc. Pour vous arracher le fruit de vos sueurs, ce qu'on nomme l'État vous enlace d'une multitude d'entraves. Il intervient dans tous vos actes, il se mêle de toutes vos transactions; il régente votre intelligence et votre foi; il déplace tous les intérêts, et met chacun dans une position artificielle et précaire; il énerve l'activité et l'énergie individuelle en s'emparant de la direction de toutes choses; il fait retomber la responsabilité des actions sur ceux à qui elle ne revient pas; en sorte que, peu à peu, la notion du juste et de l'injuste s'efface; il engage la nation, par sa diplomatie, dans toutes les querelles du monde, et puis il y fait intervenir la marine et l'armée; il fausse autant qu'il est en lui l'intelligence des masses sur les questions économiques, car il a besoin de leur faire croire que ses folles dépenses, ses injustes agressions, ses conquêtes, ses colonies, sont pour elles une source de richesses. Dans ces pays le capital a beaucoup de peine à se former par les voies naturelles. Ce à quoi l'on aspire surtout, c'est à le soutirer par la force et par la ruse à ceux qui l'ont créé. Là, on voit les hommes s'enrichir par la guerre, les fonctions publiques, le jeu, les fournitures, l'agiotage, les fraudes commerciales, les entreprises hasardées, les marchés publics, etc. Les qualités requises pour arracher ainsi le capital aux mains de ceux qui le forment sont précisément l'opposé de celles qui sont nécessaires pour le former. Il n'est donc pas surprenant que dans ces pays-là il s'établisse une sorte d'association entre ces deux idées: *capital* et *égoïsme;* et cette association devient indestructible, si toutes les idées morales de ce pays se puisent dans l'histoire de l'antiquité et du moyen âge.

Mais lorsqu'on porte sa pensée, non sur la soustraction des capitaux, mais sur leur formation par l'activité intelligente, la prévoyance et la frugalité, il est impossible de ne pas reconnaître qu'une vertu sociale et moralisante est attachée à leur acquisition.

S'il y a de la sociabilité morale dans la formation du capital, il n'y en a pas moins dans son action. Son effet propre est de faire concourir la nature ; de décharger l'homme de ce qu'il y a de plus matériel, de plus musculaire, de plus brutal dans l'œuvre de la production ; de faire prédominer de plus en plus le principe intelligent ; d'agrandir de plus en plus la place, je ne dis pas de l'oisiveté, mais du loisir ; de rendre de moins en moins impérieuse, par la facilité de la satisfaction, la voix des besoins grossiers, et d'y substituer des jouissances plus élevées, plus délicates, plus pures, plus artistiques, plus spirituelles.

Ainsi, à quelque point de vue qu'on se place, qu'on considère le Capital dans ses rapports avec nos besoins qu'il ennoblit, avec nos efforts qu'il soulage, avec nos satisfactions qu'il épure, avec la nature qu'il dompte, avec la moralité qu'il change en habitude, avec la sociabilité qu'il développe, avec l'égalité qu'il provoque, avec la liberté dont il vit, avec l'équité qu'il réalise par les procédés les plus ingénieux, partout, toujours et à la condition qu'il se forme et agisse dans un ordre social qui ne soit pas détourné de ses voies naturelles, nous reconnaîtrons en lui ce qui est le cachet de toutes les grandes lois providentielles : l'Harmonie.

VIII

PROPRIÉTÉ, COMMUNAUTÉ

Reconnaissant à la terre, aux agents naturels, aux instruments de travail, ce qui est incontestablement en eux : le don d'engendrer l'Utilité, je me suis efforcé de leur arracher ce qui leur a été faussement attribué : la faculté de créer de la Valeur, faculté qui n'appartient qu'aux Services que les hommes échangent entre eux.

Cette rectification si simple, en même temps qu'elle raffermira la propriété en lui restituant son véritable caractère, révélera à la science un fait prodigieux, et, si je ne me trompe, par elle encore inaperçu, le fait d'une Communauté réelle, essentielle, *progressive*, résultat providentiel de tout ordre social qui a pour régime la Liberté, et dont l'évidente destination est de conduire, comme des frères, tous les hommes, de l'Égalité primitive, celle du dénûment et de l'ignorance, vers l'Égalité finale dans la possession du bien-être et de la vérité.

Si cette radicale distinction entre l'Utilité des choses et la Valeur des services est vraie en elle-même ainsi que dans ses déductions, il n'est pas possible qu'on en méconnaisse la portée; car elle ne va à rien moins qu'à l'absorption de l'utopie dans la science, et à réconcilier les écoles antagoniques dans une commune foi qui donne satisfaction à toutes les intelligences comme à toutes les aspirations.

Hommes de propriété et de loisir, à quelque degré de l'échelle sociale que vous soyez parvenus à force d'activité, de probité, d'ordre, d'économie, d'où vient le trouble qui vous a saisis ? Ah ! voici que le souffle parfumé, mais empoisonné de l'Utopie, menace votre existence. On dit, on vocifère que le bien par vous amassé pour assurer un peu de repos à votre vieillesse, du pain, de l'instruction et une carrière à vos enfants, vous l'avez acquis aux dépens de vos frères ; on dit que vous êtes placés entre les dons de Dieu et les pauvres ; que, comme des collecteurs avides, vous avez prélevé, sous le nom de Propriété, Intérêt, Rente, Loyer, une taxe sur ces dons ; que vous avez intercepté, pour les vendre, les bienfaits que le Père commun avait prodigués à tous ses enfants ; on vous appelle à restituer ; et ce qui augmente votre effroi, c'est que dans la défense de vos avocats se trouve trop souvent cet aveu implicite : l'usurpation est flagrante, mais elle est nécessaire. Et moi je dis : Non, vous n'avez pas intercepté les dons de Dieu. Vous les avez gratuitement recueillis des mains de la nature, c'est vrai ; mais aussi vous les avez gratuitement transmis à vos frères sans en rien réserver. Ils ont agi de même envers vous, et les seules choses qui aient été réciproquement *compensées*, ce sont les efforts physiques ou intellectuels, les sueurs répandues, les dangers bravés, l'habileté déployée, les privations acceptées, la peine prise, les *services reçus et rendus*. Vous n'avez peut-être songé qu'à vous, mais votre intérêt personnel même a été l'instrument d'une Providence infiniment prévoyante et sage pour élargir sans cesse, au sein du genre humain, le domaine de la Communauté ; car, sans vos efforts, tous ces *effets utiles* que vous avez sollicités de la nature pour les répandre, sans rémunération, parmi les hommes, seraient restés dans une éternelle inertie. Je dis : *sans rémunération*, parce que celle que vous avez reçue n'est qu'une simple restitution de vos

efforts, et non point du tout le prix des dons de Dieu. Vivez
donc en paix, sans crainte et sans scrupule. Vous n'avez
d'autre Propriété au monde que votre droit à des services,
en échange de services par vous loyalement rendus, par vos
frères volontairement acceptés. Cette propriété-là est légitime, inattaquable; aucune utopie ne prévaudra contre
elle, car elle se combine et se confond avec l'essence même
de notre nature. Aucune théorie ne parviendra jamais ni
à l'ébranler ni à la flétrir.

Hommes de labeur et de privations, vous ne pouvez fermer les yeux sur cette vérité que le point de départ du genre
humain est une entière Communauté, une parfaite Égalité
de misère, de dénûment et d'ignorance. Il se rachète à la
sueur de son front, et se dirige vers une autre Communauté,
celle des dons de Dieu successivement obtenus avec de
moindres efforts; vers une autre Égalité, celle du bien-être,
des lumières et de la dignité morale. Oui, les pas des hommes
sur cette route de perfectibilité sont inégaux, et vous ne
pourriez vous en plaindre qu'autant que la marche plus pré-
cipitée de l'avant-garde fût de nature à retarder la vôtre.
Mais c'est tout le contraire. Il ne jaillit pas une étincelle
dans une intelligence qui n'éclaire à quelque degré votre
intelligence; il ne s'accomplit pas un progrès, sous le mobile propriétaire, qui ne soit pour vous un progrès; il ne se
forme pas une richesse qui ne tende à votre affranchissement, pas un capital qui n'augmente la proportion de vos
jouissances à votre travail, pas une acquisition qui ne soit
pour vous une facilité d'acquisition, pas une Propriété dont
la mission ne soit d'élargir, à votre profit, le domaine de la
Communauté. L'ordre social naturel a été si artistement
arrangé par le divin Ouvrier, que les plus avancés dans la
voie de la rédemption vous tendent une main secourable,
volontairement ou à leur insu, qu'ils en aient ou non la conscience; car il a disposé les choses de telle sorte qu'aucun

homme ne peut travailler honnêtement pour lui-même sans travailler en même temps pour tous. Et il est rigoureusement vrai de dire que toute atteinte portée à cet ordre merveilleux ne serait pas seulement de votre part un homicide, mais un suicide. L'humanité est une chaîne admirable où s'accomplit ce miracle, que les premiers chaînons communiquent à tous les autres un mouvement progressif de plus en plus rapide jusqu'au dernier.

Hommes de philanthropie, amants de l'égalité, aveugles défenseurs, dangereux amis de ceux qui souffrent attardés sur la route de la civilisation, vous qui cherchez le règne de la Communauté en ce monde, pourquoi commencez-vous par ébranler les intérêts et les consciences? Pourquoi, dans votre orgueil, aspirez-vous à ployer toutes les volontés sous le joug de vos inventions sociales? Cette Communauté après laquelle vous soupirez, comme devant étendre le royaume de Dieu sur la terre, ne voyez-vous pas que Dieu lui-même y a songé et pourvu? qu'il ne vous a pas attendus pour en faire le patrimoine de ses enfants? qu'il n'a pas besoin de vos conceptions ni de vos violences? qu'elle se réalise tous les jours en vertu de ses admirables décrets? que pour l'exécution de sa volonté, il ne s'en est rapporté ni à la contingence de vos puérils arrangements, ni même à l'expression croissante du principe sympathique manifesté par la charité; mais qu'il a confié la réalisation de ses desseins à la plus active, à la plus intime, à la plus permanente de nos énergies, l'Intérêt personnel, sûr que celle-là ne se repose jamais? Étudiez donc le mécanisme social, tel qu'il est sorti des mains du grand Mécanicien; vous resterez convaincus qu'il témoigne d'une universelle sollicitude qui laisse bien loin derrière elle vos rêves et vos chimères. Peut-être alors, au lieu de prétendre refaire l'œuvre divine, vous vous contenterez de la bénir.

Ce n'est pas à dire qu'il n'y ait pas de place sur cette terre

pour les réformes et les réformateurs. Ce n'est pas à dire
que l'humanité ne doive appeler de ses vœux, encourager
de sa reconnaissance les hommes d'investigation, de science
et de dévouement, les cœurs fidèles à la démocratie. Ils ne
lui sont encore que trop nécessaires, non point pour renverser les lois sociales, mais, au contraire, pour combattre les
obstacles artificiels qui en troublent et pervertissent l'action. En vérité, il est difficile de comprendre comment on
répète sans cesse ces banalités : « L'économie politique est
optimiste quant aux faits accomplis; elle affirme que ce qui
doit être *est ;* à l'aspect du mal comme à l'aspect du bien,
elle se contente de dire : *laissez faire.* » Quoi! nous ignore-
rions que le point de départ de l'humanité est la misère,
l'ignorance, le règne de la force brutale, ou nous serions
optimistes à l'égard de ces faits accomplis! Quoi! nous igno-
rerions que le moteur des êtres humains est l'aversion de
toute douleur, de toute fatigue, et que, le travail étant une
fatigue, la première manifestation de l'intérêt personnel
parmi les hommes a été de s'en rejeter les uns aux autres
le pénible fardeau! Les mots Anthropophagie, Guerre, Esclavage, Privilége, Monopole, Fraude, Spoliation, Imposture,
ne seraient jamais parvenus à notre oreille, ou nous verrions
dans ces abominations des rouages nécessaires à l'œuvre du
progrès! Mais n'est-ce pas un peu volontairement que l'on
confond ainsi toutes choses pour nous accuser de les confondre? Quand nous admirons la loi providentielle des transactions, quand nous disons que les intérêts concordent,
quand nous en concluons que leur gravitation naturelle
tend à réaliser l'égalité relative et le progrès général, apparemment c'est de l'action de ces lois et non de leur perturbation que nous attendons l'harmonie. Quand nous disons :
laissez faire, apparemment nous entendons dire : *laissez
agir ces lois,* et non pas: *laissez troubler ces lois.* Selon qu'on
s'y conforme ou qu'on les viole, le bien ou le mal se produi-

sent; en d'autres termes, les intérêts sont harmoniques, pourvu que chacun reste dans son droit, pourvu que les services s'échangent librement, volontairement, contre les services. Mais est-ce à dire que nous ignorons la lutte perpétuelle du Tort contre le Droit? Est-ce à dire que nous perdons de vue ou que nous approuvons les efforts qui se sont faits en tous temps et qui se font encore pour altérer, par la force ou la ruse, la naturelle équivalence des services? C'est là justement ce que nous repoussons sous le nom de violation des lois sociales providentielles, sous le nom d'attentats à la propriété; car, pour nous, libre échange de services, justice, propriété, liberté, sécurité, c'est toujours la même idée sous divers aspects. Ce n'est pas le principe de la Propriété qu'il faut combattre, mais, au contraire, le principe antagonique, celui de la spoliation. Propriétaires à tous les degrés, réformateurs de toutes les écoles, c'est là la mission qui doit nous concilier et nous unir.

Et il est temps, il est grand-temps que cette croisade commence. La guerre théorique à la Propriété n'est ni la plus acharnée ni la plus dangereuse. Il y a contre elle, depuis le commencement du monde, une conspiration pratique qui n'est pas près de cesser. Guerre, esclavage, imposture, taxes abusives, monopoles, priviléges, fraudes commerciales, colonies, droit au travail, droit au crédit, droit à l'assistance, droit à l'instruction, impôts progressifs en raison directe ou en raison inverse des facultés, autant de béliers qui frappent à coups redoublés la colonne chancelante; et pourrait-on bien me dire s'il y a beaucoup d'hommes en France, même parmi ceux qui se croient conservateurs, qui ne mettent la main, sous une forme ou sous une autre, à l'œuvre de destruction?

Il y a des gens aux yeux de qui la Propriété n'apparaît jamais que sous l'apparence d'un champ ou d'un sac d'écus. Pourvu qu'on ne déplace pas les bornes sacrées et qu'on ne vide pas matériellement les poches, les voilà fort rassurés.

Mais n'y a-t-il pas la Propriété des bras, celle des facultés, celle des idées, n'y a-t-il pas, en un mot, la Propriété des services? Quand je jette un service dans le milieu social, n'est-ce pas mon droit qu'il s'y tienne, si je puis m'exprimer ainsi, en suspension, selon les lois de sa naturelle équivalence? qu'il y fasse équilibre à tout autre *service* qu'on consent à me céder en échange? Nous avons, d'un commun accord, institué une force publique pour protéger la propriété ainsi comprise. Où en sommes-nous donc si cette force même croit avoir et se donne la mission de troubler cet équilibre, sous le prétexte socialiste que le monopole naît de la liberté, que le *laissez-faire* est odieux et sans entrailles? Quand les choses vont ainsi, le vol individuel peut être rare, sévèrement réprimé, mais la spoliation est organisée, légalisée, systématisée. Réformateurs, rassurez-vous, votre œuvre n'est pas terminée ; tâchez seulement de la comprendre.

Mais, avant d'analyser la spoliation publique ou privée, légale ou illégale, son rôle dans le monde, sa portée comme élément du problème social, il faut nous faire, s'il est possible, des idées justes sur la communauté et la Propriété : car, ainsi que nous allons le voir, la spoliation n'est autre chose que la limite de la propriété, comme la propriété est la limite de la communauté.

Des chapitres précédents, et notamment de celui où il a été traité de l'Utilité et de la Valeur, nous pouvons déduire cette formule :

Tout homme jouit GRATUITEMENT *de toutes les utilités fournies ou élaborées par la nature, à la condition de prendre la peine de les recueillir ou de restituer un service équivalent à ceux qui lui rendent le service de prendre cette peine pour lui.*

Il y a là deux faits combinés, fondus ensemble, quoique distincts par leur essence.

Il y a les dons naturels, les matériaux gratuits, les forces gratuites; c'est le domaine de la *Communauté*.

Il y a de plus les efforts humains consacrés à recueillir ces matériaux, à diriger ces forces; efforts qui s'échangent, *s'évaluent* et se compensent; c'est le domaine de la *Propriété*.

En d'autres termes, à l'égard les uns des autres, nous ne sommes pas propriétaires de l'Utilité des choses, mais de leur valeur, et la valeur n'est que l'appréciation des services réciproques.

Propriété, communauté, sont deux idées corrélatives à celles d'*onérosité* et de *gratuité*, d'où elles procèdent.

Ce qui est *gratuit* est *commun*, car chacun en jouit et est admis à en jouir sans conditions.

Ce qui est *onéreux* est *approprié*, parce qu'une peine à prendre est la condition de la satisfaction, comme la satisfaction est la raison de la peine prise.

L'échange intervient-il? il s'accomplit par l'évaluation de deux peines ou de deux services.

Ce recours à une peine implique l'idée d'un Obstacle. On peut donc dire que l'objet cherché se rapproche d'autant plus de la gratuité et de la communauté que l'Obstacle est moindre, puisque, d'après nos prémisses, l'absence complète de l'obstacle entraîne la gratuité et la communauté parfaites.

Or devant le genre humain progressif et perfectible, l'obstacle ne peut jamais être considéré comme une quantité invariable et absolue. Il s'amoindrit. Donc la peine s'amoindrit avec lui, — et le service avec la peine, — et la valeur avec le service, — et la propriété avec la valeur.

Et l'Utilité reste la même : — donc la gratuité et la communauté ont gagné tout ce que l'onérosité et la propriété ont perdu.

Pour déterminer l'homme au travail, il faut un mobile; ce mobile, c'est la satisfaction qu'il a en vue, ou l'utilité. Sa tendance incontestable et indomptable, c'est de réaliser la plus grande satisfaction possible avec le moindre travail possible, c'est de faire que la plus grande utilité corresponde à la plus petite propriété, — d'où il suit que la mission de la Propriété ou plutôt de l'esprit de propriété est de réaliser de plus en plus la Communauté.

Le point de départ du genre humain étant le maximum de la misère, ou le maximum d'obstacles à vaincre, il est clair que tout ce qu'il gagne d'une époque à l'autre, il le doit à l'esprit de propriété.

Les choses étant ainsi, se rencontrera-t-il dans le monde entier un seul adversaire théorique de la propriété? Ne voit-on pas qu'il ne se peut imaginer une force sociale à la fois plus juste et plus démocratique? Le dogme fondamental de Proudhon lui-même est la *mutualité des services.* Nous sommes d'accord là-dessus. En quoi nous différons, c'est en ceci : ce dogme, je l'appelle *propriété,* parce qu'en creusant le fond des choses, je m'assure que les hommes, s'ils sont libres, n'ont et ne peuvent avoir d'autre propriété que celle de la valeur ou de leurs services. Au contraire, Proudhon, ainsi que la plupart des économistes, pense que certains agents naturels ont une *valeur qui leur est propre,* et qu'ils sont par conséquent *appropriés.* Mais, quant à la propriété des services, loin de la contester, elle est toute sa foi. Y a-t-il quelqu'un qui veuille encore aller au delà? Ira-t-on jusqu'à dire qu'un homme ne doit pas être propriétaire de sa propre peine? que dans l'échange, ce n'est pas assez de céder gratuitement la coopération des agents naturels, il faut encore céder gratuitement ses propres efforts? Mais qu'on y prenne garde! ce serait glorifier l'esclavage; car, dire que certains hommes doivent rendre, c'est dire que certains autres doivent recevoir des services non rémunérés, ce qui est bien l'esclavage. Que si l'on dit que cette gratuité doit être réciproque, on articule une logomachie incompréhensible ; car, ou il y aura quelque justice dans l'échange, et alors les services seront, de manière ou d'autre, *évalués* et compensés, ou ils ne seront pas évalués et compensés, et en ce cas, les uns en rendront beaucoup, les autres peu, et nous retombons dans l'esclavage.

Il est donc impossible de contester la légitime Propriété des services échangés sur le principe de l'équivalence. Pour expliquer cette légitimité, nous n'avons besoin ni de philosophie, ni de science du droit, ni de métaphysique. Socialistes, Économistes, Égalitaires, Fraternitaires, je vous défie, tous tant que vous êtes, d'élever même l'ombre d'une objection contre la *légitime mutualité des services volontaires*, par conséquent contre la Propriété, telle que je l'ai définie, telle qu'elle existe dans l'ordre social naturel.

Certes, je le sais, dans la pratique, la Propriété est encore loin de régner sans partage ; en face d'elle il y a le fait antagonique ; il y a des services qui ne sont pas volontaires, dont la rémunération n'est pas librement débattue ; il y a des services dont l'équivalence est altérée par la force ou par la ruse ; en un mot, il y a la Spoliation. Le légitime principe de la Propriété n'en est pas infirmé, mais confirmé ; on le viole, donc il existe. Ou il ne faut croire à rien dans le monde, ni aux faits, ni à la justice, ni à l'assentiment universel, ni au langage humain, où il faut admettre que ces deux mots Propriété et Spoliation expriment des idées opposées, inconciliables qu'on ne peut pas plus identifier qu'on ne peut identifier le oui avec le non, la lumière avec les ténèbres, le bien avec le mal, l'harmonie avec la discordance. Prise au pied de la lettre, la célèbre formule : *la propriété, c'est le vol*, est donc l'absurdité portée à sa dernière puissance. Il ne serait pas plus exorbitant de dire : *le vol, c'est la propriété;* le légitime est illégitime; ce qui est n'est pas, etc. Il est probable que l'auteur de ce bizarre aphorisme a voulu saisir fortement les esprits, toujours curieux de voir comment on justifie un [paradoxe, et qu'au fond ce qu'il voulait exprimer, c'est ceci : Certains hommes se font payer, outre le travail qu'ils ont fait, le travail qu'ils n'ont pas fait, s'appropriant ainsi exclusivement les dons de Dieu, l'utilité gratuite, le bien de tous. — En ce cas, il fallait d'abord prouver l'assertion, et puis dire : *le vol, c'est le vol.*

Voler, dans le langage ordinaire, signifie : s'emparer par force ou par fraude d'une valeur au préjudice et sans le consentement de celui qui l'a créée. On comprend comment la fausse économie politique a pu étendre le sens de ce triste mot, *voler*.

On a commencé par confondre l'Utilité avec la Valeur. Puis, comme la nature coopère à la création de l'utilité, on en a conclu qu'elle concourait à la création de la valeur, et on a dit : Cette portion de valeur, n'étant le fruit du travail de personne, appartient à tout le monde. Enfin, remarquant que la valeur ne se cède jamais sans rémunération, on a ajouté : Celui-là *vole* qui se fait rétribuer pour une valeur qui est de création naturelle, qui est indépendante de tout travail humain, qui est *inhérente aux choses,* et est, par destination providentielle, une de leurs *qualités intrinsèques,* comme la pesanteur ou la porosité, la forme ou la couleur.

Une exacte analyse de la valeur renverse cet échafaudage de subtilités, d'où l'on voudrait déduire une assimilation monstrueuse entre la Spoliation et la Propriété.

Dieu a mis des Matériaux et des Forces à la disposition des hommes. Pour s'emparer de ces matériaux et de ces forces, il faut une Peine ou il n'en faut pas. S'il ne faut aucune peine, nul ne consentira librement à acheter d'autrui, moyennant un effort, ce qu'il peut recueillir sans effort des mains de la nature. Il n'y a là ni services, ni échange, ni valeur, ni *propriété* possibles. S'il faut une peine, en bonne justice elle incombe à celui qui doit éprouver la satisfaction, d'où il suit que la satisfaction doit aboutir à celui qui a pris la peine. Voilà le principe de la Propriété. Cela posé, un homme prend la peine pour lui-même; il devient propriétaire de toute l'utilité réalisée par le concours de [cette peine et de la nature. Il la prend pour autrui; en ce cas, il stipule en retour la cession d'une peine équivalente servant aussi de véhicule à de l'utilité, et le résultat nous montre deux Peines, deux Utilités qui ont changé de mains, et deux Satisfactions. Mais ce qu'il ne faut pas perdre de vue, c'est que la transaction s'accomplit par la comparaison, par l'*évaluation*, non des deux utilités (elles sont inévaluables), mais des deux services échangés. Il est donc exact de dire qu'au point de vue personnel, l'homme, par le travail, devient propriétaire de l'utilité naturelle (il ne travaille que pour cela), quel que soit le rapport, variable à l'infini, du travail à l'utilité. Mais au point de vue *social*, à l'égard les uns des autres, les hommes ne sont jamais propriétaires que de la valeur, laquelle n'a pas pour fondement la libéralité de la nature, mais le service humain, la peine prise, le danger couru, l'habileté déployée pour recueillir cette libéralité; en un mot, en ce qui concerne l'utilité naturelle et gratuite, le dernier acquéreur, celui à qui doit aboutir la satisfaction, est mis, par l'échange, exactement au lieu et place du premier travailleur. Celui-ci s'était trouvé en présence d'une utilité gratuite qu'il s'est donné la peine de recueillir; celui-là lui restitue une peine équivalente, et se substitue ainsi à tous ses droits; l'utilité lui est acquise au même titre, c'est-à-dire à titre gratuit sous la condition d'une peine. Il n'y a là ni le fait ni l'apparence d'une interception abusive des dons de Dieu.

Ainsi j'ose dire que cette proposition est inébranlable :

A l'égard les uns des autres, les hommes ne sont proprié-
taires que de valeurs, et les valeurs ne représentent que des
services comparés, librement reçus et rendus.

Que d'un côté ce soit là le vrai sens du mot *valeur*, c'est
ce que j'ai déjà démontré (chapitre V) ; que d'autre part les
hommes ne soient jamais et ne puissent jamais être, à l'é-
gard les uns des autres, propriétaires que de la *valeur*, c'est
ce qui résulte aussi bien du raisonnement que de l'expérience. {Du raisonnement ; car comment irais-je acheter
d'un homme, moyennant une peine, ce que je puis sans
peine, ou avec une moindre peine, obtenir de la nature?
De l'expérience universelle, qui n'est pas d'un poids à dé-
daigner dans la question, rien n'étant plus propre à donner
confiance à une théorie que le consentement raisonné et
pratique des hommes de tous les temps et de tous les pays.
Or je dis que le consentement universel ratifie le sens que
je donne ici au mot Propriété. Quand l'officier public fait un
inventaire après décès, ou par autorité de justice ; quand le
négociant, le manufacturier, le fermier, font, pour leur propre compte, la même opération, ou qu'elle est confiée aux
syndics d'une faillite, qu'inscrit-on sur les rôles timbrés à
mesure qu'un objet se présente? Est-ce son *utilité*, son mérite intrinsèque ? Non, c'est sa *valeur*, c'est-à-dire l'équivalent de la peine que tout acheteur, pris au hasard, devrait
prendre pour se procurer un objet semblable. Les experts
s'occupent-ils de savoir si telle chose est plus utile que telle
autre? Se placent-ils au point de vue des satisfactions qu'elles
peuvent procurer? Estiment-ils un marteau plus qu'une chi-
noiserie, parce que le marteau fait tourner d'une manière
admirable, au profit de son possesseur, la loi de gravitation?
ou bien un verre d'eau plus qu'un diamant, parce que, d'une
manière absolue, il peut rendre de plus réels services ? ou le
livre de Say plus que celui de Fourier, parce qu'on peut

puiser dans le premier plus de sérieuses jouissances et de solide instruction ? Non ; ils *évaluent*, ils relèvent la *valeur*, en se conformant rigoureusement, remarquez-le bien, à ma définition. — Pour mieux dire, c'est ma définition qui se conforme à leur pratique. — Ils tiennent compte, non point des avantages naturels ou de l'utilité gratuite attachée à chaque objet, mais du service que tout acquéreur aurait à se rendre à lui-même ou à réclamer d'autrui pour se le procurer. Ils n'estiment pas, qu'on me pardonne cette expression hasardée, la peine que Dieu a prise, mais celle que l'acheteur aurait à prendre. — Et quand l'opération est terminée, quand le public connaît le total des Valeurs portées au bilan, il dit d'une voix unanime : Voilà ce dont l'héritier est PROPRIÉTAIRE.

Puisque les propriétés n'embrassent que des valeurs, et puisque les valeurs n'expriment que des rapports, il s'ensuit que les propriétés ne sont elles-mêmes que des rapports.

Quand le public, à la vue des deux inventaires, prononce : « Cet homme est plus riche que cet autre, » il n'entend pas dire pour cela que le rapport des deux propriétés exprime celui des deux richesses absolues ou du bien-être. Il entre dans les satisfactions, dans le bien-être absolu, une part d'*utilité commune* qui change beaucoup cette proportion. Tous les hommes, en effet, sont égaux devant la lumière du jour, devant l'air respirable, devant la chaleur du soleil ; et l'Inégalité, — exprimée par la différence des propriétés ou des valeurs, — ne doit s'entendre que de l'*utilité onéreuse*.

Or, je l'ai déjà dit bien des fois, et je le répéterai sans doute bien des fois encore, car c'est la plus grande, la plus belle, peut-être la plus méconnue des harmonies sociales, celle qui résume toutes les autres : il est dans la nature du progrès, — et le progrès ne consiste qu'en cela, — de transformer l'utilité onéreuse en utilité gratuite ; de diminuer la valeur sans diminuer l'Utilité ; de faire que, pour se procurer les mêmes choses, chacun ait moins de peine à prendre ou à rémunérer ; d'accroître incessamment la masse de ces choses *communes*, dont la jouissance, se distribuant d'une manière uniforme entre tous, efface peu à peu l'Inégalité qui résulte de la différence des propriétés.

Ne nous lassons pas d'analyser le résultat de ce mécanisme.

Combien de fois, en contemplant les phénomènes du monde social, n'ai-je pas eu l'occasion de sentir la profonde justesse de ce mot de Rousseau : « Il faut beaucoup de philosophie pour observer ce qu'on voit tous les jours ! » C'est ainsi que l'*accoutumance*, ce voile étendu sur les yeux du vulgaire, et dont ne parvient pas toujours à se délivrer l'observateur attentif, nous empêche de discerner le plus merveilleux des phénomènes économiques : la richesse réelle tombant incessamment du domaine de la Propriété dans celui de la Communauté.

Essayons cependant de constater cette démocratique évolution, et même, s'il se peut, d'en mesurer la portée.

J'ai dit ailleurs que, si nous voulions comparer deux époques, au point de vue du bien-être réel, nous devions tout rapporter au travail brut mesuré par le temps, et nous poser cette question : Quelle est la différence de satisfaction que procure, selon le degré d'avancement de la société, une durée déterminée de travail brut, par exemple : la journée d'un simple manouvrier ?

Cette question en implique deux autres :

Quel est, au point de départ de l'évolution, le rapport de la satisfaction au travail le plus simple ?

Quel est ce même rapport aujourd'hui ?

La différence mesurera l'accroissement qu'ont pris l'utilité gratuite relativement à l'utilité onéreuse, le domaine commun relativement au domaine approprié.

Je ne crois pas que l'homme politique se puisse prendre à un problème plus intéressant, plus instructif. Que le lecteur veuille me pardonner si, pour arriver à une solution satisfaisante, je le fatigue de trop nombreux exemples.

J'ai fait, en commençant, une sorte de nomenclature des besoins humains les plus généraux : respiration, alimentation, vêtement, logement, locomotion, instruction, diversion, etc.

Reprenons cet ordre, et voyons ce qu'un simple journalier pouvait à l'origine et peut aujourd'hui se procurer de satisfactions par un nombre déterminé de journées de travail.

Respiration. Ici la gratuité et la communauté sont complètes dès l'origine. La nature, s'étant chargée de tout, ne nous laisse rien à faire. Il n'y a ni efforts, ni services, ni valeur, ni propriété, ni progrès possibles. Au point de vue de l'utilité, Diogène est aussi riche qu'Alexandre ; au point de vue de la valeur, Alexandre est aussi riche que Diogène.

Alimentation. Dans l'état actuel des choses, la valeur d'un hectolitre de blé fait équilibre, en France, à celle de quinze à vingt journées du travail le plus vulgaire. Voilà un fait, et on a beau le méconnaître, il n'en est pas moins digne de remarque. Il est positif qu'aujourd'hui, en considérant l'humanité sous son aspect le moins avancé, et représentée par le journalier-prolétaire, nous constatons qu'elle obtient la satisfaction attachée à un hectolitre de blé avec quinze journées du travail humain le plus brut. On calcule qu'il faut trois hectolitres de blé pour l'alimentation d'un homme. Le simple manœuvre produit donc, sinon sa subsistance, du moins (ce qui revient au même pour lui) la valeur de sa subsistance, en prélevant de quarante-cinq à soixante journées sur son travail annuel. Si nous représentons par *Un* le type de la valeur (qui pour nous est *une journée de travail brut*), la valeur d'un hectolitre de blé s'exprimera par 15, 18 ou 20, selon les années.

Le rapport de ces deux valeurs est de *un à quinze.*

Pour savoir si un progrès a été accompli et pour le mesurer, il faut se demander quel était ce même rapport au jour de départ de l'humanité. En vérité, je n'ose hasarder un chiffre ; mais il y a un moyen de dégager cet x. Quand vous entendez un homme déclamer contre l'ordre social, contre l'appropriation du sol, contre la rente, contre les machines, conduisez-le au milieu d'une forêt vierge ou en face d'un marais infect. Je veux, direz-vous, vous affranchir du joug dont vous vous plaignez ; je veux vous soustraire aux luttes atroces de la concurrence anarchique, à l'antagonisme des intérêts, à l'égoïsme des riches, à l'oppression de la propriété, à l'écrasante rivalité des machines, à l'atmosphère étouffante de la société. Voilà de la terre semblable à celle que rencontrent devant eux les premiers défricheurs. Prenez-en tant qu'il vous plaira par dizaines, par centaines d'hectares. Cultivez-la vous-même. Tout ce que vous lui ferez produire est à vous. Je n'y mets qu'une condition : c'est que vous n'aurez pas recours à cette société dont vous vous dites victime.

Cet homme, remarquez-le bien, serait mis en face du sol dans la même situation où était, à l'origine, l'humanité elle-même. Or, je ne crains pas d'être contredit en avançant qu'il ne produira pas un hectolitre de blé tous les deux ans. Rapport : 15 à 600.

Et voilà le progrès mesuré. Relativement au blé, — et malgré qu'il soit obligé de payer la rente du sol, l'intérêt du capital, le loyer des outils, — ou plutôt parce qu'il les paye, — un journalier obtient avec quinze jours de travail ce qu'il aurait eu peine à recueillir avec six cents journées. La valeur du blé, mesurée par le travail le plus brut, est donc tombée de 600 à 15 ou de 40 à 1. Un hectolitre de blé a, pour l'homme, exactement la même utilité qu'il aurait eue le lendemain du déluge; il contient la même quantité de substance alimentaire; il satisfait au même besoin et dans la même mesure. — Il est une égale *richesse réelle*, il n'est plus une égale *richesse relative.* Sa production a été mise en grande partie *à la charge de la nature :* on l'obtient avec un *moindre effort* humain ; on se rend un *moindre service* en se le passant de main en main, il a moins de *valeur ;* et, pour tout dire en un mot, il est devenu *gratuit,* non absolument, mais dans la proportion de quarante à un.

Et non-seulement il est devenu *gratuit,* mais encore *commun* dans cette proportion. Car ce n'est pas au profit de celui qui le produit que les 39/40 de l'effort ont été anéantis; mais au profit de celui qui le consomme, quel que soit le genre de travail auquel il se voue.

Vêtement. Même phénomène. Un simple manœuvre entre dans un magasin du Marais, et y reçoit un vêtement qui correspond à vingt journées de son travail, que nous supposons être de la qualité la plus inférieure. S'il devait faire ce vêtement lui-même, il n'y parviendrait pas de toute sa vie. S'il eût voulu s'en procurer un semblable du temps d'Henri IV, il lui en eût coûté trois ou quatre cents journées. Qu'est donc devenue, quant aux étoffes, cette différence de *valeur* rapportée à la durée du travail brut? Elle a été anéantie, parce que des forces naturelles *gratuites* se sont chargées de l'œuvre ; et elle a été anéantie au profit de l'humanité tout entière.

Car il ne faut pas cesser de faire remarquer ceci : Chacun doit à son semblable un service équivalent à celui qu'il en reçoit. Si donc l'art du tisserand n'avait fait aucun progrès, si le tissage n'était exécuté en partie par des forces *gratuites,* le tisserand mettrait deux ou trois cents journées à fabriquer l'étoffe, et il faudrait bien que notre manœuvre cédât deux ou trois cents journées pour l'obtenir. Et puisque le tisserand ne peut parvenir, malgré sa bonne volonté.

à se faire céder deux ou trois cents journées, à se faire
rétribuer pour l'intervention des forces gratuites, pour le
progrès accompli, il est parfaitement exact de dire que ce
progrès a été accompli au profit de l'acquéreur, du consommateur, de la satisfaction universelle, de l'humanité.

Transport. Antérieurement à tout progrès, quand le genre
humain en était réduit, comme le journalier que nous avons
mis en scène, à du travail brut et primitif, si un homme
avait voulu qu'un fardeau d'un quintal fût transporté de
Paris à Bayonne, il n'aurait eu que cette alternative : ou
mettre le fardeau sur ses épaules et accomplir l'œuvre lui-
même, voyageant par monts et par vaux, ce qui eût exigé
au moins un an de fatigues ; ou bien prier quelqu'un de faire
pour lui cette rude besogne ; et comme, d'après l'hypothèse,
le nouveau porte-balle aurait employé les mêmes moyens et
le même temps, il aurait réclamé en paiement un an de
travail. A cette époque donc, la valeur du travail brut étant
un, celle du transport était de 300 pour un poids d'un
quintal et une distance de 200 lieues.

Les choses ont bien changé. En fait, il n'y a aucun manœuvre à Paris qui ne puisse atteindre le même résultat
par le sacrifice de deux journées. L'alternative est bien la
même. Il faut encore exécuter le transport soi-même ou le
faire faire par d'autres en les rémunérant. Si notre journalier l'exécute lui-même, il lui faudra encore un an de fatigues ; mais, s'il s'adresse à des hommes du métier, il trouvera vingt entrepreneurs qui s'en chargeront pour 3 ou
4 francs, c'est-à-dire pour l'équivalent de deux journées de
travail brut. Ainsi, la valeur du travail brut étant *un*, celle
du transport, qui était de 300, n'est plus que de *deux*.

Comment s'est accomplie cette étonnante révolution ?
Oh ! elle a exigé bien des siècles. On a dompté certains
animaux, on a percé des montagnes, on a comblé des
vallées, on a jeté des ponts sur les fleuves ; on a inventé le

traîneau d'abord, ensuite la roue, on a amoindri les obstacles, ou l'occasion du travail, des services, de la valeur ;
bref on est parvenu à faire, avec une peine égale à deux,
ce qu'on ne pouvait faire, à l'origine, qu'avec une peine
égale à trois cents. Ce progrès a été réalisé par des hommes
qui ne songeaient qu'à leurs propres intérêts. Et cependant
qui en profite aujourd'hui ? notre pauvre journalier, et avec
lui tout le monde.

Qu'on ne dise pas que ce n'est pas là de la Communauté.
Je dis que c'est de la Communauté dans le sens le plus
strict du mot. A l'origine, la satisfaction dont il s'agit faisait équilibre, pour tous les hommes, à 300 journées de
travail brut ou à un nombre moindre, mais proportionnel,
de travail intelligent. Maintenant, 298 parties de cet effort
sur 300 ont été mises à la charge de la nature, et l'humanité se trouve exonérée d'autant. Or, évidemment, tous les
hommes sont égaux devant ces obstacles détruits, devant
cette distance effacée, devant cette fatigue annulée, devant
cette valeur anéantie, puisque tous obtiennent le résultat
sans avoir à le rémunérer. Ce qu'ils rémunéreront, c'est l'effort humain qui reste encore à faire, mesuré par 2, exprimant le travail brut. En d'autres termes, celui qui ne s'est
pas perfectionné, et qui n'a à offrir que la force musculaire,
a encore deux journées de travail à céder pour obtenir la
satisfaction. Tous les autres hommes l'obtiennent avec un
travail de moindre durée : l'avocat de Paris, gagnant
30,000 francs par an, avec la vingt-cinquième partie d'une
journée, etc.; par où l'on voit que les hommes sont égaux
devant la valeur anéantie, et que l'inégalité se restreint
dans les limites qui forment encore le domaine de la Valeur
qui survit, ou de la Propriété.

C'est un écueil pour la science de procéder par voie
d'exemple. L'esprit du lecteur est porté à croire que le
phénomène qu'elle veut décrire n'est vrai qu'aux cas parti-

culiers invoqués à l'appui de la démonstration. Mais il est clair que ce qui a été dit du blé, du vêtement, du transport, est vrai de tout. Quand l'auteur généralise, c'est au lecteur de particulariser; et, quand celui-là se dévoue à la lourde et froide analyse, c'est bien le moins que celui-ci se donne le plaisir de la synthèse.

Après tout, cette loi synthétique, nous la pouvons formuler ainsi :

La valeur, qui est la propriété sociale, naît de l'effort et de l'obstacle.

A mesure que l'obstacle s'amoindrit, l'effort, la valeur, ou le domaine de la propriété, s'amoindrissent avec lui.

La propriété recule toujours, pour chaque satisfaction donnée, et la Communauté avance sans cesse.

Faut-il en conclure, comme fait M. Proudhon, que la Propriété est destinée à périr? De ce que, pour chaque effet utile à réaliser, pour chaque satisfaction à obtenir, elle recule devant la Communauté, est-ce à dire qu'elle va s'y absorber et s'y anéantir?

Conclure ainsi, c'est méconnaître complétement la nature même de l'homme. Nous rencontrons ici un sophisme analogue à celui que nous avons déjà réfuté au sujet de l'intérêt des capitaux. L'intérêt tend à baisser, disait-on, donc sa destinée est de disparaitre. — La valeur et la propriété diminuent, dit-on maintenant, donc leur destinée est de s'anéantir.

Tout le sophisme consiste à omettre ces mots : *pour chaque effet déterminé.* Oui, il est très-vrai que les hommes obtiennent des *effets déterminés* avec des efforts moindres ; c'est en cela qu'ils sont progressifs et perfectibles ; c'est pour cela qn'on peut affirmer que le domaine *relatif* de la propriété se rétrécit, en l'examinant au point de vue d'une satisfaction donnée.

Mais il n'est pas vrai que tous les *effets possibles* à obtenir soient jamais épuisés, et dès lors il est absurde de penser qu'il soit dans la nature du progrès d'altérer le domaine *absolu* de la Propriété.

Nous l'avons dit plusieurs fois et sous toutes les formes : chaque effort, avec le temps, peut servir de véhicule à une plus grande somme d'utilité gratuite, sans qu'on soit autorisé à en conclure que les hommes cesseront jamais de faire des efforts. Tout ce qu'on en doit déduire, c'est que leurs forces devenues disponibles s'attaqueront à d'autres obstacles, réalisant, à travail égal, des satisfactions jusque-là inconnues.

J'insisterai encore sur cette idée. Il doit être permis, par le temps qui court, de ne rien laisser à l'interprétation abusive quand on s'est avisé d'articuler ces terribles mots : Propriété, Communauté.

A un moment donné de son existence, l'homme isolé ne peut disposer que d'une certaine somme d'efforts. Il en est de même de la société.

Quand l'homme isolé réalise un progrès, en faisant concourir à son œuvre une force naturelle, la somme de ses efforts se trouve réduite d'autant, *par rapport à l'effet utile cherché*. Elle serait réduite aussi d'une manière *absolue*, si cet homme, satisfait de sa première condition, convertissait son progrès en loisir, et s'abstenait de consacrer à de nouvelles jouissances cette portion d'efforts rendue désormais disponible. Mais cela suppose que l'ambition, le désir, l'aspiration, sont des forces limitées; que le cœur humain n'est pas indéfiniment expansible. Or, il n'en est rien. A peine Robinson a mis une partie son travail à la charge de la nature, qu'il le consacre à de nouvelles entreprises. L'ensemble de ses efforts reste le même; seulement il y en a un entre autres qui est plus productif, plus fructueux, aidé par une plus grande proportion de collaboration naturelle et gratuite. — C'est justement le phénomène qui se réalise au sein de la société.

De ce que la charrue, la herse, le marteau, la scie, les bœufs et les chevaux, la voile, les chutes d'eau, la vapeur, ont successivement exonéré l'humanité d'une masse énorme d'efforts pour chaque résultat obtenu, il ne s'ensuit pas nécessairement que ces efforts mis en disponibilité aient été frappés d'inertie. Rappelons-nous ce qui a été dit de l'expansibilité indéfinie des besoins et des désirs. Jetons d'ailleurs un regard sur le monde, et nous n'hésiterons pas à reconnaître qu'à chaque fois que l'homme a pu vaincre un obstacle avec de la force naturelle, il a tourné sa force propre contre d'autres obstacles. On imprime plus facilement, mais on imprime davantage. Chaque livre répond à moins d'effort humain, à moins de valeur, à moins de propriété; mais il y a plus de livres, et, au total, autant d'efforts, autant de valeurs, autant de Propriétés. J'en pourrais dire autant des vêtements, des maisons, des chemins de fer, de toutes les productions humaines. Ce n'est pas l'ensemble des valeurs qui a diminué, c'est l'ensemble des utilités qui a augmenté. Ce n'est pas le domaine *absolu* de la Propriété qui s'est rétréci, c'est le domaine absolu de la Communauté qui s'est élargi. Le progrès n'a pas paralysé le travail, il a étendu le bien-être.

La Gratuité et la Communauté, c'est le domaine des forces naturelles, et ce domaine s'agrandit sans cesse. C'est une vérité de raisonnement et de fait.

La Valeur et la Propriété, c'est le domaine des efforts humains, des services réciproques ; et ce domaine se resserre incessamment pour chaque résultat donné, mais non pour l'ensemble des résultats, — pour chaque satisfaction déterminée, mais non pour l'ensemble des satisfactions, parce que les satisfactions *possibles* ouvrent devant l'humanité un horizon sans limites.

Autant donc il est vrai que la Propriété relative fait successivement place à la Communauté, autant il est faux que la Propriété absolue tende à disparaître de ce monde. C'est un pionnier qui accomplit son œuvre dans un cercle et passe dans un autre. Pour qu'elle s'évanouît, il faudrait que tout obstacle fît défaut au travail ; que tout effort humain devînt inutile ; que les hommes n'eussent plus occasion d'échanger, de se rendre des services : que toute production fût spontanée, que la satisfaction suivît immédiatement le désir ; il faudrait que nous fussions tous *égaux aux dieux*. Alors, il est vrai, tout serait gratuit, tout serait commun : effort, service, valeur, propriété, rien de ce qui constate notre native infirmité n'aurait sa raison d'être.

Mais l'homme a beau s'élever, il est toujours aussi loin de l'omnipotence. Que sont les degrés qu'il parcourt sur l'échelle de l'infini ? Ce qui caractérise la Divinité, autant qu'il nous est donné de le comprendre, c'est qu'entre sa volonté et l'accomplissement de sa volonté, il n'y a pas d'obstacles : *Fiat lux, et lux facta est.* Encore est-ce son impuissance à exprimer ce qui est étranger à l'humaine nature qui a réduit Moïse à supposer, entre la volonté divine et la lumière, l'obstacle d'un mot à prononcer. Mais quels que soient les progrès que réserve à l'humanité sa nature perfectible, on peut affirmer qu'ils n'iront jamais jusqu'à faire disparaître tout obstacle sur la route du bien-être infini, et à frapper ainsi d'inutilité le travail de ses muscles et de son intelligence. La raison en est simple : c'est qu'à mesure que certains obstacles sont vaincus, les désirs se dilatent, rencontrent de nouveaux obstacles qui s'offrent à de nouveaux efforts. Nous aurons donc toujours du travail à accomplir, à échanger, à *évaluer*. La propriété existera donc jusqu'à la consommation des temps, toujours croissante quant à la masse, à mesure que les hommes deviennent plus actifs et plus nombreux, encore que chaque effort, chaque service, chaque valeur, chaque propriété relative passant de main en main serve de véhicule à une proportion croissante d'utilité gratuite et commune.

Le lecteur voit que nous donnons au mot Propriété un sens très-étendu et qui n'en est pas pour cela moins exact. *La propriété, c'est le droit de s'appliquer à soi-même ses propres efforts, ou de ne les céder que moyennant la cession en retour d'efforts équivalents.* La distinction entre Propriétaire et Prolétaire est donc radicalement fausse ; — à moins qu'on ne prétende qu'il y a une classe d'hommes qui n'exécute aucun travail, ou n'a pas droit sur ses propres efforts, sur les services qu'elle rend ou sur ceux qu'elle reçoit en échange.

C'est à tort que l'on réserve le nom de Propriété à une de ses formes spéciales, au capital, à la terre, à ce qui procure un intérêt ou une rente ; et c'est sur cette fausse définition qu'on sépare ensuite les hommes en deux classes antagoniques. L'analyse démontre que l'intérêt et la rente sont le fruit de services rendus, et ont même origine, même nature, mêmes droits que la main-d'œuvre.

Le monde est un vaste atelier où la Providence a prodigué des matériaux et des forces ; c'est à ces matériaux et à ces forces que s'applique le travail humain. Efforts antérieurs, efforts actuels, même efforts ou promesses d'efforts futurs s'échangent les uns contre les autres. Leur mérite relatif, constaté par l'échange et indépendamment des matériaux et forces gratuites, révèle la valeur ; et c'est de la valeur par lui produite, que chacun est Propriétaire.

On fera cette objection : Qu'importe qu'un homme ne soit propriétaire, comme vous dites, que de la valeur ou du mérite reconnu de son service ? La propriété de la valeur emporte celle de l'utilité qui y est attachée. Jean a deux sacs de blé, Pierre n'en a qu'un. Jean, dites-vous, est le double plus riche *en valeur*. Eh ! morbleu ! il l'est bien aussi en utilité, et même en utilité naturelle. Il peut manger une fois davantage. .

Sans doute, mais n'a-t-il pas accompli le double de travail ? .

Allons néanmoins au fond de l'objection.

La richesse essentielle, absolue, nous l'avons déjà dit, réside dans l'utilité. C'est ce qu'exprime ce mot lui-même. Il n'y a que l'*utilité* qui *serve* (*uti*, servir). Elle seule est en rapport avec nos besoins, et c'est elle seule que l'homme a en vue quand il travaille. C'est du moins elle qu'il poursuit en définitive, car les choses ne satisfont pas notre faim et notre soif parce qu'elles renferment de la valeur, mais de l'utilité.

Cependant il faut se rendre compte du phénomène que produit à cet égard la société.

Dans l'isolement, l'homme aspirerait à réaliser de l'utilité sans se préoccuper de la valeur, dont la notion même ne pourrait exister pour lui.

Dans l'état social, au contraire, l'homme aspire à réaliser de la valeur, sans se préoccuper de l'utilité. La chose qu'il produit n'est pas destinée à ses propres besoins. Dès lors peu lui importe qu'elle soit plus ou moins utile. C'est à celui qui éprouve le désir à la juger à ce point de vue. Quant à lui, ce qui l'intéresse, c'est qu'on y attache, sur le marché, la plus grande valeur possible, certain qu'il retirera de ce marché, et à son choix, d'autant plus d'utilités qu'il y aura apporté plus de valeur.

La séparation des occupations amène cet état de choses que chacun produit ce qu'il ne consommera pas, et consomme ce qu'il n'a pas produit. Comme producteurs, nous poursuivons la valeur ; comme consommateurs, l'utilité. Cela est d'expérience universelle. Celui qui polit un diamant, brode de la dentelle, distille de l'eau-de-vie, ou cultive du pavot, ne se demande pas si la consommation de ces choses est bien ou mal entendue. Il travaille, et, pourvu que son travail réalise de la valeur, cela lui suffit. .

Et, pour le dire en passant, ceci prouve que ce qui est moral ou immoral, ce n'est pas le travail, mais le désir ; et que l'humanité se perfectionne, non par [la moralisation du producteur, mais par celle du consommateur. Combien ne s'est-on pas récrié contre les Anglais de ce qu'ils récoltaient de l'opium dans l'Inde avec l'idée bien arrêtée, disait-on, d'empoisonner les Chinois ! C'était méconnaître et déplacer le principe de la moralité. Jamais on n'empêchera de produire ce qui, étant recherché, a de la valeur. C'est à celui qui aspire à une satisfaction d'en calculer les effets, et c'est bien en vain qu'on essayerait de séparer la prévoyance de la responsabilité. Nos vignerons font du vin et en feront tant qu'il aura de la valeur, sans se mettre en peine de savoir si avec ce vin on s'enivre en France et on se tue en Amérique. C'est le jugement que les hommes portent sur leurs besoins et leurs satisfactions qui décide de la direction du travail. Cela est vrai même de l'homme isolé ; et si une sotte vanité eût parlé plus haut que la faim à Robinson, au lieu d'employer son temps à la chasse, il l'eût consacré à arranger les plumes de sa coiffure. De même un peuple sérieux provoque des industries sérieuses, un peuple futile, des industries futiles. (*Voir* chapitre XI.)

Mais revenons. Je dis :

L'homme qui travaille pour lui-même a en vue l'utilité.

L'homme qui travaille pour les autres a en vue la valeur.

Or la Propriété, telle que je l'ai définie, repose sur la valeur ; et la valeur n'étant qu'un rapport, il s'ensuit que la propriété n'est elle-même qu'un rapport.

S'il n'y avait qu'un homme sur la terre, l'idée de Propriété ne se présenterait jamais à son esprit. Maître de s'assimiler toutes les utilités dont il serait environné, ne rencontrant jamais un droit analogue pour servir de limite au sien, comment la pensée lui viendrait-elle de dire : *Ceci est à moi ?* Ce mot suppose ce corrélatif : *Ceci n'est pas à moi,* ou *ceci est à autrui.* Le *Tien* et le *Mien* ne se peuvent concevoir isolés, et il faut bien que le mot Propriété implique relation, car il n'exprime aussi énergiquement qu'une chose est *propre* à une personne qu'en faisant comprendre qu'elle n'est *propre* à aucune autre.

Le premier qui, ayant clos un terrain, dit Rousseau, s'avisa de dire : « Ceci est à moi, fut le vrai fondateur de la société civile. »

Que signifie cette clôture, si ce n'est une pensée d'exclusion et par conséquent de relation ? Si elle n'avait pour objet que de défendre le champ contre les animaux, c'était une précaution, non un signe de propriété ; une borne, au contraire, est un signe de propriété, non une précaution.

Ainsi les hommes ne sont véritablement Propriétaires que relativement les uns aux autres ; et cela posé, de quoi sont-ils propriétaires ? de valeurs, — ainsi qu'on le discerne fort bien dans les échanges qu'ils font entre eux.

Prenons, selon notre procédé habituel, un exemple très-simple.

La nature travaille, de toute éternité peut-être, à mettre dans l'eau de la source ces qualités qui la rendent propre à étancher la soif et qui font pour nous son *utilité.* Ce n'est certainement pas mon œuvre, car elle a été élaborée sans ma participation et à mon insu. Sous ce rapport, je puis bien dire que l'eau est pour moi un don gratuit de Dieu. Ce qui est mon œuvre *propre*, c'est l'effort auquel je me suis livré pour aller chercher ma provision de la journée.

Par cet acte, de quoi suis-je devenu propriétaire ?

Relativement à moi, je suis propriétaire, si l'on peut s'exprimer ainsi, de toute l'utilité que la nature a mise dans cette eau. Je puis la faire tourner à mon avantage comme je l'entends. Ce n'est même que pour cela que j'ai pris la peine de l'aller chercher. Contester mon droit, ce serait dire que, bien que les hommes ne puissent vivre sans boire, ils n'ont pas le droit de boire l'eau qu'ils se sont procurée par leur travail. Je ne pense pas que les communistes, quoiqu'ils aillent fort loin, aillent jusque-là ; et, même sous le régime Cabet, il sera permis sans doute aux agneaux icariens, quand ils auront soif, de s'aller désaltérer dans le courant d'une onde pure.

Mais relativement aux autres hommes, supposés libres de faire comme moi, je ne suis et je ne puis être propriétaire que de ce qu'on nomme, par métonymie, la *valeur de l'eau,* c'est-à-dire la valeur du *service* que je rendrai en la cédant. Puisqu'on me reconnaît le droit de boire cette eau, il n'est pas possible qu'on me conteste le droit de la céder. — Et puisqu'on reconnaît à l'autre contractant le droit d'aller, comme moi, en chercher à la source, il n'est pas possible qu'on lui conteste le droit d'accepter la mienne. Si l'un a le droit de céder, l'autre d'accepter, moyennant payement librement débattu, le premier est donc *propriétaire* à l'égard du second. — En vérité, il est triste d'écrire à une époque où l'on ne peut faire un pas en économie politique sans s'arrêter à de si puériles démonstrations.

Mais sur quelle base se fera l'arrangement ? C'est là ce qu'il faut surtout savoir pour apprécier toute la portée sociale de ce mot Propriété, si malsonnant aux oreilles du sentimentalisme démocratique.

Il est clair qu'étant libres tous deux, nous prendrons en considération la peine que je me suis donnée et celle qui lui sera épargnée, ainsi que toutes les circonstances qui constituent la valeur. Nous débattrons nos conditions, et, si le marché se conclut, il n'y a ni exagération ni subtilité à dire que mon voisin aura acquis *gratuitement*, ou, si l'on veut, *aussi gratuitement que moi*, toute l'utilité naturelle de l'eau. Veut-on la preuve que les efforts humains, et non l'utilité in-

trinsèque, déterminent les conditions plus ou moins onéreuses de la transaction ? On conviendra que cette utilité
reste identique, que la source soit rapprochée ou éloignée.
C'est la peine prise ou à prendre qui diffère selon les distances, et puisque la rémunération varie avec elle, c'est en
elle, non dans l'utilité, qu'est le principe de la valeur, de
la Propriété relative.

Il est donc certain que, relativement aux autres, je ne
suis et ne puis être Propriétaire que de mes efforts, de mes
services qui n'ont rien de commun avec les élaborations
mystérieuses et inconnues par lesquelles la nature a communiqué de l'utilité aux choses qui sont l'occasion de ces
services. J'aurais beau porter plus loin mes prétentions,
là se bornera toujours ma Propriété de fait ; car, si j'exige
plus que la valeur de mon service, mon voisin se le rendra
à lui-même. Cette limite est absolue, infranchissable, décisive. Elle explique et justifie pleinement la Propriété, forcément réduite au droit bien naturel de demander un service
pour un autre. Elle implique que la jouissance des utilités
naturelles n'est appropriée que nominalement et en apparence ; que l'expression : Propriété d'un hectare de terre,
d'un quintal de fer, d'un hectolitre de blé, d'un mètre de
drap, est une véritable métonymie, de même que Valeur
de l'eau, du fer, etc. ; qu'en tant que la nature a donné ces
biens aux hommes, ils en jouissent gratuitement et en commun ; qu'en un mot, la Communauté se concilie harmonieusement avec la Propriété, les dons de Dieu restant dans
le domaine de l'une, et les services humains formant seuls le
très-légitime domaine de l'autre.

De ce que j'ai choisi un exemple très-simple pour montrer la ligne de démarcation qui sépare le domaine commun
du domaine approprié, on ne serait pas fondé à conclure
que cette ligne se perd et s'efface dans les transactions plus
compliquées. Non, elle persiste et se montre toujours dans

toute transaction libre. L'action d'aller chercher de l'eau à la source est très-simple, sans doute, mais qu'on y regarde de près, et l'on se convaincra que l'action de cultiver du blé n'est plus compliquée que parce qu'elle embrasse une série d'actions tout aussi simples, dans chacune desquelles la collaboration de la nature et celle de l'homme se combinent, en sorte que l'exemple choisi est le type de tout autre fait économique. Qu'il s'agisse d'eau, de blé, d'étoffes, de livres, de transports, de tableaux, de danse, de musique, certaines circonstances, nous l'avons avoué, peuvent donner beaucoup de valeur à certains services, mais nul ne peut jamais se faire payer autre chose, et notamment le concours de la nature, tant qu'un des contractants pourra dire à l'autre : Si vous me demandez plus que ne *vaut* votre service, je m'adresserai ailleurs ou me le rendrai moi-même.

Ce n'est pas assez de justifier la Propriété, je voudrais la faire chérir même par les Communistes les plus convaincus. Pour cela que faut-il ? décrire son rôle démocratique, progressif et égalitaire ; faire comprendre que non-seulement elle ne monopolise pas entre quelques mains les dons de Dieu, mais qu'elle a pour mission spéciale d'agrandir sans cesse le cercle de la Communauté. Sous ce rapport, elle est bien autrement ingénieuse que Platon, Morus, Fénelon ou M. Cabet.

Qu'il y ait des biens dont les hommes jouissent gratuitement et en commun sur le pied de la plus parfaite égalité, qu'il y ait, dans l'ordre social, au-dessous de la propriété, une Communauté très-réelle, c'est ce que nul ne conteste. Il ne faut d'ailleurs, qu'on soit économiste ou socialiste, que des yeux pour le voir. Tous les enfants de Dieu sont traités de même à certains égards. Tous sont égaux devant la gravitation, qui les attache au sol, devant l'air respirable, la lumière du jour, l'eau des torrents. Ce vaste et incommen-

surable fonds commun, qui n'a rien à démêler avec la Valeur
ou la Propriété, Say le nomme *richesse naturelle*, par opposition à la *richesse sociale* ; Proudhon, *biens naturels*, par opposition aux *biens acquis* ; Considérant, *Capital naturel*,
par opposition au *Capital créé* ; Saint-Chamans, *richesse
de jouissance*, par opposition à la *richesse de valeur* ; nous
l'avons nommé *utilité gratuite*, par opposition à l'*utilité
onéreuse*. Qu'on l'appelle comme on voudra, il existe : cela
suffit pour dire : Il y a parmi les hommes un fonds commun de satisfactions gratuites et égales.

Et si la richesse *sociale*, *acquise*, *créée*, de *valeur*, *onéreuse*,
en un mot la Propriété, est inégalement répartie, on ne
peut pas dire qu'elle le soit injustement, puisqu'elle est
pour chacun proportionnelle aux *services* d'où elle procède
et dont elle n'est que l'évaluation. En outre, il est clair que
cette inégalité est atténuée par l'existence du fonds commun, en vertu de cette règle mathématique ; l'inégalité relative de deux nombres inégaux s'affaiblit si l'on ajoute à
chacun d'eux des nombres égaux. Lors donc que nos inventaires constatent qu'un homme est le double plus riche
qu'un autre, cette proportion cesse d'être exacte si l'on
prend en considération leur part dans l'utilité gratuite, et
même l'inégalité s'effacerait progressivement, si cette masse
commune était elle-même progressive.

La question est donc de savoir si ce *fonds commun* est
une quantité fixe, invariable, accordée aux hommes dès
l'origine et une fois pour toutes par la Providence, au-
dessus de laquelle se superpose le *fonds approprié*, sans
qu'il puisse y avoir aucune relation, aucune action entre ces
deux ordres de phénomènes.

Les économistes ont pensé que l'ordre social n'avait
aucune influence sur cette richesse naturelle et commune, et c'est pourquoi ils l'ont exclue de l'économie politique.

Les socialistes vont plus loin : ils croient que l'ordre social tend à faire passer le fonds commun dans le domaine de la propriété, qu'il consacre au profit de quelques-uns l'usurpation de ce qui appartient à tous ; et c'est pourquoi ils s'élèvent contre l'économie politique qui méconnaît cette funeste tendance et contre la société actuelle qui la subit.

Que dis-je ? le Socialisme taxe ici, et avec quelque fondement, l'économie politique d'inconséquence ; car, après avoir déclaré qu'il n'y avait pas de relation entre la richesse commune et la richesse appropriée, elle a infirmé sa propre assertion et préparé le grief socialiste, le jour où, confondant la valeur avec l'utilité, elle a dit que les matériaux et les forces de la nature, c'est-à-dire les dons de Dieu, avaient une valeur intrinsèque, une valeur qui leur était propre ; — car valeur implique toujours et nécessairement appropriation. Ce jour-là, l'Économie politique a perdu le droit et le moyen de justifier logiquement la Propriété.

Ce que je viens dire, ce que j'affirme avec une conviction qui est pour moi une certitude absolue, c'est ceci : Oui, il y a une action constante du fonds approprié sur le fonds commun, et sous ce rapport la première assertion économiste est erronée. Mais la seconde assertion, développée et exploitée par le socialisme, est plus funeste encore ; car l'action dont il s'agit ne s'accomplit pas en ce sens qu'elle fait passer le fonds commun dans le fonds approprié, mais au contraire qu'elle fait incessamment tomber le domaine approprié dans le domaine commun. La Propriété, juste et légitime en soi, parce qu'elle correspond toujours à des services, tend à transformer l'utilité onéreuse en utilité gratuite. Elle est cet aiguillon qui force l'intelligence humaine à tirer de l'inertie des forces naturelles latentes. Elle lutte à son profit sans doute, contre les obstacles qui rendent l'utilité onéreuse.

Et quand l'obstacle est renversé dans une certaine mesure, il se trouve qu'il a disparu dans cette mesure au profit de tous. Alors l'infatigable Propriété s'attaque à d'autres obstacles, et ainsi de suite et toujours, élevant sans cesse le niveau humain, réalisant de plus en plus la Communauté et avec elle l'Égalité au sein de la grande famille.

C'est en cela que consiste l'Harmonie vraiment merveilleuse de l'ordre social naturel. Cette harmonie, je ne puis la décrire sans combattre des objections toujours renaissantes, sans tomber dans de fatigantes redites. N'importe, je me dévoue; que le lecteur se dévoue aussi un peu de son côté.

Il faut bien se pénétrer de cette notion fondamentale : Quand il n'y a pour personne aucun obstacle entre le désir et la satisfaction (il n'y en a pas, par exemple, entre nos yeux et la lumière du jour), il n'y a aucun effort à faire, aucun service à se rendre à soi-même ou à rendre aux autres, aucune valeur, aucune Propriété possible. Quand un obstacle existe, toute la série se construit. Nous voyons apparaître d'abord l'Effort; — puis l'échange volontaire des efforts et des services; — puis l'appréciation comparée des services ou la Valeur; enfin, le droit pour chacun de jouir des utilités attachées à ces valeurs ou la Propriété.

Si, dans cette lutte contre des obstacles toujours égaux, le concours de la nature et celui du travail étaient aussi toujours respectivement égaux, la Propriété et la Communauté suivraient des lignes parallèles sans jamais changer de proportions.

Mais il n'en est pas ainsi. L'aspiration universelle des hommes, dans leurs entreprises, est de diminuer le rapport de l'effort au résultat, et, pour cela, d'associer à leur travail une proportion toujours croissante d'agents naturels. Il n'y a pas sur toute la terre un agriculteur, un manufacturier, un négociant, un ouvrier, un armateur, un artiste dont ce ne soit l'éternelle préoccupation. C'est à cela que tendent toutes leurs facultés ; c'est pour cela qu'ils inventent des outils ou des machines, qu'ils sollicitent les forces chimiques et mécaniques des éléments, qu'ils se partagent leurs travaux, qu'ils unissent leurs efforts. Faire plus avec moins, c'est l'éternel problème qu'ils se posent en tous temps, en tous lieux, en toutes situations, en toutes choses. Qu'en cela ils soient mus par l'intérêt personnel, qui le conteste ? Quel stimulant les inciterait avec la même énergie ? Chaque homme ayant d'abord ici-bas la responsabilité de sa propre existence et de son développement, était-il possible qu'il portât en lui-même un mobile permanent autre que l'intérêt personnel ? Vous vous récriez ; mais attendez la fin, et vous verrez que si chacun s'occupe de soi, Dieu pense à tous.

Notre constante application est donc de diminuer l'effort proportionnellement à l'effet utile cherché. Mais quand l'effort est diminué, soit par la destruction de l'obstacle, soit par l'invention des machines, la séparation des travaux, l'union des forces, l'intervention d'un agent naturel, etc., cet effort amoindri est moins apprécié comparativement aux autres ; on rend un moindre *service* en le faisant pour autrui ; il a moins de Valeur, et il est très-exact de dire que la Propriété a reculé. L'effet utile est-il pour cela perdu ? Non, d'après l'hypothèse même. Où est-il donc passé ? dans le domaine de la Communauté. Quant à cette portion d'effort humain que l'effet utile n'absorbe plus, elle n'est pas pour cela stérile ; elle se tourne vers d'autres conquêtes. Assez d'obstacles se présentent et se présenteront toujours devant l'expansibilité indéfinie de nos besoins physiques, intellectuels et moraux, pour que le travail, libre d'un côté, trouve à quoi se prendre de l'autre. — Et c'est ainsi que le fonds approprié restant le même, le fonds commun se dilate comme un cercle dont le rayon s'allongerait toujours.

Sans cela, comment pourrions-nous expliquer le progrès, la civilisation, quelque imparfaite qu'elle soit? Tournons nos regards sur nous-mêmes; considérons notre faiblesse; comparons notre vigueur et nos connaissances avec la vigueur et les connaissances que supposent les innombrables satisfactions qu'il nous est donné de puiser dans le milieu social. Certes, nous resterons convaincus que, réduits à nos propres efforts, nous n'en atteindrions pas la cent-millième partie, mît-on à la disposition de chacun de nous des millions d'hectares de terre inculte. Il est donc certain qu'une quantité donnée d'efforts humains réalise immensément plus de résultats aujourd'hui qu'au temps des Druides. Si cela n'était vrai que d'un individu, l'induction naturelle serait qu'il vit et prospère aux dépens d'autrui. Mais puisque le phénomène se manifeste dans tous les membres de la famille humaine, il faut bien arriver à cette conclusion consolante, que quelque chose qui n'est pas de nous est venu à notre aide; que la coopération gratuite de la nature s'est progressivement ajoutée à nos propres efforts, et qu'elle reste gratuite à travers toutes nos transactions; — car si elle n'était pas gratuite, elle n'expliquerait rien.

De ce qui précède, nous devons déduire ces formules:

Toute propriété est une Valeur; toute Valeur est une Propriété.

Ce qui n'a pas de valeur est gratuit; ce qui est gratuit est commun.

Baisse de valeur, c'est approximation vers la gratuité.

Approximation vers la gratuité, c'est réalisation partielle de Communauté.

Il est des temps où l'on ne peut prononcer certains mots sans s'exposer à de fausses interprétations. Il ne manquera pas de gens prêts à s'écrier, dans une intention laudative ou critique, selon le camp: « L'auteur parle de communauté, donc il est communiste. » Je m'y attends, et je m'y résigne.

Mais en acceptant d'avance le calice, je n'en dois pas moins m'efforcer de l'éloigner.

Il faudra que le lecteur ait été bien inattentif (et c'est pourquoi la classe de lecteurs la plus redoutable est celle qui ne lit pas), s'il n'a pas vu l'abîme qui sépare la Communauté et le Communisme. Entre ces deux idées, il y a toute l'épaisseur non-seulement de la propriété, mais encore du droit, de la liberté, de la justice, et même de la personnalité humaine.

La Communauté s'entend des biens dont nous jouissons en commun, par destination providentielle sans qu'il y ait aucun effort à faire pour les appliquer à notre usage ; — ils ne peuvent donc donner lieu à aucun service, à aucune transaction, à aucune Propriété. Celle-ci a pour fondement le droit que nous avons de nous rendre des services à nous-mêmes, ou d'en rendre aux autres à charge de revanche.

Ce que le Communiste veut mettre en commun, ce n'est pas le don gratuit de Dieu, c'est l'effort humain, c'est le service.

Il veut que chacun porte à la masse le fruit de son travail, et il charge ensuite l'autorité de faire de cette masse une répartition équitable.

Or, de deux choses l'une : ou cette répartition se fera proportionnellement aux mises, ou elle sera assise sur une autre base.

Dans le premier cas, le communisme aspire à réaliser, quant au résultat, l'ordre actuel, se bornant à substituer l'arbitraire d'un seul à la liberté de tous.

Dans le second cas, quelle sera la base de la répartition ? Le Communisme répond : L'égalité. — Quoi ! l'égalité sans avoir égard à la différence des peines ! On aura *part égale*, qu'on ait travaillé six heures ou douze, machinalement ou avec intelligence ! — Mais c'est de toutes les inégalités la plus choquante ; en outre, c'est la destruction de toute activité, de toute liberté, de toute dignité, de toute sagacité. Vous prétendez tuer la concurrence ; mais prenez garde, vous ne faites que la transformer. On concourt aujourd'hui à qui travaillera plus et mieux. On concourra, sous votre régime, à qui travaillera plus mal et moins.

Le communisme méconnaît la nature même de l'homme. L'effort est pénible en lui-même. Qu'est-ce qui nous y détermine ? Ce ne peut être qu'un sentiment plus pénible encore, un besoin à satisfaire, une douleur à éloigner, un bien à réaliser. Notre mobile est donc l'intérêt personnel. Quand on demande au communisme ce qu'il y veut substituer, il répond par la bouche de Louis Blanc : *Le point d'honneur*,— et par celle de M. Cabet : *La fraternité*. Faites donc que j'éprouve les sensations d'autrui, afin que je sache au moins quelle direction je dois imprimer à mon travail.

Et puis qu'est-ce qu'un point d'honneur, une fraternité, mis en œuvre dans l'humanité entière par l'incitation et sous l'inspection de MM. Louis Blanc et Cabet ?

Mais je n'ai pas ici à réfuter le communisme. Tout ce que je veux faire remarquer, c'est qu'il est justement l'opposé, en tous points, du système que j'ai cherché à établir.

Nous reconnaissons à l'homme le droit de se servir lui-même, ou de servir les autres à des conditions librement débattues. Le communisme nie ce droit, puisqu'il centralise tous les services dans les mains d'une autorité arbitraire.

Notre doctrine est fondée sur la Propriété. Le Communisme est fondé sur la spoliation systématique, puisqu'il consiste à livrer à l'un, sans compensation, le travail de l'autre. En effet, s'il distribuait à chacun selon son travail, il reconnaîtrait la propriété, il ne serait plus le Communisme.

Notre doctrine est fondée sur la liberté. A vrai dire, pro

priété et liberté, c'est à nos yeux une seule et même chose ; car ce qui fait qu'on est propriétaire de son service, c'est le droit et la faculté d'en disposer. Le Communisme anéantit la liberté, puisqu'il ne laisse à personne la libre disposition de son travail.

Notre doctrine est fondée sur la justice ; le Communisme, sur l'injustice. Cela résulte de ce qui précède.

Il n'y a donc qu'un point de contact entre les communistes et nous : c'est une certaine similitude des syllabes qui entrent dans les mots *communisme* et *communauté*.

Mais que cette similitude n'égare pas l'esprit du lecteur. Pendant que le Communisme est la négation de la Propriété, nous voyons dans notre doctrine sur la Communauté l'affirmation la plus explicite et la démonstration la plus péremptoire de la Propriété.

Car si la légitimité de la propriété a pu paraître douteuse et inexplicable, même à des hommes qui n'étaient pas communistes, c'est qu'ils croyaient qu'elle concentrait entre les mains de quelques-uns, à l'exclusion de quelques autres, les dons de Dieu communs à l'origine. Nous croyons avoir radicalement dissipé ce doute, en démontrant que ce qui était commun par destination providentielle reste commun à travers toutes les transactions humaines, le domaine de la propriété ne pouvant jamais s'étendre au delà de la valeur, du droit onéreusement acquis par des services rendus.

Et, dans ces termes, qui peut nier la propriété ? Qui pourrait, sans folie, prétendre que les hommes n'ont aucun droit sur leur propre travail, qu'ils reçoivent, sans droit, les services volontaires de ceux à qui ils ont rendu de volontaires services ?

Il est un autre mot sur lequel je dois m'expliquer, car dans ces derniers temps on en a étrangement abusé. C'est le mot *gratuité*. Ai-je besoin de dire que j'appelle gratuit, non point ce qui ne coûte rien à un homme, parce qu'on l'a pris à un autre, mais ce qui ne coûte rien à personne?

Quand Diogène se chauffait au soleil, on pouvait dire qu'il se chauffait gratuitement, car il recueillait de la libéralité divine une satisfaction qui n'exigeait aucun travail, ni de lui ni d'aucun de ses contemporains. J'ajoute que cette chaleur des rayons solaires reste gratuite alors que le propriétaire la fait servir à mûrir son blé et ses raisins, attendu qu'en vendant ses raisins et son blé, il se fait payer ses services et non ceux du soleil. Cette vue peut être erronée (en ce cas, il ne nous reste qu'à nous faire communiste); mais, en tous cas, tel est le sens que je donne et qu'emporte évidemment le mot *gratuité*.

On parle beaucoup, depuis la République, de crédit *gratuit*, d'instruction *gratuite*. Mais il est clair qu'on enveloppe un grossier sophisme dans ce mot. Est-ce que l'État peut faire que l'instruction se répande, comme la lumière du jour, sans qu'il en coûte aucun effort à personne? Est-ce qu'il peut couvrir la France d'institutions et de professeurs qui ne se fassent pas payer de manière ou d'autre? Tout ce que l'État peut faire, c'est ceci : au lieu de laisser chacun réclamer et rémunérer volontairement ce genre de services, l'État peut arracher, par l'impôt, cette rémunération aux citoyens, et leur faire distribuer ensuite l'instruction de son choix, sans exiger d'eux une seconde rémunération. En ce cas, ceux qui n'apprennent pas payent pour ceux qui apprennent, ceux qui apprennent peu pour ceux qui apprennent beaucoup, ceux qui se destinent aux travaux manuels pour ceux qui embrasseront les carrières libérales. C'est le Communisme appliqué à une branche de l'activité humaine. Sous ce régime, que je n'ai pas à juger ici, on pourra dire, on devra dire : *l'instruction est commune*, mais il serait ridicule de dire : *l'instruction est gratuite*. Gratuite !

oui, pour quelques-uns de ceux qui la reçoivent, mais non
pour ceux qui la payent, sinon au professeur, du moins au
percepteur.

Il n'est rien que l'État ne puisse donner *gratuitement* à
ce compte; et si ce mot n'était pas une mystification, ce
n'est pas seulement l'instruction *gratuite* qu'il faudrait demander à l'Etat, mais la nourriture *gratuite*, le vêtement
gratuit, le vivre et le couvert *gratuits*, etc. Qu'on y prenne
garde. Le peuple en est presque là ; du moins il ne manque
pas de gens qui demandent en son nom le crédit *gratuit*,
les instruments de travail *gratuits*, etc., etc. Dupes d'un
mot, nous avons fait un pas dans le Communisme; quelle
raison avons-nous de n'en pas faire un second, puis un
troisième, jusqu'à ce que toute liberté, toute propriété,
toute justice y aient passé ? Dira-t-on que l'instruction est
si universellement nécessaire qu'on peut, en sa faveur,
faire fléchir le droit et les principes ? Mais quoi ! est-ce que
l'alimentation n'est pas plus nécessaire encore ? *Primo
vivere, deinde philosophari*, dira le peuple, et je ne sais en
vérité ce qu'on aura à lui répondre.

Qui sait ? ceux qui m'imputeront à communisme d'avoir
constaté la communauté providentielle des dons de Dieu
seront peut-être les mêmes qui violeront le droit d'apprendre et d'enseigner, c'est-à-dire la propriété dans son
essence. Ces inconséquences sont plus surprenantes que
rares.

IX

PROPRIÉTÉ FONCIÈRE

Si l'idée dominante de cet écrit est vraie, voici comment il faut se représenter l'Humanité dans ses rapports avec le monde extérieur.

Dieu a créé la terre. Il a mis à sa surface et dans ses entrailles une foule de choses utiles à l'homme, en ce qu'elles sont propres à satisfaire ses besoins.

En outre, il a mis dans la matière des forces : gravitation, élasticité, porosité, compressibilité, calorique, lumière, électricité, cristallisation, vie végétale.

Il a placé l'homme en face de ces matériaux et de ces forces. Il les lui a livrés gratuitement.

Les hommes se sont mis à exercer leur activité sur ces matériaux et ces forces; par là ils se sont rendu service à eux-mêmes. Ils ont aussi travaillé les uns pour les autres; par là ils se sont rendu des services réciproques. Ces services comparés dans l'échange ont fait naitre l'idée de Valeur, et la Valeur celle de Propriété.

Chacun est donc devenu propriétaire en proportion de ses services. Mais les forces et les matériaux, donnés par Dieu gratuitement à l'homme dès l'origine, sont demeurés, sont encore et seront toujours gratuits, à travers toutes les transactions humaines; car, dans les appréciations auxquelles donnent lieu les échanges, ce sont les *services humains,* et non les *dons de Dieu* qui *s'évaluent.*

Il résulte de là qu'il n'y en a pas un seul parmi nous, tant que les transactions sont libres, qui cesse jamais d'être usufruitier de ces dons. Une seule condition nous est posée, c'est d'exécuter le travail nécessaire pour les mettre à notre portée, ou, si quelqu'un prend cette peine pour nous, de prendre pour lui une peine équivalente.

Si c'est là la vérité, certes la Propriété est inébranlable.

L'universel instinct de l'Humanité, plus infaillible qu'aucune élucubration individuelle, s'en tenait, sans l'analyser, à cette donnée, quand la théorie est venue scruter les fondements de la Propriété.

Malheureusement elle débuta par une confusion : elle prit l'Utilité pour la Valeur. Elle attribua une *valeur* propre, indépendante de tout service humain, soit aux matériaux, soit aux forces de la nature. A l'instant la propriété fut aussi injustifiable qu'inintelligible.

Car Utilité est un rapport entre la chose et notre organisation. Elle n'implique nécessairement ni efforts, ni transactions, ni comparaisons ; elle se peut concevoir en elle-même et relativement à l'homme isolé. Valeur, au contraire, est un rapport d'homme à homme ; pour exister il faut qu'elle existe en double, rien d'isolé ne se pouvant comparer. Valeur implique que celui qui la détient ne la cède que contre une valeur égale. — La théorie qui confond ces deux idées arrive donc à supposer qu'un homme, dans l'échange, donne de la prétendue valeur de création naturelle contre de la vraie valeur de création humaine, de l'utilité qui n'a exigé aucun travail contre de l'utilité qui en a exigé, en d'autres termes, qu'il peut profiter du travail d'autrui sans travailler. — La théorie appela la Propriété ainsi comprise d'abord *monopole nécessaire,* puis *monopole* tout court, ensuite *illégitimité,* et finalement *vol.*

La Propriété foncière reçut le premier choc. Cela devait être. Ce n'est pas que toutes les industries ne fassent intervenir dans leur œuvre des forces naturelles ; mais ces forces se manifestent d'une manière beaucoup plus éclatante, aux yeux de la multitude, dans les phénomènes de la vie végétale et animale, dans la production des aliments et de ce qu'on nomme improprement *matières premières*, œuvres spéciales de l'agriculture.

D'ailleurs, si un monopole devait plus que tout autre révolter la conscience humaine, c'était sans doute celui qui s'appliquait aux choses les plus nécessaires à la vie.

La confusion dont il s'agit, déjà fort spécieuse au point de vue scientifique, puisque aucun théoricien que je sache n'y a échappé, devenait plus spécieuse encore par le spectacle qu'offre le monde.

On voyait souvent le Propriétaire foncier vivre sans travailler, et l'on en tirait cette conclusion assez plausible : « Il faut bien qu'il ait trouvé le moyen de se faire rémunérer pour autre chose que pour son travail. » Cette autre chose, que pouvait-elle être, sinon la fécondité, la productivité, la coopération de l'instrument, le sol ? C'est donc la *rente du sol* qui fut flétrie, selon les époques, des noms de monopole nécessaire, privilége, illégitimité, vol.

Il faut le dire : la théorie a rencontré sur son chemin un fait qui a dû contribuer puissamment à l'égarer. Peu de terres, en Europe, ont échappé à la conquête et à tous les abus qu'elle entraîne. La science a pu confondre la manière dont la Propriété foncière a été acquise violemment avec la manière dont elle se forme naturellement..

Mais il ne faut pas imaginer que la fausse définition du mot *valeur* se soit bornée à ébranler la Propriété foncière. C'est une terrible et infatigable puissance que la logique, qu'elle parte d'un bon ou d'un mauvais principe ! Comme la terre, a-t-on dit, fait concourir à la production de la va-

leur la lumière, la chaleur, l'électricité, la vie végétale, etc.,
de même le capital ne fait-il pas concourir à la production
de la valeur le vent, l'élasticité, la gravitation? Il y a
donc des hommes, outre les agriculteurs, qui se font payer
aussi l'intervention des agents naturels. Cette rémunération
leur arrive par l'intérêt du capital, comme aux propriétaires
fonciers par la rente du sol. Guerre donc à l'Intérêt comme
à la Rente !

Voici donc la gradation des coups qu'a subis la Propriété,
au nom de ce principe faux selon moi, vrai selon les économistes et les égalitaires, à savoir : *les agents naturels ont ou
créent de la valeur.* — Car, il faut bien le remarquer, c'est
une prémisse sur laquelle toutes les écoles sont d'accord.
Leur dissidence consiste uniquement dans la timidité ou la
hardiesse des déductions.

Les Économistes ont dit : *la propriété* (du sol) *est un privilége;* mais il est nécessaire, il faut le maintenir.

Les Socialistes : *la propriété* (du sol) *est un privilége;* mais
il est nécessaire, il faut le maintenir — en lui demandant
une compensation, le droit au travail.

Les Communistes et les Égalitaires : *la propriété* (en général) *est un privilége,* il faut la détruire.

Et moi, je crie à tue-tête : LA PROPRIÉTÉ N'EST PAS UN PRI-
VILÉGE. Votre commune prémisse est fausse, donc vos trois
conclusions, quoique diverses, sont fausses. LA PROPRIÉTÉ
N'EST PAS UN PRIVILÉGE, donc il ne faut ni la tolérer par grâce,
ni lui demander une compensation, ni la détruire.

Passons brièvement en revue les opinions émises sur ce
grave sujet par les diverses écoles.

On sait que les économistes anglais ont posé ce principe
sur lequel ils semblent unanimes : *la valeur vient du travail.*
Qu'ils s'accordent entre eux, c'est possible; mais s'accor-
dent-ils avec eux-mêmes? C'est là ce qui eût été désirable,

et le lecteur va en juger. Il verra s'ils ne confondent pas toujours et partout l'Utilité gratuite, non rémunérable, sans valeur, avec l'Utilité onéreuse, seule due au travail, seule, d'après eux-mêmes, pourvue de valeur.

AD. SMITH. « Dans la culture de la terre, la nature travaille conjointement avec l'homme, et, *quoique le travail de la nature ne coûte aucune dépense*, ce qu'il produit *n'en a pas moins sa* VALEUR, aussi bien que ce que produisent les ouvriers les plus chers. »

Voici donc la nature produisant de la Valeur. Il faut bien que l'acheteur du blé la paye, quoiqu'elle n'ait rien coûté à personne, pas même du travail. Qui donc ose se présenter pour recevoir cette prétendue *valeur ?* A la place de ce mot, mettez le mot *utilité*, et tout s'éclaircit, et la Propriété est justifiée, et la justice est satisfaite.

« On peut considérer la rente comme le produit *de cette puissance de la nature* dont le propriétaire prête la jouissance au fermier... Elle est (la rente!) *l'œuvre de la nature*, qui reste après qu'on a déduit ou compensé *tout ce qu'on peut regarder comme l'œuvre de l'homme*. C'est rarement moins du quart et souvent plus du tiers du produit total. Jamais une quantité égale de travail humain, employé dans les manufactures, ne saurait opérer une aussi grande reproduction. Dans celles-ci, la nature ne fait rien, c'est l'homme qui fait tout. »

Peut-on accumuler en moins de mots plus d'erreurs dangereuses? Ainsi le quart ou le tiers de la *valeur* des subsistances est dû à l'*exclusive* puissance de la nature. Et cependant le propriétaire se fait payer par le fermier, et le fermier par le prolétaire, cette prétendue valeur qui reste après que l'*œuvre de l'homme* est rémunérée. Et c'est sur cette base que vous voulez asseoir la Propriété! Que faites-vous d'ailleurs de l'axiome : *Toute valeur vient du travail?*

Puis voici la nature qui *ne fait rien* dans les fabriques! Quoi! la gravitation, l'élasticité des gaz, la force des animaux n'aident pas le manufacturier! Ces forces agissent dans les fabriques exactement comme dans les champs, elles produisent gratuitement, non de la valeur, mais de l'utilité. Sans quoi la propriété des capitaux ne serait pas plus à l'abri que celle du sol des inductions communistes.

Buchanan. Ce commentateur, adoptant la théorie du maître sur la Rente, poussé par la logique, le blâme de l'avoir jugée avantageuse.

« Smith, en regardant la portion de la production territoriale qui représente le *profit du fonds de terre* (quelle langue!) comme *avantageuse* à la société, n'a pas réfléchi que la Rente n'est que l'effet de la cherté, et que ce que le propriétaire gagne de cette manière, il ne le gagne qu'*aux dépens* du consommateur. La société ne gagne rien par la reproduction du profit des terres. C'est une classe qui profite aux dépens des autres. »

On voit apparaître ici la déduction logique : la rente est une injustice.

Ricardo. « La rente est cette portion du produit de la terre *que l'on paye* au propriétaire pour avoir le droit d'exploiter *les facultés productives et impérissables du sol.* »

Et, afin qu'on ne s'y trompe pas, l'auteur ajoute :

« On confond souvent la rente avec l'intérêt et le profit du capital... Il est évident qu'une portion de la rente représente l'intérêt du capital consacré à amender le terrain, à ériger les constructions nécessaires, etc., *le reste est payé pour exploiter les propriétés naturelles et indestructibles du sol.* — C'est pourquoi, quand je parlerai de *rente,* dans la suite de cet ouvrage, je ne désignerai sous ce nom que ce que le fermier paye au propriétaire pour le droit d'exploiter les *facultés primitives et indestructibles du sol.*

Mac Culloch. « Ce qu'on nomme proprement la Rente, c'est la somme payée *pour l'usage des forces naturelles et de la puissance inhérente au sol.* Elle est entièrement distincte de la somme payée à raison des constructions, clôtures, routes, et autres améliorations foncières. *La rente est donc toujours un monopole.* »

Scrope. « La valeur de la terre et la faculté d'en tirer une Rente sont dues à deux circonstances : 1º à l'appropriation de ses *puissances naturelles ;* 2º au travail appliqué à son amélioration. »

La conséquence ne s'est pas fait longtemps attendre :

« Sous le premier rapport, *la rente est un monopole*. C'est une restriction à l'usufruit des dons que le Créateur a faits aux hommes pour la satisfaction de leurs besoins. Cette restriction *n'est juste qu'autant qu'elle est nécessaire* pour le bien commun. »

Quelle ne doit pas être la perplexité des bonnes âmes qui se refusent à admettre que rien soit nécessaire qui ne soit juste !

Enfin Scrope termine par ces mots :

'« Quand elle dépasse ce point, il la faut modifier en vertu du principe qui la fit établir. »

Il est impossible que le lecteur n'aperçoive pas que ces auteurs nous ont menés à la négation de la Propriété, et nous y ont menés très-logiquement en partant de ce point : le propriétaire se fait payer les dons de Dieu. Voici que le fermage est une injustice que la Loi a établie sous l'empire de la nécessité, qu'elle peut modifier ou détruire sous l'empire d'une autre nécessité. Les Communistes n'ont jamais dit autre chose.

SENIOR. « Les instruments de la production sont le travail et les agents naturels. Les agents naturels ayant été appropriés, les propriétaires *s'en font payer l'usage*, sous forme de Rente, qui n'est la récompense d'aucun sacrifice quelconque, et est reçue par ceux qui n'ont ni travaillé ni fait des avances, mais qui se bornent à tendre la main pour recevoir les offrandes de la communauté. »

Après avoir porté ce rude coup à la propriété, Senior explique qu'une partie de la Rente répond à l'intérêt du capital, puis il ajoute :

« Le surplus est prélevé par le *propriétaire des agents naturels*, et forme sa récompense, *non pour avoir travaillé ou épargné*, mais simplement pour n'avoir pas gardé quand il pouvait garder, pour avoir permis que les dons de la nature fussent acceptés. »

On le voit, c'est toujours la même théorie. On suppose que le propriétaire s'interpose entre la bouche qui a faim et l'aliment que Dieu lui avait destiné, sous la condition du travail. Le propriétaire, qui a concouru à la production, se fait payer pour ce travail, ce qui est juste, et il se fait payer une seconde fois pour le travail de la nature, pour l'usage des forces productives, des puissances indestructibles du sol, ce qui est inique.

Cette théorie, développée par les économistes anglais, Mill, Malthus, etc., on la voit avec peine prévaloir aussi sur le continent.

« Quand un franc de semence, dit Scialoja, donne cent francs de blé, cette augmentation de *valeur* est due, en grande partie, à la terre. »

C'est confondre l'Utilité et la valeur. Autant vaudrait dire : Quand l'eau, qui ne coûtait qu'un sou à dix pas de la source, coûte dix sous à cent pas, cette augmentation de valeur est due en partie à l'intervention de la nature.

Florez Estrada. « La rente est cette partie du produit agricole qui reste *après que tous les frais de la production ont été couverts.* »

Donc le propriétaire reçoit quelque chose pour rien.

Les économistes anglais commencent tous par poser ce principe : *La valeur vient du travail.* Ce n'est donc que par une inconséquence qu'ils attribuent ensuite *de la valeur aux puissances du sol.*

Les économistes français, en général, voient la valeur dans l'utilité; mais, confondant l'utilité gratuite avec l'utilité onéreuse, ils ne portent pas à la Propriété de moins rudes coups.

J.-B. Say. « La terre n'est pas le seul agent de la nature qui soit productif; mais c'est le seul, ou à peu près, que l'homme ait pu s'approprier. L'eau de mer, des rivières, par la faculté qu'elle a de mettre en mouvement nos machines, de nourrir des poissons, de porter nos bateaux, a bien aussi un pouvoir productif. Le vent, et jusqu'à la chaleur du soleil, travaillent pour nous ; mais *heureusement*, personne n'a pu dire : Le vent et le soleil m'appartiennent, et le service qu'ils rendent doit m'être payé. » ·

Say semble déplorer ici que quelqu'un ait pu dire : La terre m'appartient, et le service qu'elle rend doit m'être payé. — *Heureusement*, dirai-je, il n'est pas plus au pouvoir du propriétaire de se faire payer les services du sol que ceux du vent et du soleil.

« La terre est un atelier chimique admirable, où se combinent et s'élaborent une foule de matériaux et d'éléments qui en sortent sous la forme de froment, de fruits, de lin, etc. La nature a fait présent *gratuitement* à l'homme de ce vaste atelier, divisé en une foule de compartiments propres à diverses productions. Mais certains hommes, entre tous, s'en sont emparés, et ont dit : A moi ce compartiment, à moi cet autre ; ce qui en sortira sera ma propriété exclusive. Et, chose étonnante ! ce *privilége usurpé*, loin d'avoir été funeste à la communauté, s'est trouvé lui être avantageux. »

Oui, sans doute, cet arrangement lui a été avantageux ; mais pourquoi ? parce qu'il n'est ni *privilégié* ni *usurpé ;* parce que celui qui a dit : « A moi ce compartiment, » n'a pas pu ajouter : « Ce qui en sortira sera ma propriété exclusive ; » mais bien : Ce qui en sortira sera la propriété exclusive de quiconque voudra l'acheter, en me restituant simplement la peine que j'aurai prise, celle que je lui aurai épargnée ; la collaboration de la nature, gratuite pour moi, le sera aussi pour lui.

Say, qu'on le remarque bien, distingue, dans la valeur du blé, la part de la Propriété, la part du Capital et la part du Travail. Il se donne beaucoup de peine, à bonne intention, pour justifier cette première part de rémunération qui revient au propriétaire, et qui n'est la récompense d'aucun travail antérieur ou actuel. Mais il n'y parvient pas, car, comme Scrope, il se rabat sur la dernière et la moins satisfaisante des ressources : *la nécessité.*

« S'il est impossible que la production ait-lieu non-seulement sans fonds de terre et sans capitaux, mais sans que ces moyens de production soient des *propriétés*, ne peut-on pas dire que leurs propriétaires exercent une fonction productive, puisque, sans elle, la production n'aurait pas lieu? fonction commode, à la vérité, mais qui, cependant, dans l'état actuel de nos sociétés, a exigé une accumulation, fruit d'une production ou d'une épargne, etc. »

La confusion saute aux yeux. Ce qui a exigé une accumulation, c'est le rôle du propriétaire, en tant que capitaliste, et celui-là n'est pas contesté ni en question. Mais ce qui est commode, c'est le rôle du propriétaire, en tant que propriétaire, en tant que se faisant payer les dons de Dieu. C'est ce rôle-là qu'il fallait justifier, et il n'y a là ni accumulation ni épargne à alléguer.

« Si donc les propriétés territoriales et capitales (pourquoi assimiler ce qui est différent?) sont le fruit d'une production, je suis fondé à représenter ces propriétés comme des machines travaillantes, productives, dont les auteurs, en se croisant les bras, tireraient un loyer. »

Toujours même confusion. Celui qui a fait une machine a une propriété *capitale*, dont il tire un loyer légitime, parce qu'il se fait payer, non le travail de la machine, mais le travail qu'il a exécuté lui-même pour la faire. Mais le *sol*, propriété *territoriale*, n'est pas *le fruit d'une production humaine*. A quel titre se fait-on payer pour sa coopération? L'auteur a accolé ici deux propriétés de natures diverses pour induire l'esprit à innocenter l'une par les motifs qui innocentent l'autre.

BLANQUI. « Le cultivateur, qui laboure, fume, ensemence et moissonne son champ, fournit un travail sans lequel il ne saurait rien recueillir. Mais l'action de la terre qui fait fermenter la semence, et celle du soleil qui conduit la plante à sa maturité, sont indépendantes de ce travail et concourent à la formation *des valeurs* que représente la récolte... Smith et plusieurs économistes ont prétendu que le travail de l'homme était l'unique source des valeurs. Non, certes, l'industrie du laboureur n'est pas l'unique source de *la valeur* d'un sac de blé, ni d'un boisseau de pommes de terre. Jamais son talent n'ira jusqu'à créer le phénomène de la germination, pas plus que la patience des alchimistes n'a découvert le secret de faire de l'or. Cela est évident. »

Il n'est pas possible de faire une confusion plus complète, d'abord entre l'utilité et la valeur, ensuite entre l'utilité gratuite et l'utilité onéreuse.

JOSEPH GARNIER. « La rente du propriétaire diffère essentiellement des rétributions payées à l'ouvrier pour son travail, ou à l'entrepreneur pour le profit des avances par lui faites, en ce que ces deux genres de rétribution sont l'indemnité, l'un d'une peine, l'autre d'une privation et d'un risque auquel on s'est soumis, au lieu que la Rente est reçue par le propriétaire plus *gratuitement* et *en vertu seulement d'une convention légale* qui reconnaît et maintient à certains individus le droit de propriété foncière. » (*Eléments de l'économie politique*, 2e édit., p. 293.)

En d'autres termes, l'ouvrier et l'entrepreneur sont payés, de par l'équité, pour des services qu'ils rendent ; le propriétaire est payé, de par la loi, pour des services qu'il ne rend pas.

« Les plus hardis novateurs ne font autre chose que proposer le remplacement de la propriété individuelle par la propriété collective... *Ils ont bien, ce nous semble, raison en droit humain;* mais ils auront tort pratiquement tant qu'ils n'auront pas su montrer les avantages d'un meilleur système économique... (*Ibid.*, pag. 377 et 378.)

« Mais longtemps encore, *en avouant que la propriété est un privilége, un monopole,* on ajoutera que c'est un monopole utile, naturel...

« En résumé, on semble admettre, en économie politique (hélas ! oui, et voilà le mal), que la propriété ne découle pas du droit divin, du droit domanial ou de tout autre droit spéculatif, mais bien de son utilité. *Ce n'est qu'un monopole toléré dans l'intérêt de tous,* etc. »

C'est identiquement l'arrêt prononcé par Scrope et répété par Say en termes adoucis.

Je crois avoir suffisamment prouvé que l'économie politique, partant de cette fausse donnée : « *Les agents naturels ont ou créent de la valeur,* » était arrivée à cette conclusion :

« La propriété (en tant qu'elle accapare et se fait payer cette valeur étrangère à tout service humain) est un privilége, un monopole, une usurpation. Mais c'est un privilége nécessaire, il le faut maintenir. »

Il me reste à faire voir que les Socialistes partent de la même donnée ; seulement, ils modifient ainsi la conclusion : « La propriété est un privilége nécessaire ; il le faut maintenir, *mais* en demandant au propriétaire une compensation, sous forme de *droit au travail*, en faveur des prolétaires. »

Ensuite je ferai comparaître les communistes, qui disent, toujours en se fondant sur la même donnée : La propriété est un privilége, il la faut abolir.

Et enfin, au risque de me répéter, je terminerai en renversant, s'il est possible, la commune prémisse de ces trois conclusions : *les agents naturels ont ou créent de la valeur.* Si j'y parviens, si je démontre que les agents naturels, même appropriés, ne produisent pas de la Valeur, mais de l'Utilité qui, passant par la main du propriétaire, sans y rien laisser, arrive gratuitement au consommateur, — en ce cas, économistes, socialistes, communistes, tous devront enfin s'accorder pour laisser, à cet égard, le monde tel qu'il est.

M. CONSIDÉRANT. [1] « Pour voir comment et à quelles conditions la *Propriété particulière* peut se manifester et se développer Légitimement, il nous faut posséder le *Principe fondamental du droit de Propriété*. Le voici :

« *Tout homme* POSSÈDE LÉGITIMEMENT LA CHOSE *que son travail, son intelligence,* ou plus généralement QUE SON ACTIVITÉ A CRÉÉE.

« Ce Principe est incontestable, et il est bon de remarquer qu'il contient implicitement la reconnaissance du Droit de tous à la Terre. En effet, la terre n'ayant pas été créée par l'homme, il résulte du Principe fondamental de la Propriété que la Terre, le fonds commun livré à l'Espèce, ne peut en aucune façon être légitimement la propriété absolue et exclusive de tels ou tels individus qui n'ont pas créé *cette valeur*. — Constituons donc la vraie théorie de la Propriété, en la fondant exclusivement sur le principe irrécusable qui assoit la *Légitimité de la Propriété* sur le fait de la CRÉATION *de la chose ou de la valeur possédée*. Pour cela faire, nous allons raisonner sur la création de l'Industrie, c'est-à-dire sur l'origine et sur le développement de la culture, de la fabrication, des arts, etc., dans la Société humaine.

« Supposons que sur le terrain d'une île isolée, sur le sol d'une nation, ou sur la terre entière (l'étendue du théâtre de l'action ne change rien

---

[1] Les mots en *italiques* et *capitales* sont ainsi imprimés dans le texte original.

à l'appréciation des faits), une génération humaine se livre pour la première fois à l'industrie, pour la première fois elle cultive, fabrique, etc. — Chaque génération, par son travail, par son intelligence, par l'emploi de son activité propre, *crée des produits, développe des valeurs* qui n'existaient pas sur la terre brute. N'est-il pas parfaitement évident que la Propriété sera conforme au Droit dans cette première génération industrieuse, SI *la valeur ou la richesse produite par l'activité de tous* est répartie entre les producteurs EN PROPORTION DU CONCOURS de chacun à la création de la richesse générale ? — Cela n'est pas contestable.

« Or, les résultats du travail de cette génération se divisent en deux catégories qu'il importe de bien distinguer.

« La *première catégorie* comprend les produits du sol, qui appartenait à cette première génération en sa qualité d'usufruitière, augmentés, raffinés ou fabriqués par son travail, par son industrie. — Ces produits, bruts ou fabriqués, consistent, soit en objets de consommation, soit en instruments de travail. — Il est clair que ces produits appartiennent *en toute et légitime propriété* à ceux qui les ont créés par leur activité. Chacun de ceux-ci a donc DROIT, soit à consommer immédiatement ces produits, soit à les mettre en réserve pour en disposer plus tard à sa convenance, soit à les employer, les échanger, ou les donner et les transmettre à qui bon lui semble, sans avoir besoin pour cela de l'autorisation de qui que ce soit. Dans cette hypothèse, cette Propriété est évidemment *Légitime*, respectable, sacrée. On ne peut y porter atteinte sans attenter à la *Justice*, au *Droit* et à la *Liberté individuelle*, enfin sans exercer une spoliation.

« *Deuxième catégorie*. Mais les créations dues à l'activité industrieuse de cette première génération ne sont pas toutes contenues dans la catégorie précédente. Non-seulement cette génération a créé les produits que nous venons de désigner (objets de consommation et instruments de travail), mais encore elle a ajouté une *Plus-value* à la *valeur primitive du sol* par la culture, par les constructions, par tous les travaux de fonds et immobiliers qu'elle a exécutés.

« Cette Plus-value constitue évidemment un produit, une valeur due à l'activité de la première génération. Or, si, par un moyen quelconque (ne nous occupons pas ici de la question des moyens), si, par un moyen quelconque, la propriété de cette Plus-value est équitablement, c'est-à-dire proportionnellement au concours de chacun dans la création, distribuée aux divers membres de la société, chacun de ceux-ci possédera *Légitimement* la part qui lui sera revenue. Il pourra donc disposer de cette Propriété-individuelle légitime comme il l'entendra; l'échanger, la donner, la transmettre sans qu'aucun des autres individus, c'est-à-dire la Société, puisse jamais avoir, sur ces valeurs, un droit et une autorité quelconques.

« Nous pouvons donc parfaitement concevoir que quand la seconde génération arrivera, elle trouvera sur la terre deux sortes de capitaux :

« A. *Le capital Primitif ou Naturel* qui n'a pas été créé par les hommes de la première génération, — c'est-à-dire la *valeur* de la terre brute ;

« B. *Le Capital créé* par la première génération, comprenant : 1º les *produits*, denrées et instruments, qui n'auront pas été consommés ou usés par la première génération ; 2º la *Plus-value* que le travail de la première génération aura ajoutée à la *valeur de la terre brute.*

« Il est donc évident, et il résulte clairement et nécessairement du Principe fondamental du Droit de Propriété, tout à l'heure établi, que chaque individu de la deuxième génération a un Droit égal au *Capital Primitif ou Naturel*, tandis qu'il n'a aucun droit à l'autre Capital, au *Capital Créé* par le travail de la première génération. Chaque individu de celle-ci pourra donc disposer de sa part du *Capital Créé* en faveur de tels ou tels individus de la seconde génération qu'il lui plaira choisir, enfants, amis, etc., sans que personne, sans que l'État lui-même, comme nous venons déjà de le dire, ait rien à prétendre (au nom du Droit de Propriété) sur les dispositions que le donateur ou le légateur aura faites.

« Remarquons que, dans notre hypothèse, l'individu de la seconde génération est déjà avantagé par rapport à celui de la première, puisque, outre le Droit au *Capital Primitif* qui lui est conservé, il a la chance de recevoir une part du *Capital Créé*, c'est-à-dire une valeur qu'il n'aura pas produite, et qui représente un travail antérieur.

« Si donc nous supposons les choses constituées dans la Société de telle sorte :

« 1º Que le Droit au *Capital Primitif*, c'est-à-dire à l'Usufruit du sol dans son état brut, soit conservé, ou qu'un DROIT ÉQUIVALENT soit reconnu à chaque individu qui naît sur la terre à une époque quelconque ; .

« 2º Que le *Capital Créé* soit réparti continuellement entre les hommes, *à mesure qu'il se produit*, en proportion du concours de chacun à la production de ce Capital ;

« Si, disons-nous, le mécanisme de l'organisation sociale satisfait à ces deux conditions, la PROPRIÉTÉ, sous un pareil régime, *serait constituée* DANS SA LÉGITIMITÉ ABSOLUE, — le *Fait* serait conforme au *Droit.* » (*Théorie du droit de propriété et du droit au travail*, 3ᵉ édit., p. 15.)

On voit ici l'auteur socialiste distinguer deux sortes de valeur : la *valeur créée*, qui est l'objet d'une propriété légitime, et la *valeur incréée*, nommée encore *valeur de la terre brute, capital primitif, capital naturel*, qui ne saurait devenir propriété individuelle que par usurpation. Or, selon la théorie que je m'efforce de faire prévaloir, les idées exprimées par ces mots : *incréé, primitif, naturel*, excluent radicalement ces autres idées : *valeur, capital.* C'est pourquoi la prémisse est fausse qui conduit M. Considérant à cette triste conclusion :

« Sous le Régime qui constitue la Propriété dans toutes les nations civilisées, le fonds commun, sur lequel l'espèce tout entière a plein droit d'usufruit, a été envahi; il se trouve confisqué par le petit nombre à l'exclusion du grand nombre. Eh bien! n'y eût-il en fait qu'un seul homme exclu de son Droit à l'Usufruit du fonds commun par la nature du Régime de la Propriété, cette exclusion constituerait à elle seule une atteinte au Droit, et le régime de Propriété qui la consacrerait serait certainement injuste, illégitime. »

Cependant M. Considérant reconnaît que la terre ne peut être cultivée que sous le régime de la propriété individuelle. Voilà le *monopole nécessaire*. Comment donc faire pour tout concilier, et sauvegarder les droits des prolétaires au capital primitif, naturel, incréé, à la valeur de la terre brute?

« Eh bien! qu'une Société industrieuse, qui a pris possession de la Terre et qui enlève à l'homme la faculté d'exercer à l'aventure et en liberté, sur la surface du sol, ses quatre Droits naturels ; que cette Société reconnaisse à l'individu , en compensation de ses Droits dont elle le dépouille, LE DROIT AU TRAVAIL. »

S'il y a quelque chose d'évident au monde, c'est que cette théorie, sauf la conclusion, est exactement celle des économistes. Celui qui achète un produit agricole rémunère trois choses : 1° Le travail actuel, rien de plus légitime ; 2° la *plus-value* donnée au sol par le travail antérieur, rien de plus légitime encore; 3° enfin, le *capital primitif* ou *naturel* ou *incréé*, ce don gratuit de Dieu, appelé par Considérant *valeur de la terre brute;* par Smith, *puissances indestructibles du sol;* par Ricardo, *facultés productives et impérissables de la terre;* par Say, *agents naturels.* C'est LA ce qui a été *usurpé,* selon M. Considérant; c'est LA ce qui a été *usurpé* d'après J.-B. Say. C'est LA ce qui constitue l'*illégitimité* et la *spoliation* aux yeux des socialistes; c'est LA ce qui constitue le *monopole* et le *privilége* aux yeux des économistes.

L'accord se poursuit encore quant à la *nécessité*, à l'utilité de cet arrangement. Sans lui, la terre ne produirait pas, disent les disciples de Smith ; sans lui, nous reviendrions à l'état sauvage, répètent les disciples de Fourier.

On voit qu'en théorie, en droit, l'entente entre les deux écoles est beaucoup plus cordiale (au moins sur cette grande question) qu'on n'aurait pu l'imaginer. Elles ne se séparent que sur les conséquences à déduire législativement du fait sur lequel on s'accorde. « Puisque la propriété est entachée d'illégitimité en ce qu'elle attribue aux propriétaires une part de rémunération qui ne leur est pas due, et puisque, d'un autre côté, elle est nécessaire, respectons-la et demandons-lui des indemnités. — Non, disent les Économistes, quoiqu'elle soit un monopole, puisqu'elle est nécessaire, respectons-la et laissons-la en repos. » Encore présentent-ils faiblement cette molle défense, car un de leurs derniers organes, J. Garnier, ajoute : « Vous avez raison en droit humain, mais vous aurez tort pratiquement, tant que vous n'aurez pas montré les effets d'un meilleur système. » A quoi les socialistes ne manquent pas de répondre : « Nous l'avons trouvé, c'est le *droit au travail*, essayez-en. »

Sur ces entrefaites, arrive M. Proudhon. Vous croyez peut-être que ce fameux contradicteur va contredire la grande prémisse Économiste ou Socialiste? Point du tout. Il n'a pas besoin de cela pour démolir la Propriété. Il s'empare, au contraire, de cette prémisse ; il la serre, il la presse, il en exprime la conséquence la plus logique. « Ah ! dit-il, vous avouez que les dons gratuits de Dieu ont non-seulement de l'utilité, mais de la *valeur ;* vous avouez que les propriétaires les usurpent et les vendent. Donc, la propriété, c'est le vol. Donc, il ne faut ni la maintenir, ni lui demander des compensations, il la faut *abolir.* »

M. Proudhon a accumulé beaucoup d'arguments contre la Propriété foncière. Le plus sérieux, le seul sérieux est celui que lui ont fourni les auteurs en confondant l'utilité et la valeur.

« Qui a droit, dit-il, de faire payer l'usage du sol, de cette richesse qui n'est pas le fait de l'homme? A qui est dû le fermage de la terre? au producteur de la terre, sans doute. Qui a fait la terre? Dieu. En ce cas, propriétaire, retire-toi.

« ..... Mais le créateur de la terre ne la vend pas, il la donne; et, en la donnant, il ne fait aucune acception de personnes. Comment donc, parmi tous ses enfants, ceux-là se trouvent-ils traités en aînés, ceux-ci en bâtards? Comment, si l'égalité des lots fut le droit originel, l'inégalité des conditions est-elle le droit posthume? »

Répondant à J.-B. Say, qui avait assimilé la terre à un instrument, il dit :

« Je tombe d'accord que la terre est un instrument; mais quel est l'ouvrier? Est-ce le propriétaire? Est-ce lui qui, par la vertu efficace du droit de propriété, lui communique la vigueur et la fécondité? Voilà précisément en quoi consiste le monopole du propriétaire que, n'ayant pas fait l'instrument, il s'en fait payer le service. Que le Créateur se présente et vienne lui-même réclamer le fermage de la terre, nous compterons avec lui; ou bien que le propriétaire, soi-disant fondé de pouvoirs, montre sa procuration. »

Cela est évident. Ces trois systèmes n'en font qu'un. Économistes, Socialistes, Égalitaires, tous adressent à la Propriété foncière un reproche, et *le même reproche*, celui de faire payer ce qu'elle n'a pas le droit de faire payer. Ce tort, les uns l'appellent *monopole*, les autres *illégitimité*, et les troisièmes *vol*; ce n'est qu'une gradation dans le même grief.

Maintenant, j'en appelle à tout lecteur attentif, ce grief est-il fondé? N'ai-je pas démontré qu'il n'y a qu'une chose qui se place entre le don de Dieu et la bouche affamée, c'est le service humain?

Économistes, vous dites : « La rente est ce qu'on paye au propriétaire pour l'usage des facultés productives et indestructibles du sol. » Je dis : Non. La rente, c'est ce qu'on paye au porteur d'eau pour la peine qu'il s'est donnée à faire une brouette et des roues, et l'eau nous coûterait davantage s'il la portait sur son dos. De même, le blé, le lin, la laine, le bois, la viande, les fruits nous coûteraient plus cher, si le propriétaire n'eût pas perfectionné l'instrument qui les donne.

Socialistes, vous dites : « Primitivement les masses jouissaient de leurs droits à la terre sous la condition du travail, maintenant elles sont exclues et spoliées de leur patrimoine naturel. » Je réponds : Non, elles ne sont pas exclues ni spoliées ; elles recueillent gratuitement l'utilité élaborée par la terre, sous la condition du travail, c'est-à-dire en restituant ce travail à ceux qui le leur épargnent.

Égalitaires, vous dites : « C'est en cela que consiste le monopole du propriétaire, que, n'ayant pas fait l'instrument, il s'en fait payer le service. » Je réponds : Non. L'instrument-terre, en tant que Dieu l'a fait, produit de l'*utilité*, et cette utilité est gratuite ; il n'est pas au pouvoir du propriétaire de se la faire payer. L'instrument-terre, en tant que le propriétaire l'a préparé, travaillé, clos, desséché, amendé, garni d'autres instruments nécessaires, produit de la *valeur*, laquelle représente des *services* humains effectifs, et c'est la seule chose dont le propriétaire se fasse payer. Ou vous devez admettre la légitimité de ce droit, ou vous devez rejeter votre propre principe : la *mutualité des services*.

Afin de savoir quels sont les vrais éléments de la valeur territoriale, assistons à la formation de la Propriété foncière, non point selon les lois de la violence et de la conquête, mais selon les lois du travail et de l'échange. Voyons comment les choses se passent aux États-Unis.

Frère Jonathan, laborieux porteur d'eau de New-York, partit pour le *Far-West* emportant dans son escarcelle un millier de dollars, fruit de son travail et de ses épargnes.

Il traversa bien des fertiles contrées où le sol, le soleil, la pluie accomplissent leurs miracles et qui néanmoins *n'ont aucune valeur* dans le sens économique et *pratique* du mot.

Comme il était quelque peu philosophe, il se disait : « Il faut pourtant, quoi qu'en disent Smith et Ricardo, que la *valeur* soit autre chose que la *puissance productive naturelle et indestructible du sol.* »

Enfin, il arriva dans l'État d'Arkansas, et il se trouva en face d'une belle terre d'environ cent acres que le gouvernement avait fait piqueter pour la vendre au prix d'un dollar l'acre.

— Un dollar l'acre ! se dit-il, c'est bien peu, si peu qu'en vérité cela se rapproche de rien. J'achèterai cette terre, je la défricherai, je vendrai mes moissons, et, de porteur d'eau que j'étais, je deviendrai, moi aussi, Propriétaire !

Frère Jonathan, logicien impitoyable, aimait à se rendre raison de tout. Il se disait : Mais pourquoi cette terre vaut-elle même un dollar l'acre? Nul n'y a encore mis la main. Elle est vierge de tout travail. Smith et Ricardo, après eux la série des théoriciens jusqu'à Proudhon, auraient-ils raison? La terre aurait-elle une valeur indépendante de tout travail, de tout service, de toute intervention humaine? Faudrait-il admettre que les puissances productives et indestructibles du sol *valent*? En ce cas, pourquoi ne *valent*-elles pas dans les pays que j'ai traversés? Et, en outre, puisqu'elles dépassent, dans une proportion si énorme, le talent de l'homme, qui n'ira jamais jusqu'à créer le phénomène de la germination, suivant la judicieuse remarque de M. Blanqui, pourquoi ces puissances merveilleuses ne *valent*-elles qu'un dollar?

Mais il ne tarda pas à comprendre que cette valeur, comme toutes les autres, est de création humaine et sociale. Le gouvernement américain demandait un dollar pour la cession de chaque acre, mais d'un autre côté il promettait de garantir, dans une certaine mesure, la sécurité de l'acquéreur; il avait ébauché quelque route aux environs, il facilitait la transmission des lettres et journaux, etc., etc. Service pour service, disait Jonathan : le gouvernement me fait payer un dollar, mais il me rend bien l'équivalent. Dès lors, n'en déplaise à Ricardo, je m'explique humainement la Valeur de cette terre, valeur qui serait plus grande encore si la route était plus rapprochée, la poste plus accessible, la protection plus efficace.

Tout en dissertant, Jonathan travaillait; car il faut lui rendre cette justice qu'il mène habituellement ces deux choses de front.

Après avoir dépensé le reste de ses dollars en bâtisses, clôtures, défrichements, défoncements, desséchements, arrangements, etc., après avoir foui, labouré, hersé, semé et moissonné, vint le moment de vendre la récolte. « Je vais enfin savoir, s'écria Jonathan toujours préoccupé du problème de la valeur, si, en devenant propriétaire foncier, je me suis transformé en monopoleur, en aristocrate privilégié, en spoliateur de mes frères, en accapareur des libéralités divines. »

Il porta donc son grain au marché, et s'étant abouché avec un Yankee : — Ami, lui dit-il, combien me donnerez-vous de ce maïs ?

— Le prix courant, fit l'autre.

— Le prix courant? Mais cela me donnera-t-il quelque chose au delà de l'intérêt de mes capitaux et de la rémunération de mon travail?

— Je suis marchand, dit le Yankee, et il faut bien que je me contente de la récompense de mon travail ancien ou actuel.

— Et je m'en contentais quand j'étais porteur d'eau, repartit Jonathan, mais me voici Propriétaire foncier. Les économistes anglais et français m'ont assuré qu'en cette qualité, outre la double rétribution dont s'agit, je devais tirer profit *des puissances productives et indestructibles du sol*, prélever une aubaine sur les dons de Dieu.

— Les dons de Dieu appartiennent à tout le monde, dit le marchand. Je me sers bien de la *puissance productive* du vent pour pousser mes navires, mais je ne la fais pas payer.

— Et moi j'entends que vous me payiez quelque chose pour ces forces, afin que MM. Senior, Considérant et Proudhon ne m'aient pas en vain appelé monopoleur et usurpateur. Si j'en ai la honte, c'est bien le moins que j'en aie le profit.

— En ce cas, adieu, frère; pour avoir du maïs je m'adresserai à d'autres propriétaires, et si je les trouve dans les mêmes dispositions que vous, j'en cultiverai moi-même.

Jonathan comprit alors cette vérité que, sous un régime de liberté, n'est pas monopoleur qui veut. Tant qu'il y aura des terres à défricher dans l'Union, se dit-il, je ne serai que le metteur en œuvre des fameuses *forces productives et indestructibles*. On me payera ma peine, et voilà tout, absolument comme quand j'étais porteur d'eau on me payait mon travail et non celui de la nature. Je vois bien que le véritable usufruitier des dons de Dieu, ce n'est pas celui qui cultive le blé, mais celui que le blé nourrit.

Au bout de quelques années, une autre entreprise ayant séduit Jonathan, il se mit à chercher un fermier pour sa terre. Le dialogue qui intervint entre les deux contractants fut très-curieux, et jetterait un grand jour sur la question, si je le rapportais en entier.

En voici un extrait :

Le propriétaire. Quoi! vous ne me voulez payer pour fermage que l'intérêt, au cours, du capital que j'ai déboursé?

Le fermier. Pas un centime au delà.

Le propriétaire. Pourquoi cela, s'il vous plaît?

Le fermier. Parce qu'avec un capital égal je puis mettre une terre juste dans l'état où est la vôtre.

Le propriétaire. Ceci paraît décisif. Mais considérez que lorsque vous serez mon fermier, ce n'est pas seulement mon capital qui travaillera pour vous, mais encore la *puissance productive et indestructible* du sol. Vous aurez à votre service les merveilleux effets du soleil et de la lune, de l'affinité et de l'électricité. Faut-il que je vous cède tout cela pour rien?

Le fermier. Pourquoi pas, puisque cela ne vous a rien coûté, que vous n'en tirez rien, et que je n'en tirerai rien non plus?

Lepropriétaire. Je n'en tire rien? J'en tire tout, morbleu! sans ces phénomènes admirables, toute mon industrie ne ferait pas pousser un brin d'herbe.

Le fermier. Sans doute. Mais rappelez-vous le Yankee. Il n'a pas voulu vous donner une obole pour toute cette coopération de la nature, pas plus que, quand vous étiez porteur d'eau, les ménagères de New-York ne voulaient vous donner une obole pour l'admirable élaboration au moyen de laquelle la nature alimente la source.

Le propriétaire. Cependant Ricardo et Proudhon...

Le fermier. Je me moque de Ricardo. Traitons sur les bases que j'ai dites, ou *je vais défricher de la terre* à côté de la vôtre. Le soleil et la lune m'y serviront gratis.

C'était toujours même argument, et Jonathan commençait à comprendre que Dieu a pourvu avec quelque sagesse à ce qu'il ne fût pas facile d'intercepter ses dons.

Un peu dégoûté du métier de propriétaire, Jonathan voulut porter ailleurs son activité. Il se décida à mettre sa terre en *vente.*

Inutile de dire que personne ne voulut lui donner plus qu'elle ne lui avait coûté à lui-même. Il avait beau invoquer Ricardo, alléguer la prétendue valeur inhérente à la puis-

sance indestructible du sol, on lui répondait toujours : « Il
y a des terres à côté. » Et ce seul mot mettait à néant ses
exigences comme ses illusions.

Il se passa même, dans cette transaction, un fait qui a
une grande importance économique et qui n'est pas assez
remarqué.

Tout le monde comprend que si un manufacturier voulait vendre, après dix ou quinze ans, son matériel, même à
l'état neuf, la probabilité est qu'il serait forcé de subir une
perte. La raison en est simple : dix ou quinze ans ne se
passent guère sans amener quelque progrès en mécanique.
C'est pourquoi celui qui expose sur le marché un appareil
qui a quinze ans de date ne peut pas espérer qu'on lui restitue exactement tout le travail que cet appareil a exigé ;
car avec un travail égal l'acheteur peut se procurer, vu les
progrès accomplis, des machines plus perfectionnées, —
ce qui, pour le dire en passant, prouve de plus en plus que
la valeur n'est pas proportionnelle au travail , mais aux
services.

Nous pouvons conclure de là qu'il est dans la nature des
instruments de travail de perdre de leur valeur par la seule
action du temps, indépendamment de la détérioration
qu'implique l'usage, et poser cette formule : « *Un des effets
du progrès, c'est de diminuer la valeur de tous les instruments existants.* »

Il est clair, en effet, que plus le progrès est rapide, plus
les instruments anciens ont de peine à soutenir la rivalité
des instruments nouveaux.

Je ne m'arrêterai pas ici à signaler les conséquences harmoniques de cette loi ; ce que je veux faire remarquer, c'est
que la Propriété foncière n'y échappe pas plus que toute
autre propriété.

Frère Jonathan en fit l'épreuve. Car ayant tenu à son
acquéreur ce langage : — « Ce que j'ai dépensé sur cette

terre en améliorations permanentes représente mille journées de travail. J'entends que vous me remboursiez d'abord
l'équivalent de ces mille journées, et ensuite quelque chose
en sus pour la valeur inhérente au sol et indépendante de
toute œuvre humaine. »

L'acquéreur lui répondit :

« En premier lieu, je ne vous donnerai rien pour la valeur propre du sol, qui est tout simplement de l'utilité dont
la terre à côté est aussi bien pourvue que la vôtre. Or, cette
utilité native, extra-humaine, je puis l'avoir gratis, ce qui
prouve qu'elle n'a pas de valeur.

« En second lieu, puisque vos livres constatent que vous
avez employé mille journées à mettre votre domaine dans
l'état où il est, je ne vous en restituerai que huit cents, et
ma raison est qu'avec huit cents journées je puis faire aujourd'hui sur la terre à côté ce qu'avec mille vous avez fait
autrefois sur la vôtre. Veuillez considérer que, depuis quinze
ans, l'art de dessécher, de défricher, de bâtir, de creuser
des puits, de disposer les étables, d'exécuter les transports
a fait des progrès. Chaque résultat donné exige moins de
travail, et je ne veux pas me soumettre à vous donner dix
de ce que je puis avoir pour huit, d'autant que le prix du blé
a diminué dans la proportion de ce progrès, qui ne profite
ni à vous ni à moi, mais à l'humanité tout entière. »

Ainsi Jonathan fut placé dans l'alternative de vendre sa
terre à perte ou de la garder.

Sans doute la valeur des terres n'est pas affectée par un
seul phénomène. D'autres circonstances, comme la construction d'un canal ou la fondation d'une ville, pourront
agir dans le sens de la hausse. Mais celle que je signale, qui
est très-générale et inévitable, agit toujours et nécessairement dans le sens de la baisse.

La conclusion de tout ce qui précède, la voici : Aussi
longtemps que dans un pays il y a abondance de terre à

défricher, le propriétaire foncier, qu'il cultive, afferme ou vende, ne jouit d'aucun privilége, d'aucun monopole, d'aucun avantage exceptionnel, et notamment il ne prélève aucune aubaine sur les libéralités gratuites de la nature. Comment en serait-il ainsi, les hommes étant supposés libres ? Est-ce que quiconque a des capitaux et des bras n'a pas le droit de choisir entre l'agriculture, la fabrique, le commerce, la pêche, la navigation, les arts ou les professions libérales ? Est-ce que les capitaux et les bras ne se dirigeraient pas avec plus d'impétuosité vers celle de ces carrières qui donnerait des profits extraordinaires ? Est-ce qu'ils ne déserteraient pas celles qui laisseraient de la perte ? Est-ce que cette infaillible distribution des forces humaines ne suffit pas pour établir, dans l'hypothèse où nous sommes, l'équilibre des rémunérations ? Est-ce qu'on voit aux États-Unis les agriculteurs faire plus promptement fortune que les négociants, les armateurs, les banquiers ou les médecins, ce qui arriverait infailliblement s'ils recevaient d'abord, comme les autres, le prix de leur travail, et en outre, de plus que les autres, ainsi qu'on le prétend, le prix du travail incommensurable de la nature ?

Oh ! veut-on savoir comment le propriétaire foncier pourrait se constituer, même aux États-Unis, un monopole ? J'essayerai de le faire comprendre.

Je suppose que Jonathan réunît tous les propriétaires fonciers de l'Union et leur tînt ce langage :

J'ai voulu vendre mes récoltes, et je n'ai pas trouvé qu'on m'en donnât un prix assez élevé. J'ai voulu affermer ma terre, et mes prétentions ont rencontré des limites. J'ai voulu l'aliéner, et je me suis heurté à la même déception. Toujours on a arrêté mes exigences par ce mot : *il y a des terres à côté.* De telle sorte, chose horrible, que mes services dans la communauté sont estimés, comme tous les autres, *ce qu'ils valent,* malgré les douces promesses des théoriciens. On ne m'accorde rien, absolument rien pour cette puissance productive et indestructible du sol, pour ces agents naturels, rayons solaires et lunaires, pluie, vent, rosée, gelée, que je croyais ma propriété, et dont je ne suis au fond qu'un propriétaire nominal. N'est-ce pas une chose inique que je ne sois rétribué que pour mes services, et encore au taux où il plaît à la concurrence de les réduire? Vous subissez tous la même oppression, vous êtes tous victimes de la concurrence anarchique. Il n'en serait pas ainsi, vous le comprenez aisément, si nous *organisions* la propriété foncière, si nous nous concertions pour que nul désormais ne fût admis à défricher un pouce de cette terre d'Amérique. Alors, la population, par son accroissement, se pressant sur une quantité à peu près fixe de subsistances, nous ferions la loi des prix, nous arriverions à d'immenses richesses : ce qui serait un grand bonheur pour les autres classes, car, étant riches, nous les ferions travailler.

Si, à la suite de ce discours, les propriétaires coalisés s'emparaient de la législature, s'ils décrétaient un acte par lequel tout nouveau défrichement serait interdit, il n'est pas douteux qu'ils accroîtraient, pour un temps, leurs profits. Je dis pour un temps : car les lois sociales manqueraient d'harmonie, si le châtiment d'un tel crime ne naissait naturellement du crime même. Par respect pour la rigueur scientifique, je ne dirai pas que la loi nouvelle aurait communiqué de la valeur à la puissance du sol ou aux agents naturels (s'il en était ainsi, la loi ne ferait tort à personne), mais je dirai : L'équilibre des services est violemment rompu ; une classe spolie les autres classes ; un principe d'esclavage s'est introduit dans le pays.

Passons à une autre hypothèse, qui, à vrai dire, est la réalité pour les nations civilisées de l'Europe, celle où tout le sol est passé dans le domaine de la propriété privée.

Nous avons à rechercher si, dans ce cas encore, la masse

dès consommateurs, ou la *communauté*, continue à être usufruitière, à titre gratuit, de la force productive du sol et
des agents naturels ; si les détenteurs de la terre sont propriétaires d'autre chose que de sa *valeur*, c'est-à-dire de
leurs loyaux services appréciés selon les lois de la concurrence ; et s'ils ne sont pas forcés, comme tout le monde,
quand ils se font rémunérer pour ces services, de donner
par-dessus le marché les dons de Dieu.

Voici donc tout le territoire de l'Arkansas aliéné par le
gouvernement, divisé en héritages privés et soumis à la culture. Jonathan, lorsqu'il met en vente son blé, ou même sa
terre, se prévaut-il de la puissance productive du sol et
veut-il la faire entrer pour quelque chose dans la valeur ?
On ne peut plus, comme dans le cas précédent, l'arrêter
par cette réponse accablante : « Il y a des terres en friche
autour de la vôtre. »

Ce nouvel état de choses implique que la population s'est
accrue. Elle se divise en deux classes : 1° celle qui apporte
à la communauté les services agricoles ; 2° celle qui y apporte des services industriels, intellectuels ou autres.

Or je dis ceci qui me semble évident. Les travailleurs
(autres que les propriétaires fonciers) qui veulent se procurer du blé, étant parfaitement libres de s'adresser à Jonathan ou à ses voisins, ou aux propriétaires des États limi-
trophes, pouvant même aller défricher les terres incultes
hors des frontières de l'Arkansas, il est absolument impossible à Jonathan de leur imposer une loi injuste. Le seul fait
qu'il existe des terres sans valeur quelque part oppose au
privilége un obstacle invincible, et nous nous retrouvons
dans l'hypothèse précédente. Les services agricoles subissent la loi de l'universelle compétition, et il est radicalement impossible de les faire accepter pour plus qu'ils ne
valent. J'ajoute qu'ils ne valent pas plus (*cæteris paribus*)
que les services de toute autre nature. De même que le

manufacturier, après s'être fait payer de son temps, de ses
soins, de ses peines, de ses risques, de ses avances, de
son habileté (toutes choses qui constituent le service humain et sont représentées par la valeur) ne peut rien réclamer pour la loi de la gravitation et de l'expansibilité de la
vapeur dont il s'est fait aider, de même Jonathan ne peut
faire entrer dans la valeur de son blé que la totalité de ses
services personnels anciens ou récents, et non point l'assistance qu'il trouve dans les lois de la physiologie végétale.
L'équilibre des services n'est pas altéré tant qu'ils s'échangent librement les uns contre les autres à prix débattu, et
les dons de Dieu, auxquels ces services servent de véhicule,
donnés de part et d'autre par-dessus le marché, restent
dans le domaine de la communauté.

On dira sans doute qu'en fait la valeur du sol s'accroît
sans cesse. Cela est vrai. A mesure que la population devient
plus dense et plus riche, que les moyens de communication
sont plus faciles, le propriétaire foncier tire un meilleur
parti de ses services. Est-ce que c'est là une loi qui lui soit
particulière, et n'est-elle pas la même pour tous les travailleurs ? A égalité de travail, un médecin, un avocat, un
chanteur, un peintre, un manœuvre ne se procurent-ils pas
plus de satisfactions au dix-neuvième siècle qu'au quatrième, à Paris qu'en Bretagne, en France qu'au Maroc ?
Mais ce surcroît de satisfaction n'est acquis aux dépens de
personne. Voilà ce qu'il faut comprendre. Au reste, nous
approfondirons cette loi de la valeur (métonymique) du
sol dans une autre partie de ce travail et quand nous en
serons à la théorie de Ricardo. (V. *tome II, discours du
29 septembre* 1846.)

Pour le moment, il nous suffit de constater que Jonathan,
dans l'hypothèse que nous étudions, ne peut exercer aucune
oppression sur les classes industrielles, pourvu que l'échange
des services soit libre, et que le travail puisse, sans aucun

empêchement légal, se distribuer, soit dans l'Arkansas, soit ailleurs, entre tous les genres de production. Cette liberté s'oppose à ce que les propriétaires puissent intercepter à leur profit les bienfaits gratuits de la nature.

Il n'en serait pas de même si Jonathan et ses confrères, s'emparant du droit de légiférer, proscrivaient ou entravaient la liberté des échanges, s'ils faisaient décider, par exemple, que pas un grain de blé étranger ne pourra pénétrer dans le territoire de l'Arkansas. En ce cas, la valeur des services échangés entre les propriétaires et les non-propriétaires ne serait plus réglée par la justice. Les seconds n'auraient aucun moyen de contenir les prétentions des premiers. Une telle mesure législative serait aussi inique que celle à laquelle nous faisions allusion tout à l'heure. L'effet serait absolument le même que si Jonathan, ayant porté sur le marché un sac de blé qui se serait vendu quinze francs, tirait un pistolet de sa poche, et, ajustant son acquéreur, lui disait : Donne-moi trois francs de plus, ou je te brûle la cervelle.

Cet effet (il faut bien l'appeler par son nom) s'appelle *extorsion*. *Brutale* ou *légale*, cela ne change pas son caractère. Brutale, comme dans le cas du pistolet, elle viole la propriété. Légale, comme dans le cas de la prohibition, elle viole encore la propriété, et, en outre, elle en nie le principe. On n'est, nous l'avons vu, propriétaire que de valeurs, et Valeur, c'est appréciation de deux services qui s'échangent librement. Il ne se peut donc rien concevoir de plus antagonique au principe même de la propriété que ce qui altère, au nom du droit, l'équivalence des services.

Il n'est peut-être pas inutile de faire remarquer que les lois de cette espèce sont iniques et désastreuses, quelle que soit à cet égard l'opinion des oppresseurs et même celle des opprimés. On voit, en certains pays, les classes laborieuses se passionner pour ces restrictions parce qu'elles enrichissent les propriétaires. Elles ne s'aperçoivent pas que c'est à leurs dépens, et, je le sais par expérience, il n'est pas toujours prudent de le leur dire.

Chose étrange ! le peuple écoute volontiers les sectaires qui lui prêchent le Communisme, qui est l'esclavage, puisque n'être pas propriétaire de ses services c'est être esclave ; — et il dédaigne ceux qui défendent partout et toujours la Liberté, qui est la Communauté des bienfaits de Dieu.

Nous arrivons à la troisième hypothèse, celle où la totalité de la surface cultivable du globe sera passée dans le domaine de l'appropriation individuelle.

Nous avons encore ici deux classes en présence : celle qui possède le sol et celle qui ne le possède pas. La première ne sera-t-elle pas en mesure d'opprimer la seconde ? et celle-ci ne sera-t-elle pas réduite à donner toujours plus de travail contre une égale quantité de subsistances ?

Si je réponds à l'objection, c'est, on le comprendra, pour l'honneur de la science ; car nous sommes séparés par plusieurs centaines de siècles de l'époque où l'hypothèse sera une réalité.

Mais enfin, tout annonce que le temps arrivera où il ne sera plus possible de contenir les exigences des propriétaires par ces mots : Il y a des terres à défricher.

Je prie le lecteur de remarquer que cette hypothèse en implique une autre : c'est qu'à cette époque la population sera arrivée à la limite extrême de ce que la terre peut faire subsister.

C'est là un élément nouveau et considérable dans la question. C'est à peu près comme si l'on me demandait : Qu'arrivera-t-il quand il n'y aura plus assez d'air dans l'atmosphère pour les poitrines devenues trop nombreuses ?

Quoi qu'on pense du principe de la population, il est au moins certain qu'elle peut *augmenter*, et même qu'elle *tend* à augmenter, puisqu'elle augmente. Tout l'arrangement économique de la société semble organisé en prévision de cette tendance. C'est avec cette tendance qu'il est en parfaite harmonie. Le propriétaire foncier aspire toujours à se faire payer l'usage des agents naturels qu'il détient ; mais il est sans cesse déçu dans sa folle et injuste prétention par l'abondance d'agents naturels analogues qu'il ne détient pas. La libéralité, relativement indéfinie, de la nature fait de lui un simple détenteur. Maintenant vous m'acculez à l'époque où les hommes ont trouvé la limite de cette libéralité. Il n'y a plus rien à attendre de ce côté-là. Il faut inévitablement que la tendance humaine à s'accroître soit paralysée, que la population s'arrête. Aucun régime économique ne peut l'affranchir de cette nécessité. Dans l'hypothèse donnée, tout accroissement de population serait réprimé par la mortalité ; il n'y a pas de philanthropie, quelque optimiste qu'elle soit, qui aille jusqu'à prétendre que le nombre des êtres humains peut continuer sa progression, quand la progression des subsistances a irrévocablement fini la sienne.

Voici donc un ordre nouveau ; et les lois du monde social ne seraient pas harmoniques, si elles n'avaient pourvu à un état de choses possible, quoique si différent de celui où nous vivons.

La difficulté proposée revient à ceci : Étant donné, au milieu de l'Océan, un vaisseau qui en a pour un mois avant d'atteindre la terre et où il n'y a de vivres que pour quinze jours, que faut-il faire ? Évidemment réduire la ration de chaque matelot. Ce n'est pas dureté de cœur, c'est prudence et justice.

De même, quand la population sera portée à l'extrême limite de ce que peut entretenir le globe entier soumis à la culture, cette loi ne sera ni dure ni injuste, qui prendra les arrangements les plus doux et les plus infaillibles pour que les hommes ne continuent pas de multiplier. Or c'est la

propriété foncière qui offre encore la solution. C'est elle
qui, sous le stimulant de l'intérêt personnel, fera produire
au sol la plus grande quantité possible de subsistances. C'est
elle qui, par la division des héritages, mettra chaque famille
en mesure d'apprécier, quant à elle, le danger d'une multiplication imprudente. Il est bien clair que tout autre régime, le Communisme par exemple, serait tout à la fois
pour la production un aiguillon moins actif et pour la population un frein moins puissant.

Après tout, il me semble que l'économie politique a
rempli sa tâche quand elle a prouvé que la grande et juste
loi de la *mutualité des services* s'accomplira d'une manière
harmonique, tant que le progrès ne sera pas interdit à l'humanité. N'est-il pas consolant de penser que jusque-là, et
sous le régime de la liberté, il n'est pas en la puissance
d'une classe d'en opprimer une autre ? La Science économique est-elle tenue de résoudre cette autre question : Etant
donnée la tendance des hommes à multiplier, qu'arrivera-t-il
quand il n'y aura plus d'espace sur la terre pour de nouveaux
habitants ? Dieu tient-il en réserve, pour cette époque, quelque cataclysme créateur, quelque merveilleuse manifestation de sa puissance infinie ? Ou bien faut-il croire, avec
le dogme chrétien, à la destruction de ce monde ? Évidemment ce ne sont plus là des problèmes économiques, et il
n'y a pas de science qui n'arrive à des difficultés analogues.
Les physiciens savent bien que tout corps qui se meut sur
la surface du globe descend et ne remonte plus. D'après
cela, un jour doit arriver où les montagnes auront comblé
les vallées, où l'embouchure des fleuves sera sur le même
niveau que leur source, où les eaux ne pourront plus cou-
ler, etc., etc. : que surviendra-t-il dans ces temps-là ? La
physique doit-elle cesser d'observer et d'admirer l'harmonie
du monde actuel, parce qu'elle ne peut deviner par quelle
autre harmonie Dieu pourvoira à un état de choses très-

éloigné sans doute, mais inévitable? Il me semble que c'est
bien ici le cas, pour l'Économiste comme pour le physicien,
de substituer à un acte de curiosité un acte de confiance.
Celui qui a si merveilleusement arrangé le milieu où nous
vivons, saura bien préparer un autre milieu pour d'autres
circonstances.

Nous jugeons de la productivité du sol et de l'habileté
humaine par les faits dont nous sommes témoins. Est-ce là
une règle rationnelle? Même en l'adoptant, nous pourrions
nous dire : Puisqu'il a fallu six mille ans pour que la
dixième partie du globe arrivât à une chétive culture, combien s'écoulera-t-il de centaines de siècles avant que toute sa
surface soit convertie en jardin ?

Encore dans cette appréciation, déjà fort rassurante, nous
supposons simplement la généralisation de la science ou plutôt de l'ignorance actuelle en agriculture. Mais est-ce là, je
le répète, une règle admissible ; et l'analogie ne nous dit-elle
pas qu'un voile impénétrable nous cache la puissance, peut-
être indéfinie, de l'art? Le sauvage vit de chasse, et il lui faut
une lieue carrée de terrain. Quelle ne serait pas sa surprise, si on venait lui dire que la vie pastorale peut faire
subsister dix fois plus d'hommes sur le même espace ! Le
pasteur nomade, à son tour, serait tout étonné d'apprendre
que la culture triennale admet aisément une population
encore décuple. Dites au paysan routinier qu'une autre progression égale sera le résultat de la culture alterne, et il ne
vous croira pas. La culture alterne elle-même, qui est le
dernier mot pour nous, est-elle le dernier mot pour l'humanité? Rassurons-nous donc sur son sort, les siècles s'offrent devant elle par mille : et, en tout cas, sans demander à
l'économie politique de résoudre des problèmes qui ne sont
pas de son domaine, remettons avec confiance les destinées
des races futures entre les mains de celui qui les aura ap-
pelées à la vie.

Résumons les notions contenues dans ce chapitre.

Ces deux phénomènes, Utilité et Valeur, concours de la nature et concours de l'homme, par conséquent Communauté et Propriété, se rencontrent dans l'œuvre agricole comme dans toute autre.

Il se passe dans la production du blé qui apaise notre faim quelque chose d'analogue à ce qu'on remarque dans la formation de l'eau qui étanche notre soif. Économistes, l'Océan qui inspire le poëte ne nous offre-t-il pas aussi un beau sujet de méditations? C'est ce vaste réservoir qui doit désaltérer toutes les créatures humaines. Et comment cela se peut-il faire, si elles sont placées à une si grande distance de son eau, d'ailleurs impotable? C'est ici qu'il faut admirer la merveilleuse industrie de la nature. Voici que le soleil échauffe cette masse agitée et la soumet à une lente évaporation. L'eau prend la forme gazeuse, et, dégagée du sel qui l'altère, elle s'élève dans les hautes régions de l'atmosphère. Des brises, se croisant dans toutes les directions, la poussent vers les continents habités. Là, elle rencontre le froid qui la condense et l'attache, sous forme solide, aux flancs des montagnes. Bientôt la tiédeur du printemps la liquéfie. Entraînée par son poids, elle se filtre et s'épure travers des couches de schistes et de graviers; elle se ramifie, se distribue et va alimenter des sources rafraîchissantes sur tous les points du globe. Voilà certes une immense et ingénieuse industrie accomplie par la nature au profit de l'humanité. Changement de formes, changement de lieux, utilité, rien n'y manque. Où est cependant la *valeur*? Elle n'est pas née encore, et si ce qu'on pourrait appeler le travail de Dieu se payait (il se payerait s'il *valait*), qui peut dire ce que *vaudrait* une seule goutte d'eau?

Cependant tous les hommes n'ont pas à leurs pieds une source d'eau vive. Pour se désaltérer, il leur reste une peine à prendre, un effort à faire, une prévoyance à avoir, une habileté à exercer. C'est ce travail humain *complémentaire* qui donne lieu à des arrangements, à des transactions, à des *évaluations*. C'est donc en lui qu'est l'origine et le fondement de la valeur.

L'homme ignore avant de savoir. A l'origine, il est donc réduit à aller chercher l'eau, à accomplir le travail complémentaire que la nature a laissé à sa charge avec le *maximum* possible de peine. C'est le temps où, dans l'échange, l'eau a la plus grande *valeur*. Peu à peu, il invente la brouette et la roue, il dompte le cheval, il invente les tuyaux, il découvre la loi du siphon, etc. ; bref, il reporte sur des forces naturelles gratuites une partie de son travail, et, à mesure, la valeur de l'eau, mais non son utilité, diminue.

Et il se passe ici quelque chose qu'il faut bien constater et comprendre, si l'on ne veut pas voir la discordance là où est l'harmonie. C'est que l'acheteur de l'eau l'obtient à de meilleures conditions, c'est-à-dire cède une moins grande proportion de son travail pour en avoir une quantité donnée, à chaque fois qu'un progrès de ce genre se réalise, encore que, dans ce cas, il soit tenu de rémunérer l'instrument au moyen duquel la nature est contrainte d'agir. Autrefois il payait le travail d'aller chercher l'eau ; maintenant il paye et ce travail et celui qu'il a fallu faire pour confectionner la brouette, la roue, le tuyau, — et cependant, *tout compris*, il paye moins ; par où l'on voit quelle est la triste et fausse préoccupation de ceux qui croient que la rétribution afférente au capital est une charge pour le consommateur. Ne comprendront-ils donc jamais que le capital anéantit plus de travail, pour chaque effet donné, qu'il n'en exige ?

Tout ce qui vient d'être décrit s'applique exactement à la production du blé. Là aussi, antérieurement à l'industrie humaine, il y a une immense, une incommensurable industrie naturelle dont la science la plus avancée ignore encore les secrets. Des gaz, des sels sont répandus dans le sol et dans l'atmosphère. L'électricité, l'affinité, le vent, la pluie, la lumière, la chaleur, la vie sont successivement occupés, souvent à notre insu, à transporter, transformer, rapprocher, diviser, combiner ces éléments ; et cette industrie merveilleuse,. dont l'activité et l'utilité échappent à notre appréciation et même à notre imagination, n'a cependant aucune valeur. Celle-ci apparaît avec la première intervention de l'homme qui a, dans cette affaire autant et plus que dans l'autre, un travail *complémentaire* à accomplir.

Pour diriger ces forces naturelles, écarter les obstacles qui gênent leur action, l'homme s'empare d'un instrument qui est le sol, et il le fait sans nuire à personne, car cet instrument n'a pas de valeur. Ce n'est pas là matière à discussion, c'est un point de fait. Sur quelque point du globe que ce soit, montrez-moi une terre qui n'ait pas subi l'influence directe ou indirecte de l'action humaine, et je vous montrerai une terre dépourvue de valeur.

Cependant l'agriculteur, pour réaliser, concurremment avec la nature, la production du blé, exécute deux genres de travaux bien distincts. Les uns se rapportent immédiatement, directement, à la récolte de l'année, ne se rapportent qu'à elle, et doivent être payés par elle : tels sont la semaille, le sarclage, la moisson, le dépiquage. Les autres, comme les bâtisses, desséchements, défrichements, clôtures, etc., concourent à une série indéterminée de récoltes successives : la charge doit s'en répartir sur une suite d'années, ce à quoi on parvient avec exactitude par les combinaisons admirables qu'on appelle lois de l'intérêt et de l'amortissement. Les récoltes forment la récompense de l'agriculteur s'il les consomme lui-même. S'il les échange, c'est contre des services d'un autre ordre, et l'appréciation des services échangés constitue leur valeur.

Maintenant il est aisé de comprendre que toute cette catégorie de travaux permanents, exécutés par l'agriculteur sur le sol, est une *valeur* qui n'a pas encore reçu toute sa récompense, mais qui ne peut manquer de la recevoir. Il ne peut être tenu de déguerpir et de laisser une autre personne se substituer à son droit sans compensation. La valeur s'est incorporée, confondue dans le sol ; c'est pourquoi on pourra très-bien dire par métonymie : *le sol vaut.* — Il vaut, en effet, puisque nul ne peut plus l'acquérir sans donner en échange l'équivalent de ces travaux. Mais ce que je soutiens, c'est que cette terre, à laquelle la puissance naturelle de produire n'avait originairement communiqué aucune valeur, n'en a pas davantage aujourd'hui à ce titre. Cette puissance naturelle, qui était gratuite, l'est encore et le sera toujours. On peut bien dire : Cette terre *vaut*, mais au fond ce qui vaut, c'est le travail humain qui l'a améliorée, c'est le capital qui y a été répandu. Dès lors il est rigoureusement vrai de dire que son propriétaire n'est en définitive propriétaire que d'une valeur par lui créée, de services par lui rendus ; et quelle propriété pourrait être plus légitime ? Celle-là n'est créée aux dépens de qui que ce soit : elle n'intercepte ni ne taxe aucun don du ciel.

Ce n'est pas tout. Loin que le capital avancé, et dont l'intérêt doit se distribuer sur les récoltes successives, en augmente le prix et constitue une charge pour les consommateurs, ceux-ci acquièrent les produits agricoles à des conditions toujours meilleures à mesure que le capital augmente, c'est-à-dire à mesure que la valeur du sol s'accroît. Je ne doute pas qu'on ne prenne cette assertion pour un paradoxe entaché d'optimisme exagéré, tant on est habitué à considérer la valeur du sol comme une calamité, si ce n'est comme une injustice. Et moi j'affirme ceci : Ce n'est pas assez dire, que la valeur du sol n'est créée aux dépens de qui que ce soit ; ce n'est pas assez dire, qu'elle ne nuit à personne ; il faut dire qu'elle profite à tout le monde. Elle n'est pas seulement légitime, elle est avantageuse, même aux prolétaires.

Ici nous voyons en effet se reproduire le phénomène que nous constations tout à l'heure à propos de l'eau. Le jour où le porteur d'eau, disions-nous, a inventé la brouette et la roue, il est bien vrai que l'acquéreur de l'eau a dû payer deux genres de travaux au lieu d'un : 1° le travail accompli pour exécuter la roue et la brouette, ou plutôt l'intérêt et l'amortissement de ce capital ; 2° le travail direct qui reste encore à la charge du porteur d'eau. Mais ce qui est également vrai, c'est que ces deux travaux réunis n'égalent pas le travail unique auquel l'humanité était assujettie avant l'invention. Pourquoi ? parce qu'elle a rejeté une partie de l'œuvre sur les forces gratuites de la nature. Ce n'est même qu'à raison de ce décroissement de labeur humain que l'invention a été provoquée et adoptée.

Les choses se passent exactement de même à propos de la terre et du blé. A chaque fois que l'agriculteur met du capital en améliorations permanentes, il est incontestable que les récoltes successives se trouvent grevées de l'intérêt de ce capital. Mais ce qui n'est pas moins incontestable, c'est que l'autre catégorie de travail, le travail brut et actuel, est frappée d'inutilité dans une proportion bien plus forte encore ; de telle sorte que chaque récolte s'obtient par le propriétaire, et par conséquent par les acquéreurs, à des conditions moins onéreuses, l'action propre du capital consistant précisément à substituer de la collaboration naturelle et gratuite à du travail humain et rémunérable.

Exemple. Pour que la récolte arrive à bien, il faut que le champ soit débarrassé de la surabondance d'humidité. Supposons que ce travail soit encore dans la première catégorie : supposons que l'agriculteur aille tous les matins, avec un vase, épuiser l'eau stagnante là où elle nuit. Il est clair qu'au bout de l'an le sol n'aura acquis par ce fait aucune *valeur*, mais le prix de la récolte se trouvera énormément surchargé. Il en sera de même de celles qui suivront

tant que l'art en sera à ce procédé primitif. Si le propriétaire
fait un fossé, à l'instant le sol acquiert une *valeur*, car ce
travail appartient à la seconde catégorie. Il est de ceux qui
s'incorporent à la terre, qui doivent être remboursés par les
produits des années suivantes, et nul ne peut prétendre acquérir le sol sans rémunérer cet ouvrage. N'est-il pas vrai
cependant qu'il tend à abaisser la valeur des récoltes ? N'est-
il pas vrai que, quoiqu'il ait exigé, la première année, un
effort extraordinaire, il en épargne cependant en définitive
plus qu'il n'en occasionne ? N'est-il pas vrai que désormais
le desséchement se fera, par la loi gratuite de l'hydrostati-
que, plus économiquement qu'il ne se faisait à force de bras ?
N'est-il pas vrai que les acquéreurs de blé profiteront de
cette opération ? N'est-il pas vrai qu'ils devront s'estimer
heureux que le sol ait acquis cette valeur nouvelle ? Et, en
généralisant, n'est-il pas vrai enfin que la valeur du sol
atteste un progrès réalisé, non au profit de son propriétaire seulement, mais au profit de l'humanité ? Combien
donc ne serait-elle pas absurde et ennemie d'elle-même, si
elle disait : Ce dont on grève le prix du blé pour l'intérêt
et l'amortissement de ce fossé, ou pour ce qu'il représente
dans la valeur du sol, est un privilége, un monopole, un
vol ! — A ce compte, pour cesser d'être monopoleur et voleur, le propriétaire n'aurait qu'à combler son fossé et re-
prendre la manœuvre du vase. Prolétaires, en seriez-vous
plus avancés ?

Passez en revue toutes les améliorations permanentes
dont l'ensemble constitue la valeur du sol, et vous pourrez
faire sur chacune la même remarque. Après avoir détruit le
fossé, détruisez aussi la clôture, réduisant l'agriculteur à
monter la garde autour de son champ ; détruisez le puits,
la grange, le chemin, la charrue, le nivellement, l'humus
artificiel ; replacez dans le champ les cailloux, les plantes
parasites, les racines d'arbres, alors vous aurez réalisé l'u-

topie égalitaire. Le sol, et le genre humain avec lui, sera
revenu à l'état primitif : il n'aura plus de valeur. Les récoltes n'auront plus rien à démêler avec le capital. Leur prix
sera dégagé de cet élément maudit qu'on appelle intérêt.
Tout, absolument tout, se fera par du travail actuel, visible à l'œil nu. L'économie politique sera fort simpli-
fiée. La France fera vivre un homme par lieue carrée.
Tout le reste aura péri d'inanition ; — mais on ne pourra
plus dire : La propriété est un monopole, une illégitimité,
un vol.

Ne soyons donc pas insensibles à ces harmonies économiques qui se déroulent à nos yeux, à mesure que nous
analysons les idées d'échange, de valeur, de capital, d'intérêt, de propriété, de communauté. — Oh ! me sera-t-il
donné d'en parcourir le cercle tout entier ? — Mais peut-être
sommes-nous assez avancés pour reconnaître que le monde
social ne porte pas moins que le monde matériel l'empreinte
d'une main divine, d'où découlent la sagesse et la bonté,
vers laquelle doivent s'élever notre admiration et notre reconnaissance.

Je ne puis m'empêcher de revenir ici sur une pensée de
M. Considérant.

Partant de cette donnée que le sol a une valeur propre,
indépendante de toute œuvre humaine, qu'il est un *capital
primitif et incréé*, il conclut, avec raison à son point de vue,
de l'*appropriation* à l'*usurpation*. Cette prétendue iniquité
lui inspire de véhémentes tirades contre le régime des sociétés modernes. D'un autre côté, il convient que les améliorations permanentes ajoutent une *plus-value* à ce capital
primitif, accessoire tellement confondu avec le principal
qu'on ne peut les séparer. Que faire donc ? car on est en
présence d'une Valeur totale composée de deux éléments,
dont l'un, fruit du travail, est propriété légitime, et l'autre,
œuvre de Dieu, est une inique usurpation.

La difficulté n'est pas petite. M. Considérant la résout par le *droit au travail*.

« Le développement de l'Humanité sur la Terre exige évidemment que le sol ne soit pas laissé dans l'état inculte et sauvage. La Destinée de l'Humanité elle-même s'oppose donc à ce que le Droit de l'homme à la Terre conserve sa FORME *primitive et brute*.

« Le sauvage jouit, au milieu des forêts et des savanes, des quatre Droits naturels, Chasse, Pêche, Cueillette, Pâture. Telle est la première forme du Droit.

« Dans toutes les sociétés civilisées, l'homme du peuple, le Prolétaire qui n'hérite de rien et ne possède rien, est purement et simplement dépouillé de ces droits. On ne peut donc pas dire que le Droit primitif ait ici changé de forme, puisqu'il n'existe plus. La Forme a disparu avec le Fond.

« Or, quelle serait la forme sous laquelle le Droit pourrait se concilier avec les conditions d'une Société industrieuse ? La réponse est facile.

« Dans l'état sauvage, pour user de son Droit, l'homme est *obligé d'agir*. Les *Travaux* de la Pêche, de la Chasse, de la Cueillette, de la Pâture sont les conditions de l'exercice de son Droit. Le Droit primitif n'est donc que le *Droit à ces travaux*.

« Eh bien ! qu'une Société industrieuse, qui a pris possession de la Terre et qui enlève à l'homme la faculté d'exercer à l'aventure et en liberté, sur la surface du Sol, ses quatre Droits naturels, que cette Société reconnaisse à l'individu, en compensation de ces Droits dont elle le dépouille, LE DROIT AU TRAVAIL : alors, en principe et sauf application convenable, l'individu n'aura plus à se plaindre.

« La condition *sine quâ non* pour la Légitimité de la Propriété est donc que la Société reconnaisse au Prolétaire le DROIT AU TRAVAIL, et qu'elle lui *assure* au moins autant de moyens de subsistance, pour un exercice d'activité donné, que cet exercice *eût pu* lui en procurer dans l'état primitif. »

Je ne veux pas, me répétant à satiété, discuter la question du fond avec M. Considérant. Si je lui démontrais que ce qu'il appelle *capital incréé* n'est pas un *capital* du tout ; que ce qu'il nomme *plus-value* du sol n'en est pas la *plus-value*, mais la *toute-value*, il devrait reconnaître que son argumentation s'écroule tout entière, et, avec elle, tous ses griefs contre le mode selon lequel l'humanité a jugé à propos de se constituer et de vivre depuis Adam. Mais cette polémique m'entraînerait à redire tout ce que j'ai déjà dit sur la gratuité essentielle et indélébile des agents naturels.

Je me bornerai à faire observer que si M. Considérant porte la parole au nom des prolétaires, en vérité il est si accommodant qu'ils pourront se croire trahis. Quoi ! les propriétaires ont usurpé et la terre et tous les miracles de végétation qui s'y accomplissent ! ils ont usurpé le soleil, la pluie, la rosée, l'oxygène, l'hydrogène et l'azote, en tant du moins qu'ils concourent à la formation des produits agricoles, — et vous leur demandez d'assurer au prolétariat, en compensation, au moins autant de moyens de subsistance, pour un exercice d'activité donné, que cet exercice eût pu lui en procurer dans l'état primitif ou sauvage !

Mais ne voyez-vous pas que la propriété foncière n'a pas attendu vos injonctions pour être un million de fois plus généreuse ? car, enfin, à quoi se borne votre requête ?

Dans l'état primitif, vos quatre droits, pêche, chasse, cueillette et pâture, faisaient vivre ou plutôt végéter dans toutes les horreurs du dénûment à peu près un homme par lieue carrée. L'usurpation de la terre sera donc légitimée, d'après vous, si ceux qui s'en sont rendus coupables font vivre un homme par lieue carrée, et encore en exigeant de lui autant d'activité qu'en déploie un Huron ou un Iroquois. Veuillez remarquer que la France n'a que trente mille lieues carrées ; que, par conséquent, pourvu qu'elle entretienne trente mille habitants à cet état de bien-être qu'offre la vie sauvage, vous renoncez, au nom des prolétaires, à rien exiger de plus de la propriété. Or, il y a trente millions de Français qui n'ont pas un pouce de terre ; et dans le nombre il s'en rencontre plusieurs : président de la république, ministres, magistrats, banquiers, négociants, notaires, avocats, médecins, courtiers, soldats, marins, professeurs, journalistes, etc., qui ne changeraient pas leur sort contre celui d'un Yoway. Il faut donc que la propriété foncière fasse beaucoup plus que vous n'exigez d'elle. Vous lui demandez le *droit au travail* jusqu'à une limite déterminée, jusqu'à ce qu'elle ait répandu dans les masses, — et cela contre une activité donnée, autant de subsistance que pourrait le faire la sauvagerie. Elle fait mieux : elle donne plus que le droit au travail, elle donne le travail lui-même, et, ne fît-elle qu'acquitter l'impôt, c'est cent fois plus que vous n'en demandez.

Hélas ! à mon grand regret, je n'en ai pas fini avec la propriété foncière et sa valeur. Il me reste à poser et réfuter, en aussi peu de mots que possible, une objection spécieuse et même sérieuse.

On dira :

— « Votre théorie est démentie par les faits. Sans doute, tant qu'il y a, dans un pays, abondance de terres incultes, leur seule présence empêche que le sol cultivé n'y acquière une valeur abusive. Sans doute encore, alors même que tout le territoire est passé dans le domaine approprié, si les nations voisines ont d'immenses espaces à livrer à la charrue, la liberté des transactions suffit pour contenir dans de justes bornes la valeur de la propriété foncière. Dans ces deux cas, il semble que le Prix des terres ne peut représenter que le capital avancé, et la Rente que l'intérêt de ce capital. De là, il faut conclure, comme vous faites, que l'action propre de la terre et l'intervention des agents naturels, ne comptant pour rien et ne pouvant grever le prix des récoltes, restent gratuites et partant communes. Tout cela est spécieux. Nous pouvons être embarrassés pour découvrir le vice de cette argumentation, et pourtant elle est vicieuse. Pour s'en convaincre, il suffit de constater ce fait, qu'il y a en France des terres cultivées qui valent depuis cent francs jusqu'à six mille francs l'hectare, différence énorme qui s'explique bien mieux par celle des fertilités que par celle des travaux antérieurs. Ne niez donc pas que la fertilité n'ait sa valeur propre : il n'y a pas un acte de vente qui ne l'atteste. Quiconque achète une terre examine

sa qualité et paye en conséquence. Si, de deux champs placés à côté l'un de l'autre et présentant les mêmes avantages
de situation, l'un est une grasse alluvion, l'autre un sable,
à coup sûr le premier vaudra plus que le second, encore
que l'un et l'autre aient pu absorber le même capital ; et, à
vrai dire, l'acquéreur ne s'inquiète en aucune façon de
cette circonstance. Ses yeux sont fixés sur l'avenir et non
sur le passé. Ce qui l'intéresse, ce n'est pas ce que la terre
a coûté, mais ce qu'elle rapportera, et il sait qu'elle rapportera en proportion de sa fécondité. Donc cette fécondité a
une valeur propre, intrinsèque, indépendante de tout travail humain. Soutenir le contraire, c'est vouloir faire sortir
la légitimité de l'appropriation individuelle d'une subtilité ou
plutôt d'un paradoxe.

— Cherchons donc la vraie cause de la valeur du sol.

Et que le lecteur veuille bien ne pas perdre de vue que
la question est grave au temps où nous sommes. Jusqu'ici
elle a pu être négligée ou traitée légèrement par les économistes ; elle n'avait guère pour eux qu'un intérêt de curiosité. La légitimité de l'appropriation individuelle n'était
pas contestée. Il n'en est plus de même. Des théories, qui
n'ont eu que trop de succès, ont jeté du doute dans les
meilleurs esprits sur le droit de propriété. Et sur quoi ces
théories fondent-elles leurs griefs ? précisément sur l'allégation contenue dans l'objection que je viens de poser.
Précisément sur ce fait, malheureusement admis par toutes
les écoles, que le sol tient de sa fécondité, de la nature,
une valeur propre qui ne lui a pas été humainement communiquée. Or la valeur ne se cède pas gratuitement. Son
nom même exclut l'idée de gratuité. On dit donc au propriétaire : Vous me demandez une valeur qui est le fruit de
mon travail, et vous m'offrez en échange une autre valeur
qui n'est le fruit ni de votre travail, ni d'aucun travail, mais
de la libéralité de la nature.

Et ce grief, qu'on le sache bien, serait terrible s'il était fondé. Il n'a pas été mis en avant par MM. Considérant et Proudhon. On le retrouve dans Smith, dans Ricardo, dans Senior, dans tous les économistes sans exception, non comme théorie seulement, mais comme grief. Ces auteurs ne se sont pas bornés à attribuer au sol une valeur extra-humaine, ils ont encore assez hautement déduit la consé-quence et infligé à la propriété foncière les noms de privilége, de monopole, d'usurpation. A la vérité, après l'avoir ainsi flétrie, ils l'ont défendue au nom de la *nécessité*. Mais qu'est-ce qu'une telle défense, si ce n'est un vice de dialectique que les logiciens du communisme se sont hâtés de réparer?

Ce n'est donc pas pour obéir à un triste penchant vers les dissertations subtiles que j'aborde ce sujet délicat. J'aurais voulu épargner au lecteur et m'épargner à moi-même l'ennui que d'avance je sens planer sur la fin de ce chapitre.

La réponse à l'objection que je me suis adressée se trouve dans la théorie de la valeur exposée au chapitre V. Là j'ai dit : La valeur n'implique pas essentiellement le travail ; encore moins lui est-elle nécessairement proportionnelle. J'ai montré que la valeur avait pour fondement moins la *peine prise* par celui qui la cède que la *peine épargnée* à celui qui la reçoit, et c'est pour cela que je l'ai fait résider dans quelque chose qui embrasse ces deux éléments : le *service*. On peut rendre, ai-je dit, un grand service avec un très-léger effort, comme avec un grand effort on peut ne rendre qu'un très-médiocre service. Tout ce qui en résulte, c'est que le travail n'obtient pas nécessairement une rémunération toujours proportionnelle à son intensité. Cela n'est pas pour l'homme isolé plus que pour l'homme social.

La valeur se fixe à la suite d'un débat entre deux contractants. Or chacun d'eux apporte à ce débat son point de vue. Vous m'offrez du blé. Que m'importent le temps et la peine qu'il vous a coûté ? Ce qui me préoccupe surtout, c'est le temps et la peine qu'il m'en coûterait pour m'en procurer ailleurs. La connaissance que vous avez de ma situation peut vous rendre plus ou moins exigeant ; celle que j'ai de la vôtre peut me rendre plus ou moins empressé. Donc il n'y a pas une mesure nécessaire à la récompense que vous tirerez de votre labeur. Cela dépend des circonstances et du prix qu'elles donnent aux deux services qu'il s'agit d'échanger entre nous. Bientôt nous signalerons une force extérieure, appelée Concurrence, dont la mission est de régulariser les valeurs, et de les rendre de plus en plus proportionnelles aux efforts. Toujours est-il que cette proportionnalité n'est pas de l'essence même de la valeur, puisqu'elle ne s'établit que sous la pression d'un fait contingent.

Ceci rappelé, je dis que la valeur du sol naît, flotte, se fixe comme celle de l'or, du fer, de l'eau, du conseil de l'avocat, de la consultation du médecin, du chant, de la danse ou du tableau de l'artiste, comme toutes les valeurs ; qu'elle n'obéit pas à des lois exceptionnelles ; qu'elle forme une propriété de même origine, de même nature, aussi légitime que toute autre propriété. — Mais il ne s'ensuit nullement, — on doit maintenant le comprendre, — que de deux travaux appliqués au sol, l'un ne puisse être beaucoup plus heureusement rémunéré que l'autre.

Revenons encore à cette industrie, la plus simple de toutes, et la plus propre à nous montrer le point délicat qui sépare le travail onéreux de l'homme et la coopération gratuite de la nature, je veux parler de l'humble industrie du porteur d'eau.

Un homme a recueilli et porté chez lui une tonne d'eau. Est-il propriétaire d'une valeur nécessairement proportionnelle à son travail ? En ce cas, cette valeur serait indépendante du service qu'elle peut rendre. Bien plus, elle serait immuable, car le travail passé n'est plus susceptible de plus ou de moins.

Eh bien, le lendemain du jour où la tonne d'eau a été recueillie et transportée, elle peut perdre toute valeur, si, par exemple, il a plu pendant la nuit. En ce cas, chacun est pourvu ; elle ne peut rendre aucun service ; on n'en veut plus. En langage économique, elle n'est pas demandée.

Au contraire, elle peut acquérir une valeur considérable si des besoins extraordinaires, imprévus et pressants se manifestent.

Que s'ensuit-il ? que l'homme, travaillant pour l'avenir, ne sait pas au juste d'avance le prix que cet avenir réserve à son travail. La valeur incorporée dans un objet matériel sera plus ou moins élevée, selon qu'il rendra plus ou moins de services, ou, pour mieux dire, le travail humain, origine de cette valeur, recevra, selon les circonstances, une récompense plus ou moins grande. C'est sur de telles éventualités que s'exerce la prévoyance qui, elle aussi, a droit à être rémunérée.

Mais, je le demande, quel rapport y a-t-il entre ces fluctuations de valeurs, entre cette variabilité dans la récompense qui attend le travail, et la merveilleuse industrie naturelle, les admirables lois physiques qui, sans notre participation, ont fait arriver l'eau de l'Océan à la source ? Parce que la valeur de cette tonne d'eau peut varier avec les circonstances, faut-il en conclure que la nature se fait payer quelquefois beaucoup, quelquefois peu, quelquefois pas du tout, l'évaporation, le transport des nuages de l'Océan aux montagnes, la congélation, la liquéfaction, et toute cette admirable industrie qui alimente la source ?

Il en est de même des produits agricoles.

La valeur du sol, ou plutôt du capital engagé dans le sol, n'a pas qu'un élément : elle en a deux. Elle dépend non-seulement du travail qui y a été consacré, mais encore de

la puissance qui est dans la société de rémunérer ce travail;
de la Demande aussi bien que de l'Offre.

Voici un champ. Il n'est pas d'année où l'on n'y jette
quelque travail dont les effets sont d'une nature permanente, et, de ce chef, résulte un accroissement de valeur.

En outre, les routes se rapprochent et se perfectionnent,
la sécurité devient plus complète, les débouchés s'étendent,
la population s'accroît en nombre et en richesse ; une nouvelle carrière s'ouvre à la variété des cultures, à l'intelligence, à l'habileté ; et de ce changement de milieu, de
cette prospérité générale, résulte pour le travail actuel ou
antérieur un excédant de rémunération ; par contre-coup,
pour le champ, un accroissement de valeur.

Il n'y a là ni injustice ni exception en faveur de la propriété foncière. Il n'est aucun genre de travail, depuis la
banque jusqu'à la main-d'œuvre, qui ne présente le même
phénomène. Il n'en est aucun qui ne voie améliorer sa rémunération par le seul fait de l'amélioration du milieu où
il s'exerce. Cette action et cette réaction de la prospérité de
chacun sur la prospérité de tous, et réciproquement, est la
loi même de la valeur. Il est si faux qu'on en puisse conclure à une prétendue valeur qu'aurait revêtue le sol lui-
même ou ses puissances productives, que le travail intellectuel, que les professions et métiers où n'interviennent ni
la matière ni le concours des lois physiques, jouissent du
même avantage, qui n'est pas exceptionnel, mais universel.
L'avocat, le médecin, le professeur, l'artiste, le poëte, sont
mieux rémunérés, à travail égal, à mesure que la ville et la
nation à laquelle ils appartiennent croissent en bien-être,
que le goût ou le besoin de leurs services se répand, que le
public les demande davantage, et est à la fois plus obligé
et plus en mesure de les mieux rétribuer. La simple cession
d'une clientèle, d'une étude, d'une chalandise se fait sur ce
principe. Bien plus, le géant basque et Tom Pouce, qui

vivent de la simple exhibition de leur stature anormale, l'exposent avec plus d'avantage à la curiosité de la foule nombreuse et aisée des grandes métropoles qu'à celle de quelques rares et pauvres villageois. Ici, la demande ne contribue pas seulement à la valeur, elle la fait tout entière. Comment pourrait-on trouver exceptionnel ou injuste que la demande influât aussi sur la valeur du sol ou des produits agricoles ?

Alléguera-t-on que le sol peut atteindre ainsi une valeur exagérée ? Ceux qui le disent n'ont sans doute jamais réfléchi à l'immense quantité de travail que la terre cultivable a absorbée. J'ose affirmer qu'il n'est pas un champ en France qui *vaille* ce qu'il a coûté, qui puisse s'échanger contre autant de travail qu'il en a exigé pour être mis à l'état de productivité où il se trouve. Si cette observation est fondée, elle est décisive. Elle ne laisse pas subsister le moindre indice d'injustice à la charge de la propriété foncière. C'est pourquoi j'y reviendrai lorsque j'aurai à examiner la théorie de Ricardo sur la rente. J'aurai à montrer qu'on doit aussi appliquer aux capitaux fonciers cette loi générale que j'ai exprimée en ces termes : A mesure que le capital s'accroît, les produits se partagent entre les capitalistes ou propriétaires et les travailleurs, de telle sorte que la part *relative* des premiers va sans cesse diminuant, quoique leur part *absolue* augmente, tandis que la part des seconds augmente dans les deux sens.

Cette illusion qui fait croire aux hommes que les puissances productives ont une valeur propre, parce qu'elles ont de l'utilité, a entraîné après elle bien des déceptions et bien des catastrophes. C'est elle qui les a souvent poussés vers des colonisations prématurées dont l'histoire n'est qu'un lamentable martyrologe. Ils ont raisonné ainsi : Dans notre pays, nous ne pouvons obtenir de la valeur que par le travail ; et quand nous avons travaillé, nous n'avons qu'une valeur proportionnelle à notre travail. Si nous allions dans la Guyane, sur les bords du Mississipi, en Australie, en Afrique, nous prendrions possession de vastes terrains incultes, mais fertiles. Nous deviendrions propriétaires, pour notre récompense, et de la valeur que nous aurions créée, et de la *valeur propre*, inhérente à ces terrains. On part, et une cruelle expérience ne tardé pas à confirmer la vérité de la théorie que j'expose ici. On travaille, on défriche, on s'exténue ; on est exposé aux privations, à la souffrance, aux maladies ; et puis, si l'on veut revendre la terre qu'on a rendue propre à la production, on n'en tire pas ce qu'elle a coûté, et l'on est bien forcé de reconnaître que la valeur est de création humaine. Je défie qu'on me cite une colonisation qui n'ait été, à l'origine, un désastre.

« Plus de mille ouvriers furent dirigés sur la rivière du Cygne; mais l'extrême bas prix de la terre (1 sh. 6 d. l'acre ou moins de 2 fr.) et le taux extravagant de la main-d'œuvre leur donna le désir et la facilité de devenir propriétaires. Les capitalistes ne trouvèrent plus personne pour travailler. Un capital de cinq millions y périt, et la colonie devint une scène de désolation. Les ouvriers ayant abandonné leurs patrons, pour obéir à l'illusoire satisfaction d'être propriétaires de terre, les instruments d'agriculture se rouillèrent, les semences moisirent, les troupeaux périrent faute de soins. Une famine affreuse put seule guérir les travailleurs de leur infatuation. Ils revinrent demander du travail aux capitalistes, mais il n'était plus temps. » (*Proceedings of the South Australian association.*)

L'association, attribuant ce désastre au bon marché des terres, en porta le prix à 12 sh. Mais, ajoute Carey à qui j'emprunte cette citation, la véritable cause c'est que les ouvriers, s'étant persuadé que la terre a une *Valeur propre* indépendante du travail, s'étaient-empressés de s'emparer de cette prétendue *Valeur* à laquelle ils supposaient la puissance de contenir virtuellement une Rente.

La suite me fournit un argument plus péremptoire encore.

« En 1836, les propriétés foncières de la rivière du Cygne s'obtenaient des acquéreurs primitifs à un schelling l'acre. » (*New Monthly Magazine.*)

Ainsi, ce sol vendu par la compagnie à 12 sh. — sur lequel les acquéreurs avaient jeté beaucoup de travail et d'argent, ils le revendirent à un schelling ! Où était donc la valeur des *puissances productives naturelles et indestructibles* [1] ?

Ce vaste et important sujet de la valeur des terres n'est pas épuisé, je le sens, par ce chapitre écrit à bâtons rompus, au milieu d'occupations incessantes ; j'y reviendrai ; mais je ne puis terminer sans soumettre une observation aux lecteurs et particulièrement aux économistes.

Ces savants illustres qui ont fait faire tant de progrès à la science, dont les écrits et la vie respirent la bienveillance et la philanthropie, qui ont révélé, au moins sous un certain aspect et dans le cercle de leurs recherches, la véritable solution du problème social, les Quesnay, les Turgot, les Smith, les Malthus, les Say n'ont pas échappé cependant, je ne dis pas à la réfutation, elle est toujours de droit, mais à la calomnie, au dénigrement, aux grossières injures. Attaquer leurs écrits, et même leurs intentions, est devenu presque une mode. — On dira peut-être que dans ce chapitre je fournis des armes à leurs détracteurs, et certes le moment serait très-mal choisi de me tourner contre ceux que je regarde, j'en fais la déclaration solennelle, comme mes initiateurs, mes guides, mes maîtres. Mais, après tout, le droit suprême n'appartient-il pas à la Vérité, ou à ce que, sincèrement, je regarde comme la Vérité ? Quel est le livre, au monde, où ne se soit glissée aucune erreur ? Or une erreur, en économie politique, si on la presse, si on la tourmente, si on lui demande ses conséquences logiques, les

---

[1] Ricardo.

contient toutes ; elle aboutit au chaos. Il n'y a donc pas de livre dont on ne puisse extraire une proposition isolée, incomplète, fausse, et qui ne renferme par conséquent tout un monde d'erreurs et de désordres. En conscience, je crois que la définition que les économistes ont donnée du mot *Valeur* est de ce nombre. On vient de voir que cette définition les a conduits eux-mêmes à jeter sur la légitimité de la Propriété foncière, et, par voie de déduction, sur le capital, un doute dangereux ; et ils ne se sont arrêtés dans cette voie funeste que par une inconséquence. Cette inconséquence les a sauvés. Ils ont repris leur marche dans la voie du Vrai, et leur erreur, si c'en est une, est dans leurs livres une tache isolée. Le socialisme est venu qui s'est emparé de la fausse définition, non pour la réfuter, mais pour l'adopter, la corroborer, en faire le point de départ de sa propagande, et en exprimer toutes les conséquences. Il y avait là, de nos jours, un danger social imminent, et c'est pourquoi j'ai cru qu'il était de mon devoir de dire toute ma pensée, de remonter jusqu'aux sources de la fausse théorie. Que si l'on en voulait induire que je me sépare de mes maîtres Smith et Say, de mes amis Blanqui et Garnier, uniquement parce que, dans une ligne perdue au milieu de leurs savants et excellents écrits, ils auraient fait une fausse application, selon moi, du mot *Valeur ;* si l'on en concluait que je n'ai plus foi dans l'économie politique et les économistes, je ne pourrais que protester, — et, au reste, il y a la plus énergique des protestations dans le titre même de ce livre.

X

CONCURRENCE

L'économie politique n'a pas, dans tout son vocabulaire, un mot qui ait autant excité la fureur des réformateurs modernes que le mot *Concurrence*, auquel, pour le rendre plus odieux, ils ne manquent jamais d'accoler l'épithète : *anarchique.*

Que signifie *Concurrence anarchique ?* Je l'ignore. Que peut-on mettre à sa place? Je ne le sais pas davantage.

J'entends bien qu'on me crie : *Organisation ! Association !* Mais qu'est-ce à dire ? Il faut nous entendre une fois pour toutes. Il faut enfin que je sache quel genre d'autorité ces écrivains entendent exercer sur moi et sur tous les hommes vivant à la surface du globe ; car, en vérité, je ne leur en reconnais qu'une, celle de la raison s'ils peuvent la mettre de leur côté. Eh bien ! veulent-ils me priver du droit de me servir de mon jugement quand il s'agit de mon existence ? Aspirent-ils à m'ôter la faculté de comparer les services que je rends à ceux que je reçois ? Entendent-ils que j'agisse sous l'influence de la contrainte par eux exercée et non sous celle de mon intelligence ? S'ils me laissent ma liberté, la Concurrence reste. S'ils me la ravissent, je ne suis que leur esclave. — L'association sera *libre et volontaire,* disent-ils. A la bonne heure ! Mais alors chaque groupe d'associés sera à l'égard des autres groupes ce que

sont aujourd'hui les individus entre eux, et nous aurons encore la *Concurrence*. — L'association sera *intégrale*. — Oh!
ceci passe la plaisanterie. Quoi ! la concurrence anarchique
désole actuellement la société ; et il nous faut attendre, pour
guérir de cette maladie, que, sur la foi de votre livre, tous
les hommes de la terre, Français, Anglais, Chinois, Japo-
nais, Cafres, Hottentots, Lapons, Cosaques, Patagons, se
soient mis d'accord pour s'enchaîner à tout jamais à une
des formes d'association que vous avez imaginées ? Mais
prenez garde, c'est avouer que la Concurrence est indestructible ; et oserez-vous dire qu'un phénomène indestructible,
par conséquent providentiel, puisse être malfaisant ?

Et après tout, qu'est-ce que la Concurrence? Est-ce une
chose existant et agissant par elle-même comme le choléra ?
Non; Concurrence, ce n'est qu'absence d'oppression. En ce
qui m'intéresse, je veux choisir pour moi-même et ne veux
pas qu'un autre choisisse pour moi, malgré moi; voilà tout.
Et si quelqu'un prétend substituer son jugement au mien
dans les affaires qui me regardent, je demanderai de substituer le mien au sien dans les transactions qui le concernent. Où est la garantie que les choses en iront mieux? Il est
évident que la Concurrence, c'est la liberté. Détruire la
liberté d'agir c'est détruire la possibilité et par suite la faculté de choisir, de juger, de comparer ; c'est tuer l'intelligence, c'est tuer la pensée, c'est tuer l'homme. De quelque
côté qu'ils partent, voilà où aboutissent toujours les réformateurs modernes; pour améliorer la société, ils commencent par anéantir l'individu, sous prétexte que tous les maux
en viennent, comme si tous les biens n'en venaient pas aussi.
Nous avons vu que les services s'échangent contre les services. Au fond, chacun de nous porte en ce monde la responsabilité de pourvoir à ses satisfactions par ses efforts.
Donc un homme nous épargne une peine ; nous devons lui
en épargner une à notre tour. Il nous confère une satisfac-

tion résultant de son effort ; nous devons faire de même pour lui.

Mais qui fera la comparaison ? car, entre ces efforts, ces peines, ces services échangés, il y a, de toute nécessité, une comparaison à faire pour arriver à l'équivalence, à la justice, à moins qu'on ne nous donne pour règle l'injustice, l'inégalité, le hasard, ce qui est une autre manière de mettre l'intelligence humaine hors de cause. Il faut donc un juge ou des juges. Qui le sera ? N'est-il pas bien naturel que, dans chaque circonstance, les besoins soient jugés par ceux qui les éprouvent, les satisfactions par ceux qui les recherchent, les efforts par ceux qui les échangent ? Et est-ce sérieusement qu'on nous propose de substituer à cette universelle vigilance des intéressés une autorité sociale (fût-ce celle du réformateur lui-même), chargée de décider sur tous les points du globe les délicates conditions de ces échanges innombrables ? Ne voit-on pas que ce serait créer le plus faillible, le plus universel, le plus immédiat, le plus inquisitorial, le plus insupportable, le plus actuel, le plus intime, et disons, fort heureusement, le plus impossible de tous les despotismes que jamais cervelle de pacha ou de mufti ait pu concevoir ?

Il suffit de savoir que la Concurrence n'est autre chose que l'absence d'une autorité arbitraire comme juge des échanges, pour en conclure qu'elle est indestructible. La force abusive peut certainement restreindre, contrarier, gêner la liberté de troquer, comme la liberté de marcher ; mais elle ne peut pas plus anéantir l'une que l'autre sans anéantir l'homme. Cela étant ainsi, reste à savoir si la Concurrence agit pour le bonheur ou le malheur de l'humanité ; question qui revient à celle-ci : L'humanité est-elle naturellement progressive ou fatalement rétrograde ?

Je ne crains pas de le dire : la Concurrence, que nous pourrions bien nommer la Liberté, malgré les répulsions qu'elle soulève, en dépit des déclamations dont on la poursuit, est la loi démocratique par essence. C'est la plus progressive, la plus égalitaire, la plus communautaire de toutes celles à qui la Providence a confié le progrès des sociétés humaines. C'est elle qui fait successivement tomber dans le domaine *commun* la jouissance des biens que la nature ne semblait avoir accordés gratuitement qu'à certaines contrées. C'est elle qui fait encore tomber dans le domaine *commun* toutes les conquêtes dont le génie de chaque siècle accroît le trésor des générations qui le suivent, ne laissant ainsi en présence que des travaux complémentaires s'échangeant entre eux, sans réussir, comme ils le voudraient, à se faire rétribuer pour le concours des agents naturels ; et si ces travaux, comme il arrive toujours à l'origine, ont une valeur qui ne soit pas proportionnelle à leur intensité, c'est encore la Concurrence qui, par son action inaperçue, mais incessante, ramène un équilibre sanctionné par la justice et plus exact que celui que tenterait vainement d'établir la sagacité faillible d'une magistrature humaine. Loin que la Concurrence, comme on l'en accuse, agisse dans le sens de l'inégalité, on peut affirmer que toute inégalité *factice* est imputable à son absence ; et si l'abîme est plus profond entre le grand lama et un paria qu'entre le président et un artisan des États-Unis, cela tient à ce que la Concurrence (ou la liberté), comprimée en Asie, ne l'est pas en Amérique. Et c'est pourquoi, pendant que les Socialistes voient dans la Concurrence la cause de tout mal, c'est dans les atteintes qu'elle reçoit qu'il faut chercher la cause perturbatrice de tout bien. Encore que cette grande loi ait été méconnue des Socialistes et de leurs adeptes, encore qu'elle soit souvent brutale dans ses procédés, il n'en est pas de plus féconde en harmonies sociales, de plus bienfaisante dans ses résultats généraux, il n'en est pas qui atteste d'une manière plus éclatante l'incommensurable supériorité des desseins de

Dieu sur les vaines et impuissantes combinaisons des hommes.

Je dois rappeler ici ce singulier mais incontestable résultat de l'ordre social, sur lequel j'ai déjà attiré l'attention du lecteur (page 25), et que la puissance de l'habitude dérobe trop souvent à notre vue. C'est que : *La somme des satisfactions qui aboutit à chaque membre de la société est de beaucoup supérieure à celle qu'il pourrait se procurer par ses propres efforts.* — En d'autres termes, il y a une disproportion évidente entre nos consommations et notre travail. Ce phénomène, que chacun de nous peut aisément constater, s'il veut tourner un instant ses regards sur lui-même, devrait, ce me semble, nous inspirer quelque reconnaissance pour la Société à qui nous en sommes redevables.

Nous arrivons dénués de tout sur cette terre, tourmentés de besoins sans nombre, et pourvus seulement de facultés pour y faire face. Il semble, *à priori*, que tout ce à quoi nous pourrions prétendre, c'est d'obtenir des satisfactions proportionnelles à notre travail. Si nous en avons plus, infiniment plus, à qui devons-nous cet excédant ? Précisément à cette organisation naturelle contre laquelle nous déclamons sans cesse, quand nous ne cherchons pas à la détruire.

En lui-même, le phénomène est vraiment extraordinaire. Que certains hommes consomment plus qu'ils ne produisent, rien de plus aisément explicable, si, d'une façon ou d'une autre, ils usurpent les droits d'autrui, s'ils reçoivent des services sans en rendre. Mais comment cela peut-il être vrai de tous les hommes à la fois ? Comment se fait-il qu'après avoir échangé leurs services sans contrainte, sans spoliation, sur le pied de l'*équivalence*, chaque homme puisse se dire avec vérité : Je détruis en un jour plus que je ne pourrais créer en un siècle !

Le lecteur comprend que cet élément additionnel qui résout le problème, c'est le concours toujours plus efficace des agents naturels dans l'œuvre de la production ; c'est l'utilité gratuite venant tomber sans cesse dans le domaine de la *communauté;* c'est le travail du chaud, du froid, de la lumière, de la gravitation, de l'affinité, de l'élasticité venant progressivement s'ajouter au travail de l'homme et diminuer la valeur des services en les rendant plus faciles.

J'aurais, certes, bien mal exposé la théorie de la *valeur,* si le lecteur pensait qu'elle baisse immédiatement et d'elle-même par le seul fait de la coopération, à la décharge du travail humain, d'une force naturelle. Non, il n'en est pas ainsi; car alors on pourrait dire, avec les économistes anglais : La valeur est proportionnelle au travail. Celui qui se fait aider par une force naturelle et gratuite rend plus facilement ses services ; mais pour cela il ne renonce pas volontairement à une portion quelconque de sa rémunération accoutumée. Pour l'y déterminer, il faut une coercition extérieure, sévère sans être injuste. Cette coercition, c'est la Concurrence qui l'exerce. Tant qu'elle n'est pas intervenue, tant que celui qui a utilisé un agent naturel est maître de son secret, son agent naturel est gratuit, sans doute, mais il n'est pas encore *commun;* la conquête est réalisée, mais elle l'est au profit d'un seul homme ou d'une seule classe. Elle n'est pas encore un bienfait pour l'humanité entière. Il n'y a encore rien de changé dans le monde, si ce n'est qu'une nature de *services,* bien que déchargée en partie du fardeau de la peine, exige cependant la rétribution intégrale. Il y a, d'un côté, un homme qui exige de tous ses semblables le même travail qu'autrefois, quoiqu'il ne leur offre que son travail réduit; il y a, de l'autre, l'humanité entière qui est encore obligée de faire le même sacrifice de temps et de labeur pour obtenir un produit que désormais la nature réalise en partie.

Si les choses devaient rester ainsi, avec toute invention un principe d'inégalité indéfinie s'introduirait dans le monde.

Non-seulement on ne pourrait pas dire : La valeur est proportionnelle au travail, mais on ne pourrait pas dire davantage : La valeur tend à se proportionner au travail. Tout ce que nous avons dit dans les chapitres précédents de l'*utilité gratuite*, de la *communauté progressive*, serait chimérique. Il ne serait pas vrai que les services s'échangent contre les services, de telle sorte que les dons de Dieu se transmettent de main en main par-dessus le marché, jusqu'au destinataire qui est le consommateur. Chacun se ferait payer à tout jamais, outre son travail, la portion de forces naturelles qu'il serait parvenu à exploiter une fois; en un mot, l'humanité serait constituée sur le principe du monopole universel au lieu de l'être sur le principe de la Communauté progressive.

Mais il n'en est pas ainsi; Dieu, qui a prodigué à toutes ses créatures la chaleur, la lumière, la gravitation, l'air, l'eau, la terre, les merveilles de la vie végétale, l'électricité et tant d'autres bienfaits innombrables qu'il ne m'est pas donné d'énumérer, Dieu, qui a mis dans l'individualité l'*intérêt personnel* qui, comme un aimant, attire toujours tout à lui, Dieu, dis-je, a placé aussi, au sein de l'ordre social, un autre ressort auquel il a confié le soin de conserver à ses bienfaits leur destination primitive : la gratuité, la communauté. Ce ressort, c'est la Concurrence.

Ainsi l'Intérêt personnel est cette indomptable force individualiste qui nous fait chercher le progrès, qui nous le fait découvrir, qui nous y pousse l'aiguillon dans le flanc, mais qui nous porte aussi à le monopoliser. La Concurrence est cette force humanitaire non moins indomptable qui arrache le progrès, à mesure qu'il se réalise, des mains de l'individualité, pour en faire l'héritage commun de la grande famille humaine. Ces deux forces qu'on peut critiquer, quand on les considère isolément, constituent dans leur ensemble, par le jeu de leurs combinaisons, l'Harmonie sociale.

Et, pour le dire en passant, il n'est pas surprenant que l'individualité, représentée par l'intérêt de l'homme en tant que producteur, s'insurge depuis le commencement du monde contre la Concurrence, qu'elle la réprouve, qu'elle cherche à la détruire, appelant à son aide la force, la ruse, le privilége, le sophisme, le monopole, la restriction, la protection gouvernementale, etc. La moralité de ses moyens dit assez la moralité de son but. Mais ce qu'il y a d'étonnant et de douloureux, c'est que la science elle-même, — la fausse science, il est vrai, — propagée avec tant d'ardeur par les écoles socialistes, au nom de la philanthropie, de l'égalité, de la fraternité, ait épousé la cause de l'Individualisme dans sa manifestation la plus étroite, et déserté celle de l'humanité.

Voyons maintenant agir la Concurrence.

L'homme, sous l'influence de l'intérêt personnel, recherche toujours et nécessairement les circonstances qui peuvent donner le plus de *valeur* à ses services. Il ne tarde pas à reconnaître qu'à l'égard des dons de Dieu, il peut être favorisé de trois manières : (V. *la note de la page* 175.)

1° Ou s'il s'empare seul de ces dons eux-mêmes ;

2° Ou s'il connaît seul le *procédé* par lequel il est possible de les utiliser ;

3° Ou s'il possède seul l'*instrument* au moyen duquel on peut les faire concourir.

Dans l'une ou l'autre de ces circonstances, il donne *peu* de son travail contre *beaucoup* de travail d'autrui. Ses services ont une grande *valeur* relative, et l'on est disposé à croire que cet excédant de valeur est inhérent à l'agent naturel. S'il en était ainsi, cette valeur serait irréductible. La preuve que la valeur est dans le service, c'est que nous allons voir la Concurrence diminuer l'une en même temps que l'autre.

1° Les agents naturels, les dons de Dieu, ne sont pas ré-

partis d'une manière uniforme sur la surface du globe.
Quelle infinie succession de végétaux, depuis la région du
sapin jusqu'à celle du palmier ! Ici la terre est plus féconde,
là la chaleur plus vivifiante ; sur tel point on rencontre la
pierre, sur tel autre le plâtre, ailleurs le fer, le cuivre, la
houille. Il n'y a pas partout des chutes d'eau ; on ne peut
pas profiter également partout de l'action des vents. La
seule distance où nous nous trouvons des objets qui nous
sont nécessaires différencie à l'infini les obstacles que rencontrent nos efforts ; il n'est pas jusqu'aux facultés de
l'homme qui ne varient, dans une certaine mesure, avec les
climats et les races.

Il est aisé de comprendre que, sans la loi de la Concurrence, cette inégalité dans la distribution des dons de Dieu
amènerait une inégalité correspondante dans la condition
des hommes.

Quiconque serait à portée d'un avantage naturel en pro-
fiterait pour lui, mais n'en ferait pas profiter ses semblables.
Il ne permettrait aux autres hommes d'y participer, par son
intermédiaire, que moyennant une rétribution excessive
dont sa volonté fixerait arbitrairement la limite. Il attacherait
à ses services la valeur qu'il lui plairait. Nous avons vu que
les deux limites extrêmes entre lesquelles elle se fixe sont
la *peine prise* par celui qui rend le service et la *peine épargnée* à celui qui le reçoit. Sans la Concurrence, rien n'empêcherait de la porter à la limite supérieure. Par exemple,
l'homme des tropiques dirait à l'Européen : « Grâce à mon
soleil, je puis obtenir une quantité donnée de sucre, de
café, de cacao, de coton avec une peine *égale à dix*, tandis
qu'obligé, dans votre froide région, d'avoir recours aux
serres, aux poêles, aux abris, vous ne le pouvez qu'avec une
peine *égale à cent*. Vous me demandez mon sucre, mon
café, mon coton, et vous ne seriez pas fâché que, dans la
transaction, je ne tinsse compte que de la peine que j'ai

prise. Mais moi je regarde surtout celle que je vous épargne ; car sachant que c'est la limite de votre résistance, j'en fais celle de ma prétention. Comme ce que je fais avec une peine égale à dix, vous pouvez le faire chez vous avec une peine *égale à cent*, si je vous demandais en retour de mon sucre un produit qui vous coûtât une peine égale à *cent un*, il est certain que vous me refuseriez ; mais je n'exige qu'une peine de *quatre-vingt-dix-neuf*. Vous pourrez bien bouder pendant quelque temps ; mais vous y viendrez, car à ce taux il y a encore avantage pour vous dans l'échange. Vous trouvez ces bases injustes ; mais après tout ce n'est pas à vous, c'est à moi que Dieu a fait don d'une température élevée. Je me sais en mesure d'exploiter ce bienfait de la Providence en vous en privant, si vous ne consentez à me payer une taxe, car je n'ai pas de concurrents. Ainsi voilà mon sucre, mon cacao, mon café, mon coton. Prenez-les aux conditions que je vous impose, ou faites-les vous-même, ou passez-vous-en. »

Il est vrai que l'Européen pourrait à son tour tenir à l'homme des tropiques un langage analogue : « Bouleversez votre sol, dirait-il, creusez des puits, cherchez du fer et de la houille, et félicitez-vous si vous en trouvez : car, sinon, c'est ma résolution de pousser aussi à l'extrême mes exigences. Dieu nous a fait deux dons précieux. Nous en prenons d'abord ce qu'il nous faut, puis nous ne souffrons pas que d'autres y touchent sans nous payer un droit d'aubaine. »

Si les choses se passaient ainsi, la rigueur scientifique ne permettrait pas encore d'attribuer aux agents naturels la Valeur qui réside essentiellement dans les *services*. Mais il serait permis de s'y tromper, car le résultat serait absolument le même. Les services s'échangeraient toujours contre des services, mais ils ne manifesteraient aucune tendance à se mesurer par les efforts, par le travail. Les dons de Dieu seraient des priviléges *personnels* et non des biens *communs*, etpeut-être pourrions-nous, avec quelque fondement, nous plaindre d'avoir été traités par l'Auteur des choses d'une manière si irrémédiablement inégale. Serions-nous frères ici-bas? Pourrions-nous nous considérer comme les fils d'un Père commun? Le défaut de Concurrence, c'est-à-dire de Liberté, serait d'abord un obstacle invincible à l'Égalité. Le défaut d'égalité exclurait toute idée de Fraternité. Il ne resterait rien de la devise républicaine.

Mais vienne la Concurrence, et nous la verrons frapper d'impossibilité absolue ces marchés léonins, ces accaparements des dons de Dieu, ces prétentions révoltantes dans l'appréciation des services, ces inégalités dans les efforts échangés.

Et remarquons d'abord que la Concurrence intervient forcément, provoquée qu'elle est par ces inégalités mêmes. Le travail se porte instinctivement du côté où il est le mieux rétribué, et ne manque pas de faire cesser cet avantage anormal ; de telle sorte que l'Inégalité n'est qu'un aiguillon qui nous pousse malgré nous vers l'Égalité. C'est une des plus belles *intentions finales* du mécanisme social. Il semble que la Bonté infinie, qui a répandu ses biens sur la terre, ait choisi l'avide producteur pour en opérer entre tous la distribution équitable ; et certes c'est un merveilleux spectacle que celui de l'intérêt privé réalisant sans cesse ce qu'il évite toujours. L'homme, en tant que producteur, est attiré fatalement, nécessairement vers les grosses rémunérations, qu'il fait par cela même rentrer dans la règle. Il obéit à son intérêt propre, et qu'est-ce qu'il rencontre sans le savoir, sans le vouloir, sans le chercher ? L'intérêt général.

Ainsi, pour revenir à notre exemple, par ce motif que l'homme des tropiques, exploitant les dons de Dieu, reçoit une rémunération excessive, il s'attire la Concurrence. Le travail humain se porte de ce côté avec une ardeur proportionnelle, si je puis m'exprimer ainsi, à l'amplitude de l'inégalité ; et il n'aura pas de paix qu'il ne l'ait effacée. Successivement, on voit le travail tropical *égal à dix* s'échanger, sous l'action de la Concurrence, contre du travail européén égal à quatre-vingts, puis à soixante, puis à cinquante, à quarante, à vingt, et enfin à dix. Il n'y a aucune raison, sous l'empire des lois spéciales naturelles, pour que les choses n'en viennent pas là, c'est-à-dire pour que les services échangés ne puissent pas se mesurer par le travail, par la peine prise, les dons de Dieu se donnant de part et d'autre par-dessus le marché. Or, quand les choses en sont là, il faut bien apprécier, pour la bénir, la révolution qui s'est opérée. — D'abord les peines prises de part et d'autre sont égales, ce qui est de nature à satisfaire la conscience humaine toujours avide de justice. — Ensuite, qu'est devenu le don de Dieu ? — Ceci mérite toute l'attention du lecteur. — Il n'a été retiré à personne. A cet égard, ne nous en laissons pas imposer par les clameurs du producteur tropical, le Brésilien, en tant qu'il consomme lui-même du sucre, du coton, du café, profite toujours de la chaleur de son soleil ; car l'astre bienfaisant n'a pas cessé de l'aider dans l'œuvre de la production. Ce qu'il a perdu, c'est seulement l'injuste faculté de prélever une aubaine sur la consommation des habitants de l'Europe. Le bienfait providentiel, parce qu'il était *gratuit*, devait devenir et est devenu *commun* : car *gratuité* et *communauté* sont de même essence.

Le don de Dieu est devenu commun, — et je prie le lecteur de ne pas perdre de vue que je me sers ici d'un fait spécial pour élucider un phénomène universel, — il est devenu, dis-je, commun à tous les hommes. Ce n'est pas là de la déclamation, mais l'expression d'une vérité mathématique. Pourquoi ce beau phénomène a-t-il été méconnu ? Parce que la communauté se réalise sous forme de *valeur anéantie*, et que notre esprit a beaucoup de peine à saisir les négations. Mais, je le demande, lorsque, pour obtenir une quantité de sucre, de café ou de coton, je ne cède que le dixième de la peine qu'il me faudrait prendre pour les produire moi-même, et cela parce qu'au Brésil le soleil fait les neuf dixièmes de l'œuvre, n'est-il pas vrai que j'échange du travail contre du travail? et n'obtiens-je pas très-positivement, en outre du travail brésilien, et par-dessus le marché, la coopération du climat des tropiques? Ne puis-je pas affirmer avec une exactitude rigoureuse que je suis devenu, que tous les hommes sont devenus, au même titre que les Indiens et les Américains, c'est-à-dire à titre gratuit, participants de la libéralité de la nature, en tant qu'elle concerne les productions dont il s'agit?

Il y a un pays, l'Angleterre, qui a d'abondantes mines de houille. C'est là, sans doute, un grand avantage *local*, surtout si l'on suppose, comme je le ferai pour plus de simplicité dans la démonstration, qu'il n'y a pas de houille sur le continent. — Tant que l'échange n'intervient pas, l'avantage qu'ont les Anglais, c'est d'avoir du feu en plus grande abondance que les autres peuples, de s'en procurer avec moins de peine, sans entreprendre autant sur leur temps utile. Sitôt que l'échange apparaît, abstraction faite de la Concurrence, la possession exclusive des mines les met à même de demander une rémunération considérable et de mettre leur peine à haut prix. Ne pouvant ni prendre cette peine nous-mêmes, ni nous adresser ailleurs, il faudra bien subir la loi. Le travail anglais, appliqué à ce genre d'exploitation, sera très-rétribué; en d'autres termes, la houille sera chère, et le bienfait de la nature pourra être considéré comme conféré à un peuple et non à l'humanité.

Mais cet état de choses ne peut durer; il y a une grande loi naturelle et sociale qui s'y oppose, la Concurrence. Par cela même que ce genre de travail sera très-rémunéré en Angleterre, il y sera très-recherché, car les hommes re-

cherchent toujours les grosses rémunérations. Le nombre
des mineurs s'accroîtra à la fois par adjonction et par génération; ils s'offriront au rabais; ils se contenteront d'une
rémunération toujours décroissante jusqu'à ce qu'elle descende
cende à l'*état normal*, au niveau de celle qu'on accorde
généralement, dans le pays, à tous les travaux analogues.
Cela veut dire que le prix de la houille anglaise baissera en
France; cela veut dire qu'une quantité donnée de travail
français obtiendra une quantité de plus en plus grande
de houille anglaise, ou plutôt de travail anglais incorporé
dans de la houille; cela veut dire enfin, et c'est là ce que je
prie d'observer, que le don que la nature semblait avoir fait
à l'Angleterre, elle l'a conféré, en réalité, à l'humanité tout
entière. La houille de Newcastle est prodiguée *gratuitement*
à tous les hommes. Ce n'est là ni un paradoxe ni une exagération : elle leur est prodiguée *à titre gratuit*, comme l'eau
du torrent, à la seule condition de prendre *la peine* de
l'aller chercher ou de restituer cette peine à ceux qui la
prennent pour nous. Quand nous achetons la houille, ce
n'est pas la houille que nous payons, mais le travail qu'il
a fallu exécuter pour l'extraire et le transporter. Nous nous
bornons à donner un travail égal que nous avons fixé dans
du vin ou de la soie. Il est si vrai que la libéralité de la nature s'est étendue à la France, que le travail que nous res-
tituons n'est pas supérieur à celui qu'il eût fallu accomplir
si le dépôt houiller eût été en France. La Concurrence a
amené l'égalité entre les deux peuples par rapport à la
houille, sauf l'inévitable et légère différence qui résulte de
la distance et du transport.

J'ai cité deux exemples, et, pour rendre le phénomène
plus frappant par sa grandeur, j'ai choisi des relations internationales opérées sur une vaste échelle. Je crains d'être
ainsi tombé dans l'inconvénient de dérober à l'œil du lecteur le même phénomène agissant incessamment autour de

nous et dans nos transactions les plus familières. Qu'il veuille bien prendre dans ses mains les plus humbles objets, un verre, un clou, un morceau de pain, une étoffe, un livre. Qu'il se prenne à méditer sur ces vulgaires produits. Qu'il se demande quelle incalculable masse d'utilité gratuite serait, à la vérité, sans la Concurrence, demeurée gratuite pour le producteur, mais n'aurait jamais été gratuite pour l'humanité, c'est-à-dire ne serait jamais devenue *commune*. Qu'il se dise bien que, grâce à la Concurrence, en achetant ce pain, il ne paye rien pour l'action du soleil, rien pour la pluie, rien pour la gelée, rien pour les lois de la physiologie végétale, rien même pour l'action propre du sol, quoi qu'on en dise; rien pour la loi de la gravitation mise en œuvre par le meunier, rien pour la loi de la combustion mise en œuvre par le boulanger, rien pour la force animale mise en œuvre par le voiturier; qu'il ne paye que des services rendus, des peines prises par les agents humains; qu'il sache que, sans la concurrence, il lui aurait fallu en outre payer une taxe pour l'intervention de tous ces agents naturels; que cette taxe n'aurait eu d'autre limite que la difficulté qu'il éprouverait lui-même à se procurer du pain par ses propres efforts; que, par conséquent, une vie entière de travail ne lui suffirait pas pour faire face à la rémunération qui lui serait demandée; qu'il songe qu'il n'use pas d'un seul objet qui ne puisse et ne doive provoquer les mêmes réflexions, et que ces réflexions sont vraies pour tous les hommes vivant sur la surface du globe : et il comprendra alors le vice des théories socialistes, qui, ne voyant que la superficie des choses, l'épiderme de la société, se sont si légèrement élevées contre la Concurrence, c'est-à-dire contre la Liberté humaine; il comprendra que la Concurrence, maintenant aux dons que la nature a inégalement répartis sur le globe le double caractère de la gratuité et de la communauté, il faut la considérer comme le principe d'une juste et natu-

relle égalisation ; il faut l'admirer comme la force qui tient
en échec l'égoïsme de l'intérêt personnel, avec lequel elle
se combine si artistement; qu'elle est en même temps un
frein pour son avidité et un aiguillon pour son activité; il faut la bénir comme la plus éclatante manifestation
de l'impartiale sollicitude de Dieu envers toutes ses créatures.

De ce qui précède, on peut déduire la solution d'une des
questions les plus controversées, celle de la liberté commerciale de peuple à peuple. S'il est vrai, comme cela me
paraît incontestable, que les diverses nations du globe soient
amenées par la Concurrence à n'échanger entre elles que
du travail, de la peine de plus en plus nivelée; et à se céder
réciproquement, *par-dessus le marché*, les avantages naturels que chacune d'elles a à sa portée ; combien ne sont-
elles pas aveugles et absurdes celles qui repoussent législativement les produits étrangers, sous prétexte qu'ils sont
à bon marché; qu'ils ont peu de valeur relativement à leur
utilité totale, c'est-à-dire précisément parce qu'ils renferment une grande portion d'utilité gratuite !

Je l'ai déjà dit et je le répète : une théorie m'inspire de
la confiance quand je la vois d'accord avec la pratique universelle. Or il est positif que les nations feraient entre
elles certains échanges si on ne le leur interdisait *par la
force.* Il faut la baïonnette pour les empêcher, donc on a
tort de les empêcher.

2° Une autre circonstance qui place certains hommes
dans une situation favorable et exceptionnelle quant à la
rémunération, c'est la connaissance exclusive des *procédés*
par lesquels il est possible de s'emparer des *agents naturels.*
Ce qu'on nomme une invention est une conquête du génie
humain. Il faut voir comment ces belles et pacifiques conquêtes, qui sont, à l'origine, une source de richesses pour
ceux qui les font, deviennent bientôt, sous l'action de la

Concurrence, le patrimoine *commun et gratuit* de tous les hommes.

Les forces de la nature appartiennent bien à tout le monde. La gravitation, par exemple, est une propriété commune ; elle nous entoure, elle nous pénètre, elle nous domine ; cependant, s'il n'y a qu'un moyen de la faire concourir à un résultat utile et déterminé, et qu'un homme qui connaisse ce moyen, cet homme pourra mettre sa peine à haut prix, ou refuser de la prendre, si ce n'est en échange d'une rémunération considérable. Sa prétention, à cet égard, n'aura d'autres limites que le point où il exigerait des consommateurs un sacrifice supérieur à celui que leur impose le vieux procédé. Il sera parvenu, par exemple, à anéantir les neuf dixièmes du travail nécessaire pour produire l'objet x. — Mais x a actuellement un prix courant déterminé par la peine que sa production exige selon la méthode ordinaire. L'inventeur vend x au cours ; en d'autres termes, sa peine lui est payée dix fois plus que celle de ses rivaux. C'est là la première phase de l'invention.

Remarquons d'abord qu'elle ne blesse en rien la justice. Il est juste que celui qui révèle au monde un procédé utile reçoive sa récompense : *A chacun selon sa capacité.*

Remarquons encore que jusqu'ici l'humanité, moins l'inventeur, n'a rien gagné que virtuellement, en perspective pour ainsi dire, puisque, pour acquérir le produit x, elle est tenue aux mêmes sacrifices qu'il lui coûtait autrefois.

Cependant l'invention entre dans sa seconde phase, celle de l'*imitation*. Il est dans la nature des rémunérations excessives d'éveiller la convoitise. Le procédé nouveau se répand, le prix de x va toujours baissant, et la rémunération décroît aussi, d'autant plus que l'imitation s'éloigne de l'époque de l'invention, c'est-à-dire d'autant plus qu'elle devient plus facile, moins chanceuse, et, partant, moins méritoire. Il n'y a certes rien là qui ne pût être avoué par la législation la plus ingénieuse et la plus impartiale.

Enfin l'invention parvient à sa troisième phase, à sa période définitive, celle de la *diffusion* universelle, de la *communauté*, de la *gratuité*; son cycle est parcouru lorsque la Concurrence a ramené la rémunération des producteurs de x au taux général et normal de tous les travaux analogues. Alors les neuf dixièmes de la peine épargnée par l'invention, dans l'hypothèse, sont une conquête au profit de l'humanité entière. L'utilité de x est la même ; mais les neuf dixièmes y ont été mis par la gravitation, qui était autrefois commune à tous en principe, et qui est devenue commune à tous dans cette application spéciale. Cela est si vrai, que tous les consommateurs du globe sont admis à acheter x par le sacrifice du dixième de la peine qu'il coûtait autrefois. Le surplus a été entièrement anéanti par le procédé nouveau.

Si l'on veut bien considérer qu'il n'est pas une invention humaine qui n'ait parcouru ce cercle, que x est ici un signe algébrique qui représente le blé, le vêtement, les livres, les vaisseaux, pour la production desquels une masse incalculable de Peine ou de valeur a été anéantie par la charrue, la machine à filer, l'imprimerie et la voile ; que cette observation s'applique au plus humble des outils comme au mécanisme le plus compliqué, au clou, au coin, au levier, comme à la machine à vapeur et au télégraphe électrique ; on comprendra, j'espère, comment se résout dans l'humanité ce grand problème : *Qu'une masse, toujours plus considérable et toujours plus également répartie, d'utilités ou de jouissances, vienne rémunérer chaque quantité fixe de travail humain.*

3° J'ai fait voir que la Concurrence fait tomber, dans le domaine de la *communauté* et de la *gratuité*, et les *forces naturelles* et les *procédés* par lesquels on s'en empare ; il me reste à faire voir qu'elle remplit la même fonction, quant aux *instruments* au moyen desquels on met ces forces en œuvre.

Il ne suffit pas qu'il existe dans la nature une force, chaleur, lumière, gravitation, électricité ; il ne suffit pas que l'intelligence conçoive le moyen de l'utiliser ; il faut encore des *instruments* pour réaliser cette conception de l'esprit, et des *approvisionnements* pour entretenir pendant l'opération l'existence de ceux qui s'y livrent.

C'est une troisième circonstance favorable à un homme ou à une classe d'hommes, relativement à la rémunération, que de posséder des *capitaux*. Celui qui a en ses mains l'outil nécessaire au travailleur, les matériaux sur lesquels le travail va s'exercer et les moyens d'existence qui doivent se consommer pendant le travail, celui-là a une rémunération à stipuler ; le principe en est certainement équitable, car le capital n'est qu'une peine antérieure, laquelle n'a pas encore été rétribuée. Le capitaliste est dans une bonne position pour imposer la loi, sans doute ; mais remarquons que, même affranchi de toute Concurrence, il est une limite que ses prétentions ne peuvent jamais dépasser ; cette limite est le point où sa rémunération absorberait tous les avantages du service qu'il rend. Cela étant, il n'est pas permis de parler, comme on le fait si souvent, de la *tyrannie du capital*, puisque jamais, même dans les cas les plus extrêmes, sa présence ne peut nuire plus que son absence à la condition du travailleur. Tout ce que peut faire le capitaliste, comme l'homme des tropiques qui dispose d'une intensité de chaleur que la nature a refusée à d'autres, comme l'inventeur qui a le secret d'un *procédé* inconnu à ses semblables, c'est de leur dire : « Voulez-vous disposer de ma peine, j'y mets tel prix ; le trouvez-vous trop élevé, faites comme vous avez fait jusqu'ici, passez-vous-en. »

Mais la Concurrence intervient parmi les capitalistes. Des instruments, des matériaux, des approvisionnements n'aboutissent à réaliser des utilités qu'à la condition d'être mis en œuvre ; il y a donc émulation parmi les capitalistes pour

trouver de l'emploi aux capitaux. Tout ce que cette émulation les force de rabattre sur les prétentions extrêmes dont
je viens d'assigner les limites, se résolvant en une diminution dans le prix du produit, est donc un profit net, un gain
gratuit pour le consommateur, c'est-à-dire pour l'humanité !

Ici, il est clair que la *gratuité* ne peut jamais être absolue ;
puisque tout capital représente une peine, il y a toujours
en lui le principe de la rémunération.

Les transactions relatives au Capital sont soumises à la
loi universelle des échanges, qui ne s'accomplissent que
parce qu'il y a pour les deux contractants avantage à les
accomplir, encore que cet avantage, qui tend à s'égaliser,
puisse être accidentellement plus grand pour l'un que pour
l'autre. Il y a à la rétribution du capital une limite au delà
de laquelle on n'emprunte plus ; cette limite est *zéro-service*
pour l'emprunteur. De même, il y a une limite en deçà de
laquelle on ne prête pas ; cette limite, c'est *zéro-rétribution*
pour le prêteur. Cela est évident de soi. Que la prétention
d'un des contractants soit poussée au point de réduire à *zéro*
l'avantage de l'autre, et le prêt est impossible. La rémunération du capital oscille entre ces deux termes extrêmes, poussée
vers la limite supérieure par la Concurrence des emprunteurs, ramenée vers la limite inférieure par la Concurrence
des prêteurs ; de telle sorte que, par une nécessité en harmonie avec la justice, elle s'élève quand le capital est rare
et s'abaisse quand il abonde.

Beaucoup d'économistes pensent que le nombre des emprunteurs s'accroît plus rapidement qu'il n'est possible au
capital de se former ; d'où il s'ensuivrait que la tendance naturelle de l'intérêt est vers la hausse. Le *fait* est décisif en
faveur de l'opinion contraire, et nous voyons partout la civilisation faire baisser le loyer des capitaux. Ce loyer se payait,
dit-on, 30 ou 40 pour cent à Rome ; il se paye encore 20 pour
cent au Brésil, 10 pour cent à Alger, 8 pour cent en Espagne,

6 pour cent en Italie, 5 pour cent en Allemagne, 4 pour cent en France, 3 pour cent en Angleterre et moins encore en Hollande. Or tout ce que le progrès anéantit sur le loyer des capitaux, perdu pour les capitalistes, n'est pas perdu pour l'humanité. Si l'intérêt, parti de 40, arrive à 2 pour cent, c'est 38 parties sur 40 dont tous les produits seront dégrevés pour cet élément des frais de production. Ils parviendront au consommateur affranchis de cette charge dans la proportion des 19 vingtièmes ; c'est une force qui, comme les *agents naturels*, comme les *procédés* expéditifs, se résout en *abondance*, en *égalisation*, et, définitivement, en Élévation du niveau général de l'espèce humaine.

Il me reste à dire quelques mots de la Concurrence que le travail se fait à lui-même, sujet qui, dans ces derniers temps, a suscité tant de déclamations sentimentalistes. Mais quoi ! n'est-il pas épuisé, pour le lecteur attentif, par tout ce qui précède ? J'ai prouvé que, grâce à l'action de la Concurrence, les hommes ne pouvaient pas longtemps recevoir une rémunération anormale pour le concours des *forces naturelles*, pour la connaissance des *procédés*, ou la possession des *instruments* au moyen desquels on s'empare de ces forces. C'est prouver que les efforts tendent à s'échanger sur le pied de l'égalité, ou, en d'autres termes, que la valeur tend à se proportionner au travail. Dès lors, je ne vois vraiment pas ce qu'on peut appeler la Concurrence des travailleurs ; je vois moins encore comment elle pourrait empirer leur condition, puisque, à ce point de vue, les travailleurs, ce sont les consommateurs eux-mêmes ; la classe laborieuse, c'est tout le monde, c'est justement cette grande Communauté qui recueille, en définitive, les bienfaits de la Concurrence et tout le bénéfice des valeurs successivement anéanties par le progrès.

L'évolution est celle-ci : Les services s'échangent contre les services, ou les valeurs contre les valeurs. Quand un

homme (ou une classe d'hommes) s'empare d'un agent naturel, ou d'un procédé, sa prétention se règle, non sur la
peine qu'il prend, mais sur la peine qu'il épargne aux autres.
Il pousse ses exigences jusqu'à l'extrême limite, sans jamais
pouvoir néanmoins empirer la condition d'autrui. Il donne à
ses services la plus grande valeur possible. Mais graduellement, par l'action de la Concurrence, cette valeur tend à se
proportionner à la peine prise ; en sorte que l'évolution se
conclut quand des peines égales s'échangent contre des
peines égales, chacune d'elles servant de véhicule à une
masse toujours croissante d'utilité gratuite, au profit de la
communauté entière. Cela étant ainsi, ce serait tomber
dans une contradiction choquante que de venir dire : La
Concurrence fait du tort aux travailleurs.

Cependant, on le répète sans cesse, on en est même très-
convaincu. Pourquoi ? Parce que par ce mot *travailleur* on
n'entend pas la grande communauté laborieuse, mais une
classe particulière. On divise la communauté en deux. On
met d'un côté tous ceux qui ont des capitaux, qui vivent en
tout ou en partie sur des travaux antérieurs, ou sur des
travaux intellectuels, ou sur l'impôt ; de l'autre, on place
les hommes qui n'ont que leurs bras, les salariés, et, pour
me servir de l'expression consacrée, les prolétaires. On
considère les rapports de ces deux classes, et l'on se demande si, dans l'état de ces rapports, la Concurrence que
se font entre eux les salariés ne leur est pas funeste.

On dit : La situation des hommes de cette dernière classe
est essentiellement précaire. Comme ils reçoivent leur salaire au jour le jour, ils vivent aussi au jour le jour. Dans le
débat, qui, sous un régime libre, précède toute stipulation,
ils ne peuvent pas attendre, il faut qu'ils trouvent du travail
pour demain à quelque condition que ce soit, sous peine
de mort ; si ce n'est pas rigoureusement vrai de tous, c'est
vrai de beaucoup d'entre eux, et cela suffit pour abaisser la

classe entière, car ce sont les plus pressés, les plus misérables qui capitulent les premiers et font le taux général des salaires. Il en résulte que le salaire tend à se mettre au niveau de ce qui est rigoureusement nécessaire pour vivre; et, dans cet état de choses, l'intervention du moindre surcroît de Concurrence entre les travailleurs est une véritable calamité, car il ne s'agit pas pour eux d'un bien-être diminué, mais de la vie rendue impossible.

Certes, il y a beaucoup de vrai, beaucoup trop de vrai *en fait,* dans cette allégation. Nier les souffrances et l'abaissement de cette classe d'hommes qui accomplit la partie matérielle dans l'œuvre de la production, ce serait fermer les yeux à la lumière. — A vrai dire, c'est à cette situation déplorable d'un grand nombre de nos frères que se rapporte ce qu'on a nommé avec raison le *problème social ;* car, encore que les autres classes de la société soient visitées aussi par bien des inquiétudes, bien des souffrances, des péripéties, des crises, des convulsions économiques, il est pourtant vrai de dire que la *liberté* serait probablement acceptée comme solution du problème, si elle ne paraissait impuissante à guérir cette plaie douloureuse qu'on nomme le Paupérisme.

Et puisque c'est là surtout que réside le problème social, le lecteur comprendra que je ne puis l'aborder ici. Plût à Dieu que la solution sortît du livre tout entier, mais évidemment elle ne peut sortir d'un chapitre !

J'expose maintenant des lois générales que je crois harmoniques, et j'ai la confiance que le lecteur commence à se douter aussi que ces lois existent, qu'elles agissent dans le sens de la communauté et par conséquent de l'égalité. Mais je n'ai pas nié que l'action de ces lois ne fût profondément troublée par des causes perturbatrices. Si donc nous rencontrons en ce moment un *fait* choquant d'inégalité, comment le pourrions-nous juger avant de connaître et les

lois régulières de l'ordre social et les causes perturbatrices
de ces lois?

D'un autre côté, je n'ai nié ni le mal ni sa mission. J'ai
cru pouvoir annoncer que, le *libre arbitre* ayant été donné
à l'homme, il ne fallait pas réserver le nom d'*harmonie* à un
ensemble d'où le malheur serait exclu ; car le libre arbitre
implique l'erreur, au moins comme possible, et l'erreur,
c'est le mal. L'Harmonie sociale, comme tout ce qui concerne l'homme, est relative ; le mal est un de ses rouages nécessaires destiné à vaincre l'erreur, l'ignorance, l'injustice,
en mettant en œuvre deux grandes lois de notre nature : la
responsabilité et la solidarité.

Maintenant le paupérisme existant de fait, faut-il l'imputer aux lois naturelles qui régissent l'ordre social — ou
bien à des institutions humaines qui agiraient en sens contraire de ces lois, — du, enfin, à ceux-là mêmes qui en sont
les victimes et qui auraient appelé sur leurs têtes ce sévère
châtiment de leurs erreurs et de leurs fautes?

En d'autres termes : le paupérisme existe-t-il par destination providentielle, — ou, au contraire, par ce qu'il reste
d'artificiel dans notre organisation politique — ou comme
rétribution personnelle? Fatalité, — Injustice, — Responsabilité, à laquelle de ces trois causes faut-il attribuer l'effroyable plaie?

Je ne crains pas de dire : Elle ne peut résulter des lois
naturelles qui ont fait jusqu'ici l'objet de nos études; puisque ces lois tendent toutes à l'égalisation dans l'amélioration, c'est-à-dire à rapprocher tous les hommes d'un même
niveau qui s'élève sans cesse. Ce n'est donc pas le moment
d'approfondir le problème de la misère.

En ce moment, si nous voulons considérer à part cette
classe de travailleurs qui exécute la partie la plus matérielle de la production et qui, en général, désintéressée de
l'œuvre, vit sur une rétribution fixe qu'on nomme *salaire*;

la question que nous aurions à nous poser serait celle-ci : abstraction faite des bonnes ou mauvaises institutions économiques, abstraction faite des maux que les prolétaires peuvent encourir par leur faute — quel est, à leur égard, l'effet de la Concurrence ?

Pour cette classe comme pour toutes, l'action de la Concurrence est double. Ils la sentent comme acheteurs et comme vendeurs de services. Le tort de tous ceux qui écrivent sur ces matières est de ne jamais voir qu'un côté de la question, comme des physiciens qui, ne connaissant que la force centrifuge, croient et prophétisent sans cesse que tout est perdu. Passez-leur la fausse donnée, et vous verrez avec quelle irréprochable logique ils vous mèneront à leur sinistre conclusion. Il en est ainsi des lamentations que les socialistes fondent sur l'observation exclusive de la Concurrence centrifuge, si je puis parler ainsi ; ils oublient de tenir compte de la Concurrence centripète, et cela suffit pour réduire leurs doctrines à une puérile déclamation. Ils oublient que le travailleur, quand il se présente sur le marché avec le salaire qu'il a gagné, est un centre où aboutissent des industries innombrables, et qu'il profite alors de la Concurrence universelle dont elles se plaignent toutes tour à tour.

Il est vrai que le prolétaire, quand il se considère comme producteur, comme offreur de travail ou de services, se plaint aussi de la concurrence. Admettons donc qu'elle lui profite d'une part, et qu'elle le gêne de l'autre ; il s'agit de savoir si la balance lui est favorable, ou défavorable, ou s'il y a compensation.

Je me serais bien mal expliqué si le lecteur ne comprenait pas que, dans ce mécanisme merveilleux, le jeu des concurrences, en apparence antagoniques, aboutit à ce résultat singulier et consolant qu'il y a balance favorable pour tout le monde à la fois, à cause de l'Utilité gratuite agrandissant sans cesse le cercle de la production et tombant sans cesse dans le domaine de la Communauté. Or, ce qui devient commun profite à tous sans nuire à personne; on peut même ajouter, et cela est mathématique, profite à chacun en proportion de sa misère antérieure. C'est cette portion d'utilité *gratuite*, forcée par la Concurrence de devenir *commune*, qui fait que les valeurs tendent à devenir proportionnelles au travail, ce qui est au profit évident du travailleur. C'est elle aussi qui explique cette solution sociale, que je tiens constamment sous les yeux du lecteur, et qui ne peut nous être voilée que par les illusions de l'habitude : pour un travail déterminé, chacun obtient une somme de satisfactions qui tend à s'accroître et à s'égaliser.

Au reste, la condition du travailleur ne résulte pas d'une loi économique, mais de toutes; la connaître, découvrir ses perspectives, son avenir, c'est l'économie politique tout entière; car peut-il y avoir autre chose, au point de vue de cette science, que des travailleurs?... Je me trompe, il y a encore des spoliateurs. Qu'est-ce qui fait l'équivalence des services?. La liberté. Qu'est-ce qui altère l'équivalence des services?. L'oppression. Tel est le cercle que nous avons à parcourir.

Quant au sort de cette classe de travailleurs qui accomplit l'œuvre la plus immédiate de la production, il ne pourra être apprécié que lorsque nous serons en mesure de connaître comment la loi de la Concurrence se combine avec celles des Salaires et de la Population, et aussi avec les effets perturbateurs des taxes inégales et des monopoles.

Je n'ajouterai que quelques mots relativement à la Concurrence. Il est bien clair que diminuer la masse des satisfactions qui se répartissent entre les hommes, est un résultat étranger à sa nature. Affecte-t-elle, dans le sens de l'inégalité, cette répartition? S'il est quelque chose d'évident au monde, c'est qu'après avoir, si je puis m'exprimer ainsi, attaché à chaque service, à chaque valeur une plus grande proportion d'utilité, la Concurrence travaille incessamment à niveler les services eux-mêmes, à les rendre proportionnels aux efforts. N'est-elle pas, en effet, l'aiguillon qui pousse vers les carrières fécondes, hors des carrières stériles? Son action propre est donc de réaliser de plus en plus l'égalité, tout en élevant le niveau social.

Entendons-nous cependant sur ce mot égalité. Il n'implique pas pour tous les hommes des rémunérations identiques, mais proportionnelles à la quantité et même à la qualité de leurs efforts.

Une foule de circonstances contribuent à rendre inégale la rémunération du travail (je ne parle ici que du travail libre, soumis à la Concurrence); si l'on y regarde de près, on s'aperçoit que, presque toujours juste et nécessaire, cette inégalité prétendue n'est que de l'égalité réelle.

Toutes choses égales d'ailleurs, il y a plus de profits aux travaux dangereux qu'à ceux qui ne le sont pas; aux états qui exigent un long apprentissage et des déboursés longtemps improductifs, ce qui suppose, dans la famille, le long exercice de certaines vertus, qu'à ceux où suffit la force musculaire; aux professions qui réclament la culture de l'esprit et font naître des goûts délicats, qu'aux métiers où il ne faut que des bras. Tout cela n'est-il pas juste? Or, la Concurrence établit nécessairement ces distinctions; la société n'a pas besoin que Fourier ou M. L. Blanc en décident.

Parmi ces circonstances, celle qui agit de la manière la plus générale, c'est l'inégalité de l'instruction; or, ici comme partout, nous voyons la Concurrence exercer sa double action, niveler les classes et élever la société.

Si l'on se représente la société comme composée de deux couches superposées, dans l'une desquelles domine le principe intelligent, et dans l'autre le principe de la force brute, et si l'on étudie les rapports naturels de ces deux couches, on distingue aisément une force d'attraction dans la première, une force d'aspiration dans la seconde, qui concourent à leur fusion. L'inégalité même des profits souffle dans la couche inférieure une ardeur inextinguible vers la région du bien-être et des loisirs, et cette ardeur est secondée par le rayonnement des clartés qui illuminent les classes élevées. Les méthodes d'enseignement se perfectionnent; les livres baissent de prix; l'instruction s'acquiert en moins de temps et à moins de frais; la science, monopolisée par une classe ou même une caste, voilée par une langue morte ou scellée dans une écriture hiéroglyphique, s'écrit et s'imprime en langue vulgaire, pénètre, pour ainsi dire, l'atmosphère et se respire comme l'air.

Mais ce n'est pas tout; en même temps qu'une instruction plus universelle et plus égale rapproche les deux couches sociales, des phénomènes économiques très-importants et qui se rattachent à la grande loi de la Concurrence viennent accélérer la fusion. Le progrès de la mécanique diminue sans cesse la proportion du travail brut. La division du travail, en simplifiant et isolant chacune des opérations qui concourent à un résultat productif, met à la portée de tous les industries qui ne pouvaient d'abord être exercées que par quelques-uns. Il y a plus : un ensemble de travaux qui suppose, à l'origine, des connaissances très-variées, par le seul bénéfice des siècles, tombe, sous le nom de *routine*, dans la sphère d'action des classes les moins instruites; c'est ce qui est arrivé pour l'agriculture. Des procédés agricoles qui, dans l'antiquité, méritèrent à ceux qui les ont révélés au monde les honneurs de l'apothéose, sont aujourd'hui l'héritage et presque le monopole des hommes les plus grossiers, et à tel point que cette branche si importante de l'industrie humaine est, pour ainsi dire, entièrement soustraite aux classes *bien élevées*.

De tout ce qui précède, on peut tirer une fausse conclusion et dire : « Nous voyons bien la Concurrence abaisser les rémunérations dans tous les pays, dans toutes les carrières, dans tous les rangs, et les niveler *par voie de réduction*; mais alors c'est le salaire du travail brut, de la peine physique, qui deviendra le type, l'étalon de toute rémunération. »

Je n'aurais pas été compris, si l'on ne voyait que la *Concurrence*, qui travaille à ramener toutes les rémunérations excessives vers une moyenne de plus en plus uniforme, élève *nécessairement* cette moyenne; elle froisse, j'en conviens, les hommes en tant que producteurs; mais c'est pour améliorer la condition générale de l'espèce humaine au seul point de vue qui puisse raisonnablement la relever, celui du bien-être, de l'aisance, des loisirs, du perfectionnement intellectuel et moral, et, pour tout dire en un mot, au point de vue de la *consommation*.

Dira-t-on qu'en fait l'humanité n'a pas fait les progrès que cette théorie semble impliquer?

Je répondrai d'abord que, dans les sociétés modernes, la Concurrence est loin de remplir la sphère naturelle de son action; nos lois la contrarient au moins autant qu'elles la favorisent; et, quand on se demande si l'inégalité des conditions est due à sa présence ou à son absence, il suffit de voir quels sont les hommes qui tiennent le haut du pavé et nous éblouissent par l'éclat de leur fortune scandaleuse, pour s'assurer que l'inégalité, en ce qu'elle a d'artificiel et d'injuste, a pour base la conquête, les monopoles, les restrictions, les offices privilégiés, les hautes fonctions, les grandes places, les marchés administratifs, les emprunts publics, toutes choses auxquelles la Concurrence n'a rien à voir.

Ensuite, je crois que l'on méconnaît le progrès réel qu'a fait l'humanité depuis l'époque très-récente à laquelle on doit assigner l'affranchissement partiel du travail. On a dit, avec raison, qu'il fallait beaucoup de philosophie pour dis-

cerner les faits dont on est sans cesse témoin. Ce que consomme une famille honnête et laborieuse de la classe ouvrière ne nous étonne pas, parce que l'habitude nous a
familiarisés avec cet étrange phénomène. Si cependant nous
comparions le bien-être auquel elle est parvenue avec la
condition qui serait son partage, dans l'hypothèse d'un ordre
social d'où la Concurrence serait exclue ; si les statisticiens,
armés d'un instrument de précision, pouvaient mesurer,
comme avec un dynamomètre, le rapport de son travail
avec ses satisfactions à deux époques différentes, nous re-
connaîtrions que la liberté, toute restreinte qu'elle est encore, a accompli en sa faveur un prodige que sa perpétuité
même nous empêche de remarquer. Le contingent d'efforts
humains qui, pour un résultat donné, a été anéanti, est
vraiment incalculable. Il a été un temps où la journée de
l'artisan n'aurait pu suffire à lui procurer le plus grossier
almanach. Aujourd'hui, avec cinq centimes, ou la cinquan-
tième partie de son salaire d'un jour, il obtient une gazette
qui contient la matière d'un volume. Je pourrais faire la
même remarque pour le vêtement, la locomotion, le transport, l'éclairage et une multitude de satisfactions. A quoi
est dû ce résultat? A ce qu'une énorme proportion du travail humain rémunérable a été mise à la charge des forces
gratuites de la nature. C'est une valeur anéantie, il n'y a
plus à la rétribuer. Elle a été remplacée, sous l'action de
la Concurrence, par de l'utilité commune et gratuite. Et,
qu'on le remarque bien : quand, par suite du progrès, le
prix d'un produit quelconque vient à baisser, le travail,
épargné, pour l'obtenir, à l'acquéreur pauvre, est toujours
proportionnellement plus grand que celui épargné à l'acquéreur riche ; cela est mathématique.

Enfin, ce flux toujours grossissant d'utilités que le travail
verse et que la concurrence distribue dans toutes les veines
du corps social ne se résume pas tout en bien-être ; il s'ab-

sorbe, en grande partie, dans le flot de générations de plus
en plus nombreuses ; il se résout en accroissement de population, selon des lois qui ont une connexité intime avec le
sujet qui nous occupe et qui seront exposées dans un autre
chapitre.

Arrêtons-nous un moment et jetons un coup d'œil rapide
sur l'espace que nous venons de parcourir.

L'homme a des besoins qui n'ont pas de limites ; il forme
des désirs qui sont insatiables. Pour y pourvoir, il a des matériaux et des agents qui lui sont fournis par la nature, des
facultés, des instruments, toutes choses que le *travail* met
en œuvre. Le travail est la ressource qui a été le plus également départie à tous ; chacun cherche instinctivement, fatalement, à lui associer le plus de forces naturelles, le plus
de capacité innée ou acquise, le plus de capitaux qu'il lui
est possible, afin que le résultat de cette coopération soit
plus d'utilités produites, ou, ce qui revient au même, plus
de satisfactions acquises. Ainsi le concours toujours plus
actif des agents naturels, le développement indéfini de l'intelligence, l'accroissement progressif des capitaux, amènent
ce phénomène, étrange au premier coup d'œil, qu'une
quantité de travail donnée fournisse une somme d'utilités
toujours croissante, et que chacun puisse, sans dépouiller
personne, atteindre à une masse de consommation hors
de proportion avec ce que ses propres efforts pourraient
réaliser.

Mais ce phénomène, résultat de l'harmonie divine que la
Providence a répandue dans le mécanisme de la société, aurait tourné contre la société elle-même, en y introduisant le
germe d'une inégalité indéfinie, s'il ne se combinait avec
une autre harmonie non moins admirable, la Concurrence,
qui est une des branches de la grande loi de la *solidarité*
humaine.

En effet, s'il était possible que l'individu, la famille, la

classe, la nation, qui se trouvent à portée de certains avantages naturels, ou qui ont fait dans l'industrie une découverte importante, ou qui ont acquis par l'épargne les instruments de la production, s'il était possible, dis-je, qu'ils
fussent soustraits d'une manière permanente à la loi de la
Concurrence, il est clair que cet individu, cette famille,
cette nation auraient à tout jamais le monopole d'une rémunération exceptionnelle, aux dépens de l'humanité. Où en
serions-nous, si les habitants des régions équinoxiales, affranchis entre eux de toute rivalité, pouvaient, en échange
de leur sucre, de leur café, de leur coton, de leurs épice-
ries, exiger de nous, non pas la restitution d'un travail
égal au leur, mais une peine égale à celle qu'il nous faudrait
prendre nous-mêmes pour produire ces choses sous notre
rude climat? Quelle incalculable distance séparerait les diverses conditions des hommes, si la race de Cadmus était
la seule qui sût lire; si nul n'était admis à manier une
charrue à moins de prouver qu'il descend en droite ligne
de Triptolème; si seuls, les descendants de Guttemberg pouvaient imprimer, les fils d'Arkwright mettre en mouvement
une filature, les neveux de Watt faire fumer la cheminée
d'une locomotive? Mais la Providence n'a pas voulu qu'il
en fût ainsi. Elle a placé dans la machine sociale un ressort
qui n'a rien de plus surprenant que sa puissance, si ce n'est
sa simplicité; ressort par l'opération duquel toute force
productive, toute supériorité de procédé, tout avantage, en
un mot, qui n'est pas du *travail* propre, s'écoule entre les
mains du producteur, ne s'y arrête, sous forme de rémunération exceptionnelle, que le temps nécessaire pour exciter son zèle, et vient, en définitive, grossir le patrimoine
commun et gratuit de l'humanité, et s'y résoudre en satisfactions individuelles toujours progressives, toujours plus
également réparties; ce ressort, c'est la *Concurrence*. Nous
avons vu ses effets économiques; il nous resterait à jeter un

rapide regard sur quelques-unes de ses conséquences politiques et morales. Je me bornerai à indiquer les plus importantes.

Des esprits superficiels ont accusé la Concurrence d'introduire l'*antagonisme* parmi les hommes. Cela est vrai et
inévitable tant qu'on ne les considère que dans leur qualité
de producteurs; mais placez-vous au point de vue de la consommation, et vous verrez la Concurrence elle-même rattacher les individus, les familles, les classes, les nations et les
races, par les liens de l'universelle fraternité.

Puisque les biens qui semblent être d'abord l'apanage de
quelques-uns deviennent, par un admirable décret de la
munificence divine, le patrimoine commun de tous; puisque
les *avantages naturels* de situation, de fertilité, de température, de richesses minéralogiques et même d'aptitude industrielle, ne font que glisser sur les producteurs, à cause
de la Concurrence qu'ils se font entre eux, et tournent exclusivement au profit des consommateurs; il s'ensuit qu'il
n'est aucun pays qui ne soit intéressé à l'avancement de
tous les autres. Chaque progrès qui se fait à l'Orient est
une richesse en perspective pour l'Occident. Du combustible découvert dans le Midi, c'est du froid épargné aux
hommes du Nord. La Grande-Bretagne a beau faire faire
des progrès à ses filatures, ce ne sont pas ses capitalistes
qui en recueillent le bienfait, car l'intérêt de l'argent ne
hausse pas; ce ne sont pas ses ouvriers, car le salaire reste
le même; mais, à la longue, c'est le Russe, c'est le Français, c'est l'Espagnol, c'est l'humanité, en un mot, qui obtient des satisfactions égales avec moins de peine, ou, ce
qui revient au même, des satisfactions supérieures, à peine
égale.

Je n'ai parlé que des biens; j'aurais pu en dire autant des
maux qui frappent certains peuples ou certaines régions.
L'action propre de la Concurrence est de rendre général

ce qui était particulier. Elle agit exactement sur le principe
des *assurances*. Un fléau ravage-t-il les terres des agriculteurs, ce sont les mangeurs de pain qui en souffrent. Un
impôt injuste atteint-il la vigne en France, il se traduit en
cherté du vin pour tous les buveurs de la terre : ainsi les
biens et les maux qui ont quelque permanence ne font que
glisser sur les individualités, les classes, les peuples ; leur
destinée providentielle est d'aller, à la longue, affecter l'humanité toute entière, et élever ou abaisser le niveau de sa
condition. Dès lors, envier à quelque peuple que ce soit la
fertilité de son sol, ou la beauté de ses ports et de ses fleuves, ou la chaleur de son soleil, c'est méconnaître des biens
auxquels nous sommes appelés à participer ; c'est dédai-
gner l'*abondance* qui nous est offerte ; c'est regretter la *fatigue* qui nous est épargnée. Dès lors, les jalousies nationales ne sont pas seulement des sentiments pervers, ce sont
encore des sentiments absurdes. Nuire à autrui, c'est se
nuire à soi-même ; semer des obstacles dans la voie des
autres, tarifs, coalitions ou guerres, c'est embarrasser sa
propre voie. Dès lors, les passions mauvaises ont leur châtiment comme les sentiments généreux ont leur récompense.
L'inévitable sanction d'une exacte justice distributive parle
à l'intérêt, éclaire l'opinion, proclame et doit faire prévaloir enfin, parmi les hommes, cette maxime d'éternelle vérité : L'utile, c'est un des aspects du juste ; la liberté, c'est
la plus belle des harmonies sociales ; l'équité, c'est la meilleure politique.

Le christianisme a introduit dans le monde le grand principe de la fraternité humaine. Il s'adresse au cœur, au sentiment, aux nobles instincts. L'économie politique vient faire
accepter le même principe à la froide raison, et, montrant
l'enchaînement des effets aux causes, réconcilier, dans un
consolant accord, les calculs de l'intérêt le plus vigilant avec
les inspirations de la morale la plus sublime.

Une seconde conséquence qui découle de cette doctrine, c'est que la société est une véritable *communauté*. MM. Owen et Cabet peuvent s'épargner le soin de rechercher la solution du grand problème *communiste;* elle est toute trouvée : elle résulte, non de leurs despotiques combinaisons, mais de l'organisation que Dieu a donnée à l'homme et à la société. Forces naturelles, procédés expéditifs, instruments de production, tout est *commun* entre les hommes, ou tend à le devenir, tout, *hors la peine,* le travail, l'effort individuel. Il n'y a, il ne peut y avoir entre eux qu'une *inégalité,* que les communistes les plus absolus admettent, celle qui résulte de l'inégalité des efforts. Ce sont ces efforts qui s'échangent les uns contre les autres à prix débattu. Tout ce que la nature, le génie des siècles et la prévoyance humaine ont mis d'utilité dans les produits échangés, est donné *par-dessus le marché.* Les rémunérations réciproques ne s'adressent qu'aux efforts respectifs, soit actuels sous le nom de travail, soit préparatoires sous le nom de capital; c'est donc la communauté dans le sens le plus rigoureux du mot, à moins qu'on ne veuille prétendre que le contingent personnel de la satisfaction doit être égal, encore que le contingent de la peine ne le soit pas, ce qui serait, certes, la plus inique et la plus monstrueuse des inégalités : j'ajoute, et la plus funeste, car elle ne tuerait pas la Concurrence; seulement elle lui donnerait une action inverse; on lutterait encore, mais on lutterait de paresse, d'inintelligence et d'imprévoyance.

Enfin la doctrine si simple, et, selon notre conviction, si vraie que nous venons de développer, fait sortir du domaine de la déclamation, pour le faire entrer dans celui de la démonstration rigoureuse, le grand principe de la *perfectibilité* humaine. — De ce mobile interne, qui ne se repose jamais dans le sein de l'individualité, et qui la porte à améliorer sa condition, naît le progrès des arts, qui n'est autre chose que le concours progressif de forces étrangères par leur nature à toute rémunération. — De la Concurrence naît l'attribution à la communauté des avantages d'abord individuellement obtenus. L'intensité de la peine requise pour chaque résultat donné va se restreignant sans cesse au profit du genre humain, qui voit ainsi s'élargir, de génération en génération, le cercle de ses satisfactions, de ses loisirs, et s'élever le niveau de son perfectionnement physique, intellectuel et moral; et par cet arrangement, si digne de notre étude et de notre éternelle admiration, on voit clairement l'humanité se relever de sa déchéance.

Qu'on ne se méprenne pas à mes paroles. Je ne dis point que toute fraternité, toute communauté, toute perfectibilité sont renfermées dans la Concurrence. Je dis qu'elle s'allie, qu'elle se combine à ces trois grands dogmes sociaux, qu'elle en fait partie, qu'elle les manifeste, qu'elle est un des plus puissants agents de leur sublime réalisation.

Je me suis attaché à décrire les effets généraux et, par conséquent, bienfaisants de la Concurrence; car il serait impie de supposer qu'aucune grande loi de la nature pût en produire qui fussent à la fois nuisibles et permanents; mais je suis loin de nier que son action ne soit accompagnée de beaucoup de froissements et de souffrances. Il me semble même que la théorie qui vient d'être exposée explique et ces souffrances et les plaintes inévitables qu'elles excitent. Puisque l'œuvre de la Concurrence consiste à *niveler*, nécessairement elle doit contrarier quiconque élève au-dessus du niveau sa tête orgueilleuse. On comprend que chaque producteur, afin de mettre son travail à plus haut prix, s'efforce de retenir le plus longtemps possible l'usage exclusif d'un *agent*, d'un *procédé*, ou d'un *instrument* de production. Or la Concurrence ayant justement pour mission et pour résultat d'enlever cet usage exclusif à l'individualité pour en faire une propriété *commune*, il est fatal que tous les hommes, en tant que producteurs, s'unissent dans un concert de malédictions contre la *Concurrence*. Ils ne se peuvent réconcilier avec elle qu'en appréciant leurs rapports avec la consommation ; en se considérant non point en tant que membres d'une coterie, d'une corporation, mais en tant qu'hommes.

L'économie politique, il faut le dire, n'a pas encore assez fait pour dissiper cette funeste illusion, source de tant de haines, de calamités, d'irritations et de guerres ; elle s'est épuisée, par une préférence peu scientifique, à analyser les phénomènes de la production ; sa nomenclature même, toute commode qu'elle est, n'est pas en harmonie avec son objet. Agriculture, manufacture, commerce, c'est là une classification excellente peut-être, quand il s'agit de décrire les *procédés* des arts ; mais cette description, capitale en technologie, est à peine accessoire en économie sociale : j'ajoute qu'elle y est essentiellement dangereuse. Quand on a classé les hommes en agriculteurs, fabricants et négociants, de quoi peut-on leur parler, si ce n'est de leurs intérêts de classe, de ces intérêts spéciaux que heurte la Concurrence et qui sont mis en opposition avec le bien général ? Ce n'est pas pour les agriculteurs qu'il y a une agriculture, pour les manufacturiers qu'il y a des manufactures, pour les négociants qu'il se fait des échanges, mais afin que les hommes aient à leur disposition le plus possible de produits de toute espèce. Les lois de la *consommation*, ce qui la favorise, l'égalise et la moralise : voilà l'intérêt vraiment social, vraiment humanitaire ; voilà l'objet réel de la science ; voilà sur quoi elle doit concentrer ses vives clartés : car c'est là qu'est le lien des classes, des nations, des races, le principe et l'explication de la fraternité humaine. C'est donc avec regret que nous voyons les économistes vouer des facultés puissantes, dépenser une somme prodigieuse de sagacité à l'anatomie de la production, rejetant au fond de leurs livres, dans des chapitres complémentaires, quelques brefs lieux communs sur les phénomènes de la consommation. Que dis-je! on a vu naguère un professeur, célèbre à juste titre, supprimer entièrement cette partie de la science, s'occuper des *moyens* sans jamais parler du *résultat*, et bannir de son cours tout ce qui concerne la *consommation des richesses*, comme appartenant, disait-il, à la morale, et non à l'économie politique. Faut-il être surpris que le public soit plus frappé des inconvénients de la Concurrence que de ses avantages, puisque les premiers l'affectent au point de vue spécial de la *production* dont on l'entretient sans cesse, et les seconds au point de vue général de la consommation dont on ne lui dit jamais rien?

Au surplus, je le répète, je ne nie point, je ne méconnais pas et je déplore comme d'autres les douleurs que la Concurrence inflige aux hommes; mais est-ce une raison pour fermer les yeux sur le bien qu'elle réalise? Ce bien, il est d'autant plus consolant de l'apercevoir, que la Concurrence, je le crois, est, comme les grandes lois de la nature, indestructible; si elle pouvait mourir, elle aurait succombé sans doute sous la résistance universelle de tous les hommes qui ont jamais concouru à la création d'un produit, depuis le commencement du monde, et spécialement sous la *levée en masse* de tous les réformateurs modernes. Mais s'ils ont été assez fous, ils n'ont pas été assez forts.

Et quel est, dans le monde, le principe progressif dont l'action bienfaisante ne soit pas mêlée, surtout à l'origine, de beaucoup de douleurs et de misères? — Les grandes agglomérations d'êtres humains favorisent l'essor de la pensée, mais souvent elles dérobent la vie privée au frein de l'opinion, et servent d'abri à la débauche et au crime. — La richesse unie au loisir enfante la culture de l'intelligence, mais elle enfante aussi le luxe et la morgue chez les grands, l'irritation et la convoitise chez les petits. — L'imprimerie fait pénétrer la lumière et la vérité dans toutes les couches sociales, mais elle y porte aussi le doute douloureux et l'erreur subversive. — La liberté politique a déchaîné assez de tempêtes et de révolutions sur le globe, elle a assez profondément modifié les simples et naïves habitudes des peuples primitifs, pour que de graves esprits se soient demandé s'ils ne préféraient pas la tranquillité à l'ombre du despotisme. — Et le christianisme lui-même a jeté la grande semence de l'amour et de la charité sur une terre abreuvée du sang des martyrs.

Comment est-il entré dans les desseins de la bonté et de la justice infinies que le bonheur d'une région ou d'un siècle soit acheté par les souffrances d'un autre siècle ou d'une autre région? Quelle est la pensée divine qui se cache sous cette grande et irrécusable loi de la *solidarité*, dont la *Concurrence* n'est qu'un des mystérieux aspects? La science humaine l'ignore. Ce qu'elle sait, c'est que le bien s'étend toujours et le mal se restreint sans cesse. A partir de l'état social, tel que la conquête l'avait fait, où il n'y avait que des maîtres et des esclaves, et où l'inégalité des conditions était extrême, la *Concurrence* n'a pu travailler à rapprocher les rangs, les fortunes, les intelligences, sans infliger des maux individuels dont, à mesure que l'œuvre s'accomplit, l'intensité va toujours s'affaiblissant comme les vibrations du son, comme les oscillations du pendule. Aux douleurs qu'elle lui réserve encore, l'humanité apprend chaque jour à opposer deux puissants remèdes, la *prévoyance*, fruit de l'expérience et des lumières, et l'*association*, qui est la prévoyance organisée.

Dans cette première partie de l'œuvre, hélas ! trop hâtive, que je soumets au public, je me suis efforcé de tenir son attention fixée sur la ligne de démarcation, toujours mobile, mais toujours distincte, qui sépare les deux régions du monde économique. : — La collaboration naturelle et le travail humain, — la libéralité de Dieu et l'œuvre de l'homme, — la gratuité et l'onérosité, — ce qui dans l'échange se rémunère et ce qui se cède sans rémunération, — l'utilité totale et l'utilité fractionnelle et complémentaire qui constitue la Valeur, — la richesse absolue et la richesse relative, — le concours des forces chimiques ou mécaniques, contraintes d'aider la production par les instruments qui les asservissent, et la juste rétribution due au travail qui a créé ces instruments eux-mêmes, — la Communauté et la Propriété.

Il ne suffisait pas de signaler ces deux ordres de phénomènes, si essentiellement différents par nature, il fallait encore décrire leurs relations, et, si je puis m'exprimer ainsi, leurs évolutions harmoniques. J'ai essayé d'expliquer comment l'œuvre de la Propriété consistait à conquérir pour le genre humain de l'utilité, à la jeter dans le domaine commun, pour voler à de nouvelles conquêtes, — de telle sorte que chaque effort donné, et, par conséquent, l'ensemble de tous les efforts — livre sans cesse à l'humanité des satisfactions toujours croissantes. C'est en cela que consiste le progrès, que les services humains échangés, tout en conservant leur valeur relative, servent de véhicule à une proportion toujours plus grande d'utilité gratuite et, partant, commune. Bien loin donc que les possesseurs de la valeur, quelque forme qu'elle affecte, usurpent et monopolisent les dons de Dieu, ils les multiplient sans leur faire perdre ce caractère de libéralité qui est leur destination providentielle, — la Gratuité.

A mesure que les satisfactions, mises par le progrès à la charge de la nature, tombent à raison de ce fait même dans le domaine commun, elles deviennent *égales*, l'inégalité ne se pouvant concevoir que dans le domaine des services humains qui se comparent, s'apprécient les uns par les autres et *s'évaluent* pour s'échanger. — D'où il résulte que l'Égalité, parmi les hommes, est nécessairement progressive. — Elle l'est encore sous un autre rapport, l'action de la Concurrence ayant pour résultat inévitable de niveler les services eux-mêmes et de proportionner de plus en plus leur rétribution à leur mérite.

Jetons maintenant un coup d'œil sur l'espace qu'il nous reste à parcourir.

A la lumière de la théorie dont les bases ont été jetées dans ce volume, nous aurons à approfondir :

Les rapports de l'homme, considéré comme producteur et comme consommateur, avec les phénomènes économiques ;

La loi de la Rente foncière ;

Celle des Salaires ;

Celle du Crédit ;

Celle de l'Impôt, qui, nous initiant dans la Politique proprement dite, nous conduira à comparer les services privés et volontaires aux services publics et contraints ;

Celle de la population.

Nous serons alors en mesure de résoudre quelques problèmes pratiques encore controversés : Liberté commerciale, Machines, Luxe, Loisir, Association, Organisation du travail, etc.

Je ne crains pas de dire que le résultat de cette exposition peut s'exprimer d'avance en ces termes : *Approxima-tion constante de tous les hommes vers un niveau qui s'élève toujours,* — en d'autres termes : *Perfectionnement et égali-sation,* — en un seul mot : HARMONIE.

Tel est le résultat définitif des arrangements providen-tiels, des grandes lois de la nature, alors qu'elles règnent sans obstacles, quand on les considère en elles-mêmes et abstraction faite du trouble que font subir à leur action l'erreur et la violence. A la vue de cette Harmonie, l'écono-miste peut bien s'écrier, comme fait l'astronome au spec-tacle des mouvements planétaires, ou le physiologiste en contemplant l'ordonnance des organes humains : *Digitus Dei est hic* !

Mais l'homme est une puissance libre, par conséquent faillible. Il est sujet à l'ignorance, à la passion. Sa volonté, qui peut errer, entre comme élément dans le jeu des lois économiques ; il peut les méconnaître, les oblitérer, les dé-tourner de leur fin. De même que le physiologiste, après avoir admiré la sagesse infinie dans chacun de nos organes et de nos viscères, ainsi que dans leurs rapports, les étudie aussi à l'état anormal, maladif et douloureux, nous aurons à pénétrer dans un monde nouveau, le monde des perturba-tions sociales.

Nous nous préparerons à cette nouvelle étude par quel-ques considérations sur l'homme lui-même. Il nous serait impossible de nous rendre compte du *mal social*, de son origine, de ses effets, de sa mission, des bornes toujours plus étroites dans lesquelles il se resserre par sa propre ac-tion (ce qui constitue ce que j'oserais presque appeler une dissonance harmonique), si nous ne portions notre examen sur les conséquences nécessaires du Libre Arbitre, sur les égarements toujours châtiés de l'Intérêt personnel, sur les grandes lois de la Responsabilité et de la Solidarité hu-maines.

Nous avons vu toutes les *Harmonies sociales* contenues en germe dans ces deux principes : PROPRIÉTÉ, LIBERTÉ! — Nous verrons que toutes les *dissonances sociales* ne sont que le développement de ces deux autres principes antagoniques aux premiers : SPOLIATION, OPPRESSION.

Et même, les mots Propriété, Liberté n'expriment que deux aspects de la même idée. Au point de vue économique, la Liberté se rapporte à l'acte de produire, la Propriété aux produits. — Et puisque la Valeur a sa raison d'être dans l'acte humain, on peut dire que la Liberté implique et comprend la Propriété. — Il en est de même de l'Oppression à l'égard de la Spoliation.

Liberté ! voilà, en définitive, le principe harmonique. Oppression ! voilà le principe dissonant ; la lutte de ces deux puissances remplit les annales du genre humain.

Et comme l'Oppression a pour but de réaliser une appropriation injuste, comme elle se résout et se résume en spoliation, c'est la Spoliation que je mettrai en scène.

L'homme arrive sur cette terre attaché au joug du besoin, qui est une peine.

Il n'y peut échapper qu'en s'asservissant au joug du travail, qui est une peine.

Il n'a donc que le choix des douleurs, et il hait la douleur.

C'est pourquoi il jette ses regards autour de lui, et s'il voit que son semblable a accumulé des richesses, il conçoit la pensée de se les approprier. De là la fausse propriété ou la Spoliation.

La Spoliation ! voici un élément nouveau dans l'économie des sociétés.

Depuis le jour où il a fait son apparition dans le monde jusqu'au jour, si jamais il arrive, où il aura complétement disparu, cet élément affectera profondément tout le mécanisme social ; il troublera, au point de les rendre méconnais-

sables, les lois harmoniques que nous nous sommes efforcés
de découvrir et de décrire.

Notre tâche ne sera donc accomplie que lorsque nous
aurons fait la complète monographie de la Spoliation.

Peut-être pensera t-on qu'il s'agit d'un fait accidentel,
anormal, d'une plaie passagère, indigne des investigations
de la science.

Mais qu'on y prenne garde. La Spoliation occupe, dans
la tradition des familles, dans l'histoire des peuples, dans
les occupations des individus, dans les énergies physiques
et intellectuelles des classes, dans les arrangements de la
société, dans les prévisions des gouvernements, presque autant de place que la Propriété elle-même.

Oh! non, la Spoliation n'est pas un fléau éphémère, affectant accidentellement le mécanisme social, et dont il soit
permis à la science économique de faire abstraction.

Cet arrêt a été prononcé sur l'homme dès l'origine : Tu
mangeras ton pain à la sueur de ton front. Il semble que,
par là, l'effort et la satisfaction soient indissolublement unis,
et que l'une ne puisse jamais être que la récompense de
l'autre. Mais partout nous voyons l'homme se révolter contre
cette loi, et dire à son frère : A toi le travail, à moi le fruit
du travail.

Pénétrez dans la hutte du chasseur sauvage, ou sous la
tente du nomade pasteur. Quel spectacle s'offre à vos regards ? La femme, maigre, défigurée, terrifiée, flétrie avant
le temps, porte tout le poids des soins domestiques, pendant
que l'homme se berce dans son oisiveté. Où est l'idée que
nous pouvons nous faire des Harmonies familiales ? Elle a
disparu, parce que la Force a rejeté sur la Faiblesse le poids
de la fatigue. Et combien faudra-t-il de siècles d'élaboration
civilisatrice avant que la Femme soit relevée de cette effroyable déchéance !

La Spoliation, sous sa forme la plus brutale, armée de la

torche et de l'épée, remplit les annales du genre humain
Quels sont les noms qui résument l'histoire ? Cyrus, Sésos-
tris, Alexandre, Scipion, César, Attila, Tamerlan, Mahomet,
Pizarre, Guillaume le Conquérant ; c'est là la Spoliation naïve
par voie de conquêtes. A elle les lauriers, les monuments,
les statues, les arcs de triomphe, le chant des poëtes, l'eni-
vrant enthousiasme des femmes !

Bientôt le vainqueur s'avise qu'il y a un meilleur parti à
tirer du vaincu que de le tuer, et l'Esclavage couvre la terre.
Il a été, presque jusqu'à nos jours, sur toute la surface du
globe, le mode d'existence des sociétés, semant après lui des
haines, des résistances, des luttes intestines, des révolutions. Et l'Esclavage, qu'est-ce autre chose que l'oppression
organisée dans un but de spoliation ?

Si la spoliation arme la Force contre la Faiblesse, elle ne
tourne pas moins l'Intelligence contre la Crédulité. Quelles
sont sur la terre les populations travailleuses qui aient
échappé à l'exploitation des théocraties sacerdotales, prêtres
égyptiens, oracles grecs, augures romains, druides gaulois,
bramines indiens, muphtis, ulémas, bonzes, moines, ministres, jongleurs, sorciers, devins, spoliateurs de tous costumes
et de toutes dénominations ? Sous cette forme, le génie de la
spoliation place son point d'appui dans le ciel, et se prévaut
de la sacrilége complicité de Dieu ! Il n'enchaîne pas seulement le bras, mais aussi les esprits. Il sait imprimer le fer
de la servitude aussi bien sur la conscience de Séide que sur
le front de Spartacus, réalisant ce qui semble irréalisable :
l'Esclavage Mental.

Esclavage Mental ! quelle effrayante association de mots !
— O liberté ! On t'a vue traquée de contrée en contrée,
écrasée par la conquête, agonisant sous l'esclavage, insultée
dans les cours, chassée des écoles, raillée dans les salons,
méconnue dans les ateliers, anathématisée dans les temples.
Il semblait que tu devais trouver dans la pensée un refuge

inviolable. Mais si tu succombes dans ce dernier asile, que devient l'espoir des siècles et la valeur de la nature humaine?

Cependant, à la longue (ainsi le veut la nature progressive de l'homme), la Spoliation développe, dans le milieu même où elle s'exerce, des résistances qui paralysent sa force et des lumières qui dévoilent ses impostures. Elle ne se rend pas pour cela : elle se fait seulement plus rusée, et, s'enveloppant dans des formes de gouvernement, des pondérations, des équilibres, elle enfante la Politique, mine longtemps féconde. On la voit alors usurper la liberté des citoyens pour mieux exploiter leurs richesses, et tarir leurs richesses pour mieux venir à bout de leur liberté. L'activité privée passe dans le domaine de l'activité publique. Tout se fait par des fonctionnaires; une bureaucratie inintelligente et tracassière couvre le pays. Le trésor public devient un vaste réservoir où les travailleurs versent leurs économies, qui, de là, vont se distribuer entre les hommes à places. Le libre débat n'est plus la règle des transactions, et rien ne peut réaliser ni constater la *mutualité des services*.

Dans cet état de choses, la vraie notion de la Propriété s'éteint, chacun fait appel à la Loi pour qu'elle donne à ses services une valeur factice.

On entre ainsi dans l'ère des priviléges. La Spoliation, toujours plus subtile, se cantonne dans les Monopoles et se cache derrière les Restrictions; elle déplace le courant naturel des échanges, elle pousse dans des directions artificielles le capital, avec le capital le travail, et avec le travail la population elle-même. Elle fait produire péniblement au Nord ce qui se ferait avec facilité au Midi; elle crée des industries et des existences précaires; elle substitue aux forces gratuites de la nature les fatigues onéreuses du travail; elle fomente des établissements qui ne peuvent soutenir aucune rivalité, et invoque contre leurs compétiteurs l'emploi de la force; elle provoque les jalousies internationales, flatte les orgueils patriotiques, et invente d'ingénieuses théories, qui lui donnent pour auxiliaires ses propres dupes ; elle rend toujours imminentes les crises industrielles et les banqueroutes ; elle ébranle dans les citoyens toute confiance en l'avenir, toute foi dans la liberté, et jusqu'à la conscience de ce qui est juste. Et quand enfin la science dévoile ses méfaits, elle ameute contre la science jusqu'à ses victimes, en s'écriant : A l'Utopie ! Bien plus, elle nie non-seulement la science qui lui fait obstacle, mais l'idée même d'une science possible, par cette dernière sentence du scepticisme : Il n'y a pas de principes !

Cependant, sous l'aiguillon de la souffrance, la masse des travailleurs s'insurge, elle renverse tout ce qui est au-dessus d'elle. Gouvernement, impôts, législation, tout est à sa merci, et vous croyez peut-être que c'en est fait du règne de la Spoliation ; vous croyez que la mutualité des services va être constituée sur sa seule base possible, et même imaginable, la Liberté. — Détrompez-vous ; hélas ! cette funeste idée s'est infiltrée dans la masse : Que la Propriété n'a d'autre origine, d'autre sanction, d'autre légitimité, d'autre raison d'être que la Loi ; et voici que la masse se prend à se spolier législativement elle-même. Souffrante des blessures qui lui ont été faites, elle entreprend de guérir chacun de ses membres en lui concédant un droit d'oppression sur le membre voisin ; cela s'appelle Solidarité, Fraternité. — « Tu as produit ; je n'ai pas produit ; nous sommes solidaires ; partageons. » — « Tu as quelque chose ; je n'ai rien ; nous sommes frères ; partageons. » — Nous aurons donc à examiner l'abus qui a été fait dans ces derniers temps des mots association, organisation du travail, gratuité du crédit, etc. Nous aurons à les soumettre à cette épreuve : Renferment-ils la Liberté ou l'Oppression ? En d'autres termes : Sont-ils conformes aux grandes lois économiques, ou sont-ils la perturbation de ces lois ?

La spoliation est un phénomène trop universel, trop persistant, pour qu'il soit permis de lui reconnaître un caractère purement accidentel. En cette matière, comme en bien d'autres, on ne peut séparer l'étude des lois naturelles de celle de leur perturbation.

Mais, dira-t-on, si la spoliation entre nécessairement dans le jeu du mécanisme social comme *dissonance*, comment osez-vous affirmer l'Harmonie des lois économiques?

Je répéterai ici ce que j'ai dit ailleurs. En tout ce qui concerne l'homme, cet être qui n'est *perfectible* que parce qu'il est *imparfait*, l'Harmonie ne consiste pas dans l'absence absolue du *mal*, mais dans sa graduelle réduction. Le corps social, comme le corps humain, est pourvu d'une force curative, *vis medicatrix*, dont on ne peut étudier les lois et l'infaillible puissance sans s'écrier encore : *Digitus Dei est hic*[1].

----

[1] Ici se terminaient les *Harmonies économiques*, à leur première édition. *(Note de l'éditeur.)*

LISTE DES CHAPITRES

DESTINÉS A COMPLÉTER LES

HARMONIES ÉCONOMIQUES [1]

PHÉNOMÈNES NORMAUX.

1. Producteur, consommateur.
2. Les deux devises.
3. Théorie de la Rente.
4. * De la monnaie.
5. * Du crédit.
6. Des salaires.
7. De l'épargne.
8. De la population.
9. Services privés, services publics.
10. * De l'impôt.

COROLLAIRES.

11. * Des machines.
12. * Liberté des échanges.
13. * Des intermédiaires.
14. * Matières premières, — produits ouvrés.
15. * Du luxe.

PHÉNOMÈNES PERTURBATEURS.

16. Spoliation.
17. Guerre.
18. * Esclavage.
19. * Théocratie.
20. * Monopole.
21. * Exploitation gouvernementale.
22. * Fausse fraternité ou communisme.

VUES GÉNÉRALES.

23. Responsabilité, — solidarité.
24. Intérêt personnel ou moteur social.
25. Perfectibilité.
26. * Opinion publique.
27. * Rapport de l'économie politique avec la morale,
28. * Avec la politique,
29. * Avec la législation,
30. Avec la religion.

---

[1] Nous reproduisons ici cette liste écrite de la main de l'auteur. Elle indique les travaux qu'il avait projetés, et en même temps l'ordre que nous avons suivi pour le classement des chapitres, fragments et ébauches dont nous étions dépositaire. — Les astérisques désignent les sujets sur lesquels nous n'avons trouvé aucun commencement de travail.

(Note de l'éditeur.)

XI

PRODUCTEUR. — CONSOMMATEUR

Si le niveau de l'humanité ne s'élève pas sans cesse, l'homme n'est pas perfectible.

Si la tendance sociale n'est pas une approximation constante de tous les hommes vers ce niveau progressif, les lois économiques ne sont pas harmoniques.

Or comment le niveau humain peut-il s'élever si chaque quantité donnée de travail ne donne pas une proportion toujours croissante de satisfactions, phénomène qui ne peut s'expliquer que par la transformation de l'utilité onéreuse en utilité gratuite ?

Et, d'un autre côté, comment cette utilité, devenue gratuite, rapprocherait-elle tous les hommes d'un commun niveau, si en même temps elle ne devenait commune ?

Voilà donc la loi essentielle de l'harmonie sociale.

Je voudrais, pour beaucoup, que la langue économique me fournît, pour désigner les services rendus et reçus, deux autres mots que *production* et *consommation*, lesquels sont trop entachés de matérialité. Évidemment il y a des services qui, comme ceux du prêtre, du professeur, du militaire, de l'artiste, engendrent la moralité, l'instruction, la sécurité, le sentiment du beau, et qui n'ont rien de commun avec l'industrie proprement dite, si ce n'est qu'ils ont pour fin des *satisfactions*.

Les mots sont admis, et je ne veux pas me faire néologiste. Mais qu'il soit au moins bien entendu que par *production* j'entends ce qui confère l'utilité, et par *consommation*, la jouissance produite par cette utilité.

Que l'école protectioniste, — variété du communisme, — veuille bien nous croire. Quand nous prononçons les mots *producteur*, *consommateur*, nous ne sommes pas assez absurdes pour nous figurer, ainsi qu'elle nous en accuse, le genre humain partagé en deux classes distinctes, l'une ne s'occupant que de produire, l'autre que de consommer. Le naturaliste peut diviser l'espèce humaine en blancs et noirs, en hommes et femmes, et l'économiste ne la peut classer en producteurs et consommateurs, parce que, comme le disent avec une grande profondeur de vues MM. les protectionistes, *le producteur et le consommateur ne font qu'un*.

Mais c'est justement parce qu'ils ne font qu'un que chaque homme doit être considéré par la science en cette double qualité. Il ne s'agit pas de diviser le genre humain, mais d'étudier deux aspects très-différents de l'homme. Si les protectionistes défendaient à la grammaire d'employer les pronom *je* et *tu*, sous prétexte que chacun de nous est tour à tour *celui à qui l'on parle* et *celui qui parle*, on leur ferait observer qu'encore qu'il soit parfaitement vrai que l'on ne peut mettre toutes les langues d'un côté et toutes les oreilles de l'autre, puisque nous avons tous oreilles et langue, il ne s'ensuit pas que, relativement à chaque proposition émise, la langue n'appartienne à un homme et l'oreille à un autre. De même, *relativement à tout service*, celui qui le rend est parfaitement distinct de celui qui le reçoit. Le producteur et le consommateur sont en présence, et tellement en présence qu'ils se disputent toujours.

Les mêmes personnes, qui ne veulent pas nous permettre d'étudier l'intérêt humain, au double point de vue du producteur et du consommateur, ne se gênent pas pour faire cette distinction quand elles s'adressent aux assemblées législatives. On les voit alors demander le monopole ou la liberté, selon qu'il s'agit de la chose qu'elles vendent ou de la chose qu'elles achètent.

Sans donc nous arrêter à la fin de non-recevoir des protectionistes, reconnaissons que, dans l'ordre social, la séparation des occupations a fait à chacun deux situations assez distinctes pour qu'il en résulte un jeu et des rapports dignes d'être étudiés.

En général, nous nous adonnons à un métier, à une profession, à une carrière ; et ce n'est pas à elle que nous demandons directement les objets de nos satisfactions. Nous rendons et nous recevons des services ; nous offrons et demandons des valeurs ; nous faisons des achats et des ventes ; nous travaillons pour les autres, et les autres travaillent pour nous : en un mot, nous sommes *producteurs* et *consommateurs*.

Selon que nous nous présentons sur le marché en l'une ou l'autre de ces qualités, nous y apportons un esprit fort différent, on peut même dire tout opposé. S'agit-il de blé, par exemple, le même homme ne fait pas les mêmes vœux quand il va en acheter que lorsqu'il va en vendre. Acheteur, il souhaite l'abondance ; vendeur, la disette. Ces vœux ont leur racine dans le même fond, l'intérêt personnel ; mais comme vendre ou acheter, donner ou recevoir, offrir ou demander, sont des actes aussi opposés que possible, il ne se peut pas qu'ils ne donnent lieu, en vertu du même mobile, à des vœux opposés.

Des vœux qui se heurtent ne peuvent pas coïncider à la fois avec le bien général. J'ai cherché à faire voir, dans un autre ouvrage [1], que ce sont les vœux que font les hommes en qualité de consommateurs qui s'harmonisent avec l'inté-

---

[1] *Sophismes économiques*, chapitre i, tome IV, page 5.

rêt public, et cela ne peut être autrement. Puisque la satisfaction est le but du travail, puisque le travail n'est déterminé que par l'obstacle, il est clair que le travail est le *mal*, et que tout doit tendre à le diminuer; — que la satisfaction est le *bien*, et que tout doit concourir à l'accroître.

Ici se présente la grande, l'éternelle, la déplorable illusion qui est née de la fausse définition de la *valeur* et de la confusion qui en a été faite avec l'*utilité*.

La valeur n'étant qu'un rapport, autant elle a d'importance pour chaque individu, autant elle en a peu pour la masse.

Pour la masse, il n'y a que l'utilité qui serve; et la valeur n'en est nullement la mesure.

Pour l'individu, il n'y a non plus que l'utilité qui serve. Mais la valeur en est la mesure; car, avec toute valeur déterminée, il puise dans le milieu social l'utilité de son choix, dans la mesure de cette valeur.

Si l'on considérait l'homme isolé, il serait clair comme le jour que la consommation est l'essentiel, et non la production; car consommation implique suffisamment travail, mais travail n'implique pas consommation.

La séparation des occupations a amené certains économistes à mesurer le bien-être général non par la consommation, mais par le travail. Et l'on est arrivé, en suivant leurs traces, à cet étrange renversement des principes : favoriser le travail aux dépens de ses résultats.

On a raisonné ainsi :

Plus il y a de difficultés vaincues, mieux cela vaut. Donc augmentons les difficultés à vaincre.

Le vice de ce raisonnement saute aux yeux.

Oui, sans doute, une somme de difficultés étant donnée, il est heureux qu'une quantité aussi donnée de travail en surmonte le plus possible. — Mais diminuer la puissance du travail ou augmenter celle des difficultés, pour accroître la valeur, c'est une monstruosité.

L'individu, dans la société, est intéressé à ce que ses services, même en conservant le même. degré d'utilité, augmentent de valeur. Supposons ses désirs réalisés, il est aisé de voir ce qui arrive. Il a plus de bien-être, mais ses frères en ont moins, puisque l'utilité totale n'est pas accrue.

On ne peut donc conclure du particulier au général et dire : Prenons telle mesure dont le résultat satisfasse l'inclination de tous les individus à voir augmenter la valeur de leurs services.

Valeur étant rapport, — on n'aurait rien fait si l'accroissement était proportionnel partout à la valeur antérieure; — s'il était arbitraire et inégal pour les services différents, on n'aurait fait qu'introduire l'injustice dans la répartition des utilités.

Il est dans la nature de chaque transaction de donner lieu à un *débat*. Grand Dieu ! quel mot viens-je de prononcer? Ne me suis-je pas mis sur les bras toutes les écoles sentimentalistes, si nombreuses de nos jours? *Débat* implique *antagonisme*, diront-elles. Vous convenez donc que l'antagonisme est l'état naturel des sociétés. — Me voilà forcé de rompre encore une lance. En ce pays-ci la science économique est si peu sue, qu'elle ne peut prononcer un mot sans faire surgir un adversaire.

On m'a reproché, avec raison, d'avoir écrit cette phrase : « Entre le vendeur et l'acheteur, il existe un antagonisme radical. » Le mot *antagonisme*, surtout renforcé du mot *radical*, dépasse de beaucoup ma pensée. Il semble impliquer une opposition permanente d'intérêts, et par conséquent une indestructible dissonance sociale, — tandis que je ne voulais parler que de ce débat passager qui précède tout marché, et qui est inhérent à l'idée même de la transaction.

Tant qu'il restera, au grand chagrin de l'utopiste sentimental, l'ombre d'une liberté en ce monde, le vendeur et l'acheteur discuteront leurs intérêts, débattront leurs prix, *marchanderont*, comme on dit, — sans que pour cela les lois sociales cessent d'être harmoniques. Est-il possible de concevoir que l'*offreur* et le *demandeur* d'un service s'abordent sans avoir une pensée momentanément différente relativement à sa *valeur*? Et pense-t-on que, pour cela, le monde sera en feu? Ou il faut bannir toute transaction, tout échange, tout troc, toute liberté de cette terre, ou il faut admettre que chacun des contractants défende sa position, fasse *valoir* ses motifs. C'est même de ce libre débat tant décrié, que sort l'équivalence des services et l'équité des transactions. Comment les organisateurs arriveront-ils autrenient à cette équité si désirable? Enchaîneront-ils par leurs lois la liberté de l'une des parties seulement? Alors elle sera à la discrétion de l'autre. Les dépouilleront-ils toutes deux de la faculté de régler leurs intérêts, sous prétexte qu'elles doivent désormais vendre et acheter sur le principe de la fraternité? Mais que les socialistes permettent qu'on le leur dise, c'est là du galimatias; car enfin il faut bien que ces intérêts se règlent. Le débat aura-t-il lieu en sens inverse, l'acheteur prenant fait et cause pour le vendeur et réciproquement? Les transactions seront fort divertissantes, il faut en convenir. « Monsieur, ne me donnez que 10 fr. « de ce drap. — Que dites-vous? je veux vous en donner « 20 fr. — Mais, Monsieur, il ne vaut rien; il est passé de « mode; il sera usé dans quinze jours, dit le marchand. — « Il est des mieux portés et durera deux hivers, répond le « client. — Eh bien ! Monsieur, pour vous complaire, j'y « ajouterai 5 fr. ; c'est tout ce que la fraternité me permet « de faire. — Il répugne à mon socialisme de le payer moins « de 20 fr.; mais il faut savoir faire des sacrifices, et j'ac- « cepte. » Ainsi la bizarre transaction arrivera juste au résultat ordinaire, et les organisateurs auront le regret de voir cette maudite liberté survivre encore, quoique se manifestant à rebours et engendrant un antagonisme retourné.

Ce n'est pas là ce que nous voulons, disent les organisateurs, ce serait de la liberté. — Que voulez-vous donc, car encore faut-il que les services s'échangent et que les conditions se règlent? — Nous entendons que le soin de les régler nous soit confié. — Je m'en doutais...

Fraternité! lien des âmes, étincelle divine descendue du ciel dans le cœur des hommes, a-t-on assez abusé de ton nom? C'est en ton nom qu'on prétend étouffer toute liberté. C'est en ton nom qu'on prétend élever un despotisme nouveau et tel que le monde n'en a jamais vu; et l'on pourrait craindre qu'après avoir servi de passe-port à tant d'incapacités, de masque à tant d'ambitions, de jouet à tant d'orgueilleux mépris de la dignité humaine, ce nom souillé ne finisse par perdre sa grande et noble signification.

N'ayons donc pas la prétention de tout bouleverser, de tout régenter, de tout soustraire, hommes et choses, aux lois de leur propre nature. Laissons le monde tel que Dieu l'a fait. Ne nous figurons pas, nous, pauvres écrivassiers, que nous soyons autre chose que des observateurs plus ou moins exacts. Ne nous donnons pas le ridicule de prétendre changer l'humanité, comme si nous étions en dehors d'elle, de ses erreurs, de ses faiblesses. Laissons les producteurs et les consommateurs avoir des intérêts, les discuter, les débattre, les régler par de loyales et paisibles conventions. Bornons-nous à observer leurs rapports et les effets qui en résultent. C'est ce que je vais faire, toujours au point de vue de cette grande loi que je prétends être celle des sociétés humaines : l'égalisation graduelle des individus et des classes combinée avec le progrès général.

Une ligne ne ressemble pas plus à une force, à une vitesse qu'à une valeur ou une utilité. Néanmoins le mathématicien s'en sert avec avantage. Pourquoi l'économiste n'en ferait-il pas de même?

Il y a des valeurs égales, il y a des valeurs qui ont entre elles des rapports connus, la moitié, le quart, le double, le triple. Rien n'empêche de représenter ces différences par des lignes de diverses longueurs.

Il n'en est pas ainsi de l'*utilité*. L'utilité générale, nous l'avons vu, se décompose en utilité gratuite et utilité onéreuse; celle qui est due à l'action de la nature, celle qui est le résultat du travail humain. Cette dernière s'évaluant, se mesurant, peut être représentée par une ligne à dimension déterminée; l'autre n'est pas susceptible d'évaluation, de mesure. Il est certain que la nature fait beaucoup pour la production d'un hectolitre de blé, d'une pièce de vin, d'un bœuf, d'un kilogramme de laine, d'un tonneau de houille, d'un stère de bois. Mais nous n'avons aucun moyen de mesurer le concours naturel d'une multitude de forces, la plupart inconnues et agissant depuis la création. De plus, nous n'y avons aucun intérêt. Nous devons donc représenter l'utilité gratuite par une ligne indéfinie.

Soient donc deux produits, dont l'un *vaut* le double de l'autre, ils peuvent être représentés par les lignes ci-après :

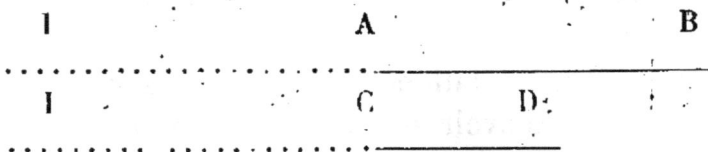

	A		B
I	. . . .		
I	C	D	

IB, ID, le produit total, l'utilité générale, ce qui satisfait le besoin, la richesse absolue;

IA, IC, le concours de la nature, l'utilité gratuite, la part de la communauté;

AB, CD, le service humain, l'utilité onéreuse, la *valeur*, la richesse relative, la part de la propriété.

Je n'ai pas besoin de dire que AB, à la place de quoi vous

pouvez mettre, par la pensée, ce que vous voudrez, une maison, un meuble, un livre, une cavatine chantée par Jenny Lind, un cheval, une pièce d'étoffe, une consultation de médecin, etc., s'échangera contre deux fois CD, et que les deux contractants se donneront réciproquement, par-dessus le marché, sans même s'en apercevoir, l'un une fois IA, l'autre deux fois IG.

L'homme est ainsi fait que sa préoccupation perpétuelle est de diminuer le rapport de l'effort au résultat, de substituer l'action naturelle à sa propre action, en un mot, de faire plus avec moins. C'est l'objet constant de son habileté, de son intelligence et de son ardeur.

Supposons donc que Jean, producteur de IB, trouve un procédé au moyen duquel il accomplisse son œuvre avec la moitié du travail qu'il y mettait avant, en calculant tout, même la confection de l'instrument destiné à faire concourir une force naturelle.

Tant qu'il conservera son secret, il n'y aura rien de changé dans les figures ci-dessus. AB et CD représenteront les mêmes valeurs, les mêmes rapports; car, connaissant seul au monde le procédé expéditif, Jean le fera tourner à son seul avantage. Il se reposera la moitié de la journée, ou bien il fera deux IB par jour au lieu d'un ; son travail sera mieux rémunéré. La conquête sera faite au profit de l'humanité, mais l'humanité sera représentée, sous ce rapport, par un seul homme.

Pour le dire en passant, le lecteur doit voir ici combien est glissant l'axiome des économistes anglais : — *la valeur vient du travail*, — s'il a pour objet de donner à penser que *valeur* et *travail* soient choses proportionnelles. Voici un travail diminué de moitié, sans que la valeur ait changé, et cela arrive à chaque instant. Pourquoi? Parce que le service est le même. Avant comme après l'invention, tant qu'elle est un secret, celui qui cède IB rend un service identique.

Il n'en sera plus de même le jour où Pierre, producteur de ID, pourra lui dire : « Vous me demandez deux heures de « mon travail contre une du vôtre ; mais je connais votre « procédé, et, si vous mettez votre service à si haut prix, je « me le rendrai à moi-même. »

Or ce jour arrivera nécessairement. Un procédé réalisé n'est pas longtemps un mystère. Alors la valeur du produit IB baissera de moitié, et nous aurons les deux figures :

```
I.                 A              A'        B,
..........................................
I                                 C         D.
..........................................
```

AA', valeur anéantie, richesse relative disparue, propriété devenue communauté, utilité autrefois onéreuse, aujourd'hui gratuite.

Car, quant à Jean, qui est ici le symbole du producteur, il est replacé dans sa condition première. Avec le même effort qu'il mettait jadis à faire IB, il le fait maintenant deux fois. Pour avoir deux fois ID, le voilà contraint de donner deux fois IB, soit le meuble, le livre, la maison, etc.

Qui profite en tout ceci ? C'est évidemment Pierre, le producteur de ID, symbole ici de tous les consommateurs, y compris Jean lui-même. Si, en effet, Jean veut consommer son propre produit, il recueillera l'économie de temps représentée par la suppression de AA'. Quant à Pierre, c'est-à-dire quant à tous les consommateurs du monde, ils achèteront IB avec la moitié du temps, de l'effort, du travail, de la valeur qu'il fallait y mettre avant l'intervention de la force naturelle. Donc cette force est gratuite, et, de plus, commune.

Puisque je me suis hasardé dans les figures géométriques, qu'il me soit permis d'en faire encore une fois usage, heuleux si ce procédé un peu bizarre, j'en conviens, en écono-

mie politique, facilitait au lecteur l'intelligence du phénomène que j'ai à décrire.

Comme producteur ou comme consommateur tout homme
est un centre d'où rayonnent les services qu'il rend, et auquel aboutissent les services qu'il reçoit en échange.

Soit donc placé en A (*fig.* 1) un producteur, par exemple
un copiste, symbole de tous les producteurs ou de la production en général. Il livre à la société quatre manuscrits.
Si, au moment où nous faisons l'observation, la *valeur* de
chacun de ces manuscrits est de 15, il rend des *services*
égaux à 60, et reçoit une valeur égale, diversement répartie
sur une multitude de services. Pour simplifier la démonstration, je n'en mets que quatre partant des quatre points de
la circonférence BCDE.

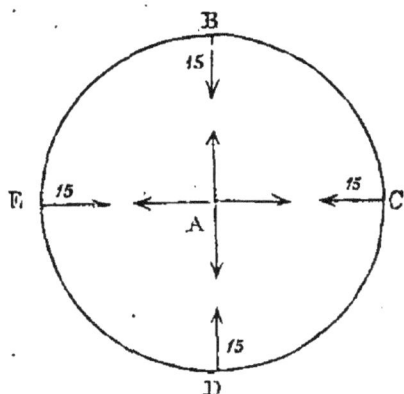

.Fig. 1.

Valeur produite = 60
Valeur reçue... = 60
Utilité produite. = 4

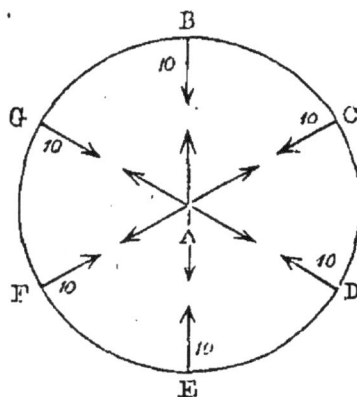

Fig. 2.

Valeur produite = 60
Valeur reçue... = 60
Utilité produite. = 6

Cet homme invente l'imprimerie. Il fait désormais en
quarante heures ce qui en exigeait soixante. Admettons que
la concurrence l'a forcé à réduire proportionnellement le
prix de ses livres; au lieu de 15, ils ne valent plus que 10.
Mais aussi, au lieu de quatre, notre travailleur en peut faire

six. D'un autre côté, le fonds rémunératoire, parti de la circonférence, et qui était de 60, n'a pas changé. Il y a donc de la rémunération pour six livres, valant chacun 10, par la raison qu'il y en avait avant pour quatre manuscrits valant chacun 15.

Je ferai remarquer brièvement que c'est là ce qu'on perd toujours de vue dans la question des machines, du libre échange et à propos de tout progrès. On voit du travail rendu disponible par le procédé expéditif, et l'on s'alarme. On ne voit pas qu'une proportion semblable de rémunération est rendue disponible aussi du même coup.

Les nouvelles transactions seront donc représentées par la figure 2, où nous voyons rayonner du centre A une valeur totale de 60, répartie sur six livres au lieu de quatre manuscrits. De la circonférence continue à partir une valeur égale de 60, nécessaire aujourd'hui comme autrefois pour la balance.

Qui a donc gagné à ce changement? Au point de vue de la *valeur*, personne. Au point de vue de la richesse réelle, des satisfactions effectives, la classe innombrable des consommateurs rangés à la circonférence. Chacun d'eux achète un livre avec une quantité de travail réduite d'un tiers. — Mais les consommateurs, c'est l'humanité. — Car remarquez que A lui-même, s'il ne gagne rien en tant que producteur, s'il est tenu, comme avant, à soixante heures de travail pour obtenir l'ancienne rémunération, gagne cependant, en tant que consommateur de livres, c'est-à-dire au même titre que les autres hommes. Comme eux tous, s'il veut lire, il peut se procurer cette satisfaction avec une économie de travail égale au tiers.

Que si, en qualité de producteur, il voit le bénéfice de ses propres inventions lui échapper à la longue, par le fait de la concurrence, où donc est pour lui la compensation?

Elle consiste 1° en ce que, tant qu'il a pu garder son secret, il a continué de vendre quinze ce qui ne lui coûtait plus que dix;

2° En ce qu'il obtient des livres pour son propre usage, à moins de frais, et participe ainsi aux avantages qu'il a procurés à la société.

3° Mais sa compensation consiste surtout en ceci : de même qu'il a été forcé de faire profiter l'humanité de ses progrès, il profite des progrès de l'humanité.

De même que les progrès accomplis en A ont profité à B,C,D,E, les progrès réalisés en B,C,D,E profiteront à A. Tour à tour A se trouve au centre et à la circonférence de l'industrie universelle, car il est tour à tour producteur et consommateur. Si B, par exemple, est un fileur de coton qui substitue la broche au fuseau, le profit ira en A comme en C, D. — Si C est un marin qui remplace la rame par la voile, l'économie profitera à B, A, E.

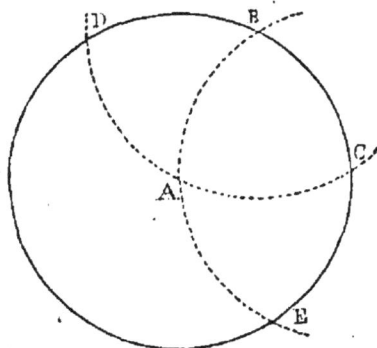

Fig. 3.

En définitive, le mécanisme repose sur cette loi :

Le progrès ne profite au producteur, en tant que tel, que le temps nécessaire pour récompenser son habileté. Bientôt il amène une baisse de valeur, qui laisse aux premiers imitateurs une juste quoique moindre récompense. Enfin la valeur se proportionne au travail réduit, et toute l'économie est acquise à l'humanité.

Ainsi tous profitent du progrès de chacun, chacun profite du progrès de tous. — Le *chacun pour tous, tous pour chacun*, mis en avant par les socialistes, et qu'ils donnent au monde comme une nouveauté contenue en germe dans leurs organisations fondées sur l'oppression et la contrainte, Dieu même y a pourvu ; il a su le faire sortir de la liberté.

Dieu, dis-je, y a pourvu ; et il ne fait pas prévaloir sa loi dans une commune modèle, dirigée par M. Considérant, ou dans un phalanstère de six cents harmoniens, ou dans une Icarie à l'essai, sous la condition que quelques fanatiques se soumettent au pouvoir discrétionnaire d'un monomane, et que les incrédules payent pour les croyants. Non, Dieu y a pourvu d'une manière générale, universelle, par un mécanisme merveilleux dans lequel la justice, la liberté, l'utilité, la sociabilité se combinent et se concilient à un degré qui devrait décourager les entrepreneurs d'organisations sociales.

Remarquez que cette grande loi, *chacun pour tous, tous pour chacun*, est beaucoup plus universelle que ma démonstration ne le suppose. Les paroles sont lourdes et la plume plus lourde encore. L'écrivain est réduit à montrer successivement l'un après l'autre, avec une désespérante lenteur, des phénomènes qui ne s'imposent à l'admiration que par leur ensemble.

Ainsi je viens de parler d'*inventions*. On pourrait en conclure que c'est le seul cas où le progrès réalisé échappe au producteur pour aller grossir le fonds commun de l'humanité. Il n'en est pas ainsi. C'est une loi générale que tout avantage quelconque, provenant de la situation des lieux, du climat ou de quelque libéralité naturelle que ce soit, glisse rapidement entre les mains de celui qui le premier l'aperçoit et s'en empare, sans être perdu pour cela, mais pour aller alimenter l'immense réservoir où se puisent les communes satisfactions des hommes. Une seule condition est attachée à ce résultat : c'est que le travail et les transactions soient libres. Contrarier la liberté, c'est contrarier le vœu de la Providence, c'est suspendre l'effet de sa loi, c'est borner le progrès dans ses deux sens.

Ce que je viens de dire des biens est vrai aussi des maux. Rien ne s'arrête sur le producteur, ni avantages, ni inconvénients. Les uns comme les autres tendent à se répartir sur la société tout entière.

Nous venons de voir avec quelle avidité le producteur recherche ce qui peut faciliter son œuvre, et nous nous sommes assurés qu'en très-peu de temps le profit lui en échappe. Il semble qu'il ne soit entre les mains d'une intelligence supérieure que l'aveugle et docile instrument du progrès général.

C'est avec la même ardeur qu'il évite tout ce qui entrave son action, et cela est heureux pour l'humanité, car c'est à elle, à la longue, que nuisent ces obstacles. Par exemple, supposons qu'on frappe A, le producteur d'un livre, d'une forte taxe. Il faudra qu'il l'ajoute au prix de ses livres. Elle entrera, comme partie constitutive, dans leur valeur, ce qui veut dire que B, C, D, E devront donner plus de travail pour acheter une satisfaction égale. La compensation sera pour eux dans l'emploi que le gouvernement fera de la taxe. S'il en fait un bon usage, ils pourront ne pas perdre, ils pourront même gagner à l'arrangement. S'il s'en sert pour les opprimer, ce sera deux vexations multipliées l'une par l'autre. Mais A, quant à lui, s'est débarrassé de la taxe, encore qu'il en fasse l'avance.

Ce n'est pas à dire que le producteur ne souffre souvent beaucoup des obstacles quels qu'ils soient, et entre autres des taxes. Il en souffre quelquefois jusqu'à en mourir, et c'est justement pour cela qu'elles tendent à se déplacer et à retomber en définitive sur la masse.

Ainsi, en France, on a soumis le vin à une foule d'impôts et d'entraves. Ensuite on a inventé pour lui un régime qui l'empêche de se vendre au dehors.

Voici par quels ricochets le mal tend à passer du producteur au consommateur. Immédiatement après que l'impôt et l'entrave sont mis en œuvre, le producteur tend à se faire dédommager. Mais la *demande* des consommateurs, ainsi que la quantité de vin, restant la même, il ne peut en hausser le prix. Il n'en tire d'abord pas plus après la taxe qu'avant. Et comme, avant la taxe, il n'en obtenait qu'une rémunération normale, déterminée par la valeur des services librement échangés, il se trouve en perte de tout le montant de la taxe. Pour que les prix s'élèvent, il faut qu'il y ait diminution dans la quantité de vin produite [1].....

. . . .

Le consommateur, le public est donc, relativement à la perte ou au bénéfice qui affectent d'abord telle ou telle classe de producteurs, ce que la terre est à l'électricité : le grand réservoir commun. Tout en sort ; et, après quelques détours plus ou moins longs, après avoir engendré des phénomènes plus ou moins variés, tout y rentre.

Nous venons de constater que les résultats économiques ne font que glisser, pour ainsi dire, sur le producteur pour aboutir au consommateur, et que, par conséquent, toutes les grandes questions doivent être étudiées au point de vue du consommateur, si l'on veut en saisir les conséquences générales et permanentes.

Cette subordination du rôle de producteur à celui de consommateur, que nous avons déduite de la considération d'*utilité*, est pleinement confirmée par la considération de *moralité*.

En effet, la responsabilité partout incombe à l'initiative. Or où est l'initiative ? Dans la *demande*.

La *demande* (qui implique les moyens de rémunération) détermine tout : la direction du capital et du travail, la distribution de la population, la moralité des profes-

---

[1] Voir le discours de l'auteur sur l'*impôt des boissons*, tome V, p. 468.

(*Note de l'éditeur.*)

sions, etc. C'est que la *demande* répond au Désir, tandis que l'*offre* répond à l'Effort. — Le Désir est raisonnable ou déraisonnable, moral ou immoral. — L'Effort, qui n'est qu'un effet, est moralement neutre ou n'a qu'une moralité réfléchie.

La demande ou consommation dit au producteur : « Fais ceci pour moi. » Le producteur obéit à l'impulsion d'autrui. — Et cela serait évident pour tous, si toujours et partout le producteur attendait la demande.

Mais en fait les choses se passent différemment.

Que ce soit l'échange qui ait amené la division du travail, ou la division du travail qui ait déterminé l'échange, — c'est une question subtile et oiseuse. Disons que l'homme échange parce qu'étant intelligent et sociable, il comprend que c'est un moyen d'augmenter le rapport du résultat à l'effort. Ce qui résulte seulement de la division du travail et de la prévoyance, c'est qu'un homme n'attend pas la proposition de travailler pour autrui. L'expérience lui enseigne qu'elle est tacite dans les relations humaines et que la demande existe.

Il fait d'avance l'effort qui doit y satisfaire, et c'est ainsi que naissent les professions. D'avance on fabrique des souliers, des chapeaux ; on se prépare à bien chanter, à enseigner, à plaider, à guérir, etc. Mais est-ce réellement l'offre qui prévient ici la demande et la détermine ?

Non. — C'est parce qu'il y a certitude suffisante que ces différents services seront demandés qu'on s'y prépare, encore qu'on ne sache pas toujours précisément de qui viendra la demande. Et la preuve, c'est que le rapport entre ces différents services est assez connu, c'est que leur *valeur* est assez généralement expérimentée, pour qu'on se livre avec quelque sécurité à telle fabrication, pour qu'on embrasse telle ou telle carrière.

L'impulsion de la demande est donc préexistante, puisqu'on a pu en calculer la portée avec tant de précision.

Aussi, quand un homme prend un état, une profession, quand il se met à produire, de quoi se préoccupe-t-il ? Est-ce de l'*utilité* de la chose qu'il produit, de ses résultats bons ou mauvais, moraux ou immoraux ? — Pas du tout ; il ne pense qu'à sa *valeur :* c'est le demandeur qui regarde à l'*utilité.* L'utilité répond à son besoin, à son désir, à son caprice. La *valeur*, au contraire, ne répond qu'à l'effort cédé, au service transmis. C'est seulement lorsque, par l'échange, l'offreur devient demandeur à son tour, que l'utilité l'intéresse. Quand je me décide à faire des souliers plutôt que des chapeaux, ce n'est pas que je me sois posé cette question : Les hommes ont-ils plus d'intérêt à garantir leurs pieds que leur tête ? Non ; cela regarde le demandeur et détermine la demande. — La demande, à son tour, détermine la Valeur ou l'estime en laquelle le public tient le service. — La valeur, enfin, décide l'effort ou l'offre.

De là résultent des conséquences morales très-remarquables. Deux nations peuvent être également pourvues de valeurs, c'est-à-dire de richesses relatives (Voir chap. VI), et très-inégalement pourvues d'utilités réelles, de richesses absolues ; cela arrive quand l'une forme des désirs plus déraisonnables que l'autre, quand celle-ci pense à ses besoins réels, et que celle-là se crée des besoins factices ou immoraux.

Chez un peuple peut dominer le goût de l'instruction, chez l'autre celui de la bonne chère. En ce cas, on rend service au premier quand on a quelque chose à lui enseigner ; au second, quand on sait flatter son palais.

Or les hommes rémunèrent les services selon l'importance qu'ils y attachent. S'ils n'échangeaient pas, ils se rendraient le service à eux-mêmes ; et par quoi seraient-ils déterminés, si ce n'est par la nature et l'intensité de leurs désirs ?

Chez l'une de ces nations, il y aura beaucoup de professeurs ; chez l'autre, beaucoup de cuisiniers.

Dans l'une et dans l'autre les services échangés peuvent être égaux en somme, et par conséquent représenter des valeurs égales, la même richesse relative, mais non la même richesse absolue. Cela ne veut pas dire autre chose, si ce n'est que l'une emploie bien son travail et l'autre mal.

Et le résultat, sous le rapport des satisfactions, sera celui-ci : l'un de ces peuples aura beaucoup d'instruction, l'autre fera de bons repas. Les conséquences ultérieures de cette diversité de goûts auront une très-grande influence, non-seulement sur la richesse réelle, mais même sur la richesse relative ; car l'instruction, par exemple, peut développer des moyens nouveaux de rendre des services, ce que les bons repas ne peuvent faire.

On remarque, parmi les nations, une prodigieuse diversité de goûts, fruit de leurs précédents, de leur caractère, de leurs convictions, de leur vanité, etc.

Sans doute, il y a des besoins si impérieux, par exemple celui de boire et de manger, qu'on pourrait presque les considérer comme des quantités données. Cependant il n'est pas rare de voir un homme se priver de manger à sa faim pour avoir des habits propres, et un autre ne songer à la propreté des vêtements qu'après avoir satisfait ses appétits. — Il en est de même des peuples.

· Mais une fois ces besoins impérieux satisfaits, tout ce qui est au delà dépend beaucoup plus de la volonté ; c'est affaire de goût, et c'est dans cette région que l'empire de la moralité et du bon sens est immense.

L'énergie des divers désirs nationaux détermine toujours la quantité de travail que chaque peuple prélève sur l'ensemble de ses efforts pour satisfaire chacun de ses désirs. L'Anglais veut avant tout être bien nourri. Aussi consacre-t-il une énorme quantité de son travail à produire des subsistances ; et s'il fait autre chose, c'est pour l'échanger au dehors, contre des aliments ; en définitive, ce qui se consomme en Angleterre de blé, de viande, de beurre, de lait, de sucre, etc., est effrayant. Le Français veut être amusé. Il aime ce qui flatte les yeux et se plaît au changement. La direction de ses travaux obéit docilement à ses désirs. En France, il y a beaucoup de chanteuses, de baladins, de modistes, d'estaminets, de boutiques élégantes, etc. En Chine, on aspire à se donner des rêves agréables par l'usage de l'opium. C'est pourquoi une grande quantité de travail national est consacrée à se procurer, soit directement, par la production, soit indirectement, par l'échange, ce précieux narcotique. En Espagne, où l'on est porté vers la pompe du culte, les efforts des populations viennent en grand nombre aboutir à la décoration des édifices religieux, etc.

Je n'irai pas jusqu'à dire qu'il n'y a jamais d'immoralité dans l'Effort qui a pour but de rendre des services correspondant à des désirs immoraux ou dépravés. Mais il est évident que le principe de l'immoralité est dans le désir même.

Cela ne ferait pas matière de doute si l'homme était isolé. Cela ne peut non plus être douteux pour l'humanité associée, car l'humanité associée, c'est l'individualité élargie.

Aussi, voyez : qui songe à blâmer nos travailleurs méridionaux de faire de l'eau-de-vie ? Ils répondent à une *demande*. Ils bêchent la terre, soignent leurs vignes, vendangent, distillent le raisin sans se préoccuper de ce qu'on fera du produit. C'est à celui qui recherche la satisfaction à savoir si elle est honnête, morale, raisonnable, bienfaisante. La responsabilité lui incombe. Le monde ne marcherait pas sans cela. Où en serions-nous si le tailleur devait se dire : « Je ne ferai pas un habit de cette forme qui m'est demandée, parce qu'elle pèche par excès de luxe, ou parce qu'elle compromet la respiration, etc., etc. ? »

Est-ce que cela regarde nos pauvres vignerons, si les riches viveurs de Londres s'enivrent avec les vins de France ? Et peut-on plus sérieusement accuser les Anglais de récolter de l'opium dans l'Inde avec l'idée bien arrêtée d'empoisonner les Chinois ?

Non, un peuple futile provoque toujours des industries futiles, comme un peuple sérieux fait naître des industries sérieuses. Si l'humanité se perfectionne, ce n'est pas par la moralisation du producteur, mais par celle du consommateur.

C'est ce qu'a parfaitement compris la religion, quand elle a adressé au riche, — au grand *consommateur*, un sévère avertissement sur son immense responsabilité. D'un autre point de vue, et dans une autre langue, l'Économie politique formule la même conclusion. Elle affirme qu'on ne peut pas, empêcher d'*offrir* ce qui est *demandé ;* que le produit n'est pour le producteur qu'une *valeur*, une sorte de numéraire qui ne représente pas plus le mal que le bien, tandis que, dans l'intention du consommateur, il est *utilité*, jouissance morale ou immorale ; que, par conséquent, il incombe à celui qui manifeste le désir et fait la demande d'en assumer les conséquences utiles ou funestes, et de répondre devant la justice de Dieu, comme devant l'opinion des hommes, de la direction bonne ou mauvaise qu'il a imprimée au travail.

Ainsi, à quelque point de vue qu'on se place, on voit que la consommation est la grande fin de l'économie politique ; que le bien et le mal, la moralité et l'immoralité, les harmonies et les discordances, tout vient se résoudre dans le consommateur, car il représente l'humanité.

V. au tome IV la note de la page 72.   (*Note de l'éditeur*)

XII

LES DEUX DEVISES

Les modernes moralistes qui opposent l'axiome : *Chacun pour tous, tous pour chacun*, à l'antique proverbe : *Chacun pour soi, chacun chez soi*, se font de la Société une idée bien incomplète, et, par cela seul, bien fausse ; j'ajouterai même, ce qui va les surprendre, bien triste.

Éliminons d'abord, de ces deux célèbres devises, ce qui surabonde. *Tous pour chacun* est un hors-d'œuvre, placé là par l'amour de l'antithèse, car il est forcément compris dans *Chacun pour tous*. Quant au *chacun chez soi*, c'est une pensée qui n'a pas de rapport direct avec les trois autres ; mais comme elle a une grande importance en économie politique, nous lui demanderons aussi plus tard ce qu'elle contient.

Reste la prétendue opposition entre ces deux membres de proverbes : *Chacun pour tous*, — *chacun pour soi*. L'un, dit-on, exprime le principe sympathique ; l'autre, le principe individualiste. Le premier unit, le second divise.

Si l'on veut parler seulement du mobile qui détermine l'effort, l'opposition est incontestable. Mais je soutiens qu'il n'en est pas de même, si l'on considère l'ensemble des efforts humains dans leurs résultats. Examinez la Société telle qu'elle est, obéissant en matière de services rémunérables au principe individualiste, et vous vous assurerez que chacun, en travaillant *pour soi*, travaille en effet *pour tous*. En fait, cela ne peut pas être contesté. Si celui qui lit ces lignes exerce une profession ou un métier, je le supplie de tourner un moment ses regards sur lui-même. Je lui demande si tous ses travaux n'ont pas pour objet la satisfaction d'autrui, et si, d'un autre côté, ce n'est pas au travail d'autrui qu'il doit toutes ses satisfactions.

Évidemment, ceux qui disent que *chacun pour soi* et *chacun pour tous* s'excluent, croient qu'une incompatibilité existe entre l'individualisme et l'association. Ils pensent que *chacun pour soi* implique isolement ou tendance à l'isolement ; que l'intérêt personnel désunit au lieu d'unir, et qu'il aboutit au *chacun chez soi*, c'est-à-dire à l'absence de toutes relations sociales.

En cela, je le répète, ils se font de la Société une vue tout à fait fausse, à force d'être incomplète. Alors même qu'ils ne sont mus que par leur intérêt personnel, les hommes cherchent à se rapprocher, à combiner leurs efforts, à unir leurs forces, à travailler les uns pour les autres, à se rendre des services réciproques, à *socier* ou s'associer. Il ne serait pas exact de dire qu'ils agissent ainsi malgré l'intérêt personnel ; non, ils agissent ainsi par intérêt personnel. Ils *socient*, parce qu'ils s'en trouvent bien. S'ils devaient s'en mal trouver, ils ne socieraient pas. L'individualisme accomplit donc ici l'œuvre que les sentimentalistes de notre temps voudraient confier à la Fraternité, à l'abnégation, ou je ne sais à quel autre mobile opposé à l'amour de soi. — Et ceci prouve, c'est une conclusion à laquelle nous arrivons toujours, que la Providence a su pourvoir à la sociabilité beaucoup mieux que ceux qui se disent ses prophètes. — Car, de deux choses l'une : ou l'union nuit à l'individualité, ou elle lui est avantageuse. — Si elle nuit, comment s'y prendront messieurs les Socialistes, et quels motifs raisonnables peuvent-ils avoir pour réaliser ce qui blesse tout le monde ?

Si, au contraire, l'union est avantageuse, elle s'accomplira en vertu de l'intérêt personnel, le plus fort, le plus permanent, le plus uniforme, le plus universel de tous les mobiles, quoi qu'on dise.

Et voyez comment les choses se passent. Un *Squatter* s'en va défricher une terre dans le *Far-west*. Il n'y a pas de jour où il n'éprouve combien l'isolement lui crée de difficultés. Bientôt un second *Squatter* se dirige aussi vers le désert. Où plantera-t-il sa tente ? S'éloignera-t-il *naturellement* du premier ? Non, il s'en rapprochera *naturellement*. Pourquoi ? Parce qu'il sait tous les avantages que les hommes tirent, à efforts égaux, de leur simple rapprochement. Il sait que, dans une multitude de circonstances, ils pourront s'emprunter et se prêter des instruments, unir leur action, vaincre des difficultés inabordables pour des forces individuelles, se créer réciproquement des débouchés, se communiquer leurs idées et leurs vues, pourvoir à la défense commune. Un troisième, un quatrième, un cinquième Squatter pénètrent dans le désert, et invariablement leur tendance est de se laisser attirer par la fumée des premiers établissements. D'autres peuvent alors survenir avec des capitaux plus considérables, sachant qu'ils trouveront des bras à mettre en œuvre. La colonie se forme. On peut varier un peu les cultures ; tracer un sentier vers la route où passe la malle-poste ; importer et exporter ; songer à construire une église, une maison d'école, etc., etc. En un mot, la puissance des colons s'augmente, par le fait seul de leur rapprochement, de manière à dépasser dans des proportions incalculables la somme de leurs forces isolées. C'est là le motif qui les a attirés les uns vers les autres.

Mais, dira-t-on, *chacun pour soi* est une maxime bien triste, bien froide. Tous les raisonnements, tous les paradoxes du monde n'empêcheront pas qu'elle ne soulève nos antipathies, qu'elle ne sente l'*égoïsme* d'une lieue ; et l'égoïsme, n'est-ce pas plus qu'un mal dans la Société, n'est-ce pas la source de tous les maux ?

Entendons-nous, s'il vous plaît.

Si l'axiome *chacun pour soi* est entendu dans ce sens qu'il doit diriger toutes nos pensées, tous nos actes, toutes nos relations, qu'on doit le trouver au fond de toutes nos affections de père, de fils, de frère, d'époux, d'ami, de citoyen, ou plutôt qu'il doit étouffer toutes ces affections ; il est affreux, il est horrible, et je ne crois pas qu'il y ait sur la terre un seul homme, en fit-il la règle de sa propre conduite, qui ose le proclamer en théorie.

Mais les Socialistes se refuseront-ils toujours à reconnaître, malgré l'autorité des faits universels, qu'il y a deux ordres de relations humaines : les unes dépendant du principe sympathique, — et que nous laissons au domaine de la morale ; les autres naissant de l'intérêt personnel, accomplies entre gens qui ne se connaissent pas, qui ne se doivent rien que la justice, — réglées par des conventions volontaires et librement débattues? Ce sont précisément les conventions de cette dernière espèce, qui forment le domaine de l'économie politique. Or il n'est pas plus possible de fonder ces transactions sur le principe sympathique qu'il ne serait raisonnable de fonder les rapports de famille et d'amitié sur le principe de l'intérêt. Je dirai éternellement aux Socialistes : Vous voulez confondre deux choses qui ne peuvent pas être confondues. Si vous êtes assez fous, vous ne serez pas assez forts. — Ce forgeron, ce charpentier, ce laboureur, qui s'épuisent à de rudes travaux, peuvent être d'excellents pères, des fils admirables, ils peuvent avoir le sens moral très-développé, et porter dans leur poitrine le cœur le plus expansif ; malgré cela, vous ne les déterminerez jamais à travailler du matin au soir, à répandre leurs sueurs, à s'imposer de dures privations sur le principe du dévouement. Vos prédications sentimentalistes sont et seront toujours impuissantes. Que si, par malheur, elles séduisaient un petit nombre de travailleurs, elles en feraient autant de dupes. Qu'un marchand se mette à vendre sur le principe de. la fraternité, je ne lui donne pas un mois pour voir ses enfants réduits à la mendicité.

La Providence a donc bien fait de donner à la Sociabilité d'autres garanties. L'homme étant donné, la sensibilité étant inséparable de l'individualité, il est impossible d'espérer, de désirer et de comprendre que l'intérêt personnel puisse être *universellement* aboli. C'est ce qu'il faudrait cependant, pour le juste équilibre des relations humaines; car si vous ne brisez ce ressort que dans quelques âmes d'élite, vous faites deux classes, — les méchants induits à faire des victimes, les bons à qui le rôle de victimes est réservé.

Puisque, en matière de travail et d'échanges, le principe *chacun pour soi* devait inévitablement prévaloir comme mobile, ce qui est admirable, ce qui est merveilleux, c'est que l'auteur des choses s'en soit servi pour réaliser au sein de l'ordre social l'axiome fraternitaire *chacun pour tous ;* c'est que son habile main ait fait de l'obstacle l'instrument; que l'intérêt général ait été confié à l'intérêt personnel; et que le premier soit devenu infaillible, par cela même que le second est indestructible. Il me semble que, devant ces résultats, les communistes et autres inventeurs de sociétés artificielles peuvent reconnaître, — sans en être trop humiliés, à la rigueur, — qu'en fait d'organisation, leur rival de là-haut est décidément plus fort qu'eux.

Et remarquez bien que, dans l'ordre naturel des sociétés, le *chacun pour tous* naissant du *chacun pour soi*, est beaucoup plus complet, beaucoup plus absolu, beaucoup plus intime qu'il ne le serait au point de vue communiste ou socialiste. Non-seulement nous travaillons pour tous, mais nous ne pouvons pas réaliser un progrès, de quelque nature qu'il soit, que nous n'en fassions profiter la communauté tout entière. (Voir les chapitres X et XI.) Les choses sont arrangées d'une façon si merveilleuse, que lorsque nous avons imaginé un procédé, ou découvert une libéralité de la nature, quelque nouvelle fécondité dans le sol, quelque nouveau mode d'action dans une des lois du monde physique, le profit est pour nous momentanément, passagèrement, comme cela était juste au point de vue de la récompense, utile au point de vue de l'encouragement, — après quoi l'avantage échappe de nos mains, malgré nos efforts pour le retenir; d'individuel il devient social, et tombe pour toujours dans le domaine de la communauté gratuite. Et, en même temps que nous faisons ainsi jouir l'humanité de nos progrès, nous-mêmes nous jouissons des progrès que tous les autres hommes ont accomplis.

En définitive, avec le *chacun pour soi*, tous les efforts de l'individualisme surexcité agissent dans le sens du *chacun pour tous*, et chaque progrès partiel vaut à la Société, en utilité gratuite, des millions de fois ce qu'il a rapporté à son inventeur en bénéfices.

Avec le *chacun pour tous*, personne n'agirait même *pour soi*. Quel producteur s'aviserait de doubler son travail pour recueillir, en plus, un trente-millionième de son salaire?

On dira peut-être : A quoi bon réfuter l'axiome Socialiste? Quel mal peut-il faire? Sans doute, il ne fera pas pénétrer dans les ateliers, dans les comptoirs, dans les magasins, il ne fera pas prévaloir dans les foires et marchés le principe de l'abnégation. Mais enfin, ou il n'aboutira à rien, et alors vous pouvez le laisser dormir en paix, ou il assouplira quelque peu cette roideur du principe égoïste qui, exclusif de toute sympathie, n'a guère droit à la nôtre.

Ce qui est faux est toujours dangereux. Il est toujours dangereux de représenter comme condamnable et dam-

nable un principe universel, éternel, que Dieu a évidemment préposé à la conservation et à l'avancement de l'humanité; principe, j'en conviens, qui, en tant que mobile,
ne parle pas à notre cœur, mais qui, par ses résultats,
étonne et satisfait notre intelligence; principe, d'ailleurs,
qui laisse le champ parfaitement libre aux autres mobiles
d'un ordre plus élevé, que Dieu a mis aussi dans le cœur des
hommes.

Mais sait-on ce qui arrive? C'est que le public des socialistes ne prend de leur axiome que la moitié, la dernière
moitié, *tous pour chacun.* On continue comme devant à travailler *pour soi*, mais on exige en outre que tous travaillent
aussi *pour soi.*

Et cela devait être. Lorsque les rêveurs ont voulu changer le grand ressort de l'activité humaine, pour substituer
la fraternité à l'individualisme, qu'ont-ils imaginé? Une
contradiction doublée d'hypocrisie. Ils se sont mis à crier
aux masses : « Étouffez dans votre cœur l'intérêt personnel
et suivez-nous ; vous en serez récompensés par tous les
biens, par tous les plaisirs de ce monde. » Quand on essaye
de parodier le ton de l'Évangile, il faut conclure comme
lui. L'abnégation de la fraternité implique sacrifice et douleur. « Dévouez-vous, » cela veut dire : « Prenez la dernière place, soyez pauvre et souffrez volontairement. » Mais
sous prétexte de renoncement, promettre la jouissance ;
montrer derrière le sacrifice prétendu le bien-être et la richesse; pour combattre la passion, qu'on flétrit du nom
d'*égoïsme*, s'adresser à ses tendances les plus matérielles,
— ce n'était pas seulement rendre témoignage à l'indestructible vitalité du principe qu'on voulait abattre, c'était
l'exalter au plus haut point, tout en déclamant contre lui ;
c'était doubler les forces de l'ennemi au lieu de le vaincre,
substituer la convoitise injuste à l'individualisme légitime,
et malgré l'artifice de je ne sais quel jargon mystique:

surexciter le sensualisme le plus grossier. La cupidité devait répondre à cet appel [1].

Et n'est-ce pas là que nous en sommes? Quel est le cri universel dans tous les rangs, dans toutes les classes? *Tous pour chacun.* — En prononçant le mot *chacun*, nous pensons à nous, et ce que nous demandons c'est de prendre une part imméritée dans le travail de tous. — En d'autres termes, nous systématisons la spoliation. — Sans doute, la spoliation naïve et directe est tellement injuste qu'elle nous répugne; mais, grâce à la maxime *tous pour chacun*, nous apaisons les scrupules de notre conscience. Nous plaçons dans les autres le *devoir* de travailler pour nous, puis nous mettons en nous le *droit* de jouir du travail des autres; nous sommons l'État, la loi d'imposer le prétendu *devoir*, de protéger le prétendu *droit*, et nous arrivons à ce résultat bizarre de nous dépouiller mutuellement au nom de la fraternité. Nous vivons aux dépens d'autrui, et c'est à ce titre que nous nous attribuons l'héroïsme du sacrifice. O bizarrerie de l'esprit humain! O subtilité de la convoitise! Ce n'est pas assez que chacun de nous s'efforce de grossir sa part aux dépens de celle des autres, ce n'est pas assez de vouloir profiter d'un travail que nous n'avons pas fait, nous nous persuadons encore que par là nous nous montrons sublimes dans la pratique du dévouement; peu s'en faut que nous ne nous comparions à Jésus-Christ, et nous nous aveuglons au point de ne pas voir que ces sacrifices, qui

---

[1] Quand l'avant-garde icarienne partit du Havre, j'interrogeai plusieurs de ces insensés, et cherchai à connaître le fond de leur pensée. Un *facile bien-être*, tel était leur espoir et leur mobile. L'un d'eux me dit : « Je pars, et mon frère est de la seconde expédition. Il a huit enfants : et vous sentez quel grand avantage ce sera pour lui de n'avoir plus à les élever et à les nourrir. » — « Je le comprends aisément. dis-je; mais il faudra que cette lourde charge retombe sur d'autres. » — Se débarrasser sur autrui de ce qui nous gêne, voilà la façon fraternitaire dont ces malheureux entendaient la devise *tous pour chacun.*

nous font pleurer d'admiration en nous contemplant nous-
mêmes, nous ne les faisons pas, mais nous les exi-
geons[1].

La manière dont la grande mystification s'opère mérite
d'être observée.

Voler! Fi donc, c'est abject; d'ailleurs cela mène au ba-
gne, car la loi le défend. — Mais si la loi l'ordonnait et prê-
tait son aide, ne serait-ce pas bien commode?... Quelle
lumineuse inspiration!...

Aussitôt on demande à la loi un petit privilége, un petit
monopole, et comme, pour le faire respecter, il en coûterait quelques peines, on prie l'État de s'en charger. L'État
et la loi s'entendent pour réaliser précisément ce qu'ils
avaient mission de prévenir ou de punir. Peu à peu, le goût
des monopoles gagne. Il n'est pas de classe qui ne veuille le
sien. *Tous pour chacun*, s'écrient-elles, nous voulons aussi
nous montrer philanthropes et faire voir que nous comprenons la solidarité.

Il arrive que les classes privilégiées, se volant réciproquement, perdent au moins autant, par les exactions qu'elles
subissent, qu'elles gagnent aux exactions qu'elles exercent.
En outre, la grande masse des travailleurs, à qui l'on n'a
pas pu accorder de priviléges, souffre, dépérit et n'y peut résister. Elle s'insurge, couvre les rues de barricades et de
sang, et voici qu'il faut compter avec elle.

Que va-t-elle demander? Exigera-t-elle l'abolition des
abus, des priviléges, des monopoles, des restrictions sous
lesquels elle succombe? Pas du tout. On l'a imbue, elle aussi,
de philanthropisme. On lui a dit que le fameux *tous pour
chacun*, c'était la solution du problème social; on lui a démontré, par maint exemple, que le privilége (qui n'est qu'un

---

[1] Voir le pamphlet *Spoliation et Loi*, tome V, pag. 2 et suiv.

(Note de l'éditeur.)

vol) est néanmoins très-moral s'il s'appuie sur la loi. En
sorte qu'on voit le peuple demander... Quoi?... — Des priviléges !... Lui aussi somme l'État de lui fournir de l'instruction, du travail, du crédit, de l'assistance, aux dépens
du peuple. — Oh! quelle illusion étrange! et combien de
temps durera-t-elle? — On conçoit bien que toutes les
classes élevées, à commencer par la plus haute, puissent
venir l'une après l'autre réclamer des faveurs, des priviléges. Au-dessous d'elles, il y a la grande masse populaire
sur qui tout cela retombe. Mais que le peuple, une fois
vainqueur, se soit imaginé d'entrer lui aussi tout entier
dans la classe des privilégiés, de se créer des monopoles à
lui-même et sur lui-même, d'élargir la base des abus pour
en vivre; qu'il n'ait pas vu qu'il n'y a rien au-dessous
de lui pour alimenter ces injustices, c'est là un des phénomènes les plus étonnants de notre époque et d'aucune
époque.

Qu'est-il arrivé? C'est que sur cette voie la Société était
conduite à un naufrage général. Elle s'est alarmée avec
juste raison. Le peuple a bientôt perdu sa puissance, et l'ancien partage des abus a provisoirement repris son assiette
ordinaire.

Cependant la leçon n'a pas été tout à fait perdue pour
les classes élevées. Elles sentent qu'il faut faire justice aux
travailleurs. Elles désirent vivement y parvenir, non-seulement parce que leur propre sécurité en dépend, mais
encore; il faut le reconnaître, par esprit d'équité. Oui, je le
dis avec conviction entière, la classe riche ne demande pas
mieux que de trouver la grande solution. Je suis convaincu
que si l'on réclamait de la plupart des riches l'abandon
d'une portion considérable de leur fortune, en garantissant
que désormais le peuple sera heureux et satisfait, ils en feraient avec joie le sacrifice. Ils cherchent donc avec ardeur
le moyen de venir, selon l'expression consacrée, *au secours*

des classes laborieuses. Mais pour cela qu'imaginent-ils?...
Encore le communisme des priviléges; un communisme mi-
tigé toutefois, et qu'ils se flattent de soumettre au régime
de la prudence. Voilà tout; ils ne sortent pas de là.   .   .

XIII

DE LA RENTE [1]

Quand la valeur du sol augmente, si une augmentation correspondante se faisait sentir sur le prix des produits du sol, je comprendrais l'opposition que rencontre la théorie exposée dans ce livre (chapitre IX). On pourrait dire : « A mesure que la civilisation se développe, la condition du travailleur empire relativement à celle du propriétaire. C'est peut-être une nécessité fatale, mais assurément ce n'est pas une loi harmonique. »

Heureusement il n'en est pas ainsi. En général, les circonstances qui font augmenter la valeur du sol diminuent en même temps le prix des subsistances... Expliquons ceci par un exemple.

Soit à dix lieues de la ville un champ valant 100 fr. ; on fait une route qui passe près de ce champ, c'est un débouché ouvert aux récoltes, et aussitôt la terre vaut 150 fr. — Le propriétaire, ayant acquis par là des facilités soit pour y amener des amendements, soit pour en extraire des produits plus variés, fait des améliorations à sa propriété, et elle arrive à valoir 200 fr.

[1] Deux ou trois courts fragments, voilà tout ce que l'auteur a laissé sur cet important chapitre. Cela s'explique : il se proposait, ainsi qu'il l'a déclaré, de s'appuyer principalement sur les travaux de M. Carey de Philadelphie pour combattre la théorie de Ricardo.

(*Note de l'éditeur.*)

La valeur du champ est donc doublée. Examinons cette plus-value, au point de vue — de la justice d'abord, — ensuite de l'utilité recueillie, non par le propriétaire, mais par les consommateurs de la ville.

Quant à l'accroissement de valeur provenant des améliorations que le propriétaire a faites à ses frais, pas de doute. C'est un capital qui suit la loi de tous les capitaux.

J'ose dire qu'il en est ainsi de la route. L'opération fait un circuit plus long, mais le résultat est le même.

En effet, le propriétaire concourt, à raison de son champ, aux dépenses publiques ; pendant bien des années, il a contribué à des travaux d'utilité générale exécutés sur des portions éloignées du territoire; enfin une route a été faite dans une direction qui lui est favorable. La masse des impôts par lui payés peut être assimilée à des actions qu'il aurait prises dans les entreprises gouvernementales, et la rente annuelle, qui lui arrive par suite de la nouvelle route, comme le *dividende* de ces actions.

Dira-t-on qu'un propriétaire doit toujours payer l'impôt pour n'en jamais rien retirer?... Ce cas rentre donc dans le précédent ; et l'amélioration, quoique faite par la voie compliquée et plus ou moins contestable de l'impôt, peut être considérée comme exécutée par le propriétaire et à ses frais, dans la mesure de l'avantage partiel qu'il en retire.

J'ai parlé d'une route : remarquez que j'aurais pu citer toute autre intervention gouvernementale. La sécurité, par exemple, contribue à donner de la valeur aux terres, comme aux capitaux, comme au travail. Mais qui paye la sécurité? Le propriétaire, le capitaliste, le travailleur. — Si l'État dépense bien, la valeur dépensée doit se reformer et se retrouver, sous une forme quelconque, entre les mains du propriétaire, du capitaliste, du travailleur. Pour le propriétaire, elle ne peut apparaître que sous forme d'accroissement du prix de sa terre. — Que si l'État dépense mal, c'est un malheur ; l'impôt est perdu, c'était aux contribuables à y veiller. En ce cas, il n'y a pas pour la terre accroissement de valeur, et certes la faute n'en est pas au propriétaire.

Mais les produits du sol qui a ainsi augmenté de valeur, et par l'action gouvernementale, et par l'industrie particulière, — ces produits sont-ils payés plus cher par les acheteurs de la ville? en d'autres termes, l'intérêt de ces cent francs vient-il grever chaque hectolitre de froment qui sortira du champ? Si on le payait 15 fr., le payera-t-on désormais 15 fr. plus une fraction? — C'est là une question des plus intéressantes, puisque la justice et l'harmonie universelle des intérêts en dépendent.

Or je réponds hardiment : *non.*

Sans doute, le propriétaire recouvrera désormais 5 fr. de plus (je suppose le taux du profit à 5 p. 100); mais il ne les recouvrera aux dépens de personne. Bien au contraire, l'acheteur, de son côté, fera un bénéfice plus grand encore.

En effet, le champ que nous avons pris pour exemple était autrefois éloigné des débouchés, on lui faisait peu produire ; à cause des difficultés du transport, les produits parvenus sur le marché se vendaient cher. — Aujourd'hui la production est activée, le transport économique ; une plus grande quantité de froment arrive sur le marché, y arrive à moins de frais et s'y vend à meilleur compte. Tout en laissant au propriétaire un profit total de 5 fr., l'acheteur peut faire un bénéfice encore plus fort.

En un mot, une économie de forces a été réalisée. — Au profit de qui? au profit des deux parties contractantes. — Quelle est la loi du partage de ce gain sur la nature? La loi que nous avons souvent citée à propos des capitaux, puisque cette augmentation de valeur est un capital.

Quand le capital augmente, la part du propriétaire ou capitaliste — augmente en valeur absolue, — diminue en

valeur relative ; la part du travailleur (ou du consommateur)
augmente — et en valeur absolue et en valeur relative...

Remarquez comment les choses se passent. A mesure que
la civilisation se fait, les terres les plus rapprochées du centre d'agglomération augmentent de valeur. Les productions
d'un ordre inférieur y font place à des productions d'un
ordre plus élevé. D'abord le pâturage disparaît devant les
céréales ; puis celles-ci sont remplacées par le jardinage.
Les approvisionnements arrivent de plus loin à moindres
frais, de telle sorte, — et c'est un point de fait incontestable,
— que la viande, le pain, les légumes, même les fleurs, y
sont à un prix moindre que dans les contrées moins avancées, malgré que la main-d'œuvre y soit mieux rétribuée
qu'ailleurs...

LE CLOS-VOUGEOT.

..... *Les services s'échangent contre les services*. Souvent
des services préparés d'avance s'échangent contre des services actuels ou futurs.

Les services valent, non pas suivant le travail qu'ils exigent ou ont exigé, mais suivant le travail qu'ils épargnent.

Or il est de fait que le travail humain se perfectionne.

De ces prémisses se déduit un phénomène très-important en Économie sociale : C'est qu'en *général* le travail antérieur perd dans l'échange avec le travail actuel [1].

J'ai fait, il y a vingt ans, une chose qui m'a coûté cent
journées de travail. Je propose un échange, et je dis à mon
acheteur : Donnez-moi une chose qui vous coûte également
cent journées. Probablement il sera en mesure de me répondre : Depuis vingt ans on a fait des progrès. Ce qui vous
avait demandé cent journées, on le fait à présent avec

---

[1] La même idée a été présentée à la fin du complément ajouté au
chapitre v, p. 202 et suiv.   (*Note de l'éditeur.*)

soixante-dix. Or je ne mesure pas votre service par le temps qu'il vous a coûté, mais par le service qu'il me rend : ce service n'est plus que de soixante-dix journées, puisque avec ce temps je puis me le rendre à moi-même, ou trouver qui me le rende.

Il résulte de là que la valeur des capitaux se détériore incessamment, et que le capital ou le travail antérieur n'est pas aussi favorisé que le croient les Économistes superficiels.

Il n'y a pas de machine un peu vieille qui ne perde, abstraction faite du dépérissement à l'user, par ce seul motif qu'on en fabrique aujourd'hui de meilleures.

Il en est de même des terres. Et il y en a bien peu qui, pour être amenées à l'état de fertilité où elles sont, n'aient coûté plus de travail qu'il n'en faudrait aujourd'hui, où l'on a des moyens d'action plus énergiques.

Telle est la marche *générale*, mais non *nécessaire*.

Un travail antérieur peut rendre aujourd'hui de plus grands services qu'autrefois. C'est rare, mais cela se voit. Par exemple, j'ai gardé du vin qui représente vingt journées de travail. — Si je l'avais vendu tout de suite, mon travail aurait reçu une certaine rémunération. J'ai gardé mon vin ; il s'est amélioré, la récolte suivante a manqué, bref, le prix a haussé, et ma rémunération est plus grande. Pourquoi ? Parce que je rends *plus* de services, — que les acquéreurs auraient *plus de peine* à se procurer ce vin que je n'en ai eu, — que je satisfais à un besoin devenu plus grand, plus apprécié, etc...

C'est ce qu'il faut toujours examiner.

Nous sommes mille. Chacun a son hectare de terre et le défriche ; le temps s'écoule, et l'on vend. Or, il arrive que sur 1,000 il y en a 998 qui ne reçoivent ou ne recevront jamais autant de journées de travail actuel, en échange de la terre, qu'elle leur en a coûté autrefois ; et cela parce que le travail antérieur plus grossier ne rend pas comparativement autant de services que le travail actuel. Mais il se trouve deux propriétaires dont le travail a été plus intelligent ou, si l'on veut, plus heureux. Quand ils l'offrent sur le marché, il se trouve qu'il y représente d'inimitables services. Chacun se dit : Il m'en coûterait beaucoup de me rendre ce service à moi-même : donc je le payerai cher ; et pourvu qu'on ne me force pas, je suis toujours bien sûr qu'il ne me coûtera pas autant que si je me le rendais par tout autre moyen.

C'est l'histoire du Clos-Vougeot. C'est le même cas que l'homme qui trouve un diamant, qui possède une belle voix, ou une taille à montrer pour cinq sous, etc.

Dans mon pays il y a beaucoup de terres incultes. L'étranger ne manque pas de dire : Pourquoi ne cultivez-vous pas cette terre ? — Parce qu'elle est mauvaise. — Mais voilà à côté de la terre absolument semblable et qui est cultivée. — A cette objection, le naturel du pays ne trouve pas de réponse.

C'est qu'il s'est trompé dans la première : *Elle est mauvaise?*

Non ; la raison qui fait qu'on ne défriche pas de nouvelles terres, ce n'est pas qu'elles soient mauvaises, et il y en a d'excellentes qu'on ne défriche pas davantage. Voici le motif : c'est qu'il en coûte plus pour amener cette terre inculte à un état de productivité pareille à celle du champ voisin qui est cultivé, que pour acheter ce champ voisin lui-même.

Or, pour qui sait réfléchir, cela prouve invinciblement que la terre n'a pas de valeur par elle-même...

(Développer tous les points de vue de cette idée..... [1]).

---

[1] De ces développements projetés, aucun n'existe ; mais voici sommairement les deux principales conséquences du fait cité par l'auteur :

1° Deux terres, l'une cultivée A, l'autre inculte B, étant supposées de nature identique, la mesure du travail autrefois sacrifié au défrichement de A est donnée par le travail nécessaire au défrichement de B. On peut dire même qu'à cause de la supériorité de nos connaissances, de nos instruments, de nos moyens de communication, etc., il faudrait *moins* de journées pour mettre B en culture qu'il n'en a fallu pour A. Si la terre avait une valeur par elle-même, A vaudrait tout ce qu'a coûté sa mise en culture, *plus quelque chose pour ses facultés productives naturelles;* c'est-à-dire *beaucoup plus* que la somme nécessaire actuellement pour mettre B en rapport. Or, c'est tout le contraire : la terre A vaut moins, puisqu'on l'achète plutôt que de défricher B. En achetant A, on ne paye donc rien pour la force naturelle, puisqu'on ne paye pas même le travail de défrichement ce qu'il a primitivement coûté.

2° Si le champ A rapporte par an 1,000 mesures de blé, la terre B défrichée en rapporterait autant. Puisqu'on a cultivé A, c'est qu'autrefois 1,000 mesures de blé rémunéraient amplement tout le travail exigé, soit par le défrichement, soit par la culture annuelle. Puisqu'on ne cultive pas B, c'est que maintenant 1,000 mesures de blé ne payeraient pas un travail identique, — ou même moindre, comme nous le remarquions plus haut.

Qu'est-ce que cela veut dire? Évidemment c'est que la valeur du *travail humain* a haussé par rapport à celle du *blé;* c'est que la journée d'un ouvrier vaut et obtient plus de blé pour salaire. En d'autres termes, le blé s'obtient par un moindre effort, s'échange contre un moindre travail ; et la théorie de *la cherté progressive des subsistances* est fausse. — V. au tome I, le post-scriptum de la lettre adressée au *Journal des économistes*, en date du 8 décembre 1850.— V. aussi, sur ce sujet, l'ouvrage d'un disciple de Bastiat : *Du revenu foncier*, par R. de Fontenay.

(*Note de l'éditeur.*)

DE LA MONNAIE [1]

DU CRÉDIT [2]

XIV

DES SALAIRES

Les hommes aspirent avec ardeur à la fixité: Il se ren-contre bien dans le monde quelques individualités inquiètes, aventureuses, pour lesquelles l'aléatoire est une sorte de besoin. On peut affirmer néanmoins que les hommes pris

---

[1] Voir *Maudit argent!* tome V, page 64.
[2] Voir *Gratuité du crédit*, tome V, page 94.

(*Note de l'éditeur.*)

en masse aiment à être tranquilles sur leur avenir, à savoir sur quoi compter, à pouvoir disposer d'avance tous leurs arrangements. Pour comprendre combien ils tiennent la fixité pour précieuse, il suffit de voir avec quel empressement ils se jettent sur les fonctions publiques. Qu'on ne dise pas que cela tient à l'honneur qu'elles confèrent. Certes, il y a des places dont le travail n'a rien de très-relevé. Il consiste, par exemple, à surveiller, fouiller, vexer les citoyens. Elles n'en sont pas moins recherchées. Pourquoi? Parce qu'elles constituent une position sûre. Qui n'a entendu le père de famille dire de son fils : « Je sollicite pour lui une aspirance au surnumérariat de telle administration. Sans doute il est fâcheux qu'on exige de lui une éducation qui m'a coûté fort cher. Sans doute encore, avec cette éducation, il eût pu embrasser une carrière plus brillante. Fonctionnaire, il ne s'enrichira pas, mais il est certain de vivre. Il aura toujours du pain. Dans quatre ou cinq ans, il commencera à toucher 800 fr. de traitement; puis il s'élèvera par degrés jusqu'à 3 ou 4,000 fr. Après trente années de service, il aura droit à sa retraite. Son existence est donc assurée : c'est à lui de savoir la tenir dans une obscure modération, etc. »

La fixité a donc pour les hommes un attrait tout-puissant.

Et cependant, en considérant la nature de l'homme et de ses travaux, il semble que la fixité soit incompatible avec elle.

Quiconque se placera, par la pensée, au point de départ des sociétés humaines aura peine à comprendre comment une multitude d'hommes peuvent arriver à retirer du milieu social une quantité déterminée, assurée, constante de moyens d'existence. C'est encore là un de ces phénomènes qui ne nous frappent pas assez, précisément parce que nous les avons toujours sous les yeux. Voilà des fonctionnaires qui touchent des appointements fixes, des propriétaires qui savent d'avance leurs revenus, des rentiers qui peuvent calculer exactement leurs rentes, des ouvriers qui gagnent tous les jours le même salaire. — Si l'on fait abstraction de la monnaie, qui n'intervient là que pour faciliter les appréciations èt les échanges, on apercevra que ce qui est fixe, c'est la quantité de moyens d'existence, c'est la valeur des satisfactions reçues par ces diverses catégories de travailleurs. Or, je dis que cette fixité, qui peu à peu s'étend à tous les hommes, à tous les ordres de travaux, est un miracle de la civilisation, un effet prodigieux de cette société si sottement décriée de nos jours.

Car reportons-nous à un état social primitif ; supposons que nous disions à un peuple chasseur, ou pêcheur, ou pasteur, ou guerrier, ou agriculteur : « A mesure que vous ferez des progrès, vous saurez de plus en plus d'avance quelle somme de jouissance vous sera assurée pour chaque année. » Ces braves gens ne pourraient nous croire. Ils nous répondraient : « Cela dépendra toujours de quelque chose qui échappe au calcul, — l'inconstance des saisons, etc. » C'est qu'ils ne pourraient se faire une idée des efforts ingénieux au moyen desquels les hommes sont parvenus à établir une sorte d'assurance entre tous les lieux et tous les temps.

Or cette mutuelle assurance contre les chances de l'avenir est tout à fait subordonnée à un genre de science humaine que j'appellerai *statistique expérimentale*. Et cette statistique faisant des progrès indéfinis, puisqu'elle est fondée sur l'expérience, il s'ensuit que la fixité fait aussi des progrès indéfinis. Elle est favorisée par deux circonstances permanentes : 1° les hommes y aspirent ; 2° ils acquièrent tous les jours les moyens de la réaliser.

Avant de montrer comment la fixité s'établit dans les transactions humaines, où l'on semble d'abord ne point s'en préoccuper, voyons comment elle résulte de cette transaction dont elle est spécialement l'objet. Le lecteur comprendra ainsi ce que j'entends par statistique expérimentale.

Des hommes ont chacun une maison. L'une vient à brûler, et voilà le propriétaire ruiné. Aussitôt l'alarme se répand chez tous les autres. Chacun se dit : « Autant pouvait m'en arriver. » Il n'y a donc rien de bien surprenant à ce que tous les propriétaires se réunissent et répartissent autant que possible les mauvaises chances, en fondant une assurance mutuelle contre l'incendie. Leur convention est très-simple. En voici la formule : « Si la maison de l'un de nous brûle, les autres se cotiseront pour venir en aide à l'incendié. »

Par là, chaque propriétaire acquiert une double certitude : d'abord, qu'il prendra une petite part à tous les sinistres de cette espèce; ensuite, qu'il n'aura jamais à essuyer le malheur tout entier.

Au fond, et si l'on calcule sur un grand nombre d'années, on voit que le propriétaire fait, pour ainsi dire, un arrangement avec lui-même. Il économise de quoi réparer les sinistres qui le frappent.

Voilà l'*association*. C'est même à des arrangements de cette nature que les socialistes donnent exclusivement le nom d'*association*. Sitôt que la spéculation intervient, selon eux, l'association disparaît. Selon moi, elle se perfectionne, ainsi que nous allons le voir.

Ce qui a porté nos propriétaires à s'associer, à s'assurer mutuellement, c'est l'amour de la fixité, de la sécurité. Ils préfèrent des chances connues à des chances inconnues, une multitude de petits risques à un grand.

Leur but n'est pas cependant complétement atteint, et il est encore beaucoup d'aléatoire dans leur position. Chacun d'eux peut se dire : « Si les sinistres se multiplient, ma « quote-part ne deviendra-t-elle pas insupportable? En « tout cas, j'aimerais bien à la connaître d'avance, et faire

« assurer par le même procédé mon mobilier, mes marchandises, etc. »

Il semble que ces inconvénients tiennent à la nature des choses et qu'il est impossible à l'homme de s'y soustraire.

On est tenté de croire, après chaque progrès, que tout est accompli. Comment, en effet, supprimer cet *aléatoire* dépendant de sinistres qui sont encore dans l'inconnu?

Mais l'assurance mutuelle a développé au sein de la société une connaissance expérimentale, à savoir : la proportion, en moyenne annuelle, entre les valeurs perdues par sinistres et les valeurs assurées.

Sur quoi un entrepreneur ou une société, ayant fait tous ses calculs, se présente aux propriétaires et leur dit :

« En vous assurant mutuellement, vous avez voulu acheter
« votre tranquillité ; et la quote-part indéterminée que vous
« réservez annuellement pour couvrir les sinistres est le
« prix que vous coûte un bien si précieux. Mais ce prix ne
« vous est jamais connu d'avance ; d'un autre côté, votre
« tranquillité n'est point parfaite. Eh bien ! je viens vous
« proposer un autre procédé. Moyennant *une prime annuelle*
« *fixe* que vous me payerez, j'assume toutes vos chances de
« sinistres ; je vous assure tous, et voici le capital qui vous
« garantit l'exécution de mes engagements. »

Les propriétaires se hâtent d'accepter, même alors que cette prime fixe coûterait un peu plus que le quantum moyen de l'assurance mutuelle ; car ce qui leur importe le plus, ce n'est pas d'économiser quelques francs, c'est d'acquérir le repos, la tranquillité complète.

Ici les socialistes prétendent que l'association est détruite. J'affirme, moi, qu'elle est perfectionnée et sur la voie d'autres perfectionnements indéfinis.

Mais, disent les socialistes, voilà que les assurés n'ont plus aucun lien entre eux. Ils ne se voient plus, ils n'ont plus à s'entendre. Des intermédiaires parasites sont venus s'interposer au milieu d'eux, et la preuve que les propriétaires payent maintenant plus qu'il ne faut pour couvrir les sinistres, c'est que les assureurs réalisent de gros bénéfices.

Il est facile de répondre à cette critique.

D'abord, l'association existe sous une autre forme. La prime servie par les assurés est toujours le fonds qui réparera les sinistres. Les assurés ont trouvé le moyen de rester dans l'association sans s'en occuper. C'est là évidemment un avantage pour chacun d'eux, puisque le but poursuivi n'en est pas moins atteint; et la possibilité de rester dans l'association, tout en recouvrant l'indépendance des mouvements, le libre usage des facultés, est justement ce qui caractérise le progrès social.

Quant au profit des intermédiaires, il s'explique et se justifie parfaitement. Les assurés restent associés pour la réparation des sinistres. Mais une compagnie est intervenue, qui leur offre les avantages suivants : « 1° elle ôte à leur position ce qu'il y restait d'aléatoire; 2° elle les dispense de tout soin, de tout travail, à l'occasion des sinistres. Ce sont des *services*. Or, service pour service. La preuve que l'intervention de la compagnie est un service pourvu de valeur, c'est qu'il est librement accepté et payé. Les socialistes ne sont que ridicules quand ils déclament contre les intermédiaires. Est-ce que ces intermédiaires s'imposent par la force ? Est-ce que leur seul moyen de se faire accepter n'est pas de dire : « Je vous coûterai quelque peine, mais je « vous en épargnerai davantage? » Or, s'il en est ainsi, comment peut-on les appeler parasites, ou même intermédiaires ?

Enfin, je dis que l'association ainsi transformée est sur la voie de nouveaux progrès en tous sens.

En effet, les compagnies, qui espèrent des profits proportionnels à l'étendue de leurs affaires, poussent aux assurances. Elles ont pour cela des agents partout, elles font des crédits, elles imaginent mille combinaisons pour augmenter le nombre des assurés, c'est-à-dire des *associés*. Elles assurent une multitude de risques qui échappaient à la primitive mutualité. Bref, l'association s'étend progressivement sur un plus grand nombre d'hommes et de choses. A mesure que ce développement s'opère, il permet aux compagnies de baisser leurs prix ; elles y sont même forcées par la concurrence. Et ici nous retrouvons la grande loi : le bien glissé sur le producteur pour aller s'attacher au consommateur.

Ce n'est pas tout. Les compagnies s'assurent entre elles par les réassurances, de telle sorte qu'au point de vue de la réparation des sinistres, qui est le fond du phénomène, mille associations diverses, établies en Angleterre, en France, en Allemagne, en Amérique, se fondent en une grande et unique association. Et quel est le résultat ? Si une maison vient à brûler à Bordeaux, Paris, ou partout ailleurs, — les propriétaires de l'univers entier, anglais, belges, hambourgeois, espagnols, tiennent leur cotisation disponible et sont prêts à réparer le sinistre.

Voilà un exemple du degré de puissance, d'universalité, de perfection où peut parvenir l'association libre et volontaire. Mais, pour cela, il faut qu'on lui laisse la liberté de choisir ses procédés. Or qu'est-il arrivé quand les socialistes, ces grands partisans de l'association, ont eu le pouvoir ? Ils n'ont rien eu de plus pressé que de menacer l'association, quelque forme qu'elle affecte, et notamment l'association des assurances. Et pourquoi ? Précisément parce que, pour s'universaliser, elle emploie ce procédé qui permet à chacun de ses membres de rester dans l'indépendance. — Tant ces malheureux socialistes comprennent peu le mécanisme social ! Les premiers vagissements, les premiers tâtonnements de la société, les formes primitives et presque sauvages d'association, voilà le point auquel ils veulent nous ramener. Tout progrès, ils le suppriment sous prétexte qu'il s'écarte de ces formes.

Nous allons voir que c'est par suite des mêmes préventions, de la même ignorance, qu'ils déclament sans cesse, soit contre l'*intérêt*, soit contre le *salaire*, formes *fixes* et par conséquent très-perfectionnées de la rémunération qui revient au capital et au travail.

Le salariat a été particulièrement en butte aux coups des socialistes. Peu s'en faut qu'ils ne l'aient signalé comme une forme à peine adoucie de l'esclavage ou du servage. En tout cas, ils y ont vu une convention abusive et léonine, qui n'a de liberté que l'apparence, une oppression du faible par le fort, une tyannie exercée par le capital sur le travail.

Éternellement en lutte sur les institutions à fonder, ils montrent dans leur commune haine des institutions existantes, et notamment du salariat, une touchante unanimité ; car s'ils ne peuvent se mettre d'accord sur l'ordre social de leur préférence, il faut leur rendre cette justice qu'ils s'entendent toujours pour déconsidérer, décrier, calommier, haïr et faire haïr ce qui est. J'en ai dit ailleurs la raison [1].

Malheureusement, tout ne s'est point passé dans le domaine de la discussion philosophique; et la propagande socialiste, secondée par une presse ignorante et lâche, qui, sans s'avouer socialiste, n'en cherchait pas moins la popularité dans des déclamations à la mode, est parvenue à faire pénétrer la haine du salariat dans la classe même des salariés. Les ouvriers se sont dégoûtés de cette forme de rémunération. Elle leur a paru injuste, humiliante, odieuse. Ils ont cru qu'elle les frappait du sceau de la servitude. Ils ont voulu participer selon d'autres procédés à la répartition de la richesse. De là à s'engouer des plus folles utopies, il n'y

---

[1] Chap. 1er, pages 30 et 31, et chap. 11, page 45 et suiv.

avait qu'un pas, et ce pas a été franchi. A la révolution de Février, la grande préoccupation des ouvriers a été de se débarrasser du salaire. Sur le moyen, ils ont consulté leurs dieux ; mais quand leurs dieux ne sont pas restés muets, ils n'ont, selon l'usage, rendu que d'obscurs oracles, dans lesquels on entendait dominer le grand mot *association*, comme si *association* et *salaire* étaient incompatibles. Alors, les ouvriers ont voulu essayer toutes les formes de cette association libératrice, et, pour lui donner plus d'attraits, ils se sont plu à la parer de tous les charmes de la Solidarité, à lui attribuer tous les mérites de la Fraternité. Un moment, on aurait pu croire que le cœur humain lui-même allait subir une grande transformation et secouer le joug de l'intérêt pour n'admettre que le principe du dévouement. Singulière contradiction ! On espérait recueillir dans l'association tout à la fois la gloire du sacrifice et des profits inconnus jusque-là. On courait à la fortune, et on sollicitait, on se décernait à soi-même les applaudissements dus au martyre. Il semble que ces ouvriers égarés, sur le point d'être entraînés dans une carrière d'injustice, sentaient le besoin de se faire illusion, de glorifier les procédés de spoliation qu'ils tenaient de leurs apôtres, et de les placer couverts d'un voile dans le sanctuaire d'une révélation nouvelle. Jamais peut-être tant d'aussi dangereuses erreurs, tant d'aussi grossières contradictions n'avaient pénétré aussi avant dans l'esprit humain.

Voyons donc ce qu'est le *salaire*. Considérons-le dans son origine, dans sa forme, dans ses effets. Reconnaissons sa raison d'être ; assurons-nous s'il fut, dans le développement de l'humanité, une rétrogradation ou un progrès. Vérifions s'il porte en lui quelque chose d'humiliant, de dégradant, d'abrutissant, et s'il est possible d'apercevoir sa filiation prétendue avec l'esclavage.

Les services s'échangent contre des services. Ce que l'on

cède comme ce qu'on reçoit, c'est du travail, des efforts, des peines, des soins, de l'habileté naturelle ou acquise; ce que l'on se confère l'un à l'autre, ce sont des satisfactions ; ce qui détermine l'échange, c'est l'avantage commun, et ce qui le mesure, c'est la libre appréciation des services réciproques. Les nombreuses combinaisons auxquelles ont donné lieu les transactions humaines ont nécessité un volumineux vocabulaire économique; mais les mots Profits, Intérêts, Salaires, qui expriment des nuances, ne changent pas le fond des choses. C'est toujours le *do ut des*, ou plutôt le *facio ut facias*, qui est la base de toute l'évolution humaine au point de vue économique.

Les salariés ne font pas exception à cette loi. Examinez bien. Rendent-ils des services ? cela n'est pas douteux. En reçoivent-ils? ce ne l'est pas davantage. Ces services s'échangent-ils volontairement, librement? Aperçoit-on dans ce mode de transaction la présence de la fraude, de la violence? C'est ici peut-être que commencent les griefs des ouvriers. Ils ne vont pas jusqu'à se prétendre dépouillés de la liberté, mais ils affirment que cette liberté est purement nominale et même dérisoire, parce que celui dont la nécessité force les déterminations n'est pas réellement libre. Reste donc à savoir si le défaut de la liberté ainsi entendue ne tient pas plutôt à la situation de l'ouvrier qu'au mode selon lequel il est rémunéré.

Quand un homme met ses bras au service d'un autre, sa rémunération peut consister en une part de l'œuvre produite, ou bien en un salaire déterminé. Dans un cas comme dans l'autre, il faut qu'il traite de cette part, — car elle peut être plus ou moins grande, — ou de ce salaire, — car il peut être plus ou moins élevé. Et si cet homme est dans le dénûment absolu, s'il ne peut attendre, s'il est sous l'aiguillon d'une nécessité urgente, il subira la loi, il ne pourra se soustraire aux exigences de son associé. Mais il faut bien

remarquer que ce n'est pas la forme de la rémunération qui
crée pour lui cette sorte de dépendance. Qu'il coure les
chances de l'entreprise ou qu'il traite à forfait, sa situation
précaire est ce qui le place dans un état d'infériorité à l'é-
gard du débat qui précède la transaction. Les novateurs qui
ont présenté aux ouvriers l'*association* comme un remède
infaillible, les ont donc égarés et se sont trompés eux-
mêmes. Ils peuvent s'en convaincre en observant attentive-
ment des circonstances où le travailleur pauvre reçoit une
part du produit et non un salaire. Assurément il n'y a pas
en France d'hommes plus misérables que les pêcheurs ou
les vignerons de mon pays, encore qu'ils aient l'honneur de
jouir de tous les bienfaits de ce que les socialistes nomment
exclusivement l'*association*.

Mais, avant de rechercher ce qui influe sur la quotité du
salaire, je dois définir ou plutôt décrire la nature de cette
transaction.

C'est une tendance naturelle aux hommes, — et par
conséquent cette tendance est favorable, morale, universelle, indestructible, — d'aspirer à la sécurité relativement
aux moyens d'existence, de rechercher la fixité, de fuir
l'aléatoire.

Cependant, à l'origine des sociétés, l'aléatoire règne pour
ainsi dire sans partage; et je me suis étonné souvent que
l'économie politique ait négligé de signaler les grands et
heureux efforts qui ont été faits pour le restreindre dans des
limites de plus en plus étroites.

Et voyez : Dans une peuplade de chasseurs, au sein d'une
tribu nomade ou d'une colonie nouvellement fondée, y a-
t-il quelqu'un qui puisse dire avec certitude ce que lui vaudra
le travail du lendemain? Ne semble-t-il pas même qu'il y ait
incompatibilité entre ces deux idées, et que rien ne soit de
nature plus éventuelle que le résultat du travail, qu'il s'applique à la chasse, à la pêche ou à la culture?

Aussi serait-il difficile de trouver, dans l'enfance des sociétés, quelque chose qui ressemble à des traitements, des appointements, des gages, des salaires, des revenus, des rentes, des intérêts, des assurances, etc., toutes choses qui ont été imaginées pour donner de plus en plus de fixité aux situations personnelles, pour éloigner de plus en plus de l'humanité ce sentiment pénible : la terreur de l'inconnu en matière de moyens d'existence.

Et, vraiment, le progrès qui a été fait dans ce sens est admirable, bien que l'accoutumance nous ait tellement familiarisés avec ce phénomène qu'elle nous empêche de l'apercevoir. En effet, puisque les résultats du travail, et par suite les jouissances humaines, peuvent être si profondément modifiés par les événements, les circonstances imprévues, les caprices de la nature, l'incertitude des saisons et les sinistres de toute sorte, comment se fait-il qu'un si grand nombre d'hommes se trouvent affranchis pour un temps, et quelques-uns pour toute leur vie, par des salaires fixes, des rentes, des traitements, des pensions de retraite, de cette part d'*éventualité* qui semble être l'essence même de notre nature ?

La cause efficiente, le moteur de cette belle évolution du genre humain, c'est la tendance de tous les hommes vers le bien-être, dont la Fixité est une partie si essentielle. Le moyen c'est le *traité à forfait* pour les chances appréciables, ou l'abandon graduel de cette forme primitive de l'association qui consiste à attacher irrévocablement tous les associés à toutes les chances de l'entreprise, — en d'autres termes, le perfectionnement de l'association. Il est au moins singulier que les grands réformateurs modernes nous montrent l'association comme brisée juste par l'élément qui la perfectionne.

Pour que certains hommes consentent à assumer sur eux-mêmes, à forfait, des risques qui incombent naturel-

lement à d'autres, il faut qu'un certain genre de connaissances, que j'ai appelé *statistique expérimentale,* ait fait
quelque progrès ; car il faut bien que l'expérience mette
à même d'apprécier, au moins approximativement, ces risques, et par conséquent la *valeur du service* qu'on rend
à celui qu'on en affranchit. C'est pourquoi les transactions
et les associations des peuples grossiers et ignorants n'admettent pas de clauses de cette nature, et, dès lors, ainsi
que je le disais, l'aléatoire exerce sur eux tout son empire.
Qu'un sauvage, déjà vieux, ayant quelque approvisionnement en gibier, prenne un jeune chasseur à son service, il
ne lui donnera pas un salaire fixe, mais une part dans les
prises. Comment, en effet, l'un et l'autre pourraient-ils sta-
tuer du connu sur l'inconnu ? Les enseignements du passé
n'existent pas pour eux au degré nécessaire pour permettre
d'assurer l'avenir d'avance.

Dans les temps d'inexpérience et de barbarie, sans doute
les hommes *socient, s'associent,* puisque, nous l'avons démontré, ils ne peuvent pas vivre sans cela ; mais l'association ne
peut prendre chez eux que cette forme primitive, élémen-
taire, que les socialistes nous donnent comme la loi et le
salut de l'avenir.

Plus tard, quand deux hommes ont longtemps travaillé
ensemble à chances communes, il arrive un moment où le
risque pouvant être apprécié, l'un d'eux l'assume tout entier
sur lui-même, moyennant une rétribution convenue.

Cet arrangement est certainement un progrès. Pour en
être convaincu, il suffit de savoir qu'il se fait librement, du
consentement des deux parties, ce qui n'arriverait pas s'il ne
les accommodait toutes deux. Mais il est aisé de comprendre en quoi il est avantageux. L'une y gagne, en prenant
tous les risques de l'entreprise, d'en avoir le gouvernement
exclusif ; l'autre, d'arriver à cette fixité de position si précieuse aux hommes. Et quant à la société, en général, elle

ne peut que se bien trouver de ce qu'une entreprise, autrefois tiraillée par deux intelligences et deux volontés, va désormais être soumise à l'unité de vues et d'action.

Mais, parce, que l'association est modifiée, peut-on dire qu'elle est dissoute, alors que le concours de deux hommes persiste et qu'il n'y a de changé que le mode selon lequel le produit se partage? Peut-on dire surtout qu'elle s'est dépravée, alors que la novation est librement consentie et satisfait tout le monde?.

Pour réaliser de nouveaux moyens de satisfaction, il faut presque toujours, je pourrais dire toujours, le concours d'un travail antérieur et d'un travail actuel. D'abord, en s'unissant dans une œuvre commune, le Capital et le Travail sont forcés de se soumettre, chacun pour sa part, aux risques de l'entreprise. Cela dure jusqu'à ce que ces riques puissent être expérimentalement appréciés. Alors deux tendances aussi naturelles l'une que l'autre au cœur humain se manifestent; je veux parler des tendances à l'*unité de direction* et à la *fixité de situation*. Rien de plus simple que d'entendre le Capital dire au Travail : « L'expérience nous « apprend que ton profit éventuel constitue pour toi une « rétribution moyenne de tant. Si tu veux, je t'assurerai ce « quantum et dirigerai l'opération, dont m'appartiendront « les chances bonnes ou mauvaises. »

Il est possible que le Travail réponde : « Cette proposi- « tion m'arrange. Tantôt, dans une année, je ne gagne que « 300 fr.; une autre fois, j'en gagne 900. Ces fluctuations « m'importunent; elles m'empêchent de régler uniformé- « ment mes dépenses et celles de ma famille. C'est un avan- « tage pour moi de me soustraire à cet imprévu perpétuel « et de recevoir une rétribution fixe de 600 fr. »

Sur cette réponse, les termes du contrat sont changés. On continuera bien d'*unir ses efforts*, d'en *partager les produits*, et par conséquent l'association ne sera pas dissoute; mais elle sera modifiée, en ce sens que l'une des parties, le Capital, prendra la charge de tous les risques et la compensation de tous les profits extraordinaires; tandis que l'autre partie, le Travail, s'assurera les avantages de la fixité. Telle est l'origine du Salaire.

La convention peut s'établir en sens inverse. Souvent, c'est l'entrepreneur qui dit au capitaliste : « Nous avons tra-« vaillé à chances communes. Maintenant que ces chances « nous sont plus connues, je te propose d'en traiter à for-« fait. Tu as 20,000 fr. dans l'entreprise, pour lesquels tu as « reçu une année 500 fr., une autre 1,500 fr. Si tu y con-« sens, je te donnerai 1,000 par an, ou 5 pour 100, et je te « dégagerai de tout risque, à condition que je gouvernerai « l'œuvre comme je l'entendrai. »

Probablement, le capitaliste répondra : « Puisqu'à travers « de grands et fâcheux écarts, je ne reçois pas, en moyenne, « plus de 1,000 fr. par an, j'aime mieux que cette somme me « soit régulièrement assurée. Ainsi je resterai dans l'asso-« ciation par mon capital, mais affranchi de toutes chances. « Mon activité, mon intelligence peuvent désormais, avec « plus de liberté, se livrer à d'autres soins. »

Au point de vue social, comme au point de vue individuel, c'est un avantage.

On le voit, il est au fond de l'humanité une aspiration vers un état stable, il se fait en elle un travail incessant pour restreindre et circonscrire de toute part l'aléatoire. Quand deux personnes participent à un risque commun, ce risque existant par lui-même ne peut être anéanti, mais il y a tendance à ce qu'une de ces deux personnes s'en charge à forfait. Si le capital le prend pour son compte, c'est le travail dont la rémunération se fixe sous le nom de *salaire*. Si le travail veut assumer les chances bonnes et mauvaises, alors c'est la rémunération du capital qui se dégage et se fixe sous le nom d'*intérêt*.

Et comme les capitaux ne sont autre chose que des services humains, on peut dire que *capital* et *travail* sont deux mots qui, au fond, expriment une idée commune; par conséquent, il en est de même des mots *intérêt* et *salaire*. Là donc où la fausse science ne manque jamais de trouver des oppositions, la vraie science arrive toujours à l'identité.

Ainsi, considéré dans son origine, sa nature et sa forme, le *salaire* n'a en lui-même rien de dégradant, rien d'humiliant, pas plus que l'*intérêt*. L'un et l'autre sont la part revenant au travail actuel et au travail antérieur dans les résultats d'une entreprise commune. Seulement il arrive presque toujours, à la longue, que les deux associés traitent à forfait pour une de ces parts. Si c'est le travail actuel qui aspire à une rémunération uniforme, il cède sa part aléatoire contre un *salaire*. Si c'est le travail antérieur, il cède sa part éventuelle contre un *intérêt*.

Pour moi, je suis convaincu que cette stipulation nouvelle, intervenue postérieurement à l'association primitive, loin d'en être la dissolution, en est le perfectionnement. Je n'ai aucun doute à cet égard quand je considère qu'elle naît d'un besoin très-senti, d'un penchant naturel à tous les hommes vers la stabilité, et que, de plus, elle satisfait toutes les parties sans blesser, bien au contraire, en servant l'intérêt général.

Les réformateurs modernes qui, sous prétexte d'avoir inventé l'association, voudraient nous ramener à ses formes rudimentaires, devraient bien nous dire en quoi les *traités à forfait* blessent le droit ou l'équité; comment ils nuisent au progrès, et en vertu de quel principe ils prétendent les interdire. Ils devraient aussi nous dire comment, si de telles stipulations sont empreintes de barbarie, ils en concilient l'intervention constante et progressive avec ce qu'ils proclament de la perfectibilité humaine.

A mes yeux, ces stipulations sont une des plus merveilleuses manifestations comme un des plus puissants ressorts du progrès. Elles sont à la fois le couronnement, la récompense d'une civilisation fort ancienne dans le passé, et le point de départ d'une civilisation illimitée dans l'avenir. Si la société s'en fût tenue à cette forme primitive de l'association qui attache aux risques de l'entreprise tous les intéressés, les quatre-vingt-dix-neuf centièmes des transactions humaines n'auraient pu s'accomplir. Celui qui aujourd'hui participe à vingt entreprises aurait été enchaîné pour toujours à une seule. L'unité de vues et de volonté aurait fait défaut à toutes les opérations. Enfin, l'homme n'eût jamais goûté ce bien si précieux qui peut être la source du génie, — la stabilité.

C'est donc d'une tendance naturelle et indestructible qu'est né le *salariat*. Remarquons toutefois qu'il ne satisfait qu'imparfaitement à l'apiration des hommes. Il rend plus uniforme, plus égale, plus rapprochée d'une moyenne la rémunération des ouvriers; mais il est une chose qu'il ne peut pas faire, pas plus que n'y parviendrait d'ailleurs l'association des risques, c'est de leur assurer le travail.

Et ici je ne puis m'empêcher de faire remarquer combien est puissant le sentiment que j'invoque dans tout le cours de cet article, et dont les modernes réformateurs ne semblent pas soupçonner l'existence : je veux parler de l'aversion pour l'incertitude. C'est précisément ce sentiment qui a rendu si facile aux déclamateurs socialistes la tâche de faire prendre aux ouvriers le salaire en haine.

On peut concevoir trois degrés dans la condition de l'ouvrier : la prédominance de l'aléatoire; la prédominance de la stabilité; un état intermédiaire, d'où l'aléatoire, en partie exclu, ne laisse pas encore à la stabilité une place suffisante.

Ce que les ouvriers n'ont pas compris, c'est que l'association, telle que les socialistes la leur prêchent, c'est l'enfance de la société, la période des tâtonnements, l'époque des brusques écarts, des alternatives de pléthore et de marasme, en un mot, le règne absolu de l'aléatoire. Le salariat, au contraire, est ce degré intermédiaire qui sépare l'aléatoire de la stabilité.

Or les ouvriers ne se sentant pas encore, à beaucoup près, dans la stabilité, mettaient, comme tous les hommes soumis à un malaise, leurs espérances dans un changement quelconque de position. C'est pourquoi il a été très-facile au socialisme de leur en imposer avec le grand mot d'*association*. Les ouvriers se croyaient poussés en avant, quand, en réalité, ils étaient refoulés en arrière.

Oui, les malheureux étaient refoulés vers les premiers tâtonnements de l'évolution sociale : car l'association telle qu'on la leur prêchait, qu'est-ce autre chose que l'enchaînement de tous à tous les risques ? — Combinaison fatale dans les temps d'ignorance absolue, puisque le traité à forfait suppose au moins un commencement de statistique expérimentale. — Qu'est-ce autre chose que la restauration pure et simple du règne de l'aléatoire ?

Aussi les ouvriers qui s'étaient enthousiasmés pour l'association, tant qu'ils ne l'avaient aperçue qu'à l'état théorique, se sont-ils ravisés dès que la révolution de Février a paru rendre la pratique possible.

A ce moment, beaucoup de patrons, soit qu'ils fussent sous l'influence de l'engouement universel, soit qu'ils cédassent à la peur, offrirent de substituer au salaire le compte en participation. Mais les ouvriers reculèrent devant cette solidarité des risques. Ils comprirent que ce qu'on leur offrait, pour le cas où l'entreprise serait en perte, c'était l'absence de toute rémunération sous une forme quelconque, c'était la mort.

On vit alors une chose qui ne serait pas honorable pour la classe ouvrière de notre pays, si le blâme ne devait pas être reporté aux prétendus réformateurs, en qui malheureusement elle avait mis sa confiance. On vit la classe ouvrière réclamer une association bâtarde où le salaire serait maintenu, et selon laquelle la participation aux profits n'entraînerait nullement la participation aux pertes.

Il est fort douteux que jamais les ouvriers eussent songé d'eux-mêmes à mettre en avant de telles prétentions. Il y a dans la nature humaine un fonds de bon sens et de justice qui répugne à l'iniquité évidente. Pour dépraver le cœur de l'homme, il faut commencer par fausser son esprit.

C'est ce que n'avaient pas manqué de faire les chefs de l'École socialiste, et, à ce point de vue, je me suis souvent demandé s'ils n'avaient pas des intentions perverses. L'intention est un asile que je suis toujours disposé à respecter; cependant il est bien difficile d'exonérer complétement, en cette circonstance, celle des chefs socialistes.

Après avoir, par les déclamations aussi injustes que persévérantes dont leurs livres abondent, irrité contre les patrons la classe ouvrière; après lui avoir persuadé qu'il s'agissait d'une guerre, et qu'en temps de guerre tout est permis contre l'ennemi; ils ont, pour le faire passer, enveloppé l'ultimatum des ouvriers dans des subtilités scientifiques et même dans les nuages du mysticisme. Ils ont imaginé un être abstrait, la Société, devant à chacun de ses membres un *minimum*, c'est-à-dire des moyens d'existence assurés. « Vous avez donc le droit, ont-ils dit aux ouvriers, de réclamer un salaire fixe. » Par là ils ont commencé à satisfaire le penchant naturel des hommes vers la stabilité. Ensuite ils ont enseigné qu'indépendamment du salaire, l'ouvrier devait avoir une part dans les bénéfices; et quand on leur a demandé s'il devait aussi supporter une part des pertes, ils ont répondu qu'au moyen de l'intervention de l'État et grâce à la garantie du contribuable, ils avaient imaginé un système d'industrie universelle à l'abri de toute

perte. C'était le moyen de lever les derniers scrupules des
malheureux ouvriers, qu'on vit, ainsi que je l'ai dit, à la
révolution de Février, très-disposés à stipuler en leur faveur
ces trois clauses :

1° Continuation du salaire;

2° Participation aux profits,

3° Affranchissement de toute participation aux pertes.

On dira peut-être que cette stipulation n'est ni si injuste
ni si impossible qu'elle le paraît, puisqu'elle s'est introduite
et maintenue dans beaucoup d'entreprises de journaux,
de chemins de fer, etc.

Je réponds qu'il y a quelque chose de véritablement puéril à se duper soi-même, en donnant de très-grands noms
à de très-petites choses. Avec un peu de bonne foi, on conviendra sans doute que cette répartition des profits, que
quelques entreprises font aux ouvriers salariés, ne constitue
pas l'association, n'en mérite pas le titre, et n'est pas une
grande révolution survenue dans les rapports de deux
classes sociales. C'est une gratification ingénieuse, un encouragement utile donné aux salariés, sous une forme qui
n'est pas précisément nouvelle, bien qu'on veuille la faire
passer pour une adhésion au socialisme. Les patrons qui,
adoptant cet usage, consacrent un dixième, un vingtième,
un centième de leurs profits, quand ils en ont, à cette lar-
gesse, peuvent en faire grand bruit et se proclamer les
généreux rénovateurs de l'ordre social ; mais cela ne vaut
réellement pas la peine de nous occuper. — Et je reviens à
mon sujet.

Le Salariat fut donc un progrès. D'abord le travail antérieur et le travail actuel s'associèrent, à risques communs,
pour des entreprises communes dont le cercle, sous une telle
formule, dut être bien restreint. Si la Société n'avait pas
trouvé d'autres combinaisons, jamais œuvre importante ne
se fût exécutée dans le monde. L'humanité en serait restée

à la chasse, à la pêche et à quelques ébauches d'agriculture.

Plus tard, obéissant à un double sentiment, celui qui nous fait aimer et rechercher la stabilité, celui qui nous porte à vouloir diriger les opérations dont nous courons les chances, les deux associés, sans rompre l'association, traitèrent à forfait du risque commun. Il fut convenu que l'une des parties donnerait à l'autre une rémunération fixe, et qu'elle assumerait sur elle-même tous les risques comme la direction de l'entreprise. Quand cette fixité échoit au travail antérieur, au capital, elle s'appelle *Intérêt* ; quand elle échoit au travail actuel, elle se nomme *Salaire*.

Mais, ainsi que je l'ai fait observer, le salaire n'atteint qu'imparfaitement le but de constituer, pour une certaine classe d'hommes, un état de stabilité ou de sécurité relativement aux moyens d'existence. C'est un degré, c'est un pas très-prononcé, très-difficile, qu'à l'origine on aurait pu croire impossible, vers la réalisation de ce bienfait ; mais ce n'est pas son entière réalisation.

Il n'est peut-être pas inutile de le dire en passant, la fixité des situations, la stabilité ressemble à tous les grands résultats que l'humanité poursuit. Elle en approche toujours, elle ne les atteindra jamais. Par cela seul que la stabilité est un bien, nous ferons toujours des efforts pour étendre de plus en plus parmi nous son empire ; mais il n'est pas dans notre nature d'en avoir jamais la possession complète. On peut même aller jusqu'à dire que cela n'est pas désirable, au moins pour l'homme tel qu'il est. En quelque genre que ce soit, le bien absolu serait la mort de tout désir, de tout effort, de toute combinaison, de toute pensée, de toute prévoyance, de toute vertu ; la perfection exclut la perfectibilité.

Les classes laborieuses s'étant donc élevées, par la suite des temps, et grâce au progrès de la civilisation, jusqu'au

Salariat, ne se sont pas arrêtées là dans leurs efforts pour réaliser la stabilité.

Sans doute le salaire arrive avec certitude à la fin d'un jour occupé ; mais quand les circonstances, les crises indus-trielles ou simplement les maladies ont forcé les bras de chômer, le salarié chôme aussi, et alors l'ouvrier devrait-il soumettre au chômage son alimentation, celle de sa femme, et de ses enfants.?.

Il n'y a qu'une ressource pour lui. C'est d'épargner, aux jours de travail, de quoi satisfaire aux besoins des jours de vieillesse et de maladie.

Mais qui peut d'avance, eu égard à l'individu, mesurer comparativement la période qui doit aider et celle qui doit être aidée ?

Ce qui ne se peut pour l'individu devient plus praticable pour les masses, en vertu de la *loi des grands nombres.* Voilà pourquoi ce tribut, payé par les périodes de travail aux périodes de chômage, atteint son but avec beaucoup plus d'efficacité, de régularité, de certitude, quand il est centralisé par l'association que lorsqu'il est abandonné aux chances individuelles.

De là les *sociétés de secours mutuels,* institution admi-rable, née des entrailles de l'humanité longtemps avant le nom même de Socialisme. Il serait difficile de dire quel est l'inventeur de cette combinaison. Je crois que le véritable inventeur c'est le besoin, c'est cette aspiration des hommes vers la fixité, c'est cet instinct toujours inquiet, toujours agissant, qui nous porte à combler les lacunes que l'humanité rencontre dans sa marche vers la stabilité des conditions.

Toujours est-il que j'ai vu surgir spontanément des so-ciétés de secours mutuels, il y a plus de vingt-cinq ans, parmi les ouvriers et les artisans les plus dénués, dans les villages les plus pauvres du département des Landes.

Le but de ces sociétés est évidemment un nivellement gé-

néral de satisfaction, une répartition sur toutes les époques
de la vie des salaires gagnés dans les bons jours. Dans toutes les localités où elles existent, elles ont fait un bien immense. Les associés s'y sentent soutenus par le sentiment
de la sécurité, un des plus précieux et des plus consolants
qui puisse accompagner l'homme dans son pèlerinage ici-
bas. De plus, ils sentent tous leur dépendance réciproque,
l'utilité dont ils sont les uns pour les autres ; ils comprennent à quel point le bien et le mal de chaque individu ou
de chaque profession deviennent le bien et le mal communs ;
ils se rallient autour de quelques cérémonies religieuses
prévues par leurs statuts ; enfin ils sont appelés à exercer
les uns sur les autres cette surveillance vigilante, si propre
à inspirer le respect de soi-même en même temps que le
sentiment de la dignité humaine, ce premier et difficile
échelon de toute civilisation.

Ce qui a fait jusqu'ici le succès de ces sociétés, — succès
lent à la vérité comme tout ce qui concerne les masses, —
c'est la liberté, et cela s'explique.

Leur écueil naturel est dans le déplacement de la Responsabilité. Ce n'est jamais sans créer pour l'avenir de
grands dangers et de grandes difficultés qu'on soustrait l'individu aux conséquences de ses propres actes [1]. Le jour
où tous les citoyens diraient : « Nous nous cotisons pour
« venir en aide à ceux qui ne peuvent travailler ou ne
« trouvent pas d'ouvrage, » il serait à craindre qu'on ne vît
se développer, à un point dangereux, le penchant naturel
de l'homme vers l'inertie, et que bientôt les laborieux ne
fussent réduits à être les dupes des paresseux. Les secours
mutuels impliquent donc une mutuelle surveillance, sans
laquelle le fonds des secours serait bientôt épuisé. Cette
surveillance réciproque, qui est pour l'association une ga-

---

[1] Voir ci-après le chapitre *Responsabilité.*

rantie d'existence, pour chaque associé une certitude qu'il ne joue pas le rôle de dupe, fait en outre la vraie moralité de l'institution. Grâce à elle, on voit disparaître peu à peu l'ivrognerie et la débauche, car quel droit aurait au secours de la caisse commune un homme à qui l'on pourrait prouver qu'il s'est volontairement attiré la maladie et le chômage, par sa faute et par suite d'habitudes vicieuses ? C'est cette surveillance qui rétablit la Responsabilité, dont l'association, par elle-même, tendait à affaiblir le ressort.

Or, pour que cette surveillance ait lieu et porte ses fruits, il faut que les sociétés de secours soient libres, circonscrites, maîtresses de leurs statuts comme de leurs fonds. Il faut qu'elles puissent faire plier leurs règlements aux exigences de chaque localité.

Supposez que le gouvernement intervienne. Il est aisé de deviner le rôle qu'il s'attribuera. Son premier soin sera de s'emparer de toutes ces caisses sous prétexte de les centraliser ; et, pour colorer cette entreprise, il promettra de les grossir avec des ressources prises sur le contribuable [1]. « Car, dira-t-il, n'est-il pas bien naturel et bien juste que « l'État contribue à une œuvre si grande, si généreuse, si « philanthropique, si humanitaire ? » Première injustice : faire entrer de force dans la société, et par le côté des cotisations, des citoyens qui ne doivent pas concourir aux répartitions de secours. Ensuite, sous prétexte d'unité, de solidarité (que sais-je ?), il s'avisera de fondre toutes les associations en une seule soumise à un règlement uniforme.

Mais, je le demande, que sera devenue la moralité de l'institution quand sa caisse sera alimentée par l'impôt ; quand nul, si ce n'est quelque bureaucrate, n'aura intérêt à défendre le fonds commun ; quand chacun, au lieu de se

---

[1] Voir, au tome IV, le pamphlet *la Loi*, et notamment page 360 et suiv.

(*Note de l'éditeur.*)

faire un devoir de prévenir les abus, se fera un plaisir de les favoriser; quand aura cessé toute surveillance mutuelle, et que feindre une maladie ce ne sera autre chose que jouer un bon tour au gouvernement? Le gouvernement, il faut lui rendre cette justice, est enclin à se défendre; mais ne pouvant plus compter sur l'action privée, il faudra bien qu'il y substitue l'action officielle. Il nommera des vérificateurs, des contrôleurs, des inspecteurs. On verra des formalités sans nombre s'interposer entre le besoin et le secours. Bref, une admirable institution sera, dès sa naissance, transformée en une branche de police.

L'État n'apercevra d'abord que l'avantage d'augmenter la tourbe de ses créatures, de multiplier le nombre des places à donner, d'étendre son patronage et son influence électorale. Il ne remarquera pas qu'en s'arrogeant une nouvelle attribution, il vient d'assumer sur lui une responsabilité nouvelle, et, j'ose le dire, une responsabilité effrayante. Car bientôt qu'arrivera-t-il? Les ouvriers ne verront plus dans la caisse commune une propriété qu'ils administrent, qu'ils alimentent, et dont les limites bornent leurs droits. Peu à peu, ils s'accoutumeront à regarder le secours en cas de maladie ou de chômage, non comme provenant d'un fonds limité préparé par leur propre prévoyance, mais comme une dette de la Société. Ils n'admettront pas pour elle l'impossibilité de payer, et ne seront jamais contents des répartitions. L'État se verra contraint de demander sans cesse des subventions au budget. Là, rencontrant l'opposition des commissions de finances, il se trouvera engagé dans des difficultés inextricables. Les abus iront toujours croissant, et on en reculera le redressement d'année en année, comme c'est l'usage, jusqu'à ce que vienne le jour d'une explosion. Mais alors on s'apercevra qu'on est réduit à compter avec une population qui ne sait plus agir par elle-même, qui attend tout d'un ministre ou d'un préfet, ·

même la subsistance, et dont les idées sont perverties au point d'avoir perdu jusqu'à la notion du Droit, de la Propriété, de la Liberté et de la Justice.

Telles sont quelques-unes des raisons qui m'ont alarmé, je l'avoue, quand j'ai vu qu'une commission de l'assemblée législative était chargée de préparer un projet de loi sur les sociétés de secours mutuels. J'ai cru que l'heure de la destruction avait sonné pour elles, et je m'en affligeais d'autant plus qu'à mes yeux un grand avenir les attend, pourvu qu'on leur conserve l'air fortifiant de la liberté. Eh quoi! est-il donc si difficile de laisser les hommes essayer, tâtonner, choisir, se tromper, se rectifier, apprendre, se concerter, gouverner leurs propriétés et leurs intérêts, agir pour eux-mêmes, à leurs périls et risques, sous leur propre responsabilité; et ne voit-on pas que c'est ce qui les fait hommes? Partira-t-on toujours de cette fatale hypothèse, que tous les gouvernants sont des tuteurs et tous les gouvernés des pupilles?

Je dis que, laissées aux soins et à la vigilance des intéressés, les sociétés de secours mutuels ont devant elles un grand avenir, et je n'en veux pour preuve que ce qui se passe de l'autre côté de la Manche.

« En Angleterre la prévoyance individuelle n'a pas attendu l'impulsion du gouvernement pour organiser une assistance puissante et réciproque entre les deux classes laborieuses. Depuis longtemps, il s'est fondé dans les principales villes de la Grande-Bretagne des associations *libres*, s'administrant elles-mêmes, etc...

« Le nombre total de ces associations, pour les trois royaumes, s'élève à 33,223, qui ne comprennent pas moins de trois millions cinquante-deux mille individus. C'est la moitié de la population adulte de la Grande-Bretagne...

« Cette grande confédération des classes laborieuses, cette institution de fraternité effective et pratique, repose

« sur les bases les plus solides. Leur revenu est de 125 mil-
« lions, et leur capital accumulé atteint 280 millions.

« C'est dans ce fonds que puisent tous les besoins quand
« le travail diminue ou s'arrête. On s'est étonné quelque-
« fois de voir l'Angleterre résister au contre-coup des im-
« menses et profondes perturbations qu'éprouve de temps
« en temps et presque périodiquement sa gigantesque in-
« dustrie. L'explication de ce phénomène est, en grande
« partie, dans le fait que nous signalons.

« M. Roebuck [1] voulait qu'à cause de la grandeur de la
« question, le gouvernement *fît acte d'initiative et de tutelle*
« en prenant lui-même cette question en main... Le chan-
« celier de l'Échiquier s'y est refusé.

« Là où les intérêts individuels suffisent à se gouverner
« librement eux-mêmes, le pouvoir, en Angleterre, juge
« inutile de faire intervenir son action. Il veille de haut à
« ce que tout se passe régulièrement ; mais il laisse à cha-
« cun le mérite de ses efforts et le soin d'administrer sa pro-
« pre chose, selon ses vues et ses convenances. C'est à cette
« indépendance des citoyens que l'Angleterre doit certai-
« nement une partie de sa grandeur comme nation [2]. »

L'auteur aurait pu ajouter : C'est encore à cette indépendance que les citoyens doivent leur expérience et leur
valeur personnelle. C'est à cette indépendance que le gouvernement doit son irresponsabilité relative, et par suite sa
stabilité.

Parmi les institutions qui peuvent naître des *sociétés de
secours mutuels*, quand celles-ci auront accompli l'évolu-

---

[1] Il est à remarquer que M. Roebuck est, à la Chambre des communes,
un député de *l'extrême gauche*. A ce titre, il est l'adversaire né de tous
les gouvernements imaginables ; et en même temps il pousse à l'absorption de tous les droits, de toutes les facultés par le gouvernement. Le
proverbe est donc faux qui dit que *les montagnes ne se rencontrent
pas*.

[2] Extrait de *la Presse* du 22 juin 1850.

tion qu'elles commencent à peine, je mets au premier rang, à cause de son importance sociale, la *caisse de retraite* des travailleurs.

Il y a des personnes qui traitent une telle institution de chimère. Ces personnes, sans doute, ont la prétention de savoir où sont, en fait de Stabilité, les bornes qu'il n'est pas permis à l'Humanité de franchir. Je leur adresserai ces simples questions : Si elles n'avaient jamais connu que l'état social des peuplades qui vivent de chasse ou de pêche, auraient-elles pu prévoir, je ne dis pas les revenus fonciers, les rentes sur l'État, les traitements fixes, mais même le Salariat, ce premier degré de fixité dans la condition des classes les plus pauvres? Et plus tard, si elles n'avaient jamais vu que le salariat, tel qu'il existe dans les pays où ne s'est pas encore montré l'esprit d'association, auraient-elles osé prédire les destinées réservées aux *sociétés de secours mutuels*, telles que nous venons de les voir fonctionner en Angleterre? Ou bien ont-elles quelque bonne raison de croire qu'il était plus facile aux classes laborieuses de s'élever d'abord au salariat, puis aux sociétés de secours, que de parvenir aux caisses de retraite? Ce troisième pas serait-il plus infranchissable que les deux autres?

Pour moi, je vois que l'Humanité a soif de stabilité; je vois que, de siècle en siècle, elle ajoute à ses conquêtes incomplètes, au profit d'une classe ou d'une autre, par des procédés merveilleux, qui semblent bien au-dessus de toute invention individuelle, et je n'oserais certes pas dire où elle s'arrêtera dans cette voie.

Ce qu'il y a de positif, c'est que la *Caisse de retraite* est l'aspiration universelle, unanime, énergique, ardente de tous les ouvriers; et c'est bien naturel.

Je les ai souvent interrogés, et j'ai toujours reconnu que la grande douleur de leur vie ce n'est ni le poids du travail, ni la modicité du salaire, ni même le sentiment d'irritation que pourrait provoquer dans leur âme le spectacle de l'inégalité. Non ; ce qui les affecte, ce qui les décourage, ce qui les déchire, ce qui les crucifie, c'est l'incertitude de l'avenir. A quelque profession que nous appartenions, que nous soyons fonctionnaires, rentiers, propriétaires, négociants, médecins, avocats, militaires, magistrats, nous jouissons, sans nous en apercevoir, par conséquent sans en être reconnaissants, des progrès réalisés par la Société, au point de ne plus comprendre, pour ainsi dire, cette torture de l'incertitude. Mais mettons-nous à la place d'un ouvrier, d'un artisan que hante tous les matins, à son réveil, cette pensée :

« Je suis jeune et robuste ; je travaille, et même il me semble que j'ai moins de loisirs, que je répands plus de sueurs que la plupart de mes semblables. Cependant c'est à peine si je puis arriver à pourvoir à mes besoins, à ceux de ma femme et de mes enfants. Mais que deviendrai-je, que deviendront-ils, quand l'âge ou la maladie auront énervé mes bras? Il me faudrait un empire sur moi-même, une force, une prudence surhumaines pour épargner sur mon salaire de quoi faire face à ces jours de malheur. Encore, contre la maladie, j'ai la chance de jouer de bonheur; et puis il y a des sociétés de secours mutuels. Mais la vieillesse n'est pas une éventualité ; elle arrivera fatalement. Tous les jours je sens son approche, elle va m'atteindre; et alors, après une vie de probité et de labeur, quelle est la perspective que j'ai devant les yeux? L'hospice, la prison ou le grabat pour moi ; pour ma femme, la mendicité; pour ma fille, pis encore. Oh! que n'existe-t-il quelque institution sociale qui me ravisse, même de force, pendant ma jeunesse, de quoi assurer du pain à mes vieux jours! »

Il faut bien nous dire que cette pensée, que je viens d'exprimer faiblement, tourmente, au moment où j'écris, et tous les jours, et toutes les nuits, et à toute heure, l'ima-

gination épouvantée d'un nombre immense de nos frères. —
Et quand un problème se pose dans de telles conditions devant l'humanité, soyons-en bien assurés, c'est qu'il n'est
pas insoluble.

Si, dans leurs efforts pour donner plus de stabilité à leur
avenir, les ouvriers ont semé l'alarme parmi les autres classes de la société, c'est qu'ils ont donné à ces efforts une
direction fausse, injuste, dangereuse. Leur première pensée, — c'est l'usage en France, — a été de faire irruption
sur la fortune publique; de fonder la caisse des retraites
sur le produit des contributions ; de faire intervenir l'État
ou la Loi, c'est-à-dire d'avoir tous les profits de la spoliation
sans en avoir ni les dangers ni la honte.

Ce n'est pas de ce côté de l'horizon social que peut venir
l'institution tant désirée par les ouvriers. La caisse de retraite, pour être utile, solide, louable, pour que son origine
soit en harmonie avec sa fin, doit être le fruit de leurs efforts,
de leur énergie, de leur sagacité, de leur expérience, de leur
prévoyance. Elle doit être alimentée par leurs sacrifices;
elle doit croître arrosée de leurs sueurs. Ils n'ont rien à demander au gouvernement, si ce n'est liberté d'action et répression de toute fraude.

Mais le temps est-il arrivé où la fondation d'une caisse
de retraite pour les travailleurs est possible ? Je n'oserais
l'affirmer ; j'avoue même que je ne le crois pas. Pour qu'une
institution qui réalise un nouveau degré de stabilité en faveur d'une classe puisse s'établir, il faut qu'un certain progrès, qu'un certain degré de civilisation se soit réalisé dans
le milieu social où cette institution aspire à la vie. Il faut
qu'une atmosphère vitale lui soit préparée. Si je ne me
trompe, c'est aux *sociétés de secours mutuels*, par les ressources matérielles qu'elles créeront, par l'esprit d'association, l'expérience, la prévoyance, le sentiment de la dignité
qu'elles feront pénétrer dans les classes laborieuses, c'est,

dis-je, aux sociétés de secours qu'il est réservé d'enfanter les caisses de retraite.

Car voyez ce qui se passe en Angleterre, et vous resterez convaincu que tout se lie, et qu'un progrès, pour être réalisable, veut être précédé d'un autre progrès.

En Angleterre, tous les adultes que cela intéresse sont successivement arrivés, sans contrainte, aux *sociétés de secours*, et c'est là un point très-important quand il s'agit d'opérations qui ne présentent quelque justesse que sur une grande échelle, en vertu de la loi des grands nombres.

Ces sociétés ont des capitaux immenses, et recueillent en outre tous les ans des revenus considérables.

Il est permis de croire, ou il faudrait nier la civilisation, que l'emploi de ces prodigieuses sommes à titre de secours se restreindra proportionnellement de plus en plus.

La salubrité est un des bienfaits que la civilisation développe. L'hygiène, l'art de guérir font quelque progrès; les machines prennent à leur charge la partie la plus pénible du travail humain; la longévité s'accroît. Sous tous ces rapports, les charges des associations de secours tendent à diminuer.

Ce qui est plus décisif et plus infaillible encore, c'est la disparition des grandes crises industrielles en Angleterre. Elles ont eu pour cause tantôt ces engouements subits, qui de temps en temps saisissent les Anglais, pour des entreprises plus que hasardées et qui entraînent une dissipation immense de capitaux; tantôt les écarts de prix qu'avaient à subir les moyens de subsistance, sous l'action du régime restrictif : car il est bien clair que, quand le pain et la viande sont fort chers, toutes les ressources du peuple sont employées à s'en procurer; les autres consommations sont délaissées, et le chômage des fabriques devient inévitable.

La première de ces causes, on la voit succomber aujourd'hui sous les leçons de la discussion publique, sous les leçons plus rudes de l'expérience; et l'on peut déjà prévoir que cette nation, qui se jetait naguère dans les emprunts américains, dans les mines du Mexique, dans les entreprises de chemins de fer avec une si moutonnière crédulité, sera beaucoup moins dupe que d'autres des illusions californiennes.

Que dirai-je du Libre Échange, dont le triomphe est dû à Cobden [1], non à Robert Peel; car l'apôtre aurait toujours fait surgir un homme d'État, tandis que l'homme d'État ne pouvait se passer de l'apôtre? Voilà une puissance nouvelle dans le monde, et qui portera, j'espère, un rude coup à ce monstre qu'on nomme *chômage*. La restriction a pour tendance et pour effet (elle ne le nie pas) de placer plusieurs industries du pays, et par suite une partie de sa population, dans une situation précaire. Comme ces vagues amoncelées, qu'une force passagère tient momentanément au-dessus du niveau de la mer, aspirent incessamment à descendre, de même ces industries factices, environnées de toute part d'une concurrence victorieuse, menacent sans cesse de s'écrouler. Que faut-il pour déterminer leur chute? Une modification dans l'un des articles d'un des innombrables tarifs du monde. De là une crise. En outre, les variations de prix sur une denrée sont d'autant plus grandes que le cercle de la concurrence est plus étroit. Si l'on entourait de douanes un département, un arrondissement, une commune, on rendrait les fluctuations des prix considérables. La liberté agit sur le principe des assurances. Elle compense, pour les divers pays et pour les diverses années, les mauvaises récoltes par les bonnes. Elle maintient les prix rapprochés d'une moyenne ; elle est donc une force de nivellement et d'équilibre. Elle concourt à la stabilité; donc elle combat l'instabilité, cette grande source des crises et

---

[1] Voir tome III, pages 442 à 446.   (*Note de l'éditeur.*)

des chômages. Il n'y a aucune exagération à dire que la première partie de l'œuvre de Cobden affaiblira beaucoup les dangers qui ont fait naître, en Angleterre, les sociétés de secours mutuels.

Cobden a entrepris une autre tâche (et elle réussira, parce que la vérité bien servie triomphe toujours) qui n'exercera pas moins d'influence sur la fixité du sort des travailleurs. Je veux parler de l'abolition de la guerre, ou plutôt (ce qui revient au même) de l'infusion de l'esprit de paix dans l'opinion qui décide de la paix et de la guerre. La guerre est toujours la plus grande des perturbations que puisse subir un peuple dans son industrie, dans le courant de ses affaires, la direction de ses capitaux, même jusque dans ses goûts. Par conséquent, c'est une cause puissante de dérangement, de malaise, pour les classes qui peuvent le moins changer la direction de leur travail. Plus cette cause s'affaiblira, moins seront onéreuses les charges des sociétés de secours mutuels.

Et d'un autre côté, par la force du progrès, par le seul bénéfice du temps, leurs ressources deviendront de plus en plus abondantes. Le moment arriva donc où elles pourront entreprendre, sur l'instabilité inhérente aux choses humaines, une nouvelle et décisive conquête, en se transformant, en s'instituant caisses de retraite ; et c'est ce qu'elles feront sans doute, puisque c'est là l'aspiration ardente et universelle des travailleurs.

Il est à remarquer qu'en même temps que les circonstances matérielles préparent cette création, les circonstances morales y sont aussi inclinées par l'influence même des sociétés de secours. Ces sociétés développent chez les ouvriers des habitudes, des qualités, des vertus dont la possession et la diffusion sont, pour les caisses de retraite, comme un préliminaire indispensable. Qu'on y regarde de près, on se convaincra que l'avénement de cette institution suppose une civilisation très-avancée. Il en doit être à la fois l'effet et la récompense. Comment serait-il possible, si les hommes n'avaient pas l'habitude de se voir, de se concerter, d'administrer des intérêts communs ; ou bien s'ils étaient livrés à des vices qui les rendraient vieux avant l'âge ; ou encore s'ils en étaient à penser que tout est permis contre le public et qu'un intérêt collectif est légitimement le point de mire de toutes les fraudes ?

Pour que l'établissement des caisses de retraite ne soit pas un sujet de trouble et de discorde, il faut que les travailleurs comprennent bien qu'ils ne doivent en appeler qu'à eux-mêmes, que le fonds collectif doit être volontairement formé par ceux qui ont chance d'y prendre part ; qu'il est souverainement injuste et antisocial d'y faire concourir par l'impôt, c'est-à-dire par la force, les classes qui restent étrangères à la répartition. Or nous n'en sommes pas là, de beaucoup s'en faut, et les fréquentes invocations à l'Etat ne montrent que trop quelles sont les espérances et les prétentions des travailleurs. Ils pensent que leur caisse de retraite doit être alimentée par des subventions de l'Etat, comme l'est celle des fonctionnaires. C'est ainsi qu'un abus en provoque toujours un autre.

Mais si les caisses de retraite doivent être entretenues exclusivement par ceux qu'elles intéressent, ne peut-on pas dire qu'elles existent déjà, puisque les compagnies d'assurances sur la vie présentent des combinaisons qui permettent à tout ouvrier de faire profiter l'avenir de tous les sacrifices du présent ?

Je me suis longuement étendu sur les *sociétés de secours* et les *caisses de retraite,* encore que ces institutions ne se lient qu'indirectement au sujet de ce chapitre. J'ai cédé au désir de montrer l'Humanité marchant graduellement à la conquête de la stabilité, ou plutôt (car stabilité implique quelque chose de stationnaire) sortant victorieuse de sa lutte contre l'*aléatoire* ; l'aléatoire, cette menace incessante qui suffit à elle seule pour troubler toutes les jouissances de la vie ; cette épée de Damoclès, qui semblait si inévitablement suspendue sur les destinées humaines. Que cette menace puisse être progressivement et indéfiniment écartée, par la réduction à une moyenne des chances de tous les temps, de tous les lieux et de tous les hommes, c'est certainement une des plus admirables harmonies sociales qui puissent s'offrir à la contemplation de l'économiste philosophe.

Et il ne faut pas croire que cette victoire dépende de deux institutions plus ou moins contingentes. Non ; l'expérience les montrerait impraticables, que l'Humanité n'en trouverait pas moins sa voie vers la fixité. Il suffit que l'incertitude soit un mal pour être assuré qu'il sera incessamment et, tôt ou tard, efficacement combattu, car telle est la loi de notre nature.

Si, comme nous l'avons vu, le salariat a été, au point de vue de la stabilité, une forme plus avancée de l'association entre le capital et le travail, il laisse encore une trop grande place à l'aléatoire. A la vérité, tant qu'il travaille, l'ouvrier sait sur quoi il peut compter. Mais jusqu'à quand aura-t-il de l'ouvrage, et pendant combien de temps aura-t-il la force de l'accomplir? Voilà ce qu'il ignore et ce qui met dans son avenir un affreux problème. L'incertitude du capitaliste est autre. Elle n'implique pas une question de vie et de mort. « Je tirerai toujours un intérêt de mes fonds ; « mais cet intérêt sera-t-il plus ou moins élevé ? » Telle est la question que se pose le travail antérieur.

Les philanthropes sentimentalistes, qui voient là une inégalité choquante, qu'ils voudraient faire disparaître par des moyens artificiels, et je pourrais dire injustes et violents, ne font pas attention qu'après tout on ne peut empêcher la nature des choses d'être la nature des choses. Il ne se peut pas que le travail antérieur n'ait plus. de sécurité que le travail actuel, parce qu'il ne se peut pas que des produits créés n'offrent des ressources plus certaines que des produits à créer ; que des services déjà rendus, reçus et évalués ne présentent une base plus solide que des services encore à l'état d'offre. Si vous n'êtes pas surpris que, de deux pêcheurs, celui-là soit plus tranquille sur son avenir, qui, ayant travaillé et épargné depuis longtemps, possède lignes, filets, bateaux et approvisionnement de poisson, tandis que l'autre n'a absolument rien que la bonne volonté de pêcher, pourquoi vous étonnez-vous que l'ordre social manifeste, à un degré quelconque, les mêmes différences ? Pour que l'envie, la jalousie, le simple dépit de l'ouvrier à l'égard du capitaliste fussent justifiables, il faudrait que la stabilité relative de l'un fût une des causes de l'instabilité de l'autre. Mais c'est le contraire qui est vrai, et c'est justement ce capital existant entre les mains d'un homme qui réalise pour un autre la garantie du salaire, quelque insuffisante qu'elle vous paraisse. Certes, sans le capital, l'aléatoire serait bien autrement imminent et rigoureux. Serait-ce un avantage pour les ouvriers que sa rigueur s'accrût, si elle devenait commune à tous, égale pour tous ?

Deux hommes couraient des risques égaux, pour chacun, à 40. L'un fit si bien par son travail et sa prévoyance, qu'il réduisit à 10 les risques qui le regardaient. Ceux de son compagnon se trouvèrent, du même coup, et par suite d'une mystérieuse solidarité, réduits non pas à 10, mais à 20. Quoi de plus juste que l'un, celui qui avait le mérite, recueillît une plus grande part de la récompense ? quoi de plus admirable que l'autre profitât des vertus de son frère ? Eh bien ! voilà ce que repousse la philanthropie sous prétexte qu'un tel ordre blesse l'égalité.

Le vieux pêcheur dit un jour à son camarade :

« Tu n'as ni barque, ni filets, ni d'autre instrument que
« tes mains pour pêcher, et tu cours grand risque de faire
« une triste pêche. Tu n'as pas non plus d'approvisionne-
« ment, et cependant, pour travailler, il ne faut pas avoir
« l'estomac vide. Viens avec moi ; c'est ton intérêt comme
« le mien. C'est le tien, car je te céderai une part de notre
« pêche, et, quelle qu'elle soit, elle sera toujours plus avan-
« tageuse pour toi que le fruit de tes efforts isolés. C'est
« aussi le mien, car ce que je prendrai de plus, grâce à
« ton aide, dépassera la portion que j'aurai à te céder. En
« un mot, l'union de ton travail, du mien et de mon capital,
« comparativement à leur action isolée, nous vaudra *un*
« *excédant*, et c'est le partage de cet excédant qui explique
« comment l'association peut nous être à tous deux favo-
« rable. »

Cela fut fait ainsi. Plus tard le jeune pêcheur préféra recevoir, chaque jour, une quantité fixe de poisson. Son profit aléatoire fut ainsi converti en salaire, sans que les avantages de l'association fussent détruits, et, à plus forte raison,
sans que l'association fût dissoute.

Et c'est dans de telles circonstances que la prétendue
philanthropie des socialistes vient déclamer contre la tyrannie des barques et des filets, contre la situation naturellement moins incertaine de celui qui les possède, parce qu'il
les a fabriqués précisément pour acquérir quelque certitude ! C'est dans ces circonstances qu'elle s'efforce de persuader au pauvre dénué qu'il est victime de son arrangement *volontaire* avec le vieux pêcheur, et qu'il doit se hâter
de rentrer dans l'isolement !

Oui, l'avenir du capitaliste est moins chanceux que celui
de l'ouvrier ; ce qui revient à dire que celui qui possède
déjà est mieux que celui qui ne possède pas encore. Cela
est ainsi et doit être ainsi, car c'est la raison pour laquelle
chacun aspire à posséder.

Les hommes tendent donc à sortir du salariat pour devenir capitalistes. C'est la marche conforme à la nature du cœur humain. Quel travailleur ne désire avoir un outil à lui, des avances à lui, une boutique, un atelier, un champ, une maison à lui? Quel ouvrier n'aspire à devenir patron? Qui n'est heureux de commander après avoir longtemps obéi? Reste à savoir si les grandes lois du monde économique, si le jeu naturel des organes sociaux favorisent ou contrarient cette tendance. C'est la dernière question que nous examinerons à propos des salaires.

Et peut-il à cet égard exister quelque doute?

Qu'on se rappelle l'évolution nécessaire de la production : l'utilité gratuite se substituant incessamment à l'utilité onéreuse; les efforts humains diminuant sans cesse pour chaque résultat, et, mis en disponibilité, s'attaquant à de nouvelles entreprises ; chaque heure de travail correspondant à une satisfaction toujours croissante. Comment de ces prémisses ne pas déduire l'accroissement progressif des *effets utiles* à répartir, par conséquent l'amélioration soutenue des travailleurs, et par conséquent encore une progression sans fin dans cette amélioration?

Car ici, l'effet devenant cause, nous voyons le progrès non-seulement marcher, mais s'accélérer par la marche : *vires acquirere eundo.* En effet, de siècle en siècle, l'épargne devient plus facile, puisque la rémunération du travail devient plus féconde. Or l'épargne accroît les capitaux, provoque la demande des bras et détermine l'élévation des salaires. L'élévation des salaires, à son tour, facilite l'épargne et la transformation du salarié en capitaliste. Il y a donc entre la rémunération du travail et l'épargne une action et une réaction constantes, toujours favorables à la classe laborieuse, toujours appliquées à alléger pour elle le joug des nécessités urgentes.

On dira peut-être que je rassemble ici tout ce qui peut

faire luire l'espérance aux yeux des prolétaires, et que je dissimule ce qui est de nature à les plonger dans le découragement. S'il y a des tendances vers l'égalité, me dira-t-on, il en est aussi vers l'inégalité. Pourquoi ne les analysez-vous pas toutes, afin d'expliquer la situation vraie du prolétariat, et de mettre ainsi la science d'accord avec les tristes faits qu'elle semble refuser de voir? Vous nous montrez l'utilité gratuite se substituant à l'utilité onéreuse, les dons de Dieu tombant de plus en plus dans le domaine de la communauté, et, par ce seul fait, le travail humain obtenant une récompense toujours croissante. De cet accroissement de rémunération vous déduisez une facilité croissante d'épargne; de cette facilité d'épargne, un nouvel accroissement de rémunération amenant de nouvelles épargnes plus abondantes encore, et ainsi de suite à l'infini. Il se peut que ce système soit aussi logique qu'il est optimiste, il se peut que nous ne soyons pas en mesure de lui opposer une réfutation scientifique. Mais où sont les faits qui le confirment? Où voit-on se réaliser l'affranchissement du prolétariat? Est-ce dans les grands centres manufacturiers? Est-ce parmi les manouvriers des campagnes? Et, si vos prévisions théoriques ne s'accomplissent pas, ne serait-ce point qu'à côté des lois économiques que vous invoquez, il y a d'autres lois, qui agissent en sens contraire, et dont vous ne parlez pas? Par exemple, pourquoi ne nous dites-vous rien de cette concurrence que les bras se font entre eux et qui les force de se louer au rabais; de ce besoin urgent de vivre, qui presse le prolétaire et l'oblige à subir les conditions du capital, de telle sorte que c'est l'ouvrier le plus dénué, le plus affamé, le plus isolé, et par suite le moins exigeant, qui fixe pour tous le taux du salaire? Et si, à travers tant d'obstacles, la condition de nos malheureux frères vient cependant à s'adoucir, pourquoi ne nous montrez-vous pas la loi de la population venant interposer son action fatale, multiplier la multitude, raviver la concurrence, accroître l'offre des bras, donner gain de cause au capital, et réduire le prolétaire à ne recevoir, contre un travail de douze ou seize heures, que *ce qui est indispensable* (c'est le mot consacré) *au maintien de l'existence ?*

Si je n'ai pas abordé toutes ces faces de la question, c'est qu'il n'est guère possible de tout accumuler dans un chapitre. J'ai déjà exposé la loi générale de la Concurrence, et on a pu voir qu'elle était loin de fournir à aucune classe, surtout à la moins heureuse, des motifs sérieux de découragement. Plus tard j'exposerai celle de la Population, et l'on s'assurera, j'espère, que dans ses effets généraux elle n'est pas impitoyable. Ce n'est pas ma faute si chaque grande solution, comme est, par exemple, la destinée future de toute une portion de l'humanité, résulte non d'une loi économique isolée, et, par suite, d'un chapitre de cet ouvrage, mais de l'ensemble de ces lois ou de l'ouvrage tout entier.

— Ensuite, et j'appelle l'attention du lecteur sur cette distinction, qui n'est certes pas une subtilité ; quand on est en présence d'un effet, il faut bien se garder de l'attribuer aux lois générales et providentielles, s'il provient au contraire de la violation de ces lois.

Je ne nie certes pas les calamités qui, sous toutes les formes, — labeur excessif, insuffisance de salaire, incertitude de l'avenir, sentiment d'infériorité, — frappent ceux de nos frères qui n'ont pu s'élever encore, par la Propriété, à une situation plus douce. Mais il faut bien reconnaître que l'incertitude, le dénûment et l'ignorance, c'est le point de départ de l'humanité tout entière. Cela étant ainsi, la question, ce me semble, est de savoir : 1° si les lois générales providentielles ne tendent pas à alléger, pour toutes les classes, ce triple joug ; 2° si les conquêtes accomplies par les classes les plus avancées ne sont pas une facilité préparée aux classes attardées. Que si la réponse à ces questions est affirmative, on peut dire que l'harmonie sociale est constatée, et que la Providence serait justifiée à nos yeux, si elle avait besoin de l'être.

Après cela, l'homme étant doué de volonté et de libre arbitre, il est certain que les bienfaisantes lois de la Providence ne lui profitent qu'autant qu'il s'y conforme ; et, quoique j'affirme sa nature perfectible, je n'entends certes pas dire qu'il progresse même alors qu'il méconnaît ou viole ces lois. Ainsi, je dis que les transactions mutuelles, libres, volontaires, exemptes de fraude et de violence portent en elles-mêmes un principe progressif pour tout le monde. Mais ce n'est pas là affirmer que le progrès est inévitable et qu'il doit jaillir de la guerre, du monopole et de l'imposture. Je dis que le salaire tend à s'élever, que cette élévation facilite l'épargne, et que l'épargne, à son tour, élève le salaire. Mais si le salarié, par des habitudes de dissipation et de débauche, neutralise à l'origine cette cause d'effets progressifs, je ne dis pas que les effets se manifesteront de même, car le contraire est impliqué dans mon affirmation.

Pour soumettre à l'épreuve des faits la déduction scientifique, il faudrait prendre deux époques : par exemple 1750 et 1850.

Il faudrait d'abord constater quelle est, à ces deux époques, la proportion des prolétaires aux propriétaires. On trouverait, je le présume, que, depuis un siècle, le nombre des gens qui ont quelques avances s'est beaucoup accru, relativement au nombre de ceux qui n'en ont pas du tout.

Il faudrait ensuite établir la situation spécifique de chacune de ces deux classes, ce qui ne se peut qu'en observant leurs satisfactions. Très-probablement on trouverait que, de nos jours, elles tirent beaucoup plus de satisfactions réelles, l'une de son travail accumulé, l'autre de son travail actuel, que cela n'était possible sous la régence.

Si ce double progrès respectif et relatif n'a pas été ce que l'on pourrait désirer, surtout pour la classe ouvrière, il faut se demander s'il n'a pas été plus ou moins retardé par des erreurs, des injustices, des violences, des méprises, des passions, en un mot par la faute de l'Humanité, par des causes contingentes qu'on ne peut confondre avec ce que je nomme les grandes et constantes lois de l'économie sociale. Par exemple, n'y a-t-il pas eu des guerres et des révolutions qui auraient pu être évitées? Ces atrocités n'ont-elles pas absorbé d'abord, dissipé ensuite une masse incalculable de capitaux, par conséquent diminué le fonds des salaires et retardé pour beaucoup de familles de travailleurs l'heure de l'affranchissement? N'ont-elles pas en outre détourné le travail de son but, en lui demandant, non des satisfactions, mais des destructions? N'y a-t-il pas eu des monopoles, des priviléges, des impôts mal répartis? N'y a-t-il pas eu des consommations absurdes, des modes ridicules, des déperditions de force qu'on ne peut attribuer qu'à des sentiments et à des préjugés puérils?

Et voyez quelles sont les conséquences de ces faits.

Il y a des lois générales auxquelles l'homme peut se conformer ou qu'il peut violer.

S'il est incontestable que les Français ont souvent contrarié, depuis cent ans, l'ordre naturel du développement social; si l'on ne peut s'empêcher de rattacher à des guerres incessantes, à des révolutions périodiques, à des injustices, des priviléges, des dissipations, des folies de toutes sortes une déperdition effrayante de forces, de capitaux et de travail;

Et si, d'un autre côté, malgré ce premier fait bien manifeste, on a constaté un autre fait, à savoir que pendant cette même période de cent ans la classe propriétaire s'est recrutée dans la classe prolétaire, et qu'en même temps

toutes deux ont à leur disposition plus de satisfactions respectives ; n'arrivons-nous pas rigoureusement à cette conclusion :

*Les lois générales du monde social sont harmoniques, elles
tendent dans tous les sens au perfectionnement de l'humanité?*

Car enfin, puisque, après une période de cent ans, pendant laquelle elles ont été si fréquemment et si profondément
violées, l'Humanité se trouve plus avancée, il faut que leur
action soit bienfaisante, et même assez pour compenser encore l'action des causes perturbatrices.

Comment, d'ailleurs, en pourrait-il être autrement? N'y
a-t-il pas une sorte d'équivoque ou plutôt de pléonasme
sous ces expressions : *Lois générales bienfaisantes?* Peuvent-elles ne pas l'être?... Quand Dieu a mis dans chaque
homme une impulsion irrésistible vers le bien, et, pour le
discerner, une lumière susceptible de se rectifier, dès cet
instant il a été décidé que l'Humanité était perfectible et
qu'à travers beaucoup de tâtonnements, d'erreurs, de déceptions, d'oppressions, d'oscillations, elle marcherait vers
le mieux indéfini. Cette marche de l'Humanité, en tant
que les erreurs, les déceptions, les oppressions en sont ab-
sentes, c'est justement ce qu'on appelle les lois générales
de l'ordre social. Les erreurs, les oppressions, c'est ce que
je nomme la violation de ces lois ou les causes perturbatrices. Il n'est donc pas possible que les unes ne soient bienfaisantes et les autres funestes, à moins qu'on n'aille jusqu'à
mettre en doute si les causes perturbatrices ne peuvent agir
d'une manière plus permanente que les lois générales. Or
cela est contradictoire à ces prémisses : notre intelligence,
qui peut se tromper, est susceptible de se rectifier. Il est
clair que le monde social étant constitué comme il l'est,
l'erreur rencontre tôt où tard pour limite la Responsabilité,
l'oppression se brise tôt ou tard à la Solidarité; d'où il suit
que les causes perturbatrices ne sont pas d'une nature per-

manente, et c'est pour cela que ce qu'elles troublent mérite
le nom de lois générales.

Pour se conformer à des lois générales, il faut les connaître. Qu'il me soit donc permis d'insister sur les rapports, si
mal compris, du capitaliste et du travailleur.

Le capital et le travail ne peuvent se passer l'un de l'autre. Perpétuellement en présence, leurs arrangements sont
un des faits les plus, importants et les plus intéressants que
l'économiste puisse observer. Et qu'on y songe bien, des
haines invétérées, des luttes ardentes, des crimes, des torrents de sang peuvent sortir d'une observation mal faite, si
elle se popularise.

Or, je le dis avec la conviction la plus entière, on a saturé
le public, depuis quelques années, des théories les plus fausses sur cette matière. On a professé que, des transactions libres du capital et du travail, il devait sortir, non pas accidentellement, mais nécessairement, le monopole pour le capitaliste, l'oppression pour le travailleur, d'où l'on n'a pas craint
de conclure que la liberté devait être partout étouffée ; car,
je le répète, quand on a accusé la liberté d'avoir engendré
le monopole, on n'a pas seulement prétendu constater un
fait, mais exprimer une Loi. A l'appui de cette thèse, on a
invoqué l'action des machines et celle de la concurrence.
M. de Sismondi, je crois, a été le fondateur, et M. Buret, le
propagateur de ces tristes doctrines, bien que celui-ci n'ait
conclu que fort timidement et que le premier n'ait pas osé
conclure du tout. Mais d'autres sont venus qui ont été plus
hardis. Après avoir soufflé la haine du *capitalisme* et du *propriétarisme*, après avoir fait accepter des masses comme un
axiome incontestable cette découverte : *La liberté conduit
fatalement au monopole,* ils ont, volontairement ou non, entraîné le peuple à mettre la main sur cette liberté maudite [1].

---

[1] Journées de juin 1848.

Quatre jours d'une lutte sanglante l'ont dégagée, mais non rassurée ; car ne voyons-nous pas, à chaque instant, la main de l'État, obéissant aux préjugés vulgaires, toujours prête à s'immiscer dans les rapports du capital et du travail ?

L'action de la concurrence a déjà été déduite de notre théorie de la valeur. Nous ferons voir de même l'effet des machines. Ici nous devons nous borner à exposer quelques idées générales sur les rapports du capitaliste et du travailleur.

Le fait qui frappe d'abord beaucoup nos réformateurs pessimistes, c'est que les capitalistes sont plus riches que les ouvriers, qu'ils se procurent plus de satisfactions, d'où il résulte qu'ils s'adjugent une part plus grande, et par conséquent injuste, dans le produit élaboré en commun. C'est à quoi aboutissent les statistiques plus ou moins intelligentes, plus ou moins impartiales, dans lesquelles ils exposent la situation des classes ouvrières.

Ces messieurs oublient que la *misère absolue* est le point de départ fatal de tous les hommes, et qu'elle persiste fatalement tant qu'ils n'ont rien acquis ou que personne n'a rien acquis pour eux. Remarquer en bloc que les capitalistes sont mieux pourvus que les simples ouvriers, c'est constater simplement que ceux qui ont quelque chose ont plus que ceux qui n'ont rien.

Les questions que l'ouvrier doit se poser ne sont pas celles-ci :

« Mon travail me produit-il beaucoup ? me produit-il peu ? « me produit-il autant qu'à un autre ? me produit-il ce que « je voudrais ? »

Mais bien celles-ci :

« Mon travail me produit-il moins parce que je l'ai mis « au service du capitaliste ? Me produirait-il plus, si je l'iso- « lais, ou bien si je l'associais à celui d'autres travailleurs « dénués comme moi ? Je suis mal, mais serais-je mieux

« s'il n'y avait pas de capital au monde? Si la part que j'ob-
« tiens, par mon arrangement avec le capital, est plus grande
« que celle que j'obtiendrais sans cet arrangement, en quoi
« suis-je fondé à me plaindre? Et puis, selon quelles lois
« nos parts respectives vont-elles augmentant ou diminuant
« dans le cas des transactions libres? S'il est dans la nature
« de ces transactions de faire que, à mesure que le total à
« partager s'accroît, j'aie à prendre dans l'excédant une
« proportion toujours croissante (chapitre VII, page 249), au
« lieu de vouer haine au capital, n'ai-je pas à le traiter en
« bon frère? S'il est bien avéré que la présence du capital
« me favorise, et que son absence me ferait mourir, suis-je
« bien prudent et bien avisé quand je le calomnie, l'épou-
« vante, le force à se dissiper ou à fuir?»

On allègue sans cesse que, dans le débat qui précède le
traité, les situations ne sont pas égales, parce que le capital
peut attendre et que le travail ne le peut pas. Le plus pressé,
dit-on, est bien forcé de céder le premier, en sorte que le
capitaliste fixe le taux du salaire.

Sans doute, en s'en tenant à la superficie des choses,
celui qui s'est créé des approvisionnements, et qui à raison
de sa prévoyance peut attendre, a l'avantage du marché. A
ne considérer qu'une transaction isolée, celui qui dit : *Do ut
facias*, n'est pas aussi pressé d'arriver à une conclusion
que celui qui répond : *Facio ut des*. Car quand on peut dire,
do, on possède et, quand on possède, on peut attendre.

Il ne faut pourtant pas perdre de vue que la valeur a le
même principe dans le service que dans le produit. Si l'une
des parties dit *do*, au lieu de *facio*, c'est qu'elle a eu la prévoyance d'exécuter le *facio* par anticipation. Au fond, c'est
le service de part et d'autre qui mesure la valeur. Or, si pour
le travail actuel tout retard est une souffrance, pour le travail antérieur il est une perte. Il ne faut donc pas croire que
celui qui dit *do*, le capitaliste, s'amusera ensuite, surtout si

l'on considère l'ensemble de ses transactions, à différer le marché. Au fait, voit-on beaucoup de capitaux oisifs pour cette cause? Sont-ils fort nombreux les manufacturiers qui arrêtent leur fabrication, les armateurs qui arrêtent leurs expéditions, les agriculteurs qui retardent leurs récoltes, uniquement pour déprécier le salaire, en prenant les ouvriers par la famine?

Mais, sans nier ici que la position du capitaliste à l'égard de l'ouvrier ne soit favorable sous ce rapport, n'y a-t-il rien autre chose à considérer dans leurs arrangements? Et, par exemple, n'est-ce pas une circonstance tout en faveur du *travail actuel* que le *travail accumulé* perde de sa valeur par la seule action du temps? J'ai déjà fait ailleurs allusion à ce phénomène. Cependant il importe de le soumettre ici de nouveau à l'attention des lecteurs, puisqu'il a une grande influence sur la rémunération du travail actuel.

Ce qui, selon moi, rend fausse ou du moins incomplète cette théorie de Smith, que *la valeur vient du travail*, c'est qu'elle n'assigne à la valeur qu'un élément, tandis qu'étant un rapport, elle en a nécessairement deux. En outre, si la valeur naissait uniquement du travail et le représentait, elle lui serait proportionnelle, ce qui est contraire à tous les faits.

Non, la valeur vient du service reçu et rendu ; et le service dépend autant, si ce n'est plus, de la peine épargnée à celui qui le reçoit que de la peine prise par celui qui le rend. A cet égard, les faits les plus usuels confirment le raisonnement. Quand j'achète un produit, je puis bien me demander : « Combien de temps a-t-on mis à le faire? » Et c'est là sans doute un des éléments de mon évaluation; mais je me demande encore et surtout : « Combien de temps mettrais-je à le faire? Combien de temps ai-je mis à faire la chose qu'on me demande en échange? » Quand j'achète un service, je ne me demande pas seulement : Combien en coûtera-t-il à mon vendeur pour me le rendre? mais encore : Combien m'en coûterait-il pour me le rendre à moi-même?

Ces questions personnelles et les réponses qu'elles provoquent font tellement partie essentielle de l'évaluation, que le plus souvent elles la déterminent.

Marchandez un diamant trouvé par hasard. On vous cédera fort peu ou point de travail; on vous en demandera beaucoup. Pourquoi donc donnerez-vous votre consentement? parce que vous prendrez en considération le travail qu'on vous épargne, celui que vous seriez obligé de subir pour satisfaire, par toute autre voie, le désir de posséder un diamant.

Quand donc le *travail antérieur* et le *travail actuel* s'échangent, ce n'est nullement sur le pied de leur intensité ou de leur durée, mais sur celui de leur valeur, c'est-à-dire du service qu'ils se rendent, de l'utilité dont ils sont l'un pour l'autre. Le capital viendrait dire : « Voici un produit qui m'a coûté autrefois dix heures de travail ; » si le travail actuel était en mesure de répondre : « Je puis faire le même produit en cinq heures ; » force serait au capital de subir cette différence : car, encore une fois, peu importe à l'acquéreur actuel de savoir ce que le produit a demandé jadis de labeur; ce qui l'intéresse, c'est de connaître ce qu'il lui en épargne aujourd'hui, le service qu'il en attend.

Le capitaliste, au sens très-général, est l'homme qui, ayant prévu que tel service serait demandé, l'a préparé d'avance et en a incorporé la mobile valeur dans un produit.

Quand le travail a été ainsi exécuté par anticipation, en vue d'une rémunération future; rien ne nous dit qu'à n'importe quel jour de l'avenir il rendra exactement le même service, épargnera la même peine, et conservera par conséquent une valeur uniforme. C'est même hors de toute vraisemblance. Il pourra être très-recherché, très-difficile à remplacer de toute autre manière, rendre des services mieux appréciés ou appréciés par plus de monde, acquérir une valeur croissante avec le temps, en d'autres termes, s'échanger contre une proportion toujours plus grande de travail actuel. Ainsi, il n'est pas impossible que tel produit, un diamant, un violon de Stradivarius, un tableau de Raphaël, un plant de vignes à Château-Lafitte, s'échange contre mille fois plus de journées de travail qu'il n'en a démandé. Cela ne veut pas dire autre chose, si ce n'est que le travail antérieur est bien rémunéré dans ce cas parce qu'il rend beaucoup de services.

Le contraire est possible aussi. Il se peut que ce qui avait exigé quatre heures de travail ne se vende plus que pour trois heures d'un travail de même intensité.

Mais, — et voici ce qui me paraît extrêmement important au point de vue et dans l'intérêt des classes ouvrières, de ces classes qui aspirent avec tant d'ardeur et de raison à sortir de l'état précaire qui les épouvante, — quoique les deux alternatives soient possibles et se réalisent tour à tour, quoique le travail accumulé puisse quelquefois gagner, quelquefois perdre de sa valeur relativement au travail actuel, cependant le premier cas est assez rare pour être considéré comme accidentel, exceptionnel, tandis que le second est le résultat d'une loi générale inhérente à l'organisation même de l'homme.

Que l'homme, avec ses acquisitions intellectuelles et expérimentales, soit de nature progressive, au moins industriellement parlant (car, au point de vue moral, l'assertion pourrait rencontrer des contradicteurs), cela n'est pas contestable. Que la plupart des choses qui se faisaient jadis avec un travail donné ne demandent plus aujourd'hui qu'un travail moindre, à cause du perfectionnement des machines, de l'intervention gratuite des forces naturelles, cela est certainement hors de doute ; et l'on peut affirmer, sans crainte de se tromper, qu'à chaque période de dix ans, par exemple, une quantité donnée de travail accomplira, dans la plupart des cas, de plus grands résultats que ne pouvait le faire la même quantité de travail à la période décennale précédente.

Et quelle est la conclusion à tirer de là ? C'est que le travail antérieur va toujours se détériorant relativement au travail actuel ; c'est que dans l'échange, sans nulle injustice, et pour réaliser l'équivalence des services, il faut que le premier donne au second plus d'heures qu'il n'en reçoit. C'est là une conséquence forcée du progrès.

Vous me dites : « Voici une machine ; elle a dix ans de « date, mais elle est encore neuve. Il en a coûté 1,000 jour- « nées de travail pour la faire. Je vous la cède contre un « nombre égal de journées. » A quoi je réponds : Depuis dix ans, on a inventé de nouveaux outils, on a découvert de nouveaux procédés, si bien que je puis faire aujourd'hui, ou faire faire, ce qui revient au même, une machine semblable avec 600 journées ; donc, je ne vous en donnerai pas davantage. — « Mais je perdrai 400 journées. » — Non, car 6 journées d'aujourd'hui en valent 10 d'autrefois. En tout cas, ce que vous m'offrez pour 1,000, je puis me le procurer pour 600. Ceci finit le débat ; si le temps a frappé la valeur de votre travail de détérioration, pourquoi serait-ce à moi d'assumer cette perte ?

Vous me dites : « Voilà un champ. Pour l'amener à l'état « de productivité où il est, moi et mes ancêtres avons dé- « pensé 1,000 journées. A la vérité, ils ne connaissaient ni « hache, ni scie, ni bêche, et faisaient tout à force de bras. « N'importe, donnez-moi d'abord 1,000 de vos journées, « pour équivaloir aux 1,000 que je vous cède, puis ajoutez- « en 300 pour la valeur de la puissance productive du sol, « et prenez ma terre. » Je réponds : Je ne vous donnerai

pas 1,300 ni même 1,000 journées, et voici mes motifs :
Il y a sur la surface du globe une quantité indéfinie de puissances productives sans valeur. D'une autre part, on connaît aujourd'hui la bêche, la hache, la scie, la charrue et
bien d'autres moyens d'abréger et féconder le travail; de
telle sorte qu'avec 600 journées je puis, soit mettre une
terre inculte dans l'état où est la vôtre, soit (ce qui revient
absolument au même pour moi) *me procurer par l'échange
tous les avantages que vous retirez de votre champ.* Donc, je
vous donnerai 600 journées et pas une heure en sus. —
« En ce cas, non-seulement je ne bénéficie pas de la pré-
« tendue valeur des forces productives de cette terre, mais
« encore je ne rentre pas dans le nombre des journées ef-
« fectives, par moi et mes ancêtres, consacrées à son amé-
« lioration. N'est-il pas étrange que je sois accusé par Ri-
« cardo de vendre les puissances de la nature; par Senior,
« d'accaparer au passage les dons de Dieu ; par tous les éco-
« nomistes, d'être un monopoleur ; par Proudhon, d'être un
« voleur, alors que c'est moi qui suis dupe ? » — Vous n'êtes
pas plus dupe que monopoleur. Vous recevez l'équivalent
de ce que vous donnez. Or il n'est ni naturel, ni juste, ni
possible qu'un travail grossier, exécuté à la main il y a des
siècles, s'échange, journée par journée, contre du travail
actuel plus intelligent et plus productif.

Ainsi, on le voit, par un admirable effet du mécanisme
social, quand le travail antérieur et le travail actuel sont en
présence, quand il s'agit de savoir dans quelle proportion
sera réparti entre eux le produit de leur collaboration, il
est tenu compte à l'un et à l'autre de leur supériorité spécifique ; ils participent à cette distribution selon les services
comparatifs qu'ils rendent. Or il peut bien arriver quelquefois, exceptionnellement, que cette supériorité soit du
côté du travail antérieur. Mais la nature de l'homme, la
loi du progrès, font que, dans la presque universalité des

cas, elle se manifeste dans le travail actuel. Le progrès profite à celui-ci ; la détérioration incombe au capital.

Indépendamment de ce résultat, qui montre combien sont vides et vaines les déclamations inspirées à nos réformateurs modernes par la prétendue *tyrannie du capital*, il est une considération plus propre encore à éteindre, dans le cœur des ouvriers, cette haine factice et désolante contre les autres classes, qu'on a tenté avec succès d'y allumer.

Cette considération la voici :

Le capital, jusqu'où qu'il porte ses prétentions, et quelque heureux qu'il soit dans ses efforts pour les faire triompher, ne peut jamais placer le travail dans une condition pire que l'isolement. En d'autres termes, le capital favorise toujours plus le travail par sa présence que par son absence.

Rappelons-nous l'exemple que j'invoquais tout à l'heure.

Deux hommes sont réduits à pêcher pour vivre. L'un a des filets, des lignes, une barque et quelques provisions pour attendre les fruits de ses prochains travaux. L'autre n'a rien que ses bras. Il est de leur intérêt de s'associer [1]. Quelles que soient les conditions de partage qui interviendront, elles n'empireront jamais le sort de l'un de ces deux pêcheurs, pas plus du riche que du pauvre, car dès l'instant que l'un d'eux trouverait l'association onéreuse comparée à l'isolement, il reviendrait à l'isolement.

Dans la vie sauvage comme dans la vie pastorale, dans la vie agricole comme dans la vie industrielle, les relations du capital et du travail ne font que reproduire cet exemple.

Ainsi l'absence du capital est une limite qui est toujours à la disposition du travail. Si les prétentions du Capital allaient jusqu'à rendre, pour le Travail, l'action commune

---

[1] Voyez chapitre IV.

moins profitable que l'action isolée, celui-ci serait maître de se réfugier dans l'isolement, asile toujours ouvert (excepté sous l'esclavage) contre l'association volontaire et onéreuse; car le travail peut toujours dire au capital : Aux conditions que tu m'offres, je préfère agir seul.

On objecte que ce refuge est illusoire et dérisoire, que l'action isolée est interdite au travail par une impossibilité radicale, et qu'il ne peut se passer d'instruments sous peine de mort.

Cela est vrai, mais confirme la vérité de mon assertion, à savoir : que le capital, parvînt-il à porter ses exigences jusqu'aux extrêmes limites, fait encore du bien au travail, par cela seul qu'il se l'associe. Le travail ne commence à entrer dans une condition pire que la pire association qu'au moment où l'association cesse, c'est-à-dire quand le capital se retire. Cessez donc, apôtres de malheur, de crier à la tyrannie du capital, puisque vous convenez que son action est toujours, — plus ou moins sans doute, mais toujours bienfaisante. Singulier tyran, dont la puissance est secourable à tous ceux qui en veulent ressentir l'effet, et n'est nuisible que par abstention !

Mais on insiste sur l'objection en disant : Cela pouvait être ainsi dans l'origine des sociétés. Aujourd'hui le capital a tout envahi; il occupe tous les postes; il s'est emparé de toutes les terres. Le prolétaire n'a plus ni air, ni espace, ni sol où mettre ses pieds, ni pierre où poser sa tête, sans la permission du capital. Il en subit donc la loi, vous ne lui donnez pour refuge que l'isolement, qui, vous en convenez, est la mort !

Il y a là une ignorance complète de l'économie sociale et une déplorable confusion.

Si, comme on le dit, le capital s'est emparé de toutes les forces de la nature, de toutes les terres, de tout l'espace, je demande au profit de qui. A son profit sans doute. Mais alors, comment se fait-il qu'un simple travailleur, qui n'a que ses bras, se procure, en France, en Angleterre, en Belgique, mille et un million de fois plus de satisfactions qu'il n'en recueillerait dans l'isolement, — non point dans l'hypothèse sociale qui vous révolte, mais dans cette autre hypothèse que vous chérissez, celle où le capital n'aurait encore rien usurpé ?

Je tiendrai toujours le débat sur ce fait, jusqu'à ce que vous l'expliquiez avec votre nouvelle science, car, quant à moi, je crois en avoir donné la raison (chapitre VII).

Oui, prenez à Paris le premier ouvrier venu. Constatez ce qu'il gagne et les satisfactions qu'il se procure. Quand vous aurez bien déblatéré l'un et l'autre contre le maudit capital, j'interviendrai et dirai à cet ouvrier :

Nous allons détruire le capital et tout ce qu'il a créé. Je vais te mettre au milieu de cent millions d'hectares de la terre la plus fertile, que je te donnerai en toute propriété et jouissance, avec tout ce qu'elle contient dessus et dessous. Tu ne seras coudoyé par aucun capitaliste. Tu jouiras pleinement de tes quatre droits naturels, chasse, pêche, cueillette et pâture. Il est vrai que tu n'auras pas de capital ; car si tu en avais, tu serais précisément dans cette position que tu critiques chez les autres. Mais enfin tu n'auras plus à te plaindre du propriétarisme, du capitalisme, de l'individualisme, des usuriers, des agioteurs, des banquiers, des accapareurs, etc. La terre entière sera à toi. Vois si tu veux accepter cette position.

D'abord notre ouvrier rêvera le sort d'un monarque puissant. En y réfléchissant néanmoins, il est probable qu'il se dira : Calculons. Même quand on a cent millions d'hectares de bonne terre, encore faut-il vivre. Faisons donc le compte de *pain*, dans les deux situations.

Maintenant je gagne 3 francs par jour. Le blé étant à 15 francs, je puis avoir un hectolitre de blé tous les cinq jours. C'est comme si je le semais et récoltais moi-même.

Quand je serai propriétaire de cent millions d'hectares de terre, c'est tout au plus si je ferai, sans capital, un hectolitre de blé dans deux ans, et d'ici là, j'ai le temps de mourir de faim cent fois... Donc je m'en tiens à mon salaire.

Vraiment on ne médite pas assez sur le progrès que l'humanité a dû accomplir, même pour entretenir la chétive existence des ouvriers [1] . . . .

L'amélioration du sort des ouvriers se trouve dans le salaire même et dans les lois naturelles qui le régissent.

1° L'ouvrier tend à s'élever au rang d'entrepreneur capitaliste.

2° Le salaire tend à hausser.

Corollaire. — Le passage du salariat à l'entreprise devient toujours moins désirable et plus facile. . . . . .

[1] Ici s'arrête le manuscrit rapporté de Rome. La courte note qui suit, nous l'avons trouvée dans les papiers de l'auteur restés à Paris. Elle nous apprend comment il se proposait de terminer et de résumer ce chapitre.   (*Note de l'éditeur.*)

XV

DE L'ÉPARGNE

Épargner, ce n'est pas accumuler des quartiers de gibier, des grains de blé ou des pièces de monnaie. Cet entassement matériel d'objets fongibles, restreint par sa nature à des bornes fort étroites, ne représente l'*épargne* que pour l'homme isolé. Tout ce que nous avons dit jusqu'ici de la valeur, des services, de la richesse relative nous avertit que, socialement, l'épargne, quoique née de ce germe, prend d'autres développements et un autre caractère.

Épargner, c'est mettre volontairement un intervalle entre le moment où l'on rend des services à la société et celui où l'on en retire des services équivalents. Ainsi, par exemple, un homme peut tous les jours, depuis l'âge de vingt ans jusqu'à l'âge de soixante, rendre à ses semblables des services dépendant de sa profession, égaux à quatre, et ne leur demander que des services égaux à trois. En ce cas, il s'est donné la faculté de retirer du milieu social, dans sa vieillesse, quand il ne pourra plus travailler, le payement du quart de tout son travail de quarante ans.

La circonstance qu'il a reçu et successivement accumulé des titres de reconnaissance, consistant en lettres de change, billets à ordre, billets de banque, monnaies, est tout à fait secondaire et de forme. Elle n'a de rapport qu'aux moyens d'exécution. Elle ne peut changer la nature ni les effets de l'épargne. L'illusion que nous fait la monnaie à cet égard n'en est pas moins une illusion, encore que nous en soyons presque tous dupes.

En effet, difficilement nous pouvons nous défendre de croire que celui qui épargne retire une valeur de la circulation, et, par conséquent, porte à la société un certain préjudice.

Et là se rencontre une de ces contradictions apparentes qui rebutent la logique, une de ces impasses qui semblent opposer au progrès un obstacle infranchissable, une de ces dissonances qui contristent le cœur en paraissant accuser l'auteur des choses dans sa puissance ou dans sa volonté.

D'un côté, nous savons que l'humanité ne peut s'élargir, s'élever, se perfectionner, réaliser le loisir, la stabilité, par conséquent le développement intellectuel et la culture morale, que par l'abondante création et la persévérante accumulation des capitaux. C'est aussi de la multiplication rapide du capital que dépendent la demande des bras, l'élévation du salaire et par suite le progrès vers l'égalité.

Mais, d'autre part, *épargner* n'est-ce pas le contraire de *dépenser*, et si celui qui dépense provoque et active le travail, celui qui épargne ne fait-il pas l'opposé ? — Si chacun se prenait à économiser le plus possible, on verrait le travail languir en proportion, et il s'arrêterait entièrement, si l'épargne pouvait être intégrale.

Que faut-il donc conseiller aux hommes ? Et quelle base certaine l'économie politique offre-t-elle à la morale, alors que nous n'en voyons sortir que cette alternative contradictoire et funeste :

« *Si vous n'épargnez pas*, le capital ne se reformera pas, il se dissipera ; les bras se multiplieront, mais le moyen de les payer restant stationnaire, ils se feront concurrence, ils s'offriront au rabais, le salaire se déprimera, et l'humanité sera par ce côté sur son déclin. Elle y sera aussi

sous un autre aspect, car si vous n'épargnez pas, vous
n'aurez pas de pain dans votre vieillesse, vous ne pourrez
ouvrir une plus large carrière à votre fils, doter votre fille,
agrandir vos entreprises, etc. »

« *Si vous épargnez*, vous diminuez le fonds des salaires,
vous nuisez à un nombre immense de vos frères, vous portez atteinte au travail, ce créateur universel des satisfactions humaines; vous abaissez par conséquent le niveau
de l'humanité. »

Ces choquantes contradictions disparaissent devant l'explication que nous donnons de l'épargne, explication fondée sur les idées auxquelles nous ont conduit nos recherches sur la valeur.

Les services s'échangent contre les services.

La valeur est l'appréciation de deux services comparés.

D'après cela, épargner c'est avoir rendu un service, accorder du temps pour recevoir le service équivalent, ou,
d'une manière plus générale, c'est mettre un laps de temps
entre le service rendu et le service reçu.

Or en quoi celui qui s'abstient de retirer du milieu social
un service auquel il a droit fait-il tort à la société ou nuit-il
au travail? Je ne retirerai la valeur qui m'est due que dans
un an, quand je pourrais l'exiger sur l'heure. Je donne donc
à la Société un an de répit. Pendant cet intervalle, le travail continue à s'exécuter, les services à s'échanger comme
si je n'existais pas. Je n'y ai porté aucun trouble. Au contraire, j'ai ajouté une satisfaction à celles de mes semblables, et ils en jouissent gratuitement pendant un an.

Gratuitement n'est pas le mot, car il faut achever de décrire le phénomène.

Le laps de temps qui sépare les deux services échangés
est lui-même matière à transaction comme à échange,
car il a une *valeur*. C'est là l'origine et l'explication de
l'*intérêt*.

En effet, un homme rend un service actuel. Sa volonté est de ne recevoir que dans dix ans le service équivalent. Voilà une valeur dont il se refuse la jouissance immédiate. Or le caractère de la *valeur*, c'est de pouvoir affecter toutes les formes possibles. Avec une valeur déterminée, on est sûr d'obtenir tout service imaginable d'une valeur égale, soit improductif, soit productif. Celui qui ajourne à dix ans la rentrée d'une créance, n'ajourne donc pas seulement une jouissance; il ajourne la possibilité d'une production. C'est pour cela qu'il se rencontrera dans le monde des hommes disposés à traiter de cet ajournement. L'un d'eux dira à notre économe : « Vous avez droit à recevoir immédiatement une valeur, et il vous convient de ne la recevoir que dans dix ans. Eh bien ! pendant ces dix ans substituez-moi à votre droit, mettez-moi à votre lieu et place. Je toucherai pour vous la valeur dont vous êtes créancier; je l'emploierai pendant dix ans sous une forme productive, et vous la restituerai à l'échéance. Par là vous me rendrez un *service*, et comme tout service a une valeur, qui s'apprécie en le comparant à un autre service, il ne reste plus qu'à estimer celui que je sollicite de vous, à en fixer la *valeur*. Ce point débattu et réglé, j'aurai à vous remettre, à l'échéance, non-seulement la valeur du service dont vous êtes créancier, mais encore la valeur du service que vous allez me rendre. »

C'est la valeur de cette cession temporaire de valeurs épargnées qu'on nomme *intérêt*.

Par la même raison qu'un tiers peut désirer qu'on lui cède, *à titre onéreux*, la jouissance d'une valeur épargnée, le débiteur originaire peut aussi solliciter la même transaction. Dans l'un et l'autre cas, cela s'appelle *demander crédit*. Accorder crédit, c'est donner du temps pour l'acquit d'une valeur, c'est se priver en faveur d'autrui de la jouissance de cette valeur, c'est rendre service, c'est acquérir des droits à un service équivalent.

Mais, pour en revenir aux effets économiques de l'épargne, maintenant que nous connaissons tous les détails de ce phénomène, il est bien évident qu'il ne porte aucune atteinte à l'activité générale, au travail humain. Alors même que celui qui réalise l'économie et qui, en échange des services rendus, reçoit des écus, alors même, dis-je, qu'il entasserait des écus les uns sur les autres, il ne ferait aucun tort à la société, puisqu'il n'a pu retirer de son sein ces valeurs qu'en y versant des valeurs équivalentes. J'ajoute que cet entassement est invraisemblable, exceptionnel, anormal, puisqu'il blesse l'intérêt personnel de ceux qui voudraient le pratiquer. Entre les mains d'un homme, les écus signifient : « Celui qui nous possède a rendu des services à la société et n'en a pas été payé. La société nous a remis entre ses mains pour lui servir de titre. Nous sommes à la fois une reconnaissance, une promesse et une garantie. Le jour où il voudra, il pourra, en nous exhibant et restituant, retirer du milieu social les services dont il est créancier. »

Or cet homme n'est pas pressé. S'ensuit-il qu'il conservera ses écus? Non, puisque, nous l'avons vu, le laps de temps qui sépare deux services échangés devient lui-même matière à transaction. Si notre économe a l'intention de rester dix ans sans retirer de la Société les services qui lui sont dus, son intérêt est de se substituer un représentant, afin d'ajouter à la valeur dont il est créancier la valeur de ce service spécial. — L'épargne n'implique donc en aucune façon entassement matériel.

Que les moralistes ne soient plus arrêtés par cette considération . . . .

XVI

DE LA POPULATION

Il me tardait d'aborder ce chapitre, ne fût-ce que pour venger Malthus des violentes attaques dont il a été l'objet. C'est une chose à peine croyable que des écrivains sans aucune portée, sans aucune valeur, d'une ignorance qu'ils étalent à chaque page, soient parvenus, à force de se répéter les uns les autres, à décrier dans l'opinion publique un auteur grave, consciencieux, philanthrope, et à faire passer pour absurde un système qui, tout au moins, mérite d'être étudié avec une sérieuse attention.

Il se peut que je ne partage pas en tout les idées de Malthus. Chaque question a deux faces, et je crois que Malthus a tenu ses regards trop exclusivement fixés sur le côté sombre. Pour moi, je l'avoue, dans mes études économiques, il m'est si souvent arrivé d'aboutir à cette conséquence : *Dieu fait bien ce qu'il fait*, que, lorsque la logique me mène à une conclusion différente, je ne puis m'empêcher de me défier de ma logique. Je sais que c'est un danger pour l'esprit que cette foi aux intentions finales. — Le lecteur pourra juger plus tard si mes préventions m'ont égaré. — Mais cela ne m'empêchera jamais de reconnaître qu'il y a énormément de vérité dans l'admirable ouvrage de cet économiste ; cela ne m'empêchera pas surtout de rendre hommage à cet ardent amour de l'humanité qui en anime toutes les lignes.

Malthus, qui connaissait à fond l'Économie sociale, avait la claire vue de tous les ingénieux ressorts dont la nature a pourvu l'humanité pour assurer sa marche dans la voie du progrès. En même temps, il croyait que le progrès humain pouvait se trouver entièrement paralysé par un principe, celui de la Population. En contemplant le monde il se disait tristement : « Dieu semble avoir pris beaucoup de soin des espèces et fort peu des individus. En effet, de quelque classe d'êtres animés qu'il s'agisse, nous la voyons douée d'une fécondité si débordante, d'une puissance de multiplication si extraordinaire, d'une si surabondante profusion de germes, que la destinée de l'espèce paraît sans doute bien assurée, mais que celle des individus semble bien précaire ; car tous les germes ne peuvent être en possession de la vie : il faut qu'ils manquent à naître ou qu'ils meurent prématurément. »

« L'homme ne fait pas exception à cette loi. (Et il est surprenant que cela choque les socialistes, qui ne cessent de répéter que le droit général doit primer le droit individuel.) Il est positif que Dieu a assuré la conservation de l'humanité en la pourvoyant d'une grande puissance de reproduction. Le nombre des hommes arriverait donc naturellement à surpasser ce que le sol en peut nourrir, sans la prévoyance. Mais l'homme est prévoyant, et c'est sa raison, sa volonté qui seules peuvent mettre obstacle à cette progession fatale. »

Partant de ces prémisses, qu'on peut contester si l'on veut, mais que Malthus tenait pour incontestables, il devait nécessairement attacher le plus haut prix à l'exercice de la prévoyance. Car il n'y avait pas de milieu, il fallait que l'homme prévînt volontairement l'excessive multiplication, ou bien qu'il tombât, comme toutes les autres espèces, sous le coup des obstacles répressifs.

Malthus ne croyait donc jamais faire assez pour engager les hommes à la prévoyance ; plus il était philanthrope, plus il se sentait obligé de mettre en relief, afin de les faire éviter, les conséquences funestes d'une imprudente reproduction. Il disait : Si vous multipliez inconsidérément, vous ne pourrez vous soustraire au châtiment sous une forme quelconque et toujours hideuse : la famine, la guerre, la peste, etc... L'abnégation des riches, la charité, la justice des lois économiques ne seraient que des remèdes inefficaces.

Dans son ardeur, Malthus laissa échapper une phrase qui, séparée de tout son système et du sentiment qui l'avait dictée, pouvait paraître dure. C'était à la première édition de son livre, qui alors n'était qu'une brochure et depuis est devenu un ouvrage en quatre volumes. On lui fit observer que la forme donnée à sa pensée dans cette phrase pouvait être mal interprétée. Il se hâta de l'effacer, et elle n'a jamais reparu dans les éditions nombreuses du *Traité de la population*.

Mais un de ses antagonistes, M. Godwin, l'avait relevée. — Qu'est-il arrivé ? C'est que M. de Sismondi (un des hommes qui, avec les meilleures intentions du monde, ont fait le plus de mal) a reproduit cette phrase malencontreuse. Aussitôt tous les socialistes s'en sont emparés, et cela leur a suffi pour juger, condamner et exécuter Malthus. Certes ils ont à remercier Sismondi de son érudition ; car, quant à eux, ils n'ont jamais lu ni Malthus ni Godwin.

Les socialistes ont donc fait de la phrase retirée par Malthus lui-même la base de son système. Ils la répètent à satiété : dans un petit volume in-18, M. Pierre Leroux la reproduit au moins quarante fois ; elle défraye les déclamations de tous les réformateurs de deuxième ordre.

Le plus célèbre et le plus vigoureux de cette école ayant fait un chapitre contre Malthus, un jour que je causais avec lui, je lui citai des opinions exprimées dans le *Traité de la population*, et je crus m'apercevoir qu'il n'en avait aucune connaissance. Je lui dis : « Vous, qui avez réfuté Malthus, ne l'auriez-vous pas lu d'un bout à l'autre ? » — « Je ne l'ai pas lu du tout, me répondit-il. Tout son système est renfermé dans une page et résumé par la fameuse progression arithmétique et géométrique : cela me suffit. » — « Apparemment, lui dis-je, vous vous moquez du public, de Malthus, de la vérité, de la conscience et de vous-même.... »

Voilà comment, en France, une opinion prévaut. Cinquante ignares répètent en chœur une méchanceté absurde mise en avant par un plus ignare qu'eux ; et, pour peu que cette méchanceté abonde dans le sens de la vogue et des passions du jour, elle devient un axiome.

La science, il faut pourtant le reconnaître, ne peut pas aborder un problème avec la volonté arrêtée d'arriver à une conclusion consolante. Que penserait-on d'un homme qui étudierait la physiologie, bien résolu d'avance à démontrer que Dieu n'a pas pu vouloir que l'homme fût affligé par la maladie ? Si un physiologiste bâtissait un système sur ces bases et qu'un autre se contentât de lui opposer des faits, il est assez probable que le premier se mettrait en colère, peut-être qu'il taxerait son confrère *d'impiété ;* — mais il est difficile de croire qu'il allât jusqu'à l'accuser d'être l'auteur des maladies.

C'est cependant ce qui est arrivé pour Malthus. Dans un ouvrage nourri de faits et de chiffres, il a exposé une loi qui contrarie beaucoup d'optimistes. Les hommes qui n'ont pas voulu admettre cette loi ont attaqué Malthus avec un acharnement haineux, avec une mauvaise foi flagrante, comme s'il avait lui-même et volontairement jeté devant le genre humain les obstacles qui, selon lui, découlent du principe de la population. — Il eût été plus scientifique de prouver simplement que Malthus se trompe et que sa prétendue loi n'en est pas une.

La population, il faut bien le dire, est un de ces sujets, fort nombreux du reste, qui nous rappellent que l'homme n'a guère que le choix des maux. Quelle qu'ait été l'intention de Dieu, la souffrance est entrée dans son plan. Ne cherchons pas l'harmonie dans l'absence du mal, mais dans son action pour nous ramener au bien et se restreindre lui-même progressivement. Dieu nous a donné le libre arbitre. Il faut que nous *apprenions*, — ce qui est long et difficile, — et puis que nous *agissions* en conformité des lumières acquises, ce qui n'est guère plus aisé. A cette condition, nous nous affranchirons progressivement de la souffrance, mais sans jamais y échapper tout à fait ; car même quand nous parviendrions à éloigner le châtiment d'une manière complète, nous aurions à subir d'autant plus l'effort pénible de la prévoyance. Plus nous nous délivrons du mal de la répression, plus nous nous soumettons à celui de la prévention.

Il ne sert à rien de se révolter contre cet ordre de choses ; il nous enveloppe, il est notre atmosphère. C'est en restant dans cette donnée de la misère et de la grandeur humaines, dont nous ne nous écarterons jamais, que nous allons, avec Malthus, aborder le problème de la population. Sur cette grande question, nous ne serons d'abord que simple rapporteur, en quelque sorte ; ensuite nous dirons notre manière de voir. — Si les lois de la population peuvent se résumer en un court aphorisme, ce sera certes une circonstance heureuse pour l'avancement et la diffusion de la science. Mais si, à raison du nombre et de la mobilité des données du problème, nous trouvons que ces lois répugnent à se laisser renfermer dans une formule brève et rigoureuse, nous saurons y renoncer. L'exactitude même prolixe est préférable à une trompeuse concision.

Nous avons vu que le progrès consiste à faire concourir de plus en plus les forces naturelles à la satisfaction de nos besoins, de manière qu'à chaque nouvelle époque, la même somme d'utilité est obtenue en laissant à la Société — ou plus de loisirs — ou plus de travail à tourner vers l'acquisition de nouvelles jouissances.

D'un autre côté, nous avons démontré que chacune des conquêtes ainsi faites sur la nature, après avoir profité d'abord plus directement à quelques hommes d'initiative, ne tarde pas à devenir, par la loi de la concurrence, le patrimoine commun et gratuit de l'humanité tout entière.

D'après ces prémisses, il semble que le bien-être des hommes aurait dû s'accroître et en même temps s'égaliser rapidement.

Il n'en a pas été ainsi pourtant ; c'est un point de fait incontestable. Il y a dans le monde une multitude de malheureux qui ne sont pas malheureux par leur faute.

Quelles sont les causes de ce phénomène?

Je crois qu'il y en a plusieurs. L'une s'appelle *spoliation*, ou si vous voulez, *injustice*. Les économistes n'en ont parlé qu'incidemment, et en tant qu'elle implique quelque erreur, quelque fausse notion scientifique. Exposant les lois générales, ils n'avaient pas, pensaient-ils, à s'occuper de l'effet de ces lois quand elles n'agissent pas, quand elles sont violées. Cependant la spoliation a joué et joue encore un trop grand rôle dans le monde pour que, même comme économiste, nous puissions nous dispenser d'en tenir compte. Il ne s'agit pas seulement de vols accidentels, de larcins, de crimes isolés. — La guerre, l'esclavage, les impostures théocratiques, les priviléges, les monopoles, les restrictions, les abus de l'impôt, voilà les manifestations les plus saillantes de la spoliation. On comprend quelle influence des forces perturbatrices d'une aussi vaste étendue ont dû avoir et ont encore, par leur présence ou leurs traces profondes, sur l'inégalité des conditions; nous essayerons plus tard d'en mesurer l'énorme portée.

Mais une autre cause qui a retardé le progrès, et surtout qui l'a empêché de s'étendre d'une manière égale sur tous les hommes, c'est, selon quelques auteurs, le principe de la population.

En effet, si, à mesure que la richesse s'accroît, le nombre des hommes entre lesquels elle se partage s'accroît aussi plus rapidement, la richesse absolue peut être plus grande et la richesse individuelle moindre.

Si, de plus, il y a un genre de services que tout le monde puisse rendre, comme ceux qui n'exigent qu'un effort musculaire, et si c'est précisément la classe à qui est dévolue cette fonction, la moins rétribuée de toutes, qui multiplie avec le plus de rapidité, le travail se fera à lui-même une concurrence fatale. Il y aura une dernière couche sociale qui ne profitera jamais du progrès, si elle s'étend plus vite qu'il ne peut se répandre.

On voit de quelle importance fondamentale est le principe de la population.

Ce principe a été formulé par Malthus en ces termes :

La population tend à se mettre au niveau des moyens de subsistance.

Je ferai observer en passant qu'il est surprenant qu'on ait attribué à Malthus l'honneur ou la responsabilité de cette loi vraie ou fausse. Il n'y a peut-être pas un publiciste, depuis Aristote, qui ne l'ait proclamée, et souvent dans les mêmes termes.

C'est qu'il ne faut que jeter un coup d'œil sur l'ensemble des êtres animés pour apercevoir, — sans conserver à cet égard le moindre doute, — que la nature s'est beaucoup plus préoccupée des espèces que des individus.

Les précautions qu'elle a prises pour la perpétuité des races sont prodigieuses, et parmi ces précautions figure la profusion des germes. Cette surabondance paraît calculée partout en raison inverse de la sensibilité, de l'intelligence et de la force avec laquelle chaque espèce résiste à la destruction.

Ainsi, dans le règne végétal, les moyens de reproduction par semences, boutures, etc., que peut fournir un seul individu, sont incalculables. Je ne serais pas étonné qu'un ormeau, si toutes les graines réussissaient, ne donnât naissance chaque année à un million d'arbres. Pourquoi cela n'arrive-t-il pas? parce que toutes ces graines ne rencontrent pas les conditions qu'exige la vie : l'espace et l'aliment. Elles sont détruites; et comme les plantes sont dépourvues de sensibilité, la nature n'a ménagé ni les moyens de reproduction ni ceux de destruction.

Les animaux dont la vie est presque végétative se reproduisent aussi en nombre immense. Qui ne s'est demandé quelquefois comment les huîtres pouvaient multiplier assez pour suffire à l'étonnante consommation qui s'en fait?

A mesure qu'on s'avance dans l'échelle des êtres, on voit bien que la nature a accordé les moyens de reproduction avec plus de parcimonie.

Les animaux vertébrés ne peuvent pas multiplier aussi rapidement que les autres, surtout dans les grandes espèces. La vache porte neuf mois, ne donne naissance qu'à un petit à la fois, et doit le nourrir quelque temps. Cependant il est évident que, dans l'espèce bovine, la faculté reproductive surpasse ce qui serait absolument nécessaire. Dans les pays riches, comme l'Angleterre, la France, la Suisse, le nombre des animaux de cette race s'accroît, malgré l'énorme destruction qui s'en fait; et si nous avions des prairies indéfinies, il n'est pas douteux que nous pourrions arriver tout à la fois à une destruction plus forte et à une reproduction plus rapide. Je mets en fait que, si l'espace et la nourriture ne faisaient pas défaut, nous pourrions avoir dans quelques années dix fois plus de bœufs et de vaches, quoiqu'en mangeant dix fois plus de viande. La faculté reproductive de l'espèce bovine est donc bien loin de nous avoir donné la mesure de toute sa puissance, abstraction faite de toute limite étrangère à elle-même et provenant du défaut d'espace et d'aliment.

Il est certain que la faculté de reproduction, dans l'espèce humaine, est moins puissante que dans toute autre; et cela devait être. La destruction est un phénomène auquel l'homme ne devait pas être soumis au même degré que les animaux, dans les conditions supérieures de sensibilité, d'intelligence et de sympathie où la nature l'a placé. Mais échappe-t-il *physiquement* à cette loi, en vertu de laquelle toutes les espèces ont la faculté de multiplier plus que l'espace et l'aliment ne le permettent? c'est ce qu'il est impossible de supposer.

Je dis *physiquement*, parce que je ne parle ici que de la loi physiologique.

Il existe une différence radicale entre la *puissance physiologique* de multiplier et la multiplication *réelle*.

L'une est la puissance absolue organique, dégagée de tout obstacle, de toute limitation étrangère. — L'autre est la résultante effective de cette force combinée avec l'ensemble de toutes les résistances qui la contiennent et la limitent. Ainsi la puissance de multiplication du pavot sera d'un million par an, peut-être, — et dans un champ de pavots la reproduction réelle sera stationnaire ; elle pourra même décroître.

C'est cette loi physiologique que Malthus a essayé de formuler. Il a recherché dans quelle période un certain nombre d'hommes pourrait doubler, *si l'espace et l'aliment étaient toujours illimités devant eux.*

On comprend d'avance que cette hypothèse de la *satisfaction complète de tous les besoins* n'étant jamais réalisée, la période *théorique* est nécessairement plus courte qu'aucune période observable de doublement *réel*.

L'observation, en effet, donne des nombres très-divers. D'après les recherches de M. Moreau de Jonnès, en prenant pour base le mouvement actuel de la population, le doublement exigerait — 555 ans en Turquie, — 227 en Suisse, — 138 en France, — 106 en Espagne, — 100 en Hollande, — 76 en Allemagne, — 43 en Russie et en Angleterre, — 25 aux États-Unis, en défalquant le contingent fourni par l'immigration.

Pourquoi ces différences énormes? Nous n'avons aucune raison de croire qu'elles tiennent à des causes physiologiques. Les femmes suisses sont aussi bien constituées et aussi fécondes que les femmes américaines.

Il faut que la puissance génératrice absolue soit contenue par des obstacles étrangers. Et ce qui le prouve incontestablement, c'est qu'elle se manifeste aussitôt que quelque circonstance vient à écarter ces obstacles. Ainsi une agriculture perfectionnée, une industrie nouvelle, une source quelconque de richesses locales amène invariablement autour d'elle une génération plus nombreuse. Ainsi, lorsqu'un fléau comme la peste, la famine ou la guerre, détruit une grande partie de la population, on voit aussitôt la multiplication prendre un développement rapide.

Quand donc elle se ralentit ou s'arrête, c'est que l'espace et l'aliment lui manquent ou vont lui manquer; c'est qu'elle se brise contre l'obstacle, ou que, le voyant devant elle, elle recule.

En vérité, ce phénomène, dont l'énoncé a excité tant de clameurs contre Malthus, me paraît hors de contestation.

Si l'on mettait un millier de souris dans une cage, avec ce qui est indispensable chaque jour pour les faire vivre, malgré la fécondité connue de l'espèce, leur nombre ne pourrait pas dépasser mille; ou, s'il allait au delà, il y aurait privation et souffrance, deux choses qui tendent à réduire le nombre. En ce cas, certes, il serait vrai de dire qu'une cause extérieure limite non pas la puissance de fécondité, mais le résultat de la fécondité. Il y aurait certainement antagonisme entre la tendance physiologique et la force limitante d'où résulte la permanence du chiffre. La preuve, c'est que si l'on augmentait graduellement la ration jusqu'à la doubler, on verrait très-promptement deux mille souris dans la cage.

Veut-on savoir ce qu'on répond à Malthus? On lui oppose le *fait*. On lui dit : La preuve que la puissance de reproduction n'est pas indéfinie dans l'homme, c'est qu'en certains pays la population est stationnaire. Si la loi de progression était vraie, si la population doublait tous les vingt-cinq ans, la France, qui avait 30 millions d'habitants en 1820, en aurait aujourd'hui plus de 60 millions.

Est-ce là de la logique?

Quoi! je commence par constater moi-même que la population, en France, ne s'est accrue que d'un cinquième en vingt-cinq ans, tandis qu'elle a doublé ailleurs. J'en cherche la cause. Je la trouve dans le défaut d'espace et d'aliment. Je vois que, dans les conditions de culture, de population et de mœurs où nous sommes aujourd'hui, il y a difficulté de créer assez rapidement des subsistances pour que des générations *virtuelles* naissent, ou que, *nées*, elles subsistent. Je dis que les moyens d'existence ne peuvent pas doubler — ou au moins ne doublent pas — en France tous les vingt-cinq ans. C'est précisément l'ensemble de ces forces négatives qui contient, selon moi, la puissance physiologique ; — et vous m'opposez la lenteur de la multiplication pour en conclure que la puissance physiologique n'existe pas ! Une telle manière de discuter n'est pas sérieuse.

Est-ce avec plus de raison qu'on a contesté la progres-

sion géométrique indiquée par Malthus ? Jamais Malthus
n'a posé cette inepte prémisse : « Les hommes multiplient,
en fait, suivant une progression géométrique. » Il dit au
contraire que *le fait* ne se manifeste pas, puisqu'il cherche
quels sont les obstacles qui s'y opposent, et il ne donne
cette progression que comme formule de la puissance *organique* de multiplication.

Recherchant en combien de temps une population donnée pourrait doubler, *dans la supposition que la satisfaction
de tous les besoins ne rencontrât jamais d'obstacles*, il a fixé
cette période à vingt-cinq ans. Il l'a fixée ainsi, parce que
l'observation directe la lui avait révélée chez le peuple qui,
bien qu'infiniment loin de son hypothèse, s'en rapproche le
plus, — chez le peuple américain. Une fois cette période
trouvée, et comme il s'agit toujours de la puissance *virtuelle* de propagation, il a dit que la population *tendait à
augmenter* dans une progression géométrique.

On le nie. Mais, en vérité, c'est nier l'évidence. — On
peut bien dire que la période de doublement ne serait pas
partout de vingt-cinq ans ; qu'elle serait de 30, de 40, de 50 ;
qu'elle varierait suivant les races. Tout cela est plus ou
moins discutable ; mais, à coup sûr, on ne peut pas dire
que, dans l'hypothèse, la progression ne serait pas géométrique. Si, en effet, cent couples en produisent deux cents
pendant une période donnée, pourquoi deux cents n'en
produiront-ils pas quatre cents dans un temps égal ?

— Parce que, dit-on, la multiplication sera contenue.

— C'est justement ce que dit Malthus.

Mais par quoi sera-t-elle contenue ?

Malthus assigne deux obstacles généraux à la multiplication indéfinie des hommes : il les appelle l'*obstacle préventif* et l'*obstacle répressif*.

La population ne pouvant être contenue au-dessous de
sa tendance physiologique que par défaut de naissances ou

accroissement de décès, il n'est pas douteux que la nomenclature de Malthus ne soit complète.

En outre, quand les conditions de l'espace et de l'aliment sont telles que la population ne peut dépasser un certain chiffre, il n'est pas douteux que l'obstacle destructif a d'autant plus d'action que l'obstacle préventif en a moins. Dire que les naissances peuvent progresser sans que les décès s'accroissent, quand l'aliment est stationnaire, c'est tomber dans une contradiction manifeste.

Il n'est pas moins évident, *à priori*, et indépendamment d'autres considérations économiques extrêmement graves, que dans cette situation l'abstention volontaire est préférable à la répression forcée.

Jusqu'ici donc, et sur tous les points, la théorie de Malthus est incontestable.

Peut-être Malthus a-t-il eu tort d'adopter comme limite de la fécondité humaine cette période de vingt-cinq ans, constatée aux États-Unis. Je sais bien qu'il a cru par là éviter tout reproche d'exagération ou d'abstraction. Comment osera-t-on prétendre, s'est-il dit, que je donne trop de latitude au *possible*, si je me fonde sur le *réel*? Il n'a pas pris garde qu'en mêlant ici le *virtuel* et le *réel*, et qu'en donnant pour mesure *à la loi de multiplication*, abstraction faite de *la loi de limitation*, une période résultant *de faits régis par ces deux lois*, il s'exposait à n'être pas compris. Et c'est ce qui est arrivé. On s'est moqué de ses progressions géométriques et arithmétiques; on lui a reproché de prendre les États-Unis pour type du reste du monde; en un mot, on s'est servi de la confusion qu'il a faite de deux lois distinctes pour lui contester l'une par l'autre.

Lorsqu'on cherche quelle est la puissance abstraite de propagation, il faut mettre pour un moment en oubli tout obstacle physique ou moral, provenant du défaut d'espace, d'aliments et de bien-être. Mais la question une fois posée en ces termes, il est véritablement superflu de la résoudre avec exactitude. — Dans l'espèce humaine, comme dans tous les êtres organisés, cette puissance surpasse, dans une proportion énorme, tous les phénomènes de rapide multiplication que l'on a observés dans le passé, ou qui pourront se montrer dans l'avenir. — Pour le froment, en admettant cinq tiges par semence et vingt grains par tige, un grain a la puissance virtuelle d'en produire dix milliards en cinq années.

Pour l'espèce canine, en raisonnant sur ces deux bases, quatre produits par portée et six ans de fécondité, on trouvera qu'un couple peut donner naissance en douze ans à huit millions d'individus.

— Dans l'espèce humaine, en fixant la puberté à seize ans et la cessation de la fécondité à trente ans, chaque couple pourrait donner naissance à huit enfants. C'est beaucoup que de réduire ce nombre de moitié, à raison de la mortalité prématurée, puisque nous raisonnons dans l'hypothèse de tous les besoins satisfaits, ce qui restreint beaucoup l'empire de la mort. Toutefois ces prémisses nous donnent par période de vingt-quatre ans :

2 — 4 — 8 — 16 — 32 — 64 — 128 — 256 — 512, etc. ;

enfin deux millions en deux siècles.

Si l'on calcule selon les bases adoptées par Euler, la période de doublement sera de douze ans et demi ; huit périodes feront justement un siècle, et l'accroissement dans cet espace de temps sera comme 512 : 2.

A aucune époque, dans aucun pays, on n'a vu le nombre des hommes s'accroître avec cette effrayante rapidité. Selon la *Genèse*, les Hébreux entrèrent en Égypte, au nombre de soixante et dix couples ; on voit dans le livre des *Nombres* que le dénombrement fait par Moïse, deux siècles après, constate la présence de six cent mille hommes au-dessus de vingt et un ans, ce qui suppose une population de deux millions au moins. On peut en déduire le doublement par période de quatorze ans. — Les tables du Bureau des longitudes ne sont guère recevables à contrôler des faits bibliques. Dira-t-on que six cent mille combattants supposent une population supérieure à deux millions, et en conclura-t-on une période de doublement moindre que celle calculée par Euler? — On sera le maître de révoquer en doute le dénombrement de Moïse ou les calculs d'Euler; mais on ne prétendra pas assurément que les Hébreux ont multiplié plus qu'il n'est possible de multiplier. C'est tout ce que nous demandons.

Après cet exemple, qui est vraisemblablement celui où la fécondité de *fait* s'est le plus rapprochée de la fécondité *virtuelle*, nous avons celui des États-Unis. On sait que, dans ce pays, le doublement s'opère en moins de vingt-cinq ans.

Il est inutile de pousser plus loin ces recherches; il suffit de reconnaître que, dans notre espèce, comme dans toutes, la puissance organique de multiplication est supérieure à la multiplication. D'ailleurs il implique contradiction que le réel dépasse le virtuel.

En regard de cette force absolue, qu'il n'est pas besoin de déterminer plus rigoureusement, et que l'on peut, sans inconvénient, considérer comme uniforme, il existe, avons-nous dit, une autre force qui limite, comprime, suspend, dans une certaine mesure, l'action de la première, et lui oppose des obstacles bien différents, suivant les temps et les lieux, les occupations, les mœurs, les lois ou la religion des différents peuples.

J'appelle *loi de limitation* cette seconde force, et il est clair que le mouvement de la population, dans chaque pays, dans chaque classe, est le résultat de l'action combinée de ces deux lois.

Mais en quoi consiste la loi de limitation? On peut dire

d'une manière très-générale, que la propagation de la vie est contenue ou prévenue par la difficulté d'entretenir la vie. Cette pensée, que nous avons déjà exprimée sous la formule de Malthus, il importe de l'approfondir. Elle constitue la partie essentielle de notre sujet [1].

Les êtres organisés, qui ont vie et qui n'ont pas de sentiment, sont rigoureusement passifs dans cette lutte entre les deux principes. Pour les végétaux, il est exactement vrai que le nombre, dans chaque espèce, est limité par les moyens de subsistance. La profusion des germes est infinie, mais les ressources d'espace et de fertilité territoriale ne le sont pas. Les germes se nuisent, se détruisent entre eux ; ils avortent, et, en définitive, il n'en réussit qu'autant que le sol en peut nourrir. — Les animaux sont doués de sentiment, mais ils paraissent, en général, privés de prévoyance ; ils propagent, ils pullulent, ils foisonnent, sans se préoccuper du sort de leur postérité. La mort, une mort prématurée, peut seule borner leur multiplication, et maintenir l'équilibre entre leur nombre et leurs moyens d'existence.

Lorsque M. de Lamennais, s'adressant au peuple, dans son inimitable langage, dit :

« Il y a place pour tous sur la terre, et Dieu l'a rendue assez féconde pour fournir abondamment aux besoins de tous. » — Et plus loin : — « L'auteur de l'univers n'a pas fait l'homme de pire condition que les animaux ; tous ne sont-ils pas conviés au riche banquet de la nature? un seul d'entre eux en est-il exclu? » — Et encore : — « Les plantes des champs étendent l'une près de l'autre leurs racines dans le sol qui les nourrit toutes, et toutes y croissent en paix, aucune d'elles n'absorbe la séve d'une autre. »

Il est permis de ne voir là que des déclamations falla-

---

[1] Tout ce qui suit était écrit en 1846.　　(*Note de l'éditeur.*)

cieuses, servant de prémisses à de dangereuses conclusions, et de regretter qu'une éloquence si admirable soit consacrée à populariser la plus funeste des erreurs.

Certes, il n'est pas vrai qu'aucune plante ne dérobe la séve d'une autre, et que toutes étendent leurs racines sans se nuire dans le sol. Des milliards de germes végétaux tombent chaque année sur la terre, y puisent un commencement de vie, et succombent étouffés par des plantes plus fortes et plus vivaces. — Il n'est pas vrai que tous les animaux qui naissent soient conviés au banquet de la nature et qu'aucun d'eux n'en soit exclu. Parmi les espèces sauvages, ils se détruisent les uns les autres, et, dans les espèces domestiques, l'homme en retranche un nombre incalculable. — Rien même n'est plus propre à montrer l'existence et les relations de ces deux principes : celui de la multiplication et celui de la limitation. Pourquoi y a-t-il en France tant de bœufs et de moutons malgré le carnage qu'il s'en fait? Pourquoi y a-t-il si peu d'ours et de loups, quoiqu'on en tue bien moins et qu'ils soient organisés pour multiplier bien davantage? C'est que l'homme prépare aux uns et soustrait aux autres la subsistance; il dispose à leur égard de la loi de limitation de manière à laisser plus ou moins de latitude à la loi de fécondité.

Ainsi, pour les végétaux comme pour les animaux, la force limitative ne paraît se montrer que sous une forme, la *destruction*. — Mais l'homme est doué de raison, de prévoyance; et ce nouvel élément modifie, change même à son égard le mode d'action de cette force.

Sans doute, en tant qu'être pourvu d'organes matériels, et, pour trancher le mot, en tant qu'animal, la *loi de limitation* par voie de destruction lui est applicable. Il n'est pas possible que le nombre des hommes dépasse les moyens d'existence : cela voudrait dire qu'il existe plus d'hommes qu'il n'en peut exister, ce qui implique contradiction. Si donc la raison, la prévoyance sont assoupies en lui, il se fait végétal, il se fait brute ; alors il est fatal qu'il multiplie, en vertu de la grande loi physiologique qui domine toutes les espèces ; et il est fatal aussi qu'il soit détruit, en vertu de la loi limitative à l'action de laquelle il demeure, en ce cas, étranger.

Mais, s'il est prévoyant, cette seconde loi entre dans la sphère de sa volonté ; il la modifie, il la dirige ; elle n'est vraiment plus la même : ce n'est plus une force aveugle, c'est une force intelligente ; ce n'est plus seulement une loi naturelle, c'est de plus une loi sociale. — L'homme est le point où se rencontrent, se combinent et se confondent ces deux principes, la matière et l'intelligence ; il n'appartient exclusivement ni à l'un ni à l'autre. Donc la *loi de limitation* se manifeste, pour l'espèce humaine, sous deux influences, et maintient la population à un niveau nécessaire, par la double action de la prévoyance et de la destruction.

Ces deux actions n'ont pas une intensité uniforme ; au contraire, l'une s'étend à mesure que l'autre se restreint. Il y a un résultat qui doit être atteint, la limitation : il l'est plus ou moins par *répression* ou par *prévention*, selon que l'homme s'abrutit ou se spiritualise, selon qu'il est plus matière ou plus intelligence, selon qu'il participe davantage de la vie végétative ou de la vie morale ; la loi est plus ou moins hors de lui ou en lui, mais il faut toujours qu'elle soit quelque part.

On ne se fait pas une idée exacte du vaste domaine de la prévoyance, que le traducteur de Malthus a beaucoup circonscrit en mettant en circulation cette vague et insuffisante expression, *contrainte morale*, dont il a encore amoindri la portée par la définition qu'il en donne : « C'est la vertu, dit-il, qui consiste à ne point se marier quand on n'a pas de quoi *faire subsister* une famille, et toutefois à vivre dans la chasteté. » Les obstacles que l'intelligente société hu-

maine oppose à la multiplication *possible* des hommes prennent bien d'autres formes que celle de la contrainte morale ainsi définie. Et par exemple, qu'est-ce que cette sainte
ignorance du premier âge, la seule ignorance sans doute
qu'il soit criminel de dissiper, que chacun respecte, et sur
laquelle la mère craintive veille comme sur un trésor? Qu'est-
ce que la pudeur qui succède à l'ignorance, arme mystérieuse de la jeune fille, qui enchante et intimide l'amant, et
prolonge en l'embellissant la saison des innocentes amours?
N'est-ce point une chose merveilleuse, et qui serait absurde
en toute autre matière, que ce voile ainsi jeté d'abord entre
l'ignorance et la vérité, et ces magiques obstacles placés
ensuite entre la vérité et le bonheur? Qu'est-ce que cette
puissance de l'opinion qui impose des lois si sévères aux relations des personnes de sexe différent, flétrit la plus légère
transgression de ces lois, et poursuit la faiblesse, et sur celle
qui succombe, et, de génération en génération, sur ceux
qui en sont les tristes fruits? Qu'est-ce que cet honneur si
délicat, cette rigide réserve, si généralement admirée même
de ceux qui s'en affranchissent, ces institutions, ces difficultés de convenances, ces précautions de toutes sortes, si ce
n'est l'action de la *loi de limitation* manifestée dans l'ordre
intelligent, moral, *préventif*, et, par conséquent, exclusivement humain ?

Que ces barrières soient renversées, que l'espèce humaine, en ce qui concerne l'union des sexes, ne se préoccupe
ni de convenances, ni de fortune, ni d'avenir, ni d'opinion,
ni de mœurs, qu'elle se ravale à la condition des espèces
végétales et animales : peut-on douter que, pour celle-là
comme pour celles-ci, la puissance de multiplication n'agisse
avec assez de force pour nécessiter bientôt l'intervention
de la *loi de limitation*, manifestée cette fois dans l'ordre
physique, brutal, *répressif*, c'est-à-dire par le ministère de
l'indigence, de la maladie et de la mort?

Est-il possible de nier que, abstraction faite de toute prévoyance et de toute moralité, il n'y ait assez d'attrait dans
le rapprochement des sexes pour le déterminer, dans notre
espèce comme dans toutes, dès la première apparition de
la puberté? Si on la fixe à seize ans, et si les actes de l'état
civil prouvent qu'on ne se marie pas, dans un pays donné,
avant vingt-quatre ans, ce sont donc huit années soustraites
par la partie morale et préventive de la *loi de limitation* à
l'action de la loi de la multiplication; et, si l'on ajoute à
ce chiffre ce qu'il faut attribuer au célibat absolu, on restera convaincu que l'humanité intelligente n'a pas été traitée par le Créateur comme l'animalité brutale, et qu'il est
en sa puissance de transformer la limitation *répressive* en
limitation *préventive*.

Il est assez singulier que l'école spiritualiste et l'école
matérialiste aient, pour ainsi dire, changé de rôle dans
cette grande question : la première, tonnant contre la prévoyance, s'efforce de faire prédominer le principe brutal ;
la seconde, exaltant la partie morale de l'homme, recommande l'empire de la raison sur les passions et les appétits.

C'est qu'il y a en tout ceci un véritable malentendu. Qu'un
père de famille consulte, pour la direction de sa maison, le
prêtre le plus orthodoxe; assurément il en recevra, pour
le cas particulier, des conseils entièrement conformes aux
idées que la science érige en *principes*, et que ce même
prêtre repousse comme tels. « Cachez votre fille, dira le
vieux prêtre ; dérobez-la le plus que vous pourrez aux
séductions du monde ; cultivez, comme une fleur précieuse,
la sainte ignorance, la céleste pudeur qui font à la fois son
charme et sa défense. Attendez qu'un parti honnête et sor-
table se présente ; travaillez cependant, mettez-vous à
même de lui assurer un sort convenable. Songez que le mariage, dans la pauvreté, entraîne beaucoup de souffrances
et encore plus de dangers. Rappelez-vous ces vieux prover-

lles qui sont la sagesse des nations et qui nous avertissent que l'aisance est la plus sûre garantie de l'union et de la paix. Pourquoi vous presseriez-vous? Voulez-vous qu'à vingt-cinq ans votre fille soit chargée de famille, qu'elle ne puisse l'élever et l'instruire selon votre rang et votre condition? Voulez-vous que le mari, incapable de surmonter l'insuffisance de son salaire, tombe d'abord dans l'affliction, puis dans le désespoir, et peut-être enfin dans le désordre? Le projet qui vous occupe est le plus grave de tous ceux auxquels vous puissiez donner votre attention. Pesez-le, mûrissez-le; gardez-vous de toute précipitation, etc. »

Supposez que le père, empruntant le langage de M. de Lamennais, répondît : « Dieu adressa dans l'origine ce commandement à tous les hommes : Croissez et multipliez, et remplissez la terre et subjuguez-la. Et vous, vous dites à une fille : Renonce à la famille, aux chastes douceurs du mariage, aux saintes joies de la maternité ; abstiens-toi, vis seule; que pourrais-tu multiplier que tes misères? » — Croit-on que le vieux prêtre n'aurait rien à opposer à ce raisonnement?

Dieu, dirait-il, n'a pas ordonné aux hommes de croître sans discernement et sans mesure, de s'unir comme les bêtes, sans nulle prévoyance de l'avenir; il n'a pas donné la raison à sa créature de prédilection pour lui en interdire l'usage dans les circonstances les plus solennelles : il a bien ordonné à l'homme de croître, mais pour croître il faut vivre, et pour vivre il faut en avoir les moyens; donc dans l'ordre de croître est impliqué celui de préparer aux jeunes générations des moyens d'existence. — La religion n'a pas mis la virginité au rang des crimes; bien loin de là, elle en a fait une vertu, elle l'a honorée, sanctifiée et glorifiée ; il ne faut donc point croire qu'on viole le commandement de Dieu parce qu'on se prépare à le remplir avec prudence, en vue du bien, du bonheur et de la dignité de la famille. —

Eh bien, ce raisonnement et d'autres semblables, dictés par l'expérience, que l'on entend répéter journellement dans le monde, et qui règlent la conduite de toute famille morale et éclairée, que sont-ils autre chose que l'application, dans des cas particuliers, d'une doctrine générale? ou plutôt, qu'est-ce que cette doctrine, si ce n'est la généralisation d'un raisonnement qui revient dans tous les cas particuliers? Le spiritualiste qui repousse, en principe, l'intervention de la limitation préventive, ressemble au physicien qui dirait aux hommes : « Agissez en toute rencontre comme si la pesanteur existait, mais n'admettez pas la pesanteur en théorie. »

Jusqu'ici nous ne nous sommes pas éloignés de la théorie malthusienne; mais il est un attribut de l'humanité dont il me semble que la plupart des auteurs n'ont pas tenu un compte proportionné à son importance, qui joue un rôle immense dans les phénomènes relatifs à la population, qui résout plusieurs des problèmes que cette grande question a soulevés, et fait renaître dans l'âme du philanthrope une sérénité et une confiance que la science incomplète semblait en avoir bannies; cet attribut compris, du reste, sous les notions de raison et prévoyance, c'est la *perfectibilité.* — L'homme est perfectible; il est susceptible d'amélioration et de détérioration : si, à la rigueur, il peut demeurer stationnaire, il peut aussi monter et descendre les degrés infinis de la civilisation. Cela est vrai des individus, des familles, des nations et des races.

C'est pour n'avoir pas assez tenu compte de toute la puissance de ce principe progressif que Malthus a été conduit à des conséquences décourageantes, qui ont soulevé la répulsion générale.

Car, ne voyant l'*obstacle préventif* que sous une forme ascétique en quelque sorte, et peu acceptée, il faut en convenir, il ne pouvait pas lui attribuer beaucoup de force. Donc,

selon lui, c'est en général l'*obstacle répressif* qui agit; en
d'autres termes, le vice, la misère, la guerre, le crime, etc.

Il y a là, selon moi, une erreur, et nous allons reconnaître que l'action de la force limitative se présente aux
hommes non pas uniquement comme un effort de chasteté,
un acte d'abnégation, mais encore et surtout comme une
condition de bien-être, un mouvement instinctif qui les préserve de déchoir, eux et leur famille.

La population, a-t-on dit, tend à se mettre au niveau des
moyens de subsistance. Je remarquerai qu'à cette expression, *moyens de subsistance*, autrefois universellement admise, J.-B. Say en a substitué une autre beaucoup plus
correcte : *moyens d'existence*. Il semble d'abord que la *subsistance* est seule engagée dans la question. Cela n'est pas;
l'homme ne vit pas seulement de pain, et l'étude des faits
montre clairement que la population s'arrête ou est retardée
lorsque l'ensemble de tous les moyens d'existence, y compris le vêtement, le logement et les autres choses que le climat ou même l'habitude rendent nécessaires, viennent à
faire défaut.

Nous disons donc : La population tend à se mettre au niveau des *moyens d'existence*.

Mais ces moyens sont-ils une chose fixe, absolue, uniforme? Non, certainement : à mesure que l'homme se civilise, le cercle de ses besoins s'étend, on peut le dire même
de la simple *subsistance*. Considérés au point de vue de l'être
perfectible, les *moyens d'existence*, en quoi il faut comprendre la satisfaction des besoins physiques, intellectuels et
moraux, admettent autant de degrés qu'il y en a dans la
civilisation elle-même, c'est-à-dire dans l'infini. Sans doute,
il y a une limite inférieure : apaiser sa faim, se garantir
d'un certain degré de froid, c'est une condition de la vie, et
cette limite, nous pouvons l'apercevoir dans l'état des sauvages d'Amérique et des pauvres d'Europe ; mais une limite

supérieure, je n'en connais pas, il n'y en a pas. Les besoins
naturels satisfaits, il en naît d'autres, qui sont factices d'a-
bord, si l'on veut, mais que l'habitude rend naturels à leur
tour, et, après ceux-ci, d'autres encore, et encore, sans terme
assignable.

Donc, à chaque pas de l'homme dans la voie de la civilisation, ses besoins embrassent un cercle plus étendu, et
les *moyens d'existence*, ce point où se rencontrent les deux
grandes lois de *multiplication* et de *limitation*, se déplace
pour s'exhausser. — Car, quoique l'homme soit susceptible
de détérioration aussi bien que de perfectionnement, il répugne à l'une et aspire à l'autre : ses efforts tendent à le
maintenir au rang qu'il a conquis, à l'élever encore; et *l'habitude*, qu'on a si bien nommée une seconde nature, faisant les fonctions des valvules de notre système artériel, met
obstacle à tout pas rétrograde. Il est donc tout simple que
l'action intelligente et morale qu'il exerce sur sa propre
multiplication se ressente, s'imprègne, s'inspire de ces efforts
et se combine avec ces habitudes progressives.

Les conséquences qui résultent de cette organisation de
l'homme se présentent en foule : nous nous bornerons à en
indiquer quelques-unes. — D'abord nous admettrons bien
avec les économistes que la population et les moyens d'existence se font équilibre ; mais le dernier de ces termes étant
d'une mobilité infinie, et variant avec la civilisation et les
habitudes, nous ne pourrions pas admettre qu'en comparant
les peuples et les classes, la population soit proportionnelle
à la *production*, comme dit J.-B. Say [1], ou aux *revenus*,
comme l'affirme M. de Sismondi. — Ensuite, chaque degré
supérieur de culture impliquant plus de prévoyance, l'obstacle moral et préventif doit neutraliser de plus en plus

---

[1] Il est juste de dire que J.-B. Say a fait remarquer que les *moyens
d'existence* étaient une quantité variable.

l'action de l'obstacle brutal et répressif, à chaque phase de perfectionnement réalisé dans la société ou dans quelques-unes de ses fractions. — Il suit de là que tout progrès social contient le germe d'un progrès nouveau, *vires acquirit eundo*, puisque le mieux-être et la prévoyance s'engendrent l'un l'autre dans une succession indéfinie. — De même, quand, par quelque cause, l'humanité suit un mouvement rétrograde, le malaise et l'imprévoyance sont entre eux cause et effet réciproques, et la déchéance n'aurait pas de terme, si la société n'était pas pourvue de cette force curative, *vis medicatrix*, que la Providence a placée dans tous les corps organisés. Remarquons, en effet, qu'à chaque période dans la déchéance, l'action de la limitation dans son mode destructif devient à la fois plus douloureuse et plus facile à discerner. D'abord il ne s'agit que de détérioration, d'abaissement ; ensuite c'est la misère, la famine, le désordre, la guerre, la mort ; tristes mais infaillibles moyens d'enseignement.

Nous voudrions pouvoir nous arrêter à montrer combien ici la théorie explique les faits, combien, à leur tour, les faits justifient la théorie. Lorsque, pour un peuple ou une classe, les moyens d'existence sont descendus à cette limite inférieure où ils se confondent avec les moyens de pure subsistance, comme en Chine, en Irlande et dans les dernières classes de tous pays, les moindres oscillations de population ou de ressources alimentaires se traduisent en mortalité ; les faits confirment à cet égard l'induction scientifique. — Depuis longtemps la famine ne visite plus l'Europe, et l'on attribue la destruction de ce fléau à une multitude de causes. Il y en a plusieurs sans doute, mais la plus générale c'est que les *moyens d'existence* se sont, par suite du progrès social, exhaussés fort au-dessus des moyens de subsistance. Quand viennent des années disetteuses, on peut sacrifier beaucoup de satisfactions avant d'entreprendre sur les aliments eux-mêmes. — Il n'en est pas ainsi en Chine et en Irlande : quand les hommes n'ont rien au monde qu'un peu de riz ou de pommes de terre, avec quoi achèteront-ils d'autres aliments, si ce riz et ces pommes de terre viennent à manquer ?

Enfin il est une troisième conséquence de la perfectibilité humaine, que nous devons signaler ici, parce qu'elle contredit, en ce qu'elle a de désolant, la doctrine de Malthus. — Nous avons attribué à cet économiste cette formule : — « La population tend à se mettre au niveau des moyens de subsistance. » — Nous aurions dû dire qu'il était allé fort au delà, et que sa véritable formule, celle dont il a tiré des conclusions si affligeantes, est celle-ci : — La population tend *à dépasser* les moyens de subsistance. — Si Malthus avait simplement voulu exprimer par là que, dans la race humaine, la puissance de propager la vie est supérieure à la puissance de l'entretenir, il n'y aurait pas de contestation possible. Mais ce n'est pas là sa pensée : il affirme que, prenant en considération la fécondité absolue, d'une part, de l'autre, la limitation manifestée par ses deux modes, répressif et préventif, le résultat n'en est pas moins la tendance de la population à dépasser les moyens de vivre [1]. — Cela est vrai de toutes les espèces animées, excepté de l'espèce humaine. L'homme est intelligent, et peut faire de la limitation préventive un usage illimité. Il est perfectible, il aspire au perfectionnement, il répugne à la détérioration; le progrès est son état normal ; le progrès implique un usage de plus en plus éclairé de la limitation

[1] Il existe peu de pays dont les populations n'aient une tendance à se multiplier au delà des moyens de subsistance. Une tendance aussi constante que celle-là, doit *nécessairement* engendrer la misère des classes inférieures, et empêcher *toute amélioration durable dans leur condition...* Le principe de la population... accroîtra le nombre des individus *avant* qu'un accroissement dans les moyens de subsistance n'ait eu lieu, etc.

(MALTHUS, *cité par Rossi.*)

préventive : donc *les moyens d'existence s'accroissent plus vite que la population.* Non-seulement ce résultat dérive du principe de la perfectibilité, mais encore il est confirmé par *le fait,* puisque partout le cercle des satisfactions s'est étendu. — S'il était vrai, comme le dit Malthus, qu'à chaque excédant de moyens d'existence corresponde un excédant supérieur de population, la misère de notre race serait fatalement progressive, la civilisation serait à l'origine, et la barbarie à la fin des temps. Le contraire a lieu ; donc la loi de limitation a eu assez de puissance pour contenir le flot de la multiplication des hommes au-dessous de la multiplication des produits.

On voit par ce qui précède combien est vaste et difficile la question de la population. Il est à regretter sans doute que l'on n'en ait pas donné la formule exacte, et naturellement je regrette encore plus de ne pouvoir la donner moi-même. Mais ne voit-on pas combien le sujet répugne aux étroites limites d'un axiome dogmatique ? Et n'est-ce point une vaine tentative que de vouloir exprimer par une équation inflexible les rapports de données essentiellement variables ? — Rappelons ces données.

1° *Loi de multiplication.* Puissance absolue, virtuelle, physiologique, qui est en la race humaine de propager la vie, abstraction faite de la difficulté de l'entretenir. — Cette première donnée, la seule susceptible de quelque précision, est la seule où la précision soit superflue ; car qu'importe où est cette limite supérieure de multiplication dans l'hypothèse, si elle ne peut jamais être atteinte dans la condition réelle de l'homme, qui est d'entretenir la vie à la sueur de son front ?

2° Il y a donc une *limite* à la loi de multiplication. Quelle est cette limite ? Les moyens d'existence, dit-on. Mais qu'est-ce que les moyens d'existence ? C'est un ensemble de satisfactions insaisissable. Elles varient, et, par conséquent déplacent la limite cherchée, selon les lieux, les temps, les races, les rangs, les mœurs, l'opinion et les habitudes.

3° Enfin, en quoi consiste la force qui restreint la population à cette borne mobile? Elle se décompose en deux pour l'homme : celle qui *réprime*, et celle qui *prévient*. Or l'action de la première, inaccessible par elle-même à toute appréciation rigoureuse, est, de plus, entièrement subordonnée à l'action de la seconde, qui dépend du degré de civilisation, de la puissance des habitudes, de la tendance des institutions religieuses et politiques, de l'organisation de la propriété, du travail et de la famille, etc., etc. — Il n'est donc pas possible d'établir entre la loi de multiplication et la loi de limitation une équation dont on puisse déduire la population réelle. En algèbre, *a* et *b* représentent des quantités déterminées qui se nombrent, se mesurent, et dont on peut fixer les proportions ; mais *moyens d'existence*, *empire moral de la volonté*, *action fatale de la mortalité*, ce sont là trois données du problème de la population, des données flexibles en elles-mêmes, et qui, en outre, empruntent quelque chose à l'étonnante flexibilité du sujet qu'elles régissent, l'homme, cet être, selon Montaigne, si merveilleusement ondoyant et divers. Il n'est donc pas surprenant qu'en voulant donner à cette équation une précision qu'elle ne comporte pas, les économistes aient plus divisé que rapproché les esprits, parce qu'il n'est aucun des termes de leurs formules qui ne prête le flanc à une multitude d'objections de raisonnement et de fait.

Entrons maintenant dans le domaine de l'application : l'application, outre qu'elle sert à élucider la doctrine, est le vrai fruit de l'arbre de la science.

Le travail, avons-nous dit, est l'objet unique de l'échange. Pour acquérir une utilité (à moins que la nature ne nous la donne gratuitement), il faut prendre la peine de la produire, ou restituer cette peine à celui qui l'a prise pour nous. L'homme ne crée absolument rien : il arrange, dispose, transporte pour une fin utile ; il ne fait rien de tout cela sans peine, et le résultat de sa peine est sa propriété ; s'il la cède, il a droit à restitution, sous forme d'un service jugé égal après libre débat. C'est là le principe de la valeur, de la rémunération, de l'échange, principe qui n'en est pas moins vrai pour être simple. — Dans ce qu'on appelle *produits*, il entre divers degrés d'*utilité naturelle*, et divers degrés d'*utilité artificielle ;* celle-ci, qui seule implique du travail, est seule la matière des transactions humaines ; et sans contester en aucune façon la célèbre et si féconde formule de J.-B. Say : « Les produits s'échangent contre des produits, » je tiens pour plus rigoureusement scientifique celle-ci : *Le travail s'échange contre du travail*, ou mieux encore : *Les services s'échangent contre des services.*

Il ne faut pas entendre par là que les travaux s'échangent entre eux en raison de leur durée ou de leur intensité ; que toujours celui qui cède une heure de peine, ou bien que celui dont l'effort aurait poussé l'aiguille du dynamomètre à 100 degrés, peut exiger qu'on fasse en sa faveur un effort semblable. La *durée*, l'*intensité* sont deux éléments qui influent sur l'appréciation du travail, mais ils ne sont pas les seuls ; il y a encore du travail plus ou moins répugnant, dangereux, difficile, intelligent, prévoyant, heureux même. Sous l'empire des transactions libres, là où la propriété est complétement assurée, chacun est maître de sa propre peine, et maître, par conséquent, de ne la céder qu'à son prix. Il y a une limite à sa condescendance, c'est le point où il a plus d'avantage à réserver son travail qu'à l'échanger ; il y a aussi une limite à ses prétentions, c'est le point où l'autre partie contractante a intérêt à refuser le troc.

Il y a dans la société autant de couches, si je puis m'exprimer ainsi, qu'il y a de degrés dans le taux de la rémunération. — Le moins rémunéré de tous les travaux est celui

qui se rapproche le plus de l'action brute, automatique;
c'est là une disposition providentielle, à la fois juste, utile
et fatale. Le simple manœuvrier a bientôt atteint cette
limite des prétentions dont je parlais tout à l'heure, car il
n'est personne qui ne puisse exécuter le travail mécanique
qu'il offre ; et il est lui-même acculé à la *limite de sa condescendance*, parce qu'il est incapable de prendre la peine
intelligente qu'il demande. La *durée*, l'*intensité*, attributs
de la matière, sont bien les seuls éléments de rémunération
pour cette espèce de travail matériel; et voilà pourquoi il se
paye généralement *à la journée*. — Tous les progrès de
l'industrie se résument en ceci : remplacer dans chaque produit une certaine somme d'*utilité artificielle* et, par conséquent, onéreuse, par une même somme d'*utilité naturelle*
et partant *gratuite*. Il suit de là que, s'il y a une classe de la
société intéressée plus que toute autre à la libre concurrence, c'est surtout la classe ouvrière. Quel serait son sort, si
les agents naturels, les procédés et les instruments de la
production n'étaient pas constamment amenés, par la compétition, à conférer *gratuitement*, à tous, les résultats de
leur coopération? Ce n'est pas le simple journalier qui sait
tirer parti de la chaleur, de la gravitation, de l'élasticité,
qui invente les procédés et possède les instruments par
lesquels ces forces sont utilisées. A l'origine de ces découvertes, le travail des inventeurs, intelligent au plus haut
degré, est très-rémunéré; en d'autres termes, il fait équilibre à une masse énorme de travail brut; en d'autres termes
encore, son produit est *cher*. Mais la concurrence intervient,
le produit baisse, le concours des services naturels ne profite plus au producteur, mais au consommateur, et le travail
qui les utilisa se rapproche, quant à la rémunération, de
celui où elle se calcule par la durée. — Ainsi, le fonds
commun des richesses gratuites s'accroît sans cesse; les
produits de toute sorte tendent à revêtir et revêtent positi-

vement, de jour en jour, cette condition de *gratuité* sous laquelle nous sont offerts l'eau, l'air et la lumière : donc le niveau de l'humanité aspire à s'élever et à s'égaliser ; donc, abstraction faite de la loi de la population, la dernière classe de la société est celle dont l'amélioration est virtuellement la plus rapide. — Mais nous avons dit abstraction faite des lois de la population ; ceci nous ramène à notre sujet.

Représentons-nous un bassin dans lequel un orifice, qui s'agrandit sans cesse, amène des eaux toujours plus abondantes. A ne tenir compte que de cette circonstance, le niveau devra constamment s'élever ; mais si les parois du bassin sont mobiles, susceptibles de s'éloigner et de se rapprocher, il est clair que la hauteur de l'eau dépendra de la manière dont cette nouvelle circonstance se combinera avec la première. Le niveau baissera, quelque rapide que soit l'accroissement du volume d'eau qui alimente le bassin, si sa capacité s'agrandit plus rapidement encore ; il haussera, si le cercle du réservoir ne s'élargit proportionnellement qu'avec une grande lenteur, plus encore s'il demeure fixe, et surtout s'il se rétrécit.

C'est là l'image de la couche sociale dont nous cherchons les destinées, et qui forme, il faut le dire, la grande masse de l'humanité. La rémunération, les objets propres à satisfaire les besoins, à entretenir la vie, c'est l'eau qui lui arrive par l'orifice élastique. La mobilité des bords du bassin, c'est le mouvement de la population. — Il est certain [1] que les moyens d'existence lui parviennent dans une progression toujours croissante ; mais il est certain aussi que son cadre peut s'élargir suivant une progression supérieure. Donc, dans cette classe, la vie sera plus ou moins heureuse, plus ou moins digne, selon que la loi de limitation, dans sa partie morale, intelligente et préventive, y circonscrira plus ou

_____
[1] Voyez chapitre xi, pages 405 et suiv.

moins, le principe absolu de la multiplication. — Il y a un terme à l'accroissement du nombre des hommes de la classe laborieuse : c'est celui où le fonds progressif de la rémunération est insuffisant pour les faire vivre. Il n'y en a pas à leur amélioration possible, parce que, des deux éléments qui la constituent, l'un, la richesse, grossit sans cesse, l'autre, la population, tombe dans la sphère de leur volonté.

Tout ce que nous venons de dire de la dernière couche sociale, celle où s'exécute le travail le plus brut, s'applique aussi à chacune des autres couches superposées et classées entre elles en raison inverse, pour ainsi dire, de leur grossièreté, de leur matérialité spécifique. A ne considérer chaque classe qu'en elle-même, toutes sont soumises aux mêmes lois générales. Dans toutes, il y a lutte entre la puissance physiologique de multiplication et la puissance morale de limitation. La seule chose qui diffère d'une classe à l'autre, c'est le point de rencontre de ces deux forces, la hauteur où la rémunération porte, où les habitudes fixent, entre les deux lois, cette limite qu'on nomme *moyens d'existence.*

Mais si nous considérons les diverses couches, non plus en elles-mêmes, mais dans leurs rapports réciproques, je crois que l'on peut discerner l'influence de deux principes agissant en sens inverse, et c'est là qu'est certainement l'explication de la condition réelle de l'humanité. — Nous avons établi comment tous les phénomènes économiques, et spécialement la loi de la concurrence, tendaient à l'égalité des conditions ; cela ne nous paraît pas théoriquement contestable. Puisque aucun avantage naturel, aucun procédé ingénieux, aucun des instruments par lesquels ces procédés sont mis en œuvre, ne peuvent s'arrêter définitivement aux producteurs en tant que tels ; puisque les résultats, par une dispensation irrésistible de la Providence, tendent à devenir le patrimoine commun, gratuit, et par

conséquent égal de tous les hommes, il est clair que la classe
la plus pauvre est celle qui tire le plus de profit *relatif* de
cette admirable disposition des lois de l'économie sociale.
Comme le pauvre est aussi libéralement traité que le riche
à l'égard de l'air respirable, de même il devient l'égal du
riche pour toute cette partie du prix des choses que le progrès anéantit sans cesse. Il y a donc au fond de la race humaine une tendance prodigieuse vers *l'égalité.* Je ne parle
pas ici d'une tendance d'aspiration, mais de réalisation. —
Cependant l'égalité ne se réalise pas, ou elle se réalise si
lentement qu'à peine, en comparant deux siècles éloignés,
s'aperçoit-on de ses progrès. Ils sont même si peu sensibles,
que beaucoup de bons esprits les nient, quoique certainement à tort. — Quelle est la cause qui retarde cette fusion
des classes dans un niveau commun et toujours progressif?

Je ne pense pas qu'il faille la chercher ailleurs que dans
les divers degrés de cette *prévoyance* qui anime chaque
couche sociale à l'égard de la population. — La loi de la
limitation, avons-nous dit, est à la disposition des hommes
en ce qu'elle a de *moral* et de *préventif.* L'homme, avons-
nous dit encore, est perfectible, et à mesure qu'il se perfectionne, il fait un usage plus intelligent de cette loi. Il est
donc naturel que les classes, à mesure qu'elles sont plus
éclairées, sachent se soumettre à des efforts plus efficaces,
s'imposer des sacrifices mieux entendus pour maintenir leur
population respective au niveau des *moyens d'existence* qui
lui sont propres.

Si la statistique était assez avancée, elle convertirait probablement en certitude cette induction théorique en montrant que les mariages sont moins précoces dans les hautes
que dans les basses régions de la société. — Or, s'il en est
ainsi, il est aisé de comprendre que, dans le grand marché
où toutes les classes portent leurs services respectifs, où

s'échangent les travaux de diverses natures, le travail brut s'offre en plus grande abondance relative que le travail intelligent, ce qui explique la persistance de cette inégalité des conditions, que tant et de si puissantes causes d'un autre ordre tendent incessamment à effacer.

La théorie que nous venons d'exposer succinctement conduit à ce résultat pratique, que les meilleures formes de la philanthropie, les meilleures institutions sociales sont celles qui, agissant dans le sens du plan providentiel tel que les harmonies sociales nous le révèlent, à savoir, l'égalité dans le progrès, font descendre dans toutes les couches de l'humanité, et spécialement dans la dernière, la connaissance, la raison, la moralité, la prévoyance.

Nous disons les institutions, parce qu'en effet, la prévoyance résulte autant des nécessités de position que de délibérations purement intellectuelles. Il est telle organisation de la propriété, ou, pour mieux dire, de l'exploitation, qui favorise plus qu'une autre ce que les économistes nomment la connaissance du marché et, par conséquent, la *prévoyance*. Il paraît certain, par exemple, que le métayage est beaucoup plus efficace que le fermage [1] pour opposer l'obstacle préventif à l'exubérance de la population dans la classe inférieure. Une famille de métayers est beaucoup mieux en mesure qu'une famille de journaliers de sentir les inconvénients des mariages précoces et d'une multiplication désordonnée.

Nous disons encore les formes de la philanthropie. En effet, l'aumône peut faire un bien actuel et local, mais elle ne peut avoir qu'une influence bien restreinte, si même elle n'est funeste, sur le bien-être de la classe laborieuse; car elle ne développe pas, peut-être même paralyse-t-elle la vertu la plus propre à élever cette classe, la *prévoyance*. Propa-

---

[1] Qui nécessite la classe des journaliers.

ger des idées saines, et surtout les habitudes empreintes
d'une certaine dignité, c'est là le plus grand bien, le
bien permanent que l'on peut conférer aux classes inférieures.

Les *moyens d'existence*, nous ne saurions trop le répéter,
ne sont pas une quantité fixe ; ils dépendent des mœurs, de
l'opinion, des *habitudes*. A tous les degrés de l'échelle sociale, on éprouve la même répugnance à descendre du milieu dont on a l'habitude qu'on en peut ressentir au degré
le plus inférieur. Peut-être même la souffrance est-elle plus
grande chez l'aristocrate dont les nobles rejetons se perdent
dans la bourgeoisie, que chez le bourgeois dont les fils se
font manœuvres, ou chez les manœuvres dont les enfants
sont réduits à la mendicité. L'*habitude* d'un certain bien-
être, d'une certaine dignité dans la vie, est donc le plus fort
des stimulants pour mettre en œuvre la prévoyance ; et si la
classe ouvrière s'élève une fois à certaines jouissances, elle
n'en voudra pas descendre, dût-elle, pour s'y maintenir et
conserver un salaire en harmonie avec ses nouvelles habitudes, employer l'infaillible moyen de la limitation préventive.

C'est pourquoi je considère comme une des plus belles manifestations de la philanthropie la résolution, qui paraît avoir
été prise en Angleterre par beaucoup de propriétaires et de
manufacturiers, d'abattre les *cottages* de boue et de chaume,
pour y substituer des maisons de briques, propres, spacieu-
ses, bien éclairées, bien aérées et convenablement meu-
blées. Si cette mesure était générale, elle élèverait le ton
de la classe ouvrière, convertirait en besoins réels ce
qui aujourd'hui est un luxe relatif, elle exhausserait cette
limite qu'on nomme *moyens d'existence*, et, par suite,
l'*étalon de la rémunération* à son degré inférieur. —
Pourquoi pas ? La dernière classe dans les pays civilisés
est bien au-dessus de la dernière classe des peuples sau-

vages. Elle s'est élevée; pourquoi ne s'élèverait-elle pas encore?

Cependant il ne faut pas se faire illusion ; le progrès ne peut être que très-lent parce qu'il faut qu'il soit *général*, à quelque degré. On concevrait qu'il pût se réaliser rapidement sur un point du globe, si les peuples n'exerçaient aucune influence les uns sur les autres ; mais il n'en est pas ainsi : il y a une grande loi de *solidarité*, pour la race humaine, dans le progrès comme dans la détérioration. Si en Angleterre, par exemple, la condition des ouvriers s'améliorait sensiblement, par suite d'une hausse générale des salaires, l'industrie française aurait plus de chances de surmonter sa rivale, et, par son essor, modérerait le mouvement progressif qui se serait manifesté de l'autre côté du détroit. Il semble que la Providence n'a pas voulu qu'un peuple pût s'élever au-dessus d'un autre au delà de certaines limites; ainsi, dans le vaste ensemble, comme dans les moindres détails de la société humaine, nous trouvons toujours que des forces admirables et inflexibles tendent à conférer, en définitive, à la masse, des avantages individuels ou collectifs, et à ramener toutes les supériorités sous le joug d'un niveau commun, qui, comme celui de l'Océan dans les heures du flux, s'égalise sans cesse et s'élève toujours.

En résumé, la perfectibilité, qui est le caractère distinctif de l'homme, étant donnée, l'action de la concurrence et la loi de la limitation étant connues, le sort de la race humaine, au seul point de vue de ses destinées terrestres, nous semble pouvoir se résumer ainsi : 1° élévation de toutes les couches sociales à la fois, ou du niveau général de l'humanité; 2° rapprochement indéfini de tous les degrés, et annihilation successive des distances qui séparent les classes, jusqu'à une limite posée par la justice absolue; 3° diminution relative, quant au nombre, de la dernière et de la première couche sociale, et extension des couches intermédiaires. — On dira

que ces lois doivent amener l'égalité absolue. — Pas plus
que le rapprochement éternel de la droite et de l'asymptote
n'en doivent amener la fusion. . . . .

. . . .

Ce chapitre, écrit en grande partie dès 1846, ne traduit peut-être pas
assez nettement l'opposition de l'auteur aux idées de Malthus.
Bastiat y fait bien ressortir l'action inaperçue et naturellement préventive du mobile individualiste, — le désir progressif du bien-être, l'ambition du mieux ; et l'habitude qui fait à chacun du bien-être acquis un
véritable besoin, *une limite inférieure des moyens d'existence*, au-dessous
de laquelle personne ne veut voir tomber sa famille. Mais ce n'est là que
le côté négatif en quelque sorte de la loi ; il montre seulement que, dans
toute société fondée sur la propriété et la famille, *la population ne peut
être un danger*.
Il restait à faire voir que *la population est par elle-même une force*, à
prouver l'accroissement nécessaire de puissance productive qui résulte de
la densité de la population. C'est là, comme l'auteur l'a dit lui-même,
page 115, l'élément important négligé par Malthus, et qui, là où Malthus
avait vu discordance, nous fera voir harmonie.
Des prémisses indiquées au chapitre *De l'échange*, pages 115 et 116,
prémisses qu'il se proposait de développer en traitant de la population,
voici la conclusion tout à fait anti-malthusienne que voulait tirer Bastiat.
Nous la trouvons dans une des dernières notes qu'il ait écrites, et il
recommande d'y insister :
« Au chapitre sur l'échange, on a démontré que, dans l'isolement, les
« besoins étaient supérieurs aux facultés; que, dans l'état social, les
« facultés étaient supérieures aux besoins.
« Cet excédant des facultés sur les besoins provient de l'échange qui
« est — association des efforts, — séparation des occupations.
« De là une action et une réaction de causes et d'effets dans un cercle
« de progrès infini.
« La supériorité des facultés sur les besoins, créant à chaque généra-
« tion un excédant de richesse, lui permet d'élever une génération plus
« nombreuse. — Une génération plus nombreuse, c'est une meilleure et
« plus profonde séparation d'occupations, c'est un nouveau degré de
« supériorité donné aux facultés sur les besoins.
« Admirable harmonie !
« Ainsi, à une époque donnée, l'ensemble des besoins généraux étant
« représenté par 100, et celui des facultés par 110, l'excédant 10 se par-
« tage, — 5, par exemple, à améliorer le sort des hommes, à provoquer
« des besoins plus élevés, à développer en eux le sentiment de la di-
« gnité, etc., — et 5 à augmenter leur nombre.
« A la seconde génération, les besoins sont 110, — savoir : 5 de plus
« en quantité, et 5 de plus en qualité.

« Mais par cela même (par la double raison du développement phy-
« sique, intellectuel et moral plus complet, et de la densité plus grande,
« qui rend la production plus facile), les facultés ont augmenté aussi en
« puissance. Elles seront représentées, par exemple, par le chiffre 120
« ou 130.

« Nouvel excédant, nouveau partage, etc.

« Et qu'on ne craigne pas le *trop-plein*, l'élévation dans les besoins,
« qui n'est autre chose que le sentiment de la dignité, est une limite
« naturelle..... »

(Note de l'éditeur.)

XVII

SERVICES PRIVÉS, SERVICES PUBLICS

Les *services* s'échangent contre des *services*.

L'*équivalence* des *services* résulte de l'échange volontaire et du libre débat qui le précède.

En d'autres termes, chaque *service* jeté dans le milieu social *vaut* autant que tout autre service auquel il fait équilibre, pourvu que toutes les *offres* et toutes les *demandes* aient la *liberté* de se produire, de se comparer, de se discuter.

On aura beau épiloguer et subtiliser, il est impossible de concevoir l'idée de valeur sans y associer celle de liberté.

Quand aucune violence, aucune restriction, aucune fraude ne vient altérer l'équivalence des services, on peut dire que la *justice* règne.

Ce n'est pas à dire que l'humanité soit alors arrivée au terme de son perfectionnement; car la liberté laisse toujours une place ouverte aux erreurs des appréciations individuelles. L'homme est dupe souvent de ses jugements et de ses passions; il ne classe pas toujours ses désirs dans l'ordre le plus raisonnable. Nous avons vu qu'un service peut être apprécié à sa valeur sans qu'il y ait une proportion raisonnable entre sa valeur et son utilité; il suffit pour cela que nous donnions le pas à certains désirs sur d'autres. C'est le progrès de l'intelligence, du bon sens et des mœurs qui réalise de plus en plus cette belle proportion, en mettant chaque service à sa place morale, si je puis m'exprimer ainsi. Un objet futile, un spectacle puéril, un plaisir immoral, peuvent avoir un grand prix dans un pays et être dédaignés et flétris dans un autre. L'équivalence des services est donc autre chose que la juste appréciation de leur utilité. Mais, encore sous ce rapport, c'est la liberté, le sens de la responsabilité qui corrigent et perfectionnent nos goûts, nos désirs, nos satisfactions et nos appréciations.

Dans tous les pays du monde, il y a une classe de services qui, quant à la manière dont ils sont rendus, distribués et rémunérés, accomplissent une évolution tout autre que les services privés ou libres. Ce sont les *services publics*.

Quand un besoin a un caractère d'universalité et d'uniformité suffisant pour qu'on puisse l'appeler *besoin public*, il peut convenir à tous les hommes qui font partie d'une même agglomération (Commune, Province, Nation) de pourvoir à la satisfaction de ce besoin par une action ou par une délégation collective. En ce cas, ils nomment des fonctionnaires chargés de rendre et de distribuer dans la communauté le service dont il s'agit, et ils pourvoient à sa rémunération par une cotisation qui est, du moins en principe, proportionnelle aux facultés de chaque associé.

Au fond, les éléments primordiaux de l'économie sociale ne sont pas nécessairement altérés par cette forme particulière de l'échange, surtout quand le consentement de toutes les parties est supposé. C'est toujours transmission d'efforts, transmission de services. Les fonctionnaires travaillent pour satisfaire les besoins des contribuables; les contribuables travaillent pour satisfaire les besoins des fonctionnaires. La valeur relative de ces services réciproques est déterminée par un procédé que nous aurons à examiner; mais les principes essentiels de l'échange, du moins abstraitement parlant, restent intacts.

C'est donc à tort que quelques auteurs, dont l'opinion était influencée par le spectacle de taxes écrasantes et abusives, ont considéré comme *perdue* toute valeur consacrée aux services publics[1]. Cette condamnation tranchante ne soutient pas l'examen. En tant que *perte* ou *gain*, le *service public* ne diffère en rien, scientifiquement, du *service privé*. Que je garde mon champ moi-même, que je paye l'homme qui le garde, que je paye l'État pour le faire garder, c'est toujours un sacrifice mis en regard d'un avantage. D'une manière ou de l'autre je perds l'effort, sans doute, mais je gagne la sécurité. Ce n'est pas une perte, c'est un échange.

Dira-t-on que je donne un objet matériel, et ne reçois rien qui ait corps et figure? Ce serait retomber dans la fausse théorie de la valeur. Tant qu'on a attribué la valeur à la matière, non aux services, on a dû croire que tout service public était sans valeur ou perdu. Plus tard, quand on a flotté entre le vrai et le faux au sujet de la valeur, on a dû flotter aussi entre le vrai et le faux au sujet de l'impôt.

Si l'impôt n'est pas nécessairement une perte, encore moins est-il nécessairement une spoliation[2]. Sans doute,

---

[1] « Du moment que cette valeur est payée par le contribuable, elle « est perdue pour lui; du moment qu'elle est consommée par le gouver- « nement, elle est perdue pour tout le monde et ne se reverse point dans « la société. »

(J.-B. SAY, *Traité d'économie politique*, liv. III, chap. IX, p. 504.)

Sans doute; mais la société gagne en retour le service qui lui est rendu, la sécurité, par exemple. Du reste, Say rétablit, quelques lignes plus bas, la vraie doctrine en ces termes :

« Lever un impôt, c'est faire tort à la société, tort qui n'est compensé « par aucun avantage, *toutes les fois qu'on ne lui rend aucun service en* « *échange.* » (*Ibidem.*)

[2] « Les contributions publiques, même lorsqu'elles sont consenties par « la nation, sont une violation des propriétés, puisqu'on ne peut pré- « lever des valeurs que sur celles qu'ont produites les terres, les capi- « taux et l'industrie des particuliers. Aussi, *toutes les fois qu'elles excè-*

dans les sociétés modernes, la spoliation par l'impôt s'exerce sur une immense échelle. Nous le verrons plus tard ; c'est une des causes les plus actives entre toutes celles qui troublent l'équivalence des services et l'harmonie des intérêts. Mais le meilleur moyen de combattre et de détruire les abus de l'impôt, c'est de se préserver de cette exagération qui le représente comme spoliateur *par essence*.

Ainsi considérés en eux-mêmes, dans leur nature propre, à l'état normal, abstraction faite de tout abus, les *services publics* sont, comme les *services privés*, de purs échanges.

Mais les procédés par lesquels, dans ces deux formes de l'échange, les services se comparent, se débattent, se transmettent, s'équilibrent et manifestent leur valeur, sont si différents en eux-mêmes et quant à leurs effets, que le lecteur me permettra sans doute de traiter avec quelque étendue ce difficile sujet, un des plus intéressants qui puissent s'offrir aux méditations de l'économiste et de l'homme d'État. A vrai dire, c'est ici qu'est le nœud par lequel la politique se rattache à l'économie sociale. C'est ici qu'on peut marquer l'origine et la portée de cette erreur, la plus funeste qui ait jamais infecté la science, et qui consiste à confondre la société et le gouvernement, — la *société*, ce *tout* qui embrasse à la fois les services privés et les services publics, et le *gouvernement*, cette fraction dans laquelle n'entrent que les services publics.

Quand, par malheur, en suivant l'école de Rousseau et de tous les républicains français ses adeptes, on se sert indifféremment des mots gouvernement et société, on décide implicitement, d'avance, sans examen, que l'État peut

---

« *dent la somme indispensable pour la conservation de la société*, il est
« permis de les considérer comme une spoliation. »   (*Ibidem.*)
Ici encore la proposition incidente corrige ce que le jugement aurait de trop absolu. La doctrine que *les services s'échangent contre les services*, simplifie beaucoup le problème et la solution.

et doit absorber l'activité privée tout entière, la liberté, la responsabilité individuelles ; on décide que tous les services privés doivent être convertis en services publics ; on décide que l'ordre social est un fait contingent et conventionnel auquel la loi donne l'existence ; on décide l'omnipotence du législateur et la déchéance de l'humanité.

En fait, nous voyons les services publics ou l'action gouvernementale s'étendre ou se restreindre selon les temps, les lieux, les circonstances, depuis le communisme de Sparte ou des missions du Paraguay, jusqu'à l'individualisme des États-Unis, en passant par la centralisation française.

La première question qui se présente à l'entrée de la Politique, en tant que science, est donc celle-ci :

Quels sont les services qui doivent rester dans le domaine de l'activité privée ? — quels sont ceux qui doivent appartenir à l'activité collective ou publique ?

Question qui revient à celle-ci :

Dans le grand cercle qui s'appelle *société*, tracer rationnellement le cercle inscrit qui s'appelle *gouvernement*.

Il est évident que cette question se rattache à l'économie politique, puisqu'elle exige l'étude comparée de deux formes très-différentes de l'échange.

Une fois ce problème résolu, il en reste un autre : Quelle est la meilleure organisation des services publics ? Celui-ci appartient à la politique pure, nous ne l'aborderons pas.

Examinons les différences essentielles qui caractérisent les *services privés* et les *services publics*, étude préalable nécessaire pour fixer la ligne rationnelle qui doit les séparer.

Toute la partie de cet ouvrage qui précède ce chapitre a été consacrée à montrer l'évolution du *service privé*. Nous l'avons vu poindre dans cette proposition formelle ou tacite :

Fais ceci pour moi, je ferai cela pour toi ; ce qui implique, soit quant à ce qu'on cède, soit quant à ce qu'on reçoit, un double consentement réciproque. Les notions de troc, échange, appréciation, valeur, ne se peuvent donc concevoir sans *liberté*, non plus que celle-ci sans *responsabilité*. En recourant à l'échange, chaque partie consulte, à ses risques et périls, ses besoins, ses goûts, ses désirs, ses facultés, ses affections, ses convenances, l'ensemble de sa situation ; et nous n'avons nié nulle part qu'à l'exercice du libre arbitre ne s'attache la possibilité de l'erreur, la possibilité d'un choix déraisonnable ou insensé. La faute n'en est pas à l'échange, mais à l'imperfection de la nature humaine ; et le remède ne saurait être ailleurs que dans la *responsabilité* elle-même (c'est-à-dire dans la liberté), puisqu'elle est la source de toute expérience. Organiser la contrainte dans l'échange, détruire le libre arbitre sous prétexte que les hommes peuvent se tromper, ce ne serait rien améliorer ; à moins que l'on ne prouve que l'agent chargé de contraindre ne participe pas à l'imperfection de notre nature, n'est sujet ni aux passions ni aux erreurs, et n'appartient pas à l'humanité. N'est-il pas évident, au contraire, que ce serait non-seulement déplacer la responsabilité, mais encore l'anéantir, du moins en ce qu'elle a de plus précieux, dans son caractère rémunérateur, vengeur, expérimental, correctif et par conséquent progressif ? Nous avons vu encore que les échanges libres, ou les services librement reçus et rendus étendent sans cesse, sous l'action de la concurrence, le concours des forces gratuites proportionnellement à celui des forces onéreuses, le domaine de la communauté proportionnellement au domaine de la propriété ; et nous sommes arrivés ainsi à reconnaître, dans la liberté, la puissance qui réalise de plus en plus l'égalité en tous sens progressive, ou l'Harmonie sociale.

Quant aux procédés de l'échange libre, ils n'ont pas besoin d'être décrits, car si la contrainte a des formes infinies, la liberté n'en a qu'une. Encore une fois, la transmission libre et volontaire des services privés est définie par ces simples paroles : « Donne-moi ceci, je te donnerai cela ; — fais ceci pour moi, je ferai cela pour toi. » *Do ut des; facio ut facias.*

Ce n'est pas ainsi que s'échangent les *services publics*. Ici, dans une mesure quelconque, la *contrainte* est inévitable, et nous devons rencontrer des formes infinies, depuis le despotisme le plus absolu, jusqu'à l'intervention la plus universelle et la plus directe de tous les citoyens.

Encore que cet idéal politique n'ait été réalisé nulle part, encore que peut-être il ne le soit jamais que d'une manière bien fictive, nous le supposerons cependant. Car que cherchons-nous ? Nous cherchons les modifications qui affectent les *services* quand ils entrent dans le domaine public ; et, au point de vue de la science, nous devons faire abstraction des violences particulières et locales, pour considérer le service public en lui-même et dans les circonstances les plus légitimes. En un mot, nous devons étudier la transformation qu'il subit par cela seul qu'il devient public, abstraction faite de la cause qui l'a rendu tel et des abus qui peuvent se mêler aux moyens d'exécution.

Le procédé consiste en ceci :

Les citoyens nomment des mandataires. Ces mandataires réunis décident, à la majorité, qu'une certaine catégorie de besoins, par exemple, le besoin d'instruction, ne sera plus satisfaite par le libre effort ou par le libre échange des citoyens, mais qu'il y sera pourvu par une classe de fonctionnaires spécialement délégués à cette œuvre. Voilà pour le service *rendu*. Quant au service *reçu*, comme l'État s'empare du temps et des facultés des nouveaux fonctionnaires au profit des citoyens, il faut aussi qu'il prenne des moyens d'existence aux citoyens au profit des fonctionnaires. Ce qui s'opère par une cotisation ou contribution générale.

En tout pays civilisé, cette contribution se paye en argent. Il est à peine nécessaire de faire remarquer que derrière cet argent il y a du travail. Au fond, on s'acquitte en nature. Au fond, les citoyens travaillent pour les fonctionnaires, et les fonctionnaires pour les citoyens, de même que dans les services libres les citoyens travaillent les uns pour les autres.

Nous plaçons ici cette observation pour prévenir un sophisme très-répandu, né de l'illusion monétaire. On entend souvent dire : L'argent reçu par les fonctionnaires retombe en pluie sur les citoyens. Et l'on infère de là que cette prétendue pluie est un second bien ajouté à celui qui résulte du service. En raisonnant ainsi on est arrivé à justifier les fonctions les plus parasites. On ne prend pas garde que si le service fût resté dans le domaine de l'activité privée, l'argent qui, au lieu d'aller au trésor et de là aux fonctionnaires, aurait été directement aux hommes qui se seraient chargés de rendre librement le service, cet argent, dis-je, serait aussi retombé en pluie dans la masse. Ce sophisme ne résiste pas quand on porte la vue au delà de la circulation des espèces, quand on voit qu'au fond il y a du travail échangé contre du travail, des services contre des services. Dans l'ordre public, il peut arriver que des fonctionnaires reçoivent des services sans en rendre; alors il y a perte pour le contribuable, quelque illusion que puisse nous faire à cet égard le mouvement des écus.

Quoi qu'il en soit, reprenons notre analyse :

Voici donc un échange sous une forme nouvelle. Échange implique deux termes : *donner* et *recevoir*. Examinons donc comment est affectée la transaction, de privée devenue publique, au double point de vue des services *rendus* et *reçus*.

En premier lieu, nous constatons que toujours ou presque toujours le service public éteint, en droit ou en fait,

le service privé de même nature. Quand l'État se charge
d'un service, généralement il a soin de décréter que nul
autre que lui ne le pourra rendre, surtout s'il a en vue de
se faire du même coup un revenu. Témoin la poste, le
tabac, les cartes à jouer, la poudre à canon, etc., etc. Ne
prît-il pas cette précaution, le résultat serait le même.
Quelle industrie peut s'occuper de rendre au public un service que l'État rend pour rien ? On ne voit guère personne
chercher des moyens d'existence dans l'enseignement libre
du droit ou de la médecine, dans l'exécution de grandes
routes, dans l'élève d'étalons pur sang, dans la fondation
d'écoles d'arts et métiers, dans le défrichement des terres
algériennes, dans l'exhibition de Musées, etc., etc. Et la
raison en est que le public n'ira pas acheter ce que l'État
lui donne pour rien. Ainsi que le disait M. de Cormenin,
l'industrie des cordonniers tomberait bien vite, fût-elle
déclarée inviolable par le premier article de la Constitution,
si le gouvernement s'avisait de chausser gratuitement tout
le monde.

A la vérité, le mot *gratuit* appliqué aux services publics
renferme le plus grossier et, j'ose dire, le plus puéril des
sophismes.

J'admire, pour moi, l'extrême gobe-moucherie avec laquelle le public se laisse prendre à ce mot. Ne voulez-vous
pas, nous dit-on, l'instruction *gratuite*, les haras *gratuits*?

Certes, oui, j'en veux, et je voudrais aussi l'alimentation
gratuite, le logement gratuit..... si c'était possible.

Mais il n'y a de vraiment gratuit que ce qui ne coûte
rien à personne. Or les services publics coûtent à tout
le monde ; c'est parce que tout le monde les a payés d'a-
vance qu'ils ne coûtent plus rien à celui qui les reçoit.
Celui-ci, qui a payé sa part de la cotisation générale, se
gardera bien d'aller se faire rendre le service, en payant,
par l'industrie privée.

Ainsi le service public se substitue au service privé. Il n'ajoute rien au travail général de la nation, ni à sa richesse. Il fait faire par des fonctionnaires ce qu'eût fait l'industrie privée. Reste à savoir encore laquelle des deux opérations entraînera le plus d'inconvénients accessoires. Le but de ce chapitre est de résoudre ces questions.

Dès que la satisfaction d'un besoin devient l'objet d'un service public, elle est soustraite en grande partie au domaine de la liberté et de la responsabilité individuelles. L'individu n'est plus libre d'en acheter ce qu'il en veut, quand il le veut, de consulter ses ressources, ses convenances, sa situation, ses appréciations morales, non plus que l'ordre successif selon lequel il lui semble raisonnable de pourvoir à ses besoins. Bon gré, mal gré, il faut qu'il retire du milieu social, non cette mesure du service qu'il juge utile, ainsi qu'il le fait pour les services privés, mais la part que le gouvernement a jugé à propos de lui préparer, quelles qu'en soient la quantité et la qualité. Peut-être n'a-t-il pas du pain à sa faim, et cependant on lui prend une partie de ce pain, qui lui serait indispensable, pour lui donner une instruction ou des spectacles dont il n'a que faire. Il cesse d'exercer un libre contrôle sur ses propres satisfactions, et n'en ayant plus la responsabilité, naturellement il cesse d'en avoir l'intelligence. La prévoyance lui devient aussi inutile que l'expérience. Il s'appartient moins, il a perdu une partie de son libre arbitre, il est moins progressif, il est moins homme. Non-seulement il ne juge plus par lui-même dans un cas donné, mais il se déshabitue de juger pour lui-même. Cette torpeur morale, qui le gagne, gagne par la même raison tous ses concitoyens; et l'on a vu ainsi des nations entières tomber dans une funeste inertie [1].

---

[1] Les effets de cette transformation ont été rendus sensibles par un exemple que citait M. le ministre de la guerre d'Hautpoul. « Il revient

Tant qu'une catégorie de besoins et de satisfactions correspondantes reste dans le domaine de la liberté, chacun se fait à cet égard sa propre loi et la modifie à son gré. Cela semble naturel et juste, puisqu'il n'y a pas deux hommes qui se trouvent dans des circonstances identiques, ni un homme pour lequel les circonstances ne varient d'un jour à l'autre. Alors toutes les facultés humaines, la comparaison, le jugement, la prévoyance, restent en exercice. Alors toute bonne détermination amène sa récompense comme toute erreur son châtiment; et l'expérience, ce rude suppléant de la prévoyance, remplit au moins sa mission, de telle sorte que la société ne peut manquer de se perfectionner.

Mais quand le service devient public, toutes les lois individuelles disparaissent pour se fondre, se généraliser dans une loi écrite, coercitive, la même pour tous, qui ne tient nul compte des situations particulières, et frappe d'inertie les plus nobles facultés de la nature humaine.

« à chaque soldat, disait-il, 16 centimes pour son alimentation. Le gou-
« vernement leur prend ces 16 centimes, et se charge de les nourrir. Il
« en résulte que tous ont la même ration, composée de même manière,
« qu'elle leur convienne ou non. L'un a trop de pain et le jette. L'autre
« n'a pas assez de viande, etc. Nous avons fait un essai : nous laissons
« aux soldats la libre disposition de ces 16 centimes, et nous sommes
« heureux de constater une amélioration sensible sur leur sort. Chacun
« consulte ses goûts, son tempérament, le prix des marchés. Générale-
« ment ils ont d'eux-mêmes substitué en partie la viande au pain. Ils
« achètent ici plus de pain, là plus de viande, ailleurs plus de légumes,
« ailleurs plus de poisson. Leur santé s'en trouve bien ; ils sont plus con-
« tents et l'État est délivré d'une grande responsabilité. »
Le lecteur comprend qu'il n'est pas ici question de juger cette expérience au point de vue militaire. Je la cite comme propre à marquer une
première différence entre le service public et le service privé, entre la
réglementation et la liberté. Vaut-il mieux que l'État nous prenne les
ressources au moyen desquelles nous nous alimentons et se charge de
nous nourrir, ou bien qu'il nous laisse à la fois et ces ressources et le
soin de pourvoir à notre subsistance ? La même question se présente à
propos de chacun de nos besoins.

Si l'intervention de l'État nous enlève le gouvernement de nous-mêmes, relativement aux services que nous en recevons, il nous l'ôte bien plus encore quant aux services que nous lui rendons en retour. Cette contre-partie, ce complément de l'échange est encore soustrait à la liberté, pour être uniformément réglementé par une loi décrétée d'avance, exécutée par la force, et à laquelle nul ne peut se soustraire. En un mot, comme les services que l'État nous rend nous sont imposés, ceux qu'il nous demande en payement nous sont imposés aussi, et prennent même dans toutes les langues le nom d'*impôts*.

Ici se présentent en foule les difficultés et les inconvénients théoriques ; car pratiquement l'État surmonte tous les obstacles, au moyen d'une force armée qui est le corollaire obligé de toute loi. Pour nous en tenir à la théorie, la transformation d'un service privé en service public fait naître ces graves questions :

L'État demandera-t-il en toutes circonstances à chaque citoyen un impôt *équivalent* aux services rendus ? Ce serait justice, et c'est précisément cette *équivalence* qui se dégage avec une sorte d'infaillibilité des transactions libres, du *prix débattu* qui les précède. Il ne valait donc pas la peine de faire sortir une classe de services du domaine de l'activité privée, si l'État aspirait à réaliser cette *équivalence*, qui est la justice rigoureuse. Mais il n'y songe même pas et ne peut y songer. On ne *marchande* pas avec les fonctionnaires. La loi procède d'une manière générale, et ne peut stipuler des conditions diverses pour chaque cas particulier. Tout au plus, et quand elle est conçue en esprit de justice, elle cherche une sorte d'équivalence moyenne, d'équivalence approximative entre les deux natures de services échangés. Deux principes, la proportionnalité et la progression de l'impôt, ont paru, à des titres divers, porter aux dernières limites cette approximation. Mais la plus

légère réflexion suffit pour montrer que l'impôt proportionnel, pas plus que l'impôt progressif, ne peut réaliser l'équivalence rigoureuse des services échangés. Les services publics, après avoir ravi aux citoyens la liberté, au double
point de vue des services reçus et rendus, ont donc encore
le tort de bouleverser la valeur de ces services.

Ce n'est pas un moindre inconvénient à eux de détruire
le principe de la responsabilité ou du moins de la déplacer.
La responsabilité ! Mais c'est tout pour l'homme : c'est son
moteur, son professeur, son rémunérateur et son vengeur.
Sans elle, l'homme n'a plus de libre arbitre, il n'est plus
perfectible, il n'est plus un être moral, il n'apprend rien, il
n'est rien. Il tombe dans l'inertie, et ne compte plus que
comme une unité dans un troupeau.

Si c'est un malheur que le sens de la responsabilité s'é-
teigne dans l'individu, c'en est un autre qu'elle se développe exagérément dans l'Etat. A l'homme, même abruti, il
reste assez de lumière pour apercevoir d'où lui viennent les
biens et les maux ; et quand l'Etat se charge de tout, il devient responsable de tout. Sous l'empire de ces arrangements artificiels, un peuple qui souffre ne peut s'en prendre
qu'à son gouvernement ; et son seul remède comme sa
seule politique est de le renverser. De là un inévitable enchaînement de révolutions. Je dis inévitable, car sous ce
régime le peuple doit nécessairement souffrir : la raison en
est que le système des services publics, outre qu'il trouble
le nivellement des valeurs, ce qui est injustice, amène aussi
une déperdition fatale de richesse, ce qui est ruine ; ruine
et injustice, c'est souffrance et mécontentement, — quatre
funestes ferments dans la société, lesquels, combinés avec
le déplacement de la responsabilité, ne peuvent manquer
d'amener ces convulsions politiques dont nous sommes,
depuis plus d'un demi-siècle, les malheureux témoins.

Je ne voudrais pas m'écarter de mon sujet. Je ne puis

cependant m'empêcher de faire remarquer que lorsque les choses sont ainsi organisées, lorsque le gouvernement a pris des proportions gigantesques par la transformation successive des transactions libres en services publics, il est à craindre que les révolutions, qui sont, par elles-mêmes, un si grand mal, n'aient pas même l'avantage d'être un remède, sinon à force d'expériences. Le déplacement de la responsabilité a faussé l'opinion populaire. Le peuple, accoutumé à tout attendre de l'Etat, ne l'accuse pas de trop faire, mais de ne pas faire assez. Il le renverse et le remplace par un autre, auquel il ne dit pas : *Faites moins,* mais : *Faites plus;* et c'est ainsi que l'abîme se creuse et se creuse encore.

Le moment vient-il enfin où les yeux s'ouvrent? Sent-on qu'il faut en venir à diminuer les attributions et la responsabilité de l'Etat? On est arrêté par d'autres difficultés. D'un côté, les *Droits acquis* se soulèvent et se coalisent ; on répugne à froisser une foule d'existences auxquelles on a donné une vie artificielle. — D'un autre côté, le public a désappris à agir par lui-même. Au moment de reconquérir cette liberté qu'il a si ardemment poursuivie, il en a peur, il la repousse. Allez donc lui offrir la liberté d'enseignement [1]? Il croira que toute science va s'éteindre. Allez donc lui offrir la liberté religieuse? Il croira que l'athéisme va tout envahir. On lui a tant dit et répété que toute religion, toute sagesse, toute science, toute lumière, toute morale réside dans l'Etat ou en découle ?

Mais ces considérations reviendront ailleurs, et je rentre dans mon sujet.

Nous nous sommes appliqués à découvrir le vrai rôle de la concurrence dans le développement des richesses. Nous

---

[1] Voir le pamphlet intitulé *Baccalauréat et Socialisme*, tome IV, p. 442.
                                                    (*Note de l'éditeur.*)

avons vu qu'il consistait à faire glisser le bien sur le producteur, à faire tourner le progrès au profit de la communauté, à élargir sans cesse le domaine de la gratuité et, par suite, de l'égalité.

Mais quand les services privés deviennent publics, ils échappent à la concurrence, et cette belle harmonie est suspendue. En effet, le fonctionnaire est dénué de ce stimulant qui pousse au progrès, et comment le progrès tournerait-il à l'avantage commun quand il n'existe même pas? Le fonctionnaire n'agit pas sous l'aiguillon de l'intérêt, mais sous l'influence de la loi. La loi lui dit : « Vous rendrez au public tel service déterminé, et vous recevrez de lui tel autre service déterminé. » Un peu plus, un peu moins de zèle ne change rien à ces deux termes fixes. Au contraire, l'intérêt privé souffle à l'oreille du travailleur libre ces paroles : « Plus tu feras pour les autres, plus les autres feront pour toi. » Ici la récompense dépend entièrement de l'effort plus ou moins intense, plus ou moins éclairé. Sans doute l'esprit de corps, le désir de l'avancement, l'attachement au devoir, peuvent être pour le fonctionnaire d'actifs stimulants. Mais jamais ils ne peuvent remplacer l'irrésistible incitation de l'intérêt personnel. L'expérience confirme à cet égard le raisonnement. Tout ce qui est tombé dans le domaine du fonctionnarisme est à peu près stationnaire ; il est douteux qu'on enseigne mieux aujourd'hui que du temps de François Iᵉʳ ; et je ne pense pas que personne s'avise de comparer l'activité des bureaux ministériels à celle d'une manufacture.

A mesure donc que des services privés entrent dans la classe des services publics, ils sont frappés, au moins dans une certaine mesure, d'immobilisme et de stérilité, non au préjudice de ceux qui les rendent (leurs appointements ne varient pas), mais au détriment de la communauté tout entière.

A côté de ces inconvénients, qui sont immenses tant au point de vue moral et politique qu'au point de vue économique, inconvénients que je n'ai fait qu'esquisser, comptant sur la sagacité du lecteur, il y a quelquefois avantage à substituer l'action collective à l'action individuelle. Il y a telle nature de services dont le principal mérite est la régularité et l'uniformité. Il se peut même, qu'en quelques circonstances, cette substitution réalise une économie de ressorts et épargne, pour une satisfaction donnée, une certaine somme d'efforts à la communauté. La question à résoudre est donc celle-ci : Quels services doivent rester dans le domaine de l'activité privée ? quels services doivent appartenir à l'activité collective ou publique ? L'étude que nous venons de faire des différences essentielles qui caractérisent les deux natures de services nous facilitera la solution de ce grave problème.

Et d'abord, y a-t-il quelque principe au moyen duquel on puisse distinguer ce qui peut légitimement entrer dans le cercle de l'activité collective, et ce qui doit rester dans le cercle de l'activité privée?

Je commence par déclarer que j'appelle ici *activité collective* cette grande organisation qui a pour règle la *loi* et pour moyen d'exécution la *force*, en d'autres termes, le *gouvernement*. Qu'on ne me dise pas que les associations libres et volontaires manifestent aussi une activité collective. Qu'on ne suppose pas que je donne aux mots *activité privée* le sens d'*action isolée*. Non. Mais je dis que l'association libre et volontaire appartient encore à l'activité privée, car c'est un des modes, et le plus puissant, de l'échange. Il n'altère pas l'équivalence des services, il n'affecte pas la libre appréciation des valeurs, il ne déplace pas les responsabilités, il n'anéantit pas le libre arbitre, il ne détruit ni la concurrence, ni ses effets, en un mot, il n'a pas pour principe la *contrainte*.

Mais l'action gouvernementale se généralise par la *contrainte*. Elle invoque nécessairement le *compelle intrare*. Elle procède en vertu d'une *loi*, et il faut que tout le monde se soumette, car loi implique *sanction*. Je ne pense pas que personne conteste ces prémisses ; je les mettrais sous la sauvegarde de la plus imposante des autorités, celle du fait universel. Partout il y a des lois et des forces pour y ramener les récalcitrants.

Et c'est de là, sans doute, que vient cet axiome à l'usage de ceux qui, confondant le *gouvernement* avec la *Société*, croient que celle-ci est factice et de convention comme celui-là : « Les hommes, en se réunissant en société, ont « sacrifié une partie de leur liberté pour conserver l'autre. »

Évidemment cet axiome est faux dans la région des transactions libres et volontaires. Que deux hommes, déterminés par la perspective d'un résultat plus avantageux, échangent leurs services ou associent leurs efforts au lieu de travailler isolément : où peut-on voir là un sacrifice de liberté ? Est-ce sacrifier la liberté que d'en faire un meilleur usage ?

Tout au plus pourrait-on dire : « Les hommes sacrifient « une partie de leur liberté pour conserver l'autre, non point « quand ils se réunissent en société, mais quand ils se sou- « mettent à un gouvernement, puisque le mode nécessaire « d'action d'un gouvernement, c'est la force. »

Or, même avec cette modification, le prétendu axiome est encore une erreur, quand le gouvernement reste dans ses attributions rationnelles.

Mais quelles sont ces attributions?

C'est justement ce caractère spécial, d'avoir pour auxiliaire obligé la force, qui doit nous en révéler l'étendue et les limites. Je dis : *Le gouvernement n'agit que par l'intervention de la force, donc son action n'est légitime que là où l'intervention de la force est elle-même légitime.*

Or, quand la force intervient légitimement, ce n'est pas

pour sacrifier la liberté, mais pour la faire respecter.

De telle sorte que cet axiome, qu'on a donné pour base à la science politique, déjà faux de la société, l'est encore du gouvernement. C'est toujours avec bonheur que je vois ces tristes discordances théoriques disparaître devant un examen approfondi.

Dans quel cas l'emploi de la force est-il légitime ? Il y en a un, et je crois qu'il n'y en a qu'un : *le cas de légitime défense*. S'il en est ainsi, la raison d'être des gouvernements est toute trouvée, ainsi que leur limite rationnelle [1].

Quel est le droit de l'individu ? C'est de faire avec ses semblables des transactions libres, d'où suit pour ceux-ci un droit réciproque. Quand est-ce que ce droit est violé ? Quand l'une des parties entreprend sur la liberté de l'autre. En ce cas il est faux de dire, comme on le fait souvent : « Il y a excès, abus de liberté. » Il faut dire : « Il y a défaut, destruction de liberté. » Excès de liberté sans doute si on ne regarde que l'agresseur ; destruction de liberté si l'on regarde la victime, ou même si l'on considère, comme on le doit, l'ensemble du phénomène.

Le droit de celui dont on attaque la liberté, ou, ce qui revient au même, la propriété, les facultés, le travail, est de les défendre *même par la force ;* et c'est ce que font tous les hommes partout et toujours quand ils le peuvent.

De là découle, pour un nombre d'hommes quelconque, le droit de se concerter, de s'associer, pour défendre, *même par la force* commune, les libertés et les propriétés individuelles.

Mais l'individu n'a pas le droit d'employer la force à une autre fin. Je ne puis légitimement *forcer* mes semblables à

---

[1] L'auteur, dans un de ses précédents écrits, s'est proposé de résoudre la même question. Il a recherché quel était le légitime domaine de la loi. Tous les développements que contient le pamphlet intitulé *la Loi* s'appliquent à sa thèse actuelle. Nous renvoyons le lecteur au tome IV, page 342.   (*Note de l'éditeur.*)

être laborieux, sobres, économes, généreux, savants, dévots; mais je puis légitimement les forcer à être justes.

Par la même raison, la force collective ne peut être légitimement appliquée à développer l'amour du travail, la sobriété, l'économie, la générosité, la science, la foi religieuse; mais elle peut l'être légitimement à faire régner la justice, à maintenir chacun dans son droit.

Car où pourrait-on chercher l'origine du droit collectif ailleurs que dans le droit individuel?

C'est la déplorable manie de notre époque de vouloir donner une vie propre à de pures abstractions, d'imaginer une cité en dehors des citoyens, une humanité en dehors des hommes, un tout en dehors de ses parties, une collectivité en dehors des individualités qui la composent. J'aimerais autant que l'on me dît : « Voilà un homme, anéantissez par « la pensée ses membres, ses viscères, ses organes, son corps « et son âme, tous les éléments dont il est formé; il reste « toujours un homme. »

Si un droit n'existe dans aucun des individus dont, pour abréger, on nomme l'ensemble une *nation*, comment existerait-il dans la nation? Comment existerait-il surtout dans cette fraction de la nation qui n'a que des droits délégués, dans le gouvernement? Comment les individus peuvent-ils déléguer des droits qu'ils n'ont pas?

Il faut donc regarder comme le principe fondamental de toute politique cette incontestable vérité :

Entre individus, l'intervention de la force n'est légitime que dans le cas de légitime défense. La collectivité ne saurait recourir légalement à la force que dans la même limite.

Or, il est dans l'essence même du gouvernement d'agir sur les citoyens par voie de contrainte. Donc il ne peut avoir d'autres attributions rationnelles que la légitime défense de tous les droits individuels, il ne peut être délégué que pour faire respecter les libertés et les propriétés de tous.

Remarquez que lorsqu'un gouvernement sort de ces bornes, il entre dans une carrière sans limite, sans pouvoir échapper à cette conséquence, non-seulement d'outre-passer sa mission, mais de l'anéantir, ce qui constitue la plus monstrueuse des contradictions.

En effet, quand l'État a fait respecter cette ligne fixe, invariable, qui sépare les droits des citoyens, quand il a maintenu parmi eux la justice, que peut-il faire de plus sans violer lui-même cette barrière dont la garde lui est confiée, sans détruire de ses propres mains, et par la force, les libertés et les propriétés qui avaient été placées sous sa sauvegarde ? Au delà de la justice, je défie qu'on imagine une intervention gouvernementale qui ne soit une injustice. Alléguez tant que vous voudrez des actes inspirés par la plus pure philanthropie, des encouragements à la vertu, au travail, des primes, des faveurs, des protections directes, des dons prétendus gratuits, des initiatives dites généreuses ; derrière ces belles apparences, ou, si vous voulez, derrière ces belles réalités, je vous montrerai d'autres réalités moins satisfaisantes : les droits des uns violés pour l'avantage des autres, des libertés sacrifiées, des propriétés usurpées, des facultés limitées, des spoliations consommées. Et le monde peut-il être témoin d'un spectacle plus triste, plus douloureux, que celui de la force collective occupée à perpétrer les crimes qu'elle était chargée de réprimer ?

En principe, il suffit que le gouvernement ait pour instrument nécessaire la *force* pour que nous sachions enfin quels sont les services privés qui peuvent être légitimement convertis en *services publics*. Ce sont ceux qui ont pour objet le maintien de toutes les libertés, de toutes les propriétés, de tous les droits individuels, la prévention des délits et des crimes, en un mot, tout ce qui concerne la *sécurité publique*.

Les gouvernements ont encore une autre mission.

En tous pays, il y a quelques propriétés communes, des biens dont tous les citoyens jouissent par indivis, des rivières, des forêts, des routes. Par contre, et malheureusement, il y a aussi des dettes. Il appartient au gouvernement d'administrer cette portion active et passive du domaine public.

Enfin, de ces deux attributions en découle une autre :

Celle de percevoir les contributions indispensables à la bonne exécution des *services publics.*

Ainsi :

Veiller à la sécurité publique,

Administrer le domaine commun,

Percevoir les contributions ;

Tel est, je crois, le cercle rationnel dans lequel doivent être circonscrites ou ramenées les attributions gouvernementales.

Cette opinion, je le sais, heurte beaucoup d'idées reçues.

« Quoi ! dira-t-on, vous voulez réduire le gouvernement « au rôle de juge et de gendarme ? Vous le dépouillez de « toute initiative ! Vous lui interdisez de donner une vive « impulsion aux lettres, aux arts, au commerce, à la navi- « gation, à l'agriculture, aux idées morales et religieuses ; « vous le dépouillez de son plus bel attribut, celui d'ouvrir « au peuple la voie du progrès ! »

A ceux qui s'expriment ainsi, j'adresserai quelques questions.

Où Dieu a-t-il placé le mobile des actions humaines et l'aspiration vers le progrès ? Est-ce dans tous les hommes ? ou seulement dans ceux d'entre eux qui ont reçu ou usurpé un mandat de législateur ou un brevet de fonctionnaire ? Est-ce que chacun de nous ne porte pas dans son organisation, dans tout son être, ce moteur infatigable et illimité qu'on appelle le *désir?* Est-ce qu'à mesure que les besoins les plus grossiers sont satisfaits, il ne se forme pas en nous

des cercles concentriques et expansifs de désirs d'un ordre
de plus en plus élevé ? Est-ce que l'amour des arts, des lettres, des sciences, de la vérité morale et religieuse, est-ce
que la soif des solutions, qui intéressent notre existence présente ou future, descend de la collectivité à l'individualité,
c'est-à-dire de l'abstraction à la réalité, et d'un pur mot aux
êtres sentants et vivants ?

Si vous partez de cette supposition déjà absurde, que
l'activité morale est dans l'État et la passiveté dans la nation, ne mettez-vous pas les mœurs, les doctrines, les opinions, les richesses, tout ce qui constitue la vie individuelle,
à la merci des hommes qui se succèdent au pouvoir ?

Ensuite, l'État, pour remplir la tâche immense que vous
voulez lui confier, a-t-il quelques ressources qui lui soient
propres ? N'est-il pas obligé de prendre tout ce dont il dispose, jusqu'à la dernière obole, aux citoyens eux-mêmes ?
Si c'est aux individualités qu'il demande des moyens d'exécution, ce sont donc des individualités qui ont réalisé ces
moyens. C'est donc une contradiction de prétendre que
l'individualité est passive et inerte. Et pourquoi l'individualité avait-elle créé des ressources ? Pour aboutir à des satisfactions de son choix. Que fait donc l'État quand il s'empare
de ces ressources ? Il ne donne pas l'être à des satisfactions, il les *déplace*. Il en prive celui qui les avait méritées
pour en doter celui qui n'y avait aucun droit. Il systématise
l'injustice, lui qui était chargé de la châtier.

Dira-t-on qu'en déplaçant les satisfactions il les épure et
les moralise ? Que des richesses que l'individualité aurait
consacrées à des besoins grossiers, l'État les voue à des besoins moraux ? Mais qui osera affirmer que c'est un avantage d'intervertir violemment *par la force*, par voie de spoliation, l'ordre naturel selon lequel les besoins et les désirs
se développent dans l'humanité ? qu'il est moral de prendre
un morceau de son pain au paysan qui a faim, pour mettre

à la portée du citadin la douteuse moralité des spectacles?

Et puis on ne déplace pas les richesses sans déplacer le travail et la population. C'est donc toujours un arrangement factice et précaire, substitué à cet ordre solide et régulier qui repose sur les immuables lois de la nature.

Il y en a qui croient qu'un gouvernement circonscrit en est plus faible. Il leur semble que de nombreuses attributions et de nombreux agents donnent à l'État la stabilité d'une large base. Mais c'est là une pure illusion. Si l'Etat ne peut sortir d'un cercle déterminé sans se transformer en instrument d'injustice, de ruine et de spoliation, sans bouleverser la naturelle distribution du travail, des jouissances, des capitaux et des bras, sans créer des causes actives de chômages, de crises industrielles et de paupérisme, sans augmenter la proportion des délits et des crimes, sans recourir à des moyens toujours plus énergiques de répression, sans exciter le mécontentement et la désaffection, comment sortira-t-il une garantie de stabilité de ces éléments amoncelés de désordre ?

On se plaint des tendances révolutionnaires des hommes. Assurément on n'y réfléchit pas. Quand on voit chez un grand peuple, les services privés envahis et convertis en services publics, le gouvernement s'emparer du tiers des richesses produites par les citoyens, la loi devenue une arme de spoliation entre les mains des citoyens eux-mêmes, parce qu'elle a pour objet d'altérer, sous prétexte de l'établir, l'équivalence des services ; quand on voit la population et le travail législativement déplacés, un abîme de plus en plus profond se creuser entre l'opulence et la misère, le capital ne pouvant s'accumuler pour donner du travail aux générations croissantes, des classes entières vouées aux plus dures privations ; quand on voit les gouvernements, afin de pouvoir s'attribuer le peu de bien qui se fait, se proclamer mobiles universels, acceptant ainsi la responsabilité du mal, on est étonné que les révolutions ne soient pas plus fréquentes, et l'on admire les sacrifices que les peuples savent faire à l'ordre et à la tranquillité publique.

Que si les Lois et les Gouvernements qui en sont les organes se renfermaient dans les limites que j'ai indiquées, je me demande d'où pourraient venir les révolutions. Si chaque citoyen était libre, il souffrirait moins sans doute, et si, en même temps, il sentait la responsabilité qui le presse de toutes parts, comment lui viendrait l'idée de s'en prendre de ses souffrances à une Loi, à un Gouvernement qui ne s'occuperait de lui que pour réprimer ses injustices et le protéger contre les injustices d'autrui ? A-t-on jamais vu un village s'insurger contre son juge de paix ?

L'influence de la liberté sur l'ordre est sensible aux États-Unis. Là, sauf la Justice, sauf l'administration des propriétés communes, tout est laissé aux libres et volontaires transactions des hommes, et nous sentons tous instinctivement que c'est le pays du monde qui offre aux révolutions le moins d'éléments et de chances. Quel intérêt, même apparent, y peuvent avoir les citoyens à changer violemment l'ordre établi, quand d'un côté cet ordre ne froisse personne, et que d'autre part il peut être légalement modifié au besoin avec la plus grande facilité ?

Je me trompe, il y a deux causes actives de révolutions aux États-Unis : l'Esclavage et le Régime restrictif. Tout le monde sait qu'à chaque instant ces deux questions mettent en péril la paix publique et le lien fédéral. Or, remarquez-le bien, peut-on alléguer, en faveur de ma thèse, un argument plus décisif ? Ne voit-on pas ici la loi agissant en sens inverse de son but ? Ne voit-on pas ici la Loi et la Force publique, dont la mission devrait être de protéger les libertés et les propriétés, sanctionner, corroborer, perpétuer, systématiser et protéger l'oppression et la spoliation ? Dans la question de l'Esclavage, la loi dit : « Je créerai une

« force, aux frais des citoyens, non afin qu'elle maintienne
« chacun dans son droit, mais pour qu'elle anéantisse dans
« quelques-uns tous les droits. » Dans la question des tarifs
la loi dit : « Je créerai une force, aux frais des citoyens,
« non pour que leurs transactions soient libres, mais pour
« qu'elles ne le soient pas, pour que l'équivalence des ser-
« vices soit altérée, pour qu'un citoyen ait la liberté de
« deux, et qu'un autre n'en ait pas du tout. Je me charge
« de commettre ces injustices, que je punirais des plus sé-
« vères châtiments si les citoyens se les permettaient sans
« mon aveu. »

Ce n'est donc pas parce qu'il y a peu de lois et de fonctionnaires, autrement dit, peu de services publics, que les
révolutions sont à craindre. C'est, au contraire, parce qu'il
y a beaucoup de lois, beaucoup de fonctionnaires, beaucoup
de services publics. Car, par leur nature, les services publics, la loi qui les règle, la force qui les fait prévaloir, ne
sont jamais neutres. Ils peuvent, ils doivent s'étendre sans
danger, avec avantage, autant qu'il est nécessaire pour faire
régner entre tous la justice rigoureuse : au delà, ce sont
autant d'instruments d'oppression et de spoliation légales,
autant de causes de désordre, autant de ferments révolutionnaires.

Parlerai-je de cette délétère immoralité qui filtre dans
toutes les veines du corps social, quand, en principe, la loi
se met au service de tous les penchants spoliateurs ? Assistez
à une séance de la Représentation nationale, le jour où il
est question de primes, d'encouragements, de faveurs, de
restrictions. Voyez avec quelle rapacité éhontée chacun veut
s'assurer une part du vol, vol auquel, certes, on rougirait
de se livrer personnellement. Tel se considérerait comme
un bandit s'il m'empêchait, le pistolet au poing, d'accomplir
à la frontière une transaction conforme à mes intérêts ;
mais il ne se fait aucun scrupule de solliciter et de voter une

loi qui substitue la force publique à la sienne, et me soumette, à mes propres frais, à cette injuste interdiction. Sous
ce rapport, quel triste spectacle offre maintenant la France !
Toutes les classes souffrent, et, au lieu de demander l'a-
néantissement, à tout jamais, de toute spoliation légale, chacune se tourne vers la loi, lui disant : « Vous qui pouvez
« tout, vous qui disposez de la Force, vous qui convertissez
« le mal en bien, de grâce, spoliez les autres classes à mon
« profit. Forcez-les à s'adresser à moi pour leurs achats,
« ou bien à me payer des primes, ou bien à me donner
« l'instruction gratuite, ou bien à me prêter sans inté-
« rêts, etc., etc.... » C'est ainsi que la loi devient une grande
école de démoralisation ; et si quelque chose doit nous surprendre, c'est que le penchant au vol individuel ne fasse pas
plus de progrès, quand le sens moral des peuples est ainsi
perverti par leur législation même.

Ce qu'il y a de plus déplorable, c'est que la spoliation, quand
elle s'exerce ainsi à l'aide de la loi, sans qu'aucun scrupule
individuel lui fasse obstacle, finit par devenir toute une savante théorie qui a ses professeurs, ses journaux, ses doc-
teurs, ses législateurs, ses sophismes, ses subtilités. Parmi
les arguties traditionnelles qu'on fait valoir en sa faveur,
il est bon de discerner celle-ci : Toutes choses égales d'ailleurs, un accroissement de *demande* est un bien pour ceux
qui ont un service à offrir ; puisque ce nouveau rapport entre une demande plus active et une offre stationnaire est ce
qui augmente la *valeur* du service. De là on tire cette conclusion : La spoliation est avantageuse à tout le monde : à la
classe spoliatrice qu'elle enrichit directement, aux classes
spoliées qu'elle enrichit par ricochet. En effet, la classe
spoliatrice, devenue plus riche, est en mesure d'étendre le
cercle de ses jouissances. Elle ne le peut sans *demander*,
dans une plus grande proportion, les *services* des classes spoliées. Or, relativement à tout service, accroissement de de-

mande, c'est accroissement de valeur. Donc les classes légalement volées sont trop heureuses de l'être, puisque le
produit du vol concourt à les faire travailler.

Tant que la loi s'est bornée à spolier le grand nombre
au profit du petit nombre, cette argutie a paru fort spécieuse et a toujours été invoquée avec succès. « Livrons aux
« riches des taxes mises sur les pauvres, disait-on ; par là
« nous augmenterons le capital des riches. Les riches s'a-
« donneront au luxe, et le luxe donnera du travail aux
« pauvres. » Et chacun, les pauvres compris, de trouver le
procédé infaillible. Pour avoir essayé d'en signaler le vice,
j'ai passé longtemps, je passe encore pour un ennemi des
classes laborieuses.

Mais, après la Révolution de Février, les pauvres ont eu
voix au chapitre quand il s'est agi de faire la loi. Ont-ils
demandé qu'elle cessât d'être spoliatrice ? Pas le moins du
monde ; le sophisme des ricochets était trop enraciné dans
leur tête. Qu'ont-ils donc demandé ? Que la loi, devenue
impartiale, voulût bien spolier les classes riches à leur tour.
Ils ont réclamé l'instruction gratuite, des avances gratuites
de capitaux, des caisses de retraite fondées par l'État, l'impôt progressif, etc., etc..... Les riches se sont mis à crier :
« O scandale! Tout est perdu ! De nouveaux barbares font
« irruption dans la société ! » Ils ont opposé aux prétentions
des pauvres une résistance désespérée. On s'est battu d'a-
bord à coups de fusil ; on se bat à présent à coups de scrutin.
Mais les riches ont-ils renoncé pour cela à la spoliation ? Ils
n'y ont pas seulement songé. L'argument des ricochets continue à leur servir de prétexte.

On pourrait cependant leur faire observer que si, au lieu
d'exercer la spoliation par l'intermédiaire de la loi, ils
l'exerçaient directement, leur sophisme s'évanouirait : Si,
de votre autorité privée, vous preniez dans la poche d'un
ouvrier un franc qui facilitât votre entrée au théâtre, seriez-

vous bien venu à dire à cet ouvrier : « Mon ami, ce franc
va circuler et va donner du travail à toi et à tes frères ? »
Et l'ouvrier ne serait-il pas fondé à répondre : « Ce franc
« circulera' de même si vous ne me le volez pas ; il ira au
« boulanger au lieu d'aller au machiniste ; il me procurera
« du pain au lieu de vous procurer des spectacles ? »

Il faut remarquer, en outre, que le sophisme des ricochets
pourrait être aussi bien invoqué par les pauvres. Ils pourraient dire aux riches : « Que la loi nous aide à vous voler.
« Nous consommerons plus de drap, cela profitera à vos
« manufactures ; nous consommerons plus de viande, cela
« profitera à vos terres ; nous consommerons plus de sucre,
« cela profitera à vos armements. »

Malheureuse, trois fois malheureuse la nation où les
questions se posent ainsi ; où nul ne songe à faire de la loi
la règle de la justice ; où chacun n'y cherche qu'un instrument de vol à son profit, et où toutes les forces intellectuelles s'appliquent à trouver des excuses dans les effets
éloignés et compliqués de la spoliation!

A l'appui des réflexions qui précèdent, il ne sera peut-
être pas inutile de donner ici un extrait de la discussion qui
eut lieu au Conseil général des Manufactures, de l'Agriculture et du Commerce, le samedi 27 avril 1850 [1].

---

[1] Ici s'arrête le manuscrit. Nous renvoyons les lecteurs au pamphlet
intitulé *Spoliation et loi*, dans la seconde partie duquel l'auteur a fait
justice des sophismes émis à cette séance du conseil général. (Tome V,
pages 1 et suiv.)

A l'égard des six chapitres qui devaient suivre, sous les titres d'Impôts,
— Machines, — Liberté des échanges, — Intermédiaires, — Matières
premières, — Luxe, nous renvoyons : 1º au discours sur l'impôt des
boissons inséré dans la seconde édition du pamphlet *Incompatibilités
parlementaires* (tome V, page 468) ; 2º au pamphlet intitulé *Ce qu'on
voit et ce qu'on ne voit pas* (tome V, page 336) ; 3º aux *Sophismes économiques* (tome IV, page 1).

(*Note de l'éditeur.*)

XVIII

CAUSES PERTURBATRICES.

Où en serait l'humanité si jamais et sous aucune forme la force, la ruse, l'oppression, la fraude ne fussent venues entacher les transactions qui s'opèrent dans son sein ?

La Justice et la Liberté auraient-elles produit fatalement l'Inégalité et le Monopole ?

Pour le savoir, il fallait, ce me semble, étudier la nature même des transactions humaines, leur origine, leur raison, leurs conséquences et les conséquences de ces conséquences jusqu'à l'effet définitif ; et cela, abstraction faite des perturbations contingentes que peut engendrer l'injustice ; — car on conviendra bien que l'Injustice n'est pas l'essence des transactions libres et volontaires.

Que l'injustice se soit fatalement introduite dans le monde, que la société n'ait pas pu y échapper, on peut le soutenir ; et, l'homme étant donné avec ses passions, son égoïsme, son ignorance et son imprévoyance primitives, je le crois. — Nous aurons à étudier aussi la nature, l'origine et les effets de l'Injustice.

Mais il n'en est pas moins vrai que la science économique doit commencer par exposer la théorie des transactions humaines supposées libres et volontaires, comme la physiologie expose la nature et les rapports des organes, abstraction faite des causes perturbatrices qui modifient ces rapports.

Nous croyons que les services s'échangent contre les services ; nous croyons que le grand *desideratum*, c'est l'équivalence des services échangés :

Nous croyons que la meilleure chance pour arriver à cette équivalence, c'est qu'elle se produise sous l'influence de la Liberté et que chacun juge par lui-même :

Nous savons que les hommes peuvent se tromper ; mais nous savons aussi qu'ils peuvent se rectifier ; et nous croyons que plus l'erreur a persisté, plus la rectification approche :

Nous croyons que tout ce qui gêne la Liberté trouble l'équivalence des services, et que tout ce qui trouble l'équivalence des services engendre l'inégalité exagérée, l'opulence imméritée des uns, la misère non moins imméritée des autres, avec une déperdition générale de richesses, les haines, les discordes, les luttes, les révolutions.

Nous n'allons pas jusqu'à dire que la Liberté — ou l'équivalence des services — produit l'égalité absolue ; car nous ne croyons à rien d'absolu en ce qui concerne l'homme. Mais nous pensons que la liberté tend à rapprocher tous les hommes d'un niveau mobile qui s'élève toujours.

Nous croyons que l'inégalité qui peut rester encore sous un régime libre est ou le produit de circonstances accidentelles, ou le châtiment des fautes et des vices, ou la compensation d'autres avantages opposés à ceux de la richesse ; et que par conséquent elle ne saurait introduire parmi les hommes le sentiment de l'irritation.

Enfin nous croyons que *Liberté* c'est *Harmonie*...

Mais pour savoir si cette harmonie existe dans la réalité ou dans notre imagination, si elle est en nous une perception ou une simple aspiration, il fallait soumettre les transactions libres à l'épreuve d'une étude scientifique ; il fallait étudier les faits, leurs rapports et leurs conséquences.

C'est ce que nous avons fait.

Nous avons vu que si des obstacles sans nombre s'inter-posaient entre les besoins de l'homme et ses satisfactions, de telle sorte que dans l'isolement il devait succomber, — l'union des forces, la séparation des occupations, en un mot l'échange, développait assez de facultés pour qu'il pût successivement renverser les premiers obstacles, s'attaquer aux seconds, les renverser encore, et ainsi de suite, dans une progression d'autant plus rapide que par la densité de la population l'échange devient plus facile.

Nous avons vu que son intelligence met à sa disposition des moyens d'action de plus en plus nombreux, énergiques et perfectionnés ; qu'à mesure que le Capital s'accroît, sa part absolue dans la production augmente, mais sa part relative diminue, tandis que la part absolue comme la part relative du travail actuel va toujours croissant ; première et puissante cause d'égalité.

Nous avons vu que cet instrument admirable qu'on nomme la terre, ce laboratoire merveilleux où se prépare tout ce qui sert à alimenter, vêtir et abriter les hommes, leur avait été donné gratuitement par le Créateur; qu'encore qu'il fût nominalement approprié, son action productive ne pouvait l'être, qu'elle restait gratuite à travers toutes les transactions humaines.

Nous avons vu que la Propriété n'avait pas seulement cet effet négatif de ne pas entreprendre sur la Communauté, mais qu'elle travaillait directement et sans cesse à l'élargir ; seconde cause d'égalité, puisque plus le fonds commun est abondant, plus l'inégalité des propriétés s'efface.

Nous avons vu que sous l'influence de la liberté les services tendent à acquérir leur valeur normale, c'est-à-dire proportionnelle au travail ; troisième cause d'égalité.

Nous nous sommes ainsi assuré qu'un niveau naturel tendait à s'établir parmi les hommes, non en les refoulant vers un état rétrograde ou en les laissant dans une situation stationnaire, mais en les appelant vers un milieu constamment progressif.

Enfin nous avons vu que ni les lois de la Valeur, de l'Intérêt, de la Rente, de la Population, ni aucune autre grande loi naturelle, ne venaient, ainsi que l'assure la science incomplète, introduire la dissonance dans ce bel ordre social, puisqu'au contraire l'harmonie résultait de ces lois.

Parvenu à ce point, il me semble que j'entends le lecteur s'écrier : « Voilà bien l'optimisme des Économistes ! C'est en vain que la souffrance, la misère, le prolétariat, le paupérisme, l'abandon des enfants, l'inanition, la criminalité, la rébellion, l'inégalité, leur crèvent les yeux ; ils se complaisent à chanter l'harmonie des lois sociales, et détournent leurs regards des faits pour qu'un hideux spectacle ne trouble pas la jouissance qu'ils trouvent dans leur système. Ils fuient le monde des réalités pour se réfugier, eux aussi, comme les utopistes qu'ils blâment, dans le monde des chimères. Plus illogiques que les Socialistes, que les Communistes eux-mêmes, — qui voient le mal, le sentent, le décrivent, l'abhorrent, et n'ont que le tort d'indiquer des remèdes inefficaces, impraticables ou chimériques, — les économistes ou nient le mal ou y sont insensibles, si même ils ne l'engendrent pas, en criant à la société malade : « *Laissez faire, laissez passer ;* tout est pour le mieux dans le meilleur des mondes possibles. »

Au nom de la science, je repousse de toute mon énergie de tels reproches, de telles interprétations de nos paroles. Nous voyons le mal comme nos adversaires, comme eux nous le déplorons, comme eux nous nous efforçons d'en comprendre les causes, comme eux nous sommes prêts à les combattre. Mais nous posons la question autrement qu'eux. La société, disent-ils, telle que l'a faite la liberté du travail et des transactions, c'est-à-dire le libre jeu des lois naturelles, est détestable. Donc il faut arracher du mécanisme ce rouage malfaisant, la liberté (qu'ils ont soin de nommer concurrence, et même concurrence anarchique), et y substituer par force des rouages artificiels de notre invention. — Là-dessus, des millions d'inventions se présentent. C'est bien naturel, car les espaces imaginaires n'ont pas de limites.

Nous, après avoir étudié les lois providentielles de la société, nous disons : Ces lois sont harmoniques. Elles admettent le mal, car elles sont mises en œuvre par des hommes, c'est-à-dire par des êtres sujets à l'erreur et à la douleur. Mais le mal aussi a, dans le mécanisme, sa mission qui est de se limiter et de se détruire lui-même en préparant à l'homme des avertissements, des corrections, de l'expérience, des lumières, toutes choses qui se résument en ce mot : Perfectionnement.

Nous ajoutons : Il n'est pas vrai que la liberté règne parmi les hommes ; il n'est pas vrai que les lois providentielles exercent toute leur action, ou du moins, si elles agissent, c'est pour réparer lentement, péniblement l'action perturbatrice de l'ignorance et de l'erreur. — Ne nous accusez donc pas quand nous disons *laissez faire* ; car nous n'entendons pas dire par là : laissez faire les hommes, alors même qu'ils font le mal. Nous entendons dire : étudiez les lois providentielles, admirez-les et *laissez-les agir*. Dégagez les obstacles qu'elles rencontrent dans les abus de la force et de la ruse, et vous verrez s'accomplir au sein de l'humanité cette double manifestation du progrès : l'égalisation dans l'amélioration.

Car enfin, de deux choses l'une : ou les intérêts des hommes sont concordants, ou ils sont discordants par essence. Qui dit Intérêt dit une chose vers laquelle les hommes gravitent invinciblement, sans quoi ce ne serait pas l'intérêt ; et s'ils gravitaient vers autre chose, c'est cette autre chose qui serait l'intérêt. Donc, si les intérêts sont concordants, il suffit qu'ils soient compris pour que le bien et l'harmonie se réalisent, puisque les hommes s'y abandonnent naturellement. C'est ce que nous soutenons, et c'est pourquoi nous disons : Éclairez et laissez faire. — Si les intérêts sont discordants par nature, alors vous avez raison ; il n'y a d'autre moyen de produire l'harmonie que de violenter, froisser et contrarier tous les intérêts. Bizarre harmonie néanmoins que celle qui ne peut résulter que d'une action extérieure et despotique contraire aux intérêts de tous ! Car vous comprenez bien que les hommes ne se laisseront pas froisser docilement ; et pour qu'ils se plient à vos inventions, il faut que vous commenciez par être plus forts qu'eux tous ensemble, — ou bien il faut que vous parveniez à les tromper sur leurs véritables intérêts. En effet, dans l'hypothèse où les intérêts sont naturellement discordants, ce qu'il y aurait de plus heureux c'est que les hommes se trompassent tous à cet égard.

La force et l'imposture, voilà donc vos seules ressources. Je vous défie d'en trouver d'autres, à moins de convenir que les intérêts sont concordants ; et, si vous en convenez, vous êtes avec nous, et comme nous vous devez dire : Laissez agir les lois providentielles.

Or vous ne le voulez pas. — Il faut bien le répéter : Votre point de départ est que les intérêts sont antagoniques ; c'est pourquoi vous ne voulez pas les laisser s'entendre et s'arranger entre eux ; c'est pourquoi vous ne voulez pas la liberté ; c'est pourquoi vous voulez l'arbitraire. — Vous êtes conséquents.

Mais prenez garde. La lutte ne va pas s'établir seulement entre vous et l'humanité. Celle-là vous l'acceptez, puisque votre but est justement de froisser les intérêts. Elle va s'établir aussi au milieu de vous, entre vous, inventeurs, entrepreneurs de sociétés ; car vous êtes mille, et vous serez bientôt dix mille, tous avec des vues différentes. — Que ferez-vous? Je le vois bien ; vous vous efforcerez de vous emparer du gouvernement. C'est là qu'est la seule force capable de vaincre toutes les résistances. L'un de vous réussira-t-il ? Pendant qu'il s'occupera de contrarier les gouvernés, il se verra attaquer par tous les autres inventeurs, pressés aussi de s'emparer de l'instrument gouvernemental. Ceux-ci auront d'autant plus de chances de succès que la désaffection publique leur viendra en aide, puisque, ne l'oublions pas, celui-là aura blessé tous les intérêts. Nous voilà donc lancés dans des révolutions perpétuelles, ayant pour unique objet de résoudre cette question : Comment et par qui les intérêts de l'humanité seront-ils froissés ?

Ne m'accusez pas d'exagération. Tout cela est forcé si les intérêts des hommes sont discordants; car, dans l'hypothèse, vous ne pourrez jamais sortir de ce dilemme : ou les intérêts seront laissés à eux-mêmes, et alors le désordre s'ensuivra; — ou il faudra que quelqu'un soit assez fort pour les contrarier ; et en ce cas naît encore le désordre.

Il est vrai qu'il y a une troisième voie, je l'ai déjà indiquée. Elle consiste à tromper tous les hommes sur leurs véritables intérêts ; et la chose n'étant pas facile à un simple mortel, le plus court est de se faire Dieu. C'est à quoi les utopistes ne manquent jamais, quand ils l'osent, en attendant qu'ils soient Ministres. Le langage mystique domine toujours dans leurs écrits ; c'est un ballon d'essai pour tâter la crédulité publique. Malheureusement ce moyen ne réussit guère au dix-neuvième siècle.

Avouons-le donc franchement : il est à désirer, pour sortir de ces inextricables difficultés, qu'après avoir étudié les intérêts humains, nous les trouvions harmoniques. Alors la tâche des écrivains comme celle des gouvernements devient rationnelle et facile.

Comme l'homme se trompe souvent sur ses propres intérêts, notre rôle comme écrivains sera de les expliquer, de

les décrire, de les faire comprendre, bien certains qu'il lui
suffit de les voir pour les suivre. — Comme l'homme en se
trompant sur ses intérêts nuit aux intérêts généraux (cela
résulte de la concordance), le gouvernement sera chargé
de ramener le petit nombre des dissidents, des violateurs
des lois providentielles, dans la voie de la justice se confondant avec celle de l'utilité. — En d'autres termes, la
mission unique du gouvernement sera de faire régner la
justice. Il n'aura plus à s'embarrasser de produire péniblement, à grands frais, en empiétant sur la liberté individuelle,
une Harmonie qui se fait d'elle-même et que l'action gouvernementale détruit.

D'après ce qui précède, on voit que nous ne sommes pas
tellement fanatique de l'harmonie sociale que nous ne con-
venions qu'elle peut être et qu'elle est souvent troublée. Je
dois même dire que, selon moi, les perturbations apportées
à ce bel ordre par les passions aveugles, par l'ignorance et
l'erreur, sont infiniment plus grandes et plus prolongées
qu'on ne pourrait le supposer. Ce sont ces causes perturbatrices que nous allons étudier.

L'homme est jeté sur cette terre. Il porte invinciblement
en lui-même l'attrait vers le bonheur, l'aversion de la douleur. — Puisqu'il agit en vertu de cette impulsion, on ne
peut nier que l'Intérêt personnel ne soit le grand mobile de
l'individu, de tous les individus, et par conséquent de la société. — Puisque l'intérêt personnel, dans la sphère économique, est le mobile des actions humaines et le grand ressort de la société, le Mal doit en provenir comme le Bien ;
c'est en lui qu'il faut chercher l'harmonie et ce qui la
trouble.

L'éternelle aspiration de l'intérêt personnel est de faire
taire le besoin, ou plus généralement le désir, par la satisfaction.

Entre ces deux termes, essentiellement intimes et intransmissibles, le besoin et la satisfaction, s'interpose le moyen transmissible, échangeable : l'effort.

Et au-dessus de l'appareil, plane la faculté de comparer, de juger : l'intelligence. Mais l'intelligence humaine est faillible. Nous pouvons nous tromper. Cela n'est pas contestable ; car si quelqu'un nous disait : L'homme ne peut se tromper, nous lui répondrions : Ce n'est pas à vous qu'il faut démontrer l'harmonie.

Nous pouvons nous tromper de plusieurs manières ; nous pouvons mal apprécier l'importance relative de nos besoins. En ce cas, dans l'isolement, nous donnons à nos efforts une direction qui n'est pas conforme à nos intérêts bien entendus. Dans l'ordre social, et sous la loi de l'échange, l'effet est le même ; nous faisons porter la demande et la rémunération vers un genre de services futiles ou nuisibles, et déterminons de ce côté le courant du travail humain.

Nous pouvons nous tromper encore, en ignorant qu'une satisfaction ardemment cherchée ne fera cesser une souffrance qu'en ouvrant la source de souffrances plus grandes. Il n'y a guère d'effet qui ne devienne cause. La prévoyance nous a été donnée pour embrasser l'enchaînement des effets, pour que nous ne fassions pas au présent le sacrifice de l'avenir ; mais nous manquons souvent de prévoyance.

L'erreur déterminée par la faiblesse de notre jugement ou par la force de nos passions, voilà la première source du mal. Elle appartient principalement au domaine de la morale. Ici, comme l'erreur et la passion sont individuelles, le mal est, dans une certaine mesure, individuel aussi. La réflexion, l'expérience, l'action de la responsabilité en sont les correctifs efficaces.

Cependant les erreurs de cette nature peuvent prendre un caractère social et engendrer un mal très-étendu, quand

elles se systématisent. Il est des pays, par exemple, où les
hommes qui les gouvernent sont fortement convaincus que la
prospérité des peuples se mesure, non par les besoins satisfaits, mais par les efforts quels qu'en soient les résultats.
La division du travail aide beaucoup à cette illusion. Comme
on voit chaque profession s'attaquer à un obstacle, on s'imagine que l'existence de l'obstacle est une source de richesses. Dans ces pays, quand la vanité, la futilité, le faux
amour de la gloire sont des passions dominantes, provoquent des désirs analogues et déterminent dans ce sens
une portion de l'industrie, les gouvernants croiraient tout
perdu si les gouvernés venaient à se réformer et se mora-
liser. Que deviendraient, disent-ils, les coiffeurs, les cuisiniers, les grooms, les brodeuses, les danseurs, les fabricants de galons, etc. ? — Ils ne voient pas que le cœur
humain contiendra toujours assez de désirs honnêtes, raisonnables et légitimes pour donner de l'aliment au travail ;
que la question ne sera jamais de supprimer des goûts, mais
de les épurer et de les transformer ; que, par conséquent, le
travail suivant la même évolution pourra se déplacer, non
s'arrêter. Dans les pays où règnent ces tristes doctrines, on
entendra dire souvent : « Il est fâcheux que la morale et
l'industrie ne puissent marcher ensemble. Nous voudrions
bien que les citoyens fussent moraux, mais nous ne pouvons
permettre qu'ils deviennent paresseux et misérables. C'est
pourquoi nous continuerons à faire des lois dans le sens du
luxe. Au besoin, nous mettrons des impôts sur le peuple ; et,
dans son intérêt, pour lui assurer du travail, nous charge-
rons des Rois, des Présidents, des Diplomates, des Ministres, de *Représenter*. » — Cela se dit et se fait de la meilleure foi du monde. Le peuple même s'y prête de bonne
grâce. — Il est clair que, lorsque le luxe et la frivolité
deviennent ainsi une affaire législative, réglée, ordon-
née, imposée, systématisée par la force publique, la loi de

la Responsabilité perd toute sa force moralisatrice [1]...

[1] L'auteur n'a pu continuer cet examen des erreurs qui sont, pour ceux qu'elles égarent, une cause presque immédiate de souffrance, ni décrire une autre classe d'erreurs, manifestées par la violence et la ruse, dont les premiers effets s'appesantissent sur autrui. Ses notes ne contiennent rien d'applicable aux *Causes perturbatrices*, si ce n'est le fragment qui précède et celui qui va suivre. Nous renvoyons pour le surplus au chapitre 1er de la seconde série des *Sophismes*, intitulé *Physiologie de la Spoliation* (tome IV, page 127).

(*Note de l'éditeur.*)

XIX

GUERRE

De toutes les circonstances qui contribuent à donner à un peuple sa physionomie, son état moral, son caractère, ses habitudes, ses lois, son génie, celle qui domine de beaucoup toutes les autres, parce qu'elle les renferme virtuellement presque toutes, c'est la manière dont il pourvoit à ses moyens d'existence. C'est une observation due à Charles Comte, et il y a lieu d'être surpris qu'elle n'ait pas eu plus d'influence sur les sciences morales et politiques.

En effet, cette circonstance agit sur le genre humain de deux manières également puissantes : par la continuité et par l'universalité. Vivre, se conserver, se développer, élever sa famille, ce n'est pas une affaire de temps et de lieu, de goût, d'opinion, de choix ; c'est la préoccupation journalière, éternelle et irrésistible de tous les hommes, à toutes les époques et dans tous les pays.

Partout, la plus grande partie de leurs forces physiques, intellectuelles et morales est consacrée directement ou indirectement à créer et remplacer les moyens de subsistance. Le chasseur, le pêcheur, le pasteur, l'agriculteur, le fabricant, le négociant, l'ouvrier, l'artisan, le capitaliste, tous pensent à vivre d'abord (quelque prosaïque que soit l'aveu), et ensuite à vivre de mieux en mieux s'il se peut. La preuve qu'il en est ainsi, c'est qu'ils ne sont chasseurs, pê-

cheurs, fabricants, agriculteurs, etc., que pour cela. De
même, le fonctionnaire, le soldat, le magistrat n'entrent
dans ces carrières qu'autant qu'elles leur assurent la satisfaction de leurs besoins. Il ne faut pas en vouloir à l'homme
du dévouement et de l'abnégation, s'il invoque lui aussi le
proverbe : le prêtre vit de l'autel, — car, avant d'appartenir
au sacerdoce, il appartient à l'humanité. Et si, en ce moment, il se fait un livre contre la vulgarité de cet aperçu, ou
plutôt de la condition humaine, ce livre en se vendant plai-
dera contre sa propre thèse.

Ce n'est pas, à Dieu ne plaise, que je nie les existences
d'abnégation. Mais on conviendra qu'elles sont exceptionnelles ; ce qui justement constitue leur mérite et détermine
notre admiration. Que si l'on considère l'humanité dans son
ensemble, à moins d'avoir fait un pacte avec le démon du
sentimentalisme, il faut bien convenir que les efforts désintéressés ne peuvent nullement se comparer, quant au nombre, à ceux qui sont déterminés par les dures nécessités de
notre nature. Et c'est parce que ces efforts, qui constituent
l'ensemble de nos travaux, occupent une si grande place
dans la vie de chacun de nous, qu'ils ne peuvent manquer
d'exercer une grande influence sur les manifestations de
notre existence nationale.

M. Saint-Marc Girardin dit quelque part qu'il a appris à
reconnaître l'insignifiance relative des formes politiques,
comparativement à ces grandes lois générales qu'imposent
aux peuples leurs besoins et leurs travaux. « Voulez-vous
savoir ce qu'est un peuple ? dit-il, ne demandez pas comment il se gouverne, mais ce qu'il fait. »

Cette vue générale est juste. L'auteur ne manque pas de
la fausser bientôt en la convertissant en système. L'importance des formes politiques a été exagérée ; que fait-il ? Il
la réduit à rien, il la nie ou ne la reconnaît que pour en
rire. Les formes politiques, dit-il, ne nous intéressent qu'un

jour d'élection ou pendant l'heure consacrée à la lecture
du journal. Monarchie ou République, Aristocratie ou Démocratie, qu'importe ? — Aussi il faut voir à quel résultat
il arrive. Soutenant que les peuples *enfants* se ressemblent,
quelle que soit leur constitution politique, il assimile les
États-Unis à l'ancienne Égypte, parce que dans l'un et
l'autre de ces pays on a exécuté des ouvrages gigantesques.
Mais quoi ! les Américains défrichent des terres, creusent des
canaux, font des chemins de fer, le tout pour eux-mêmes,
parce qu'ils sont une démocratie et s'appartiennent ! Les
Égyptiens élevaient des temples, des pyramides, des obélis-
ques, des palais pour leurs rois et leurs prêtres, parce qu'ils
étaient des esclaves ! — Et c'est là une légère différence,
une affaire de forme, qu'il ne vaut pas la peine de constater
ou qu'il ne faut constater que pour en rire !... O culte du
classique ! contagion funeste, combien tu as corrompu tes
superstitieux sectaires !

Bientôt M. Saint-Marc Girardin, partant toujours de ce
point que les occupations dominantes d'un peuple déterminent son génie, dit : Autrefois on s'occupait de guerre et
de religion ; aujourd'hui c'est de commerce et d'industrie.
Voilà pourquoi les générations qui nous ont précédés por-
taient une empreinte guerrière et religieuse.

Déjà Rousseau avait affirmé que le soin de l'existence
n'était une occupation dominante que pour quelques peuples
et des plus prosaïques ; que d'autres nations, plus dignes
de ce nom, s'étaient vouées à de plus nobles travaux.

M. Saint-Marc Girardin et Rousseau n'auraient-ils pas
été dupes ici d'une illusion historique ? N'auraient-ils pas
pris les amusements, les diversions ou les prétextes et
instruments de despotisme de quelques-uns pour les occupations de tous ? Et cette illusion ne proviendrait-elle pas
de ce que les historiens nous parlent toujours de la classe
qui ne travaille pas, et jamais de celle qui travaille, de telle

sorte que nous finissons par voir dans la première toute la nation?

Je ne puis m'empêcher de croire que chez les Grecs, comme chez les Romains, comme dans le moyen âge, l'humanité était faite comme aujourd'hui, c'est-à-dire assujettie à des besoins si pressants, si renaissants, qu'il fallait s'occuper d'y pourvoir sous peine de mort. Dès lors je ne puis m'empêcher de croire que c'était, alors comme aujourd'hui, l'occupation principale et absorbante de la portion la plus considérable du genre humain.

Ce qui paraît positif, c'est qu'un très-petit nombre d'hommes étaient parvenus à vivre, sans rien faire, sur le travail des masses assujetties. Ce petit nombre d'oisifs se faisaient construire par leurs esclaves de somptueux palais, de vastes châteaux ou de sombres forteresses. Ils aimaient à s'entourer de toutes les sensualités de la vie, de tous les monuments des arts. Ils se plaisaient à disserter sur la philosophie, la cosmogonie ; et enfin ils cultivaient avec soin les deux sciences auxquelles ils devaient leur domination et leurs jouissances : la science de la force et la science de la ruse.

Bien qu'au-dessous de cette aristocratie il y eût les multitudes innombrables occupées à créer, pour elles-mêmes, les moyens d'entretenir la vie, et, pour leurs oppresseurs, les moyens de les saturer de plaisirs ; — comme les historiens n'ont jamais fait la moindre allusion à ces multitudes, nous finissons par oublier leur existence, nous en faisons abstraction complète. Nous n'avons des yeux que pour l'aristocratie ; c'est elle que nous appelons la *société antique* ou la *société féodale ;* nous nous imaginons que de telles sociétés se soutenaient par elles-mêmes, sans avoir recours au commerce, à l'industrie, au travail, au vulgarisme ; nous admirons leur désintéressement, leur générosité, leur goût pour les arts, leur spiritualisme, leur dé-

dain des occupations serviles, l'élévation de leurs sentiments et de leurs pensées ; nous affirmons, d'un ton déclamatoire, qu'à une certaine époque les peuples ne s'occupaient que de gloire, à une autre d'arts, à une autre de philosophie, à une autre de religion, à une autre de vertus ;
nous pleurons sincèrement sur nous-mêmes, nous nous
adressons toutes sortes de sarcasmes de ce que, malgré de
si sublimes modèles, ne pouvant nous élever à une telle
hauteur, nous sommes réduits à donner au travail, ainsi
qu'à tous les mérites vulgaires qu'il implique, une place
considérable dans notre vie moderne.

Consolons-nous en pensant qu'il occupait une place non
moins large dans la vie antique. Seulement, celui dont quelques hommes s'étaient affranchis retombait d'un poids accablant sur les multitudes assujetties, au grand détriment
de la justice, de la liberté, de la propriété, de la richesse, de
l'égalité, du progrès ; et c'est là la première des causes perturbatrices que j'ai à signaler au lecteur.

Les procédés par lesquels les hommes se procurent des
moyens d'existence ne peuvent donc manquer d'exercer une
grande influence sur leur condition physique, morale, intellectuelle, économique et politique. Qui doute que si l'on
pouvait observer plusieurs peuplades dont l'une fût exclusivement vouée à la chasse, une autre à la pêche, une troisième à l'agriculture, une quatrième à la navigation, qui
doute que ces peuplades ne présentassent des différences
considérables dans leurs idées, leurs opinions, leurs usages,
leurs coutumes, leurs mœurs, leurs lois, leur religion ?
Sans doute le fond de la nature humaine se retrouverait
partout ; aussi dans ces lois, ces usages, ces religions il y
aurait des points communs, et je crois bien que ce sont ces
points communs qu'on peut appeler les lois générales de
l'humanité.

Quoi qu'il en soit, dans nos grandes sociétés modernes,

tous ou presque tous les procédés de production, pêche, agriculture, industrie, commerce, sciences et arts, sont mis simultanément en œuvre, quoiqu'en proportions variées selon les pays. C'est pourquoi il ne saurait y avoir entre les nations des différences aussi grandes que si chacune se vouait à une occupation exclusive.

Mais, si la nature des occupations d'un peuple exerce une grande influence sur sa moralité ; ses désirs, ses goûts, sa moralité exercent à leur tour une grande influence sur la nature de ses occupations, ou du moins sur les proportions de ces occupations entre elles. Je n'insisterai pas sur cette remarque qui a été présentée dans une autre partie de cet ouvrage [1], et j'arrive au sujet principal de ce chapitre.

Un homme (il en est de même d'un peuple) peut se procurer des moyens d'existence de deux manières : en les créant ou en les volant.

Chacune de ces deux grandes sources d'acquisition a plusieurs procédés:

On peut *créer* des moyens d'existence par la chasse, la pêche, la culture, etc.

On peut les *voler* par la mauvaise foi, la violence, la force, la ruse, la guerre, etc.

S'il suffit, sans sortir du cercle de l'une ou de l'autre de ces deux catégories, de la prédominance de l'un des procédés qui lui sont propres pour établir entre les nations des différences considérables, combien cette différence ne doit-elle pas être plus grande entre le peuple qui vit de production, et un peuple qui vit de spoliation ?

Car il n'est pas une seule de nos facultés, à quelque ordre qu'elle appartienne, qui ne soit mise en exercice par la né-

---

[1] Voir la fin du chapitre XI.

cessité qui nous a été imposée de pourvoir à notre existence ; et que peut-on concevoir de plus propre à modifier l'état social des peuples que ce qui modifie toutes les facultés humaines ?

Cette considération, toute grave qu'elle est, a été si peu observée, que je dois m'y arrêter un instant.

Pour qu'une satisfaction se réalise, il faut qu'un travail ait été exécuté, d'où il suit que la Spoliation, dans toutes ses variétés, loin d'exclure la Production, la suppose.

Et ceci, ce me semble, est de nature à diminuer un peu l'engouement que les historiens, les poètes et les romanciers manifestent pour ces nobles époques, où selon eux, ne dominait pas ce qu'ils appellent l'*industrialisme*. A ces époques on vivait ; donc le travail accomplissait, tout comme aujourd'hui, sa rude tâche. Seulement, des nations, des classes, des individualités étaient parvenues à rejeter sur d'autres nations, d'autres classes, d'autres individualités, leur lot de labeur et de fatigue.

Le caractère de la production, c'est de tirer pour ainsi dire du néant les satisfactions qui entretiennent et embellissent la vie, de telle sorte qu'un homme ou un peuple peut multiplier à l'infini ces satisfactions, sans infliger une privation quelconque aux autres hommes et aux autres peuples ; — bien, au contraire, l'étude approfondie du mécanisme économique nous a révélé que le succès de l'un dans son travail ouvre des chances de succès au travail de l'autre.

Le caractère de la spoliation est de ne pouvoir conférer une satisfaction sans qu'une privation égale y corresponde ; car elle ne crée pas, elle déplace ce que le travail a créé. Elle entraîne après elle, comme déperdition absolue, tout l'effort qu'elle-même coûte aux deux parties intéressées. Loin donc d'ajouter aux jouissances de l'humanité, elle les diminue, et, en outre, elle les attribue à qui ne les a pas méritées.

Pour produire, il faut diriger toutes ses facultés vers la domination de la nature ; car c'est elle qu'il s'agit de combattre, de dompter et d'asservir. C'est pourquoi le fer converti en charrue est l'emblème de la production.

Pour spolier, il faut diriger toutes ses facultés vers la domination des hommes ; car ce sont eux qu'il faut combattre, tuer ou asservir. C'est pourquoi le fer converti en épée est l'emblème de la spoliation.

Autant il y a d'opposition entre la charrue qui nourrit et l'épée qui tue, autant il doit y en avoir entre un peuple de travailleurs et un peuple de spoliateurs. Il n'est pas possible qu'il y ait entre eux rien de commun. Ils ne sauraient avoir ni les mêmes idées, ni les mêmes règles d'appréciation, ni les mêmes goûts, ni le même caractère, ni les mêmes mœurs, ni les mêmes lois, ni la même morale, ni la même religion.

Et certes, un des plus tristes spectacles qui puissent s'offrir à l'œil du philanthrope, c'est de voir un siècle producteur faire tous ses efforts pour s'inoculer, — par l'éducation, — les idées, les sentiments, les erreurs, les préjugés et les vices d'un peuple spoliateur. On accuse souvent notre époque de manquer d'unité, de ne pas montrer de la concordance entre sa manière de voir et d'agir ; on a raison, et je crois que je viens d'en signaler la principale cause.

La spoliation par voie de guerre, c'est-à-dire la spoliation toute naïve, toute simple, toute crue, a sa racine dans le cœur humain, dans l'organisation de l'homme, dans ce moteur universel du monde social : l'attrait pour les satisfactions et la répugnance pour la douleur ; en un mot, dans ce mobile que nous portons tous en nous-mêmes : l'intérêt personnel.

Et je ne suis pas fâché de me porter son accusateur. Jusqu'ici on a pu croire que j'avais voué à ce principe un culte idolâtre, que je ne lui attribuais que des conséquences heureuses pour l'humanité, peut-être même que je l'élevais dans mon estime au-dessus du principe sympathique, du dévouement, de l'abnégation. — Non, je ne l'ai pas jugé; j'ai seulement constaté son existence et son omnipotence. Cette omnipotence, je l'aurais mal appréciée, et je serais en contradiction avec moi-même, quand je signale l'intérêt personnel comme le moteur universel de l'humanité, si je n'en faisais maintenant découler les causes perturbatrices, comme précédemment j'en ai fait sortir les lois harmoniques de l'ordre social:

L'homme, avons-nous dit, veut invinciblement se conserver, améliorer sa condition, saisir le bonheur tel qu'il le conçoit, ou du moins en approcher. Par la même raison, il fuit la peine, la douleur.

Or le travail, cette action qu'il faut que l'homme exerce sur la nature pour réaliser la production, est une peine, une fatigue. Par ce motif, l'homme y répugne et ne s'y soumet que lorsqu'il s'agit pour lui d'éviter un mal plus grand encore.

Philosophiquement, il y en a qui disent : Le travail est un bien. Ils ont raison, en tenant compte de ses résultats. C'est un bien relatif; en d'autres termes, c'est un mal qui nous épargne de plus grands maux. Et c'est justement pourquoi les hommes ont une si grande tendance à éviter le travail, quand ils croient pouvoir, sans y recourir, en recueillir les résultats.

D'autres disent que le travail est un bien *en lui-même;* qu'indépendamment de ses résultats producteurs, il moralise l'homme, le renforce, et est pour lui une source d'allégresse et de santé. Tout cela est très-vrai, et révèle une fois de plus la merveilleuse fécondité d'intentions finales que Dieu a répandues dans toutes les parties de son œuvre. Oui, même abstraction faite de ses résultats comme production, le travail promet à l'homme, pour récompenses supplémen-

taires, la force du corps et la joie de l'âme; puisqu'on a
pu dire que l'oisiveté était la mère de tous les vices, il faut
bien reconnaître que le travail est le père de beaucoup de
vertus.

Mais tout cela, sans préjudice des penchants naturels et
invincibles du cœur humain; sans préjudice de ce sentiment
qui fait que nous ne recherchons pas le travail pour lui-
même; que nous le comparons toujours à son résultat; que
nous ne poursuivons pas par un grand travail ce que nous
pouvons obtenir par un travail moindre; que, placés entre
deux peines, nous ne choisissons pas la plus forte, et que
notre tendance universelle est d'autant plus de diminuer le
rapport de l'effort au résultat, que si par là nous conqué-
rons quelque loisir, rien ne nous empêche de le consacrer,
en vue de récompenses accessoires, à des travaux conformes
à nos goûts.

D'ailleurs, à cet égard le fait universel est décisif. En tous
lieux, en tous temps, nous voyons l'homme considérer le
travail comme le côté onéreux, et la satisfaction comme le
côté compensateur de sa condition. En tous lieux, en tous
temps, nous le voyons se décharger, autant qu'il le peut, de
la fatigue du travail soit sur les animaux, sur le vent, sur
l'eau, la vapeur, les forces de la nature, soit, hélas! sur la
force de son semblable, quand il parvient à le dominer.
Dans ce dernier cas, je le répète parce qu'on l'oublie trop
souvent, le travail n'est pas diminué, mais déplacé[1].

L'homme, étant ainsi placé entre deux peines, celle du
besoin et celle du travail, pressé par l'intérêt personnel,
cherche s'il n'aurait pas un moyen de les éviter toutes les
deux, au moins dans une certaine mesure. Et c'est alors que
la spoliation se présente à ses yeux comme la solution du
problème.

---

[1] On l'oublie quand on pose cette question : Le travail des esclaves
revient-il plus cher ou meilleur marché que le travail salarié ?

Il se dit : Je n'ai, il est vrai, aucun moyen de me procurer les choses nécessaires à ma conservation, à mes satisfactions, la nourriture, le vêtement, le gîte, sans que ces choses aient été préalablement produites par le travail. Mais il n'est pas indispensable que ce soit par *mon* propre travail. Il suffit que ce soit par le travail de *quelqu'un*, pourvu que je sois le plus fort.

Telle est l'origine de la guerre.

Je n'insisterai pas beaucoup sur ses conséquences.

Quand les choses vont ainsi, quand un homme ou un peuple travaille et qu'un autre homme ou un autre peuple attend, pour se livrer à la rapine, que le travail soit accompli, le lecteur aperçoit d'un coup d'œil ce qui se perd de forces humaines.

D'un côté, le spoliateur n'est point parvenu, comme il l'aurait désiré, à éviter toute espèce de travail. La spoliation armée exige aussi des efforts, et quelquefois d'immenses efforts. Ainsi, pendant que le producteur consacre son temps à créer les objets de satisfactions, le spoliateur emploie le sien à préparer le moyen de les dérober. Mais lorsque l'œuvre de la violence est accomplie ou tentée, les objets de satisfactions ne sont ni plus ni moins abondants. Ils peuvent répondre aux besoins de personnes différentes, et non à plus de besoins. Ainsi tous les efforts que le spoliateur a faits pour la spoliation, et en outre tous ceux qu'il n'a pas faits pour la production, sont entièrement perdus, sinon pour lui, du moins pour l'humanité.

Ce n'est pas tout; dans la plupart des cas une déperdition analogue se manifeste du côté du producteur. Il n'est pas vraisemblable, en effet, qu'il attendra, sans prendre aucune précaution, l'événement dont il est menacé ; et toutes les précautions, armes, fortifications, munitions, exercice, sont du travail, et du travail à jamais perdu, non pour celui qui en attend sa sécurité, mais pour le genre humain.

Que si le producteur, en faisant ainsi deux parts de ses travaux, ne se croit pas assez fort pour résister à la spoliation, c'est bien pis et les forces humaines se perdent sur une bien autre échelle; car alors le travail cesse, nul n'étant disposé à produire pour être spolié.

Quant aux conséquences morales, à la manière dont les facultés sont affectées des deux côtés, le résultat n'est pas moins désastreux.

Dieu a voulu que l'homme livrât à la nature de pacifiques combats et qu'il recueillît directement d'elle les fruits de la victoire. — Quand il n'arrive à la domination de la nature que par l'intermédiaire de la domination de ses semblables, sa mission est faussée; il donne à ses facultés une direction tout autre. Voyez seulement la *prévoyance*, cette vue anticipée de l'avenir, qui nous élève en quelque sorte jusqu'à la *providence*, — car *prévoir* c'est aussi *pourvoir*, — voyez combien elle diffère chez le producteur et le spoliateur.

Le producteur a besoin d'apprendre la liaison des causes aux effets. Il étudie à ce point de vue les lois du monde physique, et cherche à s'en faire des auxiliaires de plus en plus utiles. S'il observe ses semblables, c'est pour prévoir leurs désirs et y pourvoir, à charge de réciprocité.

Le spoliateur n'observe pas la nature. S'il observe les hommes, c'est comme l'aigle guette une proie, cherchant le moyen de l'affaiblir, de la surprendre.

Mêmes différences se manifestent dans les autres facultés et s'étendent aux idées... [1].

La spoliation par la guerre n'est pas un fait accidentel, isolé, passager; c'est un fait très-général et très-constant, qui ne le cède en permanence qu'au travail.

----

[1] Voyez *Baccalauréat et Socialisme*, tome IV, page 442.

(Note de l'éditeur.)

Indiquez-moi donc un point du globe où deux races, une de vainqueurs et une de vaincus, ne soient pas superposées l'une à l'autre. Montrez-moi en Europe, en Asie, dans les îles du grand Océan, un lieu fortuné encore occupé par la race primitive. Si les migrations de peuples n'ont épargné aucun pays, la guerre a été un fait général.

Les traces n'en sont pas moins générales. Indépendamment du sang versé, du butin conquis, des idées faussées, des facultés perverties, elle a laissé partout des stigmates, au nombre desquels il faut compter l'esclavage et l'aristocratie.....

L'homme ne s'est pas contenté de spolier la richesse à mesure qu'elle se formait; il s'est emparé des richesses antérieures, du capital sous toutes les formes; il a particulièrement jeté les yeux sur le capital, sous la forme la plus immobile, la propriété foncière. Enfin, il s'est emparé de l'homme même. — Car les facultés humaines étant des instruments de travail, il a été trouvé plus court de s'emparer de ces facultés que de leurs produits.....

Combien ces grands événements n'ont-ils pas agi comme causes perturbatrices, comme entraves sur le progrès naturel des destinées humaines ! Si l'on tient compte de la déperdition de travail occasionnée par la guerre, si l'on tient compte de ce que le produit effectif, qu'elle amoindrit, se concentre entre les mains de quelques vainqueurs, on pourra comprendre le dénûment des masses, dénûment inexplicable de nos jours par la liberté.....

Comment l'esprit guerrier se propage.

Les peuples agresseurs sont sujets à des représailles. Ils attaquent souvent; quelquefois ils se défendent. Quand ils sont sur la défensive, ils ont le sentiment de la justice et de la sainteté de leur cause. Alors ils peuvent exalter le courage, le dévouement, le patriotisme. Mais, hélas! ils transportent ces sentiments et ces idées dans leurs guerres offensives. Et qu'est-ce alors qui constitue le patriotisme?.....

Quand deux races, l'une victorieuse et oisive, l'autre vaincue et humiliée, occupent le sol, tout ce qui éveille les désirs, les sympathies, est le partage de la première. A elle loisirs, fêtes, goût des arts, richesses, exercices militaires, tournois, grâce, élégance, littérature, poésie. A la race conquise, des mains calleuses, des huttes désolées, des vêtements répugnants.....

Il suit de là que ce sont les idées et les préjugés de la race dominante, toujours associés à la domination militaire, qui font l'opinion. Hommes, femmes, enfants, tous mettent la vie militaire avant la vie laborieuse, la guerre avant le travail, la spoliation avant la production. La race vaincue partage elle-même ce sentiment, et quand elle surmonte ses oppresseurs, aux époques de transition, elle se montre disposée à les imiter. Que dis-je! pour elle cette imitation est une frénésie.....

Comment la guerre finit...

La Spoliation comme la Production ayant sa source dans le cœur humain, les lois du monde social ne seraient pas harmoniques, même au sens limité que j'ai dit, si celle-ci ne devait, à la longue, détrôner celle-là...

XX

RESPONSABILITÉ

Il y a dans ce livre une pensée dominante ; elle plane sur toutes ses pages, elle vivifie toutes ses lignes. Cette pensée est celle qui ouvre le symbole chrétien : JE CROIS EN DIEU.

Oui, s'il diffère de quelques économistes, c'est que ceux-ci semblent dire : « Nous n'avons guère foi en Dieu ; car nous voyons que les lois naturelles mènent à l'abîme. — Et cependant nous disons : *Laissez faire!* parce que nous avons encore moins foi en nous-mêmes, et nous comprenons que tous les efforts humains pour arrêter le progrès de ces lois ne font que hâter la catastrophe. »

S'il diffère des écrits socialistes, c'est que ceux-ci disent : « Nous feignons bien de croire en Dieu ; mais au fond nous ne croyons qu'en nous-mêmes, — puisque nous ne voulons pas *laisser faire*, et que nous donnons tous chacun de nos plans sociaux comme infiniment supérieur à celui de la Providence. »

Je dis : *Laissez faire*, en d'autres termes, respectez la liberté, l'initiative humaine.... [1].

---

[1] ... parce que je crois qu'une impulsion supérieure la dirige, parce que Dieu ne pouvant agir dans l'ordre moral que par l'intermédiaire des intérêts et des volontés, il est impossible que la résultante naturelle de ces intérêts, que la tendance commune de ces volontés, aboutisse au mal

.... *Responsabilité, solidarité ;* mystérieuses lois dont il est impossible, en dehors de la Révélation, d'apprécier la

définitif : — car alors ce ne serait pas seulement l'homme ou l'humanité qui marcherait à l'erreur ; c'est Dieu lui-même, impuissant ou mauvais, qui pousserait au mal sa créature avortée.

Nous croyons donc à la liberté, parce que nous croyons à l'harmonie universelle, c'est-à-dire à Dieu. Proclamant au nom de la foi, formulant au nom de la science les lois divines, souples et vivantes, du mouvement moral, nous repoussons du pied ces institutions étroites, gauches, immobiles, que des aveugles jettent tout à travers l'admirable mécanisme. Du point de vue de l'athée, il serait absurde de dire : *laissez faire* le hasard ! Mais nous, croyants, nous avons le droit de crier : *laissez passer* l'ordre et la justice de Dieu ! Laissez marcher librement cet agent du moteur infaillible, ce rouage de transmission qu'on appelle l'initiative humaine ! — Et la liberté ainsi comprise n'est plus l'anarchique déification de l'individualisme ; ce que nous adorons, par delà l'homme qui s'agite, c'est Dieu qui le mène.

Nous savons bien que l'esprit humain peut s'égarer : oui, sans doute, de tout l'intervalle qui sépare une vérité acquise d'une vérité qu'il pressent. Mais puisque sa nature est de chercher, sa destinée est de trouver. Le vrai, remarquons-le, a des rapports harmoniques, des affinités nécessaires non-seulement avec la forme de notre entendement et les instincts de notre cœur, mais aussi avec toutes les conditions physiques et morales de notre existence ; en sorte que, lors même qu'il échapperait à l'intelligence de l'homme comme *vrai absolu*, à ses sympathies innées comme *juste*, ou comme *beau* à ses aspirations idéales, il finirait encore par se faire accepter sous son aspect pratique et irrécusable d'*utile*.

Nous savons que la liberté peut mener au Mal. — Mais le Mal a lui-même sa mission. Dieu ne l'a certes pas jeté au hasard devant nos pas pour nous faire tomber ; il l'a placé en quelque sorte de chaque côté du chemin que nous devions suivre, afin qu'en s'y heurtant l'homme fût ramené au bien par le mal même.

Les volontés, comme les molécules inertes, ont leur loi de gravitation. Mais, — tandis que les êtres inanimés obéissent à des tendances préexistantes et fatales, — pour les intelligences libres, la force d'attraction et de répulsion ne précède pas le mouvement ; elle naît de la détermination volontaire qu'elle semble attendre, elle se développe en vertu de l'acte même, et réagit alors pour ou contre l'agent, par un effort progressif de concours ou de résistance qu'on appelle récompense ou châtiment, plaisir ou douleur. Si la direction de la volonté est dans le sens des lois générales, si l'acte est *bon*, le mouvement est secondé, le bien-être en résulte pour l'homme. — S'il s'écarte au contraire, s'il est *mauvais*, quelque chose le repousse ; de l'erreur naît la souffrance, qui en est le remède et le terme. Ainsi le Mal s'oppose constamment au Mal, comme cause, mais dont il nous est donné d'apprécier les effets et l'action infaillible sur les progrès de la société : lois qui, par cela même que l'homme est sociable, s'enchaînent, se mêlent, concourent, encore qu'elles semblent parfois se heurter ; et qui demanderaient à être vues dans leur ensemble, dans leur action commune, si la science aux yeux faibles, à la marche incertaine, n'était réduite à la méthode, — cette triste béquille qui fait sa force tout en révélant sa faiblesse.

Nosce te ipsum. Connais-toi toi-même ; c'est, dit l'oracle, le commencement, le milieu et la fin des sciences morales et politiques.

Nous l'avons dit ailleurs : En ce qui concerne l'homme ou la société humaine, Harmonie ne peut signifier Perfection, mais Perfectionnement. Or la perfectibilité implique

le Bien provoque incessamment le Bien. Et l'on pourrait dire que, vus d'un peu haut, les écarts du libre arbitre se bornent à quelques oscillations, d'une amplitude déterminée, autour d'une direction supérieure et nécessaire ; toute rébellion persistante qui voudrait forcer cette limite n'aboutissant qu'à se détruire elle-même, sans parvenir à troubler en rien l'ordre de sa sphère.

Cette force réactive de concours ou de répulsion, qui par la récompense et la peine régit l'orbite à la fois volontaire et fatale de l'humanité, cette *loi de gravitation des êtres libres* (dont le Mal n'est que la moitié nécessaire), se manifeste par deux grandes expressions, — la Responsabilité et la Solidarité : l'une qui fait retomber sur l'individu, — l'autre qui répercute sur le corps social les conséquences bonnes ou mauvaises de l'acte : l'une qui s'adresse à l'homme comme à un tout solitaire et autonome, — l'autre qui l'enveloppe dans une inévitable communauté de biens et de maux, comme élément partiel et membre dépendant d'un être collectif et impérissable, l'Humanité. — *Responsabilité*, sanction de la liberté individuelle, raison des *droits* de l'homme, — *Solidarité*, preuve de sa subordination sociale et principe de ses devoirs...

(*Un feuillet manquait au manuscrit de Bastiat. On me pardonnera d'avoir essayé de continuer la pensée de cette religieuse introduction.*)
R. F.

toujours, à un degré quelconque, l'imperfection dans l'avenir comme dans le passé. Si l'homme pouvait jamais entrer dans cette terre promise du *Bien absolu*, il n'aurait que faire de son intelligence, de ses sens, il ne serait plus l'homme.

Le Mal existe. Il est inhérent à l'infirmité humaine ; il se manifeste dans l'ordre moral comme dans l'ordre matériel, dans la masse comme dans l'individu, dans le tout comme dans la partie. Parce que l'œil peut souffrir et s'éteindre, le physiologiste méconnaîtra-t-il l'harmonieux mécanisme de cet admirable appareil ? Niera-t-il l'ingénieuse structure du corps humain, parce que ce corps est sujet à la douleur, à la maladie, à la mort, et parce que le Psalmiste, dans son désespoir, a pu s'écrier : « O tombe, vous êtes ma mère ! Vers du sépulcre, vous êtes mes frères et mes sœurs ! » — De même, parce que l'ordre social n'amènera jamais l'humanité au fantastique port du bien absolu, l'économiste refusera-t-il de reconnaître ce que cet ordre social présente de merveilleux dans son organisation, préparée en vue d'une diffusion toujours croissante de lumières, de moralité et de bonheur ?

Chose étrange, qu'on conteste à la science économique le droit d'admiration qu'on accorde à la physiologie ! Car, après tout, quelle différence, au point de vue de l'harmonie, dans les causes finales, entre l'être individuel et l'être collectif ! — Sans doute l'individu naît, grandit, se développe, s'embellit, se perfectionne, sous l'influence de la vie, jusqu'à ce que soit venu le moment où d'autres flambeaux s'allumeront à ce flambeau. A ce moment tout en lui revêt les couleurs de la beauté ; tout en lui respire la joie et la grâce ; il est tout expansion, affection, bienveillance, amour, harmonie. Puis, pendant quelque temps encore, son intelligence s'élargit et s'affermit, comme pour guider, dans les tortueux sentiers de l'existence, celles qu'il y vient d'appeler. Mais bientôt sa beauté s'efface, sa grâce s'évanouit, ses sens s'émoussent, son corps décline, sa mémoire se trouble, ses idées s'affaiblissent, hélas ! et ses affections mêmes, sauf en quelques âmes d'élite, semblent s'imprégner d'égoïsme, perdent ce charme, cette fraîcheur, ce naturel sincère et naïf, cette profondeur, cet idéal, cette abnégation, cette poésie, ce parfum indéfinissable, qui sont le privilége d'un autre âge. Et malgré les précautions ingénieuses que la nature a prises pour retarder sa dissolution, précautions que la physiologie résume par le mot *vis medicatrix*, — seules et tristes harmonies dont il faut bien que cette science se contente, — il repasse en sens inverse la série de ses perfectionnements, il abandonne l'une après l'autre sur le chemin toutes ses acquisitions, il marche de privations en privations vers celle qui les comprend toutes. Oh ! le génie de l'optimisme lui-même ne saurait rien découvrir de consolant et d'harmonieux dans cette lente et irrémissible dégradation, à voir cet être, autrefois si fier et si beau, descendre tristement dans la tombe... La tombe !... Mais n'est-ce pas une porte à l'autre séjour !... C'est ainsi, quand la science s'arrête, que la religion renoue [1], même pour l'individu, dans une autre patrie, les concordances harmoniques interrompues ici-bas [2].

Malgré ce dénoûment fatal, la physiologie cesse-t-elle de

---

[1] Religion (*religare*, *relier*), ce qui rattache la vie actuelle à la vie future, les vivants aux morts, le temps à l'éternité, le fini à l'infini, l'homme à Dieu.

[2] Ne dirait-on pas que la justice divine, si incompréhensible quand on considère le sort des individus, devient éclatante quand on réfléchit sur les destinées des nations ? La vie de chaque homme est un drame qui se noue sur un théâtre et se dénoue sur un autre ; mais il n'en est pas ainsi de la vie des nations. Cette instructive tragédie commence et finit sur la terre. Voilà pourquoi l'histoire est une lecture sainte ; c'est la justice de la Providence.

(DE CUSTINES, La Russie.)

voir, dans le corps humain, le chef-d'œuvre le plus accompli qui soit sorti des mains du Créateur ?

Mais si le corps social est assujetti à la souffrance, si même il peut souffrir jusqu'à en mourir, il n'y est pas fatalement condamné. Quoi qu'on en ait dit, il n'a pas en perspective, après s'être élevé à son apogée, un inévitable déclin. L'écroulement même des empires, ce n'est pas la rétrogradation de l'humanité ; et les vieux moules de la civilisation ne se dissolvent que pour faire place à une civilisation plus avancée. Les dynasties peuvent s'éteindre, les formes du pouvoir peuvent changer ; le genre humain n'en progresse pas moins. La chute des États ressemble à la chute des feuilles en automne. Elle fertilise le sol, se coordonne au retour du printemps, et promet aux générations futures une végétation plus riche et des moissons plus abondantes. Que dis-je ! même au point de vue purement national, cette théorie de la décadence nécessaire est aussi fausse que surannée. Il est impossible d'apercevoir dans le mode de vie d'un peuple aucune cause de déclin inévitable. L'analogie, qui a si souvent fait comparer une nation à un individu et attribuer à l'une comme à l'autre une enfance et une vieillesse, n'est qu'une fausse métaphore. Une communauté se renouvelle incessamment. Que ses institutions soient élastiques et flexibles, qu'au lieu de venir en collision avec les puissances nouvelles qu'enfante l'esprit humain, elles soient organisées de manière à admettre cette expansion de l'énergie intellectuelle et à s'y accommoder ; et l'on ne voit aucune raison pour qu'elle ne fleurisse pas dans une éternelle jeunesse. Mais, quoi qu'on pense de la fragilité et du fracas des empires, toujours est-il que la société, qui, dans son ensemble, se confond avec l'humanité, est constituée sur des bases plus solides. Plus on l'étudie, plus on reste convaincu qu'elle aussi a été pourvue, comme le corps humain, d'une *force curative* qui la délivre de ses maux, et qu'en outre elle porte dans son sein une *force progressive*. Elle est poussée par celle-ci vers un perfectionnement auquel on ne peut assigner de limites.

Si donc le mal individuel n'infirme pas l'harmonie physiologique, encore moins le mal collectif infirme-t-il l'harmonie sociale.

Mais comment concilier l'existence du mal avec l'infinie bonté de Dieu? Ce n'est pas à moi d'expliquer ce que je ne comprends pas. Je ferai seulement observer que cette solution ne peut pas plus être imposée à l'économie politique qu'à l'anatomie. Ces sciences, toutes d'observation, étudient l'homme tel qu'il est, sans demander compte à Dieu de ses impénétrables secrets.

Ainsi, je le répète, dans ce livre harmonie ne répond pas à l'idée de perfection absolue, mais à celle de perfectionnement indéfini. Il a plu à Dieu d'attacher la douleur à notre nature, puisqu'il a voulu qu'en nous la faiblesse fût antérieure à la force, l'ignorance à la science, le besoin à la satisfaction, l'effort au résultat, l'acquisition à la possession, le dénûment à la richesse, l'erreur à la vérité, l'expérience à la prévoyance. Je me soumets sans murmurer à cet arrêt, ne pouvant d'ailleurs imaginer une autre combinaison. Que si, par un mécanisme aussi simple qu'ingénieux, il a pourvu à ce que *tous les hommes se rapprochassent d'un niveau commun qui s'élève toujours*, s'il leur assure ainsi, — par l'action même de ce que nous appelons le Mal, — et la durée et la diffusion du progrès, alors je ne me contente pas de m'incliner sous cette main aussi généreuse que puissante, je la bénis, je l'admire et je l'adore.

Nous avons vu surgir des écoles qui ont profité de l'insolubilité (humainement parlant) de cette question pour embrouiller toutes les autres, comme s'il était donné à

notre intelligence finie de comprendre et de concilier les
infinis. Plaçant à l'entrée de la science sociale cette sentence : *Dieu ne peut vouloir le mal*, elles arrivent à cette
série de conclusions : « Il y a du mal dans la société, donc
elle n'est pas organisée selon les desseins de Dieu. Changeons, changeons encore, changeons toujours cette organisation ; essayons, expérimentons jusqu'à ce que nous
ayons trouvé une forme qui efface de ce monde toute trace
de souffrance. A ce signe, nous reconnaîtrons que le règne
de Dieu est arrivé. »

Ce n'est pas tout. Ces écoles sont entraînées à exclure de
leurs plans sociaux la liberté au même titre que la souffrance, car la liberté implique la possibilité de l'erreur, et
par conséquent la possibilité du mal. « Laissez-nous vous
organiser, disent-elles aux hommes, ne vous en mêlez pas ;
ne comparez, ne jugez, ne décidez rien par vous-mêmes et
pour vous-mêmes ; nous avons en horreur le *laissez faire*,
mais nous demandons que vous vous laissiez faire et que
vous nous laissiez faire. Si nous vous conduisons au bonheur parfait, l'infinie bonté de Dieu sera justifiée. »

Contradiction, inconséquence, orgueil, on ne sait ce qui
domine dans un tel langage.

Une secte, entre autres, fort peu philosophique, mais
très-bruyante, promet à l'humanité un bonheur sans mélange. Qu'on lui livre le gouvernement de l'humanité, et
par la vertu de quelques formules, elle se fait fort d'en bannir toute sensation pénible.

Que si vous n'accordez pas une foi aveugle à ses promesses, soulevant aussitôt ce redoutable et insoluble problème, qui fait depuis le commencement du monde le
désespoir de la philosophie, elle vous somme de concilier
l'existence du mal avec la bonté infinie de Dieu. Hésitez-
vous ? elle vous accuse d'impiété.

Fourrier épuise toutes les combinaisons de ce thème.

« *Ou Dieu n'a pas su* nous donner un code social d'attrac-
« tion, justice, vérité, unité ; dans ce cas il est injuste en
« nous créant ce besoin sans avoir les moyens de nous sa-
« tisfaire.

« *Ou il n'a pas voulu ;* et dans ce cas il est persécuteur
« avec préméditation, nous créant à plaisir des besoins qu'il
« est impossible de contenter.

« *Ou il a su et n'a pas voulu ;* dans ce cas il est l'émule du
diable, sachant faire le bien et préférant le règne du mal.

« *Ou il a voulu et n'a pas su ;* dans ce cas il est incapable
« de nous régir, connaissant et voulant le bien qu'il ne saura
« pas faire.

« *Ou il n'a ni su ni voulu* ; dans ce cas il est au-dessous
« du diable, qui est scélérat et non pas bête.

« *Ou il a su et voulu ;* dans ce cas le code existe, il a dû
« le révéler, etc. »

Et Fourier est le prophète. Livrons-nous à lui et à ses
disciples ; la Providence sera justifiée, la sensibilité changera
de nature, et la douleur disparaîtra de la terre.

Mais comment les apôtres du bien absolu, ces hardis
logiciens qui vont sans cesse disant : « Dieu étant parfait,
son œuvre doit être parfaite, » et qui nous accusent d'impiété parce que nous nous résignons à l'imperfection humaine, — comment, dis-je, ne s'aperçoivent-ils pas que,
dans l'hypothèse la plus favorable, ils seraient encore aussi
impies que nous ? — Je veux bien que, sous le règne de
MM. Considérant, Hennequin, etc., pas un homme sur la
surface de la terre ne perde sa mère ou ne souffre des dents,
— auquel cas il pourrait lui aussi chanter la litanie : *Ou
Dieu n'a pas su ou il n'a pas voulu ;* — je veux que le mal
redescende dans les abîmes infernaux à partir du grand
jour de la révélation socialiste ; — qu'un de leurs plans,
phalanstère, crédit gratuit, anarchie, triade, atelier social, etc., ait la vertu de faire disparaître tous les maux

dans l'avenir. Aura-t-il celle d'anéantir la souffrance dans le passé ? Or l'infini n'a pas de limite ; et s'il y a eu sur la terre un seul malheureux depuis la création, cela suffit pour rendre le problème de l'infinie bonté de Dieu insoluble à leur point de vue.

Ne rattachons donc pas la science du fini aux mystères de l'infini. Appliquons à l'une l'observation et la raison ; laissons les autres dans le domaine de la révélation et de la foi.

Sous tous les rapports, à tous les points de vue, l'homme est imparfait. Sur cette terre du moins, il rencontre des limites dans toutes les directions et touche au fini par tous les points. Sa force, son intelligence, ses affections, sa vie n'ont rien d'absolu et tiennent à un appareil matériel sujet à la fatigue, à l'altération, à la mort.

Non-seulement cela est ainsi, mais notre imperfection est si radicale que nous ne pouvons même nous figurer une perfection quelconque en nous ni hors de nous. Notre esprit a si peu de proportion avec cette idée, qu'il fait de vains efforts pour la saisir. Plus il l'étreint, plus elle lui échappe se perd en inextricables contradictions. Montrez-moi un homme parfait ; vous me montrerez un homme qui ne peut souffrir, qui par conséquent n'a ni besoins, ni désirs, ni sensations, ni sensibilité, ni nerfs, ni muscles ; qui ne peut rien ignorer, et par conséquent n'a ni attention, ni jugement, ni raisonnement, ni mémoire, ni imagination, ni cerveau ; en un mot vous me montrerez un être qui n'est pas.

Ainsi, sous quelque aspect que l'on considère l'homme, il faut voir en lui un être sujet à la douleur. Il faut admettre que le mal est entré comme ressort dans le plan providentiel ; et, au lieu de chercher les chimériques moyens de l'anéantir, il s'agit d'étudier son rôle et sa mission.

Quand il a plu à Dieu de créer un être composé de besoins et de facultés pour y satisfaire, ce jour-là il a été décidé que cet être serait assujetti à la souffrance ; car sans la souffrance nous ne pouvons·concevoir les besoins, et sans les besoins nous ne pouvons comprendre ni l'utilité, ni la raison d'être d'aucune de nos facultés, — tout ce qui fait notre grandeur a sa racine dans ce qui fait notre faiblesse.

Pressés par d'innombrables impulsions, doués d'une intelligence qui éclaire.nos efforts et apprécie leurs résultats, nous avons encore pour nous déterminer le *libre arbitre*.

Le libre arbitre implique l'erreur comme possible, et à son tour l'erreur implique la souffrance comme son effet inévitable. Je défie qu'on me dise ce que c'est que *choisir librement*, si ce n'est courir la chance de faire un mauvais choix ; et ce que c'est que faire un mauvais choix, si ce n'est se préparer une peine.

Et c'est pourquoi sans doute les écoles, qui ne se contentent de rien moins pour l'humanité que du bien absolu, sont toutes matérialistes et fatalistes. Elles ne peuvent admettre le libre arbitre. Elles comprennent que de la liberté d'agir naît la liberté de choisir; — que la liberté de choisir suppose la possibilité d'errer ; — que la possibilié d'errer c'est la contingence du mal. — Or, dans la société artificielle telle que l'invente un organisateur, le mal ne peut paraître. Pour cela, il faut que les hommes y soient soustraits à la possibilité d'errer ; et le plus sûr moyen, c'est qu'ils soient privés de la liberté d'agir et de choisir ou du libre arbitre. On ,l'a dit avec raison, le socialisme c'est le despotisme incarné.

En présence de ces folies, on se demande en vertu de quoi l'organisateur ose penser, agir et choisir, non-seulement pour lui, mais pour tout le monde ; car enfin il appartient à l'humanité, et à ce titre il est faillible. — Il l'est d'autant plus qu'il prétend étendre plus loin la sphère de sa science et de sa volonté.

Sans doute l'organisateur trouve que l'objection pèche par sa base, en ce qu'elle le confond avec le reste des hommes. — Puisqu'il a reconnu les vices de l'œuvre divine et entrepris de la refaire, il n'est pas homme; il est Dieu et plus que Dieu...

Le Socialisme a deux éléments : le délire de l'inconséquence et le délire de l'orgueil !

Mais dès que le libre arbitre, qui est le point de départ de toutes nos études, rencontre une négation, ne serait-ce pas ici le lieu de le démontrer ? Je m'en garderai bien. Chacun le sent, cela suffit. Je le sens, non pas vaguement, mais plus intimement cent fois que s'il m'était démontré par Aristote ou par Euclide. Je le sens à la joie de ma conscience quand j'ai fait un choix qui m'honore ; à ses remords, quand j'ai fait un choix qui m'avilit. En outre, je suis témoin que tous les hommes affirment le libre arbitre par leur conduite, encore que quelques-uns le nient dans leurs écrits. Tous comparent les motifs, délibèrent, se décident, se rétractent, cherchent à prévoir ; tous donnent des conseils, s'irritent contre l'injustice, admirent les actes de dévouement. Donc tous reconnaissent en eux-mêmes et dans autrui le libre arbitre, sans lequel il n'y a ni choix, ni conseils, ni prévoyance, ni moralité, ni vertu possibles. Gardons-nous de chercher à démontrer ce qui est admis par la pratique universelle. Il n'y a pas plus de fatalistes absolus même à Constantinople, qu'il n'y avait de sceptiques absolus même à Alexandrie. Ceux qui se disent tels peuvent être assez fous pour essayer de persuader les autres, — ils ne sont pas assez forts pour se convaincre eux-mêmes. Ils prouvent très-subtilement qu'ils n'ont pas de volonté ; — mais comme ils agissent comme s'ils en avaient une, ne disputons pas avec eux.

Nous voici donc placés au sein de la nature, au milieu de nos frères, — pressés par des impulsions, des besoins, des appétits, des désirs, — pourvus de facultés diverses pour agir soit sur les choses, soit sur les hommes, — déterminés à l'action par notre libre arbitre, — doués d'une intelligence perfectible, partant imparfaite, et qui, si elle nous éclaire, peut aussi nous tromper sur les conséquences de nos actes.

Toute action humaine, — faisant jaillir une série de conséquences bonnes ou mauvaises, dont les unes retombent sur l'auteur même de l'acte, et dont les autres vont affecter sa famille, ses proches, ses concitoyens et quelquefois l'humanité tout entière, — met, pour ainsi dire, en vibration deux cordes dont les sons rendent des oracles : la Responsabilité et la Solidarité.

La responsabilité, c'est l'enchaînement naturel qui existe, relativement à l'être agissant, entre l'acte et ses conséquences ; c'est un système complet de Peines et de Récompenses *fatales,* qu'aucun homme n'a inventé, qui agit avec toute la régularité des grandes lois naturelles, et que nous pouvons par conséquent regarder comme d'institution divine. Elle a évidemment pour objet de restreindre le nombre des actions funestes, de multiplier celui des actions utiles.

Cet appareil à la fois correctif et progressif, à la fois rémunérateur et vengeur, est si simple, si près de nous, tellement identifié avec tout notre être, si perpétuellement en action, que non-seulement nous ne pouvons le nier, mais qu'il est, comme le mal, un de ces phénomènes sans lesquels toute vie est pour nous inintelligible.

La Genèse raconte que le premier homme ayant été chassé du paradis terrestre parce qu'il avait appris à distinguer le Bien et le Mal, *sciens bonum et malum,* Dieu prononça sur lui cet arrêt : *In laboribus comedes ex terrâ cunctis diebus vitæ tuæ. — Spinas et tribulos germinabit tibi. — In sudore vultûs tui vesceris pane, donec revertaris in terram de quâ sumptus es : quia pulvis es et in pulverem reverteris.*

Voilà donc le bien et le mal — ou l'humanité. Voilà les

actes et les habitudes produisant des conséquences bonnes ou mauvaises — ou l'humanité. Voilà le travail, la sueur, les épines, les tribulations et la mort — ou l'humanité.

L'humanité, dis-je : car choisir, se tromper, souffrir, se rectifier, en un mot tous les éléments qui composent l'idée de responsabilité, sont tellement inhérents à notre nature sensible, intelligente et libre, ils sont tellement cette nature même, que je défie l'imagination la plus féconde de concevoir pour l'homme un autre mode d'existence.

Que l'homme ait vécu dans un Éden, *in paradiso voluptatis*, ignorant le bien et le mal, *scientiam boni et mali*, nous pouvons bien le croire, mais nous ne pouvons le comprendre, tant notre nature a été profondément transformée.

Il nous est impossible de séparer l'idée de *vie* de celle de *sensibilité*, celle de sensibilité de celle de *plaisir* et *douleur*, celle de plaisir et de douleur de celle de *peine* et *récompense*, celle d'*intelligence* de celle de *liberté* et *choix*, et toutes ces idées de celle de Responsabilité ; car c'est l'ensemble de toutes ces idées qui nous donne celle d'Être, de telle sorte que lorsque nous pensons à Dieu, la raison nous disant qu'il ne peut souffrir, elle reste confondue, tant l'*être* et la sensibilité sont pour nous inséparables.

Et c'est là sans doute ce qui fait de la *Foi* le complément nécessaire de nos destinées. Elle est le seul lien possible entre la créature et le Créateur, puisqu'il est et sera toujours pour la raison le Dieu incompréhensible, *Deus absconditus*.

Pour voir combien la responsabilité nous tient de près et nous serre de tous côtés, il suffit de donner son attention aux faits les plus simples.

Le feu nous brûle, le choc des corps nous brise ; si nous n'étions pas doués de sensibilité, ou si notre sensibilité n'était pas affectée péniblement par l'approche du feu et le rude contact des corps, nous serions exposés à la mort à chaque instant.

Depuis la première enfance jusqu'à l'extrême vieillesse, notre vie n'est qu'un long apprentissage. Nous apprenons à marcher à force de tomber ; nous apprenons par des expériences rudes et réitérées à éviter le chaud, le froid, la faim, la soif, les excès. Ne nous plaignons pas de ce que les expériences sont rudes ; si elles ne l'étaient pas, elles ne nous apprendraient rien.

Il en est de même dans l'ordre moral. Ce sont les tristes conséquences de la cruauté, de l'injustice, de la peur, de la violence, de la fourberie, de la paresse, qui nous apprennent à être doux, justes, braves, modérés, vrais et laborieux. L'expérience est longue ; elle durera même toujours, mais elle est efficace.

L'homme étant fait ainsi, il est impossible de ne pas reconnaître dans la responsabilité le ressort auquel est confié spécialement le progrès social. C'est le creuset où s'élabore l'expérience. Ceux donc qui croient à la supériorité des temps passés, comme ceux qui désespèrent de l'avenir, tombent dans la contradiction la plus manifeste. Sans s'en apercevoir, ils préconisent l'erreur, ils calomnient la lumière. C'est comme s'ils disaient : « Plus j'ai appris, moins je sais ; plus je discerne ce qui peut me nuire, plus je m'y exposerai. » Si l'humanité était constituée sur une telle donnée, il y a longtemps qu'elle eût cessé d'exister.

Le point de départ de l'homme c'est l'ignorance et l'inexpérience ; plus nous remontons la chaîne des temps, plus nous le rencontrons dépourvu de cette lumière propre à guider ses choix et qui ne s'acquiert que par un de ces moyens : la réflexion ou l'expérimentation.

Or il arrive que chaque acte humain renferme non une conséquence, mais une série de conséquences. Quelquefois la première est bonne et les autres mauvaises ; quelquefois la première est mauvaise et les autres bonnes. D'une détermination humaine il peut sortir des combinaisons de biens et de maux, en proportions variables. Qu'on nous permette d'appeler *vicieux* les actes qui produisent plus de maux que de biens, et *vertueux* ceux qui engendrent plus de biens que de maux.

Quand un de nos actes produit une première conséquence qui nous agrée, suivie de plusieurs autres conséquences qui nuisent, de telle sorte que la somme des maux l'emporte sur celle des biens, cet acte tend à se restreindre et à disparaître à mesure que nous acquérons plus de prévoyance.

Les hommes aperçoivent naturellement les conséquences immédiates avant les conséquences éloignées. D'où il suit que ce que nous avons appelé les actes vicieux sont plus multipliés dans les temps d'ignorance. Or la répétition des mêmes actes forme les habitudes. Les siècles d'ignorance sont donc le règne des mauvaises habitudes.

Par suite, c'est encore le règne des mauvaises lois, car les actes répétés, les habitudes générales constituent les mœurs sur lesquelles se modèlent les lois, et dont elles sont, pour ainsi parler, l'expression officielle.

Comment cesse cette ignorance? Comment les hommes apprennent-ils à connaître les secondes, les troisièmes et jusqu'aux dernières conséquences de leurs actes et de leurs habitudes?

Ils ont pour cela un premier moyen : c'est l'application de cette faculté de discerner et de raisonner qu'ils tiennent de la Providence.

Mais il est un moyen plus sûr, plus efficace, c'est l'expérience. — Quand l'acte est commis, les conséquences arrivent fatalement. La première est bonne, on le savait, c'est justement pour l'obtenir qu'on s'est livré à l'acte. Mais la seconde inflige une souffrance, la troisième une souffrance plus grande encore, et ainsi de suite.

Alors les yeux s'ouvrent, la lumière se fait. On ne renou-

velle pas l'acte ; on sacrifie le bien de la première conséquence par crainte du mal plus grand que contiennent les
autres? Si l'acte est devenu une habitude et si l'on n'a pas la
force d'y renoncer, du moins on ne s'y livre qu'avec hésita-
tion et répugnance, à la suite d'un combat intérieur. On ne
le conseille pas, on le blâme ; on en détourne ses enfants.
On est certainement dans la voie du progrès.

Si, au contraire, il s'agit d'un acte utile, mais dont on
s'abstenait, — parce que la première conséquence, la seule
connue, est pénible et que les conséquences ultérieures favorables étaient ignorées, — on éprouve les effets de l'abstention. Par exemple, un sauvage est repu. Il ne prévoit
pas qu'il aura faim demain. Pourquoi travaillerait-il aujour-
d'hui? Travailler est une peine actuelle, il n'est pas besoin
de prévoyance pour le savoir. Donc il demeure dans l'inertie. Mais le jour fuit, un autre lui succède, il amène la faim,
il faut travailler sous cet aiguillon. — C'est une leçon qui
souvent réitérée ne peut manquer de développer la prévoyance. Peu à peu la paresse est appréciée pour ce qu'elle
est. On la flétrit ; on en détourne la jeunesse. L'autorité de
l'opinion publique passe du côté du travail.

Mais pour que l'expérience soit une leçon, pour qu'elle
remplisse sa mission dans le monde, pour qu'elle développe la prévoyance, pour qu'elle expose la série des effets, pour qu'elle provoque les bonnes habitudes et restreigne les mauvaises, en un mot pour qu'elle soit l'instrument
propre du progrès et du perfectionnement moral, il faut que
la loi de Responsabilité agisse. Il faut que les mauvaises
conséquences se fassent sentir, et, lâchons le grand mot, il
faut que momentanément *le mal* sévisse.

Sans doute, il vaudrait mieux que le mal n'existât pas ;
— et cela serait peut-être si l'homme était fait sur un autre
plan. — Mais l'homme étant donné avec ses besoins, ses désirs, sa sensibilité, son libre arbitre, sa faculté de choisir et

de se tromper, sa faculté de mettre en action une cause qui renferme nécessairement des conséquences, qu'il n'est pas possible d'anéantir, tant que la cause existe ; la seule manière d'anéantir la cause, c'est d'éclairer le libre arbitre, de rectifier le choix, de supprimer l'acte ou l'habitude vicieuse ; et rien de cela ne se peut que par la loi de Responsabilité.

On peut donc affirmer ceci : l'homme étant ce qu'il est, le mal est non-seulement nécessaire, mais utile. Il a une mission ; il entre dans l'harmonie universelle. Il a une mission, qui est de détruire sa propre cause, de se limiter ainsi lui-même, de concourir à la réalisation du bien, de stimuler le progrès.

Éclaircissons ceci par quelques exemples pris dans l'ordre d'idées qui nous occupe, c'est-à-dire dans l'économie politique.

Épargne, Prodigalité.

Monopoles.

Population [1].....

La Responsabilité se manifeste par trois sanctions :

1° *La sanction naturelle.* C'est celle dont je viens de parler. C'est la peine ou la récompense nécessaires que contiennent les actes et les habitudes.

2° *La sanction religieuse.* Ce sont les peines et les récompenses promises dans un autre monde aux actes et aux habitudes, selon qu'ils sont vicieux ou vertueux.

3° *La sanction légale.* Les peines et les récompenses préparées d'avance par la société.

De ces trois sanctions, j'avoue que celle qui me paraît fondamentale c'est la première. En m'exprimant ainsi, je

---

[1] Les développements intéressants que l'auteur voulait présenter ici, par voie d'exemples, et dont il indiquait d'avance le caractère, il ne les a malheureusement pas écrits. Le lecteur pourra y suppléer en se reportant au chapitre XVI de ce livre, ainsi qu'aux chapitres VII et XI du pamphlet *Ce qu'on voit et ce qu'on ne voit pas*, t. V, pages 363 et 383.

(*Note de l'éditeur.*)

ne puis manquer de heurter des sentiments que je respecte ; mais je demande aux chrétiens de me permettre de dire mon opinion.

Ce sera probablement le sujet d'un débat éternel, entre l'esprit philosophique et l'esprit religieux, de savoir si un acte est vicieux parce qu'une révélation venue d'en haut l'a déclaré tel, indépendamment de ses conséquences, — ou bien si cette révélation l'a déclaré vicieux parce qu'il produit des conséquences mauvaises.

Je crois que le christianisme peut se ranger à cette dernière opinion. Il dit lui-même qu'il n'est pas venu contrarier la loi naturelle, mais la renforcer. On ne peut guère admettre que Dieu, qui est l'ordre suprême, ait fait une classification arbitraire des actes humains, ait promis le châtiment aux uns et les récompenses aux autres, et cela sans aucune considération de leurs effets, c'est-à-dire de leur discordance ou de leur concordance dans l'harmonie universelle.

Quand il a dit : « Tu ne tueras point, — Tu ne déroberas point, » sans doute il avait en vue d'interdire certains actes parce qu'ils nuisent à l'homme et à la société, qui sont son ouvrage.

La considération des conséquences est si puissante sur l'homme, que, s'il appartenait à une religion qui défendît des actes dont l'expérience universelle révélerait l'utilité, ou qui ordonnât des habitudes dont la nuisibilité serait palpable, je crois que cette religion à la longue ne pourrait se soutenir et succomberait devant le progrès des lumières. Les hommes ne pourraient longtemps supposer en Dieu le dessein prémédité de faire le mal et d'interdire le bien.

La question que j'effleure ici n'a peut-être pas une grande importance à l'égard du christianisme, puisqu'il n'ordonne que ce qui est bien en soi et ne défend que ce qui est mauvais.

Mais ce que j'examine, c'est la question de savoir si, en

principe, la sanction religieuse vient confirmer la sanction naturelle, ou si la sanction naturelle n'est rien devant la sanction religieuse, et doit lui céder le pas quand elles viennent à se contredire.

Or, si je ne me trompe, la tendance des ministres de la religion est de se préoccuper fort peu de la sanction naturelle. Ils ont pour cela une raison irréfutable : « Dieu a ordonné ceci, Dieu a défendu cela. » Il n'y a plus à raisonner, car Dieu est infaillible et tout-puissant. L'acte ordonné amenât-il la destruction du monde, il faut marcher en aveugles, absolument comme vous feriez si Dieu vous parlait directement à vous-même et vous montrait le ciel et l'enfer.

Il peut arriver, même dans la vraie religion, que des actes innocents soient défendus sous l'autorité de Dieu. Par exemple, prélever un intérêt a été déclaré un péché. Si l'humanité s'était conformée à cette prohibition, il y a longtemps qu'elle aurait disparu du globe. Car, sans l'intérêt, il n'y a pas de capital possible ; sans le capital, il n'y a pas de concours du travail antérieur avec le travail actuel ; sans ce concours, il n'y a pas de société ; et sans société, il n'y a pas d'homme.

D'un autre côté, en examinant de près l'intérêt, on reste convaincu que non-seulement il est utile dans ses effets généraux, mais encore qu'il n'a rien de contraire à la charité ni à la vérité, — pas plus que les appointements d'un ministre du culte, et certainement moins que certaines parties du casuel.

Aussi toute la puissance de l'Église n'a pu suspendre une minute, à cet égard, la nature des choses. C'est tout au plus si elle est parvenue à faire déguiser, dans un nombre de cas infiniment petit, une des formes et la moins usuelle de l'intérêt.

De même pour les prescriptions. — Quand l'Évangile nous

dit : «·Si l'on te frappe sur une joue, présente l'autre, » il
donne un précepte qui, pris au pied de la lettre, détruirait
le droit de légitime défense dans l'individu et par conséquent
dans la société. Or, sans ce droit, l'existence de l'humanité
est impossible.

Aussi qu'est-il arrivé? Depuis dix-huit siècles on répète
ce mot comme un vain conventionnalisme.

Mais ceci est plus grave. Il y a des religions fausses dans
ce monde. — Celles-ci admettent nécessairement des pré-
ceptes et des prohibitions en contradiction avec la sanction
naturelle correspondant à tels ou tels actes. Or, de tous les
moyens qui nous ont été donnés pour discerner, dans une
matière aussi importante, le vrai du faux, et ce qui émane
dé Dieu, de ce qui nous vient de l'imposture, aucun n'est
plus certain, plus décisif, que l'examen des conséquences
bonnes ou mauvaises qu'une doctrine peut avoir sur la
marche et le progrès de l'humanité : *a fructibus eorum co-
gnoscetis eos.*

Sanction légale. La nature ayant préparé tout un système
de châtiments et de récompenses, sous la forme des effets qui
sortent nécessairement de chaque action et de chaque habitude, que doit faire la loi humaine? Elle n'a que trois partis à prendre : laisser agir la Responsabilité, abonder dans
son sens, ou la contrarier.

Il me semble hors de doute que lorsqu'une sanction légale est mise en œuvre, ce ne doit être que pour donner
plus de force, de régularité, de certitude et d'efficacité à la
sanction naturelle. Ce sont deux puissances qui doivent concourir et non se heurter.

Exemple : si la fraude est d'abord profitable à celui qui
s'y livre, le plus souvent elle lui est funeste à la longue ; car
elle nuit à son crédit, à sa considération, à son honneur.
Elle crée autour de lui la défiance et le soupçon. En outre,
elle est toujours nuisible à celui qui en est victime. Enfin,

elle alarme la société, et l'oblige à user une partie de ses forces à des précautions onéreuses. La somme des maux l'emporte donc de beaucoup sur celle des biens. C'est ce qui constitue la Responsabilité naturelle, qui agit incessamment comme moyen préventif et répressif. On conçoit cependant que la communauté ne s'en remette pas exclusivement à l'action lente de la responsabilité nécessaire, et qu'elle juge à propos d'ajouter une sanction légale à la sanction naturelle. En ce cas, on peut dire que la sanction légale n'est que la sanction naturelle organisée et régularisée.

Elle rend le châtiment plus immédiat et plus certain; elle donne aux faits plus de publicité et d'authenticité; elle entoure le prévenu de garanties, lui donne une occasion régulière de se disculper s'il y a lieu, prévient les erreurs de l'opinion, et calme les vengeances individuelles en leur substituant la vindicte publique. Enfin, et c'est peut-être l'essentiel, elle ne détruit pas la leçon de l'expérience.

Ainsi on ne peut pas dire que la sanction légale soit illogique en principe, quand elle marche parallèlement à la sanction naturelle et concourt au même résultat.

Il ne s'ensuit pas cependant que la sanction légale doive, dans tous les cas, se substituer à la sanction naturelle, et que la loi humaine soit justifiée par cela seul qu'elle agit dans le sens de la Responsabilité.

La répartition artificielle des peines et des récompenses renferme en elle-même, à la charge de la communauté, une somme d'inconvénients dont il faut tenir compte. L'appareil de la sanction légale vient des hommes, fonctionne par des hommes, et est onéreux.

Avant de soumettre une action ou une habitude à la répression organisée, il y a donc toujours cette question à se poser :

Cet excédant de bien, obtenu par l'addition d'une répression légale à la répression naturelle, compense-t-il le mal inhérent à l'appareil répressif?

Ou, en d'autres termes, le mal de la répression artificielle est-il supérieur ou inférieur au mal de l'impunité?

Dans le cas du vol, du meurtre, de la plupart des délits et des crimes, la question n'est pas douteuse. Aussi, tous les peuples de la terre les répriment par la force publique.

Mais lorsqu'il s'agit d'une habitude difficile à constater, qui peut naître de causes morales dont l'appréciation est fort délicate, la question change; et il peut très-bien arriver qu'encore que cette habitude soit universellement tenue pour funeste et vicieuse, la loi reste neutre et s'en remette à la responsabilité naturelle.

Disons d'abord que la loi doit prendre ce parti toutes les fois qu'il s'agit d'une action ou d'une habitude douteuse, quand une partie de la population trouve bon ce que l'autre trouve mauvais. Vous prétendez que j'ai tort de pratiquer le culte catholique; moi je prétends que vous avez tort de pratiquer le culte luthérien. Laissons à Dieu le soin de juger. Pourquoi vous frapperais-je ou pourquoi me frapperiez-vous? S'il n'est pas bon que l'un de nous frappe l'autre, comment peut-il être bon que nous déléguions à un tiers, dépositaire de la force publique, le soin de frapper l'un de nous pour la satisfaction de l'autre?

Vous prétendez que je me trompe en enseignant à mon enfant les sciences naturelles et morales, je crois que vous avez tort d'enseigner exclusivement au vôtre le grec et le latin. Agissons de part et d'autre selon notre conscience. Laissons agir sur nos familles la loi de la Responsabilité. Elle punira celui de nous qui se trompe. N'invoquons pas la loi humaine; elle pourrait bien punir celui qui ne se trompe pas.

Vous affirmez que je ferais mieux de prendre telle carrière, de travailler selon tel procédé, d'employer une charrue en fonte au lieu d'une charrue en bois, de semer clair au lieu de semer dru, d'acheter en Orient plutôt qu'en Occident. Je soutiens tout le contraire. — J'ai fait tous mes calculs; en définitive, je suis plus intéressé que vous à ne pas me tromper sur des matières d'où dépendent mon bien-être, mon existence; le bonheur de ma famille, et qui n'intéressent que votre amour-propre ou vos systèmes. Conseillez-moi, mais ne m'imposez rien. Je me déciderai *à mes périls et risques*, cela suffit, et l'intervention de la loi serait ici tyrannique.

On voit que, dans presque tous les actes importants de la vie, il faut respecter le libre arbitre, s'en remettre au jugement individuel des hommes, à cette lumière intérieure que Dieu leur a donnée pour s'en servir, et après cela laisser la Responsabilité faire son œuvre.

L'intervention de la loi, dans des cas analogues, outre l'inconvénient très-grand de donner des chances à l'erreur autant qu'à la vérité, aurait encore l'inconvénient bien autrement grave de frapper d'inertie l'intelligence même, d'éteindre ce flambeau qui est l'apanage de l'humanité et le gage de ses progrès.

Mais alors même qu'une action, une habitude, une pratique est reconnue mauvaise, vicieuse, immorale par le bon sens public, quand il n'y a pas doute à cet égard, quand ceux qui s'y livrent sont les premiers à se blâmer eux-mêmes, cela ne suffit pas encore pour justifier l'intervention de la loi humaine. Ainsi que je l'ai dit tout à l'heure, il faut savoir de plus si, en ajoutant aux mauvaises conséquences de ce vice les mauvaises conséquences inhérentes à tout appareil légal, on ne produit pas, en définitive, une somme de maux, qui excède le bien que la sanction légale ajoute à la sanction naturelle.

Nous pourrions examiner ici les biens et les maux que peut produire la sanction légale appliquée à réprimer la paresse, la prodigalité, l'avarice, l'égoïsme, la cupidité, l'ambition.

Prenons pour exemple la paresse.

C'est un penchant assez naturel, et il ne manque pas d'hommes qui font écho aux Italiens quand ils célèbrent le *dolce far niente,* et à Rousseau quand il dit : Je suis paresseux avec délices. Il n'est donc pas douteux que la paresse ne procure quelque satisfaction, sans quoi il n'y aurait pas de paresseux au monde.

Cependant, il sort de ce penchant une foule de maux, à ce point que la Sagesse des nations a pu signaler l'*Oisiveté comme la mère de tous les vices.*

Les maux surpassent infiniment les biens ; et il faut que la loi de la Responsabilité naturelle ait agi, en cette matière, avec quelque efficacité, soit comme enseignement, soit comme aiguillon, puisqu'en fait le monde est arrivé par le travail au point de civilisation où nous le voyons de nos jours.

Maintenant, soit comme enseignement, soit comme aiguillon, qu'ajouterait à la sanction providentielle une sanction légale ? — Supposons une loi qui punisse les paresseux. Quel est au juste le degré d'activité dont cette loi accroîtrait l'activité nationale ?

Si l'on pouvait le savoir, on aurait la mesure exacte du bienfait de la loi. J'avoue que je ne puis me faire aucune idée de cette partie du problème. Mais il faut se demander à quel prix ce bienfait serait acheté ; et, pour peu qu'on y réfléchisse, on sera disposé à croire que les inconvénients certains de la répression légale surpasseraient de beaucoup ses avantages problématiques.

En premier lieu, il y a en France trente-six millions de citoyens. Il faudrait exercer sur tous une surveillance rigoureuse ; les suivre aux champs, à l'atelier, au sein du foyer domestique. Je laisse à penser le nombre de fonctionnaires, le surcroît d'impôts, etc.

Ensuite, ceux qui sont aujourd'hui laborieux, et Dieu merci le nombre en est grand, ne seraient pas moins que les paresseux soumis à cette inquisition insupportable. C'est un inconvénient immense de soumettre cent innocents à des mesures dégradantes pour punir un coupable que la nature se charge de punir.

Et puis, quand commence la paresse? Dans chaque cas soumis à la justice, il faudra une enquête des plus minutieuses et des plus délicates. Le prévenu était-il réellement oisif, ou bien prenait-il un repos nécessaire? Était-il malade, en méditation, en prière, etc.? Comment apprécier toutes ces nuances? Avait-il forcé son travail du matin pour se ménager un peu de loisir le soir? Que de témoins, que d'experts, que de juges, que de gendarmes, que de résistances, que de délations, que de haines!...

Vient le chapitre des erreurs judiciaires. Que de paresseux échapperont! et, en compensation, que de gens laborieux iront racheter en prison, par une inactivité d'un mois, leur inactivité d'un jour!

Ce que voyant, et bien d'autres choses, on s'est dit : Laissons faire la Responsabilité naturelle. Et on a bien fait.

Les socialistes, qui ne reculent jamais devant le despotisme pour arriver à leurs fins, — car ils ont proclamé la souveraineté du but, — ont flétri la Responsabilité sous le nom d'*individualisme;* puis ils ont essayé de l'anéantir et de l'absorber dans la sphère d'action de la *Solidarité* étendue au delà de ses limites naturelles.

Les conséquences de cette perversion des deux grands mobiles de la perfectibilité humaine sont fatales. Il n'y a plus de dignité, plus de liberté pour l'homme. Car du moment que celui qui agit ne répond plus personnellement des suites bonnes ou mauvaises de son acte, son droit d'agir isolément n'existe plus. Si chaque mouvement de l'individu va répercuter la série de ses effets sur la société tout entière, l'initiative de chaque mouvement ne peut plus être abandonnée à l'individu ; elle appartient à la société. La communauté seule doit décider de tout, régler tout : éducation, nourriture, salaires, plaisirs, locomotion, affections, familles, etc., etc. — Or la société s'exprime par la loi, la loi c'est le législateur. Donc voilà un troupeau et un berger, — moins que cela encore, une matière inerte et un ouvrier. On voit où mène la suppression de la Responsabilité et de l'individualisme.

Pour cacher cet effroyable but aux yeux du vulgaire, il fallait flatter, en déclamant contre l'égoïsme, les plus égoïstes passions. Le socialisme a dit aux malheureux : « N'examinez pas si vous souffrez en vertu de la loi de Responsabilité. Il y a des heureux dans le monde, et, en vertu de la loi de Solidarité, ils vous doivent le partage de leur bonheur. » Et pour aboutir à cet abrutissant niveau d'une solidarité factice, officielle, légale, contrainte, détournée de son sens naturel, on érigeait la spoliation en système, on faussait toute notion du juste, on exaltait ce sentiment individualiste, — qu'on était censé proscrire, — jusqu'au plus haut degré de puissance et de perversité. Ainsi tout s'enchaîne : négation des harmonies de la liberté dans le principe, — despotisme et esclavage en résultat, — immoralité dans les moyens.

Toute tentative pour détourner le cours naturel de la responsabilité est une atteinte à la justice, à la liberté, à l'ordre, à la civilisation ou au progrès.

A la justice. Un acte ou une habitude étant donnés, les conséquences bonnes ou mauvaises s'ensuivent nécessairement. Oh ! s'il était possible de supprimer ces conséquences, il y aurait sans doute quelque avantage à suspendre la loi naturelle de la responsabilité. Mais le seul résultat au-

quel on puisse arriver par la loi écrite, c'est que les conséquences bonnes d'une action mauvaise soient recueillies
par l'auteur de l'acte, et que les conséquences mauvaises
retombent sur un tiers, ou sur la communauté ; — ce qui
est certes le caractère spécial de l'injustice.

Ainsi les sociétés modernes sont constituées sur ce principe que le père de famille doit soigner et élever les enfants
auxquels il a donné le jour. — Et c'est ce principe qui
maintient dans de justes bornes l'accroissement et la distribution de la population, chacun se sentant en présence de
la responsabilité. Les hommes ne sont pas tous doués du
même degré de prévoyance, et [1], dans les grandes villes,
à l'imprévoyance se joint l'immoralité. Maintenant il y a
tout un budget et une administration pour recueillir les enfants que leurs parents abandonnent ; aucune recherche ne
décourage cette honteuse désertion, et une masse toujours
croissante d'enfants délaissés inonde nos plus pauvres campagnes.

Voici donc un paysan qui s'est marié tard pour n'être pas
surchargé de famille, et qu'on force à nourrir les enfants des
autres. — Il ne conseillera pas à son fils la prévoyance.
Cet autre a vécu dans la continence, et voilà qu'on lui fait
payer pour élever des bâtards. — Au point de vue religieux
sa conscience est tranquille, mais au point de vue humain
il doit se dire qu'il est un sot.....

Nous ne prétendons pas aborder ici la grave question de
la charité publique, nous voulons seulement faire cette remarque essentielle que plus l'État centralise, plus il transforme la responsabilité naturelle en solidarité factice, plus
il ôte à des effets, qui frappent dès lors ceux qui sont étran-

---

[1] La fin de ce chapitre n'est plus guère qu'une suite de notes jetées sur
le papier sans transitions ni développements.

(*Note de l'éditeur.*)

gers à la cause, leur caractère providentiel de justice, de châtiment et d'obstacle préventif.

Quand le gouvernement ne peut pas éviter de se charger d'un service qui devrait être du ressort de l'activité privée, il faut du moins qu'il laisse la responsabilité aussi rapprochée que possible de celui à qui naturellement elle incombe.

Ainsi, dans la question des enfants trouvés, le principe étant que le père et la mère doivent élever l'enfant, la loi doit épuiser tous les moyens pour qu'il en soit ainsi. — A défaut des parents, que ce soit la commune ; — à défaut de la commune, le département. Voulez-vous multiplier à l'infini les enfants trouvés? Déclarez que l'État s'en charge. Ce serait bien pis encore, si la France nourrissait les enfants chinois ou réciproquement...

C'est une chose singulière, en vérité, qu'on veuille faire des lois pour dominer les maux de la responsabilité ! N'apercevra-t-on jamais que ces maux on ne les anéantit pas, on les détourne seulement? Le résultat est une injustice de plus et une leçon de moins...

Comment veut-on que le monde se perfectionne, si ce n'est à mesure que chacun remplira mieux ses devoirs? Et chacun ne remplira-t-il pas mieux ses devoirs à mesure qu'il aura plus à souffrir en les violant? Si l'action sociale avait à s'immiscer dans l'œuvre de la responsabilité, ce devrait être pour en seconder et non en détourner, en concentrer et non en éparpiller au hasard les effets.

On l'a dit : l'opinion est la reine du monde. Assurément pour bien gouverner son empire, il faut qu'elle soit éclairée; et elle est d'autant plus éclairée que chacun des hommes qui concourent à la former aperçoit mieux la liaison des effets aux causes. Or rien ne fait mieux sentir cet enchaînement que l'expérience, et l'expérience, comme on le sait, est toute personnelle; elle est le fruit de la responsabilité.

Il y a donc, dans le jeu naturel de cette grande loi, tout un système précieux d'enseignements auquel il est très-imprudent de toucher.

Que si vous soustrayez, par des combinaisons irréfléchies, les hommes à la responsabilité de leurs actes, ils pourront bien encore être instruits par la théorie, — mais non plus par l'expérience. Et je ne sais si une instruction que l'expérience ne vient jamais consolider et sanctionner n'est pas plus dangereuse que l'ignorance même...

Le *sens de la responsabilité* est éminemment perfectible.

C'est un des plus beaux phénomènes moraux. Il n'est rien que nous admirions plus dans un homme, une classe ou une nation, que le sens de la responsabilité ; il indique une grande culture morale et une exquise sensibilité aux arrêts de l'opinion. Mais il peut arriver que le sens de la responsabilité soit très-développé en une matière et très-peu en une autre. En France, dans les classes élevées, on mourrait de honte si on était surpris trichant au jeu ou s'adonnant solitairement à la boisson. On en rit parmi les paysans. Mais trafiquer de ses droits politiques, exploiter son vote, se mettre en contradiction avec soi-même, crier tour à tour : Vive le Roi! vive la Ligue! selon l'intérêt du moment... Ce sont des choses qui n'ont rien de honteux dans nos mœurs.

Le développement du sens de la responsabilité a beaucoup à attendre de l'intervention des femmes.

Elles y sont extrêmement soumises... Il dépend d'elles de créer cette force moralisatrice parmi les hommes ; car il leur appartient de distribuer efficacement le blâme et l'éloge... Pourquoi ne le font-elles pas ? parce qu'elles ne savent pas assez la liaison des effets aux causes en morale...

La morale est la science de tout le monde, mais particulièrement des femmes, parce qu'elles font les mœurs...

XXI

SOLIDARITÉ

Si l'Homme était parfait, s'il était infaillible, la société offrirait une harmonie toute différente de celle que nous devons y chercher. La nôtre n'est pas celle de Fourier. Elle n'exclut pas le mal; elle admet les dissonances; seulement nous reconnaîtrons qu'elle ne cesse pas d'être harmonie, si ces dissonances préparent l'accord et nous y ramènent.

Nous avons pour point de départ ceci : L'homme est faillible, et Dieu lui a donné le libre arbitre; et avec la faculté de choisir, celle de se tromper, de prendre le faux pour le vrai, de sacrifier l'avenir au présent, de céder aux désirs déraisonnables de son cœur, etc.

L'homme se trompe. Mais tout acte, toute habitude a ses conséquences.

Par la Responsabilité, nous l'avons vu, ces conséquences retombent sur l'auteur de l'acte; un enchaînement naturel de récompenses ou de peines l'attire donc au bien et l'éloigne du mal.

Si l'homme avait été destiné par la nature à la vie et au travail solitaires, la Responsabilité serait sa seule loi.

Mais il n'en est pas ainsi, il est sociable *par destination*. Il n'est pas vrai, comme le dit Rousseau, que l'homme soit naturellement *un tout parfait et solitaire*, et que la volonté du législateur ait dû le transformer en fraction d'un plus grand *tout*. La famille, la commune, la nation, l'humanité sont des ensembles avec lesquels l'homme a des relations *nécessaires*. Il résulte de là que les actes et les habitudes de l'individu produisent, outre les conséquences qui retombent sur lui-même, d'autres conséquences bonnes ou mauvaises qui s'étendent à ses semblables. — C'est ce qu'on appelle la loi de *solidarité*, qui est une sorte de *Responsabilité collective*.

Cette idée de Rousseau, que le législateur a inventé la société, — idée fausse en elle-même, — a été funeste en ce qu'elle a induit à penser que la solidarité est de création législative; et nous verrons bientôt les modernes législateurs se fonder sur cette doctrine pour assujettir la société à une *Solidarité artificielle*, agissant en sens inverse de la *Solidarité naturelle*. En toutes choses, le principe de ces grands manipulateurs du genre humain est de mettre leur œuvre propre à la place de l'œuvre de Dieu, qu'ils méconnaissent.

Constatons d'abord l'existence naturelle de la loi de *Solidarité*.

Dans le dix-huitième siècle, on n'y croyait pas; on s'en tenait à la maxime de la personnalité des fautes. Ce siècle, occupé surtout de réagir contre le catholicisme, aurait craint, en admettant le principe de la *Solidarité*, d'ouvrir la porte à la doctrine du *Péché Originel*. Chaque fois que Voltaire voyait dans les Écritures un homme portant la peine d'un autre, il disait ironiquement : « C'est affreux, mais la justice de Dieu n'est pas celle des hommes. »

Nous n'avons pas à discuter ici le *péché originel*. Mais ce dont Voltaire se moquait est un fait non moins incontestable que mystérieux. La loi de Solidarité éclate en traits si nombreux dans l'individu et dans les masses, dans les détails et dans l'ensemble, dans les faits particuliers et dans les faits généraux, qu'il faut, pour le méconnaître, tout l'aveuglement de l'esprit de secte ou toute l'ardeur d'une lutte acharnée.

La première règle de toute justice humaine est de concentrer le châtiment d'un acte sur son auteur, en vertu de ce principe : Les fautes sont personnelles. Mais cette loi sacrée des individus n'est ni la loi de Dieu, ni même la loi de la société.

Pourquoi cet homme est-il riche? parce que son père fut actif, probe, laborieux, économe. Le père a pratiqué les vertus, le fils a recueilli les récompenses.

Pourquoi cet autre est-il toujours souffrant, malade, faible, craintif et malheureux? parce que son père, doué d'une puissante constitution, en a abusé dans les débauches et les excès. Au coupable les conséquences agréables de la faute, à l'innocent les conséquences funestes.

Il n'y a pas un homme sur la terre dont la condition n'ait été déterminée par des milliards de faits auxquels ses déterminations sont étrangères; ce dont je me plains aujourd'hui a peut-être pour cause un caprice de mon bisaïeul, etc.

La solidarité se manifeste sur une plus grande échelle encore et à des distances plus inexplicables, quand on considère les rapports des divers peuples, ou des diverses générations d'un même peuple.

N'est-il pas étrange que le dix-huitième siècle ait été si occupé des travaux intellectuels ou matériels dont nous jouissons aujourd'hui? N'est-il pas merveilleux que nousmêmes nous nous mettions à la gêne pour couvrir le pays de chemins de fer, sur lesquels aucun de nous ne voyagera peut-être? Qui peut méconnaître la profonde influence de nos anciennes révolutions sur ce qui se passe aujourd'hui?

Qui peut prévoir quel héritage de paix ou de discordes nos débats actuels légueront à nos enfants?

Voyez les emprunts publics. Nous nous faisons la guerre; nous obéissons à des passions barbares; nous détruisons par là des forces précieuses; et nous trouvons le moyen de rejeter le fléau de cette destruction sur nos fils, qui peut-être auront la guerre en horreur et ne pourront comprendre nos passions haineuses.

Jetez les yeux sur l'Europe; contemplez les événements qui agitent la France, l'Allemagne, l'Italie, la Pologne, et dites si la loi de la *Solidarité* est une loi chimérique.

Il n'est pas nécessaire de pousser plus loin cette énumération. D'ailleurs il suffit que l'action d'un homme, d'un peuple, d'une génération, exerce quelque influence sur un autre homme, sur un autre peuple, sur une autre génération, pour que la loi soit constatée. La société tout entière n'est qu'un ensemble de solidarités qui se croisent. Cela résulte de la nature communicable de l'intelligence. Exemples, discours, littérature, découvertes, sciences, morale, etc., tous ces courants inaperçus par lesquels correspondent les âmes, tous ces efforts sans liens visibles dont la résultante cependant pousse le genre humain vers un équilibre, vers un niveau moyen qui s'élève sans cesse, tout ce vaste trésor d'utilités et de connaissances acquises, où chacun puise sans le diminuer, que chacun augmente sans le savoir, tout cet échange de pensées, de produits, de services et de travail, de maux et de biens, de vertus et de vices qui font de la famille humaine une grande unité, et de ces milliards d'existences éphémères une vie commune, universelle, continue, tout cela c'est la *Solidarité.*

Il y a donc naturellement et dans une certaine mesure Solidarité incontestable entre les hommes. En d'autres termes, la Responsabilité n'est pas exclusivement personnelle, elle se partage; l'action émane de l'individualité, les conséquences se distribuent sur la communauté.

Or il faut remarquer qu'il est dans la nature de chaque homme de *vouloir être heureux*. — Qu'on dise tant qu'on voudra que je célèbre ici l'égoïsme; je ne célèbre rien, je constate, — je constate ce sentiment inné, universel, qui ne peut pas ne pas être : — l'intérêt personnel, le penchant au bien-être, la répugnance à la douleur.

Il suit de là que l'individualité est portée à s'arranger de telle sorte que les bonnes conséquences de ses actes lui reviennent et que les mauvaises retombent sur autrui; autant que possible, elle cherche à répartir celles-ci sur un plus grand nombre d'hommes, afin qu'elles passent plus inaperçues et provoquent une moindre réaction.

Mais l'opinion, cette *reine du monde*, qui est fille de la solidarité, rassemble tous ces griefs épars, groupe tous ces intérêts lésés en un faisceau formidable de résistances. Quand les habitudes d'un homme sont funestes à ceux qui l'entourent, la répulsion se manifeste contre cette habitude. On la juge sévèrement, on la critique, on la flétrit; celui qui s'y livre devient un objet de défiance, de mépris et de haine. S'il y rencontrait quelques avantages, ils se trouvent bientôt plus que compensés par les souffrances qu'accumule sur lui l'aversion publique; aux conséquences fâcheuses qu'entraîne toujours une mauvaise habitude, en vertu de la loi de *Responsabilité*, viennent s'ajouter d'autres conséquences plus fâcheuses encore en vertu de la loi de *Solidarité*.

Le mépris pour l'homme s'étend bientôt à l'habitude, au vice; et comme le besoin de considération est un de nos plus énergiques mobiles, il est clair que la solidarité, par la réaction qu'elle détermine contre les actes vicieux, tend à les restreindre et à les détruire.

La Solidarité est donc, comme la responsabilité, *une force progressive;* et l'on voit que, relativement à l'auteur de l'acte, elle se résout en *responsabilité répercutée*, si je puis m'exprimer ainsi; — que c'est encore un système de peines et de récompenses réciproques, admirablement calculé pour circonscrire le mal, étendre le bien et pousser l'humanité dans la voie qui mène au progrès.

Mais pour qu'elle fonctionne dans ce sens, — pour que ceux qui profitent ou souffrent d'une action, qu'ils n'ont pas faite, réagissent sur son auteur par l'approbation ou l'improbation, la gratitude ou la résistance, l'estime, l'affection, la louange, ou le mépris, la haine et la vengeance, — une condition est indispensable : c'est que le lien qui existe entre un acte et tous ses effets soit connu et apprécié.

Quand le public se trompe à cet égard, la loi manque son but.

Un acte nuit à la masse; mais la masse est convaincue que cet acte lui est avantageux. Qu'arrive-t-il alors? C'est qu'au lieu de réagir contre cet acte, au lieu de le condamner et par là de le restreindre, le public l'exalte, l'honore, le célèbre et le multiplie.

Rien n'est plus fréquent, et en voici la raison :

Un acte ne produit pas seulement sur les masses un effet, mais une série d'effets. Or il arrive souvent que le premier effet est un bien local, parfaitement visible, tandis que les effets ultérieurs font filtrer insensiblement dans le corps social un mal difficile à discerner ou à rattacher à sa cause.

La guerre en est un exemple. Dans l'enfance des sociétés on n'aperçoit pas toutes les conséquences de la guerre. — Et, à vrai dire, dans une civilisation où il y a moins de travaux antérieurs exposés à la destruction, moins de science et d'argent sacrifiés à l'appareil de la guerre, etc., ces conséquences sont moins funestes que plus tard. — On ne voit que la première campagne, le butin qui suit la victoire, l'ivresse du triomphe; alors la guerre et les guerriers sont fort populaires. Plus tard on verra l'ennemi, vainqueur à son tour, brûler les moissons et les récoltes, imposer des contributions et des lois. — On verra, dans les alternatives de succès et de revers, périr les générations, s'éteindre l'agriculture, s'appauvrir les deux peuples. — On verra la portion la plus vitale de la nation mépriser les arts de la paix, tourner les armes contre les institutions du pays, servir de moyen au despotisme, user son énergie inquiète dans les séditions et les discordes civiles, faire la barbarie et la solitude chez elle après les avoir faites chez ses voisins. On dira : La guerre c'est le brigandage agrandi... — Non, on verra ses effets sans en vouloir comprendre la cause ; et comme ce peuple en décadence aura été envahi à son tour par quelque essaim de conquérants, bien des siècles après la catastrophe, des historiens graves écriront : Ce peuple est tombé parce qu'il s'est énervé dans la paix, parce qu'il a oublié la science guerrière et les vertus farouches de ses ancêtres.

Je pourrais montrer les mêmes illusions sur le régime de l'esclavage...

Cela est vrai encore des erreurs religieuses...

De nos jours le régime prohibitif donne lieu à la même surprise...

Ramener, par la diffusion des lumières, par la discussion approfondie des effets et des causes, l'opinion publique dans cette direction intelligente qui flétrit les mauvaises tendances et s'oppose aux mesures funestes, c'est rendre à son pays un immense service. Quand la raison publique égarée honore ce qui est méprisable, méprise ce qui est honorable, punit la vertu et récompense le vice, encourage ce qui nuit et décourage ce qui est utile, applaudit au mensonge et étouffe le vrai sous l'indifférence ou l'insulte, une nation tourne le dos au progrès, et n'y peut être ramenée que par les terribles leçons des catastrophes.

Nous avons indiqué ailleurs le grossier abus que font certaines écoles socialistes du mot Solidarité...

Voyons maintenant dans quel esprit doit être conçue la loi humaine.

Il me semble que cela ne peut faire l'objet d'un doute. La loi humaine doit abonder dans le sens de la loi naturelle : elle doit hâter et assurer la juste rétribution des actes; en d'autres termes, circonscrire la solidarité, organiser la réaction pour renforcer la responsabilité. La loi ne peut pas poursuivre d'autre but que de restreindre des actions vicieuses et de multiplier les actions vertueuses, et pour cela elle doit favoriser la juste distribution des récompenses et des peines, de manière à ce que les mauvais effets d'un acte se concentrent le plus possible sur celui qui le commet...

En agissant ainsi, la loi se conforme à la nature des choses : la solidarité entraîne une réaction contre l'acte vicieux, la loi ne fait que régulariser cette réaction.

La loi concourt ainsi au progrès; plus rapidement elle ramène l'effet mauvais sur l'auteur de l'acte, plus sûrement elle restreint l'acte lui-même.

Prenons un exemple. La violence a des conséquences funestes : chez les sauvages la répression est abandonnée au cours naturel des choses ; qu'arrive-t-il ? C'est qu'elle provoque une réaction terrible. Quand un homme a commis un acte de violence contre un autre homme, une soif inextinguible de vengeance s'allume dans la famille du dernier et se transmet de génération en génération. Intervient la loi; que doit-elle faire? Se bornera-t-elle à étouffer l'esprit de vengeance, à le réprimer, à le punir? Il est clair que ce serait encourager la violence en la mettant à l'abri de toutes représailles. Ce n'est donc pas ce que doit faire la loi. Elle doit se substituer, pour ainsi dire, à l'esprit de vengeance en organisant à sa place la réaction contre la violence; elle doit dire à la famille lésée : Je me charge de la répression de l'acte dont vous avez à vous plaindre. — Alors la tribu tout entière se considère comme lésée et menacée. Elle examine le grief, elle interroge le coupable, elle s'assure qu'il n'y a pas erreur de fait ou de personne, et réprime ainsi avec régularité, certitude, un acte qui aurait été puni irrégulièrement [1]...

[1] Cette ébauche se termine ici brusquement ; le côté *économique* de la loi de solidarité n'est pas indiqué. On peut renvoyer le lecteur aux chap. x et xi, *Concurrence, Producteur et Consommateur*.

Au reste, qu'est-ce au fond que l'ouvrage entier des Harmonies ; qu'est-ce que la concordance des intérêts, et les grandes maximes : *La prospérité de chacun est la prospérité de tous, — La prospérité de tous est la prospérité de chacun*, etc. ; — qu'est-ce que l'accord de la *propriété* et de la *communauté*, les services du capital, l'extension de la gratuité, etc. ; — sinon le développement au point de vue utilitaire du titre même de ce chapitre : Solidarité?

(*Note de l'éditeur.*)

XXII

MOTEUR SOCIAL

Il n'appartient à aucune science humaine de donner la dernière raison des choses.

L'homme souffre; la société souffre. On demande pourquoi. C'est demander pourquoi il a plu à Dieu de donner à l'homme la sensibilité et le libre arbitre. Nul ne sait à cet égard que ce que lui enseigne la révélation en laquelle il a foi.

Mais, quels qu'aient été les desseins de Dieu, ce qui est un fait positif, que la science humaine peut prendre pour point de départ, c'est que l'homme a été créé *sensible* et *libre*.

Cela est si vrai, que je défie ceux que cela étonne de concevoir un être vivant, pensant, voulant, aimant, agissant, quelque chose enfin ressemblant à l'homme, et destitué de sensibilité ou de libre arbitre.

Dieu pouvait-il faire autrement? sans doute la raison nous dit *oui*, mais l'imagination nous dira éternellement *non*; tant il nous est radicalement impossible de séparer par la pensée l'humanité de ce double attribut. Or être *sensible* c'est être capable de recevoir des sensations discernables, c'est-à-dire agréables ou pénibles. De là le bien-être et le mal-être. Dès l'instant que Dieu a créé la sensibilité, il a donc permis le mal ou la possibilité du mal.

En nous donnant le libre arbitre, il nous a doués de la fa-

culté, au moins dans une certaine mesure, de fuir le mal et
de rechercher le bien. Le libre arbitre suppose et accom-
pagne l'intelligence. Que signifierait la faculté de choisir, si
elle n'était liée à la faculté d'examiner, de comparer, de
juger? Ainsi tout homme venant au monde y porte un *moteur* et une *lumière*.

Le moteur, c'est cette impulsion intime, irrésistible,
essence de toutes nos forces, qui nous porte à fuir le Mal
et à rechercher le Bien. On le nomme instinct de conservation, intérêt personnel ou privé.

Ce sentiment a été tantôt décrié, tantôt méconnu, mais
quant à son existence, elle est incontestable. Nous recherchons invinciblement tout ce qui selon nos idées peut améliorer notre destinée ; nous évitons tout ce qui doit la dété-
riorer. Cela est au moins aussi certain qu'il l'est que toute
molécule matérielle renferme la force centripète et la force
centrifuge. Et comme ce double mouvement d'attraction et
de répulsion est le grand ressort du monde physique, on
peut affirmer que la double force d'attraction humaine pour
le bonheur, de répulsion humaine pour la douleur, est le
grand ressort de la mécanique sociale.

Mais il ne suffit pas que l'homme soit invinciblement
porté à préférer le bien au mal, il faut encore qu'il le discerne. Et c'est à quoi Dieu a pourvu en lui donnant cet appareil complexe et merveilleux appelé l'intelligence. Fixer
son attention, comparer, juger, raisonner, enchaîner les
effets aux causes, se souvenir, prévoir ; tels sont, si j'ose
m'exprimer ainsi, les rouages de cet instrument admirable.

La force impulsive, qui est en chacun de nous, se meut
sous la direction de notre intelligence. Mais notre intelligence est imparfaite. Elle est sujette à l'erreur. Nous comparons, nous jugeons, nous agissons en conséquence ; mais
nous pouvons nous tromper, faire un mauvais choix, tendre
vers le mal le prenant pour le bien, fuir le bien le prenant

pour le mal. C'est la première source des *dissonances* sociales; elle est inévitable par cela même que le grand ressort de l'humanité, l'intérêt personnel, n'est pas, comme l'attraction matérielle, une force aveugle, mais une force guidée par une intelligence imparfaite. Sachons donc bien que nous ne verrons l'Harmonie que sous cette restriction. Dieu n'a pas jugé à propos d'établir l'ordre social ou l'Harmonie sur la perfection, mais sur la perfectibilité humaine. Oui, si notre intelligence est imparfaite, elle est perfectible. Elle se développe, s'élargit, se rectifie ; elle recommence et vérifie ses opérations ; à chaque instant, l'expérience la redresse, et la Responsabilité suspend sur nos têtes tout un système de châtiments et de récompenses. Chaque pas que nous faisons dans la voie de l'erreur nous enfonce dans une douleur croissante, de telle sorte que l'avertissement ne peut manquer de se faire entendre, et que le redressement de nos déterminations, et par suite de nos actes, est tôt ou tard infaillible.

Sous l'impulsion qui le presse, ardent à poursuivre le bonheur, prompt à le saisir, l'homme peut chercher son bien dans le mal d'autrui. C'est une seconde et abondante source de combinaisons sociales discordantes. Mais le terme en est marqué; elles trouvent leur tombeau fatal dans la loi de la Solidarité. La force individuelle ainsi égarée provoque l'opposition de toutes les autres forces analogues, lesquelles, répugnant au mal par leur nature, repoussent l'injustice et la châtient.

C'est ainsi que se réalise le progrès, qui n'en est pas moins du progrès pour être chèrement acheté. Il résulte d'une impulsion native, universelle, inhérente à notre nature, dirigée par une intelligence souvent erronée et soumise à une volonté souvent dépravée. Arrêté dans sa marche par l'Erreur et l'Injustice, il rencontre pour surmonter ces obstacles l'assistance toute-puissante de la Responsabilité et de la Solidarité, et ne peut manquer de la rencontrer, puisqu'elle surgit de ces obstacles mêmes.

Ce mobile interne, impérissable, universel, qui réside en toute individualité et la constitue être actif, cette tendance de tout homme à rechercher le bonheur, à éviter le malheur, ce produit, cet effet, ce complément nécessaire de la sensibilité, sans lequel elle ne serait qu'un inexplicable fléau, ce phénomène primordial qui est l'origine de toutes les actions humaines, cette force attractive et répulsive que nous avons nommée le grand ressort de la Mécanique sociale, a eu pour détracteurs la plupart des publicistes ; et c'est certes une des plus étranges aberrations que puissent présenter les annales de la science.

Il est vrai que l'intérêt personnel est la cause de tous les maux comme de tous les biens imputables à l'homme. Cela ne peut manquer d'être ainsi, puisqu'il détermine tous nos actes. Ce que voyant certains publicistes, ils n'ont rien imaginé de mieux, pour couper le mal dans sa racine, que d'étouffer l'*intérêt personnel*. Mais comme par là ils auraient détruit le mobile même de notre activité, ils ont pensé à nous douer d'un mobile différent : le *dévouement*, le *sacrifice*. Ils ont espéré que désormais toutes les transactions et combinaisons sociales s'accompliraient, à leur voix, sur le principe du renoncement à soi-même. On ne recherchera plus son propre bonheur, mais le bonheur d'autrui ; les avertissements de la sensibilité ne compteront plus pour rien, non plus que les peines et les récompenses de la responsabilité. Toutes les lois de la nature seront renversées ; l'esprit de sacrifice sera substitué à l'esprit de conservation ; en un mot, nul ne songera plus à sa propre personnalité que pour se hâter de la dévouer au bien commun. C'est de cette transformation universelle du cœur humain que certains publicistes, qui se croient très-religieux, attendent la parfaite harmonie sociale. Ils oublient de nous dire comment ils entendent opérer ce préliminaire indispensable, la transformation du cœur humain.

S'ils sont assez fous pour l'entreprendre, certes ils ne seront pas assez forts. En veulent-ils la preuve ? Qu'ils essayent sur eux-mêmes ; qu'ils s'efforcent d'étouffer dans leur cœur l'intérêt personnel, de telle sorte qu'il ne se montre plus dans les actes les plus ordinaires de la vie. Ils ne tarderont pas à reconnaître leur impuissance. Comment donc prétendent-ils imposer à tous les hommes sans exception une doctrine à laquelle eux-mêmes ne peuvent se soumettre ?

J'avoue qu'il m'est impossible de voir quelque chose de religieux, si ce n'est l'apparence et tout au plus l'intention, dans ces théories affectées, dans ces maximes inexécutables qu'on prêche du bout des lèvres, sans cesser d'agir comme le vulgaire. Est-ce donc la vraie religion qui inspire à ces économistes catholiques cette pensée orgueilleuse, que Dieu a mal fait son œuvre, et qu'il leur appartient de la refaire ? Bossuet ne pensait pas ainsi quand il disait : « L'homme aspire au bonheur, il ne peut pas ne pas y aspirer. »

Les déclamations contre l'intérêt personnel n'auront jamais une grande portée scientifique ; car il est de sa nature indestructible, ou du moins on ne le peut détruire dans l'homme sans détruire l'homme lui-même. Tout ce que peuvent faire la religion, la morale, l'économie politique, c'est d'éclairer cette force impulsive, de lui montrer non-seulement les premières, mais encore les dernières conséquences des actes qu'elle détermine en nous. Une satisfaction supérieure et progressive derrière une douleur passagère, une souffrance longue et sans cesse aggravée après un plaisir d'un moment, voilà en définitive le bien et le mal moral. Ce qui détermine le choix de l'homme vers la vertu, ce sera l'intérêt élevé, éclairé, mais ce sera toujours au fond l'intérêt personnel.

S'il est étrange que l'on ait décrié l'intérêt privé, considéré non pas dans ses abus immoraux, mais comme mobile providentiel de toute activité humaine, il est bien plus étrange encore que l'on n'en tienne aucun compte, et qu'on croie pouvoir, sans compter avec lui, faire de la science sociale.

Par une inexplicable folie de l'orgueil, les publicistes, en général, se considèrent comme les dépositaires et les arbitres de ce moteur. Le point de départ de chacun d'eux est toujours celui-ci : Supposons que l'humanité est un troupeau, et que je suis le berger, comment dois-je m'y prendre pour rendre l'humanité heureuse ? — Ou bien : Étant donné d'un côté une certaine quantité d'argile, et de l'autre un potier, que doit faire le potier pour tirer de l'argile tout le parti possible ?

Nos publicistes peuvent différer quand il s'agit de savoir quel est le meilleur potier, celui qui pétrit le plus avantageusement l'argile ; mais ils s'accordent en ceci, que leur fonction est de pétrir l'argile humaine, comme le rôle de l'argile est d'être pétrie par eux. Ils établissent entre eux, sous le titre de législateurs, et l'humanité, des rapports analogues à ceux de tuteur à pupille. Jamais l'idée ne leur vient que l'humanité est un corps vivant, sentant, voulant et agissant selon des lois qu'il ne s'agit pas d'inventer, puisqu'elles existent, et encore moins d'imposer, mais d'étudier ; qu'elle est une agglomération d'êtres en tout semblables à eux-mêmes, qui ne leur sont nullement inférieurs ni subordonnés ; qui sont doués, et d'impulsion pour agir, et d'intelligence pour choisir ; qui sentent en eux, de toutes parts, les atteintes de la Responsabilité et de la Solidarité ; et enfin, que de tous ces phénomènes, résulte un ensemble de rapports existants par eux-mêmes, que la science n'a pas à créer, comme ils l'imaginent, mais à observer.

Rousseau est, je crois, le publiciste qui a le plus naïvement exhumé de l'antiquité cette omnipotence du législateur renouvelée des Grecs. Convaincu que l'ordre social est une invention humaine, il le compare à une machine, les hommes en sont les rouages, le prince la fait fonctionner; le législateur l'invente sous l'impulsion du publiciste, qui se trouve être, en définitive, le moteur et le régulateur de l'espèce humaine. C'est pourquoi le publiciste ne manque jamais de s'adresser au législateur sous la forme impérative; il lui ordonne d'ordonner. «Fondez votre peuple sur tel principe; donnez-lui de bonnes mœurs; pliez-le au joug de la religion; dirigez-le vers les armes ou vers le commerce, ou vers l'agriculture, ou vers la vertu, etc., etc. » Les plus modestes se cachent sous l'anonyme des on. « On ne souffrira pas d'oisifs dans la république; on distribuera convenablement la population entre les villes et les campagnes; on avisera à ce qu'il n'y ait ni des riches ni des pauvres, etc.; etc. »

Ces formules attestent chez ceux qui les emploient un orgueil incommensurable. Elles impliquent une doctrine qui ne laisse pas au genre humain un atome de dignité.

Je n'en connais pas de plus fausse en théorie et de plus funeste en pratique. Sous l'un et l'autre rapport, elle conduit à des conséquences déplorables.

Elle donne à croire que l'économie sociale est un arrangement artificiel, qui naît dans la tête d'un inventeur. Dès lors, tout publiciste se fait inventeur. Son plus grand désir est de faire accepter son mécanisme; sa plus grande préoccupation est de faire détester tous les autres, et principalement celui qui naît spontanément de l'organisation de l'homme et de la nature des choses. Les livres conçus sur ce plan ne sont et ne peuvent être qu'une longue déclamation contre la Société.

Cette fausse science n'étudie pas l'enchaînement des effets aux causes. Elle ne recherche pas le bien et le mal que produisent les actes, s'en rapportant ensuite, pour le choix de la route à suivre, à la force motrice de la Société. Non, elle enjoint, elle contraint, elle impose, et si elle ne le peut, du moins elle conseille ; comme un physicien qui dirait à la pierre : « Tu n'es pas soutenue, je t'ordonne de tomber, ou du moins je te le conseille. » C'est sur cette donnée que M. Droz a dit : « Le but de l'économie politique est de rendre l'aisance aussi générale que possible ; » définition qui a été accueillie avec une grande faveur par le Socialisme, parce qu'elle ouvre la porte à toutes les utopies et conduit à la réglementation. Que dirait-on de M. Arago s'il ouvrait ainsi son cours : « Le but de l'astronomie est de rendre la gravitation aussi générale que possible ? » Il est vrai que les hommes sont des êtres animés, doués de volonté, et agissant sous l'influence du libre arbitre. Mais il y a aussi en eux une force interne, une sorte de gravitation ; la question est de savoir vers quoi ils gravitent. Si c'est fatalement vers le mal, il n'y a pas de remède, et à coup sûr il ne nous viendra pas d'un publiciste soumis comme homme à la tendance commune. Si c'est vers le bien, voilà le moteur tout trouvé ; la science n'a pas besoin d'y substituer la contrainte ou le conseil. Son rôle est d'éclairer le libre arbitre, de montrer les effets des causes, bien assurée que, sous l'influence de la vérité, « le bien-être tend à devenir aussi général que possible. »

Pratiquement, la doctrine qui place la force motrice de la Société non dans la généralité des hommes et dans leur organisation propre, mais dans les législateurs et les gouvernements, a des conséquences plus déplorables encore. Elle tend à faire peser sur le gouvernement une responsabilité écrasante qui ne lui revient pas. S'il y a des souffrances, c'est la faute du gouvernement ; s'il y a des pauvres, c'est la faute du gouvernement. N'est-il pas le moteur universel ? Si ce moteur n'est pas bon, il faut le briser, et en choisir un autre. — Ou bien, on s'en prend à la science

elle-même, et dans ces derniers temps nous avons entendu
répéter à satiété : « Toutes les souffrances sociales sont imputables à l'économie politique [1]. » Pourquoi pas; quand
elle se présente comme ayant pour but de réaliser le bonheur des hommes sans leur concours ? Quand de telles idées
prévalent, la dernière chose dont les hommes s'avisent, c'est
de tourner un regard sur eux-mêmes, et de chercher si la
vraie cause de leurs maux n'est pas dans leur ignorance et
leur injustice ; leur ignorance qui les place sous le coup de
la Responsabilité, leur injustice qui attire sur eux les réac-
tions de la solidarité. Comment l'humanité songerait-elle à
chercher dans ses fautes la cause de ses maux, quand on lui
persuade qu'elle est inerte par nature, que le principe de
toute action, et par conséquent de toute responsabilité, est
placé en dehors d'elle, dans la volonté du prince et du législateur ?.

Si j'avais à signaler le trait caractéristique qui différencie
le Socialisme de la science économique, je le trouverais là.
Le Socialisme compte une foule innombrable de sectes.
Chacune d'elles a son utopie, et l'on peut dire qu'elles sont
si loin de s'entendre, qu'elles se font une guerre acharnée.
Entre l'*atelier social organisé* de M. Blanc, et l'*an-archie* de
M. Proudhon, entre l'association de Fourier et le communisme de M. Cabet, il y a certes aussi loin que de la nuit au
jour. Comment donc ces chefs d'école se rangent-ils sous la
dénomination commune de *Socialistes*, et quel est le lien
qui les unit contre la société naturelle ou providentielle ? Il
n'y en a pas d'autre que celui-là : *Ils ne veulent pas la société naturelle*. Ce qu'ils veulent, c'est une société artificielle,

---

[1] La misère est le fait de l'économie politique... l'économie politique
a besoin que la mort lui vienne en aide... c'est la théorie de l'instabilité
et du vol. (Proudhon, *Contradictions économiques*, t. II, p. 214.)
Si les subsistances manquent au peuple... c'est la faute de l'économie politique. (*Ibidem*, p. 430.)

sortie toute faite du cerveau de l'inventeur. Il est vrai que chacun d'eux veut être le Jupiter de cette Minerve ; il est vrai que chacun d'eux caresse son artifice et rêve son ordre social. Mais il y a entre eux cela de commun, qu'ils ne reconnaissent dans l'humanité ni la force motrice qui la porte vers le bien, ni la force *curative* qui la délivre du mal. Ils se battent pour savoir à qui pétrira l'argile humaine ; mais ils sont d'accord que c'est une argile à pétrir. L'humanité n'est pas à leurs yeux un être vivant et harmonieux, que Dieu lui-même a pourvu de forces progressives et conservatrices ; c'est une matière inerte qui les a attendus, pour recevoir d'eux le sentiment et la vie ; ce n'est pas un sujet d'études, c'est une matière à expériences.

L'économie politique, au contraire, après avoir constaté dans chaque homme les forces d'impulsion et de répulsion, dont l'ensemble constitue le moteur social ; après s'être assurée que ce moteur tend vers le bien, ne songe pas à l'anéantir pour lui en substituer un autre de sa création. Elle étudie les phénomènes sociaux si variés, si compliqués, auxquels il donne naissance.

Est-ce à dire que l'économie politique est aussi étrangère au progrès social que l'est l'astronomie à la marche des corps célestes ? Non certes. L'économie politique s'occupe d'êtres intelligents et libres, et comme tels, — ne l'oublions jamais, — sujets à l'erreur. Leur tendance est vers le bien ; mais ils peuvent se tromper. La science intervient donc utilement, non pour créer des causes et des effets, non pour changer les tendances de l'homme, non pour le soumettre à des organisations, à des injonctions, ni même à des conseils ; mais pour lui montrer le bien et le mal qui résultent de ses déterminations.

Ainsi l'économie politique est une science toute d'observation et d'exposition. Elle ne dit pas aux hommes : « Je vous enjoins, je vous conseille de ne point vous trop approcher du feu; » — ou bien : « J'ai imaginé une organisation sociale, les dieux m'ont inspiré des institutions qui vous tiendront suffisamment éloignés du feu. » Non ; elle constate que le feu brûle, elle le proclame, elle le prouve, et fait ainsi pour tous les autres phénomènes analogues de l'ordre économique ou moral, convaincue que cela suffit. La répugnance à mourir par le feu est considérée par elle comme un fait primordial, préexistant, qu'elle n'a pas créé, qu'elle ne saurait altérer.

Les économistes peuvent n'être pas toujours d'accord ; mais il est aisé de voir que leurs dissidences sont d'une tout autre nature que celles qui divisent les socialistes. Deux hommes qui consacrent toute leur attention à observer un même phénomène et ses effets, comme, par exemple, la rente, l'échange, la concurrence, — peuvent ne pas arriver à la même conclusion ; et cela ne prouve pas autre chose sinon que l'un des deux, au moins, a mal observé. C'est une opération à recommencer. D'autres investigateurs aidant, la probabilité est que la vérité finira par être découverte. C'est pourquoi, — à la seule condition que chaque économiste, comme chaque astronome, se tienne au courant du point où ses prédécesseurs sont parvenus, — la science ne peut être que progressive, et, partant, de plus en plus utile, rectifiant sans cesse les observations mal faites, et ajoutant indéfiniment des observations nouvelles aux observations antérieures.

Mais les socialistes, — s'isolant les uns des autres, pour chercher chacun de son côté, des combinaisons artificielles dans leur propre imagination, — pourraient s'enquérir ainsi pendant l'éternité sans s'entendre et sans que le travail de l'un servît de rien aux travaux de l'autre. Say a profité des recherches de Smith, Rossi de celles de Say, Blanqui et Joseph Garnier de celles de tous leurs devanciers. Mais Platon, Morus, Harrington, Fénelon, Fourier peuvent

se complaire à organiser suivant leur fantaisie leur République, leur Utopie, leur Océana, leur Salente, leur Phalanstère, sans qu'il y ait aucune connexité entre leurs
créations chimériques. Ces rêveurs tirent tout de leur tête,
hommes et choses. Ils imaginent un ordre social en dehors
du cœur humain, puis un cœur humain pour aller avec leur
ordre social.   .   .   .   .

XXIII

LE MAL

Dans ces derniers temps, on a fait reculer la science ; on l'a faussée, en lui imposant pour ainsi dire l'obligation de nier le mal, sous peine d'être convaincue de nier Dieu.

Des écrivains qui tenaient sans doute à montrer une sensibilité exquise, une philanthropie sans bornes, et une religion incomparable, se sont mis à dire : « Le mal ne peut entrer dans le plan providentiel. La souffrance n'a été décrétée ni par Dieu ni par la nature, elle vient des institutions humaines. »

Comme cette doctrine abondait dans le sens des passions qu'on voulait caresser, elle est bientôt devenue populaire. Les livres, les journaux ont été remplis de déclamations contre la société. Il n'a plus été permis à la science d'étudier impartialement les faits. Quiconque a osé avertir l'humanité que tel vice, telle habitude entraînaient nécessairement telles conséquences funestes, a été signalé comme un homme sans entrailles, un impie, un athée, un malthusien, un économiste.

Cependant le socialisme a bien pu pousser la folie jusqu'à annoncer la fin de toute souffrance sociale, mais non de toute souffrance individuelle. Il n'a pas encore osé prédire que l'homme arriverait à ne plus souffrir, vieillir et mourir.

Or, je le demande, est-il plus facile de concilier avec l'idée de la bonté infinie de Dieu, le mal frappant individuellement tout homme venant au monde que le mal s'étendant sur la société tout entière ? Et puis n'est-ce pas une contradiction si manifeste qu'elle en est puérile de nier la douleur dans les masses, quand on l'avoue dans les individus ?

L'homme souffre et souffrira toujours. Donc la société souffre et souffrira toujours. Ceux qui lui parlent doivent avoir le courage de le lui dire. L'humanité n'est pas une petite-maîtresse, aux nerfs agacés, à qui il faut cacher la lutte qui l'attend, alors surtout qu'il lui importe de la prévoir pour en sortir triomphante. Sous ce rapport, tous les livres dont la France a été inondée à partir de Sismondi et de Buret, me paraissent manquer de virilité. Ils n'osent pas dire la vérité ; que dis-je ? ils n'osent pas l'étudier, de peur de découvrir que la misère absolue est le point de départ obligé du genre humain, et que, par conséquent, bien loin qu'on puisse l'attribuer à l'ordre social, c'est à l'ordre social qu'on doit toutes les conquêtes qui ont été faites sur elle. Mais, après un tel aveu, on ne pourrait pas se faire le tribun et le vengeur des masses opprimées par la civilisation.

Après tout, la science constate, enchaîne, déduit les faits ; elle ne les crée pas ; elle ne les produit pas ; elle n'en est pas responsable. N'est-il pas étrange qu'on ait été jusqu'à émettre et même vulgariser ce paradoxe : Si l'humanité souffre, c'est la faute de l'économie politique ? Ainsi, après l'avoir blâmée d'observer les maux de la société, on l'a accusée de les avoir engendrés en vertu de cette observation même.

Je dis que la science ne peut qu'observer et constater. Quand elle viendrait à reconnaître que l'humanité, au lieu d'être progressive, est rétrograde, que des lois insurmontables et fatales la poussent vers une détérioration irrémédiable ; quand elle viendrait à s'assurer de la loi de Malthus, de celle de Ricardo, dans leur sens le plus funeste ; quand elle ne pourrait nier ni la tyrannie du capital, ni l'incompatibilité des machines et du travail, ni aucune de ces alternatives contradictoires dans lesquelles Chateaubriand et Tocqueville placent l'espèce humaine, — encore la science, en soupirant, devrait le dire, et le dire bien haut.

Est-ce qu'il sert de rien de se voiler la face pour ne pas voir l'abîme, quand l'abîme est béant? Exige-t-on du naturaliste, du physiologiste, qu'ils raisonnent sur l'homme individuel comme si ses organes étaient à l'abri de la douleur ou de la destruction? « *Pulvis es, et in pulverem reverteris.* » Voilà ce que crie la science anatomique appuyée de l'expérience universelle. Certes, c'est là une vérité dure pour nos oreilles, aussi dure pour le moins que les douteuses propositions de Malthus et de Ricardo. Faudra-t-il donc, pour ménager cette sensibilité délicate qui s'est développée tout à coup parmi les publicistes modernes et a créé le socialisme, faudra-t-il aussi que les sciences médicales affirment audacieusement notre jeunesse sans cesse renaissante et notre immortalité? Que si elles refusent de s'abaisser à ces jongleries, faudra-t-il, comme on le fait pour les sciences sociales, s'écrier, l'écume à la bouche : « Les sciences médicales admettent la douleur et la mort; donc elles sont misanthropiques et sans entrailles; elles accusent Dieu de mauvaise volonté ou d'impuissance. Elles sont impies, elles sont athées. Bien plus, elles font tout le mal qu'elles s'obstinent à ne pas nier? »

Je n'ai jamais douté que les écoles socialistes n'eussent entraîné beaucoup de cœurs généreux et d'intelligences convaincues. A Dieu ne plaise que je veuille humilier qui que ce soit ! Mais enfin le caractère général du socialisme

est bien bizarre, et je me demande combien de temps la
vogue peut soutenir un tel tissu de puérilités.

Tout en lui est affectation.

Il affecte des formes et un langage scientifiques, et nous
avons vu où il en est de la science.

Il affecte dans ses écrits une délicatesse de nerfs si fémi-
nine qu'il ne peut entendre parler de souffrances sociales.
En même temps qu'il a introduit dans la littérature la mode
de cette fade sensiblerie, il a fait prévaloir dans les arts le
goût du trivial et de l'horrible ; — dans la tenue, la mode
des épouvantails, la longue barbe, la physionomie refro-
gnée, des airs de Titan ou de Prométhée bourgeois ; — dans
la politique (ce qui est un enfantillage moins innocent), c'est
la doctrine des moyens énergiques de *transition*, les violences de la pratique révolutionnaire, la vie et les intérêts
matériels sacrifiés en masse à *l'idée*. Mais ce que le socialisme affecte surtout, c'est la religiosité ! Ce n'est qu'une
tactique, il est vrai, mais une tactique est toujours honteuse
pour une école quand elle l'entraîne vers l'hypocrisie.

Ils nous parlent toujours du Christ, de Christ ; mais je
leur demanderai pourquoi ils approuvent que Christ, l'innocent par excellence, ait pu souffrir et s'écrier dans son angoisse : « Dieu, détournez de moi le calice, mais que votre
volonté soit faite ; » — et pourquoi ils trouvent étrange que
l'humanité tout entière ait aussi à faire le même acte de résignation.

Assurément, si Dieu eût eu d'autres desseins sur l'humanité, il aurait pu arranger les choses de telle sorte que,
comme l'individu s'avance vers une mort inévitable, elle
marchât vers une destruction fatale. Il faudrait bien se soumettre, et la science, la malédiction ou la bénédiction sur
les lèvres, serait bien tenue de constater le sombre dénoûment social, comme elle constate le triste dénoûment individuel.

Heureusement il n'en est pas ainsi.

L'homme et l'humanité ont leur rédemption.

A lui une âme immortelle. A elle une perfectibilité indéfinie.   .   .   .   .

XXIV

PERFECTIBILITÉ

Que l'humanité soit perfectible ; qu'elle progresse vers un niveau de plus en plus élevé; que sa richesse s'accroisse et s'égalise ; que ses idées s'étendent et s'épurent ; que ses erreurs disparaissent, et avec elles les oppressions auxquelles elles servent de support; que ses lumières brillent d'un éclat toujours plus vif; que sa moralité se perfectionne ; qu'elle apprenne, par la raison ou par l'expérience, l'art de puiser, dans le domaine de la responsabilité, toujours plus de récompenses, toujours moins de châtiments; par conséquent, que le mal se restreigne sans cesse et que le bien se dilate toujours dans son sein, c'est ce dont on ne peut pas douter quand on a scruté la nature de l'homme et du principe intellectuel qui est son essence, qui lui fut soufflé sur la face avec la vie, et en vue duquel la révélation Mosaïque a pu dire l'homme fait à l'image de Dieu.

Car l'homme, nous ne le savons que trop, n'est pas parfait. S'il était parfait, il ne refléterait pas une vague ressemblance de Dieu, il serait Dieu lui-même. Il est donc imparfait, soumis à l'erreur et à la douleur; que si, de plus, il était stationnaire, à quel titre pourrait-il revendiquer l'ineffable privilége de porter en lui-même l'image de l'Être parfait ?

D'ailleurs, si l'intelligence, qui est la faculté de comparer, de juger, de se rectifier, d'apprendre, ne constitue pas une perfectibilité individuelle, qu'est-ce qu'elle est?

Et si l'union de toutes les perfectibilités individuelles, surtout chez des êtres susceptibles de se transmettre leurs acquisitions, ne garantit pas la perfectibilité collective, il faut renoncer à toute philosophie, à toute science morale et politique.

Ce qui fait la perfectibilité de l'homme, c'est son intelligence ou la faculté qui lui est donnée de passer de l'erreur, mère du mal, à la vérité génératrice du bien.

Ce qui fait que l'homme abandonne, dans son esprit, l'erreur pour la vérité, et plus tard, dans sa conduite, le mal pour le bien, c'est la science et l'expérience ; c'est la découverte qu'il fait, dans les phénomènes et dans les actes, d'effets qu'il n'y avait pas soupçonnés.

Mais, pour qu'il acquière cette science, il faut qu'il soit intéressé à l'acquérir. Pour qu'il profite de cette expérience, il faut qu'il soit intéressé à en profiter. C'est donc, en définitive, dans la loi de la responsabilité qu'il faut chercher le moyen de réalisation de la perfectibilité humaine.

Et comme la responsabilité ne se peut concevoir sans liberté ; comme des actes qui ne seraient pas volontaires ne pourraient donner aucune instruction ni aucune expérience valable ; comme des êtres qui se perfectionneraient ou se détérioreraient par l'action exclusive de causes extérieures, sans aucune participation de la volonté, de la réflexion, du libre arbitre, ainsi que cela arrive à la matière organique brute, ne pourraient pas être dits perfectibles, dans le sens moral du mot, il faut conclure que la liberté est l'essence même du progrès. Toucher à la liberté de l'homme, ce n'est pas seulement lui nuire, l'amoindrir, c'est changer sa nature ; c'est le rendre, dans la mesure où l'oppression s'exerce, imperfectible ; c'est le dépouiller de sa ressemblance avec le Créateur ; c'est ternir, sur sa noble figure, le souffle de vie qui y resplendit depuis l'origine..

Mais de ce que nous proclamons bien haut, et comme notre article de foi le plus inébranlable, la perfectibilité humaine , le progrès nécessaire dans tous les sens, et, par une merveilleuse correspondance, d'autant plus actif dans un sens qu'il l'est davantage dans tous les autres, — est-ce à dire que nous soyons utopistes, que nous soyons même optimistes, que nous croyions tout pour le mieux dans le meilleur des mondes, et que nous attendions, pour un des prochains levers du soleil, le règne du Millenium ?. i.

Hélas ! quand nous venons à jeter un coup d'œil sur le monde réel, où nous voyons se remuer dans l'abjection et dans la fange une masse encore si énorme de souffrances, de plaintes, de vices et de crimes ; quand nous cherchons à nous rendre compte de l'action morale qu'exercent, sur la société, des classes qui devraient signaler aux multitudes attardées les voies qui mènent à la Jérusalem nouvelle ; quand nous nous demandons ce que font les riches de leur fortune, les poëtes de l'étincelle divine que la nature avait allumée dans leur génie, les philosophes de leurs élucubrations, les journalistes du sacerdoce dont ils se sont investis, les hauts fonctionnaires, les ministres, les représentants, les rois, de la puissance que le sort a placée dans leurs mains ; quand nous sommes témoins de révolutions telles que celle qui a agité l'Europe dans ces derniers temps, et où chaque parti semble chercher ce qui, à la longue, doit être le plus funeste à lui-même et à l'humanité ; quand nous voyons la cupidité sous toutes les formes et dans tous les rangs, le sacrifice constant des autres à soi et de l'avenir au présent, et ce grand et inévitable moteur du genre humain, l'intérêt personnel, n'apparaissant encore que par ses manifestations les plus matérielles et les plus imprévoyantes ; quand nous voyons les classes laborieuses, rongées dans leur bien-être et leur dignité par le parasitisme des fonctions publiques, se tourner dans les convulsions révolutionnaires, non contre ce parasitisme desséchant, mais contre la richesse bien acquise, c'est-à-dire contre l'élément même de leur délivrance et le principe de leur propre droit et de leur propre force ; quand de tels spectacles se déroulent sous nos yeux, en quelque pays du monde que nous portions nos pas, oh ! nous avons peur de nous-mêmes, nous tremblons pour notre foi, il nous semble que cette lumière est vacillante, près de s'éteindre, nous laissant dans l'horrible nuit du Pessimisme.

Mais non, il n'y a pas lieu de désespérer. Quelles que soient les impressions que fassent sur nous des circonstances trop voisines, l'humanité marche et s'avance. Ce qui nous fait illusion, c'est que nous mesurons sa vie à la nôtre ; et parce que quelques années sont beaucoup pour nous, il nous semble que c'est beaucoup pour elle. Eh bien, même à cette mesure, il me semble que le progrès de la société est visible par bien des côtés. J'ai à peine besoin de rappeler qu'il est merveilleux en ce qui concerne certains avantages matériels, la salubrité des villes, les moyens de locomotion et de communication, etc.

Au point de vue politique, la nation française n'a-t-elle acquis aucune expérience ? quelqu'un oserait-il affirmer que si toutes les difficultés qu'elle vient de traverser s'étaient présentées il y a un demi-siècle, ou plus tôt, elle les aurait dénouées avec autant d'habileté, de prudence, de sagesse, avec aussi peu de sacrifices ? J'écris ces lignes dans un pays qui a été fertile en révolutions. Tous les cinq ans, Florence était bouleversée, et à chaque fois la moitié des citoyens dépouillait et massacrait l'autre moitié. Oh ! si nous avions un peu plus d'imagination, non de celle qui crée, invente et suppose des faits, mais de celle qui les fait revivre, nous serions plus justes envers notre temps et nos contemporains ! Mais ce qui reste vrai, et d'une vérité dont personne peut-être ne se rend mieux compte que l'économiste, — c'est que le progrès humain, surtout à son aurore, est excessivement lent, d'une lenteur bien faite pour désespérer le cœur du philanthrope.....

Les hommes qui tiennent de leur génie le sacerdoce de la publicité devraient, ce me semble, y regarder de près avant de jeter, au sein de la fermentation sociale, une de ces décourageantes sentences qui impliquent pour l'humanité l'alternative entre deux modes de dégradation.

Nous en avons vu quelques exemples à propos de la population, de la rente, des machines, de la division des héritages, etc.

En voici un autre tiré de M. de Chateaubriand, qui ne fait, du reste, que formuler un conventionnalisme fort accrédité :

« La corruption des mœurs marche de front avec la civi-
« lisation des peuples. Si la dernière présente des moyens
« de liberté, la première est une source inépuisable d'es-
« clavage. »

Il n'est pas douteux que la civilisation ne présente des moyens de liberté. Il ne l'est pas non plus que la corruption ne soit une source d'esclavage. Mais ce qui est douteux, plus que douteux, — et quant à moi, je le nie formellement, — c'est que la civilisation et la corruption marchent de front. Si cela était, un équilibre fatal s'établirait entre *les moyens de liberté* et *les sources d'esclavage* ; l'immobilité serait le sort du genre humain.

En outre, je ne crois pas qu'il puisse entrer dans le cœur une pensée plus triste, plus décourageante, plus désolante, qui pousse plus au désespoir, à l'irréligion, à l'impiété, à la malédiction, au blasphème, que celle-ci : Toute créature humaine, qu'elle le veuille ou ne le veuille pas, qu'elle s'en doute ou ne s'en doute pas, agit dans le sens de la civilisation, et..... la civilisation c'est la corruption !

Ensuite, si toute civilisation est corruption, en quoi consistent donc ses avantages? Car prétendre que la civilisation n'a aucun avantage matériel, intellectuel et moral; cela ne se peut, ce ne serait plus de la civilisation. Dans la pensée de Chateaubriand, civilisation signifie progrès matériel, accroissement de population, de richesses, de bien-être, développement de l'intelligence, accroissement des sciences; — et tous ces progrès impliquent, selon lui, et déterminent une rétrogradation correspondante du sens moral.

Oh! il y aurait là de quoi entraîner l'humanité à un vaste suicide; car enfin, je le répète, le progrès matériel et intellectuel n'a pas été préparé et ordonné par nous. Dieu même l'a décrété en nous donnant des désirs expansibles et des facultés perfectibles. Nous y poussons tous sans le vouloir, sans le savoir; Chateaubriand avec ses pareils, s'il en a, plus que personne. — Et ce progrès nous enfoncerait de plus en plus dans l'immoralité et l'esclavage par la corruption!...

J'ai cru d'abord que Chateaubriand avait, comme font souvent les poëtes, lâché une phrase sans trop l'examiner. Pour cette classe d'écrivains, la forme emporte le fond. Pourvu que l'antithèse soit bien symétrique, qu'importe que la pensée soit fausse et abominable? Pourvu que la métaphore fasse de l'effet, qu'elle ait un air d'inspiration et de profondeur, qu'elle arrache les applaudissements du public, qu'elle donne à l'auteur une tournure d'oracle, que lui importe l'exactitude, la vérité?

Je croyais donc que Chateaubriand, cédant à un accès momentané de misanthropie, s'était laissé aller à formuler un conventionnalisme, un vulgarisme qui traîne les ruisseaux. « Civilisation et corruption marchent de front; » cela se répète depuis Héraclite, et n'en est pas plus vrai.

Mais, à bien des années de distance, le même grand écrivain a reproduit la même pensée sous une forme à prétention didactique; ce qui prouve que c'était chez lui une opinion bien arrêtée. Il est bon de la combattre, non parce qu'elle vient de Chateaubriand, mais parce qu'elle est très-répandue.

« L'état matériel s'améliore (dit-il), le progrès intellec-
« tuel s'accroît, et les nations, au lieu de profiter, s'amoin-
« drissent. — Voici comment s'expliquent le dépérissement
« de la société et l'accroissement de l'individu. Si le sens
« moral se développait en raison du développement de
« l'intelligence, il y aurait contre-poids, et l'humanité gran-
« dirait sans danger. Mais il arrive tout le contraire. La
« perception du bien et du mal s'obscurcit à mesure que
« l'intelligence s'éclaire ; la conscience se rétrécit à mesure
« que les idées s'élargissent. » (*Mémoires d'Outre-Tombe,*
vol. XI.)

XXV

RAPPORTS DE L'ÉCONOMIE POLITIQUE

AVEC LA MORALE, AVEC LA POLITIQUE, AVEC LA LÉGISLATION
AVEC LA RELIGION [1]

Un phénomène se trouve toujours placé entre deux autres phénomènes, dont l'un est sa cause *efficiente* et l'autre sa cause *finale ;* et la science n'en a pas fini avec lui tant que l'un ou l'autre de ces rapports lui reste caché.

Je crois que l'esprit humain commence généralement par découvrir les causes finales, parce qu'elles nous intéressent d'une manière plus immédiate. Il n'est pas d'ailleurs de connaissance qui nous porte avec plus de force vers les idées religieuses, et soit plus propre à faire éprouver, à toutes les fibres du cœur humain, un vif sentiment de gratitude envers l'inépuisable bonté de Dieu.

L'habitude, il est vrai, nous familiarise tellement avec un grand nombre de ces *intentions providentielles* que nous

[1] L'auteur n'a malheureusement rien laissé sur les quatre chapitres qui viennent d'être indiqués (et qu'il avait compris dans le plan de ses travaux), sauf une introduction pour le dernier.

(Note de l'éditeur.)

en jouissons sans y penser. Nous voyons, nous entendons, sans songer au mécanisme ingénieux de l'oreille et de l'œil ; les rayons du soleil, les gouttes de rosée ou de pluie nous prodiguent leurs effets utiles ou leurs douces sensations, sans éveiller notre surprise et notre reconnaissance. Cela tient uniquement à l'action continue sur nous de ces admirables phénomènes. Car qu'une cause finale, comparativement insignifiante, vienne à nous être révélée, que le botaniste nous enseigne pourquoi cette plante affecte telle forme, pourquoi cette autre revêt telle couleur, aussitôt nous sentons dans notre cœur l'enchantement ineffable que ne manquent jamais d'y faire pénétrer les preuves nouvelles de la puissance de Dieu, de sa bonté et de sa sagesse.

La région des intentions finales est donc, pour l'imagination de l'homme, comme une atmosphère imprégnée d'idées religieuses.

Mais, après avoir aperçu ou entrevu cet aspect du phénomène, il nous reste à l'étudier sous l'autre rapport, c'est-à-dire à rechercher sa cause efficiente.

Chose étrange ! il nous arrive quelquefois, après avoir pris pleine connaissance de cette cause, de trouver qu'elle entraîne si nécessairement l'effet que nous avions d'abord admiré, que nous refusons de lui reconnaître plus longtemps le caractère d'une cause finale ; et nous disons : J'étais bien naïf de croire que Dieu avait pourvu à tel arrangement dans tel dessein ; je vois maintenant que la cause que j'ai découverte étant donnée (et elle est inévitable), cet arrangement devait s'ensuivre de toute nécessité, abstraction faite d'une prétendue intention providentielle.

C'est ainsi que la science incomplète, avec son scalpel et ses analyses, vient parfois détruire dans nos âmes le sentiment religieux qu'y avait fait naître le simple spectacle de la nature.

Cela se voit souvent chez l'anatomiste ou l'astronome. Quelle chose merveilleuse, dit l'ignorant, que, lorsqu'un corps étranger pénètre dans notre tissu, où sa présence ferait de grands ravages, il s'établisse une inflammation et une suppuration qui tendent à l'expulser! — Non, dit l'anatomiste, cette expulsion n'a rien d'intentionnel. Elle est un effet *nécessaire* de la suppuration, et la suppuration est elle-même un effet *nécessaire* de la présence d'un corps étranger dans nos tissus. Si vous voulez, je vais vous expliquer le mécanisme, et vous reconnaîtrez vous-même que l'effet suit la cause, mais que la cause n'a pas été arrangée intentionnellement pour produire l'effet, puisqu'elle est elle-même un effet nécessaire d'une cause antérieure.

Combien j'admire, dit l'ignorant, la prévoyance de Dieu, qui a voulu que la pluie ne s'épanchât pas en nappe sur le sol, mais tombât en gouttes, comme si elle venait de l'arrosoir du jardinier! Sans cela toute végétation serait impossible. — Vous faites une vaine dépense d'admiration, répond le savant physicien. Le nuage n'est pas une nappe d'eau; elle ne pourrait être supportée par l'atmosphère. C'est un amas de vésicules microscopiques semblables aux bulles de savon. Quand leur épaisseur s'augmente ou qu'elles crèvent sous une compression, ces milliards de gouttelettes tombent, s'accroissent en route de la vapeur d'eau qu'elles précipitent, etc... Si la végétation s'en trouve bien, c'est par accident; mais il ne faut pas croire que Dieu s'amuse à vous envoyer de l'eau par le crible d'un immense arrosoir.

Ce qui peut donner quelque plausibilité à la science, lorsqu'elle considère ainsi l'enchaînement des causes et des effets, c'est que l'ignorance, il faut l'avouer, attribue très-souvent un phénomène à une intention finale qui n'existe pas et qui se dissipe devant la lumière.

Ainsi, au commencement, avant qu'on eût aucune connaissance de l'électricité, les peuples, effrayés par le bruit du tonnerre, ne pouvaient guère reconnaître, dans cette voix imposante retentissant au milieu des orages, qu'un symptôme du courroux céleste. C'est une association d'idées qui, non plus que bien d'autres, n'a pu résister aux progrès de la physique.

L'homme est ainsi fait. Quand un phénomène l'affecte, il en cherche la cause, et s'il la trouve, il la nomme. Puis il se met à chercher la cause de cette cause, et ainsi de suite jusqu'à ce que, ne pouvant plus remonter, il s'arrête et dise : *C'est Dieu, c'est la volonté de Dieu.* Voilà notre *ultima ratio.* Cependant le temps d'arrêt de l'homme n'est jamais que momentané. La science progresse, et bientôt cette seconde, ou troisième, ou quatrième cause, qui était restée inaperçue, se révèle à ses yeux. Alors la science dit : Cet effet n'est pas dû, comme on le croyait, à la volonté immédiate de Dieu, mais à cette cause naturelle que je viens de découvrir. — Et l'humanité, après avoir pris possession de cette découverte, se contentant, pour ainsi parler, de déplacer d'un cran la limite de sa foi, se demande : Quelle est la cause de cette cause? — Et ne la voyant pas, elle persiste dans son universelle explication : *C'est la volonté de Dieu.* — Et ainsi pendant des siècles indéfinis, dans une succession innombrable de révélations scientifiques et d'actes de foi.

Cette marche de l'humanité doit paraître aux esprits superficiels destructive de toute idée religieuse ; car n'en résulte-t-il pas qu'à mesure que la science avance, Dieu recule? Et ne voit-on pas clairement que le domaine des intentions finales se rétrécit à mesure que s'agrandit celui des causes naturelles?

Malheureux sont ceux qui donnent à ce beau problème une solution si étroite. Non, il n'est pas vrai qu'à mesure que la science avance, l'idée de Dieu recule; bien au contraire, ce qui est vrai, c'est que cette idée grandit, s'étend et s'élève dans notre intelligence. Quand nous découvrons une cause naturelle là où nous avions cru voir un acte immédiat, spontané, surnaturel, de la volonté divine, est-ce à dire que cette volonté est absente ou indifférente? Non, certes; tout ce que cela prouve, c'est qu'elle agit par des procédés différents de ceux qu'il nous avait plu d'imaginer. Tout ce que cela prouve, c'est que le phénomène que nous regardions comme un accident dans la création, occupe sa place dans l'universel arrangement des choses, et que tout, jusqu'aux effets les plus spéciaux, a été prévu de toute éternité dans la pensée divine. Eh quoi! l'idée que nous nous faisons de la puissance de Dieu est-elle amoindrie quand nous venons à découvrir que chacun des résultats innombrables, que nous voyons ou qui échappe à nos investigations, non-seulement a sa cause naturelle, mais se rattache au cercle infini des causes; de telle sorte qu'il n'est pas un détail de mouvement, de force, de forme, de vie, qui ne soit le produit de l'ensemble et se puisse expliquer en dehors du tout?

Et maintenant pourquoi cette dissertation étrangère, à ce qu'il semble, à l'objet de nos recherches? C'est que les phénomènes de l'économie sociale ont aussi leur cause efficiente et leur intention providentielle. C'est que, dans cet ordre d'idées, comme en physique, comme en anatomie, ou en astronomie, on a souvent nié la cause finale précisément parce que la cause efficiente apparaissait avec le caractère d'une nécessité absolue.

Le monde social est fécond en harmonies dont on n'a la perception complète que lorsque l'intelligence a remonté aux causes, pour y chercher l'explication, et est descendue aux effets, pour savoir la destination des phénomènes...

FIN

TABLE DES MATIÈRES

DU SIXIÈME VOLUME

FIN DE LA TABLE DES MATIÈRES.

CORBEIL. — Typ. et stér. de Crété.